Leo N. Tolstoi

Kindheit und Jugend

Kindheit · Knabenjahre · Jünglingszeit
Autobiographische Notizen

Aus dem Russischen von Karl Bannwitz
und Eva Luther

Mit einem Nachwort von Caroline Lusin
und einer Zeittafel

Albatros

Titel der russischen Originalausgabe:
Detstvo (1852), *Otročestvo* (1854), *Junost'* (1857)

Bibliografische Information der Deutschen Nationalbibliothek
Die Deutsche Nationalbibliothek verzeichnet diese Publikation in der Deutschen Nationalbibliografie; detaillierte bibliografische Daten sind im Internet unter http://dnb.d-nb.de abrufbar.

Umschlaggestaltung: butenschoendesign.de
Umschlagmotiv: Ilja Repin, Bildnis Juri Repin als Kind, 1882, Staatliche Tretjakow Galerie, Moskau
Printed in Germany
ISBN 978-3-491-96254-5
www.albatros-verlag.de

KINDHEIT UND JUGEND

KINDHEIT

1. Der Lehrer Karl Iwanowitsch

Am 12. August 18.., genau drei Tage nach meinem zehnten Geburtstag, an dem ich so wunderbare Geschenke bekommen hatte, weckte mich um sieben Uhr morgens Karl Iwanowitsch dadurch, daß er über meinem Kopf mit einer Fliegenklappe – ein Stück Zuckerpapier an einem Stock – nach einer Fliege schlug. Er tat es so ungeschickt, daß er mein Schutzengelbildchen streifte, das oben an der eichenen Wand meines Bettes hing, und daß mir die erschlagene Fliege gerade auf den Kopf fiel. Ich steckte die Nase unter der Bettdecke heraus, hielt das immer noch schaukelnde Bildchen mit der Hand fest, warf die tote Fliege auf den Fußboden und blickte Karl Iwanowitsch mit zwar verschlafenen, aber wütenden Augen an. Er dagegen fuhr in seinem bunten, wattierten Schlafrock, den ein Gurt aus gleichem Stoff zusammenhielt, in dem roten, gestickten Käppchen mit der Troddel und den weichen ziegenledernen Schuhen unbekümmert fort, die Wände abzusuchen, nach den Fliegen zu zielen und sie totzuschlagen.

Es ist schon richtig, dachte ich, ich bin noch klein, aber warum stört er mich? Warum schlägt er nicht nach den Fliegen bei Wolodjas Bett! Dort sind doch wirklich genug. Aber nein, Wolodja ist älter als ich, und ich bin der Kleinste; darum quält er mich auch! Sein Lebtag denkt er an weiter nichts, als wie er mir etwas antun kann, flüsterte ich. Er sieht sehr wohl, daß er mich aufgeweckt und erschreckt hat, aber er tut so, als hätte er es nicht bemerkt ... ein ekliger Mensch! Und der Schlafrock und die Mütze und die Troddel, wie widerlich das alles ist!

Während ich so in Gedanken meinem Ärger über Karl Iwanowitsch Ausdruck gab, trat er an sein Bett heran, sah nach der Uhr, die in einem mit Glasperlen bestickten Pantoffel über dem Bett hing, hängte die Fliegenklappe an den Nagel und wandte sich, sichtbar in bester Stimmung, an uns.

»Auf, Kinder, auf! 's ist Zeit. Die Mutter ist schon im Saal!« rief er mit seiner gutmütigen deutschen Stimme. Dann trat er zu mir, setzte sich an das Fußende meines Bettes und zog seine Schnupftabaksdose aus der Tasche. Ich tat, als schliefe ich. Karl Iwanowitsch nahm zunächst eine Prise, wischte sich die Nase, schnipste mit den Fingern und nahm mich in Bearbeitung. Lachend begann er mir die Fersen zu kitzeln. »Nun, nun, Faulenzer!« sagte er.

So sehr ich mich auch vor dem Kitzeln fürchtete, sprang ich doch nicht aus dem Bett und antwortete ihm auch nicht, sondern steckte den Kopf nur noch tiefer unter das Kissen, strampelte aus Leibeskräften mit den Beinen und gab mir die größte Mühe, das Lachen zu unterdrücken.

Was ist er doch für ein guter Mensch, und wie lieb er uns hat! Und dabei konnte ich so häßlich von ihm denken!

Ich ärgerte mich über mich und über Karl Iwanowitsch, wollte lachen und weinen zugleich, meine Nerven waren überreizt.

»Ach, lassen Sie, Karl Iwanowitsch!« rief ich auf deutsch mit Tränen in den Augen und steckte den Kopf aus den Kissen.

Karl Iwanowitsch ließ verdutzt meine Fußsohlen in Ruhe und fragte mich besorgt, was ich hätte; ob ich etwas Schlimmes geträumt hätte? ... Sein gutmütiges deutsches Gesicht und die teilnahmsvolle Art, mit der er die Ursache meiner Tränen erfahren wollte, ließen diese noch reichlicher fließen: ich schämte mich und begriff nicht, daß ich noch vor einer Minute Karl Iwanowitsch hatte hassen und seinen Schlafrock, die Mütze und die Troddel hatte ekelhaft finden können; jetzt erschien mir das alles im Gegenteil äußerst liebenswert, und sogar die Troddel erschien mir als ein deutlicher Beweis seiner Güte. Ich sagte ihm, daß ich deshalb weine, weil ich einen bösen Traum gehabt hätte, daß Mama gestorben sei und begraben würde. Das hatte ich mir ausgedacht, weil ich mich entschieden nicht darauf besinnen konnte, was ich in dieser Nacht geträumt hatte; als mich aber Karl Iwanowitsch, durch meine Erzählung gerührt, tröstete und beruhigte, war mir, als hätte ich tatsächlich diesen fürchterlichen Traum gehabt, und meine Tränen flossen jetzt aus einem anderen Grund.

Nachdem Karl Iwanowitsch mich verlassen hatte, erhob ich mich und fing an, mir die Strümpfe an meine kleinen Beine zu ziehen; die Tränen hatten ein wenig nachgelassen, aber die finsteren Gedanken an den erdichteten Traum verließen mich nicht. Es kam unser Wärter Nikolaj herein, ein sauberes Männlein, immer ernsthaft, pünktlich und ehrbar – und ein großer Freund Karl Iwanowitschs. Er brachte unsere Kleider und Schuhe: für Wolodja Stiefel, für mich immer noch die unausstehlichen Schuhe mit den Bändern. In seiner Gegenwart zu weinen, hätte ich mich geschämt; außerdem schien die Morgensonne so heiter durch die Fenster, und Wolodja machte, am Waschtisch stehend, Marja Iwanowna (die Gouvernante unserer Schwester) so lustig nach und lachte dazu so lustig und laut, daß sogar der ernsthafte Nikolaj, der mit dem Handtuch auf der Schulter, der Seife in der einen und dem Wasserkrug in der anderen Hand neben ihm stand, unwillkürlich lachen mußte und sagte: »Hören Sie doch auf, Wladimir Petrowitsch, waschen Sie sich doch, bitte!«

Ich war wieder ganz fröhlich.

»Sind Sie bald fertig?« ließ sich aus dem Unterrichtszimmer die Stimme Karl Iwanowitschs vernehmen.

Sie klang streng und hatte nicht mehr den gütigen Ausdruck, der mich bis zu Tränen gerührt hatte. Im Unterrichtszimmer war Karl Iwanowitsch ein ganz anderer Mensch: er war Lehrer. Ich zog mich schnell an, wusch mich und erschien auf seinen Ruf, noch die Bürste in der Hand und mit dem Kämmen der nassen Haare beschäftigt.

Karl Iwanowitsch saß, mit der Brille auf der Nase, auf seinem angestammten Platz zwischen Tür und Fenster und hielt ein Buch in der Hand. Links der Tür waren zwei Bücherbretter angebracht, das eine für uns Kinder, das andre für Karl Iwanowitsch, das »eigene«. Auf dem unsren gab es Bücher aller Art, Unterrichtsbücher und andre; die einen standen, die andern lagen. Nur zwei große Bände »Histoire des voyages« in roten

Einbänden lehnten sich an die Wand; dann kamen dünne, dicke, große und kleine Bücher – Deckel ohne Bücher und Bücher ohne Deckel; alles pflegten wir hier kunterbunt nebeneinander zu stopfen, wenn uns befohlen wurde, vor der Pause die »Bibliothek«, wie Karl Iwanowitsch unser Bücherbrett nannte, in Ordnung zu bringen. Wenn die Büchersammlung auf dem »eigenen« Regal nicht so groß war wie die unsre, so war sie dafür um so vielseitiger. Drei Bücher sind mir noch in der Erinnerung: eine deutsche Broschüre über das Düngen von Kohlgärten, nicht gebunden, ein Band »Geschichte des Siebenjährigen Krieges«, in Pergament gebunden, das an einer Ecke angebrannt war, und ein vollständiger Lehrgang der Hydrostatik. Karl Iwanowitsch verbrachte den größten Teil seiner Zeit mit Lesen, er verdarb sich sogar die Augen damit; aber außer diesen Büchern und der Zeitschrift »Biene des Nordens« las er nichts.

Unter den Gegenständen, die auf Karl Iwanowitschs Bücherbrett lagen, ist mir einer in besonders guter Erinnerung geblieben. Es war eine runde Scheibe aus Pappkarton, die an einem hölzernen Ständer so angebracht war, daß man sie durch Stifte höher und niedriger stellen konnte. Auf die Scheibe war ein Bild geklebt, die Karikatur einer Gutsbesitzerin und eines Friseurs. Karl Iwanowitsch, der äußerst geschickt im Kleben war, hatte diese Scheibe selbst erfunden und gemacht, um seine schwachen Augen vor grellem Licht zu schützen.

Als wäre es heute, sehe ich die lange Gestalt im wattierten Schlafrock mit dem roten Käppchen, unter dem spärliches graues Haar hervorguckt, vor mir. Er sitzt an einem kleinen Tisch, auf dem die sein Gesicht beschattende Scheibe mit dem Friseur steht; in der einen Hand hält er ein Buch; die andere ruht auf der Sessellehne; neben ihm liegt seine Taschenuhr, auf deren Zifferblatt ein Jägersmann abgebildet ist, ferner sein gewürfeltes Taschentuch, seine schwarze runde Tabaksdose, ein grünes Brillenfutteral und auf einem Untersatz die Lichtschere. Das alles liegt so ehrbar, so akkurat auf seinem Platz, daß man schon aus dieser peinlichen Ordnung schließen kann: Karl Iwanowitsch hat ein reines Gewissen, und in seiner Seele herrscht Ruhe.

Manchmal, wenn ich des Herumtollens im Saal müde war, schlich ich auf den Zehen ins Klassenzimmer hinauf und sah, wie Karl Iwanowitsch in seinem Lehnstuhl saß und mit feierlich-majestätischem Ausdruck eins seiner Lieblingsbücher las. Hin und wieder traf ich ihn in Augenblicken an, wo er nicht las: die Brille auf der großen Adlernase war herabgeglitten; die blauen, halbgeschlossenen Augen blickten mit eigenartigem Ausdruck vor sich hin, und die Lippen lächelten traurig. Tiefe Stille herrschte im Zimmer; man vernahm nur sein gleichmäßiges Atmen und das Ticken der Uhr mit dem Jägersmann.

Gelegentlich bemerkte er mich nicht, ich stand an der Tür und dachte: Du armer, armer alter Mann! Wir sind unser viele, wir spielen, wir sind guter Dinge, aber er ist mutterseelenallein, und niemand streichelt ihn. Er nennt sich mit Recht eine Waise. Und wie entsetzlich seine Lebensgeschichte ist! Ich erinnere mich, wie er sie einmal Nikolaj erzählte – es muß entsetzlich sein, sich in einer solchen Lage zu befinden! Oft tat er mir so leid, daß ich zu ihm hinging, ihn bei der Hand faßte und zu ihm sagte: »Lieber Karl Iwanowitsch!« Es war ihm lieb, wenn ich so zu ihm sprach. Stets streichelte er mich und war sichtlich gerührt.

An der andern Wand hingen Landkarten, alle zerfetzt, doch von Karl Iwanowitschs Hand kunstvoll geklebt. An der dritten Wand, in deren Mitte sich die nach unten führende Tür befand, hingen auf der einen Seite zwei Lineale: das eine bös mitgenommen, das unsrige, das andre wie neu, das »eigene«, mehr zur Anfeuerung als zum Linieren verwendet; auf der anderen Seite war eine schwarze Tafel, auf der unsere großen Sünden mit Kreisen, die kleineren mit Kreuzen vermerkt wurden. Links der Tafel war die Ecke, in der wir knien mußten.

Wie erinnerlich mir diese Ecke ist! Ich erinnere mich an die Ofenklappe, an das darin angebrachte Luftloch und an das eigentümliche Geräusch, wenn man die Klappe in Tätigkeit setzte. So manches Mal stand ich in der Ecke, daß mir die Knie und der Rücken wehtaten, und dachte: Karl Iwanowitsch hat dich sicherlich vergessen! Natürlich, er sitzt gemütlich im weichen Sessel und liest seine Hydrostatik, aber ich? – und begann, um mich in Erinnerung zu bringen, sachte die Ofenklappe auf und zu zu machen oder Kalk von der Wand abzupolken; wenn unversehens ein zu großes Stück geräuschvoll auf den Boden fiel, war schon die Angst schlimmer als jede Strafe. Ein scheuer Blick auf Karl Iwanowitsch – aber der saß seelenruhig, das Buch in der Hand, da und schien nichts zu merken.

In der Mitte des Zimmers stand ein Tisch, dessen zerrissene schwarze Wachstuchdecke an vielen Stellen die von unseren Federmessern zerschnittenen Kanten sehen ließ. Um den Tisch herum standen mehrere nicht gestrichene, aber durch den langen Gebrauch lackierte Schemel. Die letzte Wand nahmen drei Fenster ein. Sie boten folgende Aussicht: gerade unter den Fenstern zog sich der Fahrweg hin, auf dem mir jede Vertiefung, jeder Stein, jede Wagenspur wohlvertraut und lieb war; an den Fahrweg stieß eine kurzgeschnittene Lindenallee, durch deren Bäume hie und da ein Flechtzaun lugte; jenseits der Allee sah man eine Wiese, auf deren einer Seite die Tenne lag, dieser gegenüber aber der Wald; in der Ferne erblickte man die Hütte des Waldhüters. Aus dem Fenster rechts war ein Teil der Terrasse sichtbar, auf der die Erwachsenen vor dem Mittagessen zu sitzen pflegten. Bisweilen blickte ich, während Karl Iwanowitsch das Diktat korrigierte, nach jener Seite hinaus, sah den schwarzen Kopf meiner Mutter und den Rücken irgendeines Gegenübers und hörte von dort undeutlich Geplauder und Gelächter. Es wurmte mich, daß ich nicht dabei sein konnte, und ich dachte: Wann werde ich groß sein und das Lernen nicht mehr nötig haben und statt über den Dialogen der Schulbücher immer bei den Menschen sitzen dürfen, die ich liebhabe? Mein Ärger ging in ein Grübeln über, und alsbald war ich, weiß Gott warum, so in Gedanken versunken, daß ich gar nicht hörte, wie Karl Iwanowitsch sich über meine Fehler ereiferte.

Karl Iwanowitsch entledigte sich seines Schlafrocks, zog seinen blauen Frack mit den wulstigen Erhöhungen an den

Schultern an, rückte die Halsbinde vor dem Spiegel zurecht und führte uns nach unten, um die Mutter zu begrüßen.

2. Mama

Die Mutter saß im Salon und goß den Tee ein; mit der einen Hand hielt sie die Teekanne, mit der andern den Hahn des Samowars, aus dem das Wasser über den Rand der Teekanne auf das Teebrett floß. Obwohl sie unverwandt hinschaute, bemerkte sie es nicht; sie bemerkte auch nicht, daß wir hereinkamen.

Versucht man, die Züge eines geliebten Wesens in seiner Vorstellungskraft erstehen zu lassen, stehen so viele Erinnerungen an die Vergangenheit auf, daß man sie wie durch einen Tränenschleier hindurch nur undeutlich sieht. Das sind die Tränen der Phantasie. Wenn ich versuche, mir meine Mutter so ins Gedächtnis zurückzurufen, wie sie damals war, sehe ich nur ihre braunen Augen, die eine stets sich gleichbleibende Güte und Liebe ausdrückten, dann das Muttermal am Hals, ein wenig unterhalb der Stelle, wo sich die kleinen Härchen kräuseln, ferner den gestickten weißen Kragen und die zarte, dürre Hand, die mich so oft streichelte, die ich so oft küßte. Aber die Gesamterscheinung versagt sich mir.

Links vom Sofa stand ein alter englischer Flügel. Davor saß mein schwarzbraunes Schwesterlein Ljubotschka und spielte mit ihren rosigen, eben mit kaltem Wasser gewaschenen Fingerchen und sichtlicher Anstrengung Etüden von Clementi. Sie war elf Jahre alt, trug ein kurzes Leinenkleid sowie weiße, mit Spitzen besetzte Höschen und konnte die Oktaven nur arpeggio greifen. Neben ihr saß im Profil Marja Iwanowna in einer Haube mit rosa Bändern, mit einer blauen Jacke und mit einem roten, zornigen Gesicht, das einen noch strengeren Ausdruck annahm, als Karl Iwanowitsch eintrat. Sie blickte ihn drohend an, beantwortete seinen Gruß nicht, stampfte zählend mit dem Fuß auf und schnarrte weiter: »Un, deux, trois, un, deux, trois.«

Karl Iwanowitsch schenkte ihr ebenfalls nicht die geringste Aufmerksamkeit und ging wie gewöhnlich mit einer deutschen Begrüßung unmittelbar auf meine Mutter zu, um ihr die Hand zu küssen. Sie fuhr aus ihrem Sinnen auf, schüttelte den Kopf, als wollte sie durch diese Bewegung ihre traurigen Gedanken abschütteln, hielt Karl Iwanowitsch ihre Hand hin und küßte ihn auf die runzlige Schläfe, während er ihr die Hand küßte.

»Ich danke, lieber Karl Iwanowitsch«, sagte sie auf deutsch und fuhr ebenso fort: »Haben die Kinder gut geschlafen?«

Karl Iwanowitsch war auf einem Ohr taub; jetzt aber konnte er wegen des Klavierspiels überhaupt nichts verstehen. Er beugte sich näher zum Diwan, stützte sich mit einer Hand auf den Tisch, stellte sich auf ein Bein, lüftete mit einem Lächeln, das mir damals als der Gipfelpunkt aller Höflichkeit erschien, sein Käppchen und sagte: »Sie entschuldigen gütigst, Natalja Nikolajewna?«

Karl Iwanowitsch nahm, um sich den kahlen Schädel nicht zu erkälten, das rote Käppchen niemals ab, bat aber jedesmal, wenn er in den Salon eintrat, um gütige Nachsicht.

»Behalten Sie auf, Karl Iwanowitsch ... Ich frage, ob die Kinder gut geschlafen haben«, sagte die Mutter, indem sie sich hochreckte, ziemlich laut.

Aber er hatte wiederum nichts gehört, bedeckte seine Glatze mit dem roten Käppchen und lächelte noch liebenswürdiger.

»Hört einen Augenblick auf, Mimi«, sagte die Mutter mit gütigem Lächeln zu Marja Iwanowna. »Man versteht kein Wort.«

Wenn meine Mutter lachte, wurde ihr an sich schönes Gesicht noch unvergleichlich schöner, so daß alles ringsumher gewissermaßen ein heiteres Aussehen annahm. Wenn ich in schweren Augenblicken meines Lebens nur eine Sekunde dieses Lächeln sehen könnte, würde ich nicht wissen, was Kummer ist. Mir scheint, daß allein im Lächeln das beschlossen liegt, was man die Schönheit eines Gesichtes nennt: gewinnt es durch ein Lächeln, ist es schön; bleibt es unverändert, ist es gewöhnlich; wird es entstellt, ist es häßlich.

Nachdem Mama mich begrüßt hatte, faßte sie meinen Kopf mit beiden Händen und bog ihn zurück; dann sah sie mich aufmerksam an und sagte: »Du hast geweint?«

Ich antwortete nicht. Dann küßte sie mich auf die Augen und fragte auf deutsch: »Worüber hast du geweint?«

Wenn sie freundschaftlich mit uns plauderte, bediente sie sich immer dieser Sprache, die sie vollkommen beherrschte.

»Ich ... ich habe geträumt und im Schlaf geweint, Mama«, sagte ich. Alle Einzelheiten des ausgedachten Traumes kamen mir dabei in Erinnerung, und unwillkürlich fuhr ich bei diesen Gedanken zusammen.

Karl Iwanowitsch bestätigte meine Worte, bewahrte aber Stillschweigen über den Traum. Es folgte eine Unterhaltung über das Wetter, an der sich auch Mimi beteiligte. Dann legte Mama sechs Stücke Zucker für einige bewährte Dienstboten auf das Teebrett, stand auf und ging zum Stickrahmen, der am Fenster stand.

»So, Kinder, geht jetzt zu Papa und sagt ihm, er möchte, ehe er in die Tenne geht, zu mir kommen.«

Die Musik, das Zählen und die dräuenden Blicke setzten wieder ein, und wir gingen zu Papa. Wir durchschritten das Zimmer, das noch von Großvaters Zeiten her »das Dienerzimmer« hieß, und betraten Papas Kabinett.

3. Papa

Er stand am Schreibtisch und redete lebhaft, ja erregt auf den Verwalter Jakow Michailowitsch ein, wobei er auf verschiedene Briefumschläge, Papiere und Geldrollen deutete. Jakow Michailowitsch stand an seinem gewohnten Platz zwischen der Tür und dem Barometer, hatte die Hände auf den Rücken gelegt und bewegte die Finger äußerst schnell nach den verschiedensten Richtungen.

Je mehr Papa in Eifer geriet, um so schneller bewegten sich die Finger, und umgekehrt: wenn Papa schwieg, ruhten sie; fing Jakow aber selbst an zu reden, gerieten sie in die lebhafteste Unruhe und zappelten verzweifelt nach allen Richtungen. Ich glaube, man hätte aus ihren Bewegungen Jakows geheimste Gedanken erraten können. Sein Gesicht blieb aber ruhig; es brachte gleichzeitig das Bewußtsein seiner Würde und seine Unterwürfigkeit zum Ausdruck, als wollte es sagen: »Ich habe zwar recht, aber ganz wie es Ihnen beliebt!«

Als Papa uns sah, sagte er nur: »Wartet, sogleich!«

Und dabei zeigte er mit dem Kopf nach der Tür, damit einer von uns sie zumache.

»Ach, Herr des Himmels, was ist heute nur los mit dir, Jakow?« fuhr mein Vater fort und zuckte die Schultern, wie es seine Gewohnheit war. »Die achthundert Rubel in diesem Umschlag ...«

Jakow griff zur Rechenmaschine, schob achthundert zurecht, heftete den Blick auf einen unbestimmten Punkt und wartete, was kommen werde.

»... sind für die Ausgaben in der Wirtschaft während meiner Abwesenheit. Verstehst du? Für die Mühle bekommst du tausend Rubel ... Ist es nicht so? Von der Staatskasse wirst du achthundert Rubel hinterlegte Kautionsgelder zurückerhalten; für Heu, von dem wir deiner Berechnung nach siebentausend Pud verkaufen können, wirst du – ich rechne das Pud zu fünfundvierzig Kopeken – dreitausend Rubel einnehmen. Wieviel Geld wirst du also alles in allem haben? Zwölftausend Rubel ... Ja oder nein?«

»Ganz richtig«, sagte Jakow.

Aber an der Geschwindigkeit seiner zappelnden Finger erkannte ich, daß er etwas entgegnen wollte; Papa ließ ihn aber nicht zu Wort kommen.

»Also von diesem Geld schickst du zehntausend Rubel in die Darlehnskasse zur Gutschrift auf Petrowskoje ... Jetzt das Geld, das im Kontor vorhanden ist«, fuhr Papa fort (Jakow warf die Kugelreihen der bisherigen zwölftausend durcheinander und stellte auf einundzwanzigtausend ein), »bringst du mir und trägst es unter dem heutigen Datum als Ausgabe ein.« Hier warf Jakow alle Kugeln durcheinander und drehte die Rechenmaschine um, als ob er zum Ausdruck bringen wollte, daß auch diese einundzwanzigtausend Rubel verloren seien. »Diesen Umschlag mit dem Geld übergibst du in meinem Namen dem Adressaten.«

Ich stand nahe am Tisch, und mein Blick fiel auf die Adresse. Sie lautete: »An Karl Iwanowitsch Mauer.«

Papa hatte bemerkt, daß ich etwas las, was mich nichts anging; er legte mir die Hand auf die Schulter und hieß mich durch eine leichte Bewegung des Kopfes vom Tisch zurücktreten. Ich wußte nicht, ob das eine Liebkosung sein sollte oder eine Strafe; auf alle Fälle küßte ich seine große, nervige Hand, die auf meiner Schulter ruhte.

»Zu Befehl!« sagte Jakow. »Und welche Anordnungen treffen Sie bezüglich des Geldes aus Chabarowka?«

Chabarowka war Mamas Dorf.

»Das bleibt im Kontor und wird ohne meine besondere Anweisung nicht angegriffen.«

Jakow schwieg einige Sekunden; dann setzten sich seine Finger plötzlich in verstärkte Bewegung; der Ausdruck unterwürfigen Stumpfsinns, mit dem er die Befehle seines Herrn angehört hatte, wich aus seinem Gesicht und machte dem ihm eigenen Ausdruck verschlagener Gewitztheit Platz. Er nahm die Rechenmaschine vor und begann: »Erlauben Sie mir zu bemerken, Pjotr Alexandrowitsch, daß nach Ihrem Belieben verfahren werden soll, aber an die Darlehnskasse werden wir die fällige Zahlung nicht leisten können ... Es bliebe zu sagen«, fuhr er nach einer Pause fort, »daß die benötigte Summe von den Kautionsgeldern, von der Mühle und von dem Heu einkommen müßte.« Wie er diese Posten aufzählte, so warf er auch die Kugelreihen hin. »Aber ich fürchte, daß wir uns in unserem Voranschlag irren«, fügte er nach kurzem Schweigen hinzu und blickte Papa tiefsinnig an.

»Wieso?«

»Ja, belieben Sie nur zu sehen! Was die Mühle anlangt, so ist der Müller schon zweimal zu mir gekommen, hat um Stundung gebeten und bei unserem Heiland geschworen, daß er kein Geld habe. Er ist auch jetzt wieder da. Ist es Ihnen vielleicht gefällig, selbst mit ihm zu reden?«

»Was sagt er denn?« fragte Papa und deutete durch eine Kopfbewegung an, daß er mit dem Müller nicht sprechen wolle.

»Nun, immer dieselbe Geschichte! Er sagt, daß das Mahlgeld gar nicht der Rede wert gewesen sei und daß er das wenige Geld, das eingegangen sei, alles in den Mühlendamm hineingesteckt habe. Wenn wir es mit einem andern Müller versuchten, Herr, würden wir da nicht dasselbe erleben? ... Sie beliebten auch von den hinterlegten Geldern zu sprechen; aber ich habe Ihnen schon, glaube ich, vorgetragen, daß unser Geld da festliegt und wir es nicht so bald freibekommen werden. Unlängst habe ich in dieser Angelegenheit eine Fuhre Mehl und einen Brief an Iwan Afanasjewitsch in die Stadt geschickt; aber er hat mir antworten lassen, daß er sich zwar Ihretwegen gern bemühen wolle, daß aber die Sache nicht von ihm abhinge und daß Sie allem Anschein nach kaum in zwei Monaten Ihre Quittung bekommen würden ... Dann beliebten Sie über das Heu zu sprechen. Nehmen wir an, wir könnten es wirklich für dreitausend Rubel verkaufen.« Er stellte die Rechenmaschine auf dreitausend und schwieg einen Augenblick, wobei er bald auf die Maschine, bald auf Papa blickte, als wollte er sagen: Sie sehen selber, wie wenig das ist! Auch werden wir bei dem Ganzen verlieren, wenn wir es jetzt verkaufen, das belieben Sie selber zu wissen.

Es war offenbar, daß er noch einen großen Vorrat an Gründen für und wider hatte; darum unterbrach ihn mein Vater und sagte: »Meine Anordnungen ändere ich nicht; aber wenn diese Gelder wirklich nicht eingehen sollten, dann hilft es nichts, dann nimmst du, was fehlt, von dem Chabarowsker Geld.«

»Zu Befehl!«

Jakow war ein Leibeigener, ein überaus eifriger, anhänglicher Mensch; wie alle guten Verwalter war er in allen Angelegenheiten seines Herrn äußerst knauserig und hatte von den Vorteilen seines Herrn die sonderbarsten Vorstellungen. Er war stets darauf aus, das Vermögen seines Herrn auf Kosten desjenigen seiner Herrin zu vermehren, und bemühte sich, zu beweisen, daß es unbedingt nötig sei, alle Eingänge von Mamas Gut auf Petrowskoje (das Gut, auf dem wir wohnten) zu verwenden. In diesem Augenblick schwelgte er in dem Gedanken, daß ihm seine Absichten völlig geglückt seien.

Nachdem Papa uns begrüßt hatte, sagte er, wir hätten genug auf dem Land herumgefaulenzt, wir seien keine kleinen Kinder mehr, und es sei die höchste Zeit, daß wir mit dem Lernen Ernst machten.

»Ihr wißt schon, denke ich, daß ich heute abend nach Moskau fahre und euch mitnehme«, sagte er; »ihr werdet bei der Großmutter wohnen, während Mama mit den Mädchen hier bleibt. Denkt daran, daß es ihr einziger Trost sein wird zu hören, daß ihr gut lernt und man mit euch zufrieden ist.«

Obgleich wir auf Grund der Vorbereitungen, die sich seit einigen Tagen bemerkbar gemacht hatten, bereits etwas Ungewöhnliches erwartet hatten, brachte diese Neuigkeit uns doch völlig aus der Fassung. Wolodja wurde ganz rot und richtete mit zitternder Stimme Mamas Auftrag aus.

Das also hatten meine Träume zu bedeuten, dachte ich, gebe Gott, daß nichts Schlimmeres kommt!

Mir tat meine Mutter sehr, sehr leid; gleichzeitig aber entzückte mich der Gedanke, daß wir nun groß seien.

Wenn wir heute reisen, fällt sicherlich der Unterricht aus. Das ist herrlich! dachte ich. Aber der arme Karl Iwanowitsch tut mir auch leid. Er wird sicher entlassen, denn sonst hätte man nicht den Brief für ihn zurechtgemacht. Ach, das beste wäre, immer hier zu lernen, nicht fortzureisen, sich nicht von Mama zu trennen und den armen Karl Iwanowitsch nicht zu kränken. Er ist auch so ein unglücklicher Mensch!

Diese Gedanken durchkreuzten unklar mein Hirn; ich rührte mich nicht von der Stelle und betrachtete unverwandt die schwarzen Schleifen an meinen Schuhen.

Papa sprach mit Karl Iwanowitsch noch ein paar Worte über das Fallen des Barometers, befahl dem Verwalter, die Hunde nicht zu füttern, da er zum Abschied nach dem Mittagessen auf die Jagd reiten und die jungen Hetzhunde probieren wolle, und hieß uns dann gegen mein Erwarten zum Unterricht gehen, tröstete uns aber mit dem Versprechen, uns auf die Jagd mitzunehmen.

Auf dem Weg nach oben huschte ich auf die Terrasse. In der Tür lag in der Sonne mit zugekniffenen Augen Papas Lieblingsbarsoi Milka.

»Lieber Milka«, sagte ich, streichelte und küßte ihn auf die Schnauze, »wir reisen heute ab; leb wohl, wir sehen uns nie wieder!«

Ich mußte weinen, so gerührt war ich.

4. Der Unterricht

Karl Iwanowitsch war sehr schlecht gelaunt. Das sah man an seinen zusammengezogenen Augenbrauen und an der Art, wie er seinen Rock in die Kommode warf, wie er sich ärgerlich gürtete und wie er in dem Buch mit den deutschen Gesprächen den Fingernagel an der Stelle eingrub, bis zu der wir auswendig lernen sollten. Wolodja lernte, wie es sich gehörte; ich aber war so zerstreut, daß ich einfach nicht arbeiten konnte. Lange blickte ich gedankenlos in das Gesprächsbuch, aber die Tränen, die mir beim Gedanken an die bevorstehende Trennung in die Augen traten, ließen mich einfach nicht lesen. Als es dann soweit war, die Gespräche aufzusagen (Karl Iwanowitsch hörte mit zusammengekniffenen Augen ab, was ein böses Vorzeichen war), konnte ich bei der Stelle, wo der eine sagt: »Wo kommen Sie her?« und der andere antwortet: »Ich komme vom Kaffeehause«, die Tränen nicht mehr zurückhalten und mußte so schluchzen, daß ich das: »Haben Sie die Zeitung nicht gelesen?« nicht hervorbringen konnte. Als dann gar das Schönschreiben an die Reihe kam, machte ich infolge der Tränen, die auf das Papier fielen, solche Kleckse, daß es aussah, als schriebe ich mit Wasser auf Löschpapier.

Karl Iwanowitsch erboste sich, ließ mich zur Strafe knien, behauptete, daß alles nur Eigensinn und Puppenkomödie sei (dies war seine Lieblingsredensart), drohte mir mit dem Lineal und verlangte, ich sollte um Verzeihung bitten, während ich doch vor Tränen kein Wort herausbringen konnte. Schließlich ging er, weil er offenbar seine Ungerechtigkeit einsah, in das Zimmer unseres Kinderwärters Nikolaj, wobei er die Tür dröhnend hinter sich zuschlug.

Von unserem Klassenzimmer aus konnte man das in Nikolajs Zimmer geführte Gespräch hören.

»Hast du schon gehört, daß die Kinder nach Moskau fahren?« fragte Iwanowitsch, als er in das Zimmer trat.

»Freilich habe ich es gehört.«

Vermutlich wollte Nikolaj aufstehen, denn Karl Iwanowitsch sagte: »Bleib sitzen, Nikolaj«, und machte unmittelbar darauf die Tür zu. Ich verließ meine Ecke und ging an die Tür, um zu horchen.

»Man mag den Menschen noch so viel Gutes erweisen und noch so treue Dienste leisten, aber auf Dankbarkeit, siehst du, darf man nicht rechnen, Nikolaj«, sagte Karl Iwanowitsch erregt.

Nikolaj saß, mit Schuhmacherarbeiten beschäftigt, am Fenster und nickte zustimmend mit dem Kopf.

»Zwölf Jahre bin ich in diesem Haus, und vor Gottes Angesicht kann ich sagen, Nikolaj«, fuhr Karl Iwanowitsch, indem er Augen und Schnupftabaksdose gegen die Decke hob, fort, »daß ich die Kinder liebgehabt und mich mit ihnen mehr beschäftigt habe, als wenn es meine eigenen Kinder wären. Du erinnerst dich, Nikolaj, als Wolodja das Fieber hatte, wie ich da neun Tage lang, ohne ein Auge zuzutun, an seinem Bette gesessen habe. Ja, damals war ich der gute, liebe Karl Iwanowitsch. Damals wurde ich gebraucht«, fuhr er ironisch lächelnd fort, »jetzt sind die Kinder ›groß geworden und müssen etwas Ordentliches lernen‹. Haben sie hier etwa nichts gelernt, Nikolaj?«

»Was sollen sie denn eigentlich noch lernen?« fragte Nikolaj, während er den Pfriemen hinlegte und mit beiden Händen den Draht auszog.

»Ja, jetzt bin ich überflüssig geworden, und da muß man mich fortjagen; wo bleiben die Versprechungen, wo bleibt die

Dankbarkeit? Ich liebe und verehre Natalja Nikolajewna, Nikolaj«, sagte er und legte die Hand auf die Brust, »aber was hat sie zu sagen? Ihr Wille bedeutet in diesem Hause soviel wie das hier ...« Er warf mit ausdrucksvoller Gebärde ein Stückchen Leder auf den Fußboden. »Ich weiß, wer dahinter steckt und warum ich unnötig geworden bin; deshalb, weil ich nicht schmeichle und nicht alles gutheiße wie *andere* Leute. Ich bin gewohnt, immer und jedem die Wahrheit zu sagen«, sagte er stolz. »Gott verzeihe ihnen! Dadurch, daß ich nicht mehr dabin, werden sie nicht reicher werden, ich aber werde mit Gottes Hilfe noch mein Brot finden ... nicht wahr, Nikolaj?«

Nikolaj hob den Kopf und betrachtete Karl Iwanowitsch, als wollte er sich vergewissern, ob dieser wirklich imstande wäre, sein Brot zu finden, sagte aber kein Wort. Karl Iwanowitsch sprach noch viel und lange in diesem Sinn; er erwähnte, wie viel besser man bei einem General, bei dem er früher gewesen sei, seine Dienste zu würdigen verstanden habe (es tat mir weh, dies zu hören); er sprach von Sachsen, von seinen Eltern, von seinem Freund, dem Schneider Schönheit, und so weiter, und so weiter.

Ich fühlte seinen Kummer nach, und es tat mir leid, daß mein Vater und Karl Iwanowitsch, die mir fast gleich lieb waren, einander nicht verstanden. Ich begab mich wieder in meine Ecke, hockte mich auf die Fersen und überlegte, wie sich das Einverständnis zwischen beiden wieder herstellen ließe.

Als Karl Iwanowitsch wieder in das Klassenzimmer zurückgekommen war, befahl er mir aufzustehen und das Diktatheft vorzubereiten. Als alles fertig war, ließ er sich majestätisch in seinen Sessel nieder und begann mit einer Stimme, die aus tiefsten Tiefen hervorzukommen schien, folgenden deutschen Satz zu diktieren: »Von al-len Lei-den-schaf-ten die grau-sam-ste ist ... Haben Sie geschrieben?« Hier hielt er inne, nahm langsam eine Prise und fuhr dann mit neuer Kraft fort: »Die grau-sam-ste ist die Un-dank-bar-keit ... Ein großes U.« Nachdem ich das letzte Wort geschrieben hatte, blickte ich ihn in Erwartung der Fortsetzung an.

»Punktum«, sagte er mit einem kaum wahrnehmbaren Lächeln und gab uns ein Zeichen, ihm die Hefte zu reichen.

Mehrere Male las er mit wechselnder Betonung und mit dem Ausdruck größter Genugtuung diesen Satz, der sein innerstes Denken zum Ausdruck brachte; dann stellte er uns eine Aufgabe aus der Geschichte und setzte sich ans Fenster. Sein Gesicht war nicht mehr finster wie vorher; es drückte die Zufriedenheit eines Menschen aus, der sich für einen ihm angetanen Schimpf in würdiger Weise gerächt hat.

Es war schon dreiviertel eins; aber Karl Iwanowitsch schien nicht daran zu denken, uns gehen zu lassen: immer wieder stellte er neue Aufgaben. Verdruß und Appetit nahmen in gleichem Maß zu. Ich verfolgte in äußerster Ungeduld alle Anzeichen, die auf die Nähe des Mittagessens hinwiesen. Da ging eine Gutsmagd mit einem Bastwisch, um die Teller zu waschen; da hörte ich, wie man auf der Anrichte mit Geschirr klapperte, den Tisch auszog und die Stühle herumstellte; da kam auch Mimi mit Ljubotschka und Katenka (Katenka war Mimis zwölfjährige Tochter) aus dem Garten; aber Foka war noch nicht zu sehen, der Haushofmeister Foka, der immer kam, um zu melden, daß angerichtet sei. Erst dann durfte man die Bücher beiseite werfen und nach unten stürmen, ohne sich weiter um Karl Iwanowitsch zu kümmern.

Da ließen sich Schritte auf der Treppe hören; das war aber nicht Foka! Ich kannte seinen Gang ganz genau, kannte auch das eigenartige Knarren seiner Stiefel. Die Tür ging auf, und in ihr zeigte sich eine mir völlig unbekannte Gestalt.

5. Der Narr in Gott

In das Zimmer trat ein Mann von etwa fünfzig Jahren mit einem blassen, länglichen, von Pockennarben durchfurchten Gesicht, langen blonden Haaren und einem dünnen, rötlichen Bart. Er war von so hohem Wuchs, daß er, um bei der Tür hereinzukommen, nicht nur den Kopf, sondern den ganzen Oberkörper beugen mußte. Er trug einen zerrissenen

Kaftan und eine Art Priesterrock. In der Hand hielt er einen riesigen Stab, mit dem er beim Eintreten in das Zimmer aus Leibeskräften aufstieß, worauf er die Augenbrauen hochzog, den Mund weit aufriß und in ein schrecklich unnatürliches Gelächter ausbrach. Auf dem einen Auge war er blind, und die weiße Pupille dieses Auges hüpfte unnatürlich hin und her und verlieh seinem häßlichen Gesicht einen noch abstoßenderen Ausdruck.

»Aha, gefangen!« rief er und lief mit kleinen Schritten auf Wolodja zu, faßte ihn beim Kopf und begann sorgfältig seinen Scheitel zu betrachten. Dann ging er mit durchaus ernstem Gesichtsausdruck von ihm weg, trat an den Tisch heran und pustete unter den Wachstuchbezug, über den er das Kreuz schlug. »Oh, oh, wie schade! Oh, oh, schlimm ... die lieben Tierchen ... fliegen dahin!« sagte er dann mit vor Tränen zitternder Stimme, blickte Wolodja ergriffen an und wischte sich mit dem Ärmel die Tränen ab, die ihm tatsächlich über die Wangen liefen.

Seine Stimme war rauh und heiser, seine Bewegungen hastig und fahrig, seine Rede sinnlos und ohne Zusammenhang (er gebrauchte nie Fürwörter), dabei aber hatte er etwas Rührendes in der Stimme, und sein gelbes, häßliches Gesicht nahm mitunter einen so aufrichtig traurigen Ausdruck an, daß man sich beim Zuhören eines aus Mitleid, Furcht und Traurigkeit gemischten Gefühles nicht erwehren konnte.

Das war der Narr in Gott und Pilger Grischa.

Woher stammte er? Wer waren seine Eltern? Was hatte ihn dazu veranlaßt, jenes Wanderleben zu wählen, das er führte? Kein Mensch wußte es. Ich kann nur sagen, daß er seit seinem fünfzehnten Jahre als Narr bekannt war, der Sommer und Winter barfuß ging, die Klöster besuchte, Leuten, die er gern hatte, kleine Heiligenbilder schenkte und rätselhafte Worte sprach, die von manchem als Weissagungen gedeutet wurden, daß niemand ihn je anders gesehen hatte, daß er hin und wieder zu unserer Großmutter kam, und daß manche behaupteten, er sei der unglückliche Sohn reicher Eltern und eine reine Seele, andere dagegen, er sei einfach ein Bauer und Tagedieb.

Endlich erschien der langersehnte Foka, pünktlich wie immer, und wir gingen nach unten. Grischa, der immer noch schluchzte und allerlei Unsinn redete, folgte uns und stieß mit seinem Stab laut auf die Treppenstufen. Papa und Mama gingen Arm in Arm im Salon auf und ab und besprachen sich leise. Marja Iwanowna saß steif und würdevoll auf einem der genau im rechten Winkel zum Sofa aufgestellten Sessel und erteilte mit strenger, aber gedämpfter Stimme den beiden neben ihr sitzenden Mädchen Verhaltungsmaßregeln. Sobald Karl Iwanowitsch ins Zimmer trat, warf sie ihm einen Blick zu, wandte sich dann wieder sofort von ihm ab, und ihr Gesicht nahm einen Ausdruck an, den man so übersetzen könnte: Ich bemerke Sie nicht, Karl Iwanowitsch. Den Mädchen konnte man an den Augen ansehen, daß sie uns für ihr Leben gern schnell etwas äußerst Wichtiges mitgeteilt hätten; aber von den Plätzen aufzuspringen und zu uns zu eilen, wäre gegen die von Mimi gegebenen Anordnungen gewesen. Wir mußten zunächst zu ihr herantreten, »Bonjour, Mimi« sagen und einen Kratzfuß machen, erst dann war es erlaubt, ein Gespräch anzufangen.

Was war doch diese Mimi für eine unausstehliche Person! Oft durfte man in ihrer Gegenwart überhaupt von nichts reden, alles fand sie ungehörig. Obendrein quälte sie uns mit ihrem ständigen: »Parlez donc français!« – und dabei hätten wir doch, um sie zu ärgern, so gern russisch geplaudert; oder wenn man beim Mittagessen einem Gericht auf den Geschmack gekommen war und richtig zu essen anfangen wollte, ertönte mit unfehlbarer Sicherheit ein: »Mangez donc avec du pain!« oder: »Comment donc tenez-vous votre fourchette!« Wir aber dachten bei uns im stillen: Was gehen wir dich an! dachten wir. Mag sie ihren Mädchen Vorschriften machen! Bei uns ist Karl Iwanowitsch für so etwas da! Ich teilte durchaus seinen Haß auf »andere« Leute.

»Bitte doch Mama, daß wir mit auf die Jagd dürfen«, flüsterte mir Katenka zu, wobei sie mich an der Jacke festhielt, als die Großen in das Eßzimmer gingen.

»Schön, ich will es versuchen.«

Grischa aß im Eßzimmer mit, aber an einem besonderen kleinen Tisch. Er wandte die Augen nicht von seinem Teller, seufzte hin und wieder, schnitt seltsame Grimassen und sagte, als rede er mit sich selber: »Schade ... flog fort ... die Taube wird davonfliegen in den Himmel. Oh, ein Stein auf einem Grab ...« und so weiter.

Mama war schon seit heute morgen in Aufregung, und durch Grischas Anwesenheit, Worte und Benehmen wurde dieser Zustand merklich verschlimmert.

»Ach ja, beinahe hätte ich es vergessen, ich wollte dich um etwas bitten«, sagte sie, als sie dem Vater einen Teller Suppe reichte.

»Nun, was denn?«

»Bitte, laß doch deine schrecklichen Hunde einsperren, sie hätten den armen Grischa beinahe zu Tode gebissen, als er über den Hof ging. Ebensogut können sie sich einmal auf die Kinder stürzen.«

Als Grischa hörte, daß von ihm die Rede war, drehte er sich nach dem Tisch um, zeigte seine zerrissenen Rockschöße und sagte mit kauendem Munde: »Wollte, daß sie zerrissen ... Gott ließ es nicht zu. Sünde, mit Hunden hetzen, große Sünde! Schlag nicht, Ältester*! Wozu schlagen? Gott wird verzeihen ... Die Zeit ist nicht danach angetan.«

»Was sagt er?« fragte Papa und sah ihn unverwandt und streng an. »Ich verstehe nichts!«

»Ich verstehe ihn«, antwortete Mama; »er hat mir erzählt, ein Jäger hätte absichtlich die Hunde auf ihn gehetzt; darum meinte er: er wollte, daß sie mich zerrissen, aber Gott hat es nicht zugelassen, und er bittet dich, ihn dafür nicht zu bestrafen.«

»Ach, sieh an«, sagte Papa, »woher weiß er, daß ich diesen Jäger bestrafen will? Wie du weißt, bin ich überhaupt kein großer Freund dieser Herren«, fuhr er auf französisch fort, »aber der mißfällt mir ganz besonders und ist wahrscheinlich ...«

* So nannte er alle Männer ohne Unterschied.

»Ach, sage das nicht, lieber Freund«, unterbrach ihn Mama, als hätte sie etwas erschreckt, »woher kannst du das wissen?«

»Mir scheint, ich habe diese Art Menschen zur Genüge studieren können; es kommen ja so viele zu dir; sie sind alle über einen Kamm ... Ewig dieselbe Geschichte ...«

Die Mutter war in diesem Punkt offenbar völlig anderer Meinung, wollte aber nicht streiten.

»Bitte, reiche mir noch eine Pirogge«, sagte sie. »Sind sie heute nicht gut geraten?«

»Nein, ich ärgere mich«, fuhr Papa fort. Er nahm eine Pirogge auf die Gabel, hielt sie aber in solcher Entfernung, daß Mama sie nicht erreichen konnte. »Nein, ich ärgere mich, wenn ich sehe, daß sich gescheite, gebildete Menschen so hinters Licht führen lassen.«

Er stieß mit der Gabel auf den Tisch.

»Ich hatte dich gebeten, mir eine Pirogge zu reichen«, sagte sie noch einmal und streckte die Hand aus.

»Und man tut recht daran«, fuhr Papa fort, während er seine Hand immer weiter entfernte, »daß die Polizei solche Leute einsperrt. Der einzige Nutzen, den sie bringen, besteht darin, daß sie die sowieso schon schwachen Nerven gewisser Personen noch mehr zerrütten«, fügte er lächelnd hinzu, als er merkte, daß dieses Gespräch Mama sehr mißfiel, und reichte ihr die Pirogge.

»Ich will dir darauf nur eins erwidern: es ist schwer, zu glauben, daß ein Mensch, der trotz seiner sechzig Jahre Sommer und Winter barfuß geht und unter dem Kleid Büßerketten von zwei Pud Gewicht trägt, die er niemals abnimmt, und der wiederholt ein angebotenes, ruhiges, gesichertes Leben ausgeschlagen hat – es ist schwer, zu glauben, daß ein solcher Mensch das alles nur aus Faulheit tun sollte. Was die Weissagungen anlangt«, fügte sie nach kurzem Stillschweigen aufseufzend hinzu, »je suis payée pour y croire; ich habe dir, glaube ich, erzählt, wie Kirjuscha meinem seligen Vater auf Tag und Stunde genau sein Ende vorausgesagt hat.«

»Ach, was hast du mir angetan!« sagte Papa lächelnd und hielt dabei nach der Seite hin, wo Mimi saß, die Hand vor den

Mund. Immer, wenn er das tat, horchte ich mit gespannter Aufmerksamkeit hin, weil ich etwas Komisches erwartete. »Warum hast du mich an seine Füße erinnert? Ich habe sie mir angeschaut und kann nichts mehr essen.«

Das Mittagessen näherte sich seinem Ende. Ljubotschka und Katenka zwinkerten uns unaufhörlich zu, rückten auf ihren Stühlen hin und her und legten überhaupt eine starke Unruhe an den Tag. Dieses Zuzwinkern bedeutete: Warum bittet ihr nicht, daß wir mit auf die Jagd gehen dürfen? Ich stieß Wolodja mit dem Ellenbogen an; Wolodja stieß mich an und faßte endlich Mut: erst schüchtern, dann ziemlich fest und laut sagte er: »Da wir heute abreisen sollen, würde es uns sehr lieb sein, wenn die Mädchen mit uns zusammen zur Jagd fahren dürften!«

Nach kurzer Beratung unter den Erwachsenen wurde diese Frage zu unsern Gunsten entschieden, und was noch angenehmer war, Mama sagte, sie selbst würde uns begleiten.

6. Vorbereitungen zur Jagd

Während des Nachtischs wurde Jakow hereingerufen und erhielt Anweisungen betreffs des Wagens, der Hunde und der Reitpferde – alles mit größter Genauigkeit, jedes Pferd wurde mit Namen genannt. Wolodjas Pferd lahmte; Papa befahl, es sollte ein Jagdpferd für ihn gesattelt werden. Das Wort »Jagdpferd« hatte für Mamas Ohren einen beängstigenden Klang. Sie meinte, ein Jagdpferd sei eine Art toller Bestie, es werde unfehlbar durchgehen und Wolodja töten. Ungeachtet aller beruhigenden Versicherungen Papas und Wolodjas, der mit verblüffendem Wagemut erklärte, das habe nichts zu besagen, er habe es sogar sehr gern, wenn das Pferd durchgehe, behauptete die arme Mama immer wieder, sie werde während des ganzen Ausfluges keine ruhige Minute haben.

Das Mittagessen war beendet; die Großen gingen ins Kabinett, um dort den Kaffee einzunehmen; wir liefen in den Garten, scharrten mit den Füßen im gelben Laub der Wege und plauderten miteinander. Unser Gespräch handelte davon, daß Wolodja auf einem Jagdpferd reiten würde, daß Ljuboschka sich schämen sollte, nicht so schnell laufen zu können wie Katenka und daß es interessant sein würde, Grischas Büßerketten zu sehen, und so weiter; davon aber, daß wir uns bald trennen sollten, wurde mit keinem Wort gesprochen.

Unser Geplauder wurde durch das Rasseln eines herankommenden Wagens unterbrochen, der auf jeder seiner Federn einen Gutsjungen sitzen hatte. Hinter dem Wagen kam der Kutscher Iwanowitsch, der auf dem für Wolodja bestimmten Pferd saß und meinen alten Klepper am Zügel führte. Zuerst stürzten wir alle an den Zaun, von dem aus alle diese bemerkenswerten Dinge zu sehen waren. Dann aber rannten wir lärmend und tobend nach oben, um uns umzuziehen, das heißt, so umzuziehen, daß wir möglichst wie Jäger aussahen. Eins der hauptsächlichsten Mittel dazu war, die Hosen in die Stiefel zu stecken. Unverzüglich machten wir uns ans Werk und beeilten uns, so schnell wie möglich damit fertig zu werden, um an die Freitreppe zu laufen und uns an dem Anblick der Hunde und der Pferde sowie an einem Gespräch mit den Jägern zu weiden.

Der Tag war heiß. Weiße, absonderlich geformte Wölkchen hatten sich früh am Morgen am Horizont gezeigt, dann hatte ein leichter Wind sie immer näher und näher getrieben, so daß sie mitunter die Sonne verdeckten. Wie viele ihrer auch heranzogen und welch dunkle Färbung sie auch annahmen, so war doch nicht zu befürchten, daß sie sich zu einem Gewitter zusammenballen und uns das letzte Vergnügen, auf das wir uns so freuten, stören würden. Gegen Abend begannen sie sich wieder zu zerteilen: die einen wurden blässer, dehnten sich in die Länge und verloren sich nach dem Horizont. Andere, gerade über unserm Kopf, verwandelten sich in weiße, durchsichtige Wölkchen, nur eine große schwarze Wolke hielt sich im Osten. Karl Iwanowitsch wußte immer, wohin eine jede Wolke zog. Er erklärte, diese Wolke ziehe nach Maslowka; es werde nicht regnen, sondern vorzügliches Wetter sein.

Foka kam mit einer für sein vorgerücktes Alter erstaunlichen Gewandtheit und Schnelligkeit die Treppe herabgelaufen, rief: »Vorfahren!« und stellte sich dann mit gespreizten Beinen mitten auf die Auffahrt an den Platz, wo der Kutscher den Wagen zum Halten bringen mußte – in der Haltung eines Mannes, dem man nicht zu sagen braucht, was er zu tun hat. Die Damen kamen heraus, eröffneten eine kleine Debatte darüber, auf welcher Seite jede sitzen und an wem sie sich festhalten solle (obgleich es mir völlig unnötig schien, sich festzuhalten), machten ihre Sonnenschirme auf, und fort ging es! Als sich der Wagen in Bewegung setzte, wies Mama auf das »Jagdpferd« und fragte den Stallknecht mit zitternder Stimme: »Ist das das Pferd für Wladimir Petrowitsch?« Und als der Stallknecht bejahend antwortete, machte sie eine gleichsam ohnmächtige Handbewegung und wandte sich ab. Ich selbst befand mich in größter Ungeduld. Ich bestieg mein Pferd, schaute ihm zwischen die Ohren und vollführte auf dem Hof allerlei Kunststücke.

»Die Hunde nicht totreiten«, sagte ein Jäger zu mir.

»Nur keine Angst, ich reite nicht zum ersten Mal«, antwortete ich stolz.

Wolodja bestieg das »Jagdpferd«, unbeschadet all seiner Charakterstärke, nicht ohne Bangigkeit und fragte mehrmals, während er es streichelte: »Ist es auch fromm?«

Zu Roß nahm er sich sehr schön aus, ganz wie ein Erwachsener. Seine von den Hosen eng umspannten Schenkel lagen so gut am Sattel an, daß mir der Neid kam, besonders deshalb, weil ich, nach dem Schatten zu urteilen, bei weitem nicht so gut aussah.

Da wurde Papas Schritt auf der Treppe hörbar; der Hundewärter trieb die Hetzhunde, die sich ein wenig entfernt hatten, wieder heran; die Jäger riefen ihre Windhunde und saßen auf. Der Leibjäger führte Papas Pferd an die Freitreppe; die zu Papas Koppel gehörenden Hunde, die vorher in verschiedenen malerischen Stellungen um die Pferde herum gelagert hatten, stürzten ihrem Herrn entgegen. Hinter ihm kam Milka aus der Tür gesprungen und vollführte mit seinem Glasperlenhalsband und eisernen Schellen einen lustigen

Lärm. Sooft er mit den Hunden aus dem Zwinger zusammentraf, ließ er es an einer Begrüßung nicht fehlen: mit den einen spielte er, bei anderen gab es ein gegenseitiges Beriechen und Geknurre, und wieder bei anderen suchte er nach Flöhen.

Papa bestieg sein Pferd, und wir ritten los.

7. Die Jagd

Der Pikör mit dem Beinamen »der Türke« ritt auf einem blaugrauen, krummnasigen Pferd allen voran. Auf dem Kopf trug er eine zottige Mütze, um die Schultern hing ihm ein riesiges Jagdhorn, und in seinem Gürtel steckte ein Dolch. Nach dem finsteren, trotzigen Aussehen dieses Mannes hätte man eher glauben können, er ziehe in einen Kampf auf Leben und Tod, denn auf die Jagd. Um die Hinterbeine seines Pferdes jagten in bunt wogendem Schwarm dichtgedrängt die Hetzhunde. Es tat einem weh zu sehen, welch Schicksal den unglücklichen Hund traf, der sich einfallen ließ, zurückzubleiben. Er mußte unter größter Anstrengung den mit ihm zusammengekoppelten Gefährten zu sich heranziehen, und wenn er das glücklich bewerkstelligt hatte, ließ einer der hinten reitenden Hundewärter die Hetzpeitsche auf ihn herniedersausen und schrie ihn an: »Willst du bleiben!« Als wir vor dem Tor waren, befahl Papa den Jägern und uns, auf dem Fahrweg weiterzureiten. Er selbst bog auf das Roggenfeld ab.

Die Kornernte war in vollem Gang. Das unübersehbare, goldglänzende Feld war nur auf einer Seite von einem hohen, bläulich schimmernden Wald begrenzt, der mir damals als der entlegenste, geheimnisvollste Ort erschien, hinter dem entweder die Welt ein Ende habe oder unbewohnte Länder lägen. Das ganze Feld war mit Getreidehaufen und Menschen bedeckt. In dem hohen, dichten Roggen sah man hier und da auf einem gemähten Streifen den gekrümmten Rücken einer Schnitterin, das Schwanken der Ähren, wenn sie diese zwischen die Finger nahm, oder auch im Schatten eine Frau, die sich über eine Wiege beugte. Auf dem Stoppelfeld, das mit

Kornblumen wie besät war, lagen verstreut die Garben. Auf der anderen Seite luden Bauern, die nur mit Hemd und Hose bekleidet auf dem Wagen standen, die Garben auf und wirbelten auf dem trockenen, glühenden Feld nicht wenig Staub auf. Der Dorfälteste, in Stiefeln, den Rock lose über die Schulter gehängt, den Stock in der Hand, nahm, als er Papa von weitem erblickte, seinen Filzhut ab, fuhr sich mit einem Tuch über den rothaarigen Kopf und herrschte die Weiber an. Der kleine Fuchs, auf welchem Papa ritt, lief in leichtem, spielendem Trab; manchmal ließ er den Kopf auf die Brust sinken, straffte die Zügel und jagte, mit dem dichten Schweif schlagend, die Bremsen und Fliegen fort, die sich an ihm festsaugten. Zwei Windhunde sprangen mit sichelförmig gekrümmtem Schwanz und hoch emporgerissenen Beinen hinter den Füßen des Pferdes anmutig über die hohen Stoppeln. Milka lief voran und drehte mitunter den Kopf zurück, als erwarte er einen Leckerbissen. Das Sprechen der Menschen, das Stampfen der Pferde, das Rollen der Wagen, den lustigen Schlag der Wachteln, das Summen der Insekten, die in unzähligen Schwärmen durch die Luft schwirrten, den Geruch des Wermuts, des Strohes und des Pferdeschweißes, die tausend verschiedenen Farben und Schattierungen, von der glühenden Sonne über das goldglänzende Stoppelfeld, über den fernen blauen Wald und die hellvioletten Wolken geworfen, die weißen Spinnenfäden, die durch die Luft flogen oder sich auf das Stoppelfeld legten – dies alles sah, hörte und fühlte ich.

Als wir zu dem Kalinower Wäldchen gelangt waren, fanden wir dort schon den Wagen vor, und über alles Erwarten noch einen Einspänner, auf dem der Büfettdiener saß. Aus dem Heu guckten ein Samowar, ein Zuber mit einer Eisbüchse und einige höchst verlockende Päckchen und Schächtelchen hervor. Kein Zweifel: das bedeutete Tee im Freien mit Gefrorenem und Obst. Beim Anblick dieses Einspänners bekundeten wir die lärmendste Freude. Den Tee im Wald auf dem Rasen zu trinken und überhaupt an einer Stelle, an der noch niemand Tee getrunken hatte, das war für uns ein Vergnügen ganz erlesener Art.

Der »Türke« kam an die Waldinsel herangeritten, machte halt und hörte aufmerksam Papas ausführliche Anweisungen an, wie die Jäger sich verteilen und wo sie herauskommen sollten (nebenbei bemerkt richtete sich der »Türke« niemals nach diesen Anweisungen, sondern folgte seinem eigenen Kopf); dann koppelte er die Hunde los, band in aller Seelenruhe die Koppelriemen an seinen Sattel, stieg wieder aufs Pferd und verschwand pfeifend hinter den jungen Birken. Die losgekoppelten Hetzhunde brachten zunächst durch Wedeln mit den Schwänzen ihre Freude zum Ausdruck, schüttelten, reckten und streckten sich und liefen dann in leichtem Trab, schnüffelnd und schwanzwedelnd, nach verschiedenen Seiten auseinander.

»Hast du ein Taschentuch bei dir?« fragte Papa. Ich zog es aus der Tasche und zeigte es ihm. »Nun, dann binde diesen grauen Hund damit an!« »Schiran?« fragte ich mit Kennermiene. »Ja! Und lauf den Weg entlang! Wenn du an die Lichtung kommst, bleib stehen und sieh zu, daß du mir nicht ohne einen Hasen zurückkommst.«

Ich schlug das Tuch um Schirans zottigen Hals und stürzte Hals über Kopf nach der bezeichneten Stelle. Papa mußte lachen und rief mir nach: »Schneller! Schneller! Sonst kommst du zu spät!«

Schiran blieb fortwährend stehen, spitzte die Ohren und horchte auf die Hetzrufe der Jäger. Ich war nicht kräftig genug, um ihn vom Flecke zu ziehen und schrie daher: »Atout! Atout!«

Da stürmte Schiran so heftig vorwärts, daß ich ihn nur mühsam halten konnte und mehrfach hinfiel, bis ich zu der mir angewiesenen Stelle gelangte. An den Wurzeln einer hohen Eiche suchte ich mir einen schattigen, ebenen Platz aus, legte mich aufs Gras, brachte Schiran dazu, sich neben mich zu setzen, und fing an zu warten. Meine Einbildungskraft eilte, wie das in solchen Fällen immer geht, der Wirklichkeit weit voraus: ich redete mir ein, ich hetzte schon den dritten Hasen, als im Walde der erste Hetzhund Laut gab. Die Stimme des »Türken« erschallte immer vernehmlicher und erregter durch den Wald; ein Hetzhund ließ sein winselndes Gekläff immer öfter hören, eine andere tiefe Stimme, dann eine dritte und vierte gesellten sich dazu ... Diese Stimmen setzten mitunter aus, dann wieder unterbrachen sie einander. Die Töne wurden immer stärker, folgten einander in immer kürzeren Abständen und flossen zuletzt in ein einziges dröhnendes, gellendes Geheul zusammen. Die Waldinsel war nur noch ein Schallen und Toben, die Meute ganz in ihrem Element.

Als ich das hörte, erstarb ich gleichsam auf meinem Platz. Die Augen auf den Saum des Waldes gerichtet, lächelte ich gedankenlos, und der Schweiß rann mir in dicken Tropfen von der Stirn; und obgleich mich diese Tropfen, wenn sie mir über das Kinn liefen, kitzelten, wischte ich sie nicht ab. Mir war, als gäbe es nichts Schicksalsschwereres als diese Minuten. Dieser Zustand der Spannung war zu unnatürlich, um lange anzuhalten. Die Hetzhunde bellten bald dicht am Waldrand, bald entfernten sie sich wieder von mir; von einem Hasen war nichts zu sehen. Ich begann nach allen Seiten zu schauen. Mit Schiran war es dieselbe Geschichte: zuerst wollte er sich losreißen und winselte, dann streckte er sich wieder neben mir aus, legte seine Schnauze auf meine Knie und beruhigte sich.

Neben den offenliegenden Wurzeln der Eiche, unter der ich saß, auf der grauen ausgedörrten Erde, zwischen den trockenen Eichenblättern, den Eicheln, dem mit dürrem Moos bewachsenen Reisig, dem gelbgrünen Moos und den da und dort sich hindurchzwängenden Grashalmen wimmelte es von Ameisen. Eine hinter der anderen eilten sie auf dem von ihnen ausgetretenen glatten Weg dahin, manche mit Lasten, andere unbeladen. Ich nahm ein Reisig in die Hand und verlegte ihnen damit den Weg. Man muß gesehen haben, wie die einen, der Gefahr spottend, darunter hindurchkrochen, andere darüber hinwegkletterten, manche aber, besonders solche, die Lasten trugen, vollständig aus dem Häuschen gerieten und nicht wußten, was sie tun sollten. Sie blieben stehen, suchten einen Weg daneben oder kehrten um oder strebten an dem Zweig entlang auf meine Hand zu und schienen in den Ärmel meiner Jacke hineinkriechen zu wollen. Von diesen interessanten Beobachtungen wurde ich durch einen Schmetterling mit gelben Flügeln abgelenkt, der in höchst verführerischer Weise vor mir einherschwebte. Als ich meine Aufmerksamkeit auf ihn lenkte, flog er etwa zwei Schritte von mir weg, tanzte um eine fast verwelkte weiße Kleeblüte herum und setzte sich darauf. Ich weiß nicht, ob er sich von der Sonne wärmen ließ oder Saft aus dieser Blüte sog, jedenfalls konnte man deutlich sehen, daß ihm äußerst behaglich zumute war. Er klappte von Zeit zu Zeit die Flügel auf und zu und drückte sich an die Blüte, schließlich blieb er ganz unbeweglich sitzen. Ich stützte den Kopf in beide Hände und betrachtete ihn mit Vergnügen.

Plötzlich heulte Schiran auf und versuchte sich mit solcher Gewalt loszureißen, daß ich beinahe hingefallen wäre. Ich blickte mich um; am Waldrand sprang, mit einem angedrückten und einem aufgerichteten Löffel, ein Hase daher. Das Blut schoß mir zu Kopf. Ich vergaß in diesem Augenblick alles, stieß einen gellenden Schrei aus, ließ den Hund los und stürmte voran. Aber kaum hatte ich das getan, als ich es auch schon bereute: der Hase kauerte sich nieder, machte einen Sprung, und ich bekam ihn nicht wieder zu sehen.

Aber wie schämte ich mich, als hinter den Hetzhunden, die lärmend am Waldesrand hervorkamen, aus dem Buschwerk der »Türke« auftauchte! Er sah meinen Schnitzer (der darin bestand, daß ich nicht ausgehalten hatte), warf mir einen geringschätzigen Blick zu und sagte nur: »Aber junger Herr!« Doch man muß wissen, wie das herauskam. Mir wäre leichter ums Herz gewesen, wenn er mich wie einen Hasen an seinen Sattel gehängt hätte. Lange stand ich völlig verzweifelt auf demselben Fleck. Ich rief den Hund nicht zurück und sagte immer wieder, während ich mich auf die Schenkel schlug: »Mein Gott, was habe ich da getan!«

Ich hörte, wie die Hetzhunde weiter jagten, wie sie auf der anderen Seite der Waldinsel den Hasen wieder aufstöberten und zurücktrieben, und wie der »Türke« in sein gewaltiges Horn stieß, um die Hunde aufzupeitschen – aber ich rührte mich nicht von der Stelle.

8. Spiele

Die Jagd war zu Ende. Im Schatten junger Birken war ein Teppich ausgebreitet, auf dem rings im Kreis die ganze Gesellschaft saß. Das grüne saftige Gras um sich herum niederdrückend, wischte der Büfettdiener Gawrila die Teller ab und reichte aus einem Kistchen in Blätter eingeschlagene Pflaumen und Pfirsiche. Durch die grünen Zweige der jungen Birken schien die Sonne und warf auf die Muster des Teppichs, auf meine Beine und sogar auf Gawrilas kahlen, schwitzenden Schädel runde, flackernde Lichter. Der leichte Wind, der durch das Laubwerk der Bäume, über meine Haare und mein schweißtriefendes Gesicht lief, erfrischte mich außerordentlich.

Nachdem wir unseren Anteil an Früchten und Gefrorenem erhalten hatten, hatten wir auf dem Teppich nichts mehr zu suchen und standen ungeachtet der schrägen, sengenden Sonnenstrahlen auf, um spielen zu gehen.

»Nun, was soll es sein?« sagte Ljubotschka, wobei sie die Augen vor der Sonne zukniff und im Gras herumhüpfte.

»Wir wollen Robinson spielen!«

»Nein, das ist langweilig«, sagte Wolodja, der sich faul auf dem Rasen rekelte und Blätter kaute. »Immer nichts als Robinson! Wenn ihr durchaus spielen wollt, wollen wir lieber eine Laube bauen.«

Wolodja spielte sich offenbar auf: sicherlich war er stolz darauf, daß er auf einem Jagdpferd geritten war, und tat nun so, als sei er davon sehr müde. Vielleicht hatte er auch schon zu viel Verstand und zu wenig Phantasie, um das Robinsonspiel noch völlig zu genießen. Dieses Spiel bestand in der Darstellung von Szenen aus dem »Robinson Suisse«, den wir nicht lange vorher gelesen hatten.

»Nun höre aber – warum willst du uns nicht den Gefallen tun?« drangen die Mädchen in ihn. »Du kannst Charles sein oder Ernest oder der Vater oder was du willst«, sagte Katenka und versuchte ihn am Jackenärmel von der Erde in die Höhe zu ziehen.

»Wirklich nein, ich habe keine Lust, es ist langweilig«, sagte

Wolodja, reckte und dehnte sich und lächelte dabei selbstgefällig.

»Dann könnten wir ebensogut zu Hause sitzen, wenn keiner spielen will«, sagte Ljubotschka unter Tränen. Sie war eine schreckliche Heulsuse. »Also, meinetwegen, aber weine nicht; ich kann es nicht ausstehen!«

Wolodjas herablassende Art bereitete uns sehr wenig Vergnügen; im Gegenteil, sein träges, gelangweiltes Wesen entkleidete das Spiel jeglichen Reizes. Als wir uns auf die Erde setzten und uns vorstellten, daß wir zum Fischfang hinausführen und aus Leibeskräften zu rudern anfingen, saß Wolodja mit gekreuzten Armen in einer Haltung da, die nicht die geringste Ähnlichkeit mit der eines Fischers hatte. Ich machte ihn darauf aufmerksam, aber er antwortete, daß wir durch mehr oder weniger lebhaftes Herumfuchteln mit den Armen weder etwas gewännen noch verlören; wir kämen dadurch ja doch nicht weiter. Ich mußte ihm unwillkürlich beistimmen. Als ich unter der Vorstellung, ich ginge auf die Jagd, mit einem Stock auf der Schulter die Richtung nach dem Wald einschlug, legte sich Wolodja auf den Rücken, schob die Hand unter den Kopf und sagte zu mir, auch er ginge auf die Jagd. Ein solches Benehmen und solche Reden kühlten unsern Spieleifer sehr ab und waren sehr unangenehm, um so mehr, als wir im tiefsten Innern zugeben mußten, daß Wolodja vernünftig handelte.

Ich weiß selbst, daß man mit einem Stock weder einen Vogel töten noch überhaupt schießen kann. Es ist ein Spiel. Wenn man das so nehmen will, dann kann man auch nicht auf Stühlen fahren, und doch dürfte wohl Wolodja selbst nicht vergessen haben, wie wir an langen Winterabenden einen Sessel mit Tüchern bedeckten und so aus ihm eine Kutsche machten; der eine setzte sich als Kutscher hin, der andere als Bedienter, die Mädchen nahmen in der Mitte Platz. Drei Stühle waren eine Troika, und fort ging es. Was für mannigfache Abenteuer stießen uns nicht auf solchen Fahrten zu! Wie kurzweilig und schnell verflogen da die langen Winterabende! Wenn es nach der Wirklichkeit gehen sollte, gäbe es kein Spiel, und gäbe es kein Spiel mehr, was bliebe dann übrig? ...

Ljubotschka tat beim Spielen, als pflückte sie von einem Baum irgendwelche amerikanischen Früchte. Dabei riß sie ein Blatt ab, auf dem eine schrecklich große Raupe saß. Ganz entsetzt warf sie das Blatt mit dem Tier auf die Erde, hob beide Hände in die Höhe und sprang zurück, als fürchtete sie, daß das Tier sie bespritzen könnte. Das Spiel wurde unterbrochen; wir alle warfen uns auf die Erde und steckten die Köpfe zusammen, um diese Seltenheit zu betrachten. Ich schaute Katenka über die Schulter, die sich bemühte, die Raupe auf ein Blatt zu bekommen, das sie ihr in den Weg hielt.

Ich hatte schon bemerkt, daß viele Mädchen die Gewohnheit haben, die Schultern hochzuziehen, um durch diese Bewegung das hinuntergeglittene ausgeschnittene Kleidchen wieder an seinen richtigen Platz zu bringen. Ich erinnere mich noch, daß Mimi sich immer wieder über diese Bewegung aufhielt und sagte: »C'est un geste de femme de chambre«. Über die Raupe gebeugt, machte Katenka gerade wieder diese Bewegung, und gleichzeitig hob ihr der Wind das Tüchlein vom weißen Halse. Ihre kleine Schulter war im Augenblick dieser Bewegung nur zwei Finger breit von meinen Lippen entfernt. Ich blickte nicht mehr nach der Raupe, sondern sah nur noch Katenkas Schulter und küßte sie mit aller Kraft. Katenka drehte sich nicht um; aber ich bemerkte, daß ihr Hals und die Ohren rot wurden. Wolodja sagte, ohne den Kopf zu heben, verächtlich: »Was für Zärtlichkeiten!«

Ich hatte Tränen in den Augen.

Ich wandte keinen Blick von Katenka. Ich hatte mich längst an ihr frisches, blondes Köpfchen gewöhnt und hatte es immer liebgehabt; jetzt aber begann ich es aufmerksamer zu betrachten und gewann es noch lieber. Als wir wieder zu den Erwachsenen kamen, erklärte Papa zu unserer großen Freude, die Abreise sei auf Mamas Bitte auf morgen früh verschoben worden.

Auf dem Heimweg ritten wir neben dem Wagen. Wolodja und ich wollten einander im Reiten und an Wagemut überbieten und tummelten uns dabei nach Herzenslust. Mein Schatten war länger als vorher, und ich zog daraus den Schluß, ich müßte das Aussehen eines recht stattlichen Reiters haben; aber das Gefühl der Selbstzufriedenheit, das ich empfand, wurde bald durch folgenden Vorfall auf das schwerste erschüttert. In dem Bestreben, alle Wageninsassen endgültig zu bezaubern, blieb ich ein wenig zurück, trieb dann mit Hilfe der Peitsche und der Beine mein Pferdchen an, gab mir eine ungezwungene, anmutige Haltung und wollte im Galopp an ihnen vorbeisprengen, und zwar auf der Seite, wo Katenka saß. Ich wußte nur nicht, was besser sei, schweigend vorbeizujagen oder dabei etwas zu rufen. Aber sobald mein Pferd die Wagenpferde erreicht hatte, blieb das abscheuliche Tier allen meinen Bemühungen zum Trotz so unerwartet stehen, daß ich vom Sattel auf seinen Hals flog und um ein Haar heruntergefallen wäre.

10. Was für ein Mann mein Vater war

Er war ein Mensch des vergangenen Jahrhunderts und besaß den der Jugend jenes Jahrhunderts gemeinsamen Charakter der Ritterlichkeit, der Unternehmungslust, des Selbstvertrauens, der Liebenswürdigkeit und des Hanges zum Vergnügen. Auf die Menschen der damaligen Zeit blickte er voller Verachtung hinab, und diese Anschauung entsprang bei ihm ebenso seinem angeborenen Stolz als einem geheimen Ingrimm darüber, daß er in unserem Zeitalter nicht mehr solchen Einfluß ausüben und nicht mehr solche Erfolge erzielen konnte wie in dem seinigen. Seine beiden Hauptleidenschaften waren die Karten und die Frauen. Im Laufe seines Lebens hatte er mehrere Millionen verloren und gewonnen und Beziehungen zu unzähligen Frauen aller Stände unterhalten.

Ein hoher stattlicher Wuchs, ein merkwürdiger Gang mit kleinen Schritten, die Angewohnheit, mit der einen Schulter zu zucken, kleine, stets lächelnde Augen, eine große Adlernase, unregelmäßig geformte Lippen, die sich in einer gewissermaßen ungeschickten, aber angenehmen Weise zusammenfügten, ein Sprachfehler – er lispelte – und eine große, über den ganzen Kopf reichende Glatze – das war das Äußere meines Vaters, seit ich mich auf ihn besinnen kann; ein Äußeres, mit dem er nicht nur verstand, für einen Mann à bonne fortune zu gelten und es auch zu sein, sondern auch allen Menschen ohne Ausnahme zu gefallen – Menschen jeglichen Standes und Berufs, besonders aber denjenigen, denen er gefallen wollte.

Er hatte die Gabe, in seinen Beziehungen zu jedermann die Oberhand zu gewinnen. Obwohl er nie ein Mann der ganz großen Welt war, verkehrte er doch immer mit Angehörigen dieses Kreises, und zwar so, daß er von ihnen geachtet wurde. Er wußte ganz genau, wie weit er in seinem Stolz und Selbstvertrauen gehen durfte, um in der vornehmen Welt einen gewissen Rang einzunehmen, ohne andere zu verletzen. Er war originell, aber nicht immer, sondern er bediente sich der Originalität als eines Mittels, das in manchen Fällen Stellung oder Reichtum ersetzt. Nichts in der Welt vermochte bei ihm das Gefühl des Staunens zu erwecken: selbst in eine noch so glänzende Lage versetzt – es schien, als wäre er für sie geboren. Er verstand es so gut, die allbekannte, dunkle, von allerlei kleinen Verdrießlichkeiten und Kränkungen erfüllte Seite des Lebens vor anderen zu verbergen und von sich fernzuhalten, daß man nicht umhin konnte, ihn zu beneiden. Er war ein Kenner aller Dinge, die Behagen und Genuß verschaffen, und verstand es, von ihnen Gebrauch zu machen. Sein Steckenpferd waren seine glänzenden Verbindungen: teils mit Verwandten meiner Mutter, teils mit Jugendkameraden, über die er sich in der Tiefe seines Herzens ärgerte, weil sie in der Rangliste hoch emporgeklettert waren, während er zeit seines Lebens Gardeleutnant a. D. blieb. Wie alle gewesenen Militärs verstand er es nicht, sich nach der Mode zu kleiden, dafür aber kleidete er sich originell und geschmackvoll: er trug immer äußerst leichte, bequem sitzende Kleider, schöne Wäsche, große, umgeschlagene Manschetten und Halskragen. Übrigens stand ihm bei seinem hohen Wuchs, dem kräftigen

Körperbau, dem kleinen Kopf und den ruhigen, selbstbewußten Bewegungen alles gut. Er war empfindsam, ja leicht zu Tränen gerührt. Oft, wenn er laut vorlas und zu einer pathetischen Stelle kam, begann seine Stimme zu zittern, die Tränen traten ihm in die Augen, und er legte das Buch ärgerlich beiseite. Er liebte die Musik und sang, sich auf dem Klavier selbst begleitend, Romanzen seines Freundes A. sowie Zigeunerlieder und einige Opernmelodien; aber für die gelehrte Musik hatte er nichts übrig und sprach, ohne sich um die allgemeine Meinung zu kümmern, ganz offen aus, daß ihn die Beethovenschen Sonaten langweilten und einschläferten, und daß er nichts besseres kenne als »Weckt mich junge Frau nicht«, wie es die Semjonowa, und »Nicht eine«, wie es die Zigeunerin Tanjuscha gesungen hat. Er gehörte zu jenen Charakteren, die für eine gute Handlung ein Publikum nötig haben, und er hielt nur das für gut, was das Publikum gut nannte. Gott weiß, ob er moralische Grundsätze hatte. Sein Leben war so von Zerstreuungen jeder Art erfüllt, daß er keine Zeit hatte, sich selber Grundsätze zu bilden, und er war auch in seinem Leben so glücklich, daß er keine Notwendigkeit dazu sah.

In seinem höheren Alter bildeten sich bei ihm feststehende Ansichten über die Dinge dieser Welt sowie unabänderliche Lebensregeln heraus, aber ausschließlich auf dem Boden der Praxis: dasjenige Verhalten und diejenige Lebensweise, denen er Glück oder Genuß verdankte, hielt er für gut und fand, daß alle Menschen immer so handeln müßten. Er sprach äußerst wirkungsvoll, und diese Fähigkeit steigerte, wie ich glaube, die Geschmeidigkeit seiner Ansichten. Er konnte dieselbe Handlung einmal als den liebenswertesten Schelmenstreich und dann wieder als eine erbärmliche Gemeinheit erzählen.

11. Beschäftigungen im Kabinett und im Salon

Es dämmerte schon, als wir nach Hause kamen. Mama setzte sich an den Flügel; wir Kinder holten Papier, Bleistifte und Farben und setzten uns an den runden Tisch, um zu zeichnen und zu malen. Ich hatte nur blaue Farbe, unternahm es aber trotzdem, die Jagd zu malen. Nachdem ich sehr schnell einen blauen Knaben, der auf einem blauen Pferd ritt, und blaue Hunde gemalt hatte, wußte ich nicht genau, ob man auch einen blauen Hasen malen könnte, und lief zu Papa ins Kabinett, um seinen Rat einzuholen.

Papa las etwas und antwortete, ohne den Kopf zu heben, auf meine Frage, ob es blaue Hasen gäbe: »Ja, mein Freund, die gibt es!«

Nachdem ich an den runden Tisch zurückgekehrt war, malte ich einen blauen Hasen, fand es aber nötig, den blauen Hasen in einen Strauch zu verwandeln. Doch auch der Strauch gefiel mir nicht. Ich machte aus ihm einen Baum, aus dem Baum einen Heuschober, schließlich aus dem Heuschober eine Wolke, und zu guter Letzt hatte ich das Papier dermaßen mit blauer Farbe verschmiert, daß ich es ärgerlich zerriß und mich in einen Voltairesessel setzte, um ein wenig zu dösen.

Mama spielte das zweite Konzert von Field, ihrem Lehrer. Ich träumte vor mich hin, und in meiner Einbildungskraft tauchten allerhand leicht beschwingte, heiter leuchtende Erinnerungen auf. Dann spielte sie die »Sonate pathétique« von Beethoven, und ich erinnerte mich an etwas Trauriges, Bedrückendes, Trübes. Mama spielte diese beiden Stücke oft, daher entsinne ich mich sehr gut des Gefühls, das sie in mir hervorriefen. Dieses Gefühl hatte Ähnlichkeit mit Erinnerungen, aber mit Erinnerungen – woran? Mir war, als erinnerte ich mich an etwas, was niemals gewesen war.

Mir gegenüber befand sich die Tür zu Papas Kabinett, und ich sah, wie Jakow und noch einige andere Leute in Bart und Kaftan hineingingen. Die Tür schloß sich sofort hinter ihnen. So, jetzt haben die Geschäfte angefangen! dachte ich bei mir. Ich hatte die Vorstellung, daß es nichts Wichtigeres auf der Welt geben könnte als die Dinge, die im Kabinett verhandelt wurden; in diesen Gedanken bestärkte mich der Umstand, daß sich alles der Tür des Kabinetts gewöhnlich nur flüsternd und auf den Fußspitzen näherte; von dort aber hörte man Papas laute Stimme und roch man den Rauch von Zigarren, der auf mich immer, ich weiß nicht warum, einen besonderen Reiz ausübte. In meinem Halbschlummer überraschte mich plötzlich ein wohlbekanntes Stiefelknarren im Dienerzimmer. Irgendwelche Papiere in der Hand, näherte sich Karl Iwanowitsch auf den Fußspitzen, aber mit finster entschlossenem Gesicht der Tür und klopfte leise an. Er wurde eingelassen, und die Tür schlug hinter ihm zu.

Wenn nur nicht irgendein Unglück geschieht, dachte ich. Karl Iwanowitsch ist empört, zu allem fähig ... Ich versank wieder in meinen Halbschlummer.

Ein Unglück ereignete sich nicht. Eine Stunde danach wurde ich durch dasselbe Stiefelknarren geweckt. Karl Iwanowitsch trat aus der Tür. Er wischte sich mit dem Taschentuch die Tränen ab, die ich auf seinen Backen bemerkte, und ging, etwas vor sich hinmurmelnd, nach oben. Kurz darauf trat Papa heraus und kam in den Salon.

»Weißt du, was ich soeben beschlossen habe?« sagte er in heiterem Ton und legte Mama die Hand auf die Schulter.

»Nun, lieber Freund?«

»Ich werde Karl Iwanowitsch mit den Kindern mitnehmen. Platz im Wagen ist vorhanden. Sie sind an ihn gewöhnt, und er hängt offenbar außerordentlich an ihnen; da kommt es auf siebenhundert Rubel jährlich nicht an, et puis au fond c'est un très bon diable.«

Ich konnte gar nicht begreifen, warum Papa Karl Iwanowitsch beschimpfte.

»Ich freue mich sehr«, erwiderte Mama, »für die Kinder und für ihn. Er ist ein prächtiger alter Mann.«

»Du hättest nur sehen sollen, wie gerührt er war, als ich ihm sagte, er möchte die fünfhundert Rubel als Geschenk behalten ... Aber das Komischste ist diese Rechnung, die er mir überreicht hat. Es lohnt das Lesen«, fügte er lächelnd hinzu und reichte ihr das von Karl Iwanowitsch verfaßte Schriftstück. »Einfach großartig!«

Dies der Inhalt des Schriftstückes in Karl Iwanowitschs fehlerhaftem Russisch:

»Für die Kinder zwei Angel .... 70 Kopeken
Farbiger Papier, goldenes Borte,
Kleister und Pappe für Schach-
teln zu Geschenken .... 6 Rubel 55 Kopeken
Ein Buch und einen Armbrust,
Geschenke für den Kindern ..... 8 Rubel 16 Kopeken
Ein Beinkleid für Nikolaj .... 4 Rubel
Die goldene Uhr, die mir Pjotr
Alexandrowitsch im Jahre 18..
aus Moskau versprochen hat .... 140 Rubel
Ergo hat Karl Mauer neben der
Gehalt zu bekommen .... 159 Rubel 41 Kopeken«

Beim Durchlesen dieses Schriftstückes, in dem Karl Iwanowitsch die Rückerstattung des ganzen von ihm für Geschenke verausgabten Geldes, ja sogar die Zahlung für ein ihm versprochenes Geschenk beanspruchte, muß jeder unwillkürlich denken, Karl Iwanowitsch sei nichts anderes als ein höchst gefühlloser und selbstsüchtiger Mensch gewesen; aber das wäre ein Irrtum.

Als er mit dem Schriftstück in der Hand und einer wohlvorbereiteten Rede im Kopf in Papas Kabinett trat, wollte er ihm in wohlgesetzten Worten alle Ungerechtigkeiten vortragen, die er in diesem Haus erlitten hatte; als er aber mit derselben gerührten Stimme und mit derselben gefühlvollen Betonung zu reden anfing, mit der er uns gewöhnlich diktierte, wirkte seine Beredsamkeit am stärksten auf ihn selber, so daß, als er zu der Stelle kam, an der er sagte: »Wie schmerzlich es mir auch sein wird, mich von den Kindern zu trennen«, seine Stimme vollständig aus dem Konzept geriet, er zu zittern anfing und gezwungen war, sein kariertes Taschentuch aus der Tasche zu ziehen.

»Ja, Pjotr Alexandrowitsch!« sagte er unter Tränen (diese Stelle kam in der vorbereiteten Rede überhaupt nicht vor), »ich habe mich so an die Kinder gewöhnt, daß ich nicht weiß, was ich ohne sie anfangen soll. Lieber will ich ohne Gehalt weiter in Ihren Diensten bleiben«, fügte er hinzu, während er mit der einen Hand die Tränen abwischte und mit der anderen die Rechnung hinreichte.

Daß Karl Iwanowitsch in diesem Augenblick aufrichtig sprach, kann ich mit aller Bestimmtheit versichern, da ich sein gutes Herz kenne; aber wie die Rechnung zu diesen Worten stimmte, das wird für mich immer ein Rätsel bleiben.

»Wenn es Ihnen schmerzlich ist, wird es mir noch schmerzlicher sein, mich von Ihnen zu trennen«, hatte Papa gesagt und ihm dabei auf die Schulter geklopft. »Ich habe es mir anders überlegt.«

Kurz vor dem Abendessen kam Grischa ins Zimmer. Seit er unser Haus betreten, hatte er nicht aufgehört zu seufzen und zu weinen, was nach der Meinung derjenigen, die an seine Prophetengaben glaubten, irgendein Unglück für unser Haus bedeutete. Er begann sich zu verabschieden und sagte, er werde am nächsten Tag früh morgens weiterwandern. Ich zwinkerte meinem Bruder Wolodja zu und ging zur Tür hinaus.

»Was gibt es?«

»Wenn ihr Grischas Büßerketten sehen wollt, kommt gleich nach oben, auf den Männerboden. Grischa schläft im zweiten Zimmer. In dem Verschlag kann man vorzüglich sitzen, und wir werden alles sehen!«

»Ausgezeichnet! Warte hier! Ich will die Mädchen rufen!«

Die Mädchen kamen herausgelaufen, und wir begaben uns nach oben. Nachdem wir noch hin und her gestritten hatten, wer zuerst in den dunklen Verschlag hineingehen sollte, setzten wir uns hin und warteten.

12. Grischa

Uns allen war in der Dunkelheit etwas bange. Wir drückten uns einer an den anderen und sprachen kein Wort. Gleich nach uns trat Grischa mit leisen Schritten ein. In der einen Hand hielt er seinen Stab, in der anderen einen Messingleuchter mit einem Talglicht. Wir wagten kaum zu atmen.

»Herr Jesus Christus! Heiligste Gottesmutter! Vater, Sohn und Heiliger Geist ...« wiederholte er mehrmals hintereinander schnaufend mit verschiedenen Betonungen und Verkürzungen, wie sie nur denen eigen sind, die diese Worte häufig aussprechen.

Mit einem Gebet stellte er seinen Stab in eine Ecke, dann besah er das Bett und begann sich auszuziehen. Nachdem er seinen alten schwarzen Gürtel losgebunden hatte, legte er langsam seinen zerrissenen Nankingkittel ab, faltete ihn sorgfältig zusammen und hängte ihn über die Stuhllehne. Sein Gesicht drückte jetzt nicht, wie gewöhnlich, Unrast und Stumpfsinn aus; er war vielmehr ruhig, nachdenklich, ja sogar würdevoll. Seine Bewegungen waren langsam und überlegt. Als er nur noch das Hemd anhatte, ließ er sich sachte auf das Bett nieder, bekreuzigte es von allen Seiten und brachte, wie man sehen konnte, mit großer Anstrengung (denn er runzelte dabei die Stirn) die Büßerketten unter dem Arm in Ordnung. Nachdem er ein Weilchen so gesessen und bekümmert sein an mehreren Stellen zerrissenes Hemd besehen hatte, stand er wieder auf, hob betend die Kerze bis zur Höhe des Heiligenschreines, in welchem einige Heiligenbilder standen, bekreuzigte sich vor ihnen und drehte die Kerze mit der Flamme nach unten. Sie erlosch knisternd.

Durch die auf den Wald hinausgehenden Fenster schien der fast volle Mond. Die lange weiße Gestalt des Narren in Gott war auf der einen Seite von den bleichen, silbernen Strahlen des Mondes beleuchtet, die andere Seite war dunkel, und der schwarze Schatten der Gestalt fiel zugleich mit dem Schatten des Fensterkreuzes auf den Fußboden und die Wände und reichte bis zur Decke. Auf dem Hof schlug der Wächter auf die Platte aus Gußeisen.

Grischa faltete die gewaltig großen Hände auf der Brust, ließ den Kopf hängen und seufzte unaufhörlich schwer. So stand er eine Weile schweigend vor den Heiligenbildern; dann ließ er sich mit Anstrengung auf die Knie nieder und begann zu beten.

Anfangs sprach er mit leiser Stimme bekannte Gebete, wobci er nur auf ganz bestimmte Worte den Ton legte; dann wiederholte er diese Gebete, aber lauter und lebhafter. Hierauf begann er eigene Worte zu sprechen, wobei er sich angestrengt bemühte, sich in der alten Kirchensprache auszudrücken. Seine Worte waren ungeschickt, aber rührend. Er betete für alle seine Wohltäter (so nannte er diejenigen, die ihn aufnahmen), darunter auch für Mama und für uns. Er betete für sich, bat, Gott möchte ihm seine schweren Sünden vergeben, und wiederholte mehrmals: »Gott, verzeih meinen Feinden!« Ächzend erhob er sich, warf sich unter stetem Wiederholen der immer gleichen Worte von neuem auf die Erde und stand wieder auf, trotz der Schwere der Büßerketten, die beim Aufschlagen auf den Fußboden einen trockenen, scharfen Ton von sich gaben. Wolodja kniff mich äußerst schmerzhaft in die Beine, aber ich drehte mich nicht einmal um. Ich rieb mir nur die Stelle mit der Hand und folgte weiterhin mit kindlichem Staunen, Mitleid und Ehrfurcht allen Bewegungen und Worten Grischas.

An Stelle der Belustigung und des Gelächters, auf die ich gerechnet hatte, als wir in den Verschlag hineingingen, fühlte ich Zittern und Herzklopfen.

Lange noch verharrte Grischa in diesem Zustand religiöser Verzückung, und lange noch improvisierte er Gebete. Bald wiederholte er mehrere Male hintereinander: »Herr, erbarme dich!«, aber jedesmal mit neuer Kraft und neuem Ausdruck; bald sagte er: »Verzeih mir, Herr, lehre mich, was ich tun soll! Lehre mich, was ich tun soll!« mit einem Ausdruck, als ob er sofort eine Antwort auf seine Bitte erwartete; bald hörte man nur ein klägliches Schluchzen. Er richtete sich auf den Knien auf, faltete die Hände auf der Brust und verstummte. Ich steckte ganz leise den Kopf durch die Tür und hielt den Atem an. Grischa rührte sich nicht; aus seiner Brust rangen sich schwere Seufzer; an dem trüben Augapfel seines blinden, vom Mond beschienenen Auges war noch eine Träne zurückgeblieben.

»Dein Wille geschehe!« rief er plötzlich mit einem unbeschreiblichen Ausdruck, warf sich mit der Stirn auf den Boden und schluchzte wie ein Kind.

Viel Wasser ist seitdem ins Meer geflossen, viele Erinnerungen an die Vergangenheit haben für mich ihre Bedeutung verloren und sind verblaßte Schemen geworden, auch der Pilger Grischa hat längst seine letzte Pilgerfahrt beendet, aber der Eindruck, den er auf mich gemacht, und das Gefühl, das er in mir geweckt hat, werden in meinem Gedächtnis nie vergehen.

Oh! du großer Christ Grischa! Dein Glaube war so stark, daß du die Nähe Gottes fühltest, deine Liebe so groß, daß dir die Worte von selbst von den Lippen strömten, du prüftest sie nicht erst mit dem Verstand. Und welch hohes Lob brachtest du ihm, dem Allmächtigen, dar, als du keine Worte finden konntest und dich in Tränen auf den Boden warfst …

Das Gefühl der Rührung, mit dem ich Grischa zugehört hatte, konnte nicht lange anhalten; erstens war meine Neugierde gestillt, und zweitens waren meine Beine von dem Sitzen auf einem Fleck eingeschlafen und ich bekam Lust, mich an dem allgemeinen Geflüster und der Geschäftigkeit zu beteiligen, die ich hinter mir, in dem dunklen Verschlag, wahrnahm. Irgend jemand ergriff meine Hand und sagte flüsternd: »Wessen Hand ist das?«

In dem Verschlag war es vollständig dunkel, aber an der bloßen Berührung und an der Stimme, die mir das dicht an meinem Ohr zuflüsterte, erkannte ich sofort Katenka.

Ganz unwillkürlich ergriff ich ihren in einem kurzen Ärmelchen steckenden Arm am Ellenbogen und preßte meine Lippen darauf. Katenka wunderte sich gewiß über dieses Benehmen und zog ihren Arm zurück; durch diese Bewegung stieß sie an einen zerbrochenen Stuhl, der in dem Verschlag stand. Grischa hob den Kopf, blickte ruhig um sich und begann unter Gebeten alle Ecken zu bekreuzigen. Flüsternd und lärmend eilten wir aus dem Verschlag hinaus.

13. Natalja Sawischna

In der Mitte des vorigen Jahrhunderts lief auf den Höfen des Dorfes Chabarowka in einem Kleid aus grobem Stoff ein barfüßiges, aber vergnügtes, dickes und rotbackiges Mädchen namens Nataschka herum. Auf Grund der Verdienste und der Bitten ihres Vaters, des Klarinettisten Sawwa, nahm mein Großvater sie »nach oben«, das heißt, sie wurde unter die weibliche Dienerschaft meiner Großmutter eingereiht. Das Stubenmädchen Natalja zeichnete sich in dieser Stellung durch ihr stilles, treu ergebenes Wesen aus. Als meine Mutter geboren war und eine Njanja nötig wurde, wurde Natalja mit diesem Amt betraut. Auch auf diesem neuen Gebiet erwarb sie sich Anerkennung und Lohn für ihren Eifer und ihre treue Anhänglichkeit an die junge Herrin. Aber der gepuderte Kopf und die Schnallenschuhe des jungen, flotten Kammerdieners Foka, der dienstlich häufig mit Natalja zu tun hatte, nahmen ihr einfaches, doch liebebedürftiges Herz gefangen. Sie entschloß sich sogar, selbst zum Großvater zu gehen und ihn persönlich um die Erlaubnis zur Heirat mit Foka zu bitten. Der Großvater faßte diesen Wunsch als Undankbarkeit auf, wurde zornig und schickte die arme Natalja zur Strafe auf den Viehhof in sein Steppendorf. Nach sechs Monaten wurde aber Natalja, da niemand sie ersetzen konnte, in das Guthaus zurückgerufen und wieder in ihre vorherige Stellung eingesetzt. Als sie aus der Verbannung in einem groben Kleid zurückkehrte und vor dem Großvater erschien, fiel sie ihm zu Füßen und bat ihn, ihr wieder seine Gnade und Freundlichkeit zuzuwenden und die Torheit zu vergessen, die sie sich damals habe zuschulden kommen lassen und die sich, das schwur sie, niemals wiederholen solle. Und sie hielt wirklich Wort.

Von der Zeit an wurde Nataschka zu einer Natalja Sawischna und trug eine Haube. Die ganze Fülle von Liebe, die sie in sich hatte, übertrug sie nun auf ihr junges Fräulein.

Als sie später bei meiner Mutter durch eine Gouvernante ersetzt wurde, erhielt sie die Schlüssel zur Speisekammer, und es wurde ihr die Aufsicht über die Wäsche und alle Vorräte übertragen. Diese neuen Pflichten erfüllte sie mit demselben Eifer und derselben Liebe. Den Vorteil ihrer Herrschaft wahrzunehmen, betrachtete sie als ihre Lebensaufgabe; überall sah sie Verschwendung, Schädigung, Unterschlagung und suchte mit allen Mitteln dem entgegenzuarbeiten.

Als Mama sich verheiratete, hatte sie den Wunsch, Natalja Sawischna in irgendeiner Weise für ihre zwanzigjährige Arbeit und Anhänglichkeit zu belohnen; sie ließ sie rufen, drückte ihr in den schmeichelhaftesten Worten ihre ganze Erkenntlichkeit und Liebe aus, übergab ihr einen gestempelten Bogen Papier, der einen Freibrief für Natalja Sawischna darstellte, und sagte ihr, sie würde, ganz unabhängig davon, ob sie in unserem Haus weiterdienen würde oder nicht, immer eine Jahrespension von dreihundert Rubel empfangen. Natalja Sawischna hörte das alles schweigend an, nahm die Urkunde, warf einen bösen Blick darauf, murmelte etwas durch die Zähne und stürzte, die Tür heftig zuschlagend, aus dem Zimmer. Mama, die sich die Ursache eines so seltsamen Benehmens nicht zu erklären wußte, wartete ein Weilchen und ging dann in Natalja Sawischnas Zimmer. Sie saß mit verweinten Augen auf ihrer Truhe, drehte ihr Tuch zwischen den Fingern hin und her und blickte starr auf die Fetzen des zerrissenen Freibriefes, die vor ihr auf dem Fußboden lagen.

»Was haben Sie, Täubchen Natalja Sawischna?« fragte Mama und faßte sie bei der Hand.

»Nichts, Mütterchen«, antwortete sie. »Ich muß Ihnen wohl lästig geworden sein, daß Sie mich vom Hofe jagen ... Nun, dann kann ich ja gehen!«

Sie riß ihre Hand los und wollte aus dem Zimmer gehen, kaum imstande, ihre Tränen zurückzuhalten. Mama hielt sie fest, umarmte sie, und sie ließen beide ihren Tränen freien Lauf.

Seit ich mich auf mich selber besinnen kann, erinnere ich mich auch an Natalja Sawischna, an ihre Liebe und Freundlichkeit, und erst jetzt verstehe ich diese Eigenschaften zu würdigen. Damals kam es mir gar nicht in den Sinn, was für ein wunderbar seltenes Wesen diese Alte war. Sie sprach nie über sich selber, ja, schien nicht einmal an sich zu denken; ihr ganzes Sein war Liebe und Selbstaufopferung, ich war an ihre uneigennützige Liebe zu uns dermaßen gewöhnt, daß mir die

Vorstellung, es könnte auch anders sein, ganz fremd blieb, ich ihr in keiner Weise dankbar war und mir nie die Frage stellte: Ob sie wohl glücklich und zufrieden ist?

Manchmal lief ich unter dem Vorwand eines notwendigen Bedürfnisses vom Unterricht weg auf ihr Zimmer, setzte mich dort hin und begann laut meinen Träumen nachzuhängen, ohne mich durch ihre Anwesenheit auch nur im geringsten stören zu lassen. Sie hatte immer etwas zu tun: entweder strickte sie einen Strumpf, oder sie kramte in den Truhen herum, mit denen ihr Zimmer angefüllt war, oder sie schrieb die Wäsche auf. All den Unsinn, den ich zusammenredete, hörte sie geduldig mit an, zum Beispiel: »Wenn ich erst General bin, heirate ich eine wunderschöne Frau, kaufe mir ein fuchsrotes Reitpferd, baue mir ein Haus mit vielen Fenstern und lasse Karl Iwanowitschs Verwandte aus Sachsen kommen«, und so weiter. Sie sagte nur: »Ja, junger Herr, ja!« Wenn ich aufstand und mich zum Weggehen anschickte, machte sie gewöhnlich einen hellblauen Kasten auf, auf dessen Deckel innen – wie wenn es heute gewesen wäre, so deutlich sehe ich ihn vor mir – die bunte Figur eines Husaren, ein kleines Bild von einer Pomadenbüchse und eine Zeichnung Wolodjas aufgeklebt waren, nahm aus diesem Kasten etwas Räucherwerk heraus, zündete es an und sagte, mit der Hand fächelnd: »Das ist noch Räucherwerk von Otschakow, junger Herr. Als Ihr verstorbener Großvater, Gott habe ihn selig, gegen die Türken zog, hat er es von dort mitgebracht. Dies hier ist das letzte Stückchen, das davon übriggeblieben ist«, fügte sie mit einem Seufzer hinzu.

In den Truhen, mit denen ihr Zimmer angefüllt war, war einfach alles vorhanden. Wenn jemand etwas brauchte, hieß es nur: »Da mußt du Natalja Sawischna fragen!« Und wirklich, nachdem sie ein bißchen gewühlt hatte, fand sie den verlangten Gegenstand und sagte: »Es ist doch gut, daß ich ihn aufgehoben habe.« In diesen Truhen steckten Tausende von Dingen, von deren Vorhandensein niemand im Haus außer ihr etwas wußte, und um die sich niemand außer ihr kümmerte.

Nur ein einziges Mal wurde ich auf sie ärgerlich. Das kam

so. Als ich mir beim Mittagessen Kwas einschenkte, fiel mir die Karaffe aus der Hand und begoß das Tischtuch.

»Ruf Natalja Sawischna, damit sie sich über ihren Liebling freuen kann!« sagte Mama.

Natalja Sawischna kam und schüttelte den Kopf, als sie den großen nassen Fleck sah, den ich gemacht hatte, dann sagte Mama ihr etwas ins Ohr, und sie ging, mir mit dem Finger drohend, wieder hinaus.

Nach Tisch wollte ich mich, in heiterster Stimmung einherhüpfend, in den Salon begeben, als plötzlich Natalja Sawischna mit dem Tischtuch in der Hand hinter der Tür hervorsprang, mich griff und – so verzweifelt ich mich auch wehrte – mir mit dem nassen Tischtuch über das Gesicht fuhr, wobei sie sagte: »Mach nicht das Tischtuch schmutzig! Mach nicht das Tischtuch schmutzig!«

Das kränkte mich so sehr, daß ich vor Zorn heftig zu weinen begann.

Wie? sagte ich zu mir, während ich im Saal auf und ab ging und vor Tränen beinahe erstickte, eine Natalja Sawischna, die man einfach Nataschka ruft, sagt zu mir ›du‹ und schlägt mich obendrein mit dem nassen Tischtuch ins Gesicht wie einen Hofjungen! Nein, das ist schrecklich!

Als Natalja Sawischna sah, daß ich mich gar nicht beruhigen konnte, lief sie davon; ich ging aber weiterhin auf und ab und überlegte, wie ich der »frechen Natalja« den mir angetanen Schimpf heimzahlen könnte.

Einige Minuten darauf kehrte Natalja Sawischna zurück, trat schüchtern an mich heran und begann mir freundlich zuzureden: »Lassen Sie es gut sein, junger Herr! Weinen Sie nicht ...! Verzeihen Sie mir ... es war dumm von mir ... es war nicht richtig ... Sie müssen mir verzeihen, mein Täubchen ... da habe ich auch etwas für Sie ...«

Sie holte unter ihrem Brusttuch eine aus rotem Papier angefertigte Tüte hervor, in der sich zwei Mandeln und eine kandierte Weinbeere befanden, und reichte sie mir mit zitternder Hand. Ich hatte nicht die Kraft, der guten Alten ins Gesicht zu sehen; ich wandte mich ab, nahm die Geschenke an, und meine Tränen flossen noch reichlicher, aber nicht mehr aus Zorn, sondern aus Liebe und Beschämung.

14. Die Trennung

Am nächsten Tag, welcher den geschilderten Ereignissen folgte, stand in der Mittagsstunde die Kalesche und die Britschke an der Auffahrt. Nikolaj war reisefertig angezogen, das heißt: er hatte die Hosen in die Stiefel gesteckt und den Gurt um seinen alten Rock festgezogen. Er stand in der Britschke und legte Mäntel und Kissen auf die Sitze; wenn es ihm zu hoch vorkam, setzte er sich auf die Kissen und drückte sie durch Aufundniederspringen zusammen.

»Sie könnten mir einen großen Gefallen tun, Nikolaj Dmitrijewitsch! Ginge es nicht, daß Sie die Schatulle des Herrn bei sich unterbringen?« sagte ganz außer Atem Papas Kammerdiener, sich aus der Kalesche herausbeugend, »sie ist ganz klein ...«

»Das hätten Sie früher sagen können, Michail Iwanowitsch«, antwortete Nikolaj hastig und ärgerlich und warf ein Bündel mit aller Kraft auf den Boden der Britschke. »Wahrhaftiger Gott, mir dreht sich schon alles im Kopf herum, und da kommen Sie noch mit Ihren Schatullen an«, fügte er hinzu, hob seine Mütze ein wenig in die Höhe und wischte sich von der sonnengebräunten Stirn die dicken Schweißtropfen ab.

Gutsbauern in Röcken, in Kaftanen oder in Hemdsärmeln ohne Mützen, Frauen in groben Kleidern und gestreiften Kopftüchern mit Kindern auf den Armen und barfüßige Kinder standen in der Nähe der Freitreppe, betrachteten die Wagen und redeten miteinander. Der eine Kutscher, ein gebeugter Alter, in langem Schoßrock und Wintermütze, hielt die Deichsel der Kalesche in der Hand, bewegte sie hin und her und prüfte mit tiefsinniger Miene, wie sie arbeitete; der andere, ein stattlicher, junger Bursche in einem weißen Hemd mit roten baumwollenen Zwickeln und mit einem schwarzen, topfförmigen Filzhut, den er bald auf das eine, bald auf das andere Ohr schob, wenn er sich die blonden Locken kratzte, hatte seinen Schoßrock auf den Bock gelegt, die Zügel ebenfalls dorthin geworfen, ließ die geflochtene Peitsche durch die Luft sausen und blickte bald nach seinen Stiefeln, bald nach den Stallknechten, welche die Britschke schmierten. Der eine von ihnen hielt mit großer Anstrengung den Hebebaum, der andere beugte sich über das Rad und schmierte sorgfältig die Achse und die Nabenbüchse, und damit der übriggebliebene Teer ja nicht verloren ginge, schmierte er ihn unten an das Rad. Die verschiedenfarbigen, abgetriebenen Postpferde standen beim Gitterzaun und wedelten mit den Schweifen die Fliegen fort. Einige von ihnen hatten ihre zottigen, geschwollenen Füße breitgestellt, die Augen zugekniffen und dösten. Andere kratzten sich vor Langerweile gegenseitig oder zupften an den Blättern und Stengeln des harten, dunkelgrünen Farnkrautes, das an der Auffahrt wuchs. Auch einige Windhunde waren da; die einen lagen schweratmend in der Sonne, die andern gingen im Schatten der Kalesche und der Britschke hin und her und leckten das Fett von den Achsen. Die ganze Luft war von einem eigenartigen staubigen Nebel erfüllt, der Horizont zeigte eine grauviolette Färbung, aber es stand nicht eine Wolke am Himmel. Ein starker Westwind hob den Staub von den Wegen und Feldern säulenartig in die Hohe, bog die Wipfel der hohen Birken und Linden im Garten und trug die abgefallenen gelben Blätter weit fort. Ich saß am Fenster und wartete ungeduldig auf die Beendigung dieser Vorbereitungen.

Als sich im Salon alle um den runden Tisch versammelt hatten, um zum letzten Male ein paar Minuten lang zusammenzusein, kam es mir gar nicht zum Bewußtsein, welch ein trauriger Augenblick uns bevorstand. Die unwichtigsten Gedanken gingen mir durch den Kopf. Ich stellte mir die Fragen: Welcher Kutscher wird die Britschke fahren, und welcher die Kalesche? Wer wird bei Papa sitzen und wer bei Karl Iwanowitsch? Warum will man mich durchaus in einen Schal und in einen langen, wattierten Rock einwickeln? Bin ich etwa ein Säugling? Ich werde schon nicht erfrieren! Wenn alles nur schon vorbei wäre, daß wir einsteigen und abfahren könnten!

»Wem befehlen Sie das Verzeichnis der Kinderwäsche einzuhändigen?« sagte Natalja Sawischna mit verweinten Augen, einen Zettel in der Hand, zu Mama.

»Geben Sie es Nikolenka und kommen Sie dann, um von den Kindern Abschied zu nehmen.«

Die Alte wollte etwas sagen, hielt aber plötzlich inne, bedeckte das Gesicht mit dem Taschentuch und verließ mit einer resignierten Handbewegung das Zimmer. Es wurde mir beklommen ums Herz, als ich diese Bewegung sah, aber das ungeduldige Verlangen abzufahren, war stärker als dieses Gefühl, und ich hörte weiterhin gleichmütig das Gespräch zwischen dem Vater und der Mutter mit an. Sie sprachen über Dinge, die offenbar weder den einen noch den andern interessierten: was Papa für den Haushalt einkaufen, was er zur Fürstin Sofja und zu Madame Julie sagen sollte, und ob der Weg gut sein werde.

Foka kam herein und blieb am Türpfosten stehen. Mit derselben Stimme, mit der er sonst zu melden pflegte: ›Es ist angerichtet‹, sagte er jetzt: »Die Wagen stehen bereit!«

Ich bemerkte, daß Mama bei dieser Meldung zusammenzuckte und blaß wurde, als käme sie ihr ganz unerwartet.

Foka wurde angewiesen, alle Türen des Zimmers zu schließen. Mir machte das großen Spaß. Gerade, als ob wir alle uns vor jemandem versteckten, dachte ich.

Als alle saßen, ließ sich Foka ebenfalls auf einer Stuhlecke an der Tür nieder, aber kaum saß er dort, als sich die Tür wieder öffnete. Alle schauten sich um. Ins Zimmer trat hastig Natalja Sawischna und nahm, ohne die Augen aufzuschlagen, ihre Zuflucht zu demselben Stuhl, auf dem schon Foka saß. Als wenn es heute wäre, sehe ich den kleinen Kopf und das runzlige, unbewegliche Gesicht Fokas und die gute, vom Leben gebeugte Alte mit der Haube, unter der die grauen Haare hervorschauten. Beide drückten einander auf dem einen Stuhl und hatten es recht unbequem.

Ich war immer noch sorglos und ungeduldig wie bisher. Die zehn Sekunden, die wir bei geschlossenen Türen saßen, erschienen mir wie eine ganze Stunde.

Endlich standen alle auf, bekreuzigten sich und begannen voneinander Abschied zu nehmen. Papa umarmte Mama und küßte sie mehrmals.

»Laß gut sein, Liebling«, sagte Papa, »wir trennen uns ja nicht für immer.«

»Es ist doch recht traurig«, erwiderte Mama mit einer Stimme, die vor Tränen zitterte.

Als ich diese Stimme hörte und Mamas zuckende Lippen und ihre mit Tränen erfüllten Augen sah, vergaß ich alles, und es wurde mir so traurig, so weh und bang zumute, daß ich lieber hätte davonlaufen mögen, als von ihr Abschied zu nehmen. Ich begriff in diesem Augenblick, daß sie, als sie den Vater umarmte, eigentlich auch schon von uns Abschied genommen hatte. Darauf begann sie meinen Bruder Wolodja zu küssen und zu bekreuzigen und tat das so viele Male, daß ich mich, in der Meinung, sie würde sich nun mir zuwenden, vorschob. Aber sie segnete ihn wieder und wieder und drückte ihn an die Brust.

Endlich umarmte sie auch mich. Ich schmiegte mich an sie und weinte und weinte, ohne an etwas anderes als an meinen Schmerz zu denken.

Als wir hinausgingen, um einzusteigen, trat im Vorzimmer die sich drängende Schar der Gutsleute heran, um Abschied zu nehmen. Das »Gestatten Sie Ihr Händchen!« dieser Leute, die schallenden Küsse auf die Schulter und der von ihren Köpfen ausgehende Talggeruch erregten in mir ein Gefühl, das die größte Ähnlichkeit mit dem Ekel hatte, wie er bei empfindlichen Leuten häufig ist. Unter der Einwirkung dieses Gefühls küßte ich Natalja Sawischna sehr kühl auf die Haube, als sie, ganz in Tränen aufgelöst, von mir Abschied nahm.

Das eine ist seltsam: alle Gesichter der Gutsleute sehe ich vor mir, als ob es heute wäre, und könnte sie mit allen, selbst den unbedeutendsten Einzelheiten, zeichnen, aber Mamas Gesicht und Haltung sind meinem Vorstellungsvermögen entgangen; vielleicht deswegen, weil ich es während dieser ganzen Zeit nicht ein einziges Mal über mich bringen konnte, sie ordentlich anzuschauen. Ich glaubte, wenn ich das täte, müßten ihr und mein Kummer sich ins Unermeßliche steigern.

Allen vorauf stürzte ich zur Kalesche, stieg ein und setzte mich auf den hinteren Sitz. Da das Verdeck hochgeschlagen war, konnte ich nichts sehen, aber eine Art von Instinkt sagte mir, daß Mama noch da sei.

Soll ich sie noch einmal ansehen oder nicht? ... Nun, zum letzten Mal! sagte ich zu mir selbst und steckte den Kopf aus der Kalesche nach der Freitreppe zu hinaus. Unterdessen war Mama, von demselben Gedanken getrieben, von der entgegengesetzten Seite an die Kalesche herangetreten und rief mich beim Namen. Als ich ihre Stimme hinter mir hörte, wandte ich mich nach ihr um, aber so schnell, daß wir mit den Köpfen zusammenstießen; sie lächelte traurig und küßte mich ganz fest zum letzten Mal.

Als wir einige Schritte gefahren waren, entschloß ich mich, einen Blick nach hinten zu werfen. Der Wind hob das bläuliche Tuch in die Höhe, das sie um den Kopf gebunden hatte; mit gesenktem Kopf, das Gesicht in den Händen bergend, stieg sie langsam die Stufen der Freitreppe empor. Foka stützte sie. Papa saß neben mir und schwieg. Ich aber konnte mich gar nicht satt weinen; und irgend etwas würgte mich so arg in der Kehle, daß ich zu ersticken fürchtete ...

Als wir auf die Landstraße gelangt waren, erblickten wir ein weißes Tuch, mit dem jemand vom Balkon aus winkte. Ich begann mit dem meinigen zu winken, und diese Bewegung beruhigte mich ein wenig. Ich weinte weiter, und der Gedanke, daß meine Tränen von meinem tiefen Gefühl Zeugnis ablegten, bereitete mir Vergnügen und Genugtuung.

Als wir etwa eine Werst weit gefahren waren, setzte ich mich bequemer hin und begann mit hartnäckiger Aufmerksamkeit nach dem nächsten Gegenstand vor meinen Augen zu blicken – nach dem Hinterteil des Beipferdes, das auf meiner Seite lief. Ich sah, wie dieses scheckige Beipferd mit dem Schweif schlug, wie es mit einem Bein an das andre streifte, wie der Kutscher mit der Peitsche zuschlug und die Beine gleichzeitig zu springen anfingen, ich sah, wie an ihm der Umlaufriemen und an dem Umlaufriemen die Ringe hüpften, und betrachtete alles so lange, bis dieser Umlaufriemen sich am Schweif mit Schaum bedeckte. Dann begann ich Umschau zu halten: nach den wogenden, reifenden Roggenfeldern, nach der dunklen Brache, auf der hier und da ein Pflug, ein Bauer, ein Pferd mit einem Füllen sichtbar wurde, und nach den Werstpfählen; ich schaute sogar nach dem Kutschbock, um festzustellen, welcher Kutscher uns fahre, und die Tränen auf meinem Gesicht waren noch nicht getrocknet, als meine Gedanken schon weit weg von der Mutter waren, von der ich mich, vielleicht für immer, getrennt hatte. Aber jede Erinnerung brachte sie in Gedanken zurück. Dann erinnerte ich mich an einen Pilz, den ich tags zuvor in der Birkenallee gefunden hatte; ich erinnerte mich daran, wie Ljubotschka und Katenka sich gestritten hatten, wer ihn pflücken sollte; ich erinnerte mich auch daran, wie sie beim Abschied von uns geweint hatten.

Wie schade um sie! Wie schade um Natalja Sawischna, um die Birkenallee und um Foka! Schade eigentlich auch um die böse Mimi, schade um alles! Und die arme Mama? Die Tränen traten mir wieder in die Augen, aber bald waren sie getrocknet.

15. Kindheit

O glückliche, glückliche, unwiederbringliche Zeit der Kindheit! Wie sollte man die Erinnerungen an sie nicht lieben, sie nicht zärtlich hüten? Diese Erinnerungen erfrischen und erheben meine Seele und bilden für mich eine Quelle des höchsten Genusses.

Da sehe ich mich, vom Umhertollen ermüdet, auf meinem hohen Stühlchen am Teetisch sitzen; es ist bereits spät; lange schon habe ich meine Tasse Milch mit Zucker ausgetrunken; das Sandmännchen drückt mir die Augen zu, aber ich rühre mich nicht vom Platz, sitze und lausche. Wie könnte ich anders? Mama spricht mit jemandem, und der Klang ihrer Stimme schmeichelt sich süß ins Ohr. Schon dieser Klang hat meinem Herzen so viel zu sagen! Mit meinen schlafbeschwerten Augen blicke ich unverwandt nach ihrem Gesicht, und auf einmal wird sie ganz klein, ihr Gesicht ist nicht größer als ein Knopf; gleichwohl sehe ich es so deutlich wie vorher: ich sehe, wie sie mich anblickt und dabei lächelt. Es gefällt mir, wie sie mich anblickt und dabei lächelt. Es gefällt mir, sie so klein zu sehen. Ich kneife die Augen noch mehr zusammen, und sie wird klein wie die Däumlinge, die man in den Pupillen anderer sieht; aber ich bewege mich – und der Zauber ist zerstört; ich kneife die Augen zusammen, drehe mich hin und her und versuche auf jede Art und Weise, den Zauber wieder aufleben zu lassen, doch vergebens.

Ich stehe auf, erklettere einen Lehnstuhl und mache es mir darin behaglich.

»Du wirst wieder einschlafen, Nikolenka!« sagt meine Mutter zu mir. »Du solltest lieber nach oben gehen.«

»Ich will nicht schlafen, Mamachen«, antworte ich, und unklare, aber süße Träumereien erfüllen meine Phantasie; ein gesunder Kinderschlaf schließt meine Lider, und eine Minute darauf bin ich der Welt ganz entrückt, und ich schlafe, bis ich aufgeweckt werde. Manchmal spüre ich im Halbschlummer, daß eine zärtliche Hand mich berührt; schon an der Art der Berührung erkenne ich sie, und noch im Schlaf ergreife ich unwillkürlich diese Hand und drücke sie fest, ganz fest an meine Lippen.

Alle sind schon gegangen; eine einzige Kerze brennt im Salon. Mama hat gesagt, sie selbst werde mich wecken. Sie hat sich mit auf den Lehnstuhl gesetzt, auf dem ich schlafe, fährt mir mit ihrer wundervollen zarten Hand über das Haar, und dicht an meinem Ohr ertönt eine liebe, wohlbekannte Stimme: »Steh auf, mein Herzchen, es ist Zeit, schlafen zu gehen!«

Durch den gleichgültigen Blick Fremder läßt sie sich nicht stören, sie scheut sich nicht, ihre ganze Zärtlichkeit und Liebe über mich auszugießen. Ich rühre mich nicht, sondern küsse ihre Hand noch inniger.

»Steh auf, mein Engel!«

Sie faßt mich mit der anderen Hand am Hals, und ihre Finger bewegen sich schnell und kitzeln mich. Im Zimmer ist es still, halbdunkel, meine Nerven sind durch das Kitzeln und Aufwecken erregt; Mama sitzt dicht neben mir, sie berührt mich, ich rieche ihren Duft und höre ihre Stimme; alles das bringt mich dahin, daß ich aufspringe, mit den Armen ihren Hals umschlinge und atemlos sage: »Ach liebe, liebe Mama, wie lieb habe ich dich!«

Sie lächelt in ihrer traurigen, bezaubernden Art, faßt mit beiden Händen meinen Kopf, küßt mich auf die Stirn und nimmt mich auf ihren Schoß.

»Du hast mich also sehr lieb?« Sie schwieg ein Weilchen, dann sagte sie: »Hörst du, du mußt mich aber immer liebhaben. Vergiß mich nie! Du wirst doch deine Mama nicht vergessen, auch wenn sie nicht mehr auf Erden ist? Du wirst mich nie vergessen, Nikolenka?«

Sie küßte mich noch zärtlicher.

»Hör auf, du mußt nicht so sprechen, mein Täubchen, mein Seelchen«, rief ich, während ich ihre Knie küßte und meinen Augen Tränen entströmten, Tränen der Liebe und des Entzückens.

Wenn ich dann nach oben gegangen bin und in meinem wattierten Schlafrock vor den Heiligenbildern stehe, wie fühle ich mich dann immer wundersam gestimmt, wenn ich sage: »Lieber Gott, beschütze meinen Papa und meine Mama!« Und wie ich so die Gebete spreche, die meine Kinderlippen zum ersten Mal der geliebten Mutter nachgestammelt haben, fließen die Liebe zu ihr und die Liebe zu Gott in eigentümlicher Weise zu einem einzigen Gefühl zusammen.

Nach dem Gebet wickle ich mich in meine Bettdecke; mir ist so leicht und licht und fromm ums Herz; ein himmlischer Traum jagt den anderen, aber wovon handeln sie? Sie sind ungreifbar, doch erfüllt von reiner Liebe und von der Hoffnung auf ein ungetrübtes Glück. Manchmal erinnere ich mich auch an Karl Iwanowitsch und sein bitteres Los, den einzigen Menschen, von dem ich weiß, daß er unglücklich ist; er tut mir so leid, ich liebe ihn so, daß mir die Tränen aus den Augen fließen, und ich denke: Lieber Gott, gib ihm Glück, gib mir die Möglichkeit, ihm zu helfen, seinen Kummer zu erleichtern. Ich bin bereit, alles für ihn zum Opfer zu bringen.

Dann berge ich mein Lieblingsspielzeug, ein Porzellanhäschen oder -hündchen, in einem Winkel des Federkissens und betrachte mit Vergnügen, wie schön warm und behaglich das Tierchen daliegt. Ich bete noch, daß Gott allen Menschen Glück geben möge, damit alle zufrieden seien, und daß morgen schönes Wetter zum Spazierengehen sein möge, dann drehe ich mich auf die andre Seite, die Gedanken und Träumereien verwischen und verwirren sich, und ich schlafe mit tränenfeuchtem Gesicht sanft und ruhig ein.

Werden sie jemals wiederkehren, jene Frische, jene Sorglosigkeit, jenes Bedürfnis nach Liebe und jene Kraft des Glaubens, die wir in der Kindheit besitzen? Welche Zeit kann besser sein als jene, da die beiden besten Tugenden, eine harmlose Fröhlichkeit und ein unbegrenztes Liebebedürfnis, die einzigen Triebfedern im Leben waren?

Wo sind jene heißen Gebete, wo die beste Gabe: jene reinen Tränen der Rührung? Ein tröstender Engel kam geflogen, wischte lächelnd diese Tränen ab und fächelte der unverdorbenen kindlichen Phantasie süße Träume zu.

Hat das Leben wirklich so schwere Spuren in meinem Herzen hinterlassen, daß diese Tränen und dieses Entzücken für immer von mir gewichen sind? Sind mir wirklich nur die Erinnerungen daran geblieben?

16. Verse

Fast neun Monate, nachdem wir nach Moskau gefahren waren, saß ich oben im Haus unserer Großmutter an einem großen Tisch und schrieb. Mir gegenüber saß der Zeichenlehrer und legte die letzte bessernde Hand an eine Bleistiftzeichnung, die einen Türkenkopf mit Turban darstellte. Wolodja stand mit ausgestrecktem Hals hinter dem Lehrer und blickte ihm über die Schulter. Dieser Kopf war Wolodjas erste gute

Bleistiftzeichnung und sollte an diesem Tag, Großmutters Namenstag, ihr überreicht werden.

»Wollen Sie nicht hier noch etwas Schatten machen?« fragte Wolodja den Lehrer, während er sich auf die Zehen hob und auf den Hals des Türken zeigte.

»Nein, das ist nicht nötig«, sagte der Lehrer und legte die Bleistifte und die Reißfeder in ein Schiebekästchen, »jetzt ist es gut, lassen Sie es so, wie es ist. Nun und Sie, Nikolenka«, fügte er hinzu, während er aufstand und den Türken immer noch schräg von der Seite betrachtete, »sollten uns doch endlich Ihr Geheimnis enthüllen: was Sie Ihrer Großmutter schenken werden. Es wäre tatsächlich das beste, Sie schenkten auch einen Kopf. Empfehle mich, meine Herren«, sagte er, griff nach seinem Hut, nahm die Stundenmarke und ging.

In diesem Augenblick dachte auch ich, es würde besser sein, ihr einen Kopf zu schenken, als das, womit ich mich herumquälte. Als man uns mitgeteilt hatte, daß Großmutters Namenstag bevorstehe und wir zu diesem Tag Geschenke fertigmachen müßten, kam mir der Einfall, ihr zu dieser festlichen Gelegenheit Verse *zu* widmen; ich brachte auch sofort zwei gereimte Zeilen zustande in der sicheren Erwartung, das übrige ebenso schnell zu erledigen. Ich kann mich beim besten Willen nicht mehr darauf besinnen, wie es kam, daß ich auf einen, für ein Kind so fernliegenden Gedanken verfiel; ich erinnere mich aber, daß mein Plan mir sehr gefiel, und daß ich auf alle diesen Gegenstand betreffenden Fragen antwortete: Ich würde der Großmutter ganz gewiß ein Geschenk machen, aber niemandem vorher sagen, worin es bestehe.

Gegen meine Erwartung stellte sich heraus, daß ich außer den beiden in der ersten Hitze geschmiedeten Verszeilen, allen Anstrengungen zum Trotz, nichts mehr fertigbrachte. Ich suchte eifrig in den Gedichten herum, die in unseren Büchern standen, aber weder Dmitrijew noch Derschawin halfen mir, im Gegenteil, sie ließen mich erst recht meine Unfähigkeit erkennen. Da ich wußte, daß sich Karl Iwanowitsch gern Gedichte abschrieb, kramte ich heimlich in seinen Papieren und fand unter einer Anzahl deutscher Gedichte auch ein russisches, das seiner eigenen Feder entstammen mußte.

»An Frau L.

… Petrowskoje, 3. Juni 1828.

Denk mein ferne,
Denk mein nah,
Denk mein gerne
Immerdar!
Denk mein, wenn ich lieg im Grab,
Wie so treu ich lieb dich hab!

Karl Mauer.«

Dieses Gedicht, mit schönen runden Schriftzügen auf feines Briefpapier geschrieben, gefiel mir wegen der tiefen Empfindung, die daraus sprach. Ich lernte es auswendig und beschloß, es zum Muster zu nehmen. Das Werk ging nun viel leichter vonstatten. Zum Namenstag war ein Glückwunsch von zwölf Zeilen fertig, und ich schrieb ihn am Tisch des Klassenzimmers auf Velinpapier ins reine. Ich hatte schon zwei Bogen verdorben; nicht, weil ich beabsichtigt hätte, etwas an dem Gedicht zu ändern: die Verse schienen mir vielmehr ausgezeichnet zu sein, aber von der dritten Zeile an begannen sich ihre Enden immer mehr nach oben zu biegen, daß man es sogar von weitem sehen konnte; es war schief geschrieben und taugte nichts.

Auf dem dritten Bogen fiel die Schrift ebenso schief aus wie auf den früheren; aber ich beschloß, es nicht noch einmal abzuschreiben. In meinem Gedicht beglückwünschte ich die Großmutter, wünschte ihr viele Jahre der Gesundheit und schloß folgendermaßen:

»Will lieb und gut stets zu dir sein,
Grad wie zum lieben Mütterlein!«

Es schien mir alles recht gut zu sein, nur die letzte Zeile verletzte mein Ohr in befremdlicher Weise.

»Grad wie zum lieben Mütterlein«, sagte ich mehrmals für mich hin. Könnte ich nicht für ›Mütterlein‹ einen andern

Reim einsetzen? Zum Beispiel: Schein, rein, Pein ... Ach was, es wird schon gehen! Immer noch besser als die Reimereien Karl Iwanowitschs! Und ich schrieb die letzte Zeile hin. Dann las ich mir im Schlafzimmer mein Werk voller Empfindung und mit reichlichen Gesten vor. Die Verse folgten keinerlei bestimmtem Versmaß, daran nahm ich keinen Anstoß; aber die letzte Zeile löste ein ständig steigendes Mißbehagen in mir aus. Ich setzte mich auf das Bett und dachte nach.

Warum habe ich geschrieben: »Grad wie zum lieben Mütterlein?« Sie ist ja nicht hier; also wäre es gar nicht nötig gewesen, sie zu erwähnen. Freilich habe ich Großmutter lieb und verehre sie, aber immerhin ist sie doch ... Warum habe ich das geschrieben? Warum habe ich gelogen? Wenn es auch Verse sind, so war es doch nicht nötig.

Gerade in diesem Augenblick kam der Schneider und brachte einen neuen Halbfrackanzug.

»Nun, mag es meinetwegen so bleiben!« sagte ich in höchster Ungeduld, schob das Gedicht ärgerlich unter mein Kopfkissen und lief hin, um den Moskauer Anzug anzuprobieren.

Der Moskauer Anzug erwies sich als ganz vorzüglich: der braune Halbfrack mit den Messingknöpfen war anliegend gearbeitet, nicht zum Hineinwachsen, wie es bei uns auf dem Land der Fall war; die schwarzen, ebenfalls engen Hosen ließen die Muskeln wundervoll hervortreten und lagen auf den Stiefeln auf.

Endlich habe ich Beinkleider mit Stegen, richtige Beinkleider, dachte ich und betrachtete, ganz außer mir vor Freude, meine Beine von allen Seiten. Obgleich mir der neue Anzug sehr eng und unbequem war, wollte ich es niemandem eingestehen, erklärte vielmehr, es wäre mir in ihm sehr behaglich, und wenn er überhaupt einen Fehler habe, sei es höchstens der, daß er ein bißchen zu weit wäre. Hierauf bürstete ich, vor dem Spiegel stehend, sehr lange meinen reichlich pomadisierten Kopf; aber wie sehr ich mich auch abplagte, konnte ich die Haare auf dem Wirbel nicht glatt bekommen: sobald ich in dem Wunsch, ihren Gehorsam zu erproben, aufhörte, sie mit der Bürste anzudrücken, richteten sie sich wieder auf, strebten nach verschiedenen Seiten auseinander und verliehen meinem Gesicht ein überaus komisches Aussehen.

Karl Iwanowitsch kleidete sich im Nebenzimmer an, und es wurde ihm sein blauer Frack und allerhand weißes Zubehör durch das Klassenzimmer gebracht. An der nach unten führenden Tür hörte ich eine von Großmutters Zofen etwas rufen; ich ging hinaus, um zu hören, was sie wollte. Sie hielt ein steif gestärktes Vorhemd in der Hand und sagte mir, sie bringe es Karl Iwanowitsch und habe die ganze Nacht nicht geschlafen, um es noch rechtzeitig fertigzubekommen. Ich übernahm es, das Vorhemd zu überbringen, und fragte, ob die Großmutter schon aufgestanden sei.

»Natürlich, sie hat schon Kaffee getrunken, und der Oberpope ist bereits gekommen. – Was für ein schneidiger junger Herr Sie sind«, fügte sie hinzu und betrachtete lächelnd meinen neuen Anzug. Diese Bemerkung ließ mich rot werden, ich drehte mich auf einem Bein herum, schnalzte mit den Fingern und machte einen Sprung. Ich wollte ihr damit zu verstehen geben, daß sie noch gar nicht richtig wisse, wie schneidig ich sei.

Als ich Karl Iwanowitsch das Vorhemd brachte, war es nicht mehr nötig: er hatte bereits ein anderes vorgebunden, stand gebückt vor einem auf dem Tisch stehenden kleinen Spiegel, hielt mit beiden Händen die prächtige Schleife seiner Halsbinde fest und probierte, ob er sein glattrasiertes Kinn frei hinein- und wieder herausbekam. Nachdem er unsere Anzüge von allen Seiten zurechtgezupft und Nikolaj gebeten hatte, ihm denselben Dienst zu erweisen, führte er uns zur Großmutter. Ich muß noch jetzt lachen, wenn ich daran denke, wie entsetzlich wir drei nach Pomade rochen, als wir die Treppe hinunterstiegen.

Karl Iwanowitsch hatte ein selbstverfertigtes Schächtelchen in der Hand, Wolodja seine Zeichnung und ich das Gedicht; jeder von uns hatte sein Sprüchlein auf der Zunge, mit dem er seine Geschenke überreichen wollte ... In dem Augenblick, in dem Karl Iwanowitsch die Tür zum Salon öffnete, legte der Geistliche sein Meßgewand an, und die ersten Worte des Gebets wurden vernehmlich.

Großmutter war bereits im Salon; über eine Stuhllehne gebeugt, auf die sie sich stützte, stand sie an der Wand und betete andächtig. Neben ihr stand Papa. Er wandte sich nach uns um und lächelte, als er bemerkte, wie wir eiligst die zugedachten Geschenke auf unserem Rücken verbargen und dicht an der Tür stehenblieben, um nicht zu stören. Der große Effekt der Überraschung, den wir uns so schön ausgemalt hatten, war verpufft. Als nach Beendigung des Gebetes alle an das Kreuz herantraten, um es zu küssen, fühlte ich plötzlich, daß mich eine unüberwindliche, betäubende Schüchternheit bedrückte, und in der sicheren Gewißheit, daß ich nicht den Mut haben würde, mein Geschenk zu überreichen, versteckte ich mich hinter dem Rücken Karl Iwanowitschs, der die Großmutter in den gewähltesten Ausdrücken beglückwünschte, das Schächtelchen aus der linken Hand in die rechte nahm, es dem Namenstagskind aushändigte und dann einige Schritte zurücktrat, um Wolodja Platz zu machen. Großmutter schien von dem mit Goldborten beklebten Schächtelchen ganz entzückt zu sein und sprach unter dem freundlichsten Lächeln ihre Dankbarkeit aus. Man merkte jedoch, daß sie nicht wußte, wo sie das Schächtelchen hinstellen sollte; deshalb forderte sie wahrscheinlich Papa auf, doch auch zu sehen, wie erstaunlich kunstreich es gearbeitet sei.

Nachdem Papa seine Neugier befriedigt hatte, übergab er es dem Oberpopen, dem dieses Kunstwerk außerordentlich zu gefallen schien. Er wiegte den Kopf hin und her und betrachtete mit Interesse bald das Schächtelchen, bald den Meister, der solche Kunststücke zuwegebrachte. Wolodja überreichte seinen Türken und erntete ebenfalls von allen Seiten die schmeichelhaftesten Lobsprüche. Nun kam ich an die Reihe: Großmutter wandte sich mit einem ermunternden Lächeln mir zu. Wer Schüchternheit aus eigener Erfahrung kennt, der weiß, daß dieses Gefühl im geraden Verhältnis zur Zeit steht, die Entschlossenheit dagegen im umgekehrten Verhältnis, das heißt: je länger dieser Zustand dauert, um so unüberwindlicher wird er und um so geringer wird die Entschlossenheit.

Der letzte Rest von Mut und Entschlossenheit verließ mich

in dem Augenblick, als Karl Iwanowitsch und Wolodja ihre Geschenke überreicht hatten, und meine Schüchternheit stieg auf den höchsten Grad; ich fühlte, wie mir das Blut unaufhaltsam vom Herzen in den Kopf strömte, wie mein Gesicht abwechselnd rot und blaß wurde, und wie mir auf Stirn und Nase dicke Schweißtropfen traten. Die Ohren glühten; ich spürte, wie mein ganzer Körper zitterte. Ich trat von einem Fuß auf den anderen und rührte mich nicht vom Fleck.

»Nun, Nikolenka? Zeige doch, was du hast: ein Schächtelchen oder eine Zeichnung!« sagte Papa zu mir. Was tun? Mit zitternder Hand übergab ich die zerdrückte, verhängnisvolle Rolle; aber die Stimme versagte mir vollständig den Gehorsam, und ich blieb stumm vor Großmama stehen. Ich verlor alle Fassung bei dem Gedanken, daß statt der erwarteten Zeichnung meine verunglückten Verse in Erscheinung treten, ja vor aller Ohren vorgelesen werden sollten – und damit auch die Worte:

»Grad wie zum lieben Mütterlein«,

aus denen deutlich hervorging, daß ich meine Mutter nie geliebt und sie jetzt vergessen hatte. Wie soll ich die Qualen schildern, die ich empfand, als Großmutter mein Gedicht laut vorzulesen begann, als sie dann an einer Stelle, die sie nicht entziffern konnte, mitten in der Zeile innehielt und mit einem Lächeln, das mir spöttisch erschien, Papa anblickte, als sie nicht so betonte, wie ich es gewollt hatte, und als sie wegen ihrer schwachen Augen das Blatt, ohne es zu Ende zu lesen, Papa übergab mit der Bitte, es ihr ganz von Anfang an vorzulesen! Mir schien, als tue sie es deshalb, weil sie so schlechte, schiefgeschriebene Verse nicht lesen mochte, und weil sie wollte, daß Papa selbst den letzten Vers vorlese, der meine Gefühllosigkeit so deutlich bekundete. Ich erwartete, daß er mir diese Verse um die Nase schlagen und sagen würde: »Du nichtsnutziger Schlingel, vergiß deine Mutter nicht ... das hast du dafür!«

Aber nichts Derartiges geschah: im Gegenteil! Als alles vorgelesen war, sagte die Großmutter: »Scharmant« und küßte mich auf die Stirn; das Schächtelchen, die Zeichnung und das

Gedicht wurden neben zwei Taschentücher und eine Tabaksdose mit Mamas Porträt auf das Ausziehtischchen des großen bequemen Lehnsessels gelegt, auf dem Großmutter immer zu sitzen pflegte.

»Die Fürstin Warwara Iljinitschna!« meldete einer der beiden riesenhaften Lakaien, die bei Ausfahrten hinten auf Großmutters Wagen standen.

Großmutter betrachtete nachdenklich das Porträt auf der Tabatiere und gab keine Antwort.

»Wünschen Ihre Durchlaucht die Fürstin zu empfangen?« fragte der Lakai.

17. Die Fürstin Kornakowa

»Ich lasse bitten«, sagte die Großmutter und setzte sich tiefer in ihren Sessel hinein.

Die Fürstin war eine Frau von ungefähr fünfundvierzig Jahren, klein, schwächlich, dürr und gallig, mit graugrünen, unangenehmen, kleinen Augen, deren Ausdruck in scharfem Widerspruch zu der unnatürlich freundlichen Haltung des Mundes stand. Unter dem Samthut mit der Straußenfeder blickten rote Haare hervor; die Augenbrauen und Wimpern erschienen auf der ungesunden Gesichtsfarbe noch heller und rötlicher. Trotzdem hatte, dank ihren ungezwungenen Bewegungen, den winzigen Händen und der besonderen Magerkeit ihrer Gesichtszüge, ihre Gesamterscheinung etwas Vornehmes und Energisches.

Die Fürstin sprach sehr viel und gehörte mit ihrer Redseligkeit zur Gruppe jener Leute, die immer so reden, als ob ihnen jemand widerspräche, selbst wenn niemand ein Wort sagte; bald ließ sie ihre Stimme steigen, bald wieder sinken, begann aber dann plötzlich mit neuer Lebhaftigkeit zu reden, während ihr Blick alle Zuhörer streifte, als bemühte sie sich, dadurch neue Stärke zu gewinnen.

Obwohl die Fürstin der Großmutter beim Kommen die

Hand küßte und sie beständig »ma bonne tante« nannte, bemerkte ich, daß Großmutter etwas gegen sie hatte: sie zog die Augenbrauen in ganz eigenartiger Weise in die Höhe, als die Fürstin erzählte, warum Fürst Michailow beim besten Willen nicht habe persönlich kommen können, um der Großmutter seine Glückwünsche darzubringen; auf die französische Anrede der Fürstin antwortete sie russisch und sagte, jedes Wort besonders dehnend: »Ich bin Ihnen für Ihre Aufmerksamkeit sehr dankbar, meine Liebe, und daß Fürst Michailow nicht gekommen ist, verstehe ich sehr gut ... er hat ja so viel zu tun; und dann muß man auch sagen: wäre es etwa ein Vergnügen für ihn, bei einer alten Frau zu sitzen?«

Und ohne der Fürstin Zeit zu lassen, auf diese Worte etwas zu erwidern, fuhr sie fort: »Nun, wie geht es Ihren Kinderchen, meine Liebe?«

»Oh, Gott sei Dank, ma tante, sie entwickeln sich, lernen, machen Streiche ... besonders Etienne, der älteste, wird ein solcher Wildfang, daß mit ihm gar nicht mehr auszukommen ist, aber dabei ist er klug, un garçon qui promet. Können Sie sich das vorstellen, mon cousin?« fuhr sie, an Papa gewandt, fort; denn die Großmutter, die für die Kinder der Fürstin nicht das geringste Interesse hatte, vielmehr mit ihren eigenen Enkeln Staat machen wollte, holte sorgsam mein Gedicht unter dem Schächtelchen hervor und begann den Bogen aufzurollen. »Können Sie sich vorstellen, mon cousin, was er neulich angestellt hat ...?«

Und die Fürstin neigte sich zu Papa und begann ihm äußerst lebhaft etwas zu erzählen. Als sie damit fertig war, lachte sie auf, richtete einen fragenden Blick auf Papas Gesicht und sagte: »Sollte man so etwas für möglich halten, mon cousin? Er hätte verdient, tüchtig geprügelt zu werden, aber der Streich, den er sich da ausgedacht hatte, war so klug und so amüsant, daß ich ihm verziehen habe, mon cousin.«

Dann heftete die Fürstin ihren Blick auf die Großmutter und fuhr, ohne etwas zu sagen, fort zu lächeln.

»Aber schlagen Sie denn Ihre Kinder, meine Liebe?« fragte die Großmutter, wobei sie die Augenbrauen bedeutsam in die

Höhe zog und einen besonderen Nachdruck auf das Wort »schlagen« legte.

»Ach, ma bonne tante«, antwortete die Fürstin mit einem gutmütigen Unterton, während sie einen schnellen Blick zu Papa hinschickte, »ich weiß, wie Sie über diesen Punkt denken, aber erlauben Sie mir, darüber anders zu denken. Wieviel ich auch darüber nachgedacht, gelesen und andere befragt habe, hat mich doch die Erfahrung zu der Überzeugung gebracht, daß es unumgänglich nötig ist, auf Kinder durch Furcht einzuwirken. Wenn man aus einem Kind etwas machen will, ist dazu Furcht nötig, nicht wahr, mon cousin, und wovor, je vous demande un peu, fürchten sich Kinder mehr als vor der Rute?«

Bei diesen Worten blickte sie uns fragend an, und ich muß gestehen, daß ich mich in diesem Augenblick nicht wohl in meiner Haut fühlte.

»Man mag sagen, was man will, aber ein Knabe von zwölf oder vierzehn Jahren ist immer noch ein Kind; mit einem Mädchen ist es eine andere Sache.«

Welch ein Glück, dachte ich, daß ich nicht ihr Sohn bin!

»Ja, das ist alles sehr schön, meine Liebe«, sagte die Großmutter, während sie mein Gedicht wieder zusammenrollte und unter das Schächtelchen tat, wie wenn sie nach dieser Auseinandersetzung die Fürstin für unwürdig erachtet hätte, ein solches Kunstwerk anzuhören; »das ist alles sehr schön, aber sagen Sie mir bitte, was für feine Empfindungen können Sie nach einer solchen Behandlung von Ihren Kindern erwarten?«

Und da Großmutter dieses Argument für unwiderleglich hielt, fügte sie, um das Gespräch abzubrechen hinzu: »Übrigens kann über diesen Punkt jeder seine eigene Meinung haben.«

Die Fürstin antwortete nicht, sondern lächelte herablassend, um auszudrücken, daß sie diese sonderbaren Vorurteile bei einem von ihr sonst hochverehrten Menschen entschuldige.

»Ach, machen Sie mich doch mit Ihren jungen Leuten bekannt«, sagte sie, während sie uns ansah und uns freundlich zulächelte.

Wir standen auf und richteten unsere Augen auf das Gesicht der Fürstin, wußten aber nicht, was wir tun mußten, um zum Ausdruck zu bringen, daß die Bekanntschaft hergestellt sei.

»Küßt doch der Fürstin die Hand«, sagte Papa.

»Ich bitte Sie, die alte Tante liebzuhaben«, sagte sie und küßte Wolodja auf das Haar. »Ich bin zwar nur eine entfernte Verwandte, aber ich rechne nach freundschaftlichen Beziehungen und nicht nach dem Grad der Verwandtschaft«, fügte sie, sich vornehmlich an Großmama wendend, hinzu; aber Großmutter ließ noch immer nicht von ihrer Unzufriedenheit ab und antwortete: »Ach, meine Liebe, rechnet man denn heutzutage eine solche Verwandtschaft überhaupt noch?«

»Von meinen Söhnen wird dieser hier«, sagte Papa, auf Wolodja deutend, »ein junger Weltmann werden, und der hier ein Dichter«, fügte er in dem Augenblick hinzu, als ich die kleine magere Hand der Fürstin küßte und mir in lebhafter Anschaulichkeit eine Rute vorstellte, die zu dieser Hand gehörte, eine Prügelbank, die zur Rute gehörte, und so weiter und so weiter.

»Welcher?« fragte die Fürstin, die mich an der Hand festhielt.

»Dieser hier, der Kleine mit dem Haarschopf«, antwortete Papa mit einem heiteren Lächeln.

Was hat ihm mein Haarschopf getan? Kann er wirklich von nichts anderem sprechen? dachte ich und ging in eine Ecke.

Ich hatte die seltsamsten Vorstellungen von Schönheit; sogar Karl Iwanowitsch hielt ich für einen der schönsten Männer der Welt; aber ich wußte recht wohl, daß ich nicht schön war, und gab mich darüber keinerlei Täuschung hin; deshalb war mir jede Anspielung auf mein Äußeres schmerzlich und kränkend.

Ich erinnere mich genau, wie einmal beim Mittagessen (ich war damals sechs Jahre alt) über mein Äußeres gesprochen wurde, wie Mama sich bemühte, in meinem Gesicht etwas Hübsches zu finden, wie sie sagte, ich hätte kluge Augen und ein angenehmes Lächeln, wie sie schließlich, durch die Beweisgründe meines Vaters und den Augenschein besiegt, sich genötigt sah zuzugeben, daß ich häßlich sei; und wie sie dann, als ich mich bei ihr für das Mittagessen bedankte, mir auf die Backe klopfte und sagte: »Denke immer daran, Nikolenka, daß niemand dich wegen deines Gesichts liebhaben wird; darum mußt du dir Mühe geben, ein gescheiter, braver Knabe zu werden.«

Diese Worte brachten mich nicht nur zu der Überzeugung, daß ich wirklich nicht hübsch sei, sondern bestärkten mich auch in den Vorsätzen, ein solcher Knabe zu werden.

Dennoch war ich oft verzweifelt: ich bildete mir ein, daß es für einen Menschen mit so breiter Nase, mit so dicken Lippen und so kleinen grauen Augen wie mich kein Glück auf Erden geben könnte; ich bat Gott, ein Wunder zu tun und mich in einen schönen Knaben zu verwandeln; mit Freuden hätte ich alles, was ich damals besaß, alles, was ich in Zukunft besitzen konnte, für ein hübsches Gesicht hingegeben.

18. Fürst Iwan Iwanowitscb

Als die Fürstin das Gedicht angehört hatte und den Verfasser mit Lob überschüttet hatte, ließ die Großmutter sich etwas erweichen, begann mit ihr französisch zu reden, nannte sie nicht mehr »meine Liebe« und forderte sie auf, mit allen Kindern zu uns zu kommen; die Fürstin sagte zu, blieb noch ein Weilchen sitzen und fuhr dann weg.

An diesem Tag kamen so viel Gratulanten, daß draußen an der Freitreppe den ganzen Vormittag über mehrere Equipagen standen.

»Bonjour, chère cousine«, sagte einer der Besucher, als er das Zimmer betrat, und küßte der Großmutter die Hand. Es war ein hochgewachsener Mann von etwa siebzig Jahren in einer mit großen Epauletten geschmückten Offiziersuniform, aus deren Kragen ein großes weißes Kreuz heraushing. Ein ruhiges, offenes Wesen strahlte aus seinem Gesicht, und sein ungezwungenes, einfaches Benehmen machte großen Eindruck auf mich. Obwohl ihm nur im Nacken ein Halbkreis spärlicher Haare übriggeblieben war und sich aus der Haltung der Oberlippe das Fehlen von Zähnen deutlich erkennen ließ, war sein Gesicht doch von bemerkenswerter Schönheit.

Fürst Iwan Iwanowitsch hatte am Ende des vergangenen Jahrhunderts dank seinem vornehmen Charakter, seinem schönen Äußeren, seiner hervorragenden Tapferkeit, seiner hochstehenden, einflußreichen Verwandtschaft und nicht zuletzt dank besonderer Schicksalsgunst schon in sehr jungen Jahren eine glänzende Karriere gemacht. Er hatte weitergedient, und sein Ehrgeiz war sehr rasch in einem Grad befriedigt worden, daß ihm in dieser Hinsicht nichts mehr zu wünschen übrigblieb. Von klein auf benahm er sich so, als bereitete er sich darauf vor, in der vornehmen Gesellschaft jene glänzende Stellung einzunehmen, die ihm das Schicksal in der Folge zuwies. Obgleich es auch in seinem glänzenden und etwas prunkvollen Leben wie bei allen Menschen nicht an Mißerfolgen, Enttäuschungen und Kränkungen gefehlt hatte, war er seinem stets ruhigen Charakter, seiner Gewohnheit, die Dinge von einer höheren Warte aus zu betrachten, sowie seinen religiösen und sittlichen Grundsätzen nie untreu geworden und hatte sich weniger durch seine glänzende Stellung als durch seine Beharrlichkeit und Festigkeit die allgemeine Achtung erworben. Er war nicht gerade ein hervorragender Kopf, hatte aber dank seiner Stellung, die es ihm erlaubte, auf alle nichtigen Aufregungen des Lebens von oben herabzusehen, eine gehobene Art, die Dinge zu betrachten. Er hatte ein gutes, mitfühlendes Herz, war aber im Umgang kalt und etwas hochmütig. Dies war so zu erklären: da er sich in einer Stellung befand, in der er vielen Menschen nützlich sein konnte, suchte er sich durch seine Kälte gegen die unaufhörlichen Bitten und Schmeicheleien von Leuten zu schützen, die weiter nichts als durch seinen Einfluß profitieren wollten. Diese Kälte wurde jedoch durch die herablassende Höflichkeit des vollendeten Weltmannes gemildert. Er verfügte über eine gute Bildung und Belesenheit; aber seine Bildung war bei dem stehengeblieben, was er sich in seiner Jugend, das heißt, am

Ende des vorigen Jahrhunderts angeeignet hatte. Er hatte alles gelesen, was in Frankreich auf dem Gebiet der Philosophie und der Beredsamkeit im achtzehnten Jahrhundert Bedeutendes geschrieben worden war; er kannte ausgezeichnet die besten Erzeugnisse der französischen Literatur, so daß er imstande war, Stellen aus Racine, Corneille, Boileau, Molière, La Fontaine und Fénelon zu zitieren, was er gern und häufig tat; er hatte glänzende Kenntnisse in der Mythologie, hatte mit Nutzen die alten Epen in französischer Übersetzung studiert und verfügte über hinreichende Geschichtskenntnisse, die er aus Ségur geschöpft hatte. Dagegen verstand er weder von Mathematik noch von Physik noch von moderner Literatur etwas. Er verstand es ausgezeichnet, in der Unterhaltung zu schweigen oder ein paar allgemeine Sätze über Goethe, Schiller und Byron anzubringen, obwohl er deren Schriften nie gelesen hatte. Trotz dieser französisch-klassischen Bildung, die jetzt nur noch wenige Vertreter zählt, war seine Ausdrucksform durchaus schlicht, und diese Schlichtheit verdeckte einerseits seine Unkenntnis mancher Gegenstände und gab anderseits seinem Ton etwas Angenehmes, Tolerantes. Er war ein großer Feind jeglicher Originalität und sagte, daß Originalität nichts anderes als ein Kunstgriff von Leuten sei, die keine guten Umgangsformen besäßen. Geselligkeit war ihm etwas Unentbehrliches. Er mochte wohnen, wo er wollte, in Moskau oder im Ausland, immer hielt er ein offenes Haus und sah an bestimmten Tagen die ganze Stadt bei sich zu Gast. Er genoß in der Stadt ein solches Ansehen, daß eine Einladungskarte von ihm die Türen zu allen Salons öffnete und viele hübsche junge Damen ihm gern ihre Rosenwangen hinhielten, die er dann mit einer Art väterlichen Gefühls küßte, und daß manche, dem Anschein nach unnahbar hochgestellte Persönlichkeit sich unsagbar freute, wenn sie zu den Gesellschaften des Fürsten zugelassen wurde.

Es waren dem Fürsten nur wenige solche Menschen wie unsere Großmutter verblieben, Menschen, die derselben Gesellschaftsschicht, denselben Bildungskreisen angehörten wie er, die dieselbe Weltanschauung hatten und im gleichen Alter standen; daher legte er auf sein altes Freundschaftsverhältnis zu ihr großen Wert und bewies ihr immer die größte Hochachtung.

Ich konnte mich an dem Fürsten gar nicht satt sehen. Der Respekt, den alle an den Tag legten, die großen Epauletten, die besondere Freude, mit der Großmutter ihn empfing, und der Umstand, daß er allein sich vor ihr offenbar nicht fürchtete, sondern mit ihr völlig ungezwungen verkehrte und sogar die Kühnheit hatte, sie »ma cousine« zu nennen, flößte mir den gleichen Respekt ein, den ich vor Großmutter selber empfand, wenn nicht gar einen noch größeren. Als ihm mein Gedicht gezeigt wurde, rief er mich zu sich und sagte: »Wer kann es wissen, ma cousine, vielleicht wird er ein zweiter Derschawin.«

Bei diesen Worten zwickte er mich so stark in die Wange, daß ich nur deswegen nicht aufschrie, weil ich mir sagte, es sollte eine Liebkosung sein.

Die Besucher hatten sich empfohlen, Papa und Wolodja waren hinausgegangen, im Salon waren nur der Fürst, Großmutter und ich zurückgeblieben.

»Warum ist eigentlich unsere liebe Natalja Nikolajewna nicht gekommen?« fragte auf einmal Fürst Iwan Iwanowitsch nach kurzem Stillschweigen.

»Ach, mon cher«, antwortete Großmutter mit gedämpfter Stimme und legte dabei die Hand auf den Ärmel seiner Uniform, »sie wäre sicherlich gekommen, wenn sie hätte tun können, was sie will. Sie schreibt mir, Pierre habe sie aufgefordert mitzufahren, aber sie selber habe es abgelehnt, weil sie in diesem Jahr gar keine Einnahmen gehabt hätten, und sie schreibt: ›Überdies habe ich auch keine Veranlassung, in diesem Jahr mit dem ganzen Hausstand nach Moskau überzusiedeln. Ljubotschka ist noch zu klein, und was die Knaben anlangt, die bei Ihnen wohnen, bin ich noch mehr beruhigt, als wenn sie hier wären ...‹ Das ist alles sehr schön«, fuhr die Großmutter in einem Ton fort, der deutlich erkennen ließ, daß sie es keineswegs schön fand ... »Für die Knaben war es schon längst Zeit, daß sie hierher gebracht wurden, damit sie etwas lernen und ein bißchen Lebensart annehmen; denn was könnte ihnen auf dem Land für eine Erziehung gegeben werden? Der Ältere ist bald dreizehn Jahre und der andere elf… Sie haben ja gesehen, mon cousin, die benehmen sich hier wie die Wilden… sie wissen nicht einmal, wie man ein Zimmer betritt.«

»Ich verstehe gar nicht«, antwortete der Fürst, »wo diese ewigen Klagen über schlechte Vermögensverhältnisse herkommen! Ich selber besitze doch ein hübsches Vermögen, und Nataljas Gut Chabarowka, wo Sie und ich einmal Theater gespielt haben, kenne ich wie meine fünf Finger – ein wundervoller Besitz. Der muß doch etwas einbringen!«

»Ich will mit Ihnen als meinem aufrichtigen Freund offen sprechen«, unterbrach ihn Großmutter mit trauriger Miene; »es kommt mir vor, als ob dies nur Ausreden von ihm wären, damit er hier allein leben, sich in den Klubs und auf Diners herumtreiben und weiß Gott was sonst noch alles anstellen kann. Sie hegt keinerlei Verdacht. Sie wissen, von einer wie engelhaften Güte sie ist: sie vertraut ihm in allem. Er hat ihr versichert, die Kinder müßten nach Moskau gebracht werden, und sie müßte allein mit einer dummen Gouvernante auf dem Land bleiben! Sie hat es geglaubt! Würde er zu ihr sagen: ›Man muß die Kinder prügeln, wie die Fürstin Warwara Iljinitschna die ihrigen prügelt‹, würde sie auch da einwilligen, glaube ich«, sagte Großmutter und drehte sich mit höchst verächtlicher Miene in ihrem Sessel herum. »Ja, mein Freund«, fuhr sie nach kurzem Stillschweigen fort, während sie eines ihrer beiden Taschentücher in die Hand nahm, um damit eine sich hervordrängende Träne fortzuwischen. »Ich denke oft, daß er nicht imstande ist, sie richtig zu würdigen oder auch nur zu verstehen, und daß sie trotz ihrer Herzensgüte und ihrer Liebe zu ihm – so sehr sie sich auch bemüht, ihren Kummer zu verbergen, ich kenne ihn nur zu gut – mit ihm nicht glücklich sein kann; und denken Sie an mein Wort, wenn er nicht…«

Die Großmutter barg ihr Gesicht in ihrem Taschentuch.

»Eh, ma bonne amie, ich sehe, daß Sie noch immer nicht

klug geworden sind«, sagte der Fürst in vorwurfsvollem Ton. »Ewig grämen Sie sich und weinen über ein Leid, das nur in Ihrer Einbildungskraft besteht. Sie sollten sich schämen; ich kenne ihn seit langem und kenne ihn als einen aufmerksamen, braven, lieben Gatten und, was die Hauptsache ist, als einen höchst anständigen Menschen, als un parfait honnête homme.«

Ohne meinen Willen hatte ich dieses für mich nicht bestimmte Gespräch mit angehört; auf das höchste erregt, schlich ich auf den Zehenspitzen aus dem Zimmer.

19. Die Iwins

»Wolodja! Wolodja! Die Iwins!« schrie ich, als ich durch das Fenster drei Knaben in blauen Pekeschen mit Biberkragen erblickte, die – von einem jungen geckenhaften Erzieher geleitet – von dem gegenüberliegenden Bürgersteig auf unser Haus zukamen.

Die Iwins waren mit uns verwandt und standen fast in demselben Alter wie wir. Bald nach unserer Ankunft in Moskau waren wir miteinander bekannt geworden und in näheren Verkehr getreten.

Der zweite Iwin, Serjoscha, war ein brünetter, kraushaariger Knabe mit einem kräftigen Stupsnäschen, sehr frischen, schönen Lippen, die nur selten die ein wenig vorstehende obere Reihe weißer Zähne vollständig bedeckten, mit dunkelblauen, schönen Augen und ungewöhnlich kühlem Gesichtsausdruck. Er lächelte nie, sondern blickte entweder völlig ernst oder lachte laut und herzlich in einer höchst anziehenden Weise. Seine eigenartige Schönheit hatte gleich auf den ersten Blick mein Herz getroffen; ich fühlte mich unwiderstehlich zu ihm hingezogen. Ihn auch nur zu sehen, machte mich ganz selig, und eine Zeitlang vereinten sich alle Kräfte meiner Seele in diesem einen Wunsch; wollte es der Zufall, daß ich ihn drei oder vier Tage nicht zu Gesicht bekam, überfiel mich ein tiefes Sehnen und wurde mir so traurig zumute, daß ich weinen mußte. Alle meine Gedanken, im Wachen und im Traum, gehörten ihm: wenn ich mich schlafen legte, wünschte ich, daß mir von ihm träumen möchte; wenn ich die Augen zumachte, sah ich ihn vor mir, und ich gab mich dieser Vision als dem schönsten Genusse ganz hin. Nie hätte ich es über mich gebracht, auch nur einem Menschen dieses Gefühl anzuvertrauen, so teuer war es mir. Mochte es ihn nun verdrießen, meine unruhigen Augen fortwährend auf sich gerichtet zu fühlen, oder mochte er überhaupt keine Sympathie für mich empfinden, jedenfalls war deutlich zu merken, daß er lieber mit Wolodja spielte und sprach als mit mir; ich war jedoch auch so zufrieden, wünschte nichts, verlangte nichts und war bereit, ihm jedes Opfer zu bringen. Außer der leidenschaftlichen Zuneigung, die er mir einflößte, erweckte seine Gegenwart bei mir in nicht minder hohem Grad noch ein anderes Gefühl: die Furcht, ihn durch irgend etwas zu erzürnen, zu beleidigen, ihm zu mißfallen; vielleicht deshalb, weil sein Gesicht einen hochmütigen Ausdruck hatte oder weil ich in Mißachtung meines eigenen Äußeren an anderen die Vorzüge der Schönheit gar zu hochschätzte oder (was das wahrscheinlichste ist) weil das ein untrügliches Symptom der Liebe ist: genug, ich empfand ihm gegenüber ebensoviel Furcht wie Liebe. Als Serjoscha das erstemal das Wort an mich richtete, verlor ich vor unerwartetem Glücksgefühl meine Fassung derartig, daß ich abwechselnd rot und blaß wurde und ihm nicht antworten konnte. Er hatte eine schlechte Angewohnheit: wenn er über etwas nachdachte, hielt er die Augen fest auf einen Punkt gebannt, blinzelte fortwährend und zuckte dabei mit der Nase und den Augenbrauen ... Alle fanden, daß diese Angewohnheit ihn sehr entstelle; ich dagegen fand sie so hübsch, daß ich mir unwillkürlich angewöhnte, dasselbe zu tun; und einige Tage nach meiner Bekanntschaft mit ihm fragte Großmutter, ob mir die Augen wehtäten, weil ich mit ihnen wie eine Eule blinzelte. Zwischen uns wurde nie ein Wort von Liebe gesprochen, aber er fühlte seine Macht über mich und nützte sie in unserem kindlichen Verkehr unbewußt, aber tyrannisch aus; ich aber war, so gern ich ihm auch alles gesagt hätte, was ich auf dem Herzen hatte, noch zu sehr von Furcht ihm gegenüber erfüllt, als daß ich es über mich gebracht hätte, offenherzig zu sein. Ich gab mir Mühe, gleichgültig zu scheinen, und ordnete mich ihm ohne Murren unter. Manchmal schien mir sein Einfluß bedrückend, ja unerträglich; mich aber zu entziehen, stand nicht in meiner Macht.

Nicht ohne Trauer denke ich an dieses frische, köstliche Gefühl einer uneigennützigen, grenzenlosen Liebe, das dann in sich erstarb, ohne sich geäußert und ohne Gegenliebe gefunden zu haben.

Seltsam, aber: als ich ein Kind war, gab ich mir Mühe, einem Erwachsenen ähnlich zu sein, und seit ich kein Kind mehr bin, habe ich oft gewünscht, wie ein Kind zu sein. Wie oft hat nicht der Wunsch, nur ja nicht einem kleinen Jungen zu gleichen, in meinem Verkehr mit Serjoscha das Gefühl zurückgehalten, das schon nahe daran war, sich zu äußern, und mich veranlaßt, mich zu verstellen. Ich wagte nicht, ihn zu küssen, wonach es mich manchmal sehr verlangte, wagte nicht, ihn bei der Hand zu fassen und ihm zu sagen, wie erfreut ich sei, ihn zu sehen. Ja, ich wagte nicht einmal, ihn Serjoscha zu nennen, sondern sagte immer nur: »Sergej«: so war es nun einmal Brauch zwischen uns. Jeder Ausdruck tieferen Gefühls hätte kindisches Wesen bedeutet und galt als Beweis dafür, daß derjenige, der sich so etwas erlaubte, noch ein kleiner Junge war. Wir hatten noch nicht die Schule der bitteren Erfahrung durchgemacht, welches die Erwachsenen zu kühler Vorsicht in ihren Beziehungen veranlaßt; wir beraubten uns des reinen Genusses zärtlich kindlicher Anhänglichkeit, lediglich aus dem seltsamen Wunsch heraus, die Erwachsenen nachzuahmen.

Ich begrüßte die Iwins schon in der Dienerstube und stürzte Hals über Kopf zur Großmutter, der ich ihre Ankunft in einem Ton mitteilte, als müßte diese Nachricht sie restlos beglücken. Dann ging ich hinter Serjoscha her in den Salon, ohne ein Auge von ihm zu lassen, und verschlang alle seine Bewegungen. Als die Großmutter sagte, er sei sehr gewachsen, und ihren prüfenden Blick auf ihn richtete, empfand ich jenes aus Furcht und Hoffnung gemischte Gefühl, das ein Künstler empfinden mag, wenn er das Urteil eines hochgeachteten Kenners über seine Schöpfung erwartet.

Der junge Erzieher der Iwins, Herr Frost, ging mit Großmutters Erlaubnis mit uns in den Vorgarten, setzte sich dort auf eine grüne Bank, legte malerisch ein Bein über das andere, stellte seinen Stock mit dem Bronzeknauf dazwischen und zündete sich mit der Miene eines Mannes, der mit seinem Tun sehr zufrieden ist, eine Zigarre an.

Herr Frost war ein Deutscher, aber ein Deutscher von ganz anderem Schlag als unser guter Karl Iwanowitsch. Erstens sprach er einwandfrei Russisch sowie, wenn auch mit schlechter Aussprache, Französisch und erfreute sich besonders bei den Damen des Rufes, ein sehr gelehrter Mann zu sein; zweitens trug er einen rötlichen Schnurrbart, eine große Busennadel mit einem Rubin in einer schwarzen Atlasbinde, deren Enden unter die Hosenträger gesteckt waren, und hellblaue, schillernde Beinkleider mit Stegen; drittens war er jung, hatte ein hübsches, selbstzufriedenes Äußeres und ungewöhnlich stattliche, muskulöse Beine. Man konnte deutlich sehen, daß er auf diesen Vorzug ganz besonderen Wert legte; er hielt dessen Wirkung auf Personen weiblichen Geschlechts für unwiderstehlich und bemühte sich wahrscheinlich deshalb, seine Beine immer an einer recht sichtbaren Stelle zu zeigen und – mochte er stehen oder sitzen – seine Waden in Bewegung zu halten. Er war der Typ eines jungen Deutschrussen, der ein fixer Kerl und ein Herzensbrecher sein wollte.

In dem Vorgarten ging es sehr lustig zu; das Räuberspiel konnte nicht besser sein; aber ein Vorfall hätte beinahe den ganzen Spaß verdorben. Serjoscha war Räuber, bei der Verfolgung der Reisenden stolperte er und schlug im vollen Lauf mit dem Knie so heftig gegen einen Baum, daß ich glaubte, er hätte sich das Knie zerschmettert. Obgleich ich Gendarm war und meine Obliegenheit darin bestand, ihn zu fangen, trat ich zu ihm und fragte ihn teilnahmsvoll, ob es weh täte. Serjoscha wurde wütend, ballte die Fäuste, stampfte mit den Füßen und schrie mit einer Stimme, die deutlich bewies, daß er sich sehr schmerzhaft verletzt hatte: »Was fällt dir ein? Das ist doch kein Spiel! Warum nimmst du mich denn nicht gefangen? Warum nimmst du mich nicht gefangen?« wiederholte er mehrere Male und schielte dabei nach Wolodja und dem älteren Iwin, die Reisende vorstellten und hüpfend auf den schmalen Gartenwegen dahinrannten; plötzlich kreischte er auf und stürzte mit lautem Gelächter auf sie los, um sie zu überfallen.

Ich kann es nicht wiedergeben, welch tiefen Eindruck dieses heldenhafte Verhalten auf mich machte, mit welcher Bewunderung es mich erfüllte; bei all seinen entsetzlichen Schmerzen hatte er nicht nur das Weinen verbissen, sondern auch jede schmerzliche Grimasse vermieden, als ob es ihm gar nicht weh täte, und auch nicht für einen Augenblick das Spiel vergessen.

Bald darauf, als sich noch Iljinka Grap zu uns gesellt hatte und wir vor dem Mittagessen nach oben gingen, hatte Serjoscha Gelegenheit, mir durch seine erstaunliche Mannhaftigkeit und Charakterfestigkeit noch mehr Bewunderung abzuringen.

Iljinka Grap war der Sohn eines armen Ausländers, der einmal bei meinem Großvater gelebt hatte, ihm für irgend etwas zu Dank verpflichtet war und es nun für notwendig erachtete, seinen Sohn sehr oft zu uns zu schicken. Wenn er glaubte, die Bekanntschaft mit uns könnte seinem Sohn irgendwie zur Ehre gereichen oder ihm Vergnügen machen, irrte er sich gewaltig; denn wir benahmen uns gegen Iljinka nicht nur wenig freundlich, sondern beachteten ihn überhaupt nur, wenn wir uns über ihn lustig machen wollten. Iljinka Grap war ein Knabe von etwa dreizehn Jahren, mager, hochaufgeschossen, blaß, mit einem Vogelgesicht von gutherzigem, bescheidenem Ausdruck. Er war sehr ärmlich gekleidet, dafür aber immer so reichlich pomadisiert, daß wir behaupteten, an einem sonnigen Tag schmelze die Pomade auf Graps Kopf und tropfe ihm auf die Jacke. Wenn ich jetzt an ihn zurückdenke, finde ich, daß er ein sehr diensteifriger, stiller, gutherziger Knabe war; damals aber erschien er mir als ein höchst verächtliches Wesen, das nicht verdiente, bedauert oder auch nur beachtet zu werden.

Als das Räuberspiel zu Ende war, gingen wir nach oben und begannen herumzutollen und voreinander mit allerlei turnerischen Kunststücken großzutun. Iljinka schaute schüchtern lächelnd und erstaunt zu, und wenn auch er aufgefordert wurde, irgendein Kunststück zu probieren, lehnte er es ab mit der Begründung, daß er keine Kraft habe. Serjoscha dagegen war allerliebst; er hatte die Jacke ausgezogen; sein Gesicht und seine Augen glühten, er lachte fortwährend und ersann immer neue Streiche: er sprang über drei nebeneinandergestellte Stühle, schlug durch das ganze Zimmer Rad, stand Kopf auf den Wörterbüchern von Tatischtschew, die er wie ein Piedestal mitten im Zimmer auf dem Fußboden aufgebaut hatte, und vollführte dabei mit den Beinen so komische Bewegungen, daß man herzlich lachen mußte. Nach diesem letzten Kunststück dachte er nach, blinzelte mit den Augen und trat plötzlich mit völlig ernstem Gesicht auf Iljinka zu: »Probieren Sie das zu machen, es ist gar nicht schwer.« Als Grap merkte, daß sich die allgemeine Aufmerksamkeit ihm zuwandte, wurde er rot und erklärte mit kaum vernehmbarer Stimme, daß er es nicht könne.

»Aber tatsächlich, er ist wie ein Mädchen ... Warum will er gar nichts vorführen? Er muß unbedingt kopfstehen!«

Und Serjoscha faßte ihn am Arm.

»Unbedingt! Unbedingt! Er muß!« riefen wir alle, umringten Iljinka, der in diesem Augenblick sichtlich erschrak und blaß wurde, faßten ihn an den Armen und zogen ihn zu den Wörterbüchern hin.

»Laßt mich los! Ich werde es ganz allein tun! Ihr zerreißt mir ja die Jacke!« schrie das unglückliche Opfer. Aber dies Geschrei der Verzweiflung machte uns noch mehr Mut; wir wollten uns vor Lachen ausschütten; die grüne Jacke krachte in allen Nähten.

Wolodja und der älteste Iwin bogen ihm den Kopf nach unten und stellten ihn auf die Wörterbücher; Serjoscha und ich faßten den armen Knaben an den dünnen Beinen, mit denen er nach allen Richtungen zappelte, streiften ihm die Hosen bis über die Knie hinauf und hoben seine Beine unter lautem

Gelächter in die Höhe; der jüngste Iwin mußte den ganzen Körper im Gleichgewicht halten.

Es traf sich, daß wir nach dem schallenden Gelächter plötzlich alle verstummten und es im Zimmer so still wurde, daß nur das schwere Atmen des unglücklichen Grap zu hören war. In diesem Augenblick war ich freilich nicht so fest davon überzeugt, daß das alles sehr komisch und lustig sei.

»Na also! Er ist doch ein schneidiger Kerl«, sagte Serjoscha und gab ihm einen Klaps mit der Hand.

Iljinka schwieg und schlug, in dem Bemühen, sich loszureißen, mit den Beinen nach allen Seiten um sich. Bei einer dieser verzweifelten Bewegungen stieß er mit dem Stiefelabsatz Serjoscha so heftig ins Auge, daß dieser sogleich seine Beine losließ, nach dem Auge griff, aus dem unwillkürlich Tränen flossen, und dem armen Iljinka mit aller Kraft einen Stoß gab. Iljinka plumpste, da wir ihn nicht mehr hielten, wie ein lebloser Gegenstand auf den Fußboden und konnte vor lauter Tränen nur hervorstoßen: »Wofür quält ihr mich so?«

Die klägliche Gestalt des bedauernswerten Iljinka mit dem verweinten Gesicht, den zerzausten Haaren, den hochgeschobenen Hosen, aus denen die ungeputzten Stiefelschäfte hervorsahen, machte einen starken Eindruck auf uns. Wir schwiegen und versuchten, gezwungen zu lächeln.

Serjoscha war der erste, der seine Fassung wiedergewann.

»So ein altes Weib! So eine Heulsuse!« sagte er und berührte ihn leicht mit dem Fuß. »Mit dem kann man keinen Spaß machen ... Nun ist es genug; stehen Sie auf!«

»Ich habe dir immer gesagt, daß du ein gemeiner Kerl bist«, rief Iljinka zornig, wandte sich ab und begann laut zu schluchzen.

»So, so, mit den Absätzen stoßen und dann noch schimpfen!« schrie Serjoscha, ergriff ein Wörterbuch und holte damit über dem Kopf des Unglücklichen aus, der gar nicht erst daran dachte, sich zu verteidigen, sondern nur seinen Kopf mit der Hand bedeckte.

»So, da hast du was! So, da hast du was! ... Ach, wir wollen ihn einfach stehen lassen, wenn er keinen Spaß versteht ... Wir wollen hinuntergehen«, sagte Serjoscha mit unnatürlichem Lachen.

Ich blickte teilnahmsvoll auf den armen Jungen, der auf dem Fußboden lag, sein Gesicht in den Wörterbüchern verbarg und so heftig weinte, daß es aussah, als wollte er an den Krämpfen, die seinen ganzen Leib durchzuckten, sterben.

»Ach! Sergej!« sagte ich zu ihm, »warum hast du das getan?«

»Du bist mir der Rechte! ... Ich habe nicht mit der Wimper gezuckt, scheint mir, als ich mir heute das Bein fast bis auf den Knochen zerschlug.«

Allerdings, das ist wahr, dachte ich bei mir. Iljinka ist weiter nichts als eine Heulsuse; aber Serjoscha, das ist ein tüchtiger Kerl! Das ist ein tüchtiger Kerl!

Ich bedachte nicht, daß der arme Junge wahrscheinlich weniger infolge des körperlichen Schmerzes weinte, als vielmehr aus dem Gefühl heraus, daß fünf Knaben, die er gut leiden mochte, ohne jede Ursache übereingekommen waren, ihn zu hassen und zu mißhandeln.

Ich kann mir die Grausamkeit meines Benehmens schlechterdings nicht erklären. Warum trat ich nicht auf ihn zu, um ihn zu schützen und zu trösten? Wo war jenes Gefühl des Mitleids geblieben, das mich manchmal beim Anblick einer aus dem Neste gefallenen jungen Dohle oder eines neugeborenen Hundes, den man über den Zaun warf, oder einer Henne, die der Küchenjunge zur Küche trug, wenn Suppe gemacht werden sollte, so bitterlich weinen ließ?

War dieses schöne Gefühl wirklich in mir erstorben durch die Liebe zu Serjoscha und durch den Wunsch, in seinen Augen als ein ebenso tüchtiger Kerl zu erscheinen, wie er selbst einer war? Dann war doch diese Liebe und dieser Wunsch, tüchtig zu erscheinen, recht geringwertig! Sie brachten die einzigen dunklen Flecken auf die sauberen Seiten des Buches meiner Kindheitserinnerungen.

20. Die Gäste versammeln sich

Nach der Geschäftigkeit am Büffet, nach der hellen Beleuchtung, die allen längst bekannten Gegenständen im Salon und im Saal ein festliches Aussehen verlieh, und besonders nach der Tatsache zu urteilen, daß Fürst Iwan Iwanowitsch seine Musikanten geschickt hatte, standen gegen Abend viele Gäste zu erwarten.

Sooft ich das Geräusch eines vorüberfahrenden Wagens hörte, lief ich ans Fenster, hielt die Hand gegen die Schläfen und die Scheibe und blickte mit ungeduldiger Neugier auf die Straße. Aus der Dunkelheit, die mir zuerst alle draußen befindlichen Gegenstände verbarg, tauchten allmählich auf: gegenüber ein mir längst bekannter Laden mit einer Laterne, schräg seitwärts ein großes Haus mit zwei erleuchteten Fenstern, in der Mitte der Straße eine Droschke mit zwei Insassen und eine leere Kalesche, die im Schritt nach Hause zurückkehrte; doch da fuhr auch schon vor unserer Freitreppe eine Equipage vor, und in der festen Überzeugung, daß es die Iwins seien, die versprochen hatten, frühzeitig zu kommen, wollte ich ins Vorzimmer, um sie zu begrüßen. Aber statt der Iwins wurden hinter dem Arm des Livreedieners, der die Tür öffnete, zwei Personen weiblichen Geschlechts sichtbar: die eine groß, in einem blauen Mantel mit Zobelkragen, die andere klein, ganz in einen grünen Schal eingewickelt, aus dem nur die kleinen Füße in Pelzstiefelchen hervorguckten. Ohne meine Anwesenheit im Vorzimmer zu beachten, trat die kleinere der beiden Personen, obgleich ich es für meine Pflicht gehalten hatte, ihnen bei ihrem Erscheinen meine Verbeugung zu machen, schweigend zu der großen und stellte sich vor sie hin. Die Große wickelte den Kopf der Kleinen aus dem Tuch und knöpfte ihr den Mantel auf, und als der Livreediener diese Gegenstände zur Aufbewahrung empfangen und ihr die Pelzstiefelchen ausgezogen hatte, entpuppte sich die vermummte Gestalt als ein wunderhübsches zwölfjähriges Mädchen in einem kurzen ausgeschnittenen Musselinkleidchen, weißen Höschen und winzigen schwarzen Schuhen. Um das weiße Hälschen hatte sie ein schwarzes Samtband; das ganze Köpfchen war voll dunkelblonder Locken, die vorn so gut zu ihrem hübschen Gesichtchen und hinten so gut zu ihren feinen blassen Schultern paßten, daß ich niemandem, nicht einmal unserem Lehrer Karl Iwanowitsch geglaubt hätte, die Windungen dieser Locken rührten davon her, daß sie vom frühen Morgen an um kleine, aus den »Moskauer Nachrichten« geschnittene Papierstückchen gewickelt und dann mit einem heißen Eisen gebrannt waren. Das Mädchen schien mit diesem Lockenköpfchen geboren zu sein.

Ein auffallender Zug in ihrem Gesicht war die ungewöhnliche Größe der vorstehenden, halbgeschlossenen Augen, die einen eigentümlichen, aber angenehm wirkenden Gegensatz zu dem kleinen Mündchen bildeten. Die Lippen waren geschlossen, und die Augen blickten so ernst, daß man nach dem allgemeinen Ausdruck ihres Gesichts kein Lächeln von ihr erwarten konnte; aber um so bezaubernder mußte es sein, wenn sie doch einmal lächelte.

Eifrig bemüht, nicht bemerkt zu werden, huschte ich durch die Saaltür hinaus und fand es angebracht, dort auf und ab zu gehen, wobei ich mich stellte, als sei ich tief in Gedanken versunken und wisse überhaupt nichts davon, daß Gäste angekommen seien. Als die Gäste in die Mitte des Saales gelangt waren, tat ich, als käme ich auf einmal zu mir, machte einen Kratzfuß und teilte ihnen mit, daß Großmutter im Salon sei. Frau Walachina, deren Gesicht mir außerordentlich gefiel, weil es dem ihrer Tochter Sonitschka ähnlich war, nickte mir wohlwollend zu.

Die Großmutter schien sehr erfreut zu sein, Sonitschka zu sehen, rief sie näher zu sich heran, brachte auf ihrem Kopf eine Locke in Ordnung, die in die Stirn gefallen war, und sagte, sie unverwandt anblickend: »Quelle charmante enfant!« Sonitschka lächelte, errötete und war dabei so allerliebst, daß ich bei ihrem Anblick ebenfalls errötete.

»Hoffentlich wirst du dich bei mir nicht langweilen, mein Herzchen«, sagte die Großmutter, faßte sie unter das Kinn und hob das Gesichtlein in die Höhe. »Bitte, sei nur recht vergnügt und tanze soviel wie möglich. Da haben wir also schon eine Dame und zwei Kavaliere«, fügte sie, zu Frau Walachina gewandt, hinzu und berührte mich mit der Hand.

Diese Annäherung war mir so angenehm, daß es mich veranlaßte, noch einmal zu erröten.

Da ich fühlte, daß meine Verlegenheit wuchs, und da ich gerade das Geräusch einer weiteren vorfahrenden Kalesche hörte, hielt ich es für angebracht, mich zu entfernen. Im Vorzimmer fand ich die Fürstin Kornakowa mit ihrem Sohn und einer unglaublichen Menge von Töchtern. Die Töchter hatten alle ein und dasselbe Gesicht: sie waren der Fürstin ähnlich und häßlich; daher konnte keine einzige von ihnen meine Aufmerksamkeit fesseln. Beim Ablegen der Mäntel und Pelzkragen fingen alle auf einmal mit ihren dünnen Stimmchen zu reden an, waren äußerst geschäftig und lachten über etwas; wahrscheinlich darüber, daß ihrer zu viele waren. Etienne war ein Knabe von etwa fünfzehn Jahren, hochgewachsen und fleischig, aber mit ausgemergeltem Gesicht, eingesunkenen, blau umränderten Augen und mit gewaltig großen Händen und Füßen, die zu seinem Alter in gar keinem Verhältnis standen; er war ungeschickt, hatte eine unangenehme, stimmbrüchige Stimme, schien aber mit sich sehr zufrieden zu sein und war genauso, wie ich mir einen mit Ruten gezüchtigten Knaben vorstellte.

Wir standen einander ziemlich lange gegenüber und betrachteten uns gegenseitig aufmerksam, ohne ein Wort zu reden; dann traten wir aufeinander zu, als wollten wir uns küssen; aber nachdem wir uns nochmals in die Augen gesehen hatten, besannen wir uns aus irgendeinem Grund eines anderen. Als die Kleider aller seiner Schwestern an uns vorbeigerauscht waren, fragte ich ihn, um das Gespräch mit irgend etwas einzuleiten, ob sie es im Wagen nicht zu eng gehabt hätten.

»Ich weiß das nicht«, antwortete er in lässigem Ton, »ich fahre nie innen im Wagen; denn sobald ich mich hinsetze, wird mir übel, und Mama weiß das. Wenn wir abends irgendwohin fahren, setze ich mich immer auf den Bock, das macht viel mehr Spaß, man sieht alles; Filipp gibt mir die Zügel, manchmal nehme ich auch die Peitsche. Wissen Sie, dann kann man manchmal die Vorbeifahrenden ...« fügte er mit einer bezeichnenden Geste hinzu. »Ein feiner Scherz!«

»Durchlaucht«, sagte ein Diener, der ins Vorzimmer trat, »Filipp fragt, wo Sie die Peitsche gelassen haben?«

»Wo soll ich sie denn gelassen haben? Ich habe sie ihm zurückgegeben.«

»Er sagt, Sie hätten sie ihm nicht zurückgegeben.«

»Nun, dann habe ich sie an die Wagenlaterne gehängt!«

»Filipp sagt, sie sei auch nicht an der Wagenlaterne; sagen Sie doch lieber, daß Sie sie genommen und verloren haben; Filipp wird mit seinem Geld für Ihren Mutwillen aufkommen müssen«, fuhr der aufgebrachte Diener in immer größerer Erregung fort.

Der Diener, seinem Äußeren nach ein achtbarer, etwas mürrischer Mann, hatte offenbar Filipps Partei ergriffen und beabsichtigte, die Sache um jeden Preis ins klare zu bringen. Aus unwillkürlichem Zartgefühl trat ich zur Seite, als hätte ich nichts gehört; aber die anwesenden Lakaien verhielten sich ganz anders: sie traten näher heran und blickten beifällig auf den alten Diener.

»Nun, wenn ich sie verloren habe, dann habe ich sie verloren«, sagte Etienne, um weitere Erörterungen abzuschneiden. »Was die Peitsche kostet, werde ich bezahlen. Eine komische Geschichte!« fügte er hinzu, trat zu mir heran und wollte mich in den Salon hineinziehen.

»Nein, erlauben Sie, junger Herr! Wovon werden Sie es bezahlen? Ich weiß, wie Sie bezahlen: unserer Marja Wasiljewna sind Sie schon seit acht Monaten zwanzig Kopeken schuldig und mir ebenso, ich glaube, schon seit mehr als einem Jahr, und unserem Petruschka ...«

»Wirst du schweigen!« schrie der junge Fürst, der vor Wut ganz blaß geworden war. »Warte, ich werde alles erzählen.«

»Ich werde alles erzählen! Werde alles erzählen«, wiederholte der Diener. »Das ist nicht schön!« fügte er besonders nachdrucksvoll hinzu, als wir in den Saal hineingingen und begab sich mit den Mänteln an die Garderobe.

»Das war recht! Das war recht!« ließ sich hinter uns eine beifällige Stimme im Vorzimmer vernehmen.

Meine Großmutter besaß die besondere Gabe, ihre Meinung über die Menschen dadurch zum Ausdruck zu bringen, daß sie die Fürwörter der zweiten Person in der Mehrzahl wie in der Einzahl mit einer bestimmten Betonung gebrauchte. Sie verwendete die Fürwörter »Sie« und »Du« in einer von dem allgemeinen Sprachgebrauch abweichenden Weise, und dieser feine Unterschied gewann auf ihren Lippen eine ganz andere Bedeutung. Als der junge Fürst auf sie zutrat, sagte sie zu ihm ein paar Worte, in denen sie ihn mit »Sie« anredete, und sah ihn dabei mit einem solchen Ausdruck von Geringschätzung an, daß ich an seiner Stelle die Fassung verloren hätte; aber Etienne war offenbar von anderem Schlag; er beachtete die Art des Empfanges durch die Großmutter gar nicht, ja, ließ sogar deren ganze Person unbeachtet und verbeugte sich vor der ganzen Gesellschaft, wenn auch nicht geschickt, so doch ungeniert. Sonitschka nahm meine ganze Aufmerksamkeit in Anspruch: ich erinnere mich, daß ich mit dem größten Vergnügen redete, wenn Wolodja, Etienne und ich im Saal an einer Stelle miteinander sprachen, von wo aus Sonitschka sichtbar war und wo sie uns sehen und hören konnte; wenn es sich ergab, daß ich meiner Ansicht nach etwas Komisches oder Schneidiges sagte, sprach ich besonders laut und blickte dabei nach der Tür zum Salon; wenn wir uns aber an einer anderen Stelle befanden, wo wir vom Salon aus weder gesehen noch gehört werden konnten, verstummte ich, und die Unterhaltung machte mir keinen Spaß mehr.

Der Salon und der Saal füllten sich allmählich mit Gästen; darunter befanden sich, wie das bei Kinderbällen immer der Fall ist, auch einige große Kinder, welche die Gelegenheit, sich ein wenig zu vergnügen und zu tanzen, nicht unbenutzt lassen wollten, sich aber den Anschein gaben, als täten sie es nur, um der Hausfrau ein Vergnügen zu machen.

Als die Iwins kamen, verspürte ich statt des Vergnügens, das ich sonst gewöhnlich beim Zusammentreffen mit Serjoscha empfand, einen seltsamen Ingrimm gegen ihn, weil er Sonitschka sehen und vor ihr glänzen würde.

21. Vor der Mazurka

»Aha! Bei euch soll offenbar getanzt werden«, sagte Serjoscha, als er aus dem Salon heraustrat, und zog ein Paar neue Glacéhandschuhe aus der Tasche. »Da muß man Handschuhe anziehen!«

Wie soll das werden? Wir haben keine Handschuhe, dachte ich. Ich muß nach oben gehen und welche suchen!

Aber obgleich ich alle Kommoden durchwühlte, fand ich in der einen nur unsere grünen Reisehandschuhe und in einer anderen einen einzelnen Glacéhandschuh, der mir nicht helfen konnte, weil er erstens sehr alt und schmutzig und zweitens für mich zu groß war und ganz besonders, weil an ihm der Mittelfinger fehlte, den Karl Iwanowitsch vor langer Zeit für einen kranken Finger abgeschnitten hatte. Ich zog dennoch dieses Überbleibsel eines Handschuhes an und betrachtete unverwandt die Stelle meines Mittelfingers, die bei mir immer mit Tinte beschmiert war.

»Wenn doch Natalja Sawischna hier wäre! Bei der würden sich gewiß auch Handschuhe finden. Nach unten mag ich so nicht gehen, denn wenn ich gefragt werde, warum ich nicht tanze, was soll ich dann sagen? Und hier bleiben kann ich auch nicht; denn man wird mich ganz bestimmt vermissen. Was soll ich nur machen?« fragte ich verzweifelt und fuchtelte mit den Armen.

»Was machst du denn hier?« rief Wolodja, der hereingelaufen kam; »komm und engagiere eine Dame, es geht gleich los!«

»Wolodja«, sagte ich zu ihm und zeigte ihm meine Hand, von der zwei Finger in dem schmutzigen Handschuh steckten; der Ton meiner Stimme ließ erkennen, daß ich der Verzweiflung nahe war. »Wolodja, daran hast du auch nicht gedacht!«

»Woran?« fragte er ungeduldig. »Ach so! An Handschuhe!« fügte er in aller Seelenruhe hinzu, als er meine Hand bemerkte. »Nein, allerdings nicht, da müssen wir Großmutter fragen ... Was wird sie sagen?« Und ohne sich lange zu besinnen, lief er nach unten.

Die Kaltblütigkeit, mit der er eine Tatsache hinnahm, die mir so wichtig erschien, beruhigte mich einigermaßen, und ich eilte in den Salon, vergaß aber dabei völlig den verstümmelten Handschuh, der auf meiner rechten Hand saß.

Ich trat vorsichtig an Großmutters Sessel heran, berührte leise ihre Mantille und flüsterte ihr zu: »Großmutter! Was sollen wir tun? Wir haben keine Handschuhe!«

»Was, mein Kind?«

»Wir haben keine Handschuhe«, wiederholte ich, immer näher heranrückend und legte beide Hände auf die Armlehne ihres Sessels.

»Aber, was ist denn das?« sagte sie und ergriff plötzlich meine rechte Hand. »Voyez, ma chère«, fuhr sie zu Frau Walachina gewandt fort, »voyez, comme ce jeune homme s'est fait élégant, pour danser avec votre fille.«

Die Großmutter hielt mich fest bei der Hand und blickte die Anwesenden so lange ernst und fragend an, bis die Neugier aller Gäste befriedigt war und alle in das entstehende Gelächter eingestimmt hatten.

Es wäre für mich äußerst verdrießlich gewesen, wenn Serjoscha mich in diesem Augenblick gesehen hätte, da ich vor Scham das Gesicht verziehend, mich vergeblich abmühte, meine Hand loszureißen; aber vor Sonitschka, die so herzlich lachte, daß ihr die Tränen in die Augen traten und alle Löckchen um ihr rot gewordenes zartes Gesicht zu hüpfen begannen, schämte ich mich ganz und gar nicht. Ich fühlte, daß ihr Lachen zu laut und zu natürlich war, um spöttisch zu sein; im Gegenteil, der Umstand, daß wir zusammen lachten, während wir einander ansahen, brachte mich ihr gewissermaßen näher. Der Vorfall mit dem Handschuh hätte freilich übel ausgehen können, brachte mir aber den Vorteil, daß ich mich nun seelisch völlig frei in dem Kreis fühlte, der mir immer als der Inbegriff des Schrecklichen erschienen war – im Kreis des Salons. In ihm empfand ich nun nicht mehr die geringste Verlegenheit.

Die Qual verlegener Menschen entspringt aus ihrer Unkenntnis der Meinung, die man sich von ihnen gebildet hat; sobald diese Meinung klar zum Ausdruck gelangt ist (mag sie beschaffen sein, wie sie will), ist die Qual beendet.

Wie allerliebst war Sonitschka Walachina, als sie mir gegenüber mit dem plumpen jungen Fürsten eine französische Quadrille tanzte. Wie allerliebst lächelte sie, als sie mir bei der »Chaîne« ihr Händchen reichte, wie allerliebst hüpften auf ihrem Kopf die dunkelblonden Locken im Takt; wie naiv machte sie das »jeté assemblé« mit ihren winzigen Füßchen! Als in der fünften Figur meine Dame von mir auf die andere Seite hinübergelaufen war und ich, auf meinen Takt wartend, mich anschickte, das Solo auszuführen, schloß Sonitschka ernsthaft die Lippen und blickte zur Seite. Aber sie hatte ohne Grund für mich gebangt: ich führte das »chassé en avant«, das »chassé en arrière« und die »glissade« kühn aus und zeigte ihr in dem Augenblick, als ich an sie herankam, mit einer scherzenden Bewegung den Handschuh mit den zwei vorstehenden Fingern. Sie lachte schrecklich und trippelte noch hübscher mit den Füßchen auf dem Parkett herum. Noch an eins erinnere ich mich: als wir einen Kreis bildeten und uns alle an den Händen faßten, bog sie ihr Köpfchen hinab und rieb, ohne ihre Hand aus der meinigen zu nehmen, ihr Näschen an ihrem Handschuh. Das alles steht mir vor Augen, als ob es heute gewesen wäre, und ich höre immer noch die Quadrille aus dem »Donauweibchen«, bei deren Klängen sich dies alles zutrug.

Nun kam auch die zweite Quadrille heran, und diese tanzte ich mit Sonitschka. Als ich mich neben ihr niedergelassen hatte, fühlte ich mich äußerst befangen und wußte durchaus nicht, worüber ich mit ihr sprechen sollte. Als mein Stillschweigen gar zu lange dauerte, begann ich zu fürchten, sie könnte mich für einen Dummkopf halten, und beschloß, einem derartigen Irrtum um jeden Preis vorzubeugen. »Vous êtes une habitante de Moscou?« fragte ich sie und fuhr nach ihrer bejahenden Antwort fort: »Et moi, je n'ai encore jamais fréquenté la capitale«, wobei ich besonders auf die Wirkung des Wortes »fréquenter« rechnete. Ich fühlte jedoch, daß ich nicht imstande sein würde, das Gespräch in diesem Stil fortzusetzen, so glänzend dieser Anfang auch ausgefallen war und so überzeugend ich auch meine vortrefflichen Kenntnisse der französischen Sprache bewiesen hatte. Wir mußten noch lange warten, bis die Reihe zu tanzen an uns war, und das Stillschweigen erneuerte sich; ich blickte sie unruhig an; ich hätte gern gewußt, welchen Eindruck ich auf sie gemacht hatte, und erwartete, daß sie mir zu Hilfe kommen würde. »Wo haben Sie denn eigentlich den komischen Handschuh her?« fragte sie mich auf einmal, und diese Frage machte mir das größte Vergnügen, da sie mir einen Stein vom Herzen wälzte. Ich erklärte ihr, der Handschuh habe Karl Iwanowitsch gehört, und äußerte mich sogar über Karl Iwanowitschs Person ausführlicher und mit etwas ironischem Unterton: wie komisch er manchmal aussähe, wenn er sein rotes Käppchen abnähme, und wie er einmal in seiner grünen Pekesche vom Pferd gefallen und ausgerechnet in einer Pfütze gelandet sei, und so weiter. Die Quadrille war zu Ende, ehe ich es gewahr geworden war. Das war alles sehr schön; aber warum hatte ich mich in dieser spöttischen Weise über Karl Iwanowitsch geäußert? Hätte ich denn Sonitschkas günstige Meinung verloren, wenn ich ihn mit der Liebe und Hochachtung geschildert hätte, die ich in Wirklichkeit für ihn empfand?

Als die Quadrille beendet war, sagte Sonitschka ihr »merci« mit einem so liebenswürdigen Ausdruck, als ob ich wirklich ihren Dank verdient hätte. Ich war entzückt, war vor Freude ganz außer mir und erkannte mich selbst nicht wieder. Woher hatte ich nur diesen Mut, dieses Selbstvertrauen, ja, diese Keckheit genommen? Es gibt nichts, was mich in Verlegenheit setzen könnte, dachte ich, während ich sorglos im Saale umherging; ich bin zu allem fähig!

Serjoscha fragte mich, ob ich sein Gegenüber sein wollte. »Schön«, erwiderte ich, »ich habe zwar noch keine Dame, aber ich werde schon eine finden.« Als ich mich kühn im Saal umblickte, bemerkte ich, daß alle Damen engagiert waren, mit Ausnahme eines großen jungen Mädchens, das an der Tür des Salons stand. Ich sah, wie ein hochgewachsener junger Mann sich ihr näherte, offenbar in der Absicht, sie aufzufordern; er war nur noch zwei Schritte von ihr entfernt, während ich mich am entgegengesetzten Ende des Saales befand. Im Nu durchflog ich, anmutig über das Parkett gleitend, den großen Zwischenraum, der mich von der jungen Dame trennte, machte einen Kratzfuß und forderte sie mit fester Stimme zum Konter auf. Die große junge Dame lächelte herablassend und reichte mir die Hand; der junge Mann aber blieb ohne Dame.

Ich hatte ein solches Kraftbewußtsein, daß ich die Wut des jungen Mannes gar nicht beachtete; erst später erfuhr ich, daß er sich erkundigt hatte, wer denn der Strubbelkopf gewesen, der an ihm vorbeigeschossen sei und ihm die Dame vor der Nase weggeschnappt habe.

22. Die Mazurka

Der junge Mann, dem ich die Dame weggenommen hatte, tanzte die Mazurka im ersten Paar. Er sprang, seine Dame an der Hand haltend, von seinem Platz auf und lief, statt die »pas de Basques« auszuführen, wie Mimi sie uns gelehrt hatte, einfach vorwärts; als er bis zur Ecke gekommen war, blieb er stehen, spreizte die Beine, stampfte mit dem Absatz auf, drehte sich um und setzte sein Laufen fort.

Da ich zur Mazurka keine Dame hatte, saß ich hinter Großmutters hohem Sessel und schaute zu.

Was macht er denn? dachte ich im stillen. Das ist ja gar nicht das, was uns Mimi beigebracht hat; sie behauptete, Mazurka würde von allen Menschen auf den Fußspitzen mit gleitender, kreisförmiger Bewegung der Beine getanzt, und nun stellt sich heraus, daß sie ganz anders getanzt wird. Die Iwins und Etienne, alle tanzen sie, aber die »pas de Basques« machen sie nicht; auch Wolodja hat ihnen die neue Manier schon abgeguckt. Es macht sich nicht übel. ... Und Sonitschka! Wie allerliebst sie aussieht! Da kommt sie gerade ... Es war mir höchst vergnüglich zumute.

Die Mazurka neigte sich ihrem Ende zu; einige ältere Herren und Damen traten auf die Großmutter zu, um sich zu empfehlen, und fuhren weg. Die Diener trugen zwischen den Tanzenden vorsichtig allerhand Tischgerät nach den hinteren Zimmern. Die Großmutter, der man es ansah, daß sie müde war, sprach gleichsam widerwillig und sehr gedehnt; die Musikanten stimmten lustig zum dreißigsten Male dieselbe Melodie an. Die große junge Dame, mit der ich getanzt hatte, bemerkte mich, während sie eine Figur ausführte, trat auf mich zu, wohl um der Großmutter damit eine Aufmerksamkeit zu erweisen, Sonitschka und eine der zahllosen Prinzessinnen an der Hand führend. »Rose ou ortie?« sagte sie zu mir.

»Ach, du bist hier!« sagte Großmutter und wandte sich in ihrem Sessel herum; »so geh doch, mein Kind, geh!«

Obwohl ich mich in diesem Augenblick lieber mit dem Kopf unter Großmutters Sessel versteckt, als hinter ihm hervorgekommen wäre, konnte ich mich nicht weigern. Ich stand auf, sagte: »Rose« und blickte Sonitschka schüchtern an. Ich hatte mich kaum gesammelt, als sich eine weißbehandschuhte Hand in der meinigen befand und die Prinzessin mit dem gewinnendsten Lächeln vorwärts zu tanzen begann, ohne im geringsten zu argwöhnen, daß ich keinerlei Ahnung hatte, was ich mit meinen Beinen anfangen sollte.

Ich wußte, daß die »pas de Basques« unangebracht und unpassend waren und mich sogar unmöglich machen könnten; aber die mir wohlbekannten Klänge der Mazurka gaben, wie sie so in meine Ohren drangen, den Gehörnerven eine bestimmte Richtung an, so daß sie ihrerseits diese Bewegung an die Beine weitergaben, und diese begannen ganz unwillkürlich und zur Verwunderung aller Zuschauer die fatalen, runden, gleitenden Schritte auf den Fußspitzen auszuführen. Solange wir geradeaus tanzten, ging die Sache noch einigermaßen, doch an der Stelle, wo es einzuschwenken galt, merkte ich, daß ich unfehlbar immer weiter vorwärts gehen würde, wenn ich nicht meine Maßregeln ergriffe. Um diese Unannehmlichkeit zu vermeiden, blieb ich stehen, fest entschlossen, jenes »Knie« zu machen, das der junge Mann im ersten Paar so wunderschön ausgeführt hatte, aber in demselben Augenblick, als ich die Beine auseinanderspreizte und in die Höhe hüpfen wollte, blickte die Prinzessin, die mich geschwind umkreiste, mit dem Ausdruck verständnisloser Neugier und Bewunderung auf meine Beine. Dieser Blick gab mir den Rest. Ich verlor dermaßen die Fassung, daß ich, statt zu tanzen, mit den Füßen auf einem Fleck in der sonderbarsten Weise umhertrampelte: ohne Takt, unbekümmert um alle Regeln der Kunst – um zuletzt ganz stehenzubleiben. Alles blickte nach mir hin: die einen erstaunt, andere neugierig, wieder andere spöttisch oder mitleidig. Nur die Großmutter schaute mit überlegener Ruhe drein.

»Il ne fallait pas danser, si vous ne savez pas!« sagte Papas Stimme ärgerlich über meinem Ohr, und mich sachte beiseite schiebend, ergriff er die Hand meiner Dame, führte die Tour mit ihr im alten Stil unter dem lauten Beifall der Zuschauer weiter und brachte sie an ihren Platz. Die Mazurka war unmittelbar darauf zu Ende.

O Gott! Wofür suchst du mich so schrecklich heim?

Alle verachten mich und werden mich immer verachten ... Mir ist der Zutritt zu allem versperrt: zu Freundschaft, Liebe, Ehre ... Alles ist verloren!! Warum hat Wolodja mir Zeichen gemacht, die jeder Mensch sehen mußte und die mir doch nichts halfen? Warum hat diese abscheuliche Prinzessin so nach meinen Beinen gesehen? ... Warum hat Sonitschka ... sie ist wirklich allerliebst, aber warum hat sie in diesem Augenblick gelächelt? Warum ist Papa rot geworden? Und warum hat er mich bei der Hand gefaßt? Sollte auch er sich meiner geschämt haben? Ach, das ist schrecklich! Ja, wenn Mama hier wäre, die würde nicht über ihren Nikolenka errötet sein! ... Und flugs eilten meine Gedanken in die Ferne zu jenem lieben Bild. Ich dachte an die Wiese vor unserem Haus, an die hohen Linden im Garten, an den reinen Teich mit den darüber hin und her schießenden Schwalben, an den blauen Himmel und seine weißen durchsichtigen Wolken, an die duftenden Schober frischen Heues, und so zogen noch viele friedliche Erinnerungen farbenfroh wie ein Regenbogen durch mein aufgeregtes Gemüt.

23. Nach der Mazurka

Beim Abendessen setzte sich der junge Mann, der im ersten Paar getanzt hatte, an unseren Kindertisch und wandte seine besondere Aufmerksamkeit mir zu, was meiner Eitelkeit nicht wenig geschmeichelt haben würde, wenn ich nach dem Unglück, das mich getroffen hatte, überhaupt noch etwas empfunden hätte. Offenbar wollte mich aber der junge Mann um jeden Preis aufheitern: er scherzte mit mir, nannte mich einen fixen Kerl, und wenn von den Erwachsenen niemand herschaute, goß er mir Wein aus verschiedenen Flaschen in mein Glas und hielt unbedingt darauf, daß ich austrank. Als mir gegen Ende des Abendessens der Haushofmeister aus der mit einer Serviette umwickelten Flasche nur ein Viertelglas Champagner eingoß, sorgte der junge Mann dafür, daß er mir das Glas ganz füllte und nötigte mich, es auf einen Zug auszutrinken. Eine wohlige Wärme durchströmte meinen ganzen Körper; ich wurde meinem heiteren Beschützer gegenüber besonders freundlich gestimmt und fing an, laut zu lachen, ohne eigentlich zu wissen, warum.

Plötzlich erschollen aus dem Saal die Töne des Großvatertanzes, und alle standen vom Tisch auf. Sofort hatte die Freundschaft des jungen Mannes mit mir ein Ende: er ging zu den Erwachsenen; ich wagte nicht, ihm zu folgen, sondern ging neugierig hin, um zuzuhören, was Frau Walachina mit ihrer Tochter sprach.

»Noch ein halbes Stündchen«, sagte Sonitschka mit flehender Stimme.

»Es geht wirklich nicht, mein Engel!«

»Mir zuliebe, bitte, bitte«, sagte sie schmeichelnd.

»Aber wirst du dich denn freuen, wenn ich morgen krank bin?« fragte Frau Walachina und beging die Unvorsichtigkeit zu lächeln.

»Ach, sie hat es erlaubt! Nicht wahr, wir bleiben noch?« rief Sonitschka und hüpfte vor Freude in die Höhe.

»Was soll ich mit dir machen? Nun, dann geh und tanze... Da hast du gleich einen Kavalier«, sagte die Mutter, auf mich weisend.

Sonitschka reichte mir die Hand, und wir liefen in den Saal.

Der getrunkene Wein und Sonitschkas heitere Gegenwart ließen mich das unglückliche Erlebnis bei der Mazurka vollständig vergessen. Ich vollführte mit den Beinen die komischsten Kunststücke: bald ahmte ich ein Pferd nach und lief, stolz die Füße hebend, in kurzem Trab, bald strampelte ich mit den Beinen auf einem Fleck umher wie ein Hammel, der sich über einen Hund ärgert; dabei lachte ich herzlich und kümmerte mich nicht im geringsten darum, welchen Eindruck ich auf die Zuschauer machte. Sonitschka kam ebenfalls nicht aus dem Lachen heraus: sie lachte darüber, daß wir uns, einander an den Händen fassend, im Kreise drehten; sie kicherte beim Anblick eines alten Herrn, der langsam die Beine hob, über ein Taschentuch hinüberstieg, was ihm offenbar sehr schwer fiel, und sie wollte sich gar ausschütten vor Lachen, als ich fast bis zur Decke sprang, um meine Gewandtheit zu zeigen.

Als wir durch Großmutters Zimmer hindurchkamen, betrachtete ich mich im Spiegel: mein Gesicht glänzte schweißbedeckt, die Haare waren zerzaust, der Büschel auf dem Wirbel ragte höher denn je; aber im ganzen zeigte mein Gesicht einen so vergnügten, gutherzigen, gesunden Ausdruck, daß ich mir selbst gefiel.

Wenn ich immer so wäre wie jetzt, könnte ich doch noch gefallen!

Aber wenn ich dann wieder nach dem wunderhübschen Gesicht meiner Dame hinblickte, fand ich auf ihm, außer jenem Ausdruck von Fröhlichkeit, Gesundheit und Sorglosigkeit, der mir an dem meinigen gefiel, so viel liebliche, zarte Schönheit, daß ich über mich selber ärgerlich wurde; ich begriff, daß es dumm von mir war, wenn ich hoffte, die Aufmerksamkeit eines so wundervollen Geschöpfes jemals auf mich zu ziehen.

Ich durfte nicht auf Gegenliebe hoffen und dachte auch nicht daran: mein Herz floß ohnehin vor Seligkeit über. Ich begriff nicht, daß man statt dieses Gefühls der Liebe, das mein Herz mit Wonne erfüllte, noch ein höheres Glück fordern oder etwas anderes wünschen könnte, als daß dieses Gefühl nie aufhören solle. Ich war auch so glücklich. Mein Herz flatterte wie eine Taube, das Blut strömte unaufhörlich hinein, und ich hätte am liebsten geweint.

Als wir auf dem Korridor an dem dunklen Verschlag unter der Treppe vorbeikamen, warf ich einen Blick auf ihn und dachte: Was wäre das für ein Glück, wenn ich mein ganzes Leben lang mit ihr in diesem dunklen Verschlag zubringen könnte, ohne daß jemand wüßte, daß wir hier leben.

»Nicht wahr, heute ist es sehr lustig?« sagte ich mit leiser, zitternder Stimme und beschleunigte meinen Schritt, nicht so sehr darüber erschrocken, was ich gesagt hatte, sondern darüber, was ich noch sagen wollte.

»Ja ... sehr!« antwortete sie, während sie mir ihr Köpfchen mit einem so aufrichtigen, gutherzigen Ausdruck zuwandte, daß alle meine Bedenken dahinschwanden.

»Besonders nach dem Abendessen ... aber wenn Sie wüßten, wie leid es mir tut« – ich wollte eigentlich sagen: wie tieftraurig ich darüber bin, wagte es aber nicht –, »daß Sie bald wegfahren und wir uns nicht mehr wiedersehen werden!«

»Warum werden wir uns denn nicht mehr wiedersehen?« fragte sie. Dabei blickte sie unverwandt auf die Spitzen ihrer Schühlein und fuhr mit einem Fingerchen an dem netzartigen Wandschirm entlang. »Ich fahre jeden Dienstag und Freitag mit Mama auf den Twerskoj-Boulevard! Gehen Sie nie spazieren?«

»Ich werde am Dienstag um Ausgang bitten, und wenn man ihn mir verweigert, werde ich allein fortlaufen, ohne Mütze. Den Weg kenne ich.«

»Wissen Sie was?« sagte Sonitschka unvermittelt, »mit einigen Knaben, die uns besuchen, duze ich mich. Wollen wir es nicht auch so machen? Ja?« fügte sie hinzu, hob ihr Köpfchen und blickte mir gerade in die Augen.

In diesem Augenblick traten wir in den Saal, und es begann ein anderer, lebhafter Teil des Großvatertanzes.

»Sehr gut, wenn ... Sie es mir erlauben«, sagte ich in einem Augenblick, da die Musik und der Lärm meine Worte übertönen konnten.

»Es heißt *du* und nicht *Sie*!« verbesserte Sonitschka lachend.

Der Großvatertanz war zu Ende, und ich hatte noch keinen einzigen Satz mit »du« fertigbekommen, obgleich ich mir dauernd Sätze zurechtlegte, in denen dieses Fürwort mehrere Male vorkam. Ich fand nicht den Mut dazu. »Willst du«, »du und ich«, klang es mir in den Ohren, und ich geriet in eine Art von Rausch: ich sah nichts und niemanden als Sonitschka; ich sah, wie man ihre Locken zusammenband und sie ihr hinter die Ohren legte, so daß von der Stirn und den Schläfen Teile, die ich vorher noch nicht gesehen hatte, frei wurden; ich sah, wie man sie so dicht in den grünen Schal einwickelte, daß nur das Nasenspitzchen sichtbar blieb; ich bemerkte, daß sie unfehlbar erstickt wäre, wenn sie nicht mit ihren zierlichen rosigen Fingern eine kleine Öffnung am Mund hergestellt hätte; und ich sah sie, als sie hinter ihrer Mutter die Treppe hinabstieg, sich schnell nach uns umdrehen, mit dem Köpfchen nicken und in der Tür verschwinden.

Wolodja, die Iwins, der junge Fürst und ich, waren alle in Sonitschka verliebt und begleiteten sie von der Treppe aus mit unserem Blick. Wem sie im besonderen zugenickt hatte, weiß ich nicht, aber in jenem Augenblick war ich fest davon überzeugt, daß es mir gegolten hatte.

Als ich mich von den Iwins verabschiedete, sprach ich sehr ungezwungen und sogar etwas kühl mit Serjoscha und drückte ihm auch kühl die Hand. Wenn er damals gemerkt hat, daß er meine Liebe und seine Gewalt über mich verloren hatte, wird er es gewiß bedauert haben; in jedem Fall gab er sich Mühe, völlig gleichmütig zu erscheinen.

Zum erstenmal in meinem Leben hatte ich Liebe verraten

und empfand zum erstenmal die Süßigkeit dieses Gefühls. Wie tat es mir wohl, das abgenützte Gefühl der gewohnten Ergebenheit mit dem frischen Gefühl einer Liebe voll geheimnisvoller Ungewißheit zu vertauschen. Außerdem ist es doch so, daß jemand, der einer Liebe entsagt und sich gleichzeitig einer neuen Liebe zuwendet, noch einmal so stark liebt wie vorher.

24. Im Bett

Wie konnte ich nur Serjoscha so leidenschaftlich und so lange lieben? grübelte ich im Bett. Nein, er hat mich nie verstanden, hat meine Liebe nicht zu würdigen gewußt, ist ihrer nicht wert gewesen ... Aber Sonitschka! Was für ein reizendes Wesen sie doch ist! »Willst du?« »Du mußt anfangen.«

Als ich mir ihr Gesichtchen lebhaft vorstellte, sprang ich unwillkürlich auf allen vieren in die Höhe, verhüllte mir den Kopf mit der Bettdecke, schob sie auf allen Seiten unter mich darunter, und als nirgends mehr eine Öffnung war, legte ich mich hin und versank im Genuß der wohligsten Wärme in süße Träumereien und Erinnerungen. Während ich meinen Blick unbeweglich auf das Futter der Steppdecke richtete, sah ich Sonitschka so deutlich wie vor einer Stunde. In Gedanken redete ich mit ihr, und obgleich diese Unterhaltung eigentlich weder Sinn noch Verstand hatte, bereitete sie mir dennoch einen unbeschreiblichen Genuß, weil die Worte »du, dir, mit dir und dein« unaufhörlich darin vorkamen.

Diese Vorstellungsbilder standen so klar vor mir, daß ich vor unruhiger Seligkeit nicht einschlafen konnte und das Übermaß meines Glücksgefühls mit jemandem teilen wollte.

»Du Liebe!« sagte ich fast laut und drehte mich mit einer heftigen Wendung auf die andere Seite. »Wolodja, schläfst du?«

»Nein«, antwortete er mir mit schläfriger Stimme. »Was gibt es?«

»Ich bin verliebt, Wolodja! Sterblich verliebt in Sonitschka!«

»Na, und?« erwiderte er und dehnte und streckte sich.

»Ach, Wolodja, du kannst dir gar nicht vorstellen, wie mir zumute ist... Da lag ich eben in die Bettdecke eingewickelt und sah sie ganz deutlich, ganz deutlich, und ich unterhielt mich mit ihr; alles so deutlich, daß es einfach wunderbar war. Und weißt du noch was: wenn ich so daliege und an sie denke, dann wird mir, weiß Gott warum, ganz traurig zumute, und ich möchte am liebsten weinen.«

Wolodja machte eine Bewegung.

»Nur das eine wünschte ich«, fuhr ich fort, »immer bei ihr zu sein, sie immer zu sehen, weiter nichts! Bist du auch verliebt? Gestehe es, sage die Wahrheit, Wolodja!«

Sonderbar: ich wollte, daß alle in Sonitschka verliebt wären und es auch sagten.

»Was geht dich das an?« sagte Wolodja und drehte mir sein Gesicht zu. »Vielleicht!«

»Aha! Du bist gar nicht schläfrig, du verstellst dich nur«, rief ich, da ich an seinen funkelnden Augen sah, daß er an Schlaf gar nicht dachte, und warf die Bettdecke zurück. »Laß uns lieber von ihr sprechen! Nicht wahr, sie ist reizend! ... Zu reizend! Sagte sie zu mir: ›Nikolenka, spring aus dem Fenster!‹ oder ›Wirf dich ins Feuer!‹ – ›Nun‹, sagte ich: ›Ich schwöre dir, ich springe sofort und mit Freuden!‹ Nein, ist sie reizend!« fügte ich, sie mir lebhaft vorstellend, hinzu; und um dieses Bild völlig zu genießen, drehte ich mich mit einem Ruck auf die andere Seite und steckte den Kopf unter die Kissen. »Am liebsten würde ich weinen, Wolodja!«

»Du bist ein Dummkopf!« sagte er lächelnd und fügte dann nach einer kleinen Pause hinzu: »Ich bin ganz anders als du; ich meine, wenn es möglich wäre, würde ich zuerst wünschen, neben ihr zu sitzen und mit ihr zu plaudern ...«

»Ach, du bist also auch verliebt!« unterbrach ich ihn.

»Und dann«, fuhr er zärtlich lachend fort, »dann würde ich ihre Fingerchen und ihre Äuglein und ihr Mündchen und Näschen und ihre Füßchen, kurz, das ganze süße Wesen abküssen!«

»Unsinn!« rief ich unter den Kissen hervor.

»Du verstehst das nicht!« sagte Wolodja geringschätzig.

»Doch, ich verstehe schon, aber du verstehst nichts und redest Unsinn«, erwiderte ich unter Tränen.

»Nun, was gibt es zu weinen? Du bist ein richtiges kleines Mädchen!«

25. Der Brief

Am 16. April, fast sechs Monate nach dem oben geschilderten Tag, kam der Vater zu uns hinauf, während wir gerade Unterricht hatten, und erklärte uns, daß wir heute abend mit ihm heimfahren würden. Bei dieser Nachricht durchzuckte es mich; ich mußte sofort an Mama denken.

Die Ursache dieser plötzlichen Abreise war folgender Brief:

»Petrowskoje, den 12. April.

Eben erst, um zehn Uhr abends, habe ich Deinen lieben Brief vom 3. April erhalten und beantworte ihn, meiner Gewohnheit nach, sofort. Fjodor hatte ihn bereits gestern aus der Stadt mitgebracht, aber da es schon spät war, hat er ihn erst heute früh Mimi übergeben. Mimi aber hat ihn mir mit der Begründung, daß ich unpäßlich und angegriffen sei, den ganzen Tag vorenthalten. Ich hatte wirklich ein bißchen Fieber, und um Dir die Wahrheit zu sagen: ich bin schon seit drei Tagen nicht recht gesund und verlasse das Bett nicht.

Bitte, erschrick nicht, lieber Freund; ich fühle mich ziemlich wohl, und wenn Iwan Wasiljewitsch es erlaubt, gedenke ich morgen aufzustehen.

Am Freitag der vorigen Woche machte ich mit den Kindern eine Spazierfahrt, aber beim Einbiegen auf die Landstraße, neben der kleinen Brücke, vor der mir immer schon gegraut hat, blieb der Wagen im Schmutz stecken. Es war ein schöner Tag und ich beschloß, während die Kalesche herausgezogen wurde, zu Fuß bis zur Landstraße zu gehen. Als ich zur Kapelle gelangt war, fühlte ich mich sehr ermüdet und setzte mich hin, um mich auszuruhen; und da etwa eine halbe

Stunde verging, bis genug Leute zusammengekommen waren, um den Wagen herauszuziehen, wurde mir kalt, besonders an den Füßen, weil ich Schuhe mit dünnen Sohlen anhatte und die Füße naß geworden waren. Nach dem Mittagessen verspürte ich Schüttelfrost und Fieberhitze, ging jedoch meiner Beschäftigung in der hergebrachten Ordnung nach und setzte mich nach dem Tee ans Klavier, um mit Ljubotschka vierhändig zu spielen. (Du wirst sie gar nicht wiedererkennen, solche Fortschritte hat sie gemacht!) Aber stelle Dir vor, wie mir zumute war, als ich bemerkte, daß ich nicht den Takt zählen konnte. Ich setzte mehrere Male dazu an; aber in meinem Kopf ging alles durcheinander, und ich nahm ein seltsames Rauschen in den Ohren wahr. Ich zählte: eins, zwei, drei, dann auf einmal acht, fünfzehn, und was die Hauptsache war: ich wußte, daß ich Unsinn redete, war aber doch nicht imstande, mich zu verbessern. Schließlich kam mir Mimi zu Hilfe und brachte mich, fast mit Gewalt, zu Bett. Da hast Du also, mein Freund, einen ausführlichen Bericht darüber, wie ich krank wurde und selbst daran schuld bin. Am nächsten Tag hatte ich ziemlich starkes Fieber, und es kam unser guter alter Iwan Wasiljewitsch, der bis jetzt bei uns logiert und versprochen hat, mich bald in Gottes freie Welt hinauszulassen. Er ist ein prächtiger Alter, dieser Iwan Wasiljewitsch! Als ich Fieber hatte und phantasierte, hat er eine ganze Nacht, ohne ein Auge zu schließen, an meinem Bett gesessen; jetzt aber, da er weiß, daß ich schreibe, sitzt er mit den Mädchen im Sofazimmer, und ich kann von meinem Schlafzimmer aus hören, wie er ihnen deutsche Märchen erzählt und wie sie beim Zuhören sich vor Lachen ausschütten wollen.

La belle Flamande, wie Du sie nennst, logiert schon seit über einer Woche bei mir, weil ihre Mutter irgendwohin zu Besuch gefahren ist, und beweist durch ihre rührende Aufmerksamkeit, wie aufrichtig ergeben sie mir ist. Sie vertraut mir alle ihre Herzensgeheimnisse an. Bei ihrem schönen Gesicht, ihrem guten Herzen und ihrer Jugend könnte sie sich zu einem in jeder Beziehung vortrefflichen jungen Mädchen entwickeln, wenn sie in guten Händen wäre. Aber in der Gesellschaft, in der sie lebt, wird sie, nach ihren Erzählungen zu urteilen, ganz verkommen. Es kam mir der Gedanke, daß ich wohl ein gutes Werk täte, sie ganz zu uns zu nehmen, wenn ich nicht so viele eigene Kinder hätte!

Ljubotschka wollte selbst an Dich schreiben, hat aber schon den dritten Bogen Briefpapier verdorben und sagt: ›Ich weiß, daß Papa ein Spötter ist; wenn man auch nur einen einzigen kleinen Fehler macht, zeigt er ihn allen Leuten.‹ Katenka ist immer gleich liebenswürdig, Mimi gleich gutherzig und langweilig.

Nun laß uns von etwas Ernstem reden. Du schreibst mir, daß Deine Geschäfte in diesem Winter nicht gut gingen und Du Dich genötigt sehen würdest, die Einkünfte von Chabarowka anzugreifen. Schon das berührt mich seltsam, daß Du um meine Zustimmung ersuchst! Gehört das, was mir gehört, nicht in ganz gleicher Weise auch Dir?

Wie gut Du bist, lieber Freund, daß Du aus Furcht, mich zu betrüben, den wahren Stand Deiner Angelegenheiten verheimlichst; aber ich kann es mir schon denken: wahrscheinlich hast Du sehr viel im Spiel verloren, und ich bin darüber, das schwöre ich Dir, keineswegs traurig. Daher bitte ich Dich, wenn sich die Sache nur in Ordnung bringen läßt: denke nicht zu viel daran und quäle Dich nicht unnötig. Ich habe mich daran gewöhnt, für die Kinder nicht auf Deine Einnahmen zu rechnen, ja nicht einmal (nimm es mir nicht übel!) auf Dein Vermögen selbst. Mich erfreuen Deine Einnahmen ebenso wenig, wie mich Deine Verluste betrüben. Was mich betrübt, ist nur Deine unglückliche Leidenschaft für das Spiel, das mir einen Teil Deiner zärtlichen Zuneigung entzieht und mich zwingt, Dir so bittere Wahrheiten zu sagen wie diese hier. Aber Gott weiß, wie schmerzlich mir das ist! Ohne Unterlaß bitte ich Ihn um das eine: Er möge uns bewahren ... nicht vor Armut (was ist Armut?), sondern vor jener schrecklichen Lage, wo die Interessen der Kinder, die zu beschützen meine Pflicht ist, mit den unsrigen in Konflikt geraten. Bis jetzt hat Gott der Herr mein Gebet erhört: Du hast die Linie nicht überschritten, jenseits der wir genötigt sein würden, entweder das Vermögen zu opfern, das nicht nur uns, sondern unseren Kindern gehört, oder… es ist schrecklich, auch nur daran zu denken, aber dieses entsetzliche Unglück bedroht uns immer. Ja, es ist ein schweres Kreuz, das Gott der Herr uns beiden gesandt hat.

Du schreibst mir auch über die Kinder und kommst auf unseren alten Streit zurück. Du bittest um meine Zustimmung, sie einer Lehranstalt zu übergeben. Du kennst mein Vorurteil gegen diese Art von Erziehung.

Ich weiß nicht, lieber Freund, ob Du mit mir einverstanden sein wirst; aber jedenfalls bitte ich Dich aus Liebe zu mir um das Versprechen, dies weder zu meinen Lebzeiten zu tun noch nach meinem Tod, falls es Gott gefallen sollte, uns zu trennen.

Du schreibst mir, Du müßtest notwendig in unseren Angelegenheiten nach Petersburg reisen. Christus sei mit Dir, lieber Freund! Reise hin und kehre recht bald hierher zurück. Wir alle fühlen uns so einsam, wenn Du nicht hier bist! Der Frühling ist bezaubernd schön: den Türverschlag am Balkon hat man schon herausgenommen; der Weg zum Treibhaus war bereits vor vier Tagen ganz trocken; die Pfirsiche stehen in voller Blüte; Schnee liegt nur noch an vereinzelten Stellen; die Schwalben sind wieder zugeflogen, und heute hat mir Ljubotschka die ersten Frühlingsblumen gebracht. Der Doktor sagt: in drei bis vier Tagen würde ich wieder ganz gesund und imstande sein, die frische Luft zu atmen und mich an der Aprilsonne zu wärmen. Leb wohl, lieber Freund; beunruhige Dich, bitte, weder meiner Krankheit noch Deines Verlustes wegen. Beende Deine Geschäfte möglichst bald und komm mit den Kindern für den ganzen Sommer zu uns. Ich entwerfe wunderbare Pläne, wie wir ihn verleben wollen, und nur Du fehlst zu ihrer Verwirklichung.«

Der folgende, französisch abgefaßte Teil des Briefes stand, in sehr ungleichmäßiger Schrift geschrieben, auf einem andern Stück Papier, das mehr ein Fetzen war. Ich übersetze ihn wörtlich.

»Glaube nicht, was ich Dir über meine Krankheit geschrieben habe: niemand ahnt, wie ernst sie ist. Ich weiß nur das eine, daß ich nicht wieder aufstehen werde. Verliere keinen

Augenblick, komm gleich her und bring die Kinder mit! Vielleicht kann ich sie noch einmal umarmen und segnen: das ist mein einziger letzter Wunsch! Ich weiß, welch furchtbaren Schlag ich Dir mit dieser Mitteilung versetze; aber es macht keinen Unterschied, ob Du es früher oder später von mir oder von anderen erfährst! Erfahren mußt Du es ja doch. Wir wollen uns Mühe geben, dieses Unglück mit Festigkeit und mit Hoffnung auf Gottes Barmherzigkeit zu ertragen. Beugen wir uns unter seinen Willen!

Denke nicht, das, was ich schreibe, seien die Fiebereingebungen eines kranken Hirnes; im Gegenteil, meine Gedanken sind in diesem Augenblick außerordentlich klar, und ich bin ganz ruhig. Tröste Dich nicht mit der eitlen Hoffnung, daß dies unwahre, unklare Ahnungen einer ängstlichen Seele seien. Nein, ich fühle, ich weiß (und ich weiß dies, weil es Gott gefallen hat, es mir zu offenbaren), daß ich nur noch ganz kurze Zeit zu leben habe.

Wird mit meinem Leben zugleich auch meine Liebe zu Dir und den Kindern aufhören? Ich weiß, daß dies unmöglich ist. Ich fühle in diesem Augenblick zu stark, als daß ich glauben könnte, dieses Gefühl, ohne das ich mir mein Dasein nicht vorstellen kann, könne jemals vernichtet werden. Meine Seele kann nicht sein ohne die Liebe zu euch; ich weiß aber, daß meine Seele ewig fortleben wird, schon allein deshalb, weil ein solches Gefühl wie meine Liebe nicht hätte entstehen können, wenn es jemals vergehen müßte.

Ich werde nicht mehr bei euch sein; aber ich bin fest überzeugt, daß meine Liebe euch nie verlassen wird, und dieser Gedanke ist für mein Herz so tröstlich, daß ich den herannahenden Tod ruhig und ohne Furcht erwarte.

Ich bin ruhig, und es ist Gott bekannt, daß ich den Tod immer als einen Übergang zu einem besseren Leben angesehen habe und noch ansehe; aber warum ersticken mich die Tränen? Warum werden die Kinder der geliebten Mutter beraubt? Warum wird Dir ein so unerwarteter, schwerer Schlag zugefügt? Warum muß ich sterben, da doch eure Liebe mein Leben so grenzenlos glücklich gemacht hat?

Sein heiliger Wille geschehe!

Ich kann vor Tränen nicht weiterschreiben. Vielleicht werde ich Dich nicht mehr wiedersehen. So danke ich Dir denn, mein teuerster Freund, für all das Glück, mit dem Du mich in diesem Leben umgeben hast. Ich werde dort Gott bitten, daß er es Dir lohnen möge! Leb wohl, lieber Freund! Denke daran, daß Dich meine Liebe, auch wenn ich nicht mehr sein werde, dennoch nie und nirgends verlassen wird! Leb wohl, Wolodja, leb wohl, mein Engel, leb wohl, Nikolenka, mein Benjamin!

Werden sie mich jemals vergessen?!«

Diesem Brief hatte Mimi ein französisches Zettelchen folgenden Inhalts beigelegt:

»Die traurigen Ahnungen, von denen sie Ihnen spricht, werden durch die Worte des Arztes nur zu sehr bestätigt. In der letzten Nacht befahl sie, diesen Brief sofort auf die Post zu bringen. Da ich glaubte, daß sie das im Fieber sagte, wartete ich bis heute früh und beschloß, ihn aufzubrechen. Kaum hatte ich das getan, als Natalja Nikolajewna mich fragte, was ich mit dem Briefe gemacht hätte, und mir befahl, ihn zu verbrennen, wenn er noch nicht abgeschickt sei. Sie redete immer von dem Brief und behauptete, daß er Sie töten würde. Schieben Sie die Abreise nicht auf, wenn Sie diesen Engel noch einmal sehen wollen, solange er uns noch nicht verlassen hat. Entschuldigen Sie dieses Geschmiere! Ich habe drei Nächte nicht geschlafen. Sie wissen, wie sehr ich sie liebe!«

Natalja Sawischna, die die ganze Nacht zum 11. April in Mamas Schlafzimmer zugebracht hatte, erzählte mir, daß Mama, nachdem sie den ersten Teil des Briefes geschrieben, ihn neben sich auf ein Tischchen gelegt habe und dann eingeschlafen sei.

»Ich selbst«, sagte Natalja Sawischna, »war, wie ich gestehen muß, auf dem Sessel eingenickt, und der Strickstrumpf war mir aus der Hand geglitten; da hörte ich im Halbschlaf – es mochte so zwischen zwölf und eins sein –, daß sie etwas redete. Ich machte die Augen auf und sah: sie saß im Bett, das liebe Täubchen, hatte die Hände gefaltet, und die Tränen strömten ihr nur so aus den Augen. ›Also ist alles zu Ende?‹ sagte sie nur und bedeckte das Gesicht mit den Händen.

Ich sprang auf und fragte: ›Was ist Ihnen?‹

›Ach, Natalja Sawischna, wenn Sie wüßten, was ich soeben gesehen habe!‹

Soviel ich auch fragte, sie sagte es mir nicht; sie befahl nur, das Tischchen heranzurücken, schrieb noch etwas, befahl, den Brief vor ihren Augen zu versiegeln und sogleich abzusenden.

Nachher wurde es mit ihr immer schlimmer.

26. Was uns im Dorf erwartete

Am 25. April stiegen wir an der Tür unseres Hauses in Petrowskoje aus dem Reisewagen. Bei der Abfahrt aus Moskau war Papa sehr nachdenklich gewesen, und als Wolodja ihn fragte, ob Mama krank sei, hatte er ihn nur traurig angesehen und schweigend mit dem Kopf genickt. Während der Reise hatte er sich zuerst etwas beruhigt; doch auf den Schluß zu hatte sein Gesicht in dem gleichen Maße, wie wir unserem Hause näher kamen, einen immer trüberen Ausdruck angenommen, und als er beim Aussteigen aus dem Wagen den atemlos auf ihn zustürzenden Foka fragte: »Wo ist Natalja Nikolajewna?« klang seine Stimme nicht fest, und in seinen Augen standen Tränen. Der gute alte Foka warf uns einen verstohlenen Blick zu, schlug die Augen nieder und antwortete, während er die Tür zum Vorzimmer öffnete und sich abwandte: »Sie hat schon seit sechs Tagen das Schlafzimmer nicht verlassen.«

Milka, der, wie ich nachher erfuhr, von dem Tag an, da Mama krank geworden, unaufhörlich kläglich geheult hatte, stürmte dem Vater fröhlich entgegen, sprang an ihm empor, winselte und leckte ihm die Hand; aber er stieß ihn zurück und ging in den Salon, von da in das Sofazimmer, von dem eine Tür unmittelbar in das Schlafzimmer führte. Je näher er diesem Zimmer kam, um so mehr war an allen seinen Bewegungen seine innere Unruhe zu merken. Beim Eintritt in das

Sofazimmer ging er auf den Fußspitzen, holte kaum Atem und bekreuzigte sich, ehe er sich entschloß, nach der Klinke der geschlossenen Tür zu greifen. In diesem Augenblick kam aus dem Korridor mit verweinten Augen und ungeordnetem Haar Mimi herbeigelaufen.

»Ach, Pjotr Alexandrowitsch«, sagte sie flüsternd mit dem Ausdruck wahrer Verzweiflung und fügte dann, als sie bemerkte, daß Papa auf die Türklinke drückte, kaum hörbar hinzu: »Hier geht es nicht durch; man muß durch die andere Tür gehen.«

Ach, wie niederdrückend wirkte das alles auf mein kindliches Gemüt, das durch schreckliche Vorahnungen schon ganz traurig gestimmt war!

Wir gingen in das Mädchenzimmer; auf dem Korridor begegnete uns der blöde Akim, der uns sonst immer durch seine Grimassen belustigt hatte; doch in diesem Augenblick kam er mir gar nicht lächerlich vor, im Gegenteil: nichts wirkte so schmerzhaft auf mich, wie der Anblick seines gedankenlosen, gleichmütigen Gesichts. Im Mädchenzimmer saßen zwei Mädchen über einer Arbeit. Sie erhoben sich mit so traurigen Mienen zu unserer Begrüßung, daß mir entsetzlich zumute wurde. Nachdem wir dann noch Mimis Zimmer passiert hatten, öffnete Papa die Tür des Schlafzimmers, und wir traten ein. Die beiden Fenster rechts von der Tür waren mit Tüchern verhängt. An dem einen von ihnen saß Natalja Sawischna mit der Brille auf der Nase und strickte an einem Strumpf. Sie küßte uns nicht, wie sie es gewöhnlich tat, sondern stand nur auf, sah uns über die Brille hinweg an, und dicke Tränen liefen ihr über die Backen. Es gefiel mir nicht, daß alle Leute, sobald sie unser ansichtig wurden, zu weinen anfingen, während sie vorher ganz ruhig gewesen waren.

Links von der Tür stand ein Bettschirm und hinter dem Schirm das Bett, ein Tischchen, ein mit Arzneien besetzter kleiner Schrank und ein großer Sessel, in dem der Arzt schlief; neben dem Bett stand ein junges, sehr hellblondes, auffallend schönes Mädchen in einem weißen Morgenrock, dessen Ärmel ein wenig zurückgestreift waren, und legte Mama Eis auf den Kopf. Mama selbst konnte ich in diesem Augenblick nicht sehen. Dieses Mädchen war la belle Flamande, von der Mama geschrieben hatte und die in der Folge eine so wichtige Rolle im Leben unserer ganzen Familie spielen sollte. Sobald wir eingetreten waren, zog sie die eine Hand von Mamas Kopf zurück und brachte damit die Falten ihres Kleides auf der Brust in Ordnung; dann sagte sie flüsternd: »Sie ist bewußtlos!«

Ich war in diesem Augenblick auf das tiefste betrübt, bemerkte aber unwillkürlich alle Einzelheiten. Im Zimmer war es beinahe dunkel; es war heiß und roch gleichzeitig nach Pfefferminz, Eau de Cologne, Kamillen und Hoffmannstropfen. Dieser Geruch machte einen solchen Eindruck auf mich, daß meine Einbildungskraft nicht nur, wenn ich ihn rieche, sondern auch, wenn ich nur an ihn denke, mich augenblicklich in dieses dunkle, schwüle Zimmer versetzt und mir alle, auch die kleinsten Einzelheiten jener schrecklichen Minuten wieder lebendig macht.

Mamas Augen standen offen, aber sie sah nichts ... wahrlich, nie werde ich diesen furchtbaren Blick vergessen! So viel Leiden prägte sich in ihm aus!

Man führte uns fort.

Als ich später Natalja Sawischna nach Mamas letzten Augenblicken befragte, teilte sie mir folgendes mit: »Nachdem man euch fortgeführt hatte, warf mein liebes Täubchen sich noch lange im Bett umher, als ob sie hier, an dieser Stelle, etwas drückte; dann ließ sie ihren Kopf von dem Kissen herabgleiten und schlummerte ein, so still und ruhig wie ein Engel des Himmels. Ich war nur einen Augenblick hinausgegangen, um nachzusehen, warum man ihr nichts zu trinken brächte. Ich komme wieder; da hatte mein Herzchen auch schon alles, was um sie herumlag, fortgeschleudert und winkte und winkte nach eurem Papa; er neigte sich zu ihr, sie hatte aber offenbar nicht mehr Kraft genug, um ihm zu sagen, was sie wollte. Sie öffnete nur die Lippen und begann wieder zu stöhnen: ›Mein Gott! Herr Gott! ... Die Kinder, die Kinder!‹ Ich wollte schnell fortlaufen, um euch zu holen, aber Iwan Wasiljewitsch hielt mich zurück und sagte: ›Das wird sie nur noch mehr aufregen; laß es lieber!‹ Nachher hob sie nur noch die Hand in die Höhe und ließ sie wieder sinken. Was sie damit sagen wollte, das mag Gott wissen! Ich denke mir, sie segnete euch von weitem; Gott hatte es ihr nicht beschieden, vor ihrem letzten Ende ihre Kinderchen noch einmal zu sehen. Darauf richtete sich mein liebes Täubchen auf, machte mit den Händen *so* und fing auf einmal an zu reden, aber mit einer Stimme, daß ich nicht ohne Tränen daran denken kann: ›Mutter Gottes, verlaß sie nicht! …‹ Da trat ihr der Schmerz schon an das Herz selbst heran; an ihren Augen konnte man sehen, daß die Ärmste sich furchtbar quälte; sie sank in die Kissen zurück, packte mit den Zähnen das Laken, und die Tränen strömten ihr nur so aus den Augen, mein lieber, junger Herr.«

»Nun, und dann?« fragte ich.

Natalja Sawischna konnte nicht weitersprechen, wandte sich ab und weinte bitterlich.

Mama war unter schrecklichen Leiden verschieden.

27. Trauer

Am anderen Tag, spät abends, wollte ich sie noch einmal sehen; ich überwand das unwillkürliche Gefühl der Furcht, öffnete leise die Tür und ging auf den Fußspitzen in den Saal.

Mitten im Raum stand auf einem Tisch der Sarg, um ihn herum brannten Kerzen in hohen silbernen Leuchtern; in einer entfernten Ecke saß der Vorsänger und las mit leiser, eintöniger Stimme die Psalmen. Ich blieb an der Türe stehen und schaute hin; aber meine Augen waren so verweint und meine Nerven so angestrengt, daß ich nichts deutlich erkennen konnte; alles floß in einer seltsamen Weise zusammen: das Licht, der Brokat, der Samt, die großen Leuchter, das rosafarbene, mit Spitzen besetzte Kissen, das Stirnband, die Haube mit den Bändern und noch etwas Durchschimmerndes, Wachsfarbenes. Ich stellte mich auf einen Stuhl, um ihr

Gesicht zu betrachten; aber an der Stelle, wo es sich befinden mußte, trat mir wieder jenes blaßgelbliche, durchschimmernde Etwas entgegen. Ich konnte nicht glauben, daß das ihr Gesicht sein sollte. Ich schaute unverwandt hindurch und erkannte in ihm allmählich die wohlbekannten lieben Züge. Ich fuhr vor Schreck zusammen, als ich mich überzeugte, daß sie es wirklich war; aber weshalb waren die geschlossenen Augen so tief eingesunken? Woher kam diese schreckliche Blässe und der schwärzliche Fleck auf der einen Wange unter der durchschimmernden Haut? Weshalb war der Ausdruck des ganzen Gesichtes so ernst und kalt? Wovon waren die Lippen so blaß und wie konnte die Haltung dieser Lippen eine so schöne, majestätische überirdische Ruhe ausdrücken, daß mir ein kalter Schauer über den Rücken und durch die Haare lief, als ich sie betrachtete ...?

Ich schaute und fühlte, daß eine unbegreifliche, unwiderstehliche Kraft meine Augen zu diesem leblosen Antlitz hinzog. Ich wandte keinen Blick von ihm; aber meine Einbildungskraft zauberte Bilder blühenden Lebens und Glücks vor mich hin. Ich vergaß, daß der tote Körper, der vor mir lag und den ich gedankenlos wie einen Gegenstand betrachtete, der mit meinen Erinnerungen nichts gemein hatte, meine Mutter war. Ich stellte sie mir bald in dieser, bald in jener Stimmung vor: lebhaft, heiter, lächelnd; dann überraschte mich plötzlich irgendein Zug in dem blassen Gesicht, auf dem meine Augen hafteten. Ich erinnerte mich an die furchtbare Wirklichkeit, schrak zusammen, schaute aber unverwandt hin. Und von neuem lösten Träumereien die Wirklichkeit ab, und von neuem zerstörte das Bewußtsein der Wirklichkeit Träumereien. Endlich wurde meine Einbildungskraft müde und hörte auf, mich zu täuschen; das Bewußtsein der Wirklichkeit schwand ebenfalls, und mein Denken hörte ganz auf. Ich weiß nicht, wie lange ich in diesem Zustand verharrte, ich weiß auch nicht, worin er eigentlich bestand; ich weiß nur, daß ich eine Zeitlang das Bewußtsein meiner eigenen Existenz verloren hatte und einen hohen, unerklärlich angenehmen und zugleich traurigen Genuß empfand.

Vielleicht blickte ihre schöne Seele, die einer besseren Welt entgegenschwebte, mit Trauer auf die Welt zurück, in der sie uns zurückließ; sie sah meinen Kummer, fühlte Mitleid mit ihm und ließ sich auf Flügeln der Liebe mit einem himmlischen Lächeln des Erbarmens wieder auf die Erde herab, um mich zu trösten und zu segnen.

Die Tür knarrte; der andere Vorsänger trat herein, um den ersten abzulösen. Dieses Geräusch weckte mich auf, und mein erster Gedanke war, daß mich der Vorsänger, da ich nicht weinte und in einer Haltung auf dem Stuhl stand, die wenig Gerührtes hatte, für einen herzlosen Knaben halten könnte, der aus Mutwillen oder aus Neugier auf den Stuhl geklettert sei. Darum bekreuzigte ich mich, machte eine Verbeugung und begann zu weinen.

Wenn ich jetzt an meine Empfindungen zurückdenke, finde ich, daß nur diese Minuten der Selbstvergessenheit wirklicher Gram waren. Sowohl vor als nach dem Begräbnis hörte ich nicht auf zu weinen und war traurig; aber ich schäme mich, an diese Traurigkeit zurückzudenken, weil sie mit einem selbstsüchtigen Gefühl verbunden war: bald mit dem Wunsch zu zeigen, daß ich in einem höheren Grad betrübt sei als alle anderen, bald mit der Sorge um den Eindruck, den ich bei anderen hervorrufen könnte, bald mit zweckloser Neugier, die mich veranlaßte, Beobachtungen über Mimis Haube und die Gesichter der Anwesenden anzustellen. Ich verachtete mich selbst deswegen, weil ich nicht nur das eine Gefühl der Trauer empfand, und gab mir Mühe, alle andern Gefühle zu verbergen: und infolgedessen hatte meine Trauer etwas Gekünsteltes und Gezwungenes. Außerdem empfand ich in dem Bewußtsein meines Unglücks eine Art Genuß; ich suchte dieses Bewußtsein meines Unglücks recht lebhaft wachzurufen, und dieses egoistische Gefühl war es ganz besonders, wodurch die rechte wahre Trauer in mir erstickt wurde.

Nachdem ich in dieser Nacht fest und ruhig geschlafen hatte, wie es nach starker Betrübnis immer der Fall ist, erwachte ich mit getrockneten Tränen und beruhigten Nerven. Um zehn Uhr wurden wir zum Trauergottesdienst gerufen, der im Haus abgehalten wurde, bevor man den Sarg in die Kirche überführte. Das Zimmer war voll von Gutsleuten und Bauern, die weinend gekommen waren, um von ihrer Herrin Abschied zu nehmen. Während des Gottesdienstes tat ich alles, wie es sich gehörte: ich weinte, ich bekreuzigte mich und verneigte mich bis zur Erde; aber mit dem Herzen betete ich nicht, sondern war recht kaltblütig; ich ärgerte mich darüber, daß der neue Halbfrack, den ich hatte anziehen müssen, unter den Achseln zwickte; ich dachte, wie ich es anstellen könnte, mir beim Knien die Hosen nicht allzu schmutzig zu machen, und stellte insgeheim Beobachtungen über alle Anwesenden an. Der Vater stand am Kopfende des Sarges; er war weiß wie Leinwand und hielt mit sichtlicher Anstrengung die Tränen zurück. Seine hohe Gestalt in dem schwarzen Frack, sein blasses, ausdrucksvolles Gesicht und seine stets anmutigen und sicheren Bewegungen, wenn er sich bekreuzigte, wenn er sich tief verneigte, bis die Hand den Boden berührte, wenn er eine Kerze aus der Hand des Geistlichen entgegennahm oder an den Sarg herantrat, waren außerordentlich wirkungsvoll; ich weiß nicht, wie es kam, aber gerade das mißfiel mir an ihm, daß er in diesem Augenblick so wirkungsvoll sein konnte. Mimi stand da an die Wand gelehnt, konnte sich anscheinend kaum auf den Beinen halten; ihr Rock war zerdrückt und voller kleiner Federn, die Haube war auf die Seite gerutscht, die geschwollenen Augen waren gerötet; der Kopf zitterte, sie hörte nicht auf, in herzzerreißender Weise zu schluchzen und bedeckte fortwährend das Gesicht mit dem Taschentuch und den Händen. Es kam mir vor, als täte sie es absichtlich, um ihr Gesicht vor den Zuschauern zu verbergen und sich ein Weilchen von dem künstlichen Schluchzen zu erholen. Ich erinnerte mich, daß sie am vorhergehenden Tage zum Vater gesagt hatte, Mamas Tod sei für sie ein so schrecklicher Schlag, daß sie gar nicht hoffen könne, ihn zu überstehen: er habe ihr schlechthin alles geraubt; dieser Engel (so nannte sie Mama) habe noch kurz vor dem Tode ihrer gedacht und den Wunsch geäußert, ihre und Katenkas Zukunft sicherzustellen. Sie hatte bei dieser Erzählung bittere Tränen vergossen, und das Gefühl der Trauer mochte echt sein; aber es war nicht rein, nicht frei von Beimischungen. Ljubotschka in ihrem schwarzen, mit Pleureusen besetzten Kleid, ganz in Tränen aufgelöst, hielt das Köpfchen gesenkt. Ab und zu blickte sie nach dem Sarg, und ihr Gesicht drückte dabei nur kindliche Furcht aus. Katenka stand neben ihrer Mutter und sah rosig aus wie immer, so langgezogen auch ihr Gesicht war. Wolodjas offenherzige Natur war auch in der Trauer offenherzig: bald stand er in Gedanken verloren da, die Blicke starr auf irgendeinen Gegenstand gerichtet, bald zog sich plötzlich sein Mund schief, und er begann sich eilig zu bekreuzigen und zu verbeugen. Alle Fremden, die bei der Leichenfeier zugegen waren, waren mir unerträglich. Die tröstenden Redensarten, die sie zum Vater sagten (daß ihr dort wohler sein werde! daß sie nicht für diese Welt bestimmt gewesen sei), riefen bei mir eine Art Ärger hervor.

Welches Recht hatten sie, über sie zu sprechen und um sie zu weinen? Einige von ihnen nannten uns, wenn sie von uns sprachen, »Waisen«. Als wenn wir nicht auch ohne sie gewußt hätten, daß Kinder, die keine Mutter haben, so bezeichnet werden! Es machte ihnen wahrscheinlich Vergnügen, daß sie die ersten waren, die uns diesen Namen gaben, gerade so, wie man sich gewöhnlich beeilt, ein soeben verheiratetes junges Mädchen »Frau« zu nennen.

In einer entfernten Ecke des Saales, fast versteckt hinter der offenstehenden Tür des Büfettzimmers, kniete eine gekrümmte, grauhaarige Alte. Mit gefalteten Händen, die Augen gen Himmel gerichtet, weinte sie nicht, betete aber. Ihre Seele strebte zu Gott; sie bat ihn, sie mit derjenigen zu vereinigen, die ihr über alles in der Welt teuer gewesen war, und hoffte fest, daß dies bald geschehen werde.

Die, ja die hat sie wahrhaft geliebt! dachte ich und schämte mich meiner selbst.

Der Trauergottesdienst war zu Ende; das Gesicht der Verstorbenen wurde enthüllt, und alle Anwesenden außer uns traten einer nach dem andern an den Sarg heran, um der Toten ihre letzte Ehrerbietung zu erweisen.

Als eine der letzten trat eine Bäuerin heran, die ein hübsches, fünfjähriges kleines Mädchen auf dem Arm trug, das sie, weiß Gott weshalb, mitgebracht hatte. In diesem Augenblick ließ ich unversehens mein feuchtes Taschentuch fallen und wollte es wieder aufheben; aber kaum hatte ich mich danach gebückt, als mich ein fürchterliches, durchdringendes Geschrei erschreckte, ein Geschrei, aus dem solches Entsetzen klang, daß ich es nie vergessen werde, und wenn ich hundert Jahre alt werden sollte, und daß mich, sooft ich daran denke, jedesmal ein kalter Schauer überläuft. Ich hob den Kopf: auf einem Schemel neben dem Sarg stand jene Bäuerin und konnte nur mit Mühe das kleine Mädchen auf dem Arm halten, das die Händchen abwehrend ausstreckte, das erschrockene Gesichtchen zurückwarf, mit weitaufgerissenen Augen das Gesicht der Toten anschaute und mit entsetzlicher, unmenschlicher Stimme schrie. Da mußte ich selber schreien, noch entsetzlicher, glaube ich, als die Stimme, die mich erschreckt hatte, und – ich stürzte aus dem Zimmer.

Erst in diesem Augenblick merkte ich, woher jener starke, unangenehme Geruch rührte, der – mit dem Geruch des Weihrauches vermischt – das Zimmer erfüllte; und der Gedanke, daß jenes Gesicht, das noch vor einigen Tagen voll Schönheit und Zärtlichkeit gewesen war, das Gesicht derjenigen, die ich über alles in der Welt geliebt hatte, nun Schrecken einflößen könnte, enthüllte mir eigentlich zum ersten Mal die traurige Wahrheit und erfüllte meine Seele mit Verzweiflung.

28. Die letzten traurigen Erinnerungen

Mama war nicht mehr da, aber unser Leben bewegte sich im alten Geleise: wir legten uns schlafen und standen zu denselben Stunden und in denselben Zimmern auf; das Teetrinken morgens und abends, das Mittagessen, das Abendessen, alles fand zur gewohnten Zeit statt. Die Tische und Stühle standen an denselben Plätzen; nichts hatte sich im Haus und in unsrer Lebensweise geändert; nur sie war nicht mehr da.

Mir war, als müßte sich nach einem solchen Unglück alles ändern. Unsere hergebrachte Lebensweise erschien mir wie eine Versündigung gegen ihr Andenken und ließ mich ihr Fehlen lebhaft empfinden.

Am Tag vor der Beerdigung fühlte ich mich nach dem Mittagessen schläfrig und ging in Natalja Sawischnas Zimmer, weil ich darauf rechnete, daß ich es mir in ihrem Bett, auf dem weichen Federpfühl, unter der warmen Steppdecke würde bequem machen können. Als ich eintrat, lag Natalja Sawischna auf ihrem Bett und hatte wahrscheinlich geschlafen; als sie das Geräusch meiner Schritte hörte, richtete sie sich auf, warf das wollene Tuch beiseite, das sie zum Schutz gegen die Fliegen über ihren Kopf gebreitet hatte, brachte ihre Haube in Ordnung und setzte sich an den Rand des Bettes.

Da es auch früher schon ziemlich oft vorgekommen war, daß ich mich nach dem Mittagessen in ihrem Zimmer eingefunden hatte, um dort ein Schläfchen zu halten, erriet sie, weshalb ich gekommen war, und sagte, während sie sich vom Bette erhob: »Nun, Sie sind gewiß gekommen, um ein wenig auszuruhen, mein Täubchen? Legen Sie sich nur hin!«

»Nicht doch, Natalja Sawischna«, erwiderte ich und hielt sie bei der Hand fest, »ich bin nicht deshalb gekommen, sondern nur so ... Sie sind ja selber müde, legen Sie sich lieber hin!«

»Nein, lieber junger Herr, ich habe schon ausgeschlafen«, sagte sie zu mir (ich wußte, daß sie drei Tage und Nächte nicht geschlafen hatte), »und es ist mir jetzt auch gar nicht nach Schlaf zumute«, fügte sie mit einem tiefen Seufzer hinzu.

Ich wollte gern mit Natalja Sawischna über unser Unglück sprechen. Ich kannte ihre Aufrichtigkeit und Liebe, und es wäre mir daher ein Trost gewesen, mich mit ihr auszuweinen.

»Natalja Sawischna«, sagte ich nach kurzem Stillschweigen und setzte mich auf das Bett, »haben Sie das erwartet?«

Die Alte blickte mich verständnislos und verwundert an; sie begriff wahrscheinlich nicht, warum ich sie danach fragte.

»Wer hätte das erwarten können?« wiederholte ich.

»Ach, lieber junger Herr«, sagte sie und sah mich mit einem Blick zärtlichen Mitleids an, »ich habe es nicht erwartet und kann es mir auch jetzt noch nicht denken. Nun, ich bin eine alte Frau, und für mich wäre es ja schon längst an der Zeit, meine alten Knochen zur Ruhe zu legen; denn was habe ich nicht schon alles erleben müssen: den alten Herrn, Ihren Herrn Großvater – Gott habe ihn selig –, den Fürsten Nikolaj Michailowitsch habe ich begraben und zwei Brüder von mir und meine Schwester Anuschka, die alle jünger waren als ich, habe ich begraben, junger Herr; und jetzt habe ich offenbar zur Strafe für meine Sünden auch Ihre Mama noch überleben müssen. Gottes heiliger Wille geschehe! Er hat sie darum zu sich genommen, weil sie dessen würdig war; denn Gute braucht er auch dort!«

Dieser schlichte Gedanke brachte mir eine freundliche Überraschung, und so rückte ich näher an Natalja Sawischna heran. Sie hatte die Hände über der Brust gefaltet und blickte nach oben; ihre eingesunkenen feuchten Augen drückten eine große, aber ruhige Traurigkeit aus. Sie hoffte fest, daß Gott sie nicht mehr lange von derjenigen trennen würde, auf die sie so viele Jahre hindurch alle Kraft ihrer Liebe konzentriert hatte.

»Ja, junger Herr, es ist schon lange her, daß ich sie gewickelt und gewartet habe und sie mich Nascha nannte. Manchmal kam sie zu mir gelaufen, schlang ihre Ärmchen um meinen Hals, küßte mich und sagte dabei: ›Meine liebe Nascha, meine schöne Nascha, du liebe Truthenne du!‹ und ich sagte dann zum Scherz: ›Das ist gar nicht wahr, liebes Kind! Sie haben mich gar nicht lieb; wenn Sie erst groß sein werden, werden Sie sich verheiraten und Ihre Natascha vergessen.‹ Dann wurde sie manchmal nachdenklich. ›Nein‹, sagte sie, ›ich werde lieber nicht heiraten, wenn ich meine Nascha nicht mitnehmen kann. Ich werde Nascha nie von mir lassen!‹ Und nun hat sie mich doch verlassen und nicht gewartet. Und wie lieb hat sie mich gehabt, die Selige! Die Wahrheit zu sagen: wen hat sie schon nicht liebgehabt? Ja, ja, junger Herr, Ihre Mama dürfen Sie nie vergessen; sie war nicht ein Mensch, sondern ein himmlischer Engel! Wenn ihre Seele im Himmelreich sein wird, dann wird sie auch dort Sie liebhaben, auch dort sich über Sie freuen!«

»Warum sagen Sie denn: wenn sie im Himmelreich sein wird, Natalja Sawischna?« fragte ich. »Ich denke, sie ist jetzt schon dort.«

»Nein, junger Herr«, antwortete Natalja Sawischna; sie senkte bei diesen Worten ihre Stimme und setzte sich auf dem Bett näher an mich heran, »jetzt ist ihre Seele hier!«

Und sie wies nach oben. Sie redete beinahe flüsternd und mit so tiefem Gefühl und so überzeugt, daß ich unwillkürlich die Augen nach oben richtete, auf das Gesims schaute und dort etwas suchte. »Bevor die Seele des Gerechten in das Paradies eingeht, macht sie noch vierzig Prüfungen durch, junger Herr, vierzig Tage lang, und kann noch in ihrem Haus bleiben ...«

Sie redete noch lange in dieser Weise und sprach so schlicht und sicher, als ob sie die alltäglichsten Dinge erzählte, die sie selbst gesehen hätte und an denen auch nur im entferntesten zu zweifeln niemandem in den Sinn kommen könnte. Ich hörte ihr mit verhaltenem Atem zu, und obgleich ich das, was sie sagte, nicht recht verstand, glaubte ich ihr doch unbedingt.

»Ja, junger Herr, sie ist jetzt hier, sieht uns und hört vielleicht, was wir reden«, schloß Natalja Sawischna.

Sie ließ den Kopf sinken und schwieg. Sie ging ihr Taschentuch holen, das sie brauchte, um die reichlich strömenden Tränen zu trocknen, dann sah sie mir gerade ins Gesicht und sagte mit einer vor Aufregung zitternden Stimme: »Nun bin ich dadurch Gott um viele Stufen näher gebracht worden. Was ist mir jetzt hier noch geblieben? Für wen soll ich noch leben? Wen soll ich lieben?«

»Aber lieben Sie *uns* denn nicht?« sagte ich im Ton des Vorwurfs, kaum imstande, die Tränen zurückzuhalten.

»Gott weiß es, wie ich euch, meine Täubchen, liebe! Aber so wie ich sie geliebt habe, habe ich keinen anderen Menschen geliebt und kann ich keinen anderen Menschen lieben!«

Sie konnte nicht weiterreden, wandte sich von mir ab und schluchzte laut auf.

Ich dachte nicht mehr an Schlaf; wir saßen schweigend einander gegenüber und weinten.

Foka trat ins Zimmer; als er bemerkte, in welcher Stimmung wir waren, wollte er uns nicht stören und blieb daher schweigend und schüchtern an der Tür stehen.

»Was wünschst du, Fokascha?« fragte Natalja Sawischna und wischte sich mit dem Tuche das Gesicht ab.

»Anderthalb Pfund Rosinen, vier Pfund Zucker und drei Pfund Reis zum Totenmahl.«

»Sogleich, sogleich, mein Lieber«, sagte Natalja Sawischna, nahm eilig eine Prise Tabak und ging mit schnellen kleinen Schritten zur Vorratskiste. Die letzten Spuren der durch unser Gespräch hervorgerufenen Traurigkeit verschwanden, als sie sich daranmachte, ihre Obliegenheit zu erfüllen, die sie für sehr wichtig hielt.

»Wozu vier Pfund?« sagte sie brummig, während sie den Zucker hervorholte und auf der Schnellwaage abwog. »Dreieinhalb werden auch genug sein!«

Sie nahm wieder einige Stücke von der Waage herunter.

»Und was soll denn das eigentlich heißen: gestern erst habe ich acht Pfund Reis herausgegeben, nun verlangt er schon wieder Reis! Mach, was du willst, Foka Demidowitsch, aber Reis gebe ich nicht heraus. Dieser Wanka freut sich darüber, daß jetzt im Hause Wirrwarr herrscht; er glaubt, ich merke es vielleicht nicht! Nein, Vergeudung des Eigentums der Herrschaft werde ich nicht gestatten! Hat man so etwas schon gehört: acht Pfund!«

»Was kann man da machen? Er sagt, es sei alles verbraucht!«

»Na, da nimm, da! Soll er's haben!«

Dieser Übergang aus der gerührten Stimmung, in der sie zu mir gesprochen hatte, zur Brummigkeit und kleinlichen Knauserei setzte mich in Erstaunen. Als ich aber später darüber nachdachte, sah ich ein, daß sie trotz allem, was in ihrer Seele vorging, doch noch Geistesgegenwart genug besaß, um sich ihren Obliegenheiten zu widmen, und daß die Macht der Gewohnheit sie zu ihrer hergebrachten Beschäftigung hinzog. Der Gram wirkte so stark auf sie ein, daß sie es nicht für nötig hielt, zu verbergen, daß sie auch noch imstande sei, sich mit anderen Dingen zu beschäftigen. Sie hätte auch nicht verstanden, wie jemandem ein solcher Gedanke in den Sinn kommen könnte!

Die Eitelkeit ist ein Gefühl, das mit wahrer Trauer unvereinbar ist, und dabei steckt dieses Gefühl so fest in der menschlichen Natur, daß selbst der stärkste Gram es nur selten vertreibt. Die Eitelkeit äußert sich bei der Trauer in dem Wunsch, entweder betrübt oder unglücklich oder fest zu erscheinen; und diese unwürdigen Wünsche, die wir uns nicht eingestehen, die uns aber fast nie, nicht einmal im stärksten Kummer verlassen, nehmen der Trauer ihre Kraft, Würde und Aufrichtigkeit. Natalja Sawischna aber war von ihrem Unglück so tief ergriffen, daß in ihrer Seele überhaupt kein Wunsch mehr zurückgeblieben war und sie nur gewohnheitsgemäß weiterlebte.

Nachdem sie Foka die verlangten Lebensmittel verabfolgt und ihn noch an den Kuchen erinnert hatte, der zur Bewirtung der Gäste gebacken werden mußte, entließ sie ihn, nahm ihren Strumpf und setzte sich wieder neben mich.

Es begann ein Gespräch über denselben Gegenstand, und wir weinten noch einmal und trockneten noch einmal unsre Tränen.

Die Gespräche mit Natalja Sawischna wiederholten sich jeden Tag; ihre stillen Tränen und ihre ruhigen frommen Reden brachten mir Trost und Erleichterung.

Aber wir wurden bald getrennt: drei Tage nach der Beerdigung fuhren wir mit dem ganzen Hausstand nach Moskau ab, und es war mir nicht beschieden, sie jemals wiederzusehen.

Die Großmutter erfuhr die schreckliche Nachricht erst bei unserer Ankunft; und ihr Schmerz war unsagbar. Man ließ uns nicht zu ihr, da sie eine ganze Woche lang ohne Bewußtsein war; die Ärzte fürchteten für ihr Leben, um so mehr, da sie weder Arzneien einnahm noch mit jemandem sprach, noch schlief, noch Nahrung zu sich nahm. Manchmal, wenn sie allein in ihrem Zimmer im Sessel saß, begann sie plötzlich zu lachen und dann ohne Tränen zu schluchzen; sie bekam

Krämpfe und schrie wie eine Rasende sinnlose oder schreckliche Worte. Es war dies das erste Leid, das über sie kam, und dieses Leid brachte sie zur Verzweiflung. Sie wollte jemandem an ihrem Unglück die Schuld geben und führte entsetzliche Reden, drohte jemand mit größter Heftigkeit, sprang von ihrem Sessel auf, ging mit schnellen, großen Schritten im Zimmer hin und her und fiel dann bewußtlos nieder.

Einmal kam ich in ihr Zimmer; sie saß wie gewöhnlich in ihrem Sessel und schien ganz ruhig zu sein; nur ihr Blick befremdete mich. Ihre Augen waren weit geöffnet, der Blick aber unbestimmt und stumpf: sie blickte mir gerade ins Gesicht, sah mich aber wohl gar nicht, ihre Lippen begannen langsam zu lächeln, und sie sagte mit rührend zärtlicher Stimme: »Komm her, mein Liebling, komm näher, mein Engel!« Ich glaubte, sie spräche zu mir und trat näher heran; aber sie schaute mich nicht an. »Ach, wenn du wüßtest, meine Teuerste, wie ich mich gegrämt habe und wie ich mich jetzt freue, daß du gekommen bist...« Ich merkte, daß sie Mama vor sich zu sehen glaubte, und blieb stehen. »Man hat mir gesagt, du wärest nicht mehr am Leben«, fuhr sie mit finstrer Miene fort; »welch ein Unsinn! Könntest du etwa vor mir sterben?« und sie brach in ein furchtbares hysterisches Lachen aus.

Nur Menschen, die einer starken Liebe fähig sind, können auch starken Gram empfinden; aber eben dieses Liebesbedürfnis dient ihnen als Gegengewicht gegen den Gram und heilt ihn so. Infolgedessen ist die geistige Natur des Menschen noch lebenskräftiger als die körperliche. Gram tötet niemals.

Nach einer Woche konnte die Großmutter weinen, und es wurde ihr wieder besser. Ihr erster Gedanke, als sie wieder zu sich kam, waren wir, und ihre Liebe zu uns nahm noch zu. Wir wichen nicht von ihrem Sessel; sie weinte leise, sprach von Mama und liebkoste uns zärtlich.

Niemandem, der Großmutters Kummer sah, konnte der Gedanke kommen, daß sie die Äußerungen dieses Kummers, die stark und rührend waren, übertreibe; aber ich weiß nicht, woher es kam: mein Gefühl war mehr bei Natalja Sawischna, und ich bin bis auf den heutigen Tag davon überzeugt, daß kein

Mensch Mama so rein und aufrichtig geliebt und betrauert hat wie dieses schlichte, Liebe atmende Wesen.

Mit dem Tod meiner Mutter endete für mich die glückliche Zeit der Kindheit, und es begann eine neue Periode: die Periode des Knabenalters; da aber die Erinnerungen an Natalja Sawischna, die ich nicht mehr wiedergesehen habe und die einen so starken und segensreichen Einfluß auf die Richtung und Entwicklung meines Gemütslebens ausgeübt hat, zur ersten Periode gehören, so will ich von ihr und ihrem Tod noch einige Worte sagen.

Nach unsrer Abreise litt sie stark unter dem Mangel an Beschäftigung, wie mir das später Leute erzählten, die im Dorf zurückgeblieben waren. Obgleich alle Truhen und Kasten noch immer ihrer Gewalt unterstanden und sie nicht müde wurde, in ihnen herumzukramen, und das, was darin war, umzupacken, abzuwiegen und zu berechnen, so fehlte ihr doch die lärmende Beschäftigung eines von der Herrschaft bewohnten Gutshauses, wie sie es von Kindheit an gewöhnt war. Der Kummer, die veränderte Lebensweise und das Aussetzen der Tretmühle des Lebens entwickelten gar bald in ihr eine Alterskrankheit, deren Keim sie in sich trug. Genau ein Jahr nach dem Tod meiner Mutter bekam sie die Wassersucht und wurde bettlägerig.

Es muß ihr schwergefallen sein, allein in dem ganz leeren Hause von Petrowskoje ohne Verwandte und ohne Freunde zu leben und noch schwerer, so zu sterben. Alle Leute im Hause liebten und achteten Natalja Sawischna; aber befreundet war sie mit niemandem, und darauf war sie stolz. Sie war der Ansicht, daß in ihrer Stellung als Wirtschafterin, die das Vertrauen ihrer Herrschaft genoß und soviel Kasten mit allen möglichen Vorräten unter sich hatte, eine Freundschaft, mit wem es auch sei, sie unfehlbar zu Parteilichkeit und sträflicher Nachsicht verleiten müßte. Daher, oder vielleicht auch deshalb, weil sie mit der übrigen Dienerschaft nichts gemein hatte, hielt sie sich von allem fern und sagte, daß sie im Haus weder Gevattern noch Verschwägerte habe und niemandem gestatten werde, das Eigentum der Herrschaft zu vergeuden.

Sie vertraute Gott in heißen Gebeten ihre Gefühle an und suchte und fand so Trost; manchmal aber, in Augenblicken der Schwäche, denen wir ja alle unterworfen sind, wo dem Menschen Tränen und die Teilnahme eines lebenden Wesens den besten Trost gewähren, nahm sie ihren Mops zu sich ins Bett; der Hund richtete seine gelben Augen auf sie und leckte ihr die Hand, sie aber sprach mit ihm, liebkoste ihn und weinte still. Wenn dann der Mops anfing, kläglich zu heulen, bemühte sie sich, ihn zu beruhigen und sagte: »Hör nur auf; ich weiß auch ohne dich, daß ich bald sterben werde.«

Einen Monat vor ihrem Tod holte sie aus ihrem Kasten weißen Kaliko, weißen Tüll und rosa Band hervor; mit Hilfe ihres Mädchens nähte sie sich ein weißes Kleid und eine Haube und ordnete bis auf die kleinsten Einzelheiten alles an, was für ihr Begräbnis notwendig war. Sie brachte auch die herrschaftlichen Vorratskasten in Ordnung und übergab sie peinlichst genau mit einem langen Verzeichnis der Frau des Verwalters; dann holte sie zwei seidene Kleider und einen altmodischen Schal, Geschenke der Großmutter, hervor; desgleichen die goldgestickte Uniform des Großvaters, die ihr ebenfalls zu uneingeschränktem Besitz überlassen worden war. Dank ihrer Sorgfalt waren die Stickereien und die Tressen wie neu und das Tuch von den Motten nicht beschädigt.

Vor ihrem Ende äußerte sie den Wunsch, daß eins dieser Kleider, das rosafarbene, Wolodja zu einem Schlafrock oder tatarischen Halbrock übergeben werden sollte, das andre, das gewürfelte braune, mir zu gleicher Verwendung, der Schal dagegen Ljubotschka. Die Uniform vermachte sie demjenigen von uns, der zuerst Offizier werden würde. Alle ihre übrigen Sachen und das Geld, abgesehen von vierzig Rubel, die sie zum Begräbnis und für Trauergottesdienste beiseitegelegt hatte, sollte ihr Bruder bekommen. Dieser Bruder, der schon seit langer Zeit freigelassen war, wohnte in einem fernen Gouvernement und führte dort ein sehr lockeres Leben. Daher hatte sie zu ihren Lebzeiten keinerlei Beziehungen zu ihm unterhalten.

Als Natalja Sawischnas Bruder erschien, um die Erbschaft in Empfang zu nehmen, und es sich herausstellte, daß das ganze

Vermögen der Verstorbenen nur fünfundzwanzig Rubel betrage, wollte er das nicht glauben und sagte, es sei doch unmöglich, daß die Alte, die sechzig Jahre lang in einem reichen Haus gelebt, alles unter sich gehabt, ihr ganzes Leben sich nichts gegönnt und um jeden Fetzen sich gesorgt habe, nichts hinterlassen haben sollte. Tatsächlich aber war es so.

Natalja Sawischna hatte zwei Monate lang an ihrer Krankheit gelitten und ihr Leiden mit echt christlicher Geduld ertragen. Sie murrte nicht und beklagte sich nicht; sie betete nur, betete unaufhörlich, wie es ihre Gewohnheit war. Eine Stunde vor ihrem Tod beichtete sie mit stiller Freude und empfing die Kommunion und die Krankenölung.

Alle Hausgenossen bat sie um Verzeihung für die Kränkungen, die sie ihnen etwa zugefügt habe, auch bat sie ihren Beichtiger, Vater Wasilij, uns allen mitzuteilen, daß sie nicht wisse, wie sie uns für all die Güte danken solle, die wir ihr erwiesen hätten, und daß sie uns bitte, ihr zu verzeihen, wenn sie in ihrer Dummheit einen von uns gekränkt habe. »Aber eine Diebin bin ich niemals gewesen, und ich kann sagen, daß ich mir keinen Faden von dem Eigentum meiner Herrschaft angeeignet habe.« Das war die einzige Eigenschaft, deren sie sich rühmte.

Nachdem sie das vorher fertiggestellte Kleid und die Haube angelegt hatte, redete sie, mit dem Ellenbogen auf das Kissen gestützt, bis unmittelbar vor ihrem Ende unaufhörlich mit dem Geistlichen. Dabei fiel ihr ein, daß sie für die Armen nichts ausgesetzt hatte; sie holte zehn Rubel hervor und bat ihn, sie im Kirchspiel zu verteilen. Dann bekreuzigte sie sich, legte sich hin und seufzte zum letztenmal, während sie mit freudigem Lächeln den Namen Gottes aussprach.

Ohne Bedauern schied sie aus dem Leben; sie fürchtete den Tod nicht, sondern nahm ihn hin wie eine Wohltat. Das sagt man zwar oft, aber wie selten ist es wirklich der Fall! Natalja Sawischna brauchte den Tod nicht zu fürchten, da sie in unerschütterlichem Glauben starb und Christi Gebot erfüllt hatte. Ihr ganzes Leben war reine, uneigennützige Liebe und Selbstentsagung gewesen.

Sicherlich hätte ihr Glauben von höherer Art, ihr Leben höheren Zielen gewidmet sein können; aber verdient diese reine Seele etwa deshalb, weil es nicht der Fall war, weniger unsere Liebe und Bewunderung?

Sie vollbrachte die schönste und größte Tat in diesem Leben: sie starb ohne Bedauern und ohne Furcht.

Sie wurde ihrem Wunsch entsprechend nicht weit von der Kapelle beigesetzt, die auf dem Grab unserer Mutter steht. Der mit Nesseln und Kletten bewachsene kleine Hügel, unter dem sie liegt, ist von einem schwarzen Gitter umgeben, und ich vergesse nie, von der Kapelle zu diesem Gitter hinzugehen und mich bis zur Erde zu verneigen.

Manchmal bleibe ich schweigend zwischen der Kapelle und dem schwarzen Gitter stehen. In meiner Seele erwachen plötzlich bedrückende Erinnerungen, und der Gedanke kommt mir: hat mich die Vorsehung wirklich nur darum mit diesen beiden Wesen zusammengebracht, damit ich für immerdar um sie trauere?

KNABENJAHRE

1. Die Reise

Wieder fuhren zwei Wagen auf der Auffahrt des Gutshauses von Petrowskoje vor: der eine war die Kutsche, in die Mimi, Katenka, Ljubotschka, ein Dienstmädchen und der Verwalter Jakow in eigener Person einstiegen, der andere die Britschke, in der Wolodja und ich sowie der unlängst vom Abgabedienst befreite Diener Wasilij fahren sollten.

Papa, der einige Tage nach uns ebenfalls nach Moskau reisen wollte, stand barhäuptig auf der Freitreppe und bekreuzigte das Fenster der Kutsche und die Britschke.

»Nun, Christus sei mit euch! Fahrt zu!« Jakow und die Kutscher (wir fuhren mit unseren eigenen Pferden) nahmen die Mützen ab und bekreuzigten sich. »Hüh, hüh, mit Gott!« Der Wagenkasten, der Kutscher und die Britschke begannen auf dem unebenen Weg zu hüpfen, und die Birken der großen Allee liefen eine nach der anderen an uns vorüber. Mir war ganz und gar nicht traurig zumute: mein geistiger Blick war nicht auf das gerichtet, was ich zurückließ, sondern auf das, was ich erwartete. Je weiter ich mich von den Gegenständen entfernte, die mit den schmerzlichen Erinnerungen verknüpft waren, die bisher meinen Geist erfüllt hatten, um so mehr verloren diese Erinnerungen ihre Stärke, und an ihre Stelle trat schnell das beseligende Gefühl eines Lebens voller Kraft, Frische und Hoffnung.

Nur selten habe ich eine Anzahl von Tagen so, ich will nicht sagen, froh – denn ich schämte mich gewissermaßen noch, mich der Fröhlichkeit zu überlassen –, aber so angenehm und gut verlebt wie die vier Tage unserer Reise. Ich hatte weder die verschlossene Tür zu Mamas Zimmer vor Augen, an der ich nicht vorbeigehen konnte, ohne zusammenzuzucken, noch den zugemachten Flügel, auf dem niemand spielte und den jeder nur mit einer Art von Furcht betrachtete, noch die Trauerkleider (wir alle trugen einfache Reiseanzüge), noch alle die anderen Dinge, die mich lebhaft an den unwiederbringlichen Verlust erinnerten und mich zwangen, jede Äußerung frischen Lebens zu vermeiden, aus Furcht, gleichsam ihr Andenken zu beleidigen. Hier dagegen zogen fortwährend neue malerische Örtlichkeiten und Gegenstände meine Aufmerksamkeit auf sich und dienten zu meiner Zerstreuung, und die im Frühlingsschmuck prangende Natur rief in meinem Herzen das beglückende Gefühl der Zufriedenheit mit der Gegenwart und eine lichte Hoffnung auf die Zukunft hervor.

Frühmorgens, wenn die Hähne krähen, zieht einem der erbarmungslose und – wie das Leute in einem neuen Amt immer sind – übereifrige Wasilij die Bettdecke fort und versichert, die Zeit der Abfahrt sei gekommen und alles stünde schon bereit. Wie man sich auch zusammenkrümmt, Listen ersinnt und sich erbost, um den süßen Morgenschlummer wenigstens noch um ein Viertelstündchen zu verlängern: an Wasilijs entschlossenem Gesicht sieht man, daß er unerbittlich ist und durchaus fähig, einem die Decke noch zwanzigmal fortzuziehen; da springt man auf und läuft auf den Hof, um sich zu waschen.

Im Flur siedet bereits der Samowar, den der Vorreiter Mitka, rot wie ein Krebs, anbläst; auf dem Hof ist es feucht und neblig; von dem stark riechenden Dünger steigt der Dampf auf; die Sonne erhellt mit fröhlichem klarem Licht den östlichen Teil des Himmels und die tauglänzenden Strohdächer der geräumigen Schuppen, die den Hof umgeben. Unter ihnen sieht man unsere an die Krippen angebundenen Pferde und hört ihr gleichmäßiges Kauen. Ein zottiger, schwarzer Hund, der vor Tagesanbruch auf einem trockenen Düngerhaufen geschlafen hat, reckt sich träge und begibt sich schwanzwedelnd in kurzem Trab nach der anderen Seite des Hofes. Die geschäftige Wirtin öffnet das knarrende Tor, treibt die betulichen Kühe auf die Straße, auf der man schon das Getrappel, das Brüllen und das Blöken der Herde hört, und wechselt ein paar Worte mit der verschlafenen Nachbarin. Filipp zieht mit aufgestreiften Hemdsärmeln mittels eines Rades aus dem tiefen Brunnen einen Eimer voll klaren Wassers heraus und gießt es in den eichenen Trog, um den herum die schon aufgewachten Enten in der Pfütze plätschern; und ich betrachte mit Vergnügen Filipps ernstes Gesicht mit dem breiten Bart und die dicken Adern und Muskeln, die an seinen nackten, kräftigen Armen scharf hervortreten, sobald er eine anstrengende Bewegung macht.

Hinter dem Bretterverschlag, hinter dem Mimi und die Mädchen geschlafen haben und durch den hindurch wir uns am Abend mit ihnen unterhalten haben, werden Bewegungen hörbar. Mascha läuft mit verschiedenen Gegenständen, die sie mit ihrem Kleid unserer Neugier zu entziehen sucht, immer häufiger an uns vorbei. Endlich öffnet sich die Tür, und wir werden zum Tee gerufen.

Wasilij kommt in einem Anfall übermäßigen Eifers fortwährend ins Zimmer gelaufen, trägt bald dies, bald das hinaus, blinzelt uns zu und bittet Maria Iwanowna inständig, sich doch zu beeilen, damit man abfahren könne. Die Pferde sind angespannt und drücken ihre Ungeduld dadurch aus, daß sie ab und zu mit den Schellen klingeln; die Koffer, die Kasten, die großen und kleinen Schachteln werden von neuem verstaut, und wir nehmen unsere Plätze ein. Aber jedesmal finden wir in der Britschke einen Berg statt einer Sitzgelegenheit, so daß wir gar nicht begreifen können, wie das alles am vorhergehenden Tage untergebracht gewesen ist und wie wir jetzt darauf sitzen sollen; ganz besonders stört mich ein Teekasten aus Nußbaumholz mit dreieckigem Deckel, den man zu uns in die Britschke hineintut und unter meine Beine stellt. Aber Wasilij sagt, das werde schon alles noch in Ordnung kommen, und ich muß ihm eben glauben.

Die Sonne hat sich soeben über einer dichten weißen Wolke erhoben, die den Osten bedeckt, und die ganze Landschaft ist von einem ruhigen, fröhlichen Licht erhellt. Alles um mich herum ist so schön, und in meinem Herzen ist es so still und heiter. Die Landstraße schlängelt sich vor uns wie ein breites, einsames Band zwischen den Feldern dahin; diese sind teils mit vertrockneten Stoppeln bedeckt, teils mit grüner Saat, die von Tau glitzert; hier und da begegnet uns am Weg eine düstere Weide oder eine junge Birke mit kleinen klebrigen Blättern und wirft einen langen, regungslosen Schatten auf die vertrockneten, lehmigen Geleise und das kümmerliche grüne Gras der Landstraße. Das einförmige Geräusch der Räder und der Schellen wird von den Liedern der Lerchen übertönt, die dicht neben dem Weg aufsteigen. Der unserer Britschke eigentümliche Geruch nach mottenzerfressenem Tuch, nach Staub und nach etwas Saurem wird von dem Duft des Morgens überdeckt, und ich fühle in meinem Herzen eine wonnige Unruhe, den Wunsch, etwas zu tun – Anzeichen eines ehrlichen Entzückens.

Ich bin in der Herberge nicht dazu gekommen, mein Gebet zu verrichten, da ich aber schon des öftern bemerkt habe, daß mir an jedem Tag, an dem ich aus irgendeinem Grund diese religiöse Pflicht versäume, irgendein Unglück zustößt, versuche ich meinen Fehler wieder gutzumachen: ich nehme die Mütze ab, wende mich nach einer Ecke der Britschke, spreche die Gebete und bekreuzige mich unter meiner Jacke so, daß es niemand sieht. Aber tausend verschiedene Gegenstände lenken meine Aufmerksamkeit ab, und ich wiederhole in meiner Zerstreutheit ein und dieselben Worte des Gebetes mehrere Male hintereinander.

Auf dem Fußsteig, der sich neben der Landstraße entlangzieht, erblicke ich einige sich langsam bewegende Gestalten: es sind Wallfahrerinnen. Ihre Köpfe sind in schmutzige Tücher gehüllt; auf dem Rücken tragen sie Kiepen aus Birkenrinde; die Füße sind mit schmutzigen, zerrissenen Lappen umwickelt und stecken in schweren Bastschuhen. Gleichmäßig die Stöcke schwingend, ohne sich nach uns umzuschauen, geht eine hinter der anderen mit langsamen, schweren Schritten einher, und mich beschäftigen die Fragen: Wohin und weshalb wandern sie? Wird ihre Reise lange dauern, und werden sich die langen Schatten, die sie auf die Landstraße werfen, bald mit dem Schatten der Weiden vereinigen, an denen sie vorbeikommen müssen? Da kommt uns eine mit vier Postpferden bespannte Kalesche in raschem Trab entgegengeflogen. Zwei Sekunden, und die Personen, die uns aus einer Entfernung von zwei Arschin mit höflicher Neugier angestarrt haben, sind vorbeigehuscht, und es kommt mir merkwürdig vor, daß diese Personen nichts gemeinsam haben sollen mit mir und daß ich sie vielleicht nie wiedersehen werde.

Da laufen zur Seite des Weges zwei schwitzende, zottige Pferde in Kummeten; die Zugriemen sind mit den Umlaufriemen zusammengeschlungen; hinter ihnen reitet ein junger Postkutscher; die langen Beine, die in großen Stiefeln stecken, läßt er zu beiden Seiten des Pferdes herabhängen, auf dessen Rist das Joch hängt und hin und wieder, kaum hörbar, mit den Glöckchen klingelt. Der Postkutscher, ein junger Bursche, hat seinen Filzhut auf das Ohr gedrückt und singt ein langgezogenes Lied. Sein Gesicht und seine ganze Haltung drücken eine so träge, sorglose Zufriedenheit aus, daß es mir als der Gipfel der Glückseligkeit erscheint, Postkutscher zu sein, Pferde zurückzubringen und schwermütige Lieder zu singen... Weit jenseits der Schlucht hebt sich auf dem hellblauen Himmel deutlich eine Dorfkirche mit einem grünen Dache ab; da ist auch das Dorf und das rote Dach des Gutshauses und der grüne Garten. Wer wohnt in diesem Haus? Sind darin Kinder, ein Vater, eine Mutter, ein Hauslehrer? Warum sollen wir nicht zu diesem Haus fahren und uns mit seinem Besitzer bekanntmachen? Da ist ein langer Zug riesiger Frachtwagen, von denen ein jeder mit drei wohlgenährten, dickbeinigen Pferden bespannt ist und an denen wir seitlich vorbei müssen. »Was habt ihr geladen?« fragt Wasilij den ersten Kutscher, der seine gewaltigen Beine von der Seitenstange des Wagens herabhängen läßt und die Peitsche schwingt; er folgt uns lange mit einem unverwandten, gedankenlosen Blick und antwortet erst dann etwas, als man ihn nicht mehr hören kann. »Was für Ware fahrt ihr?« wendet sich Wasilij an die zweite Fuhre, auf deren umzäuntem Vorderteil unter einer neuen Matte ein anderer Kutscher liegt. Ein blonder Kopf mit rotem Gesicht und rötlichem Bärtchen schiebt sich für einen Augenblick unter der Matte hervor, wirft einen gleichgültigen, geringschätzigen

Blick auf unsere Britschke und verschwindet wieder. Mir kommt der Gedanke, daß diese Kutscher nicht wissen, wer wir sind, woher wir kommen und wohin wir fahren.

Anderthalb Stunden lang bin ich so in buntwechselnde Beobachtungen vertieft und beachte die windschiefen Ziffern auf den Werstpfählen nicht. Aber da beginnt die Sonne heiß auf den Rücken zu brennen, der Weg wird staubiger, der dreieckige Deckel des Teekastens wird mir sehr lästig; ich ändere meine Körperhaltung mehrere Male, es wird mir heiß, ich fühle mich unbehaglich und langweile mich. Meine ganze Aufmerksamkeit wendet sich nun den Werstpfählen und den darauf befindlichen Zahlen zu; ich stelle allerlei mathematische Berechnungen über die Zeit an, in der wir zu der nächsten Station gelangen können. Zwölf Werst sind der dritte Teil von sechsunddreißig; aber bis Lipzy sind es einundvierzig Werst; also sind wir ein Drittel weniger wieviel gefahren? und so weiter,

»Wasilij«, sage ich, als ich bemerke, daß er auf dem Bocke ständig einnickt, »laß mich auf den Bock, Täubchen!« Wasilij ist einverstanden. Wir wechseln die Plätze. Er beginnt sogleich zu schnarchen und rekelt sich so hin, daß für niemanden mehr Platz in der Britschke bleibt. Vor meinen Augen tut sich von dem hohen Platz aus, den ich einnehme, ein erfreuliches Bild auf: unsere vier Pferde Nerutschinskaja, Djatschok, das Stangenpferd Lewaja und Aptekar, die ich alle bis in die kleinsten Einzelheiten und Schattierungen ihrer Besonderheiten studiert habe.

»Warum läuft denn Djatschok als rechtes Beipferd und nicht als linkes?« frage ich einigermaßen schüchtern.

»Djatschok?«

»Und Nerutschinskaja will gar nicht ziehen«, sage ich.

»Djatschok kann man nicht links anspannen«, antwortet Filipp, ohne meine letzte Bemerkung zu beachten. »Das ist nicht ein Pferd, das man so einfach als linkes Beipferd anspannen könnte. Links muß man ein Pferd anspannen, das ... mit einem Wort, es muß ein Pferd sein, und das ist nicht so ein Pferd.«

Bei diesen Worten beugt sich Filipp nach rechts, zieht aus

Leibeskräften die Zügel an und schlägt den armen Djatschok mit der Peitsche auf Schweif und Beine, und zwar auf eine ganz besondere Art, nämlich von unten herauf; und obgleich sich Djatschok aus voller Kraft bemüht und der ganzen Britschke eine Drehung versetzt, hört Filipp mit diesem Manöver erst auf, als er das Bedürfnis verspürt, sich zu erholen und aus irgendeinem unverständlichen Grund seinen Hut auf eine Seite zu schieben, obgleich er bis dahin trefflich und durchaus fest auf seinem Kopf gesessen hat. Ich benütze diesen glücklichen Augenblick und bitte Filipp, mich kutschieren zu lassen. Filipp gibt mir zuerst einen Zügel, dann den anderen; zuletzt sind alle sechs Zügel und die Peitsche in meine Hände übergegangen, und ich bin restlos glücklich. Ich gebe mir Mühe, es in jeder Weise Filipp nachzumachen, und frage ihn, ob ich es auch richtig mache; aber gewöhnlich ist er mit mir unzufrieden; er sagt, daß das eine Pferd zu viel und das andere gar nicht ziehe, schiebt seinen Ellenbogen über meine Brust und nimmt mir die Zügel ab. Die Hitze wird immer stärker, die Lämmerwölkchen beginnen sich wie Seifenblasen aufzublähen, steigen am Himmel immer höher, fließen zusammen und nehmen eine dunkelgraue Färbung an. Aus dem Fenster der Kutsche streckt sich eine Hand mit einer Flasche und einem Bündel heraus. Wasilij springt mit erstaunlicher Geschicklichkeit während der Fahrt vom Bock und bringt uns Käsekuchen und Kwas.

An einem steilen Abhang steigen wir alle aus den Equipagen und veranstalten manchmal einen Wettlauf bis zur nächsten Brücke, während Wasilij und Jakow die Hemmschuhe an die Räder legen und von beiden Seiten mit den Händen die Kutsche zurückhalten, als ob sie imstande wären, sie aufzuhalten, falls sie ins Rollen kommen und umkippen sollte. Dann steige ich oder Wolodja mit Mimis Erlaubnis in die Kutsche, und Ljubotschka oder Katenka setzen sich in die Britschke. Dieser Platzwechsel macht den Mädchen viel Spaß, da sie mit Recht finden, daß es in der Britschke weitaus lustiger sei. Manchmal bleiben wir in der heißen Zeit, wenn wir durch ein Wäldchen fahren, mit der Britschke hinter der Kutsche zurück, reißen grüne Zweige ab und bauen in der Britschke eine Laube. Die fahrende Laube jagt dann mit größter Geschwindigkeit hinter der Kutsche her, um sie wieder einzuholen, und Ljubotschka kreischt dabei mit durchdringender Stimme, was sie nie zu tun unterläßt, wenn ihr etwas großes Vergnügen macht.

Aber da ist ja das Dorf, wo wir zu Mittag essen und uns ausruhen sollen. Und da riecht es auch schon nach Dorf, nach Rauch, Teer und Schaffellen, und man hört Stimmen und das Geräusch von Schritten und Rädern. Die Schellen klingen nicht mehr so wie auf dem freien Feld, und auf beiden Seiten ziehen Bauernhäuser vorbei mit Strohdächern, geschnitzten hölzernen Vortreppen und kleinen Fenstern mit roten und grünen Läden, aus denen sich hier und da das Gesicht eines neugierigen Weibes herausschiebt. Da sind auch die kleinen Bauernjungen und Bauernmädchen im bloßen Hemd. Mit weit aufgerissenen Augen und ausgebreiteten Armen stehen sie regungslos auf einem Fleck, oder trippeln eilig mit den nackten Füßchen durch den Staub, laufen trotz der drohenden Gebärden Filipps hinter dem Wagen einher und versuchen auf die hinten aufgeschnallten Koffer hinaufzuklettern. Da kommen auch schon die rothaarigen Hausknechte von beiden Seiten an den Wagen herangelaufen und versuchen mit verführerischen Worten und Gebärden die Reisenden anzulocken. Brrrr! Das Tor knarrt, die Bolzen hinter den Torflügeln werden festgemacht, und wir fahren auf den Hof. Vier Stunden Erholung und Freiheit!

2. Das Gewitter

Die Sonne neigte sich dem Untergang zu und brannte mit ihren schrägen, heißen Strahlen in unerträglicher Weise auf meinen Hals und meine Wangen. Es war unmöglich, die glühenden Räder der Britschke zu berühren; dichter Staub erhob sich auf dem Weg und erfüllte die Luft. Es ging nicht der leiseste Windhauch, der ihn hätte forttragen können. Vor uns schaukelte in gleichbleibender Entfernung gleichmäßig der hohe, staubige Kasten der Kutsche mit den darauf gepackten flachen Koffern; über ihm wurde manchmal die Peitsche sichtbar, die der Kutscher schwang, sowie sein Hut und Jakows Mütze. Ich wußte nicht, was ich mit mir anfangen sollte: weder das vom Staub geschwärzte Gesicht des neben mir schlafenden Wolodja noch die Rückenbewegungen Filipps noch der lange Schatten unserer Britschke, der im spitzen Winkel hinter uns herlief, gewährten mir Zerstreuung. Meine ganze Aufmerksamkeit war auf die Werstpfähle gerichtet, die ich schon von weitem wahrnahm, und auf die Wolken, die vorher am Himmel zerstreut gewesen waren, nun aber sich zu einer einzigen großen, dunklen Masse vereinigt und ein unheilverkündendes, schwarzes Aussehen angenommen hatten. In der Ferne grollte mitunter der Donner. Dieser letzte Umstand steigerte ganz besonders mein ungeduldiges Verlangen, möglichst bald die Herberge zu erreichen; denn jedes Gewitter verursachte mir ein unsagbar peinliches Gefühl des Mißbehagens und der Furcht.

Bis zum nächsten Dorf waren noch ungefähr zehn Werst; die große, dunkelviolette Gewitterwolke aber, die Gott weiß woher gekommen war, rückte ohne den geringsten Wind, aber mit eigener Geschwindigkeit, gegen uns heran. Die Sonne, noch nicht von den Wolken verdeckt, beleuchtete mit grellem Licht ihre dunkle Gestalt und die grauen Streifen, die sich von ihr bis ganz an den Horizont erstreckten. Ab und zu leuchtete in der Ferne ein Blitz auf, und man hörte ein schwaches Brummen, das allmählich stärker wurde, näher kam und in ein gebrochenes Rollen überging, welches den ganzen Himmel umfaßte. Wasilij erhob sich vom Bock und schlug das Verdeck der Britschke in die Höhe; die Kutscher zogen ihre großen Röcke an; bei jedem Donnerschlag nahmen sie die Kopfbedeckung ab und bekreuzigten sich; die Pferde spitzten die Ohren, blähten die Nüstern, als ob sie die frische Luft witterten, die von der herannahenden Gewitterwolke ausging, und die Britschke rollte schneller auf dem staubigen Weg dahin. Es wurde mir bang zumute, und ich spürte, wie mir das Blut schneller in den Adern pulsierte. Aber da begannen schon die vordersten Wolken die Sonne zu verdecken; jetzt hat sie zum letzten Mal hervorgeblickt und den schaurig dunklen Teil des Horizontes mit Licht übergossen, und nun ist sie verschwunden. Auf einmal verändert sich die ganze Landschaft und nimmt einen düsteren Charakter an. Ein Zittern geht durch das Eschenwäldchen, die Blätter bekommen eine weißliche, trübe Färbung, die sich von dem violetten Hintergrund der Gewitterwolke hell abhebt, sie rauschen und bewegen sich. Die Wipfel der hohen Birken beginnen sich zu wiegen, und Büschel trockenen Grases fliegen quer über den Weg. Uferschwalben und weißbrüstige Rauchschwalben kreisen um die Britschke, als wollten sie uns aufhalten, und fliegen dicht unter der Brust der Pferde vorüber. Dohlen flattern mit zerzausten Flügeln, dem Wind die Seite bietend; die Ränder der Lederdecke, die wir zu unserem Schutz festgeknöpft haben, blähen sich, lassen einzelne Stöße des feuchten Windes zu uns hereinschlagen und schlagen mit heftigen Schwüngen gegen den Kasten der Britschke. Ein Blitz flammt auf, als wäre es in der Britschke selbst, blendet die Augen und beleuchtet für einen Augenblick das graue Tuch, die Borten und die sich in die Ecke schmiegende Gestalt Wolodjas. Im gleichen Augenblick ertönt gerade über unseren Köpfen ein gewaltiges Getöse, das scheinbar in einer ungeheuren Spirale immer höher steigt, sich immer weiter ausdehnt, allmählich stärker wird und in ein betäubendes Krachen übergeht, das einen unwillkürlich erzittern und den Atem anhalten läßt. Gott zürnt! Wieviel Poesie liegt in dieser Vorstellung des einfachen Volkes!

Die Räder drehen sich schneller und schneller; an den Rücken Wasilijs und Filipps, der ungeduldig die Zügel schüttelt, merke ich, daß auch sie sich fürchten. Die Britschke rollt flink bergab und rasselt über eine Holzbrücke; ich fürchte mich, auch nur eine Bewegung zu machen und erwarte von einem Augenblick zum anderen unser aller Untergang.

Halt! Ein Querholz hat sich gelöst, und trotz der ständigen, ohrenbetäubenden Donnerschläge sind wir gezwungen, auf der Brücke zu halten.

Den Kopf an den Rand der Britschke gelegt, verfolge ich mit beklommenem Herzen und stockendem Atem die hoffnungslosen Bewegungen der dicken, schwarzen Finger Filipps, der langsam eine Schlinge knüpft und die Stränge ausgleicht, wobei er das Beipferd mit der flachen Hand und dem Peitschenstiel beiseitestößt.

Die unruhigen Gefühle von Unbehagen und Furcht wuchsen in meinem Inneren, je mehr das heraufziehende Gewitter an Intensität zunahm; als aber der majestätische Augenblick der Stille kam, die gewöhnlich dem Losbrechen eines Gewitters vorhergeht, erreichten diese Gefühle einen solchen Grad, daß ich sicher vor Aufregung gestorben wäre, wenn dieser Zustand noch eine Viertelstunde länger gedauert hätte. Gerade in diesem Augenblick tauchte auf einmal unter der Brücke ein menschliches Wesen auf – in einem schmutzigen, zerlöcherten Hemd, mit aufgedunsenem, blödem Gesicht, wackelndem, unbedecktem, kurzgeschorenem Kopf, krummen, muskulösen Beinen und einem rotglänzenden Stumpf statt einer Hand, den er unmittelbar zur Britschke hereinsteckte.

»Vä-ter-chen! ein Al-mosen um Chri-sti wil-len!« ertönte die klägliche Stimme des Bettlers, der sich bei jedem Wort bekreuzigte und bis zum Gürtel verneigte.

Ich bin außerstande, die Empfindung des kalten Grauens zu schildern, das mich in diesem Augenblick packte. Ein Zittern lief mir durch die Haarwurzeln, und meine Augen waren in sinnloser Angst auf den Bettler gerichtet ...

Wasilij, dem auf Reisen die Verteilung von Almosen oblag, belehrte zuerst noch den Kutscher über die Befestigung des Querholzes, und erst als alles fertig war, Filipp die Zügel angefaßt hatte und auf den Bock gestiegen war, holte er aus der Seitentasche seines Rockes etwas hervor. Aber kaum rückten wir an, als ein greller Blitz mit einem Schlag die ganze Schlucht mit feurigem Licht erfüllte und die Pferde an ihrem Platz festbannte; es folgte ohne die geringste Zwischenpause ein so betäubender Donnerschlag, als wollte das ganze Himmelsgewölbe über uns zusammenstürzen. Der Wind wurde stärker. Die Mähnen und die Schweife der Pferde, Wasilijs

Mantel und die Ränder der Lederdecke bekamen ein und dieselbe Richtung und flatterten verzweifelt unter den Stößen des wütenden Windes. Auf das lederne Verdeck der Britschke fiel ein dicker Regentropfen, ein zweiter, ein dritter, ein vierter – und plötzlich war es, als ob jemand über uns trommelte, und die ganze Umgegend hallte von dem gleichmäßigen Geräusch des niedergehenden Regens wider. An den Bewegungen von Wasilijs Ellenbogen merkte ich, daß er seinen Geldbeutel aufband; der Bettler, der sich immer noch bekreuzigte und verneigte, lief so dicht neben den Rädern einher, als müßten sie ihn in dem nächsten Augenblick überfahren. »Eine Klei-nig-keit! Um Chri-sti wil-len!« Endlich flog eine Kupfermünze an uns vorbei, und das elende Geschöpf in seinen Lumpen, die bis auf den letzten Faden naß geworden waren und seine mageren Glieder eng umschlossen, blieb, vom Wind geschüttelt, blöde mitten auf der Landstraße stehen und entschwand meinen Blicken.

Der schräge Regen strömte unter dem starken Wind wie aus Eimern herab; von Wasilijs Friesrücken flossen Wasserfäden in die trübe Lache, die sich auf der Wagendecke gebildet hatte. Der Staub, der sich zuerst zu Kügelchen zusammengeballt hatte, verwandelte sich in schmierigen Schmutz, den die Räder kneteten; in den lehmigen Gleisen rieselten trübe Bäche; allmählich leuchteten die Blitze breiter und blasser, und das Geknatter des Donners wirkte bei dem gleichmäßigen Geräusch des Regens nicht mehr so furchtbar.

Nun ließ auch der Regen nach; die Gewitterwolke zerteilte sich allmählich in wellige Wolken; an den Stellen, wo sich die Sonne befinden mußte, schimmerte es hell, und durch die weißgrauen Ränder der Gewitterwolke wurde schon ein Fetzen blauen Himmels sichtbar. Im nächsten Augenblick glänzte schon ein schüchterner Sonnenstrahl in den Pfützen des Weges, auf den Fäden des wie durch ein Sieb herabfallenden feinen Regens und auf dem sauber gewaschenen leuchtenden Grün des Grases am Wege. Die schwarze Gewitterwolke bedeckte noch immer drohend die gegenüberliegende Seite des Himmels; aber ich fürchtete sie nicht mehr. Ich empfand ein unsagbar wonniges Gefühl der Lebenshoffnung, das in meiner Seele schnell an die Stelle des peinigenden Angstgefühls getreten war. Meine Seele lächelte ebenso wie die erfrischte, wieder fröhlich gewordene Natur. Wasilij schlug den Kragen seines Mantels zurück, nahm die Mütze vom Kopf und schüttelte die Tropfen ab; Wolodja hob die Wagendecke empor, ich steckte den Kopf aus der Britschke und sog begierig die erfrischte, würzige Luft ein. Der glänzende, rein gewaschene Kasten der Kutsche mit den Koffern und Kisten schaukelte vor uns; die Rücken der Pferde, das Geschirr, die Zügel, die Reifen der Räder, alles war naß und funkelte wie lackiert in der Sonne. Zur einen Seite des Weges lag ein unabsehbares Winterfeld, hier und da von flachen Einsenkungen unterbrochen; die feuchte Erde und die grüne Saat glänzten und zogen sich wie ein dunkler Teppich bis zum Horizont hin. Auf der anderen Seite stand ein Eschenwäldchen mit Unterholz von Hasel und Faulbaum; wie von Seligkeit benommen, stand es regungslos da und ließ langsam von den reingewaschenen Zweigen helle Regentropfen auf die trockenen vorjährigen Blätter herabfallen. Auf allen Seiten schwangen sich die Haubenlerchen mit fröhlichem Gesang empor und ließen sich schnell wieder fallen; in den feuchten Büschen hörte man die rege Geschäftigkeit kleiner Vögelchen, und aus der Mitte des Wäldchens schallte hell der Ruf des Kuckucks zu uns herüber. So bezaubernd war nach dem Frühlingsgewitter der wundervolle Geruch des Waldes, der Geruch der Birken, der Veilchen, der verwesten Blätter, der Morcheln und des Faulbaums, daß ich es nicht länger aushalten konnte, in der Britschke zu bleiben; ich sprang vom Wagen herunter, lief zu den Büschen hin und riß, obwohl ich dabei von Regentropfen überschüttet wurde, einige nasse, aufgeblühte Faulbaumzweige ab, schlug mich damit in das Gesicht und zog ihren wundervollen Duft ein. Und ohne darauf zu achten, daß ganze Schmutzklumpen an meinen Füßen klebten und meine Strümpfe schon längst naß waren, lief ich durch den Schmutz ans Fenster der Kutsche.

»Ljubotschka! Katenka!« rief ich und steckte mehrere Faulbaumzweige hindurch, »seht nur, wie schön!«

Die Mädchen quietschten und kreischten; Mimi schrie, ich sollte weggehen, sonst würde ich überfahren werden.

»Aber riecht doch nur, wie schön das duftet!« rief ich.

3. Eine neue Ansicht

Katja saß neben mir in der Britschke, hielt ihr hübsches Köpfchen geneigt und verfolgte nachdenklich, wie der staubige Weg unter den Rädern dahinlief. Schweigend blickte ich sie an und wunderte mich über den unkindlichen traurigen Ausdruck, den ich zum ersten Mal auf ihrem rosigen Gesichtchen wahrnahm.

»Nun werden wir bald nach Moskau kommen«, sagte ich. »Wie denkst du? Was wird das für eine Stadt sein?«

»Ich weiß nicht«, antwortete sie fast widerwillig.

»Nun ja, aber was glaubst du denn? Ist es größer als Serpuchowo oder nicht?«

»Was?«

»Ach, nichts.«

Aber mit Hilfe jenes instinktiven Gefühls, durch das ein Mensch den Gedanken eines anderen errät und das einem Gespräch als roter Faden dient, begriff Katenka, daß mir ihre Gleichgültigkeit weh tat; sie hob den Kopf und wandte sich an mich: »Hat euch Papa gesagt, daß wir bei eurer Großmutter wohnen werden?«

»Ja, die Großmutter will bei uns leben.«

»Und sollen wir alle bei ihr wohnen?«

»Versteht sich! Wir oben in der einen Hälfte und ihr in der anderen und Papa im Seitenflügel; und essen werden wir alle bei Großmutter.«

»Mama sagt, Großmutter sei so ernst und so böse.«

»Ach nein, das scheint im Anfang nur so. Sie ist ernst, aber durchaus nicht böse; im Gegenteil, sie hat ein gutes Herz und kann sehr fröhlich sein. Du hättest nur sehen sollen, was für ein Ball an ihrem Namenstag stattfand.«

»Und doch fürchte ich mich vor ihr! Gott weiß, wie es werden wird, ob wir ...«

Katenka verstummte plötzlich und versank wieder in Gedanken.

»Was?« fragte ich beunruhigt.

»Ach nichts! Ich sagte nur so!«

»Nein! Du hast so etwas gesagt wie: Gott weiß ...«

»Also du wolltest sagen, wie der Ball bei eurer Großmutter gewesen ist!«

»Ja, schade, daß ihr nicht dabei wart! Es war eine Unmenge von Gästen da, an die tausend Menschen, Musik, Generale, und getanzt habe ich auch! ... Katenka«, sagte ich plötzlich, mitten in meiner Beschreibung innehaltend, »du hörst gar nicht zu!«

»Doch, ich höre zu; du sagtest, du hättest getanzt.«

»Warum bist du so traurig?«

»Man kann nicht immer lustig sein!«

»Nein, du hast dich sehr verändert, seit wir aus Moskau zurückgekommen sind. Sag die Wahrheit«, fügte ich hinzu und wandte mich mit entschlossener Miene zu ihr. »Wie kommt es, daß du so merkwürdig geworden bist?«

»Ich und merkwürdig?« antwortete Katenka mit einer Lebhaftigkeit, die bewies, daß meine Bemerkung sie interessierte. »Ich bin ganz und gar nicht merkwürdig!«

»Doch, du bist nicht mehr so wie früher«, fuhr ich fort. »Früher konnte man deutlich sehen, daß du dich in jeder Hinsicht zu uns rechnetest, uns als deine Verwandten betrachtetest und uns ebenso lieb hattest wie wir dich; aber jetzt bist du so ernst geworden und hältst dich von uns fern.«

»Durchaus nicht!«

»Nein, laß mich ausreden«, unterbrach ich sie; ich begann schon das leise Kitzeln in der Nase zu fühlen, das den Tränen vorangeht; die Tränen aber kamen mir immer in die Augen, wenn ich einen Gedanken, der mir Herzensangelegenheit war, lange zurückgehalten hatte und dann aussprach. »Du hältst dich von uns fern und sprichst nur mit Mimi, als ob du uns nicht kennen wolltest!«

»Ja, aber man kann doch nicht immer gleich bleiben, man muß sich auch einmal verändern«, antwortete Katenka, die gewöhnlich alles als fatalistische Notwendigkeit erklärte, wenn sie nicht recht wußte, was sie sagen sollte. So erinnerte ich mich, daß sie einmal bei einem Streit mit Ljubotschka, von der sie ein »dummes Ding« genannt worden war, zur Antwort gegeben hatte: »Es können doch nicht alle Menschen klug sein! Es muß auch dumme geben!« Im Augenblick aber befriedigte mich die Antwort nicht, daß man sich doch einmal verändern müsse, und ich fragte weiter: »Warum muß man sich verändern?«

»Wir werden ja doch nicht immer zusammen leben«, antwortete Katenka, die ein wenig errötete und unverwandt auf Filipps Rücken blickte. »Bei eurer seligen Mama konnte meine Mama wohnen; die war ihre Freundin; aber ob sie mit der Gräfin harmonieren wird, die so böse sein soll, weiß Gott allein, und außerdem: irgend einmal werden wir uns doch trennen müssen; denn ihr seid reich, ihr habt euer schönes Gut Petrowskoje, und wir sind arm, Mama besitzt nichts.«

Ihr seid reich, wir sind arm! Diese Worte und Vorstellungen kamen mir äußerst seltsam vor; arm konnten nach meinen damaligen Begriffen nur Bettler und Bauern sein, und ich war nicht imstande, den Begriff der Armut in meiner Vorstellung mit der anmutigen, hübschen Katenka zusammenzubringen. Ich glaubte, Mimi und Katenka würden, wie sie bisher mit uns zusammen gelebt hatten, auch in Zukunft immer mit uns zusammen leben und alles mit uns gleichmäßig teilen, als könnte es gar nicht anders sein. Jetzt aber wirbelten tausend neue, unklare Gedanken über die besondere Lage dieser beiden Personen in meinem Kopf durcheinander; und über die Vorstellung, daß wir reich und sie arm waren, schämte ich mich so, daß ich errötete und mich nicht entschließen konnte, Katenka anzusehen.

Was tut das schon, daß wir reich sind und sie arm? sagte ich zu mir. Und wie folgt daraus die Notwendigkeit einer Trennung? Warum können wir denn das, was wir haben, nicht gleichmäßig teilen? Aber ich empfand, daß es sich nicht schickte, mit Katenka darüber zu reden, und eine Art von praktischem Instinkt sagte mir schon im Gegensatz zu diesen logischen Überlegungen, daß sie recht hatte und daß es unangebracht sein würde, ihr meine Gedanken auseinanderzusetzen.

»Wirst du wirklich von uns weggehen?« sagte ich. »Wie soll denn das überhaupt gehen, daß wir getrennt leben?«

»Was tun? Es tut mir selbst leid! Aber wenn es so kommt, so weiß ich, was ich tun werde ...«

»Du wirst Schauspielerin werden ... so eine Dummheit!« unterbrach ich sie. Wußte ich doch, daß »Schauspielerin zu werden« immer ihre Lieblingsschwärmerei war.

»Nein, das habe ich gesagt, als ich noch klein war ...«

»Also, was wirst du tun?«

»Ich werde ins Kloster gehen und dort leben, ein schwarzes Kleid und eine Samtmütze tragen.«

Katenka fing an zu weinen.

Hast du, lieber Leser, schon einmal in einem bestimmten Lebensabschnitt plötzlich bemerkt, daß deine Ansicht von den Dingen sich vollständig ändert, als ob alle Gegenstände, die du bisher gesehen, dir auf einmal eine andere, bisher unbekannte Seite zuwendeten? Eine derartige geistige Umwälzung ging mit mir zum ersten Mal während unserer Reise vor, von der an ich den Anfang meines Knabenalters rechne.

Zum erstenmal bildete sich in meinem Kopf der klare Gedanke, daß wir, das heißt unsere Familie, nicht die einzigen Menschen auf der Welt sind, daß sich nicht alle Interessen um uns drehten, sondern daß es noch das Leben anderer Menschen gibt, die mit uns nichts gemein haben, sich um uns nicht kümmern und nicht einmal von unserem Dasein wissen. Ohne Zweifel hatte ich all das auch schon früher gewußt; aber ich hatte es nicht so gewußt, wie ich es jetzt erfuhr, erkannte und empfand.

Ein Gedanke geht nur auf einem bestimmten Weg in eine Überzeugung über; dieser Weg ist oft völlig unerwartet und ganz verschieden von den Wegen, die der Geist anderer Menschen zurücklegt, um zu derselben Überzeugung zu gelangen.

Das Gespräch mit Katenka, das mich tief gerührt und mich veranlaßt hatte, über ihre zukünftige Lage nachzudenken, war für mich dieser Weg. Als ich die Dörfer und Städte betrachtete, durch die wir fuhren und in denen in jedem Haus mindestens eine solche Familie wohnte wie die unsrige, als ich die Frauen und Kinder betrachtete, die mit dem Interesse des Augenblicks nach unserem Wagen blickten und dann für immer unserem Auge entschwanden, die Ladenbesitzer und Bauern, die sich vor uns weder verbeugten, wie ich das von Petrowskoje her gewohnt war, noch uns eines Blickes würdigten, da entstand zum erstenmal in meinem Kopf die Frage: Was mag wohl ihr Interesse in Anspruch nehmen, wenn sie sich um uns nicht kümmern? Und aus dieser Frage entsprangen andere: Wie und wovon leben sie? Wie erziehen sie ihre Kinder? Unterrichten sie sie, lassen sie sie spielen, wie bestrafen sie sie? und so weiter, und so weiter ...

4. In Moskau

Mit unserer Ankunft in Moskau wurde der Umschwung in meinen Ansichten über Menschen und Gegenstände und mein Verhältnis zu ihnen noch fühlbarer.

Als ich beim ersten Wiedersehen mit Großmutter ihr mageres, runzliges Gesicht und ihre verloschenen Augen erblickte, verwandelte sich das bisherige Gefühl ehrfurchtsvoller Hochachtung und Scheu, das ich ihr entgegengebracht hatte, in Mitleid; und als sie sich mit ihrem Gesicht an Ljubotschkas Kopf lehnte und so schluchzte, als hätte sie den Leichnam ihrer geliebten Tochter vor Augen, ging mein Mitleid sogar in Liebe über. Es war mir peinlich zu sehen, wie traurig sie die Wiederbegegnung mit uns stimmte; ich wurde gewahr, daß wir selbst nichts in ihren Augen bedeuteten, daß wir ihr nur als Erinnerung teuer waren; ich fühlte, daß in jedem Kuß, den sie auf meine Backe drückte, nur der eine Gedanke zum Ausdruck kam: Sie ist nicht mehr da, sie ist tot; ich werde sie nie mehr wiedersehen!

Papa, der sich in Moskau fast gar nicht mit uns beschäftigte und mit stets sorgenvollem Gesicht nur zum Mittagessen im schwarzen Oberrock oder Frack zu uns kam, verlor viel in meinen Augen durch den Vergleich mit früheren Zeiten, wo er im Schlafrock und mit hervorschauendem Hemdkragen herumgegangen war, mit den Dorfältesten und Verwaltern verhandelt hatte und bald auf die Tenne, bald auf die Jagd geritten war. Karl Iwanowitsch, den Großmutter den Kinderwärter nannte, und der plötzlich – weiß Gott warum – auf den Einfall gekommen war, seine ehrbare, mir vertraute Glatze mit einer rötlichen Perücke zu bedecken, die fast mitten auf dem Kopf einen leinenen Scheitel sehen ließ, erschien mir so seltsam und lächerlich, daß ich mich wunderte, warum ich es nicht früher schon empfunden hatte.

Auch zwischen den Mädchen und uns erhob sich eine Art unsichtbarer Scheidewand. Sie hatten ihre Geheimnisse wie wir die unsrigen; sie schienen sich uns gegenüber auf ihre langgewordenen Röcke etwas zugute zu tun und wir darauf, daß wir Hosen mit Gummizügen trugen. Und Mimi erschien am ersten Sonntag beim Mittagessen in einem so prächtigen Kleid und mit so eleganten Bändern auf dem Kopf, daß gleich von vornherein zu sehen war: wir sind nicht mehr auf dem Land, und jetzt wird alles anders gehen.

5. Der ältere Bruder

Ich war ein Jahr und einige Monate jünger als Wolodja; wir waren miteinander aufgewachsen und hatten immer zusammen gelernt und gespielt. Es war nie zwischen uns der Unterschied wie zwischen dem Älteren und dem Jüngeren gemacht worden; aber gerade um die Zeit, von der ich rede, begann ich zu verstehen, daß Wolodja mir weder an Jahren noch an Neigungen oder Fähigkeiten ein gleichstehender Kamerad war. Es schien mir sogar, daß er sich seiner Erstgeburt bewußt war und sich etwas darauf einbildete. Zu dieser vielleicht trügerischen Ansicht hatte mich meine Eigenliebe geführt, die unter jedem Zusammenstoß mit ihm sehr litt. Er war mir in jeder Beziehung überlegen: beim Spielen, beim Lernen, bei Streitigkeiten, beim Auftreten in der Gesellschaft, und dies alles entfernte mich von ihm und verursachte mir seelische Leiden, über die ich mir keine Rechenschaft geben konnte. Ich bin aber überzeugt: hätte ich damals, als Wolodja zum erstenmal gefältelte Hemden aus holländischer Leinwand bekam, einfach gesagt, daß es mir ein großer Schmerz sei, nicht auch solche zu haben, wäre mir sicher leichter ums Herz geworden, und es wäre mir nicht jedesmal, wenn er seinen Kragen in Ordnung brachte, so vorgekommen, als tue er es nur, um mich zu ärgern. Am meisten jedoch verdroß es mich, daß mich Wolodja, wie es mir manchmal schien, durchschaute, sich aber Mühe gab, es zu verbergen.

Wer hätte nicht schon jene geheimen, wortlosen, in einem kaum wahrnehmbaren Lächeln, einer Bewegung oder einem Blick sich äußernden Beziehungen zwischen Menschen bemerkt, die beständig zusammen leben: zwischen Brüdern, Freunden, Mann und Frau, Herr und Diener – namentlich, wenn diese Menschen nicht in allen Dingen gegeneinander offen sind. Wieviel unausgesprochene Wünsche und Gedanken und wieviel Furcht, durchschaut zu werden, bringt da nicht ein einziger zufälliger Blick zum Ausdruck, wenn die Augen sich schüchtern und unentschlossen begegnen?

Aber vielleicht täuschte mich in dieser Hinsicht meine Überempfindlichkeit und mein Hang zum psychologischen Zergliedern; vielleicht empfand Wolodja gänzlich anders, als ich annahm. Er war feurig, offenherzig und unbeständig in seinen Liebhabereien. Er begeisterte sich für die verschiedensten Dinge und gab sich ihnen mit ganzer Seele hin.

Plötzlich packte ihn eine Leidenschaft für Bilder: er begann selber zu zeichnen, kaufte sich für sein ganzes Geld Bilder, erbat sich solche von unserem Zeichenlehrer, von Papa und von Großmutter; bald eine Leidenschaft für kleine Gegenstände, mit denen er sein Tischchen schmückte und die er in allen Ecken des Hauses aufgestöbert hatte; bald eine Leidenschaft für Romane, die er sich heimlich zu verschaffen wußte und ganze Tage und Nächte lang las ... Ich ließ mich unwillkürlich von seinen Liebhabereien mit fortreißen, war aber einerseits zu stolz, um sklavisch in seinen Fußstapfen zu wandeln, anderseits aber noch zu jung und unselbständig, um eigene Wege zu finden. Um nichts beneidete ich ihn aber so, wie um seinen glücklichen, vornehm offenen Charakter, wie er besonders deutlich bei Streitigkeiten, die zwischen uns vorkamen, hervortrat. Ich fühlte, daß er gut und richtig handelte, konnte es ihm aber nicht gleichtun.

Eines Tages, als seine Leidenschaft für kleine Gegenstände ihren höchsten Grad erreicht hatte, trat ich an seinen Tisch heran und zerbrach unversehens ein leeres, buntes Fläschchen.

»Wer hat dich geheißen, meine Sachen anzufassen?« sagte Wolodja, der eben in das Zimmer trat und die Unordnung bemerkte, die ich in der Harmonie der mannigfachen Zierstücke seines Tisches angerichtet hatte. »Und wo ist das Fläschchen? Du hast es sicher ...«

»Ich habe es aus Versehen fallen lassen, und da ist es zerbrochen. Ist das ein großes Unglück?«

»Tu mir den Gefallen und wage es nicht, meine Sachen anzurühren«, sagte er, hielt die Scherben des zerbrochenen Fläschchens aneinander und betrachtete sie bedauernd.

»Bitte, kommandiere hier nicht! Zerbrochen ist zerbrochen! Was ist da noch lange zu reden?«

Und ich lächelte, obgleich mir nach Lächeln nicht zumute war.

»Freilich, dir macht es nichts aus, wohl aber mir«, fuhr Wolodja fort und zuckte dabei mit den Achseln, eine Gebärde, die er von Papa angenommen hatte. »Erst zerbricht er es, und dann lacht er noch! So ein unausstehlicher Bengel!«

»Nun ja, ich bin ein Bengel, und du bist ein Erwachsener, aber ein Dummkopf.«

»Ich beabsichtigte nicht, mit dir zu zanken«, erwiderte Wolodja und gab mir einen leisen Stoß. »Scher dich fort!«

»Stoß mich nicht!«

»Scher dich fort!«

»Stoß mich nicht!« wiederholte ich.

Wolodja faßte mich am Arm und wollte mich vom Tisch wegziehen, ich war aber schon äußerst gereizt: ich ergriff den Tisch an einem Bein und stieß ihn um. »So, da hast du es!« und all die porzellanenen und kristallenen Kostbarkeiten flogen krachend auf den Boden.

»Abscheulicher Bengel!« rief Wolodja und versuchte die fallenden Sachen aufzufangen.

Nun, jetzt ist zwischen uns alles aus, dachte ich, als ich das Zimmer verließ. Wir sind für immer Feinde.

Bis zum Abend sprachen wir nicht miteinander. Ich fühlte mich schuldig, scheute mich, ihn anzusehen, und war den ganzen Tag über nicht imstande, mich mit etwas zu beschäftigen. Wolodja dagegen lernte emsig, und nach dem Mittagessen unterhielt er sich wie immer mit den Mädchen und lachte mit ihnen.

Sobald der Lehrer den Unterricht beendet hatte, verließ ich das Zimmer: es war mir fürchterlich, mit meinem Bruder allein zu sein, so peinlich war mir die ganze Sache. Nach der Geschichtsstunde am Abend nahm ich meine Hefte und ging auf die Tür zu. Als ich an Wolodja vorbeikam, hatte ich zwar große Lust, auf ihn zuzugehen und mich mit ihm auszusöhnen, aber ich schmollte und bemühte mich, ein böses Gesicht zu machen. Wolodja hob gerade in diesem Augenblick den Kopf und blickte mich mit einem kaum wahrnehmbaren, gutmütig spöttischen Lächeln keck an. Unsere Augen begegneten sich, und ich fühlte, daß er mich durchschaute und sehr wohl merkte, wie durchschaut ich mich spürte; aber ein ununterdrückbares Gefühl hieß mich, mich von ihm abwenden.

»Nikolenka«, sagte er zu mir in ganz harmlosem, durchaus nicht pathetischem Ton, »sei nicht mehr böse, verzeih mir, wenn ich dich gekränkt habe«, und dabei hielt er mir seine Hand hin.

Mir war, als schnürte mir etwas die Brust zu, stiege höher und höher und raubte mir den Atem; aber es dauerte nur eine Sekunde. Die Tränen traten mir in die Augen, und es wurde mir leichter ums Herz.

»Ver-zei-he mir, Wo-lod-ja«, sagte ich und drückte ihm die Hand.

Wolodja aber schaute mich an, als begriffe er gar nicht, warum ich Tränen in den Augen hatte ...

6. *Mascha*

Keine einzige der Veränderungen, die in meiner Anschauungsweise eingetreten waren, war für mich so überraschend wie die, der zufolge ich in einem unserer Stubenmädchen nicht mehr einen Dienstboten weiblichen Geschlechts, sondern ein Weib sah, von dem bis zu einem gewissen Grad meine Ruhe und mein Glück abhingen.

Solange ich mich an mich selber erinnere, erinnere ich mich auch an Mascha in unserem Haus, und vor dem Vorfall, der meine Anschauung über sie völlig umstürzte und den ich sogleich erzählen werde, hatte ich ihr niemals die geringste Beachtung geschenkt. Mascha war ungefähr fünfundzwanzig Jahre alt, als ich vierzehn alt war; sie war sehr schön, aber ich scheue mich, sie zu schildern, weil ich fürchte, daß meine Einbildungskraft mir wieder das bezaubernde, verführerische Bild erstehen läßt, das sich in ihr zur Zeit meiner Leidenschaft bildete. Um jeden Irrtum zu vermeiden, will ich nur sagen, daß sie eine außerordentlich weiße Haut und einen wundervollen Wuchs hatte und – ein Weib war; ich aber war vierzehn Jahre alt.

In einem jener Augenblicke, da man, ein Schulbuch in der Hand, weiter nichts tut, als im Zimmer so auf und ab zu gehen, daß man nur auf die Dielenritzen tritt, da man irgendeine unbestimmbare Melodie vor sich hinsingt, den Rand eines Tisches mit Tinte beschmiert oder gedankenlos irgendeinen Sinnspruch wiederholt, kurz, in einem jener Augenblicke, wo der Verstand sich gegen die Arbeit sträubt und die zur Oberherrschaft gelangende Einbildungskraft nach Anregung sucht, verließ ich das Klassenzimmer und stieg ohne jede Absicht den Treppenabsatz hinab.

Es kam jemand in Schuhen die andere Seite der Treppe herauf. Natürlich hätte ich gern gewußt, wer es war; aber plötzlich verstummte das Geräusch der Schritte, und ich hörte Maschas Stimme: »Gehen Sie und lassen Sie den Unsinn; wenn Marja Iwanowna kommt, könnte es etwas Schönes geben!«

»Sie wird nicht kommen«, flüsterte Wolodjas Stimme, und darauf raschelte etwas, wie wenn Wolodja sie festhalten wollte.

»Aber wo wollen Sie denn mit der Hand hin? Schämen Sie sich!« und Mascha lief an mir vorbei; ihr Halstuch war zur Seite gezerrt, so daß ihr weißer, voller Hals sichtbar war.

Ich kann gar nicht ausdrücken, wie sehr mich diese Entdeckung in Erstaunen versetzte; aber das Gefühl des Erstaunens wich bald einer gewissen Sympathie für Wolodjas Handlungsweise. Schon wunderte mich nicht so sehr seine Handlungsweise als die Frage, wie er dahin gelangte, diese Handlungsweise als Genuß zu empfinden, und unwillkürlich verlangte es mich danach, es zu machen wie er.

Ganze Stunden lang hielt ich mich manchmal, ohne irgend etwas zu denken, auf dem Treppenabsatz auf und horchte mit angespannter Aufmerksamkeit auf die geringsten Bewegungen von oben; aber nie konnte ich mich dahinbringen, es Wolodja gleichzutun, obgleich ich das allergrößte Verlangen danach hatte. Manchmal horchte ich hinter der Tür mit einem peinlichen Gefühl des Neides und der Eifersucht auf das ganze geschäftige Treiben, das im Mädchenzimmer herrschte, und mich durchzuckte der Gedanke: Wie würde ich abschneiden, wenn ich hinaufginge und so wie Wolodja Mascha küssen wollte? Was würde ich mit meiner breiten Nase und meinem struppigen Haarschopf sagen, wenn sie mich fragte, was ich wollte? Ich hatte manchmal gehört, wie Mascha zu Wolodja sagte: »Ist das eine Plage! Warum lassen Sie mich nicht in Ruhe? Machen Sie, daß Sie fortkommen! Sie kecker Mensch! ... Warum kommt denn Nikolaj Petrowitsch nie hierher und macht solche Dummheiten?« Sie wußte nicht, daß Nikolaj Petrowitsch in diesem Augenblick unter der Treppe saß und alles in der Welt dafür gegeben hätte, um nur an der Stelle des kecken Menschen Wolodja zu sein.

Von Natur war ich schamhaft; aber meine Schamhaftigkeit wurde noch vergrößert durch die Überzeugung von meiner Häßlichkeit, und ich glaube fest, daß nichts einen so entscheidenden Einfluß auf die Geistesrichtung eines Menschen hat als sein Äußeres; und weniger das Äußere selbst als vielmehr die Überzeugung, daß es anziehend oder abstoßend sei.

Mein Selbstgefühl war zu groß, um mich nicht an meine Lage zu gewöhnen, und ich tröstete mich wie der Fuchs damit, daß ich mir einredete, die Trauben seien zu sauer, das heißt: ich bemühte mich, alle jene Vergnügen gering zu schätzen, die einem ein angenehmes Äußeres verschaffen kann, Vergnügen, die Wolodja vor meinen Augen genoß und um die ich ihn aus tiefster Seele beneidete; und ich strengte alle Kräfte meines Verstandes an, um in stolzer Vereinsamung Genuß zu finden.

7. Das Schrot

»Herr Gott! Pulver! ...« schrie Mimi mit vor Aufregung fast versagender Stimme. »Was macht ihr? Ihr wollt wohl das Haus in Brand stecken und uns alle zugrunde richten ...«

Und mit einem unbeschreiblichen Ausdruck von Geistesstärke hieß Mimi alle zurücktreten, ging mit großen entschlossenen Schritten auf das umhergestreute Schrot zu und begann, die Gefahr nicht achtend, die aus einer plötzlichen Explosion entspringen konnte, mit den Füßen darauf herumzutrampeln. Als ihrer Meinung nach die Gefahr beseitigt war, rief sie Michej herbei und befahl ihm, dieses ganze »Pulver« irgendwohin, möglichst weit weg, zu werfen, am besten ins Wasser, und begab sich, stolz ihre Haube schüttelnd, in den Salon. »Eine schöne Geschichte, auf diese Schlingel aufzupassen; das muß man schon sagen«, brummte sie vor sich hin.

Als Papa aus dem Seitenflügel erschien und wir mit ihm zusammen zu Großmama gingen, saß Mimi schon in deren Zimmer am Fenster und blickte mit einer Art geheimnisvoller Amtsmiene dräuend an der Tür vorbei. In ihrer Hand befand sich etwas mehrfach in Papier Eingewickeltes. Ich dachte mir sogleich, daß dies das Schrot sei und daß die Großmutter bereits alles wisse.

Außer Mimi befanden sich in Großmutters Zimmer noch das Stubenmädchen Gascha, die, wie man an ihrem zornroten Gesicht sehen konnte, sehr aufgebracht war, und Dr. Blumenthal, ein kleiner, pockennarbiger Herr, der sich vergebens bemühte, Gascha dadurch zu beruhigen, daß er ihr mit den Augen und dem Kopf heimlich beschwichtigende Zeichen machte.

Die Großmutter selber saß ein wenig abseits und legte eine Patience, die »Reisende« benannt, was bei ihr immer auf eine äußerst unangenehme Gemütsstimmung deutete.

»Wie fühlen Sie sich heute, Mama? Haben Sie gut geschlafen?« sagte Papa und küßte ihr ehrerbietig die Hand.

»Ausgezeichnet, mein Lieber; ich glaube, Sie wissen, daß ich völlig gesund bin«, antwortete die Großmutter in einem Ton, als ob Papas Frage höchst unangebracht und beleidigend wäre.

»Nun, wollen Sie mir ein reines Taschentuch geben?« fuhr sie zu Gascha gewandt fort.

»Ich habe Ihnen schon eins gegeben«, antwortete Gascha und wies auf ein schneeweißes Batisttuch, das auf der Armlehne des Sessels lag.

»Nehmen Sie diesen schmutzigen Lappen weg und geben Sie mir ein reines Tuch, meine Liebe!«

Gascha ging zur Kommode, zog einen Kasten heraus und stieß ihn dann so heftig zurück, daß die Fensterscheiben im Zimmer zitterten. Die Großmutter blickte uns alle drohend an und verfolgte weiterhin unverwandt alle Bewegungen des Stubenmädchens. Als ihr diese, wie mir schien, dasselbe »schmutzige« Taschentuch gereicht hatte, sagte die Großmutter: »Wann werden Sie mir den Tabak reiben, meine Liebe?«

»Sobald ich Zeit habe.«

»Was sagen Sie?«

»Ich reibe ihn sogleich.«

»Wenn Sie nicht bei mir bleiben wollen, meine Liebe, brauchen Sie es nur zu sagen; ich selber hätte Sie schon längst entlassen.«

»Wenn ich gehen soll, werde ich nicht gerade weinen«, brummte das Stubenmädchen halblaut.

Indes zwinkerte der Arzt ihr immer zu; aber sie sah ihn so wütend und so entschlossen an, daß er die Augen niederschlug und sich mit seinem Uhrschlüssel beschäftigte.

»Sehen Sie, mein Lieber«, sagte die Großmutter zu Papa, als Gascha, die immer noch brummte, das Zimmer verlassen hatte, »wie man mit mir in meinem eigenen Haus spricht.«

»Wenn Sie erlauben, Mama, werde ich Ihnen selber den Tabak reiben«, sagte Papa, der durch diese unerwartete Anrede in große Verlegenheit gesetzt zu sein schien.

»Nein, ich danke Ihnen, sie ist ja nur deshalb so grob, weil sie genau weiß, daß niemand außer ihr den Tabak so zu reiben versteht, wie ich es liebe. Wissen Sie, mein Lieber«, fuhr die Großmutter nach kurzem Stillschweigen fort, »daß Ihre Kinder heute beinahe das Haus in Brand gesteckt hätten?«

Papa blickte die Großmutter mit ehrerbietiger Neugier an.

»Ja, schauen Sie nur, womit sie spielen! Zeigen Sie es einmal her!« wandte sie sich an Mimi.

Papa nahm das Schrot in die Hand und konnte sich nicht enthalten zu lächeln.

»Oh, das ist ja Schrot! Mama«, sagte er, »das ist ganz ungefährlich.«

»Ich bin Ihnen für diese Belehrung sehr dankbar, mein Lieber, nur bin ich schon zu alt ...«

»Die Nerven! Die Nerven!« flüsterte der Arzt.

»Wo habt ihr das her und wie könnt ihr es wagen, mit solchen Dingen Unfug zu treiben?«

»Man muß nicht sie fragen, sondern ihren Kinderwärter«, sagte Großmutter, wobei sie das Wort »Kinderwärter« besonders verächtlich aussprach. »Er ist doch zum Aufpassen da.«

»Woldemar hat gesagt, Karl Iwanowitsch habe ihm dieses ›Pulver‹ selbst gegeben«, warf Mimi ein.

»Nun, da sehen Sie, was für ein tüchtiger Mensch er ist«, fuhr die Großmutter fort. »Und wo ist er denn überhaupt, dieser Kinderwärter, wie heißt er gleich? Schicken Sie ihn einmal her!«

»Er wollte einen Besuch machen, ich habe ihn beurlaubt«, sagte Papa.

»Das ist doch kein Grund! er hat immer hier zu sein. Es sind zwar nicht meine, sondern Ihre Kinder, und ich habe kein Recht, Ihnen Ratschläge zu erteilen, da Sie klüger sind als ich«, fuhr die Großmutter fort; »aber ich glaube, es wäre an der Zeit, für sie einen Erzieher zu nehmen an Stelle dieses Kinderwärters, dieses deutschen Bauern! Ja, dieses dummen Bauern, der ihnen nichts beibringen kann als schlechte Manieren und Tiroler Lieder! Es ist auch unbedingt nötig, daß Kinder Tiroler Lieder singen lernen. Aber es ist jetzt niemand mehr da, der sich darum kümmert, und sie können tun, was sie wollen!«

Das Wort »jetzt« bedeutete: wo sie keine Mutter mehr haben, und rief in Großmutters Seele traurige Erinnerungen wach. Sie heftete ihre Augen auf die Tabatiere mit ihrem Porträt und wurde nachdenklich.

»Ich habe schon lange daran gedacht«, beeilte sich Papa zu erwidern, »und wollte Ihren Rat einholen, Mama. Wollen wir nicht St. Jérôme, der ihnen jetzt Einzelstunden gibt, auffordern, bei uns zu wohnen?«

»Das wäre ausgezeichnet, mein Freund«, versetzte die Großmutter, und schon klang ihre Stimme nicht mehr so unzufrieden wie bisher. »St. Jérôme ist wenigstens ein gouverneur, der weiß, wie man des enfants de bonne maison zu erziehen hat, und nicht ein einfacher Kinderwärter, der zu weiter nichts gut ist, als sie spazieren zu führen.«

»Ich werde morgen gleich mit ihm sprechen«, sagte Papa.

Und wirklich: zwei Tage nach diesem Gespräch mußte Karl Iwanowitsch seinen Platz einem jungen, geckenhaften Franzosen abtreten.

8. Karl Iwanowitschs Lebensgeschichte

Spät am Vorabend des Tages, an dem Karl Iwanowitsch für immer von uns scheiden sollte, stand er in seinem wattierten

Schlafrock und mit seinem roten Käppchen an seinem Bette, beugte sich über seinen Koffer und packte sorgfältig seine Sachen.

Karl Iwanowitschs Benehmen gegen uns war in der letzten Zeit besonders kühl gewesen; es machte den Eindruck, als wollte er jede Berührung mit uns absichtlich vermeiden. So sah er mich auch jetzt, als ich ins Zimmer trat, mürrisch an und machte sich von neuem an sein Werk. Ich legte mich auf mein Bett, aber Karl Iwanowitsch sagte nichts zu mir, und der Gedanke, daß er uns künftig nie mehr schelten werde und mit uns nichts mehr zu tun habe, erinnerte mich lebhaft an die bevorstehende Trennung. Ich wurde traurig, daß er uns nicht mehr liebhatte, und wollte ihm dieses Gefühl zum Ausdruck bringen.

»Wenn Sie erlauben, möchte ich Ihnen behilflich sein, Karl Iwanowitsch«, sagte ich und trat zu ihm.

Karl Iwanowitsch blickte mich an und wandte sich wieder ab; aber in dem flüchtigen Blick, den er mir zuwarf, las ich aufrichtige, tiefe Traurigkeit.

»Gott sieht alles und weiß alles, und alles geschieht nach seinem heiligen Willen«, sagte er, indem er sich zu seiner vollen Lebensgröße aufrichtete und schwer seufzte. »Ja, Nikolenka«, fuhr er fort, als er den Ausdruck der ungeheuchelten Teilnahme wahrnahm, mit der ich ihn betrachtete, »es ist mein Schicksal, von der frühesten Kindheit bis zum Grabe unglücklich zu sein. Die Menschen haben mir immer das Gute, das ich ihnen getan habe, mit Bösem vergolten, und ich werde meinen Lohn nicht hier, sondern dort empfangen«, sagte er gen Himmel weisend. »Wenn Sie meine Geschichte kennen würden und alles, was ich in diesem Leben durchgemacht habe! ... Ich war Schuhmacher und Soldat, Deserteur, Fabrikarbeiter und Lehrer; und jetzt bin ich nichts, rein gar nichts, und weiß nicht, wo ich mein Haupt hinlegen soll, gerade wie Gottes Sohn«, schloß er, machte die Augen zu und ließ sich in seinen Sessel fallen.

Da ich merkte, daß sich Karl Iwanowitsch in jener gerührten Stimmung befand, in der er, ohne sich um die Zuhörer zu kümmern, seine innersten Gedanken aussprach, setzte ich mich schweigend auf das Bett und verwandte kein Auge von seinem gutmütigen Gesicht.

»Sie sind kein Kind mehr, Sie können mich verstehen! Ich werde Ihnen meine Geschichte erzählen und alles, was ich in diesem Leben durchgemacht habe. Im späteren Leben werden Sie sich dann an den alten Freund erinnern, der euch so liebhatte, als ihr Kinder waret.«

Karl Iwanowitsch stützte sich mit dem einen Arm auf ein neben ihm stehendes Tischchen, nahm eine Prise, schlug die Augen gen Himmel auf und begann mit jener eigentümlichen, gleichmäßig klingenden Stimme, mit der er uns gewöhnlich diktierte, seine Erzählung folgendermaßen: »Das Unglück verfolgte mich schon im Schoße meiner Mutter!« Diesen zunächst in seinem fehlerhaften Russisch vorgebrachten Satz wiederholte er dann gefühlvoll auf deutsch, und ebenso machte er es an verschiedenen Stellen der weiteren Erzählung.

Da Karl Iwanowitsch mir wiederholt seine Lebensgeschichte erzählt hatte, immer in der gleichen Reihenfolge, mit denselben Ausdrücken und mit unverändertem Tonfall, hoffe ich, sie wörtlich wiedergeben zu können – freilich ohne die Sprachfehler, von denen der Leser bereits erfahren hat. Ob es sich wirklich um seine Lebensgeschichte handelte oder um ein Erzeugnis seiner Phantasie, das während seines einsamen Lebens in unserem Haus entstanden war und das er infolge der häufigen Wiederholungen selbst für wahr zu halten anfing, oder ob er nur die wirklichen Ereignisse seines Lebens phantastisch färbte, darüber bin ich mir bis heute nicht klar geworden. Einerseits erzählte er seine Lebensgeschichte mit zu lebhafter Empfindung und methodischer Folgerichtigkeit (beides wesentliche Kennzeichen innerer Wahrhaftigkeit), als daß man sie nicht hätte für wahr halten können; anderseits enthielt seine Lebensgeschichte gar zuviel poetische Schönheiten, so daß gerade diese Schönheiten den Zweifel hervorriefen.

»In meinen Adern fließt das edle Blut des Grafen von Sommerblatt. Ich wurde sechs Wochen nach der Hochzeit geboren. Der Mann meiner Mutter (ich nannte ihn Papa) war Pächter bei dem Grafen Sommerblatt. Er konnte die Schande meiner Mutter nicht vergessen und liebte mich nicht. Ich hatte einen kleinen Bruder Johann und zwei Schwestern; aber ich war ein Fremder in meiner eigenen Familie. Wenn Johann Dummheiten machte, sagte Papa: ›Dieses Kind, der Karl, läßt mir keine Minute Ruhe‹, und ich wurde gescholten und bestraft. Wenn die Schwestern sich untereinander zankten, sagte Papa: ›Karl muß immer unartig sein‹, und ich wurde gescholten und bestraft. Nur meine gute Mama liebte und hätschelte mich. Oft sagte sie zu mir: ›Karl, komm hierher in mein Zimmer‹, und dort küßte sie mich heimlich. ›Armer, armer Karl‹, sagte sie, ›niemand hat dich lieb, aber ich möchte dich für nichts in der Welt hergeben, nur um eines bittet dich deine Mama‹, sagte sie zu mir: ›Lerne gut und bleib immer ehrlich, dann wird dich der liebe Gott nicht verlassen. Trachte nur, ein ehrlicher Deutscher zu werden und der liebe Gott wird dich nicht verlassen.‹ Und ich gab mir alle Mühe, ihr Wort zu befolgen. Als ich vierzehn Jahre alt war und zum Abendmahl gehen durfte, sagte meine Mama zu meinem Papa: ›Karl ist nun ein großer Bursche geworden, Gustav, was wollen wir aus ihm machen?‹ Und Papa sagte: ›Ich weiß es nicht.‹ Da sagte Mama: ›Wir wollen ihn in die Stadt zu Herrn Schulze bringen, er kann Schuhmacher werden‹, und Papa sagte: ›Gut!‹ Sechs Jahre und sieben Monate lebte ich in der Stadt bei einem Schuhmachermeister, und der hatte mich gern. Er sagte: ›Karl ist ein guter Arbeiter und wird bald mein Geselle werden!‹ Aber der Mensch denkt und Gott lenkt. Im Jahre 1796 fand eine Konskription statt, und alle dienstfähigen jungen Männer vom achtzehnten bis zum einundzwanzigsten Jahre mußten in der Stadt zusammenkommen.

Papa und Bruder Johann kamen in die Stadt, und wir gingen zusammen hin, um das Los zu ziehen, wer Soldat werden und wer freikommen sollte. Johann zog eine schlechte Nummer, er sollte Soldat werden, ich zog eine gute Nummer und brauchte nicht Soldat zu werden, und Papa sagte: ›Ich hatte einen einzigen Sohn, und von dem muß ich mich trennen!‹

Ich nahm ihn bei der Hand und sagte: ›Warum sprechen Sie so, Papa? Kommen Sie mit, ich will Ihnen etwas sagen‹, und Papa kam mit. Wir setzten uns in einem Wirtshaus an einen kleinen Tisch. ›Geben Sie uns Bier!‹ sagte ich, und man brachte uns Bier. Wir tranken jeder ein Glas, und Bruder Johann trank auch.

›Papa‹, sagte ich, ›sagen Sie nicht, Sie hätten nur einen Sohn und müßten sich von ihm trennen, das Herz bricht mir, wenn ich das höre. Bruder Johann soll nicht dienen, ich werde Soldat werden… Nach Karl fragt ja niemand, und Karl wird Soldat werden.‹

›Du bist ein braver Bursche‹, sagte Papa zu mir und küßte mich.

Und ich wurde Soldat.«

9. Fortsetzung des Vorhergehenden

»Es war damals eine schreckliche Zeit, Nikolenka«, fuhr Karl Iwanowitsch fort, »es war die Zeit Napoleons. Er wollte Deutschland erobern, und wir verteidigten unser Vaterland bis auf den letzten Tropfen Blut! Ich war bei Ulm, ich war bei Austerlitz, ich war bei Wagram!«

»Haben Sie wirklich den Krieg mitgemacht?« fragte ich ihn mit einem erstaunten Blick. »Haben Sie wirklich auch Menschen getötet?«

Karl Iwanowitsch beruhigte mich sogleich.

»Einmal war ein französischer Grenadier hinter den Seinigen zurückgeblieben und am Weg zusammengebrochen. Ich lief mit dem Gewehr auf ihn zu und wollte ihn durchbohren, aber der Franzose warf sein Gewehr fort und rief: ›Pardon!‹ Da ließ ich ihn laufen.

Bei Wagram hatte uns Napoleon auf eine Insel getrieben und uns so umzingelt, daß wir uns nirgends retten konnten. Nicht für drei Tage reichte der Proviant, und bis an die Knie standen wir im Wasser. Der Bösewicht Napoleon wollte uns nicht gefangennehmen und auch nicht freilassen.

Am vierten Tage nahm er uns, Gott sei Dank, gefangen und brachte uns auf eine Festung. Ich hatte blaue Beinkleider und einen Uniformrock aus gutem Tuch und in den Taschen fünfzehn Taler und eine silberne Uhr, ein Geschenk meines Vaters. – Ein französischer Soldat nahm mir alles weg, aber zu meinem Glück besaß ich noch drei Dukaten, die Mama mir in die Unterjacke eingenäht hatte. Die hatte niemand gefunden! Auf der Festung wollte ich nicht lange bleiben und beschloß zu fliehen! An einem hohen Festtag sagte ich zu dem Sergeanten, der die Aufsicht über uns hatte: ›Herr Sergeant, heute ist ein hoher Festtag, den möchte ich feiern; bitte holen Sie zwei Flaschen Madeira, wir wollen sie zusammen austrinken!‹ Und der Sergeant sagte: ›Gut!‹ Als der Sergeant den Madeira gebracht hatte und wir jeder ein Gläschen getrunken hatten, nahm ich ihn bei der Hand und sagte: ›Herr Sergeant, haben Sie vielleicht auch noch Vater und Mutter?‹ Er sagte: ›Freilich, Herr Mauer.‹ – ›Mein Vater und meine Mutter haben mich‹, sagte ich, ›acht Jahre lang nicht gesehen und wissen nicht, ob ich noch am Leben bin oder ob meine Knochen schon längst in der feuchten Erde liegen. Ach, Herr Sergeant, ich habe zwei Dukaten, die in meiner Unterjacke eingenäht waren, nehmen Sie die und lassen Sie mich laufen! Seien Sie mein Wohltäter, und meine Mama wird ihr ganzes Leben lang für Sie zu Gott, dem Allmächtigen, beten.‹

Der Sergeant trank ein Gläschen Madeira und sagte: ›Herr Mauer, ich habe Sie sehr gern und Sie dauern mich; aber Sie sind gefangen, und ich bin Soldat!‹ Ich drückte ihm die Hand und sagte: ›Herr Sergeant!‹

Und der Sergeant sagte: ›Sie sind ein armer Mensch, und ich will Ihr Geld nicht haben, aber ich will Ihnen helfen! Wenn ich heute schlafen gehe, kaufen Sie den Soldaten einen Eimer Schnaps, dann werden sie schlafen, ich werde nicht nach Ihnen hinsehen!‹

Er war eine gute Seele. Ich kaufte einen Eimer Schnaps, und als die Soldaten betrunken waren, zog ich die Stiefel und einen alten Mantel an und schlich mich vorsichtig zur Tür hinaus. Ich kam auf den Wall und wollte hinunterspringen, aber da war Wasser, und ich wollte nicht meine letzten Kleidungsstücke verderben. Ich ging also zum Tor.

Der Wachtposten ging mit dem Gewehr auf und ab und sah mich. ›Qui vive?‹ sagte er auf einmal. Ich schwieg. ›Qui vive?‹ sagte er zum zweitenmal. Ich schwieg. ›Qui vive?‹ sagte er zum drittenmal – da lief ich davon. Ich sprang ins Wasser, kletterte auf die andere Seite und machte mich aus dem Staube.

Die ganze Nacht über lief ich auf der Landstraße, und als es hell wurde, fürchtete ich, man könnte mich erkennen, und versteckte mich in einem hohen Roggenfeld. Dort fiel ich auf die Knie, faltete die Hände, dankte dem allmächtigen Gott für seine Barmherzigkeit und schlief mit beruhigtem Gefühl ein.

Ich erwachte am Abend und ging weiter. Plötzlich holte mich ein großer deutscher Frachtwagen, der mit zwei Rappen bespannt war, ein. Auf dem Frachtwagen saß ein gutgekleideter Mann, rauchte ein Pfeifchen und schaute mich an. Ich ging langsamer, damit der Frachtwagen mich überholen könnte; aber wie ich langsamer ging, fuhr auch der Frachtwagen langsamer, und der Mann schaute mich an; ich ging schneller, und der Frachtwagen fuhr ebenfalls schneller, und der Mann schaute mich an. Ich setzte mich an der Landstraße nieder, der Mann hielt seine Pferde an. ›Junger Mann‹, sagte er, ›wohin gehen Sie so spät?‹ Ich sagte: ›Ich gehe nach Frankfurt.‹ – ›Setzen Sie sich auf meinen Wagen, es ist Platz genug, ich werde Sie hinbringen ... Wie kommt es denn, daß Sie nichts bei sich haben, daß Ihr Bart nicht rasiert und Ihr Anzug ganz schmutzig ist‹, sagte er zu mir, als ich mich neben ihn gesetzt hatte. ›Ich bin ein armer Mensch‹, sagte ich; ›ich will irgendwo in einer Fabrik Arbeit suchen. Daß mein Anzug so schmutzig ist, kommt daher, daß ich auf dem Weg hingefallen bin.‹ – ›Sie sagen nicht die Wahrheit, junger Mann‹, sagte er, ›auf dem Weg ist es ganz trocken.‹ Und ich schwieg.

›Sagen Sie mir die volle Wahrheit‹, sagte der gute Mann zu mir, ›wer Sie sind und wo Sie herkommen. Ihr Gesicht gefällt mir, und wenn Sie ein ehrlicher Mensch sind, will ich Ihnen helfen.‹

Und ich erzählte ihm alles. Er sagte: ›Dann ist es gut, junger Mann, kommen Sie mit mir in meine Seilfabrik, ich werde Ihnen Arbeit geben, Kleidung und Geld, und Sie können bei mir wohnen.‹

Und ich sagte: ›Gut!‹

Wir kamen in die Seilfabrik, und der gute Mann sagte zu seiner Frau: ›Hier ist ein junger Mann, der für sein Vaterland gekämpft hat und aus der Gefangenschaft entflohen ist; er hat weder ein Heim noch Kleidung noch Brot. Er wird bei uns wohnen. Gib ihm reine Wäsche und etwas zu essen!‹

Anderthalb Jahre blieb ich in der Seilfabrik. Mein Brotherr gewann mich so lieb, daß er mich nicht ziehen lassen wollte, und ich fühlte mich bei den Leuten wohl. Ich war damals ein schöner Mann. Ich war jung und von hohem Wuchs, hatte blaue Augen und eine römische Nase und ... Madame L. (ich darf ihren Namen nicht nennen), die Frau meines Brotherrn, war eine junge hübsche Dame. Und sie verliebte sich in mich.

Als sie mich einmal sah, sagte sie: ›Herr Mauer, wie nennt Sie Ihre Mama?‹ Ich sagte: ›Karlchen!‹

Und sie sagte: ›Karlchen, setzen Sie sich neben mich.‹

Ich setzte mich neben sie, und sie sagte: ›Karlchen, küssen Sie mich!‹

Ich küßte sie, und sie sagte: ›Karlchen, ich liebe Sie so, daß ich es nicht länger aushalten kann‹, und dabei zitterte sie am ganzen Körper.«

Hier machte Karl Iwanowitsch eine längere Pause, verdrehte seine guten blauen Augen, bewegte leise den Kopf hin und her und lächelte, wie Menschen zu lächeln pflegen, die unter der Einwirkung angenehmer Erinnerungen stehen.

»Ja«, begann er von neuem, setzte sich in seinem Lehnstuhl zurecht und schlug seinen Schlafrock übereinander. »Ich habe viel Gutes und viel Schlechtes in meinem Leben erfahren; aber hier ist mein Zeuge«, sagte er und wies auf ein auf Kanevas gesticktes Bild des Erlösers, das über seinem Bette hing, »niemand kann sagen, daß Karl Iwanowitsch ein ehrloser Mensch gewesen sei! Ich wollte nicht all das Gute, das mir Herr L. erwiesen hatte, mit schwarzem Undank vergelten, und beschloß ihn zu meiden und zu fliehen. Am Abend, als alle schlafen gegangen waren, schrieb ich einen Brief an ihn, den ich auf den Tisch in meinem Zimmer legte, nahm meine Kleider, drei Taler und ging leise auf die Straße. Niemand sah mich, und ich wanderte auf der Landstraße dahin.«

10. Fortsetzung

»Neun Jahre lang hatte ich meine Mama nicht gesehen und wußte nicht, ob sie noch lebte oder ihre Knochen schon in der feuchten Erde lagen. Ich ging in meine Heimat. Als ich in die Stadt kam, fragte ich, wo Gustav Mauer wohne, der bei dem Grafen Sommerblatt Pächter gewesen sei. Und man sagte mir: ›Graf Sommerblatt ist gestorben, und Gustav Mauer wohnt jetzt in der großen Straße und hat einen Likörladen.‹ Ich zog meine neue Weste und meinen guten Rock, ein Geschenk des Fabrikanten, an, kämmte mir das Haar ordentlich und ging in den Likörladen meines Papas. Schwester Mariechen saß im Laden und fragte, was ich wünschte. Ich sagte: ›Kann ich ein Gläschen Likör bekommen?‹ Und sie sagte: ›Vater, ein junger Mann möchte ein Gläschen Likör‹, und Papa sagte: ›Gib dem jungen Mann ein Gläschen Likör.‹ Ich setzte mich an einen kleinen Tisch, rauchte mein Pfeifchen und betrachtete Papa, Mariechen und Johann, der ebenfalls in den Laden gekommen war. Während des Gesprächs sagte Papa zu mir: ›Nun, junger Mann, Sie wissen sicherlich, wo unsere Armee jetzt steht?‹ Ich sagte: ›Ich komme selber von der Armee, sie steht bei Wien.‹ – ›Unser Sohn‹, sagte Papa, ›war Soldat, und es sind nun schon neun Jahre her, daß er uns nicht geschrieben hat, und wir wissen nicht, ob er noch lebt oder schon gestorben ist. Meine Frau weint immer um ihn ...‹ Ich rauchte mein Pfeifchen und sagte: ›Wie hieß denn Ihr Sohn, und in welchem Regiment hat er gedient, vielleicht kenne ich ihn?‹ – ›Er hieß Karl Mauer und diente bei den österreichischen Jägern‹, sagte Papa. ›Er war ein hochgewachsener schöner Mann wie Sie‹, sagte Schwester Mariechen. Ich sagte: ›Ich kenne Ihren Karl.‹ –

›Amalie‹, rief auf einmal mein Vater, ›komm doch her! Hier ist ein junger Mann, der unseren Karl kennt!‹ Und meine liebe Mama kam durch die Hintertür herein. Ich erkannte sie sofort. ›Sie kennen unsern Karl‹, sagte sie, sie sah mich an, wurde ganz blaß und begann am ganzen Leib zu zittern. ›Ja, ich habe ihn gesehen‹, sagte ich und wagte nicht, die Augen zu ihr zu erheben; das Herz wollte mir zerspringen. ›Mein Karl lebt‹, sagte Mama, ›Gott sei Dank! Wo ist er? Ich würde ruhig sterben, wenn ich meinen lieben Sohn noch einmal sehen könnte, aber es ist nicht Gottes Wille‹, und sie brach in Tränen aus. – Ich konnte nicht mehr an mich halten. ›Mama‹, sagte ich, ›ich bin Ihr Karl‹, und sie stürzte mir in die Arme ...«

Karl Iwanowitsch schloß die Augen, und seine Lippen begannen zu zittern.

»›Mutter‹, sagte ich, ›ich bin Ihr Sohn, ich bin Ihr Karl‹, und sie stürzte mir in die Arme«, wiederholte er, als er sich ein wenig beruhigt hatte, und wischte sich die dicken Tränen ab, die ihm über die Wangen liefen.

»Aber es gefiel Gott nicht, daß ich meine Tage in der Heimat beschloß. Es war mir nun einmal Unglück beschieden. Das Unglück verfolgte mich überall ... In meiner Heimat wohnte ich nur drei Monate. Eines Sonntags war ich in einem Kaffeehaus, hatte mir einen Krug Bier geben lassen, rauchte mein Pfeifchen und unterhielt mich mit meinen Bekannten über Politik, über Kaiser Franz, über Napoleon, über den Krieg, und jeder von uns sprach seine Meinung aus. In unserer Nähe saß ein unbekannter Herr in einem grauen Überrock, trank Kaffee, rauchte ein Pfeifchen und redete nicht mit uns. Als der Nachtwächter zehn rief, nahm ich meinen Hut, bezahlte und ging nach Hause. Um Mitternacht klopfte jemand an meine Tür. Ich wachte auf und sagte: ›Wer ist da?‹ – ›Machen Sie auf!‹ – Ich sagte: ›Sagen Sie erst, wer da ist, dann werde ich aufmachen.‹ – ›Machen Sie auf, im Namen des Gesetzes‹, ertönte es hinter der Tür. Ich machte auf. Zwei Soldaten mit Gewehren blieben draußen stehen, und ins Zimmer herein trat der unbekannte Herr im grauen Überrock, der im Kaffeehaus in unserer Nähe gesessen hatte. Es war ein Spion! ›Kommen Sie mit‹, sagte der Spion. ›Gut‹, sagte ich. Ich zog mir die Beinkleider und die Stiefel an und ging, während ich mir die Hosenträger anknöpfte, im Zimmer auf und ab. In meinem Herzen kochte es; ich sagte mir: ›Er ist ein Schurke!‹ Als ich zu der Wand kam, wo mein Säbel hing, ergriff ich diesen plötzlich und sagte: ›Du bist ein Spion, verteidige dich!‹ Ich gab ihm einen Hieb rechts und einen Hieb links und einen über den Kopf. Der Spion sank zu Boden. Ich nahm meinen Mantelsack und meinen Geldbeutel und sprang zum Fenster hinaus. Ich kam nach Ems, wo ich mit dem General Sasin bekannt wurde. Er gewann mich lieb, verschaffte mir von dem Gesandten einen Paß und nahm mich mit nach Rußland als Lehrer für seine Kinder. Als General Sasin gestorben war, ließ mich Ihre Mama zu sich rufen und sagte: ›Karl Iwanowitsch, ich übergebe Ihnen meine Kinder, haben Sie sie lieb, und ich werde Sie nie verlassen und Ihnen einen ruhigen Lebensabend bereiten.‹ Jetzt ist sie nicht mehr am Leben, und alles ist vergessen. Zum Dank für meine zwanzigjährigen Dienste muß ich jetzt auf meine alten Tage auf die Straße gehen, um mir ein Stück trockenes Brot zu suchen. Gott sieht alles und weiß alles, und es geschieht nach seinem heiligen Willen. Es tut mir nur um euch leid«, schloß Karl Iwanowitsch, zog mich in seine Arme und küßte mich auf den Kopf.

11. Die Eins

Als das Trauerjahr zu Ende war, erholte sich die Großmutter ein wenig von dem Leid, das sie getroffen hatte, und fing wieder an, ab und zu Gäste bei sich zu sehen, besonders Kinder, die im gleichen Alter wie wir waren.

Zu Ljubotschkas Namenstag, am 13. Dezember, erschienen schon vor dem Mittagessen bei uns die Fürstin Kornakowa mit ihren Töchtern, Frau Walachina mit Sonitschka, Iljinka Grap und die beiden jüngeren Brüder Iwin.

Der Widerhall des Gesprächs, des Gelächters und des Hinundherlaufens drang bereits von unten, wo sich die Gäste versammelt hatten, zu uns herauf; aber wir durften vor Beendigung unseres Vormittagsunterrichts nicht zu ihnen. Auf dem Stundenplan, der im Klassenzimmer hing, stand geschrieben: Lundi de 2 à 3 maître d'histoire et de géographie, und da mußten wir nun auf diesen maître d'histoire warten, ihm gut zuhören und ihn hinausbegleiten, ehe wir frei waren. Es war schon zwanzig Minuten nach zwei, und von dem Geschichtslehrer war noch nichts zu sehen oder zu hören, auch nicht auf der Straße, auf der er kommen mußte, und auf die ich, mit dem heißen Wunsch, ihn nicht zu erblicken, hinausschaute.

»Ich glaube, Lebedew kommt heute nicht«, sagte Wolodja und blickte einen Augenblick aus seinem Smaragdow auf, aus dem er sich auf die Geschichtsstunde vorbereitete.

»Das gebe Gott! Das gebe Gott... ich weiß einfach gar nichts... aber ich glaube, dort kommt er«, fügte ich mit betrübter Stimme hinzu.

Wolodja stand auf und trat ans Fenster.

»Nein, das ist er nicht, das ist ein Herr«, sagte er. »Wir wollen noch bis halb drei warten«, setzte er hinzu; dabei reckte er sich und kratzte sich gleichzeitig den Scheitel, wie er es gewöhnlich tat, wenn er einen Augenblick von der Arbeit verschnaufen wollte. »Wenn er auch um ein halb drei noch nicht da ist, dann dürfen wir es St. Jérôme sagen, daß wir unsere Bücher weglegen möchten.«

»Was der überhaupt kommen muß!« sagte ich, reckte mich ebenfalls und schüttelte über meinem Kopf das Lehrbuch von Kaidanow, das ich in beiden Händen hielt.

Weil ich nichts Besseres zu tun wußte, schlug ich das Buch an der Stelle auf, die uns aufgegeben war, und begann eifrig zu lesen. Die Aufgabe war groß und schwer; ich verstand nichts und merkte, daß es mir einfach nicht mehr möglich war, etwas zu behalten, um so weniger, als ich mich in einem aufgeregten Zustand befand, in dem die Gedanken sich sträubten, an irgendeinem Gegenstand haften zu bleiben.

Nach der letzten Geschichtsstunde (Geschichte war mir von jeher als der langweiligste, lästigste Gegenstand erschienen) hatte sich Lebedew über mich bei St. Jérôme beklagt und mir im Nummernheft eine Zwei gegeben, was »sehr schlecht« bedeutete. St. Jérôme hatte damals zu mir gesagt, ich würde streng bestraft werden, wenn ich in der nächsten Stunde nicht wenigstens eine Drei bekäme! Und nun stand diese nächste Stunde bevor, und ich muß gestehen, ich hatte eine Heidenangst.

Ich war in das Durchlesen des mir unbekannten Abschnittes so vertieft, daß ich erschrak, als ich auf einmal im Vorzimmer hörte, wie sich dort jemand die Überschuhe auszog. Kaum hatte ich aufgeblickt, als in der Tür das pockennarbige, abstoßende Gesicht und die nur zu gut bekannte plumpe Gestalt des Lehrers im zugeknöpften Frack mit Gelehrtenknöpfen erschien.

Der Lehrer legte langsam seine Mütze auf das Fensterbrett, die Hefte auf den Tisch, schlug mit beiden Händen seine Frackschöße auseinander (als ob das etwas höchst Notwendiges gewesen wäre!) und setzte sich, schwer atmend, auf seinen Platz.

»Nun, meine Herren«, sagte er, seine schweißigen Hände aneinander reibend, »wir wollen zuerst das in der vorigen Stunde Durchgenommene noch einmal rekapitulieren, und dann will ich versuchen, Sie mit den weiteren Ereignissen des Mittelalters bekannt zu machen.«

Das bedeutete: Sagen Sie Ihre Lektion auf!

Während Wolodja ihm mit der Ungeniertheit und Zuversicht eines Menschen antwortete, der über den betreffenden Gegenstand gut Bescheid weiß, ging ich ohne jeden Zweck auf die Treppe hinaus; und da ich nicht nach unten gehen durfte, war es natürlich, daß ich mich plötzlich, ohne es selbst zu merken, auf dem Treppenabsatz befand. Eben wollte ich meinen gewöhnlichen Beobachtungsposten hinter der Tür beziehen, als plötzlich Mimi, die stets die Ursache meines Unglücks war, auf mich stieß! »Sie hier?« sagte sie und blickte drohend auf mich, dann auf die Tür des Mädchenzimmers und dann wieder auf mich.

Ich fühlte mich durchaus schuldig, weil ich erstens nicht im Klassenzimmer und zweitens an einem verfänglichen Ort war.

Daher schwieg ich, ließ den Kopf hängen und bot so in meiner Person das rührendste Bild der Reue dar.

»Nein, das ist unerhört!« sagte Mimi, »was haben Sie hier zu suchen?«Ich schwieg. »Nein, das wird Ihnen nicht durchgehen!« fuhr sie fort und klopfte mit den Fingerknöcheln an das Treppengeländer, »ich werde alles der Gräfin erzählen!«

Es war schon fünf Minuten vor drei, als ich in das Klassenzimmer zurückkehrte. Der Lehrer erklärte Wolodja die nächste Aufgabe, als ob er weder meine Abwesenheit noch meine Anwesenheit bemerkt hätte. Als er nach Beendigung seiner Erklärung anfing, seine Hefte zusammenzulegen und Wolodja in das andere Zimmer gegangen war, um die Stundenmarke zu holen, ging mir der tröstliche Gedanke durch den Kopf, daß nun alles zu Ende und ich endlich vergessen sei!

Aber plötzlich wandte sich der Lehrer mit einem leisen, boshaften Lächeln zu mir.

»Ich hoffe, Sie haben Ihre Aufgabe gelernt«, sagte er, sich die Hände reibend.

»Gewiß«, antwortete ich.

»Nun, dann sagen Sie mir freundlichst etwas über den Kreuzzug Ludwigs des Heiligen«, sagte er, wiegte sich auf seinem Stuhl hin und her und betrachtete nachdenklich seine Füße.

»Sagen Sie mir zuerst, was den französischen König veranlaßte, das Kreuz zu nehmen«, begann er, zog die Augenbrauen in die Höhe und zeigte mit dem Finger nach dem Tintenfaß. »Setzen Sie mir dann die charakteristischen Eigenheiten des Zuges auseinander«, fügte er hinzu und machte mit der ganzen Hand eine Bewegung, wie wenn er nach etwas greifen wollte, »und zuletzt die Folgen dieses Zuges für die europäischen Staaten im allgemeinen«, hier schlug er mit den Heften auf die linke Seite des Tisches, »und für das französische Königreich im besonderen«, schloß er, schlug auf die rechte Seite des Tisches und neigte den Kopf nach rechts.

Ich schluckte mehrere Male den Speichel hinunter, räusperte mich, legte den Kopf auf die Seite und schwieg. Dann ergriff ich eine auf dem Tisch liegende Feder, begann an ihr zu zupfen und schwieg weiter.

»Gestatten Sie, die Feder!« sagte der Lehrer zu mir und streckte die Hand danach aus. »Sie ist noch brauchbar. Nun also?«

»Lud ... Kön ... Ludwig der Heilige ... war ... war ... ein guter und weiser Fürst ...«

»Was?«

»Fürst. Er beschloß nach Jerusalem zu gehen und übergab die Zügel der Regierung seiner Mutter.«

»Wie hieß sie?«

»B ... B ... Blanka.«

»Wie? Bebeblanka?«

Ich lächelte gezwungen und unnatürlich.

»Nun, wissen Sie nicht sonst noch etwas?« sagte er lächelnd.

Ich hatte nichts zu verlieren. Ich räusperte mich und redete einfach daher, was mir in den Sinn kam. Der Lehrer schwieg, fegte mit der Feder, die er mir weggenommen hatte, den Staub vom Tisch, sah unverwandt an meinem Ohr vorbei und sagte wiederholt: »Gut! Sehr gut!« Ich fühlte, daß ich nichts wußte und mich ganz falsch ausdrückte, und es war mir fürchterlich, zu sehen, daß der Lehrer mich nicht unterbrach und mich nicht verbesserte.

»Warum beschloß er denn, nach Jerusalem zu gehen?« fragte er, meine Worte wiederholend.

»Weil ... deshalb weil ... darum weil ...«

Ich blieb stecken, sagte kein Wort mehr und fühlte, daß ich selbst dann, wenn dieser boshafte Lehrer noch ein ganzes Jahr schweigen und mich fragend ansehen würde, nicht imstande wäre, auch nur einen Laut herauszubringen. Der Lehrer sah mich ungefähr drei Minuten lang an, dann zeigte sich plötzlich auf seinem Gesicht ein Ausdruck tiefer Betrübnis, und er sagte in teilnahmsvollem Ton zu Wolodja, der gerade ins Zimmer trat: »Bitte, reichen Sie mir das Nummernheft!«

Wolodja reichte es ihm und legte vorsichtig die Stundenmarke daneben.

Der Lehrer schlug das Heft auf, tauchte vorsichtig die Feder ein und trug für Wolodja mit schöner Schrift in die Rubriken »Leistungen« und »Betragen« je eine Fünf ein. Dann hielt er die Feder einen Augenblick über den Spalten, in denen meine Noten standen, sah mich an, spritzte die überflüssige Tinte ab und dachte nach.

Plötzlich machte seine Hand eine kaum wahrnehmbare Bewegung, und in der Rubrik »Leistungen« erschien eine schöngeschriebene Eins mit einem Punkt; eine zweite Bewegung, und in der Rubrik »Betragen« stand eine zweite Eins mit einem Punkt.

Er machte das Notenheft sorgfältig zu, stand auf, und ging zur Tür, als ob er meinen Blick nicht bemerkte, in dem Verzweiflung, flehende Bitte und Vorwurf zum Ausdruck kamen.

»Michail Larionowitsch!« sagte ich.

»Nein«, antwortete er, da er schon wußte, was ich zu ihm sagen wollte, »so geht das nicht mit dem Lernen. Ich will mein Geld nicht umsonst bekommen!«

Er zog seine Überschuhe und seinen Kamelottmantel an und band mit großer Sorgfalt sein Halstuch um. Als ob er sich nach dem, was mit mir vorgefallen war, noch um etwas hätte zu kümmern brauchen! Für ihn war nur ein Federstrich gewesen, was für mich das größte Unglück bedeutete.

»Ist der Unterricht zu Ende?« fragte St. Jérôme, ins Zimmer tretend.

»Ja.«

»War der Lehrer mit Ihnen zufrieden?«

»Ja«, antwortete Wolodja.

»Was haben Sie für eine Note bekommen?«

»Eine Fünf!«

»Et Nicolas?«

Ich schwieg.

»Ich glaube, eine Vier«, sagte Wolodja.

Er sah, daß er mich aus der Patsche ziehen mußte, wenn auch nur für den einen Tag. Mochte man mich bestrafen, nur nicht an diesem Tag, wo wir Gäste im Haus hatten.

»Voyons, messieurs!« St. Jérôme hatte die Angewohnheit, zu jedem Wort »voyons« hinzuzufügen. »Faites votre toilette, descendons!«

Kaum waren wir nach unten gekommen und hatten alle Gäste begrüßt, als wir zu Tisch gerufen wurden. Papa war sehr heiter, er hatte Glück im Spiel gehabt; er hatte Ljubotschka ein kostbares silbernes Service geschenkt und erwähnte beim Mittagessen, daß er bei sich im Seitenflügel noch eine Bonbonniere liegen habe, die für das Namenstagskind bestimmt sei.

»Wozu erst jemand von der Dienerschaft hinschicken, geh lieber du hin, Koko«, sagte er zu mir. »Die Schlüssel liegen auf dem großen Tisch in der Muschelschale, weißt du? Nimm sie und schließ mit dem großen Schlüssel das zweite Schubfach rechts auf, da wirst du ein Kistchen Konfekt in Papier eingewickelt finden; das bringe her.«

»Soll ich auch Zigarren mitbringen?« fragte ich, da ich wußte, daß er sich nach Tisch immer welche holen ließ.

»Tu das! Daß du mir aber nichts bei mir anrührst«, rief er mir noch nach.

Ich fand die Schlüssel an dem angegebenen Platz und wollte schon die Schublade aufschließen, als mich der Wunsch packte zu erfahren, was für Dinge wohl das winzige Schlüsselchen verschließen mochte, das an demselben Bund hing.

Auf dem Tisch stand unter einer Unmenge verschiedenster Gegenstände an dem kleinen Geländer ein gesticktes Portefeuille mit einem Vorhängeschlößchen, und ich probierte, ob das kleine Schlüsselchen dazu passe. Der Versuch war von vollem Erfolg gekrönt; das Portefeuille ging auf und ich fand darin einen ganzen Berg von Papieren. Das Gefühl der Neugierde verlockte mich so stark nachzuschauen, was das für Papiere seien, daß ich der Stimme des Gewissens nicht zu gehorchen vermochte und mich daran machte, den Inhalt des Portefeuilles zu durchstöbern …

Das kindliche Gefühl unbedingter Achtung vor allen Erwachsenen und besonders vor Papa war in mir so mächtig, daß mein Verstand sich unbewußt dagegen sträubte, aus dem, was ich sah, Schlüsse irgendwelcher Art zu ziehen. Ich hatte die Empfindung, daß Papa in einer ganz besonders schönen, mir unzugänglichen und unbegreiflichen Sphäre lebte, und daß ein Versuch, in die Geheimnisse seines Lebens einzudringen, meinerseits eine Art Sakrileg sein würde.

Daher hinterließen die Entdeckungen, die ich so zufällig in Papas Portefeuille machte, keine klare Vorstellung bei mir, sondern nur das dunkle Bewußtsein, daß ich schlecht gehandelt hatte. Ich schämte mich und fühlte mich unbehaglich.

Unter der Einwirkung dieses Gefühls wollte ich das Portefeuille so schnell wie möglich wieder zuschließen; aber es war offenbar vom Schicksal bestimmt, daß ich an diesem denkwürdigen Tag alles mögliche Unglück erleiden sollte.

Nachdem ich den Schlüssel in das Schlüsselloch gesteckt hatte, drehte ich ihn nach der falschen Seite. In der Meinung, daß nun zugeschlossen sei, zog ich ihn heraus, aber – o Schreck! – ich hatte nur den Stiel des Schlüssels in der Hand. Vergeblich versuchte ich, diesen Stiel mit dem im Schloß steckengebliebenen Bart wieder zu vereinigen und diesen Bart wie durch Zauberei wieder herauszubekommen. Schließlich mußte ich mich an den schrecklichen Gedanken gewöhnen, daß ich ein neues Verbrechen begangen hatte, das noch an diesem Tag entdeckt werden würde, sobald Papa in sein Zimmer zurückkäme.

Mimis Anklage, die Eins und das Schlüsselchen! Schlimmeres konnte mir nicht begegnen. Die Großmutter würde mich wegen Mimis Anklage ins Gebet nehmen, St. Jérôme wegen der Eins, Papa wegen des Schlüsselchens! ... Und das alles würde noch heute abend über mich hereinbrechen!

»Wie wird es mir ergehen! O weh! O weh! Was habe ich angerichtet«, sprach ich laut vor mich hin, während ich auf dem weichen Teppich des Arbeitszimmers hin und her ging. »Ach was!« sagte ich dann zu mir selbst, während ich das Konfekt und die Zigarren nahm, »was kommen soll, kommt doch!« und eilte in das Hauptgebäude zurück.

Diese fatalistische Redensart, die ich in meiner Kindheit von Nikolaj gehört hatte, hat in allen schweren Augenblicken meines Lebens auf mich eine wohltätige, vorübergehend beruhigende Wirkung ausgeübt. Als ich in den Saal trat, befand ich mich in etwas aufgeregter und gekünstelter, aber höchst vergnügter Stimmung.

13. Die Verräterin

Nach Tisch begannen die »kleinen Spiele«, und ich beteiligte mich an ihnen mit großer Lebhaftigkeit. Als wir »Katze und Maus« spielten, rannte ich ungeschickt gegen die Gouvernante der Kornakowschen Töchter, die mit uns mitspielte, trat ihr dabei unversehens auf das Kleid und zerriß es ihr. Als ich merkte, daß es allen Mädchen und besonders der kleinen Sonitschka das größte Vergnügen bereitete, zu sehen, wie die Gouvernante mit verstörtem Gesicht in die Mädchenstube ging, um ihr Kleid wieder zu nähen, nahm ich mir vor, ihnen dieses Vergnügen noch einmal zu bereiten. In dieser liebenswürdigen Absicht begann ich, sobald die Gouvernante ins Zimmer zurückgekehrt war, um sie herumzugaloppieren und setzte diese kühnen Sprünge und Wendungen so lange fort, bis ich einen geeigneten Augenblick erspähte, um von neuem mit den Hacken an ihrem Rock hängenzubleiben und ihn zu zerreißen. Sonitschka und die Prinzessinnen konnten kaum das Lachen unterdrücken, was meiner Eitelkeit in sehr angenehmer Weise schmeichelte; aber St. Jérôme, der meine Streiche offenbar durchschaut hatte, trat zu mir und sagte mit zusammengezogenen Augenbrauen, was ich nicht ausstehen konnte, daß meine Lustigkeit zu nichts Gutem führe; und wenn ich mich nicht gesitteter benähme, so würde er mich das, der festlichen Stimmung zum Trotz, bereuen lassen.

Aber ich befand mich in der aufgeregten Gemütsverfassung eines Menschen, der mehr verloren, als er in der Tasche hat, aber sich gleichzeitig fürchtet, seinen Verlust zusammenzuzählen und ohne die Hoffnung, diesen Verlust wieder einzubringen, verzweifelt weiterspielt, nur weil er sich nicht die Zeit nehmen will, über sich nachzudenken. Ich lächelte dreist und ging von ihm fort.

Nach »Katze und Maus« schlug jemand ein Spiel vor, das wir »Lange Nase« nannten, wenn ich mich recht erinnere. Bei diesem Spiel handelte es sich darum, daß zwei Reihen Stühle einander gegenüber aufgestellt wurden und die Damen und Herren sich in zwei Parteien teilten und abwechselnd einander wählten.

Die kleinste Prinzessin wählte jedesmal den jüngsten Iwin; Katenka wählte entweder Wolodja oder Iljinka; Sonitschka aber wählte jedesmal Serjoscha und schämte sich zu meiner größten Verwunderung gar nicht, wenn Serjoscha geradeswegs hinging und sich ihr gegenübersetzte. Sie lachte ihr liebliches helles Lachen und machte ihm mit dem Kopf ein Zeichen, daß er es »erraten hätte«; mich aber wählte niemand. Zur tiefsten Kränkung meiner Eigenliebe erfuhr ich, daß ich »sitzenblieb«, daß bei mir die Mädchen jedesmal erst sagen mußten: »Wer bleibt noch übrig?« – »Nun, Nikolenka! Den kannst du nehmen!« – Wenn ich daher hatte hinausgehen müssen, so ging ich unmittelbar auf meine Schwester oder auf eine der häßlichen Prinzessinnen zu, und leider irrte ich mich nie. Sonitschka aber schien von Serjoscha Iwin so eingenommen zu sein, daß ich für sie überhaupt nicht dawar. Ich nannte sie in Gedanken eine Verräterin; ich weiß nicht, mit welcher Berechtigung; denn sie hatte mir nie ein Versprechen gegeben, daß sie mich und nicht Serjoscha wählen würde, aber ich war fest davon überzeugt, daß sie mich in der abscheulichsten Weise behandelte.

Nach dem Spiel bemerkte ich, daß die Verräterin, die ich verachtete, von der ich aber doch meine Augen nicht abwenden konnte, mit Serjoscha und Katenka in eine Ecke ging und dort geheimnisvoll über etwas redete. Ich schlich mich hinter dem Klavier heran, um ihr Geheimnis zu erfahren, und sah folgendes: Katenka hielt ein batistenes Taschentuch an zwei Ecken wie einen Schirm in die Höhe, so daß Serjoschas und Sonitschkas Köpfe verdeckt waren. »Nein, Sie haben verloren! Jetzt müssen Sie auch bezahlen!« sagte Serjoscha. Sonitschka stand mit herabhängenden Armen wie eine Schuldige vor ihm da und sagte errötend: »Nein, ich habe nicht verloren, nicht wahr, Mademoiselle Cathérine?« – »Ich liebe die Wahrheit«, antwortete Katenka, »du hast die Wette verloren, ma chère!«

Kaum hatte Katenka das gesagt, als Serjoscha sich herabbeugte und Sonitschka küßte. Mitten auf ihre rosigen Lippen küßte er sie, und Sonitschka lachte, als wäre gar nichts dabei, als wäre es sehr vergnüglich. Schrecklich!! Oh! Diese hinterlistige Verräterin!

14. Die Umnachtung

Ich empfand auf einmal tiefste Verachtung für das ganze weibliche Geschlecht im allgemeinen und für Sonitschka im besonderen. Ich redete mir ein, daß an diesen Spielen nichts »Amüsantes« sei, daß sie sich nur für alberne Mädchen schickten, und ich hatte die größte Lust, irgendeine Tollheit zu begehen, einen so kecken Streich zu verüben, der alle in Staunen versetzen sollte. Die Gelegenheit dazu ließ nicht lange auf sich warten!

St. Jérôme besprach sich mit Mimi über etwas und verließ dann das Zimmer. Das Geräusch seiner Schritte war zuerst auf der Treppe vernehmbar und dann über uns, in der Gegend, wo das Klassenzimmer lag; es kam mir der Gedanke, daß Mimi ihm erzählt habe, wo sie mich während der Unterrichtszeit gesehen, und daß er nun hinaufgegangen sei, um im Notenbuch nachzuschauen. Ich war damals überzeugt, St. Jérôme habe kein anderes Lebensziel und keinen höheren Wunsch, als mich zu bestrafen. Ich habe irgendwo gelesen, daß Kinder im Alter von zwölf bis vierzehn Jahren, also im Übergangsalter, oft besondere Neigung zur Brandstiftung, ja sogar zum Mord haben. Wenn ich an mein Knabenalter zurückdenke und besonders an den Geisteszustand, in dem ich mich an diesem Unglückstag befand, verstehe ich durchaus die Möglichkeit eines schrecklichen Verbrechens, das ohne Zweck, ohne den Wunsch, jemandem zu schaden, sondern »nur so« aus Neugier, aus dem unbewußten Bedürfnis nach Tätigkeit, begangen wird. Es gibt manchmal Augenblicke, wo die Zukunft dem Menschen in einem so düsteren Licht erscheint, daß er sich scheut, seine geistigen Blicke auf sie zu richten, die Tätigkeit des Verstandes ausschaltet und sich einzureden sucht, es werde keine Zukunft geben und es habe keine Vergangenheit gegeben. In solchen Augenblicken, wo die Denkkraft nicht jede Regung des Willens begutachtet, sondern die sinnlichen Instinkte die einzigen Triebfedern des Lebens sind, kann – das begreife ich – ein durch seine Unerfahrenheit zu einem solchen Zustand besonders neigendes Kind, ohne im geringsten zu zaudern oder sich zu fürchten, mit einem Lächeln der Neugier an dem eigenen Haus Feuer anlegen – an dem nämlichen Haus, in dem seine Brüder, sein Vater und seine Mutter schlafen, die es alle zärtlich liebt. Infolge dieses vorübergehenden Aussetzens der Denkkraft (die fast nur Zerstreutheit ist) holt ein siebzehnjähriger Bauernbursche, der die Schneide des frischgeschliffenen Beiles neben der Bank sieht, auf der sein alter Vater mit dem Gesicht nach unten schläft, plötzlich mit dem Beil aus und sieht mit stumpfsinniger Neugier zu, wie das Blut aus dem durchgehauenen Hals unter die Bank fließt. Infolge solchen Aussetzens der Denkkraft und infolge instinktiver Neugier findet der Mensch eine Art von Genuß darin, sich dicht an den Rand einer Schlucht zu stellen und zu denken: Was wird, wenn ich mich da hinabstürze? oder sich eine geladene Pistole gegen die Stirn zu halten und zu denken: Was wird, wenn ich den Hahn abdrücke? oder beim Anblick einer hochgestellten Persönlichkeit, der die ganze Gesellschaft die tiefste Ehrfurcht entgegenbringt, zu denken: Was wird, wenn ich an diesen Mann herantrete, ihn an der Nase packe und zu ihm sage: ›Komm mal mit, mein Lieber‹?

Aus einer solchen inneren Aufregung und einem solchen Aussetzen der Denkfähigkeit erklärt sich auch, was ich damals tat. Als nämlich St. Jérôme wieder herunterkam und zu mir sagte, daß ich kein Recht hätte, an diesem Tag hier zu sein, weil ich mich schlecht betragen und schlecht gelernt hätte, und sogleich wieder nach oben gehen sollte, da – streckte ich ihm die Zunge heraus und sagte, ich würde nicht fortgehen.

Im ersten Augenblick konnte St. Jérôme vor Erstaunen und Ingrimm kein Wort hervorbringen.

»C'est bien«, sagte er dann und eilte mir nach. »Ich habe Ihnen schon mehrere Male eine Bestrafung in Aussicht gestellt, vor der Ihre Großmutter Sie zu bewahren wünschte, aber jetzt sehe ich, daß man Sie nur durch Prügel zum Gehorsam zwingen kann, und die haben Sie reichlich verdient!«

Er sagte es so laut, daß alle seine Worte hörten; das Blut strömte mir mit ungewöhnlicher Kraft zum Herzen; ich spürte, wie mein Herz heftig pochte, wie die Farbe aus meinem Gesicht wich und wie meine Lippen zu beben anfingen. Ich muß wohl in diesem Augenblick schrecklich ausgesehen haben; denn St. Jérôme wich meinem Blick aus, trat schnell an mich heran und ergriff mich am Arm; aber kaum spürte ich die Berührung seiner Hand, als mir so übel wurde, daß ich mich vor Wut selber nicht mehr kannte, mich losriß und mit meiner ganzen kindlichen Kraft auf ihn losschlug.

»Was hast du denn?« sagte Wolodja, der mit Erstaunen und Entsetzen mein Benehmen gesehen hatte und auf mich zutrat.

»Laß mich in Ruhe!« schrie ich unter Tränen. »Keiner von euch liebt mich, ihr versteht nicht, wie unglücklich ich bin! Ihr seid alle garstig, ekelhaft!« fügte ich, zu der ganzen Gesellschaft gewandt, wie von Sinnen hinzu.

Aber in diesem Augenblick trat St. Jérôme mit blassem, entschlossenem Gesicht von neuem auf mich zu – und ehe ich mich auf eine Verteidigung vorbereiten konnte, hatte er schon mit einer kräftigen Bewegung meine beiden Arme wie in einem Schraubstock zusammengepreßt und schleppte mich irgendwohin. Der Kopf schwindelte mir vor Aufregung. Ich erinnere mich nur, daß ich verzweifelt mit dem Kopf und den Knien um mich schlug, solange ich noch Kraft hatte; ich erinnere mich, daß meine Nase mehrere Male gegen jemandes Schenkel stieß, daß mir irgendein Rock in den Mund geriet, daß ich um mich die Anwesenheit von Beinen wahrnahm und einen Geruch von Staub und Violette, womit St. Jérôme sich parfümiert hatte.

Fünf Minuten danach wurde die Tür einer Rumpelkammer hinter mir zugeschlossen.

»Wasilij!« sagte er mit widerwärtiger, triumphierender Stimme, »bringe ein paar Ruten!«

15. Träume

Hätte ich denken können, daß ich das ganze Unglück, das mich betroffen hatte, überleben und daß eine Zeit kommen werde, wo ich an dieses Unglück in Ruhe zurückdenken würde ...?

Wenn ich an das zurückdachte, was ich getan hatte, konnte ich mir keine Vorstellung machen, was mit mir geschehen werde! Aber ich ahnte dunkel, daß ich unrettbar verloren sei!

Anfangs herrschte unten und um mich herum vollständige Stille, oder es schien mir wenigstens so infolge der zu starken inneren Aufregung, aber allmählich begann ich, verschiedene Geräusche zu unterscheiden. Wasilij kam von unten herauf, warf einen Gegenstand, der mit einem Besen Ähnlichkeit hatte, auf das Fensterbrett und legte sich auf seinen Schlafkasten. Unten war die laute Stimme St. Jérômes zu hören (wahrscheinlich sprach er von mir), dann Kinderstimmen, dann Gelächter, dann Hinundherlaufen – und nach einigen Minuten hatte im Haus alles seinen früheren Gang angenommen, als ob niemand wüßte oder daran dächte, daß ich in der dunklen Rumpelkammer saß.

Ich weinte nicht, aber ich hatte ein Gefühl, als läge ein schwerer Stein auf meinem Herzen. Gedanken und Vorstellungen huschten mit gesteigerter Geschwindigkeit durch meinen wirren, kranken Sinn. Aber ihre wunderliche Folge wurde alle Augenblicke durch die Erinnerung an das Unglück, das mich betroffen hatte, unterbrochen, und ich geriet von neuem in das ausgangslose Labyrinth der Ungewißheit über das mir bevorstehende Schicksal, der Verzweiflung und der Angst.

So durchzuckte meinen Kopf der Gedanke, es müsse eine mir unbekannte Ursache dafür geben, daß ich von niemandem geliebt, ja daß ich gehaßt würde. Ich war damals fest davon überzeugt, daß alle, von Großmutter angefangen bis hinab zum Kutscher Filipp, mich haßten und sich am Anblick meiner Leiden ergötzten. Ich war sicherlich gar nicht der Sohn meiner Mutter und meines Vaters und Wolodjas Bruder, sondern eine unglückliche Waise, ein ausgesetztes, aus Mitleid angenommenes Kind, sagte ich zu mir selber; und dieser alberne Gedanke gewährte mir nicht nur eine Art traurigen Trosts, sondern kam mir sogar wahrscheinlich vor. Es war mir eine Freude zu denken, daß ich nicht deswegen unglücklich sei, weil ich etwas begangen hatte, sondern weil das eben von Geburt an mein Schicksal sei, und daß mein Los mit dem des unglücklichen Karl Iwanowitsch Ähnlichkeit habe.

Aber welchen Zweck hat es, dieses Geheimnis noch länger zu verbergen, da ich es doch bereits durchschaut habe! sagte ich zu mir selber. Gleich morgen will ich zu Papa hingehen und zu ihm sagen: ›Papa, vergebens versuchst du vor mir das Geheimnis meiner Geburt zu verbergen, ich kenne es, Papa!‹ Er wird antworten: ›Was tun, liebes Kind, früher oder später hättest du es ja doch erfahren! Du bist nicht mein Sohn, aber ich habe dich an Sohnes Statt angenommen, und wenn du dich meiner Liebe immer würdig zeigst, werde ich dich nie verlassen!‹ Und ich werde zu ihm sagen: ›Papa, ich habe zwar kein Recht, dich mit diesem Namen zu nennen, ich spreche ihn jetzt zum letzten Male aus. Ich habe dich aber immer geliebt und werde dich immer lieben; ich werde nie vergessen, daß du mein Wohltäter bist, aber ich kann nicht länger in deinem Haus bleiben. Hier liebt mich niemand, und St. Jérôme hat sich meinen Untergang geschworen. Er oder ich muß dein Haus verlassen; denn ich kann nicht für mich einstehen; ich hasse diesen Menschen derartig, daß ich zu allem fähig bin. Ich werde ihn töten, ich sage es dir ehrlich, Papa, ich werde ihn töten.‹ Papa wird dann anfangen, mich zu bitten, aber ich werde mit einer abwehrenden Handbewegung zu ihm sagen: ›Nein, mein teuerster Wohltäter, wir können nicht zusammen leben, also laß mich fortgehen!‹ Und ich werde ihn umarmen und auf französisch zu ihm sagen: ›Oh, mon père, oh, mon bienfaiteur, donne-moi pour la dernière fois ta bénédiction et que la volonté de Dieu soit faite!‹ Und in der dunklen Rumpelkammer auf einem Kasten sitzend, weinte und schluchzte ich bei diesem Gedanken. Aber auf einmal fiel mir die schmähliche Bestrafung ein, die mich erwartete, die Wirklichkeit trat mir wieder in ihrem wahren Licht vor Augen, und die Träumereien zerflatterten augenblicklich.

Dann wieder stellte ich mir vor, ich sei schon in Freiheit, außerhalb unseres Hauses, ich trete bei den Husaren ein und ziehe in den Krieg. Von allen Seiten dringen die Feinde auf mich ein. Ich hole mit dem Säbel aus und töte einen. Ein zweiter Hieb, ich töte einen zweiten, dritten. Endlich sinke ich von Wunden und Ermattung erschöpft zu Boden und rufe: »Sieg!« Der General kommt zu mir herangeritten und fragt: »Wo ist er, unser Retter?« Man zeigt auf mich. Er fällt mir um den Hals und ruft unter Freudentränen: »Sieg!« Ich genese und gehe, den Arm in einer schwarzen Binde, auf dem Twerskoj-Boulevard spazieren! Ich bin General! Aber da begegnet mir der Kaiser selber und fragt: »Wer ist dieser verwundete junge Mann?« Es wird ihm gesagt, das sei der berühmte Held Nikolaj. Der Kaiser tritt an mich heran und sagt: »Ich danke dir, ich werde alles tun, um was du mich bitten wirst.« Ich verneige mich ehrerbietig, stütze mich auf den Säbel und sage: »Ich bin glücklich, großer Kaiser, daß ich mein Blut für mein Vaterland habe vergießen dürfen, und ich hätte gewünscht, für mein Vaterland sterben zu können, aber wenn du so gnädig bist, daß du mir erlaubst, dich um etwas zu bitten, so bitte ich dich nur um eins: erlaube mir, meinen Feind, den Ausländer St. Jérôme, zu vernichten! Es verlangt mich darnach, meinen Feind St. Jérôme zu vernichten!« Ich trete mit drohender Gebärde vor St. Jérôme hin und sage zu ihm: »Du bist an meinem Unglück schuld; à genoux!« Aber auf einmal kommt mir der Gedanke, daß jeden Augenblick der wirkliche St. Jérôme mit den Ruten eintreten könne, und ich sehe mich nun wieder nicht mehr als General, der das Vaterland gerettet hat, sondern als das bedauernswerteste, kläglichste Geschöpf.

Dann wieder kam mir der Gedanke an Gott, und ich fragte ihn dreist, wofür er mich bestrafte. Ich habe nicht verabsäumt, morgens und abends zu beten, also: wofür muß ich leiden? Ich kann mit Bestimmtheit sagen, daß der erste Schritt zu den religiösen Zweifeln, die mich in meinem Knabenalter beunruhigten, von mir gerade damals getan wurde, und zwar nicht deshalb, weil mein Unglück mich zum Murren und zum Unglauben veranlaßt hätte, sondern weil der Gedanke an die Ungerechtigkeit der Vorsehung, der mir in dieser Zeit völliger geistiger Auflösung und vierundzwanzigstündigen Alleinseins in den Kopf gekommen war, wie ein Unkrautsame, der nach einem Regen auf lockeren Boden gefallen ist, mit großer Geschwindigkeit zu wachsen und Wurzeln zu schlagen begann. Dann wieder stellte ich mir vor, daß ich ganz bestimmt sterben würde, und malte mir lebhaft St. Jérômes Erstaunen aus, wenn er in der Rumpelkammer statt meiner einen leblosen Körper finden würde. In Erinnerung an Natalja Sawischnas Erzählungen, daß die Seele eines Verstorbenen in den ersten vierzig Tagen das Haus nicht verlasse, legte ich mir in Gedanken folgendes zurecht: ich schwebe nach dem Tod unsichtbar durch alle Zimmer des großmütterlichen Hauses und sehe die aufrichtigen Tränen Ljubotschkas, höre das Wehklagen der Großmutter und das Gespräch Papas mit St. Jérôme. »Er war ein prächtiger Junge«, sagt Papa mit Tränen in den Augen. »Ja«, erwidert St. Jérôme, »aber ein großer Tunichtgut!« – »Sie sollten Achtung vor dem Toten haben!« sagt Papa, »Sie sind die Ursache seines Todes gewesen, Sie haben ihm einen zu großen Schreck eingejagt, er konnte die Demütigung, die Sie ihm zugedacht hatten, nicht ertragen ... Scheren Sie sich von hier fort, Sie Missetäter!«

Und St. Jérôme fällt auf die Knie, weint und bittet um Vergebung ... Nach vierzig Tagen fliegt meine Seele in den Himmel hinauf; ich sehe dort etwas wunderbar Schönes, Weißes, Durchscheinendes, Längliches und fühle, daß es meine Mutter ist. Dieses Weiße umgibt mich und liebkost mich; aber ich empfinde Unruhe und bin mir nicht sicher, ob es auch wirklich meine Mutter ist. – »Wenn du es wirklich bist, so zeige dich mir besser, damit ich dich umarmen kann.« Und ihre Stimme antwortet mir: »Hier sind wir alle so; ich kann dich nicht besser umarmen, ist es dir denn nicht angenehm?« – »O doch! Es ist mir sehr angenehm; aber du kannst mich nicht kitzeln, und ich kann nicht deine Hände küssen …« – »Das ist auch nicht nötig, hier ist es auch so sehr schön«, sagt sie, und ich fühle, daß es wirklich sehr schön ist, und wir fliegen beide zusammen immer höher hinauf, und da erwache ich auf einmal und finde mich wieder auf dem Kasten der dunklen Rumpelkammer, wo ich mit tränenfeuchten Wangen ganz gedankenlos die Worte wiederhole: »Und wir fliegen immer höher hinauf!« Ich mache lange alle möglichen Anstrengungen, um über meine Lage ins klare zu kommen; aber meinem geistigen Auge bietet sich nur eine furchtbar düstere, undurchdringliche Ferne dar. Ich bemühe mich, wieder zu jenen freundlichen, beglückenden Träumen zurückzukehren, die durch das Bewußtsein der Wirklichkeit unterbrochen worden sind; aber sobald ich wieder in das Geleise der früheren Träume hineinkomme, sehe ich zu meinem Erstaunen, daß es mir unmöglich ist, sie fortzusetzen, und – was das Allererstaunlichste ist –, daß sie mir kein Vergnügen mehr machen.

16. Die Sache wird schon wieder werden

Ich verbrachte die Nacht in der Rumpelkammer, und niemand kam zu mir; erst am anderen Tag, das heißt: am Sonntag, wurde ich in das kleine Zimmer gebracht, das neben dem Klassenzimmer lag, und wiederum eingeschlossen. Ich begann zu hoffen, daß meine Bestrafung sich auf Arrest beschränken würde, und unter der Einwirkung des süßen, festen Schlafes, des hellen Sonnenscheins, der auf den Eisblumen der Fenster spielte, und des gewöhnlichen Tageslärms auf den Straßen fingen meine Gedanken an, sich zu beruhigen. Und doch lastete die Einsamkeit schwer auf mir. Es verlangte mich danach, mich zu bewegen, irgend jemandem alles zu erzählen, was sich an Gedanken in meiner Seele aufgehäuft hatte, aber kein lebendes Wesen war um mich herum. Die Lage war um so verdrießlicher, als ich – so verhaßt mir das auch war – nicht umhin konnte, zu hören, wie St. Jérôme in seinem Zimmer auf und ab ging und seelenruhig lustige Melodien pfiff. Ich war fest davon überzeugt, daß er an sich gar nicht pfeifen wollte, sondern es einzig und allein zu dem Zweck tat, mich zu peinigen.

Um zwei Uhr gingen St. Jérôme und Wolodja nach unten. Nikolaj brachte mir mein Mittagessen, und als ich mit ihm ein Gespräch über die mir bevorstehenden Ereignisse anknüpfte, sagte er: »Nur unbesorgt, junger Herr, die Sache wird schon wieder werden!«

Dieses Wort, das auch später die Festigkeit meines Geistes wiederholt stärkte, tröstete mich zwar einigermaßen; aber gerade der Umstand, daß mir nicht nur Brot und Wasser, sondern das ganze Mittagessen, sogar Kuchen, Rosinenkuchen, gebracht worden war, stimmte mich sehr nachdenklich. Hätte man mir den Rosinenkuchen nicht geschickt, würde das bedeutet haben, daß der Arrest meine Strafe sein sollte, jetzt aber ergab sich, daß ich noch gar nicht bestraft, sondern nur als Schädling von den anderen Menschen abgesondert war und meine Bestrafung noch bevorstand. Während ich in die Lösung dieser Frage vertieft war, wurde in dem Türschloß meines Gefängnisses der Schlüssel umgedreht, und St. Jérôme trat mit finsterer Vorgesetztenmiene in das Zimmer.

»Kommen Sie mit zur Großmutter«, sagte er, ohne mich anzusehen.

Ich wollte die mit Kreide befleckten Ärmel meiner Jacke reinigen, ehe ich das Zimmer verließ, aber St. Jérôme sagte, das sei ganz unnötig: als befände ich mich gleichsam schon in einem so kläglichen moralischen Zustand, daß es nicht der Mühe wert sei, auf meine äußere Erscheinung besondere Sorgfalt zu verwenden.

Katenka, Ljubotschka und Wolodja schauten mich, als ich von St. Jérôme an der Hand durch den Saal geführt wurde, mit demselben Gesichtsausdruck an, mit dem wir gewöhnlich die Gefangenen betrachteten, die jeden Montag an unseren Fenstern vorübergeführt wurden. Als ich zu Großmutters Lehnstuhl trat und ihr die Hand küssen wollte, wandte sie sich von mir ab und verbarg ihre Hand unter der Mantille.

»Ja, mein Lieber«, sagte sie nach ziemlich langem Stillschweigen, während sie mich vom Kopf bis zu den Füßen mit einem Blick musterte, daß ich gar nicht wußte, wo ich mit meinen Augen und mit meinen Händen hinsollte, »ich kann sagen, daß Sie meine Liebe zu ehren wissen und mir ungetrübte Freude bereiten. Monsieur St, Jérôme, der auf meine Bitte«, fügte sie, jedes Wort dehnend, hinzu, »eure Erziehung übernommen hat, will jetzt nicht mehr in meinem Hause bleiben, und weswegen? Um Ihretwillen, mein Lieber! Ich hatte gehofft, Sie würden ihm dankbar sein«, fuhr sie nach kurzem Stillschweigen in einem Ton fort, der bewies, daß sie sich ihre Rede zurechtgelegt hatte, »ihm dankbar sein für seine Fürsorge und Mühe, und seine Verdienste zu schätzen wissen; aber Sie Grünschnabel, Sie dummer Junge, haben sich nicht geschämt, die Hand gegen ihn zu erheben. Sehr gut! Ausgezeichnet!! Nun fange auch ich an zu glauben, daß Sie nicht imstande sind, eine anständige Behandlung zu verstehen, und daß bei Ihnen andere Mittel, ganz niedrige Mittel zur Anwendung kommen müssen! ... Sofort bittest du um Verzeihung«, fügte sie, auf St. Jérôme zeigend, im Tone strengsten Befehles dazu. »Hörst du?«

Mein Blick folgte der ausgestreckten Hand der Großmutter, als ich dort aber St. Jérômes Rock sah, wandte ich mich ab und rührte mich nicht vom Fleck; ich fühlte wieder eine furchtbare Herzbeklemmung.

»Nun, hören Sie etwa nicht, was ich zu Ihnen sage?«

Ich zitterte am ganzen Leib, aber ich rührte mich nicht von meinem Platz.

»Koko«, sagte Großmutter, die offenbar bemerkt hatte, wie ich innerlich litt, »Koko«, sagte sie nun, nicht so sehr in befehlendem als in zärtlichem Ton, »bist du es wirklich?«

»Großmutter, ich werde ihn nicht um Verzeihung bitten! Um keinen Preis ...« sagte ich, hielt aber noch einmal inne, da ich fühlte, daß ich nicht imstande sein würde, die aufsteigenden Tränen zurückzuhalten, wenn ich noch ein Wort spräche.

»Ich befehle es dir, ich bitte dich. Nun, was ist?«

»Ich ... ich ... will ... nicht ... ich kann nicht«, stieß ich hervor, und das Schluchzen, das sich in meiner Brust angesammelt hatte, durchbrach auf einmal den Damm, der es zurückhielt, und ergoß sich in einen wilden Tränenstrom.

»C'est ainsi, que vous obéissez à votre seconde mère, c'est ainsi, que vous reconnaissez ses bontés«, sagte St. Jérôme in tragischem Ton; »à genoux!«

»Mein Gott, wenn *sie* das sähe!« sagte die Großmutter, während sie sich von mir abwandte und ihre Tränen wegwischte, »wenn *sie* das sähe ... aber alles ist gut, wie es ist. *Sie* hätte diesen Kummer nicht ertragen!«

Und die Großmutter weinte immer heftiger. Ich weinte auch, aber ich dachte nicht daran, um Verzeihung zu bitten.

»Tranquillisez-vous au nom du ciel, madame la comtesse«, sagte St. Jérôme.

Aber die Großmutter hörte nicht mehr auf seine Worte. Sie barg ihr Gesicht in den Händen, das Schluchzen ging schnell in einen heftigen Schlucken und ein hysterisches Schreien über. Mimi und Gascha kamen mit erschrockenen Gesichtern ins Zimmer gestürzt; es begann nach scharfen Essenzen zu riechen, und im ganzen Haus entstand plötzlich ein heftiges Hinundherlaufen und besorgtes Flüstern.

»Sie können stolz sein auf das, was Sie angerichtet haben«, sagte St. Jérôme und führte mich nach oben.

O Gott, dachte ich, was habe ich getan! Was bin ich für ein schrecklicher Verbrecher!

St. Jérôme wies mich an, auf mein Zimmer zu gehen; aber kaum war er wieder hinuntergegangen, als ich – ohne mir von meinem Tun Rechenschaft zu geben – auf die Haupttreppe hinunterlief.

Ob ich ganz von daheim weglaufen oder ins Wasser gehen wollte, weiß ich nicht; ich weiß nur, daß ich das Gesicht mit den Händen bedeckte, um niemanden zu sehen, und die Treppe immer weiter hinunterlief.

»Wo willst du hin?« fragte mich auf einmal eine wohlbekannte Stimme. »Ich suche dich gerade, mein Täubchen!«

Ich wollte vorbeilaufen, aber Papa ergriff mich am Arm und sagte in strengem Ton: »Komm mit, mein Lieber! Wie kannst du dich unterstehen, in meinem Zimmer das Portefeuille anzurühren?« sagte er und zog mich hinter sich her in das kleine Sofazimmer. »Nun, warum schweigst du? Nun?« fügte er hinzu und nahm mich beim Ohr.

»Verzeih mir«, sagte ich, »ich weiß selber nicht, wie ich dazu kam.«

»Ach, du weißt nicht, wie du dazukamst! Das weißt du nicht! Das weißt du nicht! Das weißt du nicht!« wiederholte er und zog mich jedesmal am Ohr. »Wirst du noch einmal deine Nase in etwas stecken, was dich nichts angeht?«

Obgleich ich einen sehr heftigen Schmerz am Ohr empfand, weinte ich nicht, sondern hatte sogar ein angenehmes seelisches Gefühl. Kaum hatte Papa mein Ohr losgelassen, als ich seine Hand ergriff und sie unter Tränen mit Küssen bedeckte.

»Schlag mich«, sagte ich schluchzend und weinend, »schlag mich fest und schmerzhaft; ich bin ein nichtswürdiger, ein garstiger, ein unglücklicher Mensch.«

»Was hast du?« fragte er und schob mich sachte von sich.

»Nein, ich gehe nicht fort, auf keinen Fall«, sagte ich und klammerte mich dabei an seinen Rock, »alle hassen mich, das weiß ich, aber um Gottes willen, höre du mich an! Beschütze mich oder jage mich aus dem Haus! Ich kann nicht mit ihm zusammen leben; er sucht mich auf jede Art und Weise zu demütigen, befiehlt mir, vor ihm auf die Knie zu fallen, und will mich durchpeitschen. Das kann ich nicht ertragen, ich bin kein kleines Kind, ich ertrage es nicht, ich werde sterben, ich werde mir das Leben nehmen. Er hat zur Großmutter gesagt, ich sei ein Taugenichts, jetzt ist sie krank, sie wird durch meine Schuld sterben! Ich ... kann ... mit ... ihm ... nicht ... um Gottes willen ... schlage mich ... wozu ... quält ihr mich so ...«

Die Tränen wollten mich ersticken; ich setzte mich auf ein Sofa, und außerstande weiterzureden, lehnte ich meinen Kopf auf sein Knie und schluchzte dermaßen, daß ich glaubte, ich müßte gleich diesen Augenblick sterben.

»Wovon redest du, mein Kerlchen?« sagte Papa teilnahmsvoll und beugte sich über mich.

»Er ist mein Tyrann ... mein Quälgeist ... ich werde sterben ... niemand hat mich lieb«, konnte ich nur mühsam hervorbringen und bekam Krämpfe.

Papa nahm mich auf die Arme und trug mich ins Schlafzimmer. Ich schlief ein.

Als ich erwachte, war es schon sehr spät; eine Kerze brannte neben meinem Bett, und im Zimmer waren unser Hausarzt, Mimi und Ljubotschka. Es war ihnen an den Gesichtern anzusehen, daß sie für meine Gesundheit fürchteten. Ich fühlte mich nach dem zwölfstündigen Schlaf so wohl und leicht, daß ich sofort aus dem Bett gesprungen wäre, hätte es mir nicht leid getan, ihnen den Glauben zu nehmen, daß ich bedenklich krank sei.

17. Haß

Ja, es war das echte Gefühl des Hasses, nicht jenes Hasses, von dem nur in Romanen etwas geschrieben steht und an den ich nicht glaube, eines Hasses, der angeblich einen Genuß darin findet, einem Menschen Übles anzutun, sondern jenes Hasses, der einen unüberwindlichen Widerwillen gegen einen uns gleichwohl Achtung abnötigenden Menschen einflößt und einem dessen Haare, Gang, Stimme, alle seine Glieder und Bewegungen widerwärtig macht und einen gleichzeitig mit einer unbegreiflichen Macht zu ihm hinzieht, ja, einen zwingt, mit unruhiger Aufmerksamkeit selbst seine geringsten Handlungen zu verfolgen. Dieses Gefühl empfand ich für St. Jérôme.

St. Jérôme wohnte schon anderthalb Jahre bei uns. Wenn ich jetzt ruhigen Blutes über diesen Menschen urteile, finde ich, daß er ein biederer Franzose war, aber Franzose bis in die Fingerspitzen. Er war keineswegs ein Dummkopf, besaß nicht geringe Kenntnisse und erfüllte uns gegenüber gewissenhaft seine Pflicht, aber ihm waren gewisse Charakterzüge eigen, die er mit allen seinen Landsleuten gemeinsam hatte und die der russischen Art so entgegengesetzt sind: leichtfertige Selbstsucht, Eitelkeit, Keckheit und verstiegenes Selbstbewußtsein. Alles das mißfiel mir auf das äußerste. Natürlich hatte Großmutter ihm von vornherein ihren Standpunkt betreffs körperlicher Züchtigungen klargemacht, und er wagte nicht, uns zu schlagen. Aber trotzdem drohte er häufig, und zwar besonders mir, mit Hieben und sprach das Wort fouetter (es klang bei ihm wie fouatter) in so widerwärtiger Weise und in einem Ton aus, als ob es ihm das größte Vergnügen machen würde, mich durchzupeitschen.

Den Schmerz einer Züchtigung fürchtete ich durchaus nicht, hatte ich ihn doch nie kennengelernt, aber schon der bloße Gedanke, daß St. Jérôme mich schlagen könnte, versetzte mich in den peinlichen Zustand unterdrückter Verzweiflung und Wut.

Es war vorgekommen, daß uns Karl Iwanowitsch in einem ärgerlichen Augenblick mit einem Lineal oder den Hosenträgern bearbeitete; aber ich denke ohne den geringsten Ärger daran zurück. Selbst in der Zeit, von der ich rede (als ich vierzehn Jahre alt war), würde ich, wenn Karl Iwanowitsch mich geschlagen hätte, die Schläge von ihm kaltblütig hingenommen haben. Unsern Karl Iwanowitsch hatte ich lieb. Ich erinnerte mich an ihn, seit ich von mir selber wußte und war gewohnt, ihn als Mitglied unserer Familie zu betrachten; aber St. Jérôme war ein stolzer, selbstzufriedener Mensch, dem gegenüber ich nichts fühlte als jene unwillkürliche Achtung, die mir alle Erwachsenen einflößten. Karl Iwanowitsch war ein etwas lächerlich wirkender alter Mann, ein »Kinderwärter«, den ich von ganzem Herzen liebhatte, den ich aber in meinem kindlichen Unverstand in gesellschaftlicher Hinsicht unter mich stellte. Im Gegensatz dazu war St. Jérôme ein gebildeter, hübscher, junger Stutzer, der mit allen auf gleicher Stufe zu stehen beflissen war.

Karl Iwanowitsch schalt und bestrafte uns immer mit ausgeglichener Ruhe, und man konnte sehen, daß er eine Bestrafung für eine zwar notwendige, aber unangenehme Pflicht hielt. St. Jérôme dagegen gefiel sich in der Rolle des Erziehers; wenn er uns bestrafte, tat er es offensichtlich mehr zu seinem eigenen Vergnügen als zu unserem Nutzen. Er begeisterte sich an seiner eigenen Größe. Seine geschwollenen französischen Redensarten, die er mit starkem Ton auf der letzten Silbe, mit accents circonflexes, hervorbrachte, waren mir bis zur Unerträglichkeit zuwider. Geriet Karl Iwanowitsch in Harnisch, so sagte er einfach: »Puppenkomödie, frecher Schlingel, Teufelsbraten!« St.Jérôme warf uns Ausdrücke an den Kopf, die mein Ehrgefühl verletzten, wie zum Beispiel »mauvais sujet«, »vilain garnement« und so weiter.

Karl Iwanowitsch ließ uns in der Ecke hinknien, mit dem Gesicht zur Wand, und die Bestrafung bestand in körperlichem Schmerz; St. Jérôme streckte die Brust vor, machte eine majestätische Handbewegung, rief mit tragischer Stimme: »A genoux, mauvais sujet!« und befahl uns, den Blick auf ihn gerichtet, niederzuknien und ihn um Verzeihung zu bitten. Die Bestrafung bestand in der Demütigung.

Ich wurde nicht bestraft; ja niemand tat dessen, was mit mir vorgegangen war, auch nur Erwähnung; aber ich konnte all das, was ich in diesen beiden Tagen seelisch durchgemacht hatte, nicht vergessen: die Verzweiflung, die Scham, die Angst und den Haß. Obwohl mich St. Jérôme von da an scheinbar als Luft behandelte und sich fast gar nicht mit mir beschäftigte, konnte ich mich doch nicht daran gewöhnen, ihn gleichmütig anzusehen. Jedesmal, wenn unsere Augen zufällig einander begegneten, schien es mir, daß in meinem Blick eine zu offene Feindschaft zum Ausdruck komme, und ich beeilte mich, eine gleichgültige Miene aufzusetzen; aber wenn ich dann glaubte, daß er meine Verstellung durchschaute, wurde ich rot und wandte mich ab.

Kurz, es war mir unaussprechlich peinlich, mit ihm irgendwie zu tun zu haben.

Ich fühlte mich immer einsamer, und mein Hauptvergnügen bildeten Überlegungen und Beobachtungen, die ich für mich anstellte. Über den Gegenstand meiner Beobachtungen werde ich im folgenden Kapitel sprechen; der Schauplatz meiner Beobachtungen aber war insbesondere das Mädchenzimmer, in dem sich ein sehr interessanter und rührender Roman abspielte. Die Heldin dieses Romans war selbstverständlich Mascha. Sie war in Wasilij verliebt, der sie schon damals, als sie in Freiheit lebte, kennengelernt und ihr schon damals die Ehe versprochen hatte. Das Schicksal, das die beiden vor fünf Jahren getrennt hatte, hatte sie im Haus der Großmutter wieder zusammengeführt, aber ihrer gegenseitigen Liebe ein Hindernis in den Weg gelegt in der Person Nikolajs (Maschas Onkel), der von der Verheiratung seiner Nichte mit Wasilij nichts wissen wollte, den er einen unüberlegten und zügellosen Menschen nannte.

Dieses Hindernis brachte es mit sich, daß sich Wasilij, der sich bis dahin ziemlich kühl und nachlässig verhalten hatte, plötzlich in Mascha verliebte; sich so in sie verliebte, wie ein Gutsknecht und Schneider in einem rosa Hemd und mit pomadisierten Haaren dessen überhaupt fähig ist.

Obgleich die Äußerungen seiner Liebe sehr seltsam und unpassend waren (zum Beispiel suchte er, wenn er ihr begegnete, ihr immer einen Schmerz zu verursachen: entweder kniff er sie oder er versetzte ihr einen Schlag mit der flachen Hand oder er drückte ihr die Taille mit solcher Kraft zusammen, daß sie kaum noch atmen konnte), war doch seine Liebe selbst aufrichtig, was schon daraus hervorging, daß er, seit Nikolaj ihm die Hand seiner Nichte mit Entschiedenheit verweigert hatte, aus Gram zu trinken, sich in den Kneipen herumzutreiben, Händel zu suchen und sich so schlecht zu benehmen begann, daß er wiederholt auf der Polizei schmähliche Bestrafungen hinnehmen mußte. Aber dieses Verhalten mit seinen Folgen schien in Maschas Augen sogar ein Verdienst zu sein und vergrößerte noch ihre Liebe zu ihm. Wenn

Wasilij von der Polizei eingesperrt war, weinte Mascha ganze Tage lang, ohne ihre Augen zu trocknen, klagte ihrer Freundin Gascha ihr trauriges Schicksal (diese nahm an den Angelegenheiten des unglücklichen Liebespaares lebhaften Anteil) und lief, ohne sich aus den Scheltworten und Schlägen ihres Onkels etwas zu machen, heimlich auf die Polizeiwache, um ihren Geliebten zu besuchen und zu trösten.

Laß dich, lieber Leser, durch die Gesellschaft, in die ich dich führe, nicht abschrecken. Wenn die Saiten der Liebe und Teilnahme in deiner Seele noch nicht schlaff geworden sind, werden sich auch im Mädchenzimmer Töne finden, auf die sie ansprechen. Mag es dir nun belieben, mir zu folgen oder nicht, ich begebe mich auf den Treppenabsatz, von wo ich alles sehen kann, was im Mädchenzimmer vorgeht. Da ist die Ofenbank, auf der ein Bügeleisen, eine Puppe aus Karton mit zerschlagener Nase, ein kleines Waschfaß und eine Waschschüssel stehen; da ist das Fensterbrett, auf dem ein Stücklein schwarzes Wachs, eine Strähne Seide, eine angebissene grüne Gurke und eine kleine Schachtel mit Konfekt unordentlich umherliegen; da ist der große rote Tisch, auf dem eine angefangene Näharbeit, ein Ziegelstein, ein Stickrahmen liegen und an dem *sie* in dem mir besonders gefallenden rosafarbenen Leinkleid und einem himmelblauen Halstüchlein sitzt, das meine Aufmerksamkeit ganz besonders fesselt. Sie näht, ab und zu hält sie inne, um sich mit der Nadel den Kopf zu kratzen oder die Kerze zu putzen. Ich aber schaue sie an und denke bei mir: Warum ist sie nicht als vornehme Dame auf die Welt gekommen, mit diesen hellblauen Augen, dem gewaltigen dunkelblonden Zopf und der hohen Brust? Wie gut würde es ihr stehen, im Salon zu sitzen in einem Häubchen mit losen Bändern und in einem rotseidenen Kleid, nicht in so einem, wie es Mimi hat, sondern in einem, wie ich eins auf dem Twerskoj-Boulevard gesehen habe. Sie würde am Stickrahmen arbeiten, und ich würde sie im Spiegel betrachten und würde alles für sie tun, was sie nur wollte. Ich würde ihr den Umhang reichen, ihr selber das Essen bringen ...

Und was für ein Trinkergesicht, was für eine widerwärtige

Figur dieser Wasilij in dem engen Rock und dem schmutzigen rosa Hemd ist, das er über den Hosen trägt! In jeder Bewegung seines Körpers, in jeder Krümmung seines Rückens vermeine ich die unleugbaren Spuren der schmählichen Bestrafung zu sehen, die ihm zuteil geworden ist.

»Nun, Wasja, was gibt es wieder?« sagte Mascha; sie steckte die Nadel in das Kissen, hob aber nicht den Kopf, um den eintretenden Wasilij zu begrüßen.

»Nun, was soll es schon geben, als ob von *ihm* etwas Gutes kommen könnte«, antwortete Wasilij. »Wenn er nur endgültig entscheiden wollte, aber so gehe ich für nichts und wieder nichts zugrunde, und alles durch seine Schuld.«

»Wollen Sie Tee trinken?« sagte Nadjoscha, das andere Stubenmädchen.

»Danke gehorsamst. Und warum haßt mich dieser schändliche Kerl, dein Onkel? Weshalb? Deswegen, weil ich mich anständig kleide; wegen meiner Forsche und meines Ganges, mit einem Wort! Ach, es ist ein Kreuz!« schloß Wasilij mit einer wegwerfenden Handbewegung.

»Man muß sich eben fügen«, sagte Mascha und biß den Faden ab. »Aber du bist immer so ...«

»Ich kann es einfach nicht mehr aushalten!«

In diesem Augenblick hörte man in Großmutters Zimmer das heftige Zuschlagen einer Tür und dann die brummige Stimme Gaschas, die sich der Treppe näherte.

»Der soll es einer recht machen! Wo sie selber nicht weiß, was sie will! Ein verfluchtes Leben, wie im Zuchthaus! Man möchte sich am liebsten aufhängen, Gott verzeih mir die Sünde«, murmelte sie, mit den Armen fuchtelnd.

»Meine Hochachtung, Agafja Michailowna!« sagte Wasilij und erhob sich, um sie zu begrüßen.

»Sie sind da? Ich brauche deine Hochachtung nicht«, antwortete sie drohend, »und warum kommst du überhaupt? Schickt sich das etwa für eine Mannsperson, zu den Mädchen zu kommen?«

»Ich wollte mich nach Eurem Befinden erkundigen«, erwiderte Wasilij schüchtern.

»Ich werde bald krepieren, nun weißt du Bescheid über mein Befinden«, schrie Agafja in noch größerem Zorn aus voller Kehle.

Wasilij lachte.

»Da ist nichts zu lachen, und wenn ich sage: ›Scher dich fort!‹ dann marsch! Seh mir doch einer den Kerl an; heiraten will er, der Lump! Na, nun marsch, scher dich fort!«

Agafja Michailowna stampfte ärgerlich mit den Füßen auf, ging in ihr Zimmer und schlug die Tür so heftig zu, daß die Scheiben klirrten.

Durch die Bretterwand hindurch konnte man noch lange hören, wie sie auf alles und alle schimpfte, ihr Dasein verfluchte, ihre Sachen umherschleuderte und ihre Katze, die sonst ihr Liebling war, an den Ohren zerrte. Endlich öffnete sich die Tür ein wenig, und, am Schwanz hinausgeworfen, flog die Katze mit kläglichem Miauen durch den Spalt heraus.

»Ich sehe, ich muß ein andermal wiederkommen, um einen Schluck Tee zu trinken«, flüsterte Wasilij, »auf angenehmes Wiedersehen!«

»Ach, das tut ja nichts«, sagte Nadjoscha und zwinkerte ihm dabei zu; »ich gehe gleich hin und kümmere mich um den Samowar.«

»Ich werde nun der Sache selber ein Ende machen«, fuhr Wasilij fort, als Nadjoscha das Zimmer verlassen hatte, und rückte näher an Mascha heran. »Entweder gehe ich geradeswegs zur Gräfin und sage einfach: ›So und so‹ oder aber ... ich werfe alles hin und laufe davon bis ans Ende der Welt; bei Gott, das tue ich!«

»Und was soll aus mir werden ...«

»Um dich allein tut es mir auch leid, sonst wäre ich schon längst, längst über alle Berge, wahrhaftig, wahrhaftig!«

»Warum bringst du mir deine Hemden nicht zum Waschen, Wasja?« sagte Mascha nach längerem Schweigen. »Schau nur, wie schwarz dieses schon ist!« fügte sie hinzu und faßte nach seinem Hemdkragen.

In diesem Augenblick ertönte unten Großmutters Klingel, und Gascha kam wieder aus ihrem Zimmer heraus.

»Na, was willst du von ihr? Du schlechter Mensch!« sagte sie und stieß Wasilij, der bei ihrem Anblick hastig aufgestanden war, nach der Tür zu. »Nun hat er das Mädchen schon so weit gebracht und setzt ihr immer noch mehr zu. Es macht dir offenbar Vergnügen, du Bösewicht, sie weinen zu sehen. Nun aber hinaus mit dir! Verschwinde schleunigst! Und du scheinst einen schönen Narren an ihm gefressen zu haben«, fuhr sie, zu Mascha gewandt, fort. »Dein Onkel hat dich wohl heute noch nicht genug um seinetwegen geprügelt? Aber nein, immer das alte Lied: ›Ich will keinen anderen heiraten als Wasilij Gruskow.‹ Du dummes Frauenzimmer!«

»Und ich heirate auch keinen anderen; ich liebe keinen anderen, und wenn man mich seinetwegen auch totschlägt«, stieß Mascha hervor und brach plötzlich in Tränen aus.

Lange betrachtete ich Mascha, die auf der Ofenbank lag und sich die Tränen mit ihrem Halstuch abwischte. Ich bemühte mich auf jede Art und Weise, meine Ansicht über Wasilij zu ändern und den Gesichtspunkt zu finden, von dem aus er ihr so anziehend erscheinen konnte. Aber obwohl er an ihrem Schmerz aufrichtigen Anteil nahm, vermochte ich durchaus nicht zu begreifen, wie ein so bezauberndes Wesen wie Mascha einen Wasilij lieben konnte.

Sobald ich erwachsen bin, dachte ich bei mir selber, als ich wieder oben in meinem Zimmer war, wird Petrowskoje mir zufallen, und Wasilij und Mascha werden meine Leibeigenen sein. Ich werde in meinem Zimmer sitzen und eine Pfeife rauchen. Mascha geht mit dem Bügeleisen in die Küche. Ich sage: ›Ruft einmal Mascha her!‹ Sie kommt, und es ist niemand außer uns im Zimmer ... Auf einmal kommt Wasilij, und als er Mascha erblickt, ruft er: ›Nun ist alles aus!‹ und Mascha fängt an zu weinen; aber da sage ich: ›Wasilij, ich weiß, daß du sie liebst und daß sie dich liebt; hier hast du tausend Rubel, heirate sie, und gebe Gott dir Glück!‹ Ich selber aber gehe in das Sofazimmer.

Außer der zahllosen Menge von Gedanken und Träumereien, die völlig spurlos in unserem Verstand und in unserer Einbildungskraft vorüberziehen, gibt es auch solche, die in ihnen eine tiefe, spürbare Furche hinterlassen; oft erinnert man sich dann nicht mehr an den eigentlichen Inhalt des Gedankens, wohl aber daran, daß etwas Gutes durch den Kopf ging; man fühlt die von dem Gedanken zurückgelassene Spur und bemüht sich, ihn wieder ins Dasein zu rufen. Eine derartige tiefe Spur hinterließ in meiner Seele der Gedanke, daß ich mein Gefühl hatte zum Opfer bringen wollen, um Mascha zu ihrem Glück zu verhelfen, das sie nur in der Ehe mit Wasilij finden konnte.

19. Knabenalter

Man möchte kaum glauben, welcherart die Gegenstände waren, über die ich in meinem Knabenalter am liebsten und am häufigsten nachdachte: so wenig paßten sie zu meinem Lebensalter und meiner ganzen Lage. Aber meiner Meinung nach ist gerade die Kluft, die zwischen der seelischen Tätigkeit eines Menschen und seiner Lage besteht, der zuverlässigste Echtheitsbeweis.

Während des Jahres, in dem ich ein einsames, auf mich selbst konzentriertes Seelenleben führte, drängten sich mir schon alle abstrakten Fragen über die Bestimmung des Menschen, über das Leben nach dem Tode und über die Unsterblichkeit der Seele auf, und mein schwacher, kindlicher Verstand bemühte sich, mit der ganzen Glut der Unerfahrenheit, jene Fragen aufzuhellen, deren Aufwerfung die höchste Stufe darstellt, bis zu der der menschliche Verstand gelangen kann, deren Lösung ihm aber nicht beschieden ist.

Der menschliche Verstand durchläuft scheint's bei jedem Individuum dieselbe Entwicklung wie bei ganzen Generationen; die Gedanken, die den verschiedenen philosophischen Systemen zugrundeliegen, bilden untrennbare Teile des Verstandes, und jeder Mensch wird sich ihrer mehr oder weniger deutlich bewußt, bevor er etwas von der Existenz der philosophischen Systeme erfährt.

Diese Gedanken boten sich meinem Geist mit so überraschender Klarheit dar, daß ich sie sogar auf das Leben anzuwenden versuchte, wobei ich mir einbildete, ich sei der erste, der so große nützliche Wahrheiten entdeckt habe.

So kam mir einmal der Gedanke, das Glück hänge nicht von äußeren Umständen ab, sondern von der Art, wie wir uns ihnen gegenüber verhielten. Ein Mensch, der sich gewöhnt habe, Leiden zu ertragen, könne nicht unglücklich sein; und um mich an Pein und Beschwerden zu gewöhnen, hielt ich, ungeachtet des entsetzlichen Schmerzes, die Wörterbücher von Tatischtschew jedesmal fünf Minuten lang mit ausgestreckten Armen, oder ich ging in eine Bodenkammer und geißelte mir den nackten Rücken mit einem Strick so schmerzhaft, daß mir unwillkürlich die Tränen in die Augen traten.

Ein andermal fiel mir plötzlich ein, daß mich der Tod jede Stunde, jede Minute ereilen könnte; daher sagte ich mir (und ich begriff nicht, wie der Mensch das bisher nicht hatte einsehen können), daß der Mensch nur dann glücklich sein könne, wenn er die Gegenwart genieße, ohne an die Zukunft zu denken, und unter dem Einfluß dieser Denkweise warf ich drei Tage lang jede Arbeit beiseite und beschäftigte mich, auf dem Sofa liegend, nur damit, zu meinem Genuß einen Roman zu lesen und Honigkuchen zu essen, die ich mir für mein letztes Geld gekauft hatte.

Wieder einmal, als ich vor der schwarzen Tafel stand und auf ihr mit Kreide allerlei Figuren zeichnete, durchzuckte mich plötzlich der Gedanke: Warum ist die Symmetrie den Augen angenehm? Was ist eigentlich Symmetrie? – Sie ist ein angeborenes Gefühl, gab ich mir selber zur Antwort. Worauf beruht sie? Herrscht denn im Leben in allem Symmetrie? – Im Gegenteil! Da ist das Leben –, und ich zeichnete ein Oval auf die Tafel. Nach dem Leben geht die Seele in die Ewigkeit hinüber; da ist die Ewigkeit – ich zog von der einen Seite des Ovals einen Strich bis an den Rand der Tafel. Warum ist denn auf der anderen Seite nicht auch ein solcher Strich vorhanden? Und in der Tat, wie kann es eine solche einseitige Ewigkeit geben? Wir haben sicher schon vor diesem Leben existiert, obwohl wir die Erinnerung daran verloren haben.

Diese Argumentation, die mir außerordentlich neu und klar vorkam und deren logischen Gang ich jetzt nur mühsam wiederherstellen kann, gefiel mir außerordentlich, und ich griff zu einem Stück Papier in der Absicht, sie schriftlich darzulegen; aber bei diesem Versuch strömte plötzlich eine solche Unmenge von Gedanken in meinem Kopf zusammen, daß ich genötigt war, aufzustehen und im Zimmer auf und ab zu gehen. Als ich zum Fenster kam, zog ein Pferd meine Aufmerksamkeit auf sich, das der Kutscher gerade an einen Wasserwagen spannte, und alle meine Gedanken konzentrierten sich auf die Lösung der Frage: In welches Tier oder in welchen Menschen wird die Seele dieses Pferdes übergehen, wenn es verreckt? In diesem Augenblick ging Wolodja durch das Zimmer und lächelte, als er bemerkte, daß ich über etwas nachdachte, und dieses Lächeln genügte mir, um zu erkennen, daß alles, worüber ich nachgedacht hatte, der schrecklichste Unsinn war.

Ich habe diesen Vorfall, der mir aus irgendwelchen Gründen im Gedächtnis haften geblieben ist, nur erzählt, um dem Leser eine Vorstellung davon zu geben, welcherart meine Denkversuche waren.

Aber keine aller philosophischen Richtungen übte auf mich eine solche Anziehungskraft aus wie der Skeptizismus, der mich eine Zeitlang in einen an Irrsinn grenzenden Zustand versetzte. Ich stellte mir vor, daß außer mir niemand und nichts auf der ganzen Welt existiere, die Dinge nicht Dinge, sondern Bilder seien, die nur dann sichtbar würden, wenn ich meine Aufmerksamkeit auf sie richtete; sobald ich aufhörte, an sie zu denken, verschwänden diese Bilder sofort. Kurz, ich traf mit Schelling in der Anschauung zusammen, daß nicht die Dinge wirklich vorhanden seien, sondern nur mein Verhältnis zu ihnen. Es gab Augenblicke, da infolge dieser fixen Idee meine Verrücktheit einen derartigen Grad annahm, daß ich mich manchmal schnell nach der entgegengesetzten Wand umdrehte in der Erwartung, da, wo ich nicht war, plötzlich das Nichts (le néant) vorzufinden.

Welch klägliche, wertlose Triebfeder der geistigen Tätigkeit ist doch dieser menschliche Verstand!

Mein schwacher Geist vermochte das Undurchdringliche nicht zu durchdringen; aber bei dieser meine Kräfte übersteigenden Anstrengung verlor ich eine nach der anderen dieser Überzeugungen, die ich um meines Lebensglückes willen nie hätte antasten dürfen.

Alle diese anstrengenden geistigen Bemühungen brachten mir nichts als eine Beweglichkeit des Verstandes, durch die meine Willenskraft geschwächt wurde, und die Gewöhnung an ein beständiges, geistiges Zerpflücken, wodurch die Frische der Empfindung und die Klarheit des Urteils zerstört wurden.

Abstrakte Gedanken bilden sich infolge der Fähigkeit des Menschen, in einem bestimmten Augenblick mit dem Bewußtsein den Zustand des Geistes zu erfassen und im Gedächtnis festzuhalten. Durch meine Neigung zur abstrakten Betrachtung erhielt mein Bewußtsein eine so übernatürliche Entwicklung, daß ich oft, wenn ich über die einfachsten Sachen nachzudenken begann, in einen ausweglosen Kreis der zergliederten eigenen Gedanken hineingeriet und nun nicht mehr über die mich beschäftigende Frage nachdachte, sondern darüber, worüber ich eigentlich nachdächte. Ich fragte mich: Worüber denke ich eigentlich nach? und ich antwortete mir: Ich denke darüber nach, worüber ich nachdenke. – Worüber denke ich aber nach? – Ich denke, daß ich denke, worüber ich nachdenke, und so weiter. Der Verstand wollte mir stillestehen ...

Aber die philosophischen Entdeckungen, die ich machte, schmeichelten meiner Eitelkeit ganz außerordentlich. Ich kam mir oft als ein großer Mann vor, der neue Heilswahrheiten für die ganze Menschheit entdeckt hat, und blickte im stolzen Bewußtsein meines Wertes auf die übrigen Sterblichen herab; aber seltsam: sobald ich mit diesen Sterblichen in Berührung kam, überfiel mich vor jedem einzelnen von ihnen die größte Scheu, und je höher ich mich in meiner eigenen Meinung stellte, um so weniger war ich imstande, anderen gegenüber das Bewußtsein meines eigenen Wertes zu behaupten; ich konnte nicht einmal die Gewohnheit überwinden, mich bei dem einfachsten Wort, das ich sprach, bei der einfachsten Bewegung, die ich machte, zu schämen.

20. Wolodja

Ja, je weiter ich in der Beschreibung dieses Abschnittes meines Lebens vorankomme, um so schwerer und unangenehmer wird es mir. Gar zu selten finde ich unter den Erinnerungen an jene Zeit Augenblicke jener echten, wahren Empfindung, die den Anfang meines Lebens mit so steter Helle beleuchtet hatte. Unwillkürlich verlangt es mich danach, die Wüste des Knabenalters recht schnell zu durcheilen, um zu jenem glücklichen Zeitabschnitt zu gelangen, wo wieder ein wahrhaft zartes, edles Gefühl der Freundschaft mit lichtem Glanz den Ausgang dieses Lebensalters bestrahlte und zu einem neuen den Grund legte, der vom Zauber der Poesie erfüllten Jünglingszeit.

Ich will meine Erinnerungen nicht Stunde für Stunde durchgehen, sondern nur einen schnellen Blick auf die wichtigsten unter ihnen werfen, von dem Zeitpunkt an, bis zu dem ich meinen Bericht geführt hatte, und bis zu meiner Annäherung an den außerordentlichen Menschen, der einen entscheidenden, wohltätigen Einfluß auf meinen Charakter und meine Geistesentwicklung ausübte.

Wolodja soll demnächst die Universität beziehen. Die Lehrer erteilen ihm schon gesonderten Unterricht, und ich höre voller Neid und mit unwillkürlicher Hochachtung, wie er mit der Kreide kühn gegen die schwarze Tafel hämmert und von Funktionen, Sinussen, Koordinaten und so weiter redet, lauter Dinge, die mir als Offenbarungen der höchsten Weisheit erscheinen. Eines Sonntags gar versammeln sich nach dem Mittagessen in Großmutters Zimmer alle Lehrer, selbst zwei Professoren, und veranstalten in Gegenwart von Papa und einigen Gästen eine Probe der Universitätsprüfung, bei der Wolodja zu Großmutters großer Freude vorzügliche Kenntnisse an den Tag legt. Auch an mich werden aus einigen Gebieten ein paar Fragen gerichtet; aber ich schneide äußerst kümmerlich ab, und die Professoren geben sich ersichtlich Mühe, der Großmutter meine Unkenntnisse zu verbergen, was meine Verlegenheit noch steigert. Übrigens schenkt man mir überhaupt wenig Aufmerksamkeit: ich bin erst fünfzehn Jahre alt, habe also bis zur Prüfung noch ein Jahr Zeit. Wolodja pflegt nur zum Mittagessen nach unten zu kommen; die ganze übrige Zeit des Tages und sogar die Abende verbringt er oben bei seiner Arbeit, und zwar auf eigenen Wunsch, nicht unter irgendeinem Zwang. Er ist außerordentlich ehrgeizig und möchte die Prüfung mit Auszeichnung, nicht nur ausreichend bestehen.

Nun ist der Tag der ersten Prüfung gekommen. Wolodja zieht einen blauen Frack mit Bronzeknöpfen und Lackstiefel an und schmückt sich mit einer goldenen Uhr samt Kette; Papas Phaethon fährt an der Freitreppe vor; Nikolaj schlägt die Wagendecke zurück, und Wolodja fährt mit St. Jérôme zur Universität. Die Mädchen, besonders Katenka, betrachten durch das Fenster mit freudigen, entzückten Gesichtern die stattliche Gestalt Wolodjas, wie er so in den Wagen steigt. Papa sagt: »Viel Glück, viel Glück!« und die Großmutter, die sich auch ans Fenster geschleppt hat, macht mit Tränen in den Augen nach Wolodja hin das Zeichen des Kreuzes – so lange, bis der Wagen um die Straßenecke verschwunden ist, und flüstert etwas vor sich hin.

Wolodja kehrt zurück. Alle fragen ihn ungeduldig: »Nun, alles gut? Welche Note?« Aber schon an seinem vergnügten Gesicht kann man sehen, daß die Sache geklappt hat. Wolodja hat seine Fünf bekommen. Am anderen Tag gibt man ihm mit denselben guten Wünschen und mit derselben Furcht das Geleite und empfängt ihn mit der gleichen Ungeduld und Freude. So vergehen neun Tage. Am zehnten Tag steht die letzte, schwerste Prüfung bevor, die in Religion; alle stehen an den Fenstern und warten auf ihn mit noch größerer Ungeduld. Es ist schon zwei Uhr, und Wolodja ist noch nicht da.

»Mein Gott! Mein Gott! Da sind sie ja, da sind sie ja!« ruft Ljubotschka, die das Gesicht gegen die Scheiben gedrückt hat.

Und wirklich, in dem Phaethon sitzt an St. Jérômes Seite Wolodja, aber nicht mehr im blauen Frack und mit grauer Mütze, sondern schon in einer Studentenuniform mit gesticktem blauen Kragen, einen Dreimaster auf dem Kopf und einen vergoldeten Degen an der Seite.

»Ach, wenn *sie* noch lebte!« ruft die Großmutter, als sie Wolodja in der Uniform erblickt, und fällt in Ohnmacht.

Wolodja kommt mit strahlendem Gesicht ins Vorzimmer gelaufen, küßt und umarmt mich, Ljubotschka, Mimi und Katenka, die dabei bis über die Ohren rot wird. Wolodja weiß sich vor Freude nicht zu fassen. Und wie hübsch er in dieser Uniform aussieht! Wie gut der blaue Kragen zu seinem sich gerade hervorwagenden schwarzen Schnurrbärtchen paßt! Was für eine lange, schlanke Taille er hat! Und was für einen vornehmen Gang! An diesem denkwürdigen Tag essen alle in Großmutters Zimmer zu Mittag; auf allen Gesichtern glänzt die Freude, und als bei Tisch der Kuchen gereicht wird, bringt der Haushofmeister mit feierlich würdevoller, aber zugleich vergnügter Miene eine in die Serviette geschlagene Flasche Champagner. Die Großmutter trinkt zum ersten Mal seit Mamas Tode wieder Champagner. Sie trinkt ein ganzes Glas auf Wolodjas Wohl und fängt, als sie ihn betrachtet, von neuem an zu weinen. Wolodja fährt von nun an in seiner eigenen Kalesche aus, empfängt seine Bekannten bei sich, raucht, besucht Bälle, und ich habe sogar mit eigenen Augen gesehen, wie er einmal in seinem Zimmer mit seinen Bekannten zwei Flaschen Champagner trank und wie sie bei jedem Glas die Gesundheit irgendeiner geheimnisvollen Person ausbrachten und darüber stritten, wer le fond de la bouteille bekommen solle. Das Mittagessen nimmt er jedoch regelmäßig zu Hause ein, setzt sich nach Tisch wie früher im Sofazimmer hin und führt mit Katenka geheimnisvolle Gespräche; aber soviel ich, der ich an diesen Gesprächen nicht teilnehme, hören kann, unterhalten sie sich nur über die Helden und Heldinnen der von ihnen gelesenen Romane, über Eifersucht und über Liebe, und ich kann gar nicht begreifen, was sie an diesen Gesprächen Interessantes finden können, und warum sie so fein lächeln und so hitzig streiten.

Überhaupt merke ich, daß zwischen Katenka und Wolodja außer der zwischen Kindheitsgespielen begreiflichen Freundschaft noch irgendwelche seltsamen Beziehungen bestehen, durch die sie von uns entfernt und in geheimnisvoller Weise untereinander verbunden sind.

21. Katenka und Ljubotschka

Katenka ist sechzehn Jahre alt; sie ist erwachsen; das Eckige der Körperformen, das Linkische, Ungeschickte der Bewegungen, wie sie einem Mädchen im Entwicklungsalter eigen sind, ist der harmonischen Frische und Anmut einer sich öffnenden Knospe gewichen, sie selbst hat sich aber nicht geändert. Sie hat noch dieselben hellblauen Augen und denselben lächelnden Blick, dasselbe gerade Naschen mit den starken Nasenlöchern, das mit der Stirn fast eine einzige Linie bildet, und dasselbe Mündchen mit dem heiteren Lächeln, dieselben reizenden Grübchen auf den rosigen, durchschimmernden Bäckchen und dieselben weißen Händchen ... und wie früher paßt auf sie außerordentlich gut die Bezeichnung: ein sauberes Ding! Neu ist an ihr nur der dicke dunkelblonde Zopf, den sie nach Art der Erwachsenen trägt, und die junge Brust, über deren Entwicklung sie sichtlich Freude und Verlegenheit empfindet.

Obwohl Ljubotschka mit ihr zusammen aufgewachsen und erzogen worden ist, ist sie doch in dieser Hinsicht ein ganz anderes Mädchen.

Ljubotschka ist von kleinem Wuchs, und infolge der englischen Krankheit haben ihre Beine bis zum heutigen Tag Ähnlichkeit mit denen einer Gans. Sie hat eine sehr häßliche Taille; hübsch sind an ihr nur die Augen, und diese Augen sind tatsächlich sehr schön, groß und schwarz, und haben einen so unwiderstehlichen, angenehmen Ausdruck von Ernst und Naivität, daß sie geradezu notwendigerweise die Aufmerksamkeit auf sich lenken. Ljubotschka ist in jeder Hinsicht schlicht und natürlich, Katenka möchte dagegen scheint's irgend jemandem ähnlich sein. Ljubotschka blickt immer gerade vor sich hin und läßt, wenn sie ihre großen schwarzen Augen einmal auf jemanden gerichtet hat, sie so lange auf ihm ruhen, daß sie nachher dafür gescholten wird, weil das unhöflich sei. Katenka dagegen senkt die Wimpern, blinzelt und versichert, kurzsichtig zu sein, während ich doch sehr gut weiß, daß sie vorzüglich sieht. Ljubotschka liebt es nicht, in Anwesenheit Fremder zu schauspielern, und wenn jemand sie in Gegenwart von Gästen küßt, schmollt sie und sagt, sie könne solche Zärtlichkeiten nicht ausstehen. Katenka dagegen wird, besonders wenn Gäste da sind, gegen Mimi zärtlich und geht dann gern Arm in Arm mit einem andern Mädchen im Saal umher. Ljubotschka ist furchtbar lachlustig und schwenkt manchmal, wenn sie einen Lachanfall bekommt, die Arme und läuft im Zimmer umher; Katenka dagegen bedeckt, wenn sie zu lachen anfängt, den Mund mit dem Taschentuch oder den Händen. Ljubotschka hält beim Sitzen den Kopf immer gerade und läßt beim Gehen die Arme herabhängen. Katenka hält den Kopf ein wenig schief und geht mit verschränkten Armen. Ljubotschka freut sich immer schrecklich, wenn es ihr gelingt, mit einem erwachsenen Mann ein Gespräch zu führen, und sagt, sie werde ganz bestimmt einmal einen Husaren heiraten; Katenka dagegen erklärt, sie könne die Mannsbilder allesamt nicht ausstehen und werde niemals heiraten, und wenn ein Mann mit ihr spricht, so wird sie auf einmal eine ganz andere, gerade als fürchte sie sich vor etwas. Ljubotschka ist stets auf Mimi ärgerlich, weil ihr das Korsett so eng geschnürt wird, daß sie »nicht atmen kann«, und sie langt beim Essen gern zu; Katenka dagegen steckt oft den Finger in den Bund ihres Kleides und zeigt uns, wie weit es ihr sei, und sie ißt außerordentlich wenig. Ljubotschka zeichnet gern Köpfe; Katenka zeichnet nur Blumen und Schmetterlinge. Ljubotschka spielt genau und gründlich Fields Konzerte und einige Sonaten von Beethoven; Katenka spielt Variationen und Walzer, nimmt es mit dem Tempo nicht so genau, schlägt stark auf die Tasten, tritt unaufhörlich das Pedal und greift, bevor sie zu spielen beginnt, gefühlvoll drei Akkorde arpeggio.

Aber Katenka hat (meiner damaligen Meinung nach) mehr Ähnlichkeit mit einer Erwachsenen und gefällt mir deshalb weit besser.

Seitdem Wolodja die Universität besucht, ist Papa besonders heiter und kommt häufiger als sonst zur Großmutter zum Mittagessen. Übrigens besteht, wie ich von Nikolaj erfahren habe, der Grund seiner heiteren Stimmung darin, daß er in der letzten Zeit außerordentlich viel am Spieltisch gewonnen hat. Es kommt sogar vor, daß er abends, ehe er in den Klub geht, zu uns hereinkommt, sich ans Klavier setzt, uns um sich versammelt und Zigeunerlieder singt, wobei er mit seinen weichen Stiefeln den Takt tritt (Absätze kann er nicht leiden und trägt niemals welche), und dann muß man das lustige Entzücken seines Lieblings Ljubotschka sehen, die ihrerseits ihn vergöttert. Gelegentlich kommt er auch in das Klassenzimmer und hört mit ernster Miene zu, wie ich mein Pensum aufsage; aber an einigen Bemerkungen, mit denen er mich verbessern will, merke ich, daß er das, was ich zu lernen habe, wenig kennt. Manchmal blinzelt er uns heimlich zu und gibt uns Zeichen, wenn die Großmutter anfängt, ohne Ursache zu brummen und auf alle zu schelten. »Na, da haben wir ja ordentlich eins abbekommen, Kinder«, sagt er nachher. Überhaupt steigt er in meinen Augen allmählich von jener unerreichbaren Höhe herab, auf die ihn meine kindliche Einbildungskraft gestellt hatte. Ich küsse mit demselben aufrichtigen Gefühl der Liebe und Hochachtung seine große, weiße Hand, aber ich erlaube mir schon, über ihn nachzudenken und seine Handlungen zu kritisieren, und es kommen mir unwillkürlich über ihn Gedanken in den Kopf, die mich erschrecken. Niemals werde ich einen Vorfall vergessen, der viele solche Gedanken bei mir hervorrief und mir viel seelisches Leid bereitete.

Er kam einmal spät abends in schwarzem Frack und weißer Weste in den Salon, um Wolodja, der sich in seinem Zimmer ankleidete, auf den Ball mitzunehmen. Die Großmutter wartete im Schlafzimmer darauf, daß Wolodja zu ihr hereinkäme, um sich ihr zu zeigen (sie war gewohnt, ihn vor jedem Ball zu sich kommen zu lassen, um ihn zu segnen, ihn zu mustern und ihm allerlei Anweisungen zu geben). Im Saal, der nur von einer Lampe erleuchtet war, gingen Mimi und Katenka auf und ab, Ljubotschka aber saß am Flügel und übte das zweite Konzert von Field, Mamas Lieblingsstück.

Niemals habe ich bei irgendwem eine solche Familienähnlichkeit gesehen wie zwischen meiner Schwester und unserer Mutter. Diese Ähnlichkeit lag nicht im Gesicht, nicht in der Gestalt, sondern in etwas Unbestimmbarem: in den Bewegungen der Hände, in der Art zu gehen, besonders in der Stimme und in gewissen Ausdrücken. Wenn Ljubotschka ärgerlich wurde und sagte: »Das dauert ja eine Ewigkeit, bis man herein darf«, so sprach sie das Wort »Ewigkeit«, dessen sich auch Mama zu bedienen pflegte, in einer Weise aus, daß ich Mama zu hören glaubte. Es war eine langgezogene E-wigkeit. Doch am auffälligsten war diese Ähnlichkeit beim Klavierspielen und bei allen dazugehörigen Bewegungen; sie legte ebenso ihr Kleid zurecht, wandte ebenso die Notenblätter mit der linken Hand von obenher um, schlug ebenso vor Ärger mit der Faust auf die Tasten, wenn ihr eine schwere Passage längere Zeit nicht gelingen wollte, und sagte dabei: »Herr, du mein Gott!« Und dazu dieselbe unbeschreibliche Zartheit und die Genauigkeit des Spiels, jenes schönen Fieldschen Spiels, das man so treffend jeu perlé genannt hat und dessen Reiz alle Zauberkunststücke neuerer Pianisten nicht in Vergessenheit bringen können.

Papa kam mit schnellen, kleinen Schritten ins Zimmer und trat auf Ljubotschka zu, die bei seinem Anblick zu spielen aufhörte.

»Nicht doch, spiel weiter, Ljubotschka, spiel weiter!« sagte er und nötigte sie, sich wieder hinzusetzen; »du weißt, wie gern ich dich höre!«

Ljubotschka spielte weiter, und Papa saß ihr lange gegenüber, den Kopf in die Hand gestützt, dann zuckte er schnell mit der Schulter, stand auf und begann im Zimmer auf und ab zu gehen. Wenn er zum Flügel kam, blieb er jedesmal stehen und sah Ljubotschka lange unverwandt an. An seinen Bewegungen und an seinem Gang bemerkte ich, daß er aufgeregt war. Nachdem er einige Male im Saal hin und her gegangen war, blieb er hinter Ljubotschkas Stuhl stehen, küßte sie auf den schwarzen Kopf, wandte sich dann schnell um und setzte seinen Spaziergang fort. Als das Stück beendet war und Ljubotschka mit der Frage zu ihm trat: »War es gut?« nahm er sie schweigend beim Kopf und küßte sie mehrmals mit einer solchen Zärtlichkeit auf Stirn und Augen, wie ich sie an ihm noch nie gesehen hatte.

»Ach, mein Gott, du weinst«, sagte Ljubotschka auf einmal, ließ seine Uhrkette los und richtete ihre großen erstaunten Augen auf sein Gesicht. »Verzeih mir, lieber Papa, ich hatte ganz vergessen, daß es Mamas Lieblingsstück war.«

»Nicht doch, liebes Kind, spiele es nur recht oft«, sagte er, und seine Stimme zitterte dabei vor Erregung. »Wenn du wüßtest, wie wohl es mir tut, mit dir zu weinen ...«

Er küßte sie noch einmal, zuckte in dem Bemühen, seiner inneren Erregung Herr zu werden, mit der Schulter und ging durch die Tür hinaus, die über den Korridor hinüber in Wolodjas Zimmer führte.

»Wolodja, bist du bald fertig?« rief er, mitten auf dem Korridor stehenbleibend. Gerade in diesem Augenblick kam an ihm das Stubenmädchen Mascha vorbei, die, als sie ihren Herrn erblickte, die Augen niederschlug und um ihn herumgehen wollte. Er hielt sie an: »Du wirst immer schöner«, sagte er, sich zu ihr herabbeugend.

Mascha errötete und ließ den Kopf noch tiefer herabhängen. »Erlauben Sie«, flüsterte sie.

»Wolodja, nun, bist du bald fertig?« rief Papa, noch einmal mit der Schulter zuckend und hüstelnd, als Mascha weiterging und er mich erblickte ...

Ich liebe Papa, aber der Verstand des Menschen lebt sein vom Herzen unabhängiges Leben und nimmt oft Gedanken in sich auf, die das Gefühl beleidigen und für dieses unbegreiflich und schmerzlich sind. Und solche Gedanken kamen mir damals, obwohl ich mich bemühte, sie abzuweisen ...

Großmutter wird von Tag zu Tag schwächer; ihre Klingel, die Stimme der mürrischen Gascha und das Schlagen der Türen ist von ihrem Zimmer her häufiger zu hören, und sie empfängt uns nicht mehr in ihrem Wohnzimmer, in dem großen Sessel, sondern in ihrer Schlafstube, in dem hohen Bett mit den spitzenbesetzten Kissen. Wenn ich sie morgens begrüße, bemerke ich auf ihrer Hand eine wachsgelbe, glänzende Geschwulst, und im Zimmer nehme ich den bedrückenden Geruch wahr, den ich vor fünf Jahren in Mamas Zimmer spürte. Der Hausarzt besucht sie dreimal täglich, und öfters werden auch andere Ärzte zur Beratung hinzugezogen; aber ihr Charakter, ihr stolzes, feierlich gemessenes Benehmen allen Hausgenossen und besonders Papa gegenüber hat sich in keinerlei Weise geändert. Sie dehnt noch genauso die Worte, zieht die Augenbrauen in die Höhe und sagt: »Mein Lieber«.

Aber mehrere Tage lang läßt man uns nicht zu ihr, und eines Morgens schlägt mir St. Jérôme zur Unterrichtszeit vor, mit Ljubotschka und Katenka spazieren zu fahren. Obgleich ich beim Einsteigen in den Schlitten bemerke, daß die Straße vor Großmutters Fenster mit Stroh bedeckt ist und daß mehrere Männer in langen blauen Tuchröcken an unserem Tor stehen, vermag ich absolut nicht zu verstehen, warum man uns zu einer ungewöhnlichen Tageszeit spazierenfahren heißt. An diesem Tag befinden sich Ljubotschka und ich während der ganzen Ausfahrt aus irgendeinem Grund in jener besonders vergnügten Stimmung, in der jeder gewöhnliche Vorfall, jedes Wort, jede Bewegung einen Lachausbruch verursacht.

Ein Straßenverkäufer läuft mit seiner Mulde eilends quer über die Straße, und wir lachen. Ein abgerissener Droschkenkutscher holt, mit den Enden der Zügel herumfuchtelnd, im Galopp unseren Schlitten ein, und wir brechen in Lachen aus. Filipps Peitschenschnur bleibt an einer Schlittenkufe hängen; er dreht sich um und sagt: »Ach, herrje!« und wir wollen uns ausschütten vor Lachen. Mimi sagt mit unzufriedener Miene, nur dumme Menschen brächten es fertig, ohne Grund zu lachen. Ljubotschka wird bei dem Bemühen, das Lachen zu unterdrücken, über und über rot und schaut mich von der Seite an. Unsere Augen begegnen sich, und wir brechen in ein solch homerisches Gelächter aus, daß uns die Tränen in die Augen treten und wir nicht imstande sind, die Lachanfälle, die uns zu ersticken drohen, zu unterdrücken. Kaum haben wir uns ein wenig beruhigt, schaue ich Ljubotschka an und sage ein mystisches Wörtchen, das bei uns seit einiger Zeit Mode ist und stets Gelächter hervorruft, und wir platzen aufs neue los.

Als wir auf der Rückfahrt wieder nahe bei unserem Haus sind, öffne ich eben den Mund, um meiner Schwester eine herrliche Fratze zu schneiden, da fällt mein Blick auf einen Sargdeckel, der an den einen Flügel unseres Tores gelehnt ist, und mein Mund bleibt in derselben schiefen Haltung stehen.

»Votre grand'mère est morte«, sagt St. Jérôme, der uns entgegenkommt, mit bleichem Antlitz.

Während Großmutters Leiche im Hause steht, empfinde ich das peinliche Gefühl der Todesfurcht, das heißt, der Leichnam erinnert mich lebhaft und in unangenehmer Weise daran, daß auch ich einmal sterben muß, ein Gefühl, das man sich eigentümlicherweise mit Trauer zu verwechseln gewöhnt hat. Ich bedaure die Großmutter nicht, auch sonst bedauert sie kaum jemand aufrichtig; obgleich das Haus voll von Trauergästen ist, bedauert niemand ihren Tod, mit Ausnahme einer einzigen Person, deren fassungslose Betrübnis mich in unbeschreibliches Erstaunen versetzt. Diese Person ist das Stubenmädchen Gascha. Sie geht in eine Bodenkammer, schließt sich dort ein, weint unaufhörlich, verwünscht sich selber, rauft sich die Haare, will auf keinerlei Zureden hören und sagt, nach dem Verlust der geliebten Herrin bleibe ihr als einziger Trost nur der Tod.

Wiederum muß ich sagen: Im Bereich des Gefühlslebens ist die Unwahrscheinlichkeit das zuverlässigste Kennzeichen der Wahrheit.

Großmutter ist nicht mehr; aber noch sind in unserem Haus die Erinnerungen an sie lebendig, und man spricht viel von ihr. Diese Gespräche beziehen sich vorzugsweise auf das

Testament, das sie vor ihrem Ende gemacht hat und das niemand kennt außer ihrem Testamentsvollstrecker, dem Fürsten Iwan Iwanowitsch. Bei den Leuten der Großmutter bemerke ich eine gewisse Aufregung; sie reden oft darüber, wohin wohl ein jeder von ihnen kommen werde, und ich gestehe, ich denke unwillkürlich und mit Vergnügen daran, daß wir eine Erbschaft machen.

Sechs Wochen danach erzählte mir Nikolaj, die wandelnde Zeitung unseres Hauses, die Großmutter habe ihr ganzes Vermögen meiner Schwester Ljubotschka vermacht und die Vormundschaft bis zu ihrer Verheiratung nicht unserem Papa, sondern dem Fürsten Iwan Iwanowitsch übertragen.

24. Ich

Nur wenige Monate trennen mich von dem Tag, da ich die Universität beziehen soll. Ich lerne gut. Meine Lehrer erwarte ich ohne Angst, ja, der Unterricht bereitet mir sogar ein gewisses Vergnügen.

Es macht mir Spaß, das auswendig gelernte Pensum klar und deutlich herzusagen. Ich bereite mich für die mathematische Fakultät vor, und wenn ich die Wahrheit sagen soll, so habe ich diese Wahl ausschließlich deswegen getroffen, weil die Ausdrücke Sinus, Tangente, Differential, Integral und so weiter mir sehr gefallen.

Ich bin von Wuchs viel kleiner als Wolodja, breitschultrig und fleischig; wie früher bin ich häßlich und ärgere mich genauso wie früher. Ich bemühe mich, als Original zu erscheinen. Mein einziger Trost ist der, daß Papa einmal von mir gesagt hat, ich hätte eine intelligente Visage, woran ich selber felsenfest glaube. St. Jérôme ist mit mir zufrieden und lobt mich, und ich hasse ihn nicht; ja, wenn er manchmal sagt, »bei meinen Fähigkeiten und bei meinem Verstand« würde es eine Schande sein, wenn ich das und das nicht herausbekäme, liebe ich ihn sogar.

Meine Beobachtungen im Mädchenzimmer haben schon längst aufgehört; ich schäme mich, hinter der Tür zu spionieren, und außerdem hat mich auch die Überzeugung, die ich von Maschas Liebe zu Wasilij gewonnen habe, recht abgekühlt. Endgültig geheilt hat mich von dieser unglücklichen Leidenschaft Wasilijs Heirat, zu der ich selber auf seine Bitte hin Papas Erlaubnis erbeten habe.

Als das junge Paar mit einem Präsentierteller voll Konfekt zu Papa kommt, um ihm zu danken, und Mascha, in einem Häubchen mit himmelblauen Bändern, sich gleichfalls bei uns allen für etwas bedankt und einen jeden von uns auf die Schulter küßt, verspüre ich nur den Geruch der Rosenpomade in ihrem Haar, aber nicht die geringste Erregung.

Überhaupt fange ich an, allmählich die Zeichen meines Knabenalters abzulegen, allerdings mit Ausnahme des Hauptfehlers, der mir in meinem Leben noch viel Schaden bringen sollte, der Neigung zum Reflektieren.

25. Wolodjas Freunde

Obgleich ich in der Gesellschaft von Wolodjas Bekannten eine Rolle spielte, die mein Selbstgefühl kränkte, saß ich doch gern in seinem Zimmer, wenn er Besuch hatte, und beobachtete schweigend alles, was dort vorging. Häufiger als alle anderen kamen zu Wolodja der Adjutant Dubkow und der Student Fürst Nechljudow. Dubkow war klein, sehnig, brünett, nicht mehr der Jüngste und etwas kurzbeinig, aber ein hübscher Kerl und stets vergnügt. Er war einer jener beschränkten Menschen, die gerade durch ihre Beschränktheit besonders angenehm wirken, nicht imstande sind, die Dinge von verschiedenen Seiten zu betrachten, und immer für irgend etwas begeistert sind. Die Urteile dieser Menschen sind einseitig und irrig, aber stets aufrichtig und interessant. Sogar ihr engherziger Egoismus erscheint merkwürdigerweise verzeihlich und liebenswürdig. Außerdem besaß Dubkow für Wolodja und mich zwei Vorzüge: ein militärisches Äußeres und namentlich ein Lebensalter, mit dem junge Leute aus irgendwelchen Gründen den Begriff der Korrektheit (des comme il faut) zu verbinden pflegen, der man in diesen Jahren solchen Wert beimißt. Übrigens war Dubkow tatsächlich das, was man »un homme comme il faut« nennt. Das einzige, was mir mißfiel, war, daß sich Wolodja vor ihm manchmal selbst für meine unschuldigsten Verfehlungen und ganz besonders wegen meiner Jugend zu schämen schien.

Nechljudow hatte kein gewinnendes Äußeres: die kleinen grauen Augen, die niedrige steile Stirn, die unverhältnismäßig langen Arme und Beine konnte man nicht gerade schön nennen. Hübsch war an ihm nur sein auffallend hoher Wuchs, der zarte Teint und die schönen Zähne. Aber dieses Gesicht erhielt durch die schmalen glänzenden Augen und das abwechselnde, bald ernste, bald kindlich unbestimmte Lächeln einen so originellen und energischen Charakter, daß man ihn nicht übersehen konnte.

Er war offenbar sehr schamhaft, denn bei jeder Kleinigkeit wurde er bis über die Ohren rot; aber seine Verlegenheit glich nicht der meinigen. Je mehr er errötete, um so größere Festigkeit prägte sich auf seinem Gesicht aus, als ärgerte er sich wegen dieser Schwäche sozusagen über sich selber.

Obwohl er mit Dubkow und Wolodja sehr befreundet zu sein schien, konnte man doch merken, daß ihn nur der Zufall mit ihnen zusammengeführt hatte. Ihrer Geistesrichtung nach waren sie ganz verschieden. Wolodja und Dubkow wichen gewissermaßen allem aus, was nach ernstem Nachdenken und nach Empfindsamkeit schmeckte; Nechljudow war im höchsten Grade Enthusiast und ließ sich trotz der Spötteleien der beiden anderen häufig auf eingehende Erörterungen philosophischer Fragen und Gefühle ein. Wolodja und Dubkow sprachen gern von den Gegenständen ihrer Liebe, und sie waren manchmal in mehrere zugleich oder auch beide in dieselbe verliebt. Nechljudow wurde immer ernsthaft böse, wenn jemand auf seine Liebe zu einer gewissen »Rothaarigen« anspielte.

Wolodja und Dubkow erlaubten es sich oft, bei aller Liebe zu ihren Verwandten, ein bißchen über sie zu spötteln; dagegen konnte man Nechljudow außer sich bringen, wenn man irgend etwas gegen seine Tante sagte, der er eine geradezu vergötternde Schwärmerei entgegenbrachte. Wolodja und Dubkow fuhren nach dem Abendessen manchmal ohne Nechljudow irgendwohin und nannten ihn das »keusche Mägdelein«.

Fürst Nechljudow fiel mir gleich das erstemal sowohl durch sein Äußeres als auch durch seine Art zu sprechen auf. Obgleich ich aber in seiner Geistesrichtung viel mir Verwandtes fand, war das Gefühl, das er mir beim ersten Zusammensein einflößte, keineswegs ein freundliches.

Mir mißfiel sein rascher Blick, seine feste Stimme, sein stolzer Gesichtsausdruck, besonders aber die vollständige Gleichgültigkeit, die er mir gegenüber bekundete. Wenn wir uns miteinander unterhielten, wollte ich ihm häufig schrecklich gern widersprechen; zur Strafe für seinen Stolz wollte ich ihn im Wortgefecht besiegen und ihm beweisen, daß ich ein kluger Kopf sei, auch wenn er mich keinerlei Aufmerksamkeit würdige.

Meine Schüchternheit hielt mich zurück.

26. Betrachtungen

Wolodja lag mit den Füßen auf dem Sofa und las, den Kopf in die Hand gestützt, einen französischen Roman, als ich nach dem Abendunterricht, meiner Gewohnheit gemäß, ins Zimmer trat. Er hob ein wenig den Kopf, warf mir einen Blick zu und setzte seine Lektüre fort. Es war eine höchst einfache, natürliche Bewegung, die mir aber irgendwie das Blut ins Gesicht trieb. Mir schien, sein Blick drücke die Frage aus, warum ich eigentlich gekommen sei, und die schnelle Kopfbewegung den Wunsch, ich möchte die Bedeutung dieses Blickes nicht verstehen. Diese Neigung, der selbstverständlichsten Bewegung eine tiefere Bedeutung beizulegen, war ein für mein damaliges Entwicklungsalter bezeichnender Zug. Ich trat an den Tisch heran und nahm gleichfalls ein Buch zur Hand. Aber ehe ich darin zu lesen anfing, schoß mir der Gedanke durch den Kopf, wie lächerlich es doch sei, kein Wort miteinander zu sprechen, nachdem wir uns den ganzen Tag über nicht gesehen hatten.

»Bleibst du heute abend zu Hause?«

»Ich weiß nicht. Warum?«

»Nur so«, sagte ich, und da ich merkte, daß das Gespräch nicht recht in Gang kommen wollte, griff ich wieder zu meinem Buch und fing an zu lesen.

Es war wirklich seltsam: wenn Wolodja und ich allein waren, schwiegen wir stundenlang, doch die Gegenwart eines Dritten, selbst wenn er schwieg, genügte, daß wir in die interessanteste, vielseitigste Unterhaltung gerieten. Wir hatten das Gefühl, daß wir einander zu gut kannten. Denn eine zu geringe und zu gute Bekanntschaft verhindert gleichermaßen, daß man einander näherkommt.

»Ist Wolodja zu Hause?« hörten wir Dubkow im Vorzimmer sagen.

»Jawohl«, rief Wolodja, nahm die Beine vom Sofa herunter und legte das Buch auf den Tisch.

Dubkow und Nechljudow traten in Hut und Mantel ins Zimmer.

»Nun, fahren wir ins Theater?«

»Nein, ich habe keine Zeit«, antwortete Wolodja errötend.

»Ach was, wir fahren, komm!«

»Außerdem habe ich keine Eintrittskarte.«

»Karten kannst du an der Kasse bekommen, so viele du willst!«

»Also wartet, ich komme gleich«, antwortete Wolodja nachgebend und verließ achselzuckend das Zimmer.

Ich wußte, daß Wolodja nur zu gern mit Dubkow ins Theater gehen wollte und daß er dessen Aufforderung nur deshalb ablehnte, weil er kein Geld hatte, und daß er hinausgegangen war, um sich vom Haushofmeister fünf Rubel bis zum nächsten Taschengeld zu borgen.

»Guten Abend, Diplomat«, sagte Dubkow und gab mir die Hand.

Wolodjas Freunde nannten mich den »Diplomaten«, weil die verstorbene Großmutter einmal nach Tisch, als man sich über unsere Zukunft unterhielt, in Gegenwart der beiden gesagt hatte, Wolodja müsse Offizier werden, während sie mich als Diplomaten im schwarzen Frack mit einer Frisur à la coq zu sehen hoffe. Diese Frisur war nämlich ihrer Meinung nach eine unerläßliche Vorbedingung des Diplomatenberufs.

»Wo mag denn Wolodja hingegangen sein?« fragte mich Nechljudow.

»Ich weiß nicht«, antwortete ich und errötete bei dem Gedanken, daß sie vermutlich erraten hatten, weshalb Wolodja hinausgegangen war.

»Sicher hat er kein Geld, nicht wahr? Oh, Sie Diplomat!« sagte er, mein Lächeln richtig deutend, in der bestimmtesten Weise. »Ich habe auch kein Geld, na und du, Dubkow?«

»Wollen sehen«, antwortete Dubkow, zog seine Börse heraus und betastete einige kleine Münzen sehr sorgsam mit seinen kurzen Fingern. »Hier ist ein Fünfer, hier ein Zwanziger, das ist alles!« sagte er mit einer komisch wirkenden Handbewegung.

In diesem Augenblick trat Wolodja wieder ins Zimmer.

»Nun, wie steht's, fahren wir?«

»Nein.«

»Wie komisch du bist!« sagte Nechljudow. »Warum sagst du nicht, daß du kein Geld hast? Nimm mein Billett, wenn du willst!«

»Und was machst du?«

»Er geht zu seinen Cousinen in die Loge«, sagte Dubkow.

»Nein, ich fahre überhaupt nicht.«

»Warum nicht?«

»Du weißt ja, daß ich nicht gern in einer Loge sitze.«

»Was heißt das?«

»Ich liebe es nicht, fühle mich unbehaglich.«

»Immer das alte Lied! Ich verstehe nicht, wie du dich an einem Ort nicht behaglich fühlen kannst, wo dich alle willkommen heißen. Das ist einfach lächerlich, mon cher!«

»Was kann ich dagegen tun, si je suis timide! Ich bin überzeugt, daß du in deinem Leben noch niemals errötet bist, während ich alle Augenblicke um der geringsten Kleinigkeiten willen rot werde«, sagte er, während ihm gerade bei diesen Worten die Röte ins Gesicht schoß.

»Savez-voùs d'ou vient votre timidité? D'un excès d'amour propre, mon cher«, sagte Dubkow im gönnerhaften Ton.

»Was für ein excès d'amour propre!« versetzte Nechljudow, ins lebende Fleisch gestochen. »Im Gegenteil, ich bin deshalb schüchtern, weil ich zu wenig amour propre besitze; ich habe immer die Empfindung, daß die Leute mich langweilig finden und ungern mit mir verkehren ... und deshalb ...«

»Zieh dich an, Wolodja!« sagte Dubkow. Er nahm ihn bei den Schultern und zog ihm den Rock aus. »Ignat, hilf deinem Herrn, sich umzuziehen!«

»Deshalb ist es bei mir oft so, daß ich ...« fuhr Nechljudow fort.

Aber Dubkow hörte ihm nicht mehr zu. »Tralala-tralala-tralalala!« ... er summte die Stelle eines Liedes vor sich hin.

»Du hast mich nicht ausreden lassen«, begann Nechljudow von neuem. »Ich werde dir beweisen, daß meine Schüchternheit keine Eigenliebe ist.«

»Das kannst du mir unterwegs beweisen, wenn du mitfährst.«

»Ich habe dir schon gesagt, daß ich nicht mitfahre.«

»Na, dann bleib hier und beweise es dem Diplomaten; wenn wir zurückkommen, kann er uns berichten.«

»Ich werde es ihm auch beweisen«, versetzte Nechljudow in kindlichem Eigensinn. »Macht, daß ihr bald wieder hier seid!«

»Was meinen Sie, besitze ich Eigenliebe?« Er setzte sich zu mir.

Obgleich ich in diesem Punkt eine ganz feste Meinung hatte, wurde ich ob dieser überraschenden Frage so verlegen, daß ich nicht imstande war, sofort zu antworten.

»Ich glaube, ja«, sagte ich, während ich fühlte, wie meine Stimme zitterte. Ich wurde ganz rot bei dem Gedanken, daß jetzt der Augenblick gekommen sei, wo ich ihm zeigen könnte, daß ich ein gescheiter Mensch sei. »Ich glaube, daß jeder Mensch Eigenliebe besitzt, und daß der Mensch alles, was er tut, aus Eigenliebe tut.«

»Nun, und was ist nach Ihrer Ansicht die Eigenliebe?« sagte Nechljudow und lächelte dabei etwas geringschätzig, wie mir schien.

»Die Eigenliebe«, erwiderte ich, »ist die Überzeugung, daß ich besser und klüger bin als alle anderen Menschen.«

»Aber wie können denn alle Menschen diese Überzeugung von sich haben?«

»Ob es wirklich richtig ist, weiß ich nicht; nur daß es niemand außer mir eingesteht. Ich bin überzeugt, daß ich klüger bin als alle anderen Menschen auf der Welt, und bin überzeugt, daß Sie von sich dieselbe Überzeugung haben.«

»Nein, was mich betrifft, kann ich sagen, daß ich mit Leuten zusammengekommen bin, die ich klüger als mich selber fand«, versetzte Nechljudow.

»Unmöglich«, erwiderte ich in überzeugtem Ton.

»Aber denken Sie denn wirklich so?« fragte mich Dubkow und sah mich scharf an.

»In allem Ernst«, erwiderte ich.

Da kam mir plötzlich ein Gedanke, den ich alsbald aussprach.

»Ich werde es Ihnen beweisen. Woher kommt es, daß wir uns selbst mehr lieben als die anderen? Das kommt daher, weil wir meinen, besser und liebenswerter als die anderen zu sein. Wenn wir die anderen für besser als uns hielten, würden wir sie auch mehr als uns lieben. Das kommt aber niemals vor. Käme es aber wirklich einmal vor, würde ich trotzdem recht haben«, fügte ich mit einem unwillkürlichen Lächeln der Selbstzufriedenheit hinzu.

Nechljudow schwieg eine Minute.

»Das hätte ich nie und nimmer gedacht, daß Sie so gescheit sind!« sagte er zu mir mit einem so gutmütigen, liebenswürdigen Lächeln, daß es mir auf einmal vorkam, als sei ich außerordentlich glücklich.

Lob hat eine so mächtige Wirkung, nicht nur auf das Gefühl, sondern auch auf den Verstand des Menschen, daß ich unter der Wirkung dieses Lobes weit glücklicher geworden zu sein glaubte und die Gedanken meinem Kopfe nur so zuströmten.

Von dem Thema der Eigenliebe gingen wir unmerklich auf das der Liebe über, und dieses schien wahrhaft unerschöpflich zu sein. Obgleich ein unbeteiligter Zuhörer unsere Diskussionen für baren Unsinn gehalten hätte, weil sie so verschwommen waren, hatten sie für uns doch ihre Bedeutung. Unsere Seelen waren dermaßen aufeinander abgestimmt, daß die geringste Berührung irgendeiner Saite in der Seele des einen sogleich in der Seele des anderen Widerhall weckte. Wir empfanden einen besonderen Genuß gerade in diesem Zusammenklingen der verschiedenen Saiten, die wir im Laufe des Gesprächs anschlugen. Es war, als ob es uns an Worten und an Zeit fehlte, einander die Gedanken mitzuteilen, die nach außen drängten.

27. Das Entstehen einer Freundschaft

Seitdem bildeten sich zwischen mir und Dmitrij Nechljudow recht absonderliche, aber äußerst angenehme Beziehungen heraus. In Gegenwart anderer verwandte er keinerlei Aufmerksamkeit auf mich; sobald wir jedoch allein waren, setzten wir uns in eine gemütliche Ecke und begannen hin und her zu argumentieren, wobei wir alles um uns her vergaßen und nicht bemerkten, wie die Zeit im Flug dahinging.

Wir sprachen über das Leben nach dem Tod, über die Künste, über den Staatsdienst, über das Heiraten und die Erziehung der Kinder – und niemals kam uns der Gedanke, daß alles, was wir sprachen, entsetzlicher Unsinn sei. Darauf kamen wir deshalb nicht, weil der Unsinn, den wir redeten, gescheiter, lieber Unsinn war; in der Jugend aber schätzt man noch den Verstand hoch und glaubt an ihn. In der Jugend sind alle Kräfte der Seele auf die Zukunft gerichtet, und diese Zukunft nimmt unter dem Einfluß eines Hoffens, das sich nicht auf der Erfahrung der Vergangenheit, sondern auf der vorgestellten Möglichkeit des Glückes aufbaut, so mannigfaltige, lebensvolle, verführerische Formen an, daß schon die Geburt dieser Träume und ihre Mitteilung an andere das wahre Glück dieses Lebensalters bildet. Bei den metaphysischen Betrachtungen, die einen der Hauptgegenstände unserer Gespräche bildeten, liebte ich jenen Augenblick, da die Gedanken einander immer schneller und schneller folgen, und – immer abstrakter werdend – schließlich in eine derartige Nebelhaftigkeit geraten, daß man keine Möglichkeit sieht, ihnen Ausdruck zu geben und da, wo man zu sagen glaubt, was man denkt, in Wirklichkeit etwas ganz anderes sagt. Ich liebte jenen Augenblick, wo man – sich immer höher und höher in die Regionen des Gedankens hinaufschwingend – plötzlich deren ganze Unermeßlichkeit erkennt und innewird, daß man nicht weiter vordringen kann.

Einmal – es war in der Butterwoche – war Nechljudow durch die mannigfachen Lustbarkeiten so in Anspruch genommen, daß er kein einzigesmal mit mir sprach, obgleich er mehrere Male am Tag zu uns kam. Das verletzte mich so, daß er mir wieder wie ein stolzer, unangenehmer Mensch vorkam. Ich wartete nur auf eine Gelegenheit, um ihm zu zeigen, daß ich seine Gesellschaft nicht schätzte und nichts Besonderes für ihn empfände.

Als er sich zum ersten Mal nach der Butterwoche wieder mit mir unterhalten wollte, sagte ich, ich müßte mich für den Unterricht vorbereiten, und ging nach oben; aber eine Viertelstunde darauf öffnete jemand meine Tür, und Nechljudow trat zu mir herein.

»Störe ich Sie?« fragte er.

»Nein«, antwortete ich, obgleich ich eigentlich sagen wollte, ich müßte in der Tat arbeiten.

»Warum sind Sie von Wolodja weggegangen? Wir haben so lange nicht mehr diskutiert miteinander. Jetzt bin ich schon daran gewöhnt, daß mir gewissermaßen etwas fehlt, wenn ich es nicht tue.«

Mein Ärger war im Nu verflogen, und Dmitrij wurde in meinen Augen wieder der gute, liebe Mensch wie vordem.

»Sie wissen wahrscheinlich, warum ich fortgegangen bin«, sagte ich. »Vielleicht«, antwortete er und setzte sich neben mich. »Aber wenn ich es auch errate, so darf ich doch nicht sagen, warum; Sie aber dürfen es«, erwiderte er.

»Und ich will es auch sagen: ich bin fortgegangen, weil ich auf Sie böse war ... nicht eigentlich böse, ich ärgerte mich. Um es ganz offen zu sagen: ich fürchte immer, daß Sie mich geringschätzen, weil ich noch so jung bin.«

»Wissen Sie, warum ich mich Ihnen zugewandt habe?« sagte er, mit einem gutmütigen, klugen Blick mein Geständnis beantwortend, »warum ich Sie mehr liebe als Menschen, mit denen ich besser bekannt bin und mit denen ich mehr Gemeinsames habe? Die Lösung war für mich ganz klar: Sie besitzen eine bewundernswerte, seltene Eigenschaft – Offenheit.«

»Ja, ich sage immer gerade das, was zu bekennen ich mich schäme«, erwiderte ich bestätigend, »aber nur zu denjenigen, zu denen ich Vertrauen habe.«

»Ja, aber um zu allen Menschen Vertrauen zu haben, muß man mit ihnen eng befreundet sein; und wir beide sind noch nicht eng miteinander befreundet, Nicolas. Erinnern Sie sich: wir sprachen einmal von der Freundschaft und sagten, um wahre Freunde zu sein, müßten zwei Menschen zueinander Vertrauen haben.«

»Man muß davon überzeugt sein, daß der andere das, was man ihm sagt, niemandem weitersagt«, entgegnete ich. »Und die wichtigsten, interessantesten Gedanken sind ja gerade die, welche wir um keinen Preis einander mitteilen wollen.«

»Oh, wie abscheulich sind diese Gedanken! So niedrig, daß wir nie wagen würden, sie in uns aufkommen zu lassen, wenn wir vorher wüßten, sie bekennen zu müssen.«

»Wissen Sie, was mir für ein Einfall gekommen ist, Nicolas?« fügte er hinzu, während er vom Stuhl aufstand und sich lächelnd die Hände rieb. »Lassen Sie es uns tun, und Sie werden sehen, wie nützlich es für uns beide sein wird: geben wir uns das Wort, einander alles zu bekennen! Wir werden einander kennen und uns nicht schämen; und damit wir uns nicht vor Fremden zu fürchten brauchen, wollen wir uns das Wort geben, nie einem Dritten etwas über uns mitzuteilen. Lassen Sie uns das tun!«

Wir taten es wirklich. Das Ergebnis dieser Verabredung werde ich später erzählen.

Alphonse Karr hat einmal gesagt, daß es bei jedem Liebesverhältnis zwei Parteien gebe: die eine liebe, die andere lasse sich lieben; die eine küsse, die andere halte die Wange hin. Das ist vollständig richtig, und so war denn in unserer Freundschaft ich derjenige, der küßte, und Dmitrij derjenige, der die Wange hinhielt; aber auch er war bereit, mich zu küssen. Wir liebten in gleichem Maß, weil wir uns gegenseitig kannten und einander hochschätzten; aber das verhinderte nicht, daß er seinen Einfluß auf mich ausübte und ich mich ihm unterordnete.

Es ist nur zu begreiflich, daß ich mich unter Nechljudows Einfluß seiner Weltanschauung anpaßte, und zwar bestand das Wesentliche seiner Lebensrichtung in der begeisterten Anbetung des Ideals der Tugend und in der Überzeugung, daß es die Bestimmung des Menschen sei, sich beständig zu vervollkommnen. Damals erschien es mir als ein durchaus erreichbares Ziel, die ganze Menschheit zu bessern, alle sittlichen Unvollkommenheiten und alles Menschenleid aus der Welt zu schaffen; ich hielt es für eine sehr leichte, einfache Aufgabe, mich selbst zu bessern, mir alle Tugenden zu eigen zu machen und glücklich zu sein ... Im übrigen weiß Gott allein, ob diese hochgemuten Jugendträume wirklich so lächerlich waren und wer daran schuld war, daß sie sich nicht verwirklichten.

JÜNGLINGSZEIT

1. Was ich als den Anfang meiner Jünglingszeit betrachte

Ich habe schon gesagt, daß mich meine Freundschaft mit Dmitrij das Leben mit seinen Zielen und Beziehungen völlig neu sehen ließ. Das wesentliche dieser neuen Anschauungsweise bildete die Überzeugung, daß die Bestimmung des Menschen in dem Streben nach sittlicher Vervollkommnung bestehe, und diese Vervollkommnung leicht und für immer zu erreichen sei. Aber bisher hatte ich mich mit dem Genuß begnügt, die aus dieser Überzeugung sich ergebenden neuen Ideen zu erkennen und schimmernde Pläne für eine zukünftige Betätigung im Sittlichen zu entwerfen; mein Leben selbst aber schlich immer noch in seinem kleinlichen, wirren, nichtigen Gang dahin.

Die tugendhaften Gedanken, die ich mit meinem vergötterten Freunde Dmitrij – den wunderbaren Mitja nannte ich ihn manchmal, wenn ich so still vor mich hinflüsterte – in unseren Gesprächen entwickelte, hatten bis jetzt nur meinem Verstand zugesagt, aber nicht meinem Gefühl. Es kam jedoch die Zeit, wo diese Gedanken mit der ganzen Frische einer neuen moralischen Offenbarung in meinem Kopf einzogen, daß ich erschrak, wenn ich darüber nachdachte, wieviel Zeit ich schon unnütz verloren hatte, und den Entschluß faßte, diese Gedanken sofort, noch in dieser Sekunde, ins wirkliche Leben zu übertragen, mit der festen Absicht, nie und niemals wieder von ihnen abzufallen.

Von diesem Zeitpunkt an rechne ich den Beginn meiner Jünglingszeit.

Ich vollendete damals gerade mein sechzehntes Lebensjahr. Noch kamen die Lehrer zu mir. St. Jérôme beaufsichtigte meinen Studiengang, und ich bereitete mich nur ungern und widerwillig auf die Universität vor. Wenn ich nicht gerade lernte, bestand meine Beschäftigung in folgendem: ich schwelgte in einsamen, zusammenhanglosen Träumereien und Betrachtungen. Ich turnte, in der Absicht, der erste Athlet der Welt zu werden. Ich drückte mich, ohne besonderes Ziel oder Absicht, in allen Zimmern und besonders auf dem Flur vor dem Mädchenzimmer herum und betrachtete mich oft im Spiegel, von dem ich übrigens stets mit dem lähmenden Gefühl der Niedergeschlagenheit, ja des Widerwillens fortging. Mein Äußeres war, wie ich mich überzeugte, nicht nur häßlich, sondern ich konnte mich nicht einmal an dem in solchen Fällen üblichen Trost aufrichten. Ich konnte zum Beispiel nicht sagen, ein ausdrucksvolles, geistreiches oder aristokratisches Gesicht zu haben. Es gab nichts Ausdrucksvolles. Es waren ganz gewöhnliche, grobe, häßliche Züge, und die kleinen grauen Augen schauten – besonders wenn ich in den Spiegel blickte – eher dumm als geistreich drein. Mit der Männlichkeit stand es noch schlimmer; ich war, wenn auch klein von Gestalt, für meine Jahre sehr stark; aber alle meine Gesichtszüge waren weichlich, schlaff und verschwommen. Auch von Vornehmheit war nichts festzustellen; vielmehr sah mein Gesicht wie das eines einfachen Bauern aus. Dazu hatte ich so große Füße und Hände, und dies alles kam mir damals wie eine rechte Schande vor.

2. Der Frühling

In dem Jahr, da ich die Universität bezog, fiel die Osterwoche ziemlich spät in den April, so daß die Prüfung für die darauffolgende Woche angesetzt wurde. So mußte ich in der Karwoche zu den Sakramenten gehen und gleichzeitig meiner Examensvorbereitung den letzten Schliff geben.

Der feuchte Schnee, von dem Karl Iwanowitsch zu sagen pflegte, der Sohn sei den Vater holen gekommen, war vor drei Tagen von einem stillen, warmen, klaren Wetter abgelöst worden. Auf den Straßen war kein Schneekrümchen zu sehen. Da, wo vorher ein schmutziger Brei gelegen hatte, glänzte jetzt hell das Pflaster, und muntere Wasserbächlein schossen dahin. Auf den Dächern tauten im Sonnenschein die letzten Schneereste. Die Knospen auf den Bäumen im Vorgarten wollten schier bersten, so geschwollen waren sie; auf dem Hof führte ein trockner, schmaler Weg an dem noch gefrorenen Misthaufen vorbei zum Pferdestall, und auf der Freitreppe sproßte zwischen den Steinen grünes, moosartiges Gras hervor. Es war jene besondere Periode des Frühlings, die am stärksten auf die Seele des Menschen wirkt: auf allen Gegenständen glänzender Sonnenschein, der aber nicht brennt, Rinnsale und kleine Tümpel von Tauwasser, eine duftige Frische in der Luft und ein zartblauer Himmel mit langen, durchscheinenden Wölkchen. Ich weiß nicht, wie es kommen mag, aber mir scheint, daß die Wirkung dieser ersten Periode des beginnenden Frühlings auf die menschliche Seele in einer großen Stadt noch fühlbarer als auf dem Lande ist; man sieht nicht so viel, aber das innere Ahnen ist größer. Ich stand am Fenster, durch dessen Doppelscheiben die Morgensonne ihre wie Staubfäden schimmernden Strahlen auf den Fußboden des verhaßt gewordenen Unterrichtszimmers warf, und war dabei, auf der schwarzen Tafel eine lange algebraische Gleichung zu lösen. In der einen Hand hielt ich die vom häufigen Gebrauch schier aufgeweichte Algebra von Franker, in der anderen ein Stückchen Kreide, mit dem ich mir schon beide Hände, das Gesicht und die Ellenbogen meines Halbfracks beschmutzt hatte. Nikolaj, der sich eine Schürze vorgebunden und die Hemdärmel hochgestreift hatte, versuchte das auf den Vorgarten hinausgehende Doppelfenster zu öffnen, indem er mit der Zange die Verkittung losklopfte und die Nägel herauszog. Seine Geschäftigkeit und der Lärm, den er dabei vollführte, machten mich ganz zerstreut. Außerdem war ich sowieso in recht übler, unzufriedner Gemütsverfassung. Nichts klappte: gleich zu Beginn der Rechnung hatte ich einen Fehler gemacht, so daß ich noch einmal von vorn anfangen mußte; die Kreide war mir zweimal entfallen, und ich spürte, daß meine Hände und mein Gesicht schmutzig waren; der Schwamm war mir abhanden gekommen; das von Nikolaj vollführte Geräusch verursachte mir Schmerzen. Am liebsten hätte ich meinem Ärger Luft gemacht und losgelegt. Ich warf die Kreide und die Algebra hin und begann im Zimmer auf und ab zu gehen. Aber da fiel mir ein, daß wir heute beichten sollten und daß ich mich von allem Bösen frei halten müßte. Und plötzlich geriet ich in eine eigentümliche sanfte Stimmung und trat an Nikolaj heran.

»Gestatte, daß ich dir helfe«, sagte ich, eifrig bemüht, meiner Stimme einen recht sanften Klang zu geben. Der Gedanke, daß ich eine edle Handlung beginge, wenn ich meinen Zorn unterdrückte und ihm hülfe, trug dazu bei, meine Stimme noch sanfter zu machen.

Die Verkittung war abgeschlagen, die Nägel waren herausgezogen. Aber wie sehr Nikolaj auch an den Querhölzern zog, der Rahmen gab nicht nach.

Geht der Rahmen jetzt mit einem Ruck heraus, wenn ich mit ihm vereint ziehe, dachte ich, wäre es eine Sünde, heute noch weiter zu büffeln. Der Rahmen gab an der einen Seite nach und kam heraus.

»Wo soll ich ihn hintragen?« fragte ich.

»Laß nur, ich werde schon allein fertig«, antwortete Nikolaj, offenbar erstaunt über meinen Eifer und anscheinend wenig erfreut. »Es darf nichts durcheinanderkommen; da auf der Bodenkammer habe ich sie alle nach Nummern aufgestellt.«

»Ich werde schon achtgeben«, sagte ich und hob den Rahmen in die Höhe.

Ich darf sagen: auch wenn die Bodenkammer zwei Werst entfernt und der Rahmen noch einmal so schwer gewesen wäre, hätte es mir äußerste Zufriedenheit bereitet. Ich hatte den Wunsch, mich durch diese Hilfsbereitschaft Nikolaj gegenüber zu plagen. Als ich in das Zimmer zurückkam, waren die Steinchen und kleinen Salzpyramiden schon auf das Fensterbrett gelegt, und Nikolaj fegte mit einem Federwisch den Sand mitsamt den zu Tod ermatteten Fliegen zum geöffneten Fenster hinaus. Die frische duftige Luft drang ins Zimmer und erfüllte es ganz. Durch das Fenster hörte man das Brausen der Stadt und das Zwitschern der Sperlinge im Vorgarten.

Alle Gegenstände waren in helles Licht getaucht. Das Zimmer schaute heiter aus. Ein leichter Frühlingswind setzte die Blätter meiner Algebra und die Haare auf Nikolajs Kopf in Bewegung. Ich trat ans Fenster, schwang mich hinauf, beugte mich in den Vorgarten hinaus und versank in Nachdenken.

Ein mir bis dahin unbekanntes, außerordentlich starkes, angenehmes Gefühl ergriff plötzlich meine Seele. Die feuchte Erde, auf der hier und da, Nadeln vergleichbar, leuchtend grüne Grasspitzen mit gelben Stengelchen hervorsproßten, die in der Sonne funkelnden Bächlein des Tauwassers, in denen Erdstückchen und Holzsplitterchen wirbelten, die dicht unter dem Fenster hin und her wippenden rötlichen Fliederbüsche mit den schwellenden Knospen, das emsige Zwitschern der kleinen Vögel, die in diesen Büschen umherhüpften, der vom getauten Schnee nasse, schwärzliche Zaun und vor allem diese duftige, feuchte Luft und der fröhliche Sonnenschein: dies alles sprach zu mir so vernehmlich und deutlich wie von etwas Neuem, Schönem, das ich zwar nicht so zum Ausdruck bringen kann, wie es sich mir offenbarte, und doch versuche, so zum Ausdruck zu bringen, wie ich es in mir aufnahm. Alles sprach zu mir von Schönheit, Glück und Tugend und raunte mir zu, daß jedes von diesen dreien zugänglich und leicht erreichbar sei, daß das eine ohne das andere nicht sein könne, ja, daß Schönheit, Glück und Tugend ein und dasselbe seien. Wie konnte es nur kommen, daß ich das bisher nicht eingesehen hatte! Wie abscheulich war ich bisher, wie gut und glücklich hätte ich sein können, und kann ich in Zukunft sein, sagte ich zu mir selbst. Ich muß schnell, ganz schnell, diesen Augenblick noch, ein anderer Mensch werden und ein neues Leben anfangen. Trotzdem blieb ich noch lange auf dem Fensterbrett sitzen, ohne etwas zu tun, nur meinen Träumereien hingegeben.

Dem einen oder anderen meiner Leser ist es vielleicht einmal widerfahren, daß er sich im Sommer bei Tage schlafen legte, weil es draußen trüb und regnerisch war. Man öffnet, bei Sonnenuntergang erwachend, die Augen und erblickt in dem sich scheinbar weitenden Viereck des Fensters hinter dem Leinenvorhang, der vom Winde hochgejagt, mit der unteren Stange das Fensterbrett peitscht, die regenfeuchte, umschattete, lila schimmernde Seite einer Lindenallee und einen nassen, in den schrägen Strahlen der Sonne leuchtenden Gartenpfad. Plötzlich hört man das fröhliche Getümmel der Vögel im Garten, sieht die Insekten, die sonnenfunkelnd durch die Fensteröffnung hereinschwärmen, man saugt gierig die vom Regen gewürzte Luft ein und denkt: Es wäre eine Schande, einen solchen Abend zu verschlafen! Eilig springt man auf, um in den Garten zu gehen und sich des Lebens zu freuen.

Wer das einmal erlebt hat, weiß um jenes starke Gefühl, das ich damals empfand.

3. Träumereien

Heute werde ich beichten, mich von allen Sünden reinigen, dachte ich, und in Zukunft dann nie wieder ... Hier fielen mir alle Sünden ein, die mich am meisten bedrückten. Ich werde ganz gewiß jeden Sonntag in die Kirche gehen und nachher noch eine ganze Stunde lang im Evangelium lesen; ferner werde ich von meinen monatlichen fünfundzwanzig Rubeln, die ich nach meinem Eintritt in die Universität bekommen werde, unweigerlich zwei und einen halben Rubel (den Zehnten) den Armen geben, und zwar so, daß niemand davon erfährt. Ich werde sie nicht den Bettlern geben, sondern arme Leute ausfindig machen, um die sich niemand kümmert, eine Waise oder eine alte Frau.

Ich werde ein Zimmer für mich haben, vermutlich das St. Jérômes, und werde es selber aufräumen und blendend sauber halten; einen Dienstboten werde ich nichts für mich tun lassen, ist er doch ebenso ein Mensch wie ich. Außerdem werde ich jeden Tag zu Fuß in die Universität gehen; sollte ich einen Wagen geschenkt bekommen, werde ich ihn verkaufen und dieses Geld ebenfalls für die Armen beiseitelegen – und alles werde ich auf das genaueste durchführen. Was dieses »alles« eigentlich war, hätte ich damals beim besten Willen nicht sagen können; aber ich verstand und empfand dieses »alles« lebhaft als die Zusammenfassung eines verständigen, moralischen, untadeligen Lebenswandels. Ich werde die Vorlesungen durcharbeiten und mich sogar vorher schon mit den Stoffgebieten beschäftigen, so daß ich Erster im ersten Kursus sein und eine Dissertation schreiben werde; im zweiten Kursus werde ich alles schon vor den anderen wissen, und man wird mich unmittelbar in den dritten Kursus versetzen können, so daß ich mit achtzehn Jahren das Universitätsstudium als erster Kandidat mit zwei goldenen Medaillen beenden werde; darauf werde ich den Magister-, dann den Doktorgrad erlangen und der hervorragendste Gelehrte ganz Rußlands werden ... ja, sogar in ganz Europa kann ich der erste Gelehrte werden. – Nun, und danach? fragte ich mich selber. Aber da schoß es mir durch den Kopf, daß diese Träumereien Hochmut seien, eine Sünde, die ich gleich heute abend dem Beichtvater würde bekennen müssen, und ich kehrte zum Ausgangspunkt meiner Betrachtungen zurück. Um die Vorlesung durchzuarbeiten, werde ich zu Fuß bis zu den Sperlingsbergen gehen; dort suche ich mir ein Plätzchen unter einem Baum aus und arbeite den Gegenstand der Vorlesung durch. Manchmal nehme ich mir ein wenig zu essen mit, ein Stückchen Käse, etwas Kuchen von Pedotti oder sonst dergleichen. Will ich einmal ausspannen, so lese ich irgendein gutes Buch, zeichne die Gegend oder spiele auf irgendeinem Instrument. Ich muß unbedingt Flöte spielen lernen. Dann, eines Tages, wird auch »sie« einen Spaziergang auf die Sperlingsberge machen, an mich herantreten und mich fragen, wer ich sei. Ich betrachte sie mit traurigen Augen und antworte, daß ich der Sohn eines Geistlichen und glücklich sei, hier allein, mutter-, mutterseelenallein, zu sein. Sie reicht mir die Hand, sagt etwas und setzt sich neben mich. Und jeden Tag werden wir dorthin kommen, wir werden Freunde werden, und ich werde sie küssen: aber nein, das wäre nicht gut. Im Gegenteil, vom heutigen Tag an werde ich keine Frau mehr anschauen. Niemals, niemals werde ich mehr in das Mädchenzimmer gehen; ich will mich sogar eigens bemühen, nicht daran vorbeizukommen; in drei Jahren aber werde ich mündig sein und dann ganz bestimmt heiraten... Ich werde mir soviel Bewegung wie möglich machen, täglich turnen, so daß ich mit fünfundzwanzig Jahren stärker als Rappo sein werde. Am ersten Tag werde ich zwanzig Pfund mit gestrecktem Arm fünf Minuten lang halten, am zweiten Tag einundzwanzig Pfund, am dritten Tag zweiundzwanzig Pfund und so weiter, so daß ich schließlich mit jedem Arm achtzig Pfund halten und stärker sein werde als irgendeiner von unseren Leuten; und sollte jemand sich einfallen lassen, mich zu beleidigen oder unehrerbietig von »ihr« zu reden, so packe ich ihn einfach an der Brust, hebe ihn zwei Ellen vom Boden und halte ihn in der Schwebe, daß er ordentlich meine Kraft spürt, dann lasse ich ihn fallen. Aber halt, das wäre auch nicht gut, ich will ihm ja nichts Böses zufügen, sondern ihm nur zeigen, daß ich...

Man mache mir nicht deshalb Vorwürfe, weil die Träumereien meiner Jünglingsjahre ebenso kindisch waren wie die Träumereien meiner Kindheit und meines Knabenalters. Ich zweifle nicht einmal daran, daß ich noch als Greis von siebzig Jahren so unmögliche kindliche Träume hegen werde wie jetzt, falls das Schicksal mir ein so hohes Alter verleihen und mein Lebensbericht mit meinem Alter Schritt halten sollte. Ich werde von einer wunderschönen Marja träumen, die sich in mich zahnlosen Greis verliebt, wie sich einst eine in Mazeppa verliebte, oder davon, wie mein schwachsinniger Sohn plötzlich durch irgendeinen außerordentlichen Zufall Minister wird, oder davon, wie mir unversehens unzählige Millionen in den Schoß fallen. Ich bin davon überzeugt, daß es kein menschliches Wesen und kein Lebensalter gibt, das nicht mit dieser wohltätigen, tröstenden Fähigkeit bedacht wäre. Doch abgesehen von dem gemeinsamen Zug der Unmöglichkeit und des Zauberhaften, haben die Träumereien eines jeden Menschen und eines jeden Lebensalters ihre besondere Eigenart. In jener Periode, die ich als das Ende meines Knabenalters und den Beginn meiner Jünglingsjahre betrachte, lagen vier Gefühle meinen Träumereien zugrunde. Die Liebe zu »ihr«, der Frau meiner Phantasie, von der ich immer in ein und demselben Sinne träumte und der ich jeden Augenblick irgendwo zu begegnen erwartete. Diese »sie« war ein wenig Sonitschka, ein wenig Mascha (Wasilijs Frau, die Wäsche im Trog wusch), und ein wenig die Dame mit den Perlen auf dem weißen Hals, die ich vor langer Zeit im Theater in der Loge neben uns gesehen hatte. Das zweite Gefühl war die Liebe zur Liebe. Ich hatte das heiße Verlangen, alle Leute möchten mich kennen und lieben. Ich mußte nur meinen Namen, Nikolaj Irtenjew, zu nennen brauchen, damit alle Welt, davon entzückt, mich umringte und mir für irgend etwas tiefen Dank versprach. Das dritte Gefühl war die Hoffnung auf ein außerordentliches, glanzvolles Glück; diese Hoffnung war so stark und fest, daß sie der Verrücktheit nahekam. Daß ich auf Grund irgendeines seltsamen Zufalles sehr bald der reichste, vornehmste Mensch der Welt werden würde, davon war ich so fest überzeugt, daß ich mich beständig in der unruhigen Erwartung eines zauberhaften Glücks befand. In mir lebte ständig die Erwartung, daß es nun jeden Augenblick »anfangen« werde und ich alles erreichen würde, was ein Mensch nur wünschen kann; daher hatte ich es stets überall eilig, weil ich meinte, es könnte dort, wo ich nicht war, schon »anfangen«. Das vierte und stärkste Gefühl war der Widerwille gegen mich selber und die Reue; aber diese Reue war derartig mit der Hoffnung auf Glück verwoben, daß sie nichts Betrübliches enthielt. Es schien mir so leicht und natürlich, mich von der ganzen Vergangenheit loszulösen, alles Gewesene umzugestalten und zu vergessen und mein Leben mit allen seinen Beziehungen ganz von neuem zu beginnen, daß das Vergangene mich nicht bedrückte und mir nicht lästig war. Ich empfand sogar eine gewisse Wollust in dem Widerwillen gegen die Vergangenheit und bemühte mich, sie schwärzer zu sehen, als sie wirklich war. Je düsterer der Kreis der Erinnerungen an die Vergangenheit war, um so reiner und heller hob sich dagegen der helle reine Punkt der Gegenwart ab und um so schöner spielten die Regenbogenfarben der Zukunft. Diese Stimme der Reue und des heißen Verlangens nach Vervollkommnung war auch die hervorstechendste neue seelische Empfindung in jener Periode meiner Entwicklung, und eben diese Stimme gab meinen Anschauungen von mir selbst, von den Menschen und der Gotteswelt neue Grundlagen. Edle, erquickende Stimme, wie oft hast du seitdem in den traurigen Augenblicken, wo die Seele sich schweigend vor der Macht der Lebenslüge und des Lasters beugte, dich plötzlich gegen jede Unwahrheit gewandt, mit heiligem Zorn die Vergangenheit entlarvt, auf den hellen Punkt der Gegenwart hingewiesen, mich ihn lieben gelehrt und mir Heil und Glück in der Zukunft verheißen – edle, erquickende Stimme! Könntest du wirklich aufhören zu tönen?

4. Unser Familienkreis

Papa sah man in diesem Frühling nur selten zu Hause. Aber dafür war er, wenn es doch vorkam, außerordentlich heiter: er klimperte auf dem Klavier seine Lieblingsstücke, blinzelte uns vergnüglich zu und dachte sich für uns alle und Mimi Späßchen etwa von der Art aus, daß der grusinische Zarewitsch Mimi bei der Ausfahrt bemerkt und sich dermaßen in sie verliebt habe, daß er beim Synod ein Scheidungsgesuch eingereicht habe und daß ich selber vor der Ernennung zum Botschaftsrat in Wien stünde. Und diese Neuigkeiten teilte er uns mit dem ernstesten Gesicht der Welt mit. Katenka erschreckte er mit Spinnen, vor denen sie solche Angst hatte; gegen unsere Freunde Dubkow und Nechljudow war er sehr freundlich und erzählte uns und den Gästen unaufhörlich seine Pläne für das nächste Jahr. Mochten diese auch nahezu jeden Tag wechseln und einer dem anderen widersprechen, so waren sie doch so interessant, daß wir gar nicht genug davon bekommen konnten und Ljubotschka wie verzaubert an seinem Mund hing, um sich ja kein Wort entgehen zu lassen. Bald ging sein Plan dahin, uns in Moskau auf der Universität zu lassen und selbst mit Ljubotschka zwei Jahre nach Italien zu reisen; bald dahin, ein Gut an der Südküste der Krim zu kaufen und jeden Sommer dorthin zu ziehen; bald wollte er wieder mit der ganzen Familie nach Petersburg übersiedeln, und so weiter. Aber abgesehen von dieser besonders freundlichen Stimmung war mit Papa in der letzten Zeit noch eine Veränderung vor sich gegangen, über die ich mich sehr wunderte. Er ließ sich Kleider nach der Mode machen, einen olivfarbigen Frack, moderne Beinkleider mit Gummizügen und eine lange Pekesche, die ihm ausgezeichnet stand. Oft ging von ihm ein ganz köstliches Parfüm aus, wenn er zu Besuchen ausfuhr, besonders zu einer Dame, von der Mimi nicht anders sprach als mit einem Seufzer und mit einem Gesicht, auf dem deutlich geschrieben stand: Diese bedauernswerten Waisen! Welch unselige Leidenschaft! Wie gut, daß *sie* es nicht mehr erlebt hat! und so weiter. Von Nikolaj erfuhr ich (Papa selbst erzählte uns nie etwas von seinen Erlebnissen am Spieltisch), daß er diesen Winter besonders glücklich gespielt und eine schrecklich hohe Summe gewonnen, das Geld auf der Bank angelegt und sich vorgenommen habe, im Frühjahr nicht mehr zu spielen. Die Furcht, seinen Vorsätzen untreu zu werden, war wohl auch der Grund, daß er möglichst bald die Stadt verlassen und aufs Land fahren wollte. Er beschloß sogar, ohne meinen Eintritt in die Universität abzuwarten, gleich nach Ostern mit den Mädchen nach Petrowskoje zu fahren. Wolodja und ich sollten dann später nachkommen.

Wolodja steckte diesen ganzen Winter bis zum Frühling mit Dubkow beisammen, während sie ihren Verkehr mit Dmitrij allmählich erkalten ließen. Ihre Hauptvergnügungen bestanden, soweit ich ihren Gesprächen, die ich mit anhörte, entnehmen konnte, darin, daß sie dauernd Champagner tranken, im Schlitten an den Fenstern eines jungen Fräuleins vorbeifuhren, in das sie gemeinsam verliebt waren, und nicht mehr auf Kinderbällen, sondern auf richtigen Bällen vis-à-vis tanzten. Obgleich Wolodja und ich einander sehr liebten, entzweite uns der letztgenannte Umstand dennoch. Wir spürten den Abstand zwischen dem Knaben, zu dem noch die Lehrer kamen, und dem jungen Mann, der schon auf Bällen tanzte, zu deutlich, als daß wir uns hätten entschließen können, einander noch unsere Gedanken anzuvertrauen. Katenka war schon ganz erwachsen, las sehr viele Romane, und der Gedanke an ihre baldige Heirat kam mir nicht mehr als Spaß vor; aber obgleich auch Wolodja schon groß war, kamen sie nicht gut miteinander aus und schienen einander sogar zu verachten. Überhaupt existierten für Katenka, wenn sie allein zu Hause war, nichts als Romane, und meistens langweilte sie sich. Waren aber fremde Herren zu Gast, wurde sie alsbald sehr lebhaft und liebenswürdig und verdrehte die Augen so, daß ich lange Zeit gar nicht begreifen konnte, was sie eigentlich damit bezweckte. Erst als ich später bei einer Unterhaltung mit ihr hörte, daß die einzige, einem jungen Mädchen geziemende Koketterie die der Augen sei, konnte ich mir diese sonderbaren, unnatürlichen Grimassen mit den Augen erklären, über die sich die anderen überhaupt nicht zu wundern schienen.

Ljubotschka trug auch schon lange Kleider, so daß ihre Gänsebeine fast nicht mehr zu sehen waren; aber weinerlich war sie noch genauso wie früher. Jetzt wollte sie auch nicht mehr einen Husaren heiraten, sondern einen Sänger oder Musiker, und in dieser Absicht trieb sie eifrige Musikstudien. St. Jérôme, der von vornherein wußte, daß er nur bis zur Erledigung meiner Prüfung bei uns im Hause bleiben konnte, hatte sich eine Stelle bei einem Grafen gesucht und blickte seitdem auf alle anderen im Haus mit einer Art von Geringschätzung herab. Er war selten daheim, hatte angefangen Zigaretten zu rauchen, was damals als ganz besonders fesch galt, und pfiff fortwährend auf einem Kartenblatt lustige Melodien. Mimi wurde von Tag zu Tag verdrossener und schien, seitdem wir alle zu den Erwachsenen gehörten, von niemandem und von nichts mehr etwas Gutes zu erwarten.

Als ich an dem Tag der Beichte zum Mittagessen herunterkam, fand ich im Eßzimmer nur Mimi, Katenka und St. Jérôme vor. Papa war nicht zu Hause, Wolodja aber bereitete sich mit einigen Kollegen auf seinem Zimmer zur Prüfung vor und hatte sich das Essen hinaufschicken lassen. Überhaupt nahm in der letzten Zeit den ersten Platz bei Tisch Mimi ein, vor der keiner von uns Respekt hatte, wie überhaupt das Mittagessen viel von seinem Reize verloren hatte. Das Mittagessen war nicht mehr wie zu Mamas oder zu Großmutters Lebzeiten eine Art feierlicher Zeremonie, die zu bestimmter Stunde die ganze Familie vereinigte und den Tag in zwei Hälften schied. Wir scheuten uns nicht, zu spät zu kommen, erst beim zweiten Gang zu erscheinen, den Wein aus Wassergläsern zu trinken, wozu St. Jérôme selbst das böse Beispiel gegeben hatte, uns auf dem Stuhl zu rekeln, vor beendeter Mahlzeit aufzustehen, und was dergleichen Nachlässigkeiten mehr waren. Immer mehr hatte das Mittagessen aufgehört, wie früher ein tägliches Freudenfest für die Familie zu sein. Da war es doch in Petrowskoje etwas anderes gewesen, wenn um zwei Uhr alle sauber gewaschen und festlich gekleidet im Salon saßen und unter heiteren Gesprächen auf die bestimmte Stunde warteten. Genau in dem Augenblick, wo im Dienerzimmer die Uhr rasselnd zwei schlug, kam Foka, die Serviette auf dem Arm, mit würdegebietender, etwas strenger Miene leise herein. »Es ist angerichtet!« verkündete er mit lauter Stimme in gedehntem Ton, und alle begaben sich mit heiteren, zufriedenen Gesichtern, die älteren voran, die jüngeren hinterher, in das Eßzimmer. Die gestärkten Röcke raschelten, die Stiefel und Schuhe knarrten, und unter halblautem Gespräch setzte sich ein jedes auf seinen bestimmten Platz. Ganz anders als jetzt ging es auch in Moskau zu, wenn alle in gedämpfter Unterhaltung im Saal vor dem gedeckten Tisch standen und auf die Großmutter warteten, zu der Gawrilo bereits hingegangen war, um ihr zu melden, daß das Essen aufgetragen sei. Auf einmal ging die Tür auf. Das Rauschen eines Kleides und das Schlürfen von Füßen war zu vernehmen, und die Großmutter kam mit einer Haube mit auffallender, lilafarbener Schleife, seitlich vorgebeugt, aus ihrem Zimmer hereingeglitten, je nach ihrem gesundheitlichen Zustand lächelnd oder finster dreinblickend. Gawrilo stürzte zu ihrem Nähstuhl hin, ein Scharren der Stühle setzte ein, und mit einem Gefühl, als ob mir ein kalter Schauer über den Rücken liefe – dem Anzeichen eines guten Appetits – griff ich nach der feuchten, gestärkten Serviette, knabberte an einem Stück Brot und schielte mit ungeduldiger Gier, während ich mir unter dem Tisch die Hände rieb, nach den dampfenden Suppentellern, die der Haushofmeister je nach Rang, Alter und Weisung der freundlich-aufmerksamen Großmutter füllte und verteilte. Wenn ich aber jetzt zum Mittagessen hinunterging, verspürte ich weder Freude noch Aufregung. Das Geplauder Mimis, St. Jérômes und der Mädchen über die entsetzlichen Stiefel, die der Lehrer des Russischen trage, und über die Volants, die die Prinzessinnen Kornakow an den Kleidern hätten, dieses Geschwätz, das mich früher mit einer herzlichen Verachtung erfüllt hatte, die ich namentlich Ljubotschka und Katenka gegenüber zu verbergen mir keine Mühe gab, konnte mich jetzt nicht aus meiner neuen, tugendhaften Stimmung herausbringen. Ich war ungewöhnlich sanft. Lächelnd hörte ich ihnen in besonders freundlicher Weise zu, bat ehrerbietig, mir den Kwaß herüberzureichen, und stimmte St. Jérôme bei, als er einen von mir bei Tisch gesprochenen Satz dahin verbesserte, man sage besser je puis als je peux. Offen gesagt war es mir recht unangenehm, daß niemand meiner Sanftmut und Tugend besondere Beachtung schenkte. Ljubotschka zeigte mir nach Tisch einen Zettel, auf dem sie alle ihre Sünden aufgeschrieben hatte. Ich fand, daß das recht gut sei, daß es aber noch besser sei, alle seine Sünden in der Seele aufzuschreiben; aber selbst das sei noch nicht das Rechte.

»Wieso denn nicht das Rechte?« fragte Ljubotschka.

»Ach, laß es gut sein; du würdest mich doch nicht verstehen.«

Damit ging ich auf mein Zimmer, nachdem ich zu St. Jérôme gesagt hatte, ich wollte arbeiten; in Wirklichkeit aber beabsichtigte ich, noch vor der Beichte, die erst in anderthalb Stunden stattfand, mir für das ganze Leben ein Verzeichnis meiner Pflichten und Beschäftigungen anzulegen und auf einem Blatt Papier das Ziel meines Lebens und die Grundsätze darzulegen, nach denen ich nun immer, ohne Wanken, handeln wollte.

Ich suchte mir einen Bogen Papier und wollte mich vor allen Dingen an die Aufzeichnung meiner Pflichten und Beschäftigungen für das nächste Jahr machen. Dazu mußte das Papier erst liniiert werden. Da ich jedoch gerade kein Lineal zur Hand hatte, bediente ich mich dazu des lateinischen Wörterbuches. Nachdem ich aber mit der Feder an dem Wörterbuch entlang gefahren war und dieses vom Papier abrückte, ergab sich, daß ich statt eines Striches einen ausgedehnten Tintenklecks fabriziert hatte; außerdem hatte das Wörterbuch nicht über das ganze Papier gereicht, so daß der Strich an der Ecke des Buches eine Biegung machte. Ich nahm einen anderen Bogen und kam nun schlecht und recht dadurch zu meinem Ziel, daß ich das Wörterbuch jedesmal etwas weiter schob. Meine Pflichten teilte ich in drei Kategorien ein: in Pflichten gegen mich selber, gegen meinen Nächsten und gegen Gott, und begann die ersten aufzuschreiben, aber es ergaben sich ihrer so viele und derlei verschiedene Arten und Abarten, daß ich zuerst die »Lebensregeln« aufschreiben mußte und dann erst an die Aufstellung des Verzeichnisses gehen konnte. Ich nahm sechs Bogen Papier, nähte ein Heft und versah es mit der Aufschrift »Lebensregeln«. Dieses Wort war so krumm und schief geschrieben, daß ich lange überlegte, ob ich es nicht noch einmal schreiben sollte; lange ärgerte ich mich noch, wenn ich auf das zerrissene Verzeichnis und diese mißlungene Überschrift blickte. Warum, fragte ich mich, ist dies alles in meiner Seele so schön und klar, nimmt aber auf dem Papier so häßliche Gestalt an? Und ist es nicht immer so im Leben, wenn ich etwas von dem, was ich denke, in die Tat umsetzen will?

»Der Beichtvater ist da; Sie möchten hinunterkommen, um die Beichtregeln anzuhören«, meldete Nikolaj.

Ich legte das Heft in die Schublade, warf einen Blick in den Spiegel, kämmte mir das Haar hoch, was mir meiner Ansicht nach einen nachdenklichen Ausdruck gab, und ging in das Sofazimmer hinunter. Dort hatte man schon einen Tisch mit einer Decke bedeckt und eine Ikone sowie brennende Wachskerzen daraufgestellt. Papa kam gleichzeitig mit mir durch eine andere Tür herein. Der Beichtvater, ein grauhaariger Mönch mit strengem, greisenhaftem Gesicht, erteilte Papa den Segen. Papa küßte ihm die kleine, breite, ausgetrocknete Hand; ich tat das gleiche.

»Rufe Woldemar her«, sagte Papa. »Wo ist er denn? Nein, nein, laßt, er beichtet ja in der Universität.«

»Er lernt mit dem Fürsten«, sagte Katenka und warf dabei Ljubotschka einen Blick zu. Ljubotschka wurde plötzlich aus irgendeinem Grund rot, runzelte die Stirn, machte eine Bewegung, als ob ihr irgend etwas weh täte, und verließ das Zimmer. Ich ging ihr nach. Im Salon blieb sie stehen und schrieb noch etwas mit Bleistift auf ihren Zettel.

»Wie, hast du noch eine neue Sünde begangen?« fragte ich.

»Nein, weiter nichts, nur so«, antwortete sie und wurde dabei ganz rot.

In diesem Augenblick ließ sich im Vorzimmer die Stimme Dmitrijs vernehmen, der sich von Wolodja verabschiedete.

»Bei dir ist alles eine Versuchung«, sagte die ins Zimmer tretende Katenka zu Ljubotschka.

Ich verstand nicht, was mit meiner Schwester geschah; sie war derartig verlegen, daß ihr die Tränen in die Augen kamen und daß ihre auf den höchsten Grad gestiegene Verwirrung in eine starke Verstimmung gegen sich selbst und gegen Katenka überging, von der sie offenbar geneckt worden war.

»Da zeigt sich eben wieder, daß du eine Ausländerin bist.« Nichts konnte für Katenka beleidigender sein, als wenn sie eine Ausländerin genannt wurde, und gerade deswegen bediente sich Ljubotschka dieser Bezeichnung. »Vor einem solchen Sakrament«, fuhr sie mit Ernst fort, »und ganz absichtlich bringst du mich aus der Stimmung... du solltest doch begreifen ... daß die Sache keineswegs zum Scherzen ist.«

»Weißt du auch, Nikolenka, was sie aufgeschrieben hat?« sagte Katenka, die sich durch die Bezeichnung »Ausländerin« tief beleidigt fühlte; »sie hat geschrieben ...«

»Ich hätte nie geglaubt, daß du so schlecht bist«, sagte Ljubotschka, ganz in Tränen aufgelöst, und verließ uns. »In einem solchen Augenblick, und ganz mit Absicht, immer und ewig einen zur Sünde zu verleiten! Setze ich dir etwa immer deiner Gefühle und Leiden wegen zu?«

6. Die Beichte

Mit diesen und ähnlichen ablenkenden Gedanken kehrte ich in das Sofazimmer zurück, wo sich inzwischen alle eingefunden hatten. Der Beichtvater stand gerade auf und schickte sich an, das Gebet vor der Beichte zu lesen. Aber kaum, daß im allgemeinen Schweigen die ausdrucksvolle, ernste Stimme des Mönches erscholl, der das Gebet las – und besonders als er zu uns die Worte sprach: »Enthüllet alle eure Versündigungen ohne Scheu, ohne Verheimlichung und ohne Beschönigung, und eure Seele wird gereinigt werden vor Gott; wenn ihr aber etwas verheimlicht, so werdet ihr eine große Sünde begehen« –, kehrte jenes Gefühl andächtigen Schauders wieder zurück, das ich am Morgen bei dem Gedanken an das bevorstehende Sakrament empfunden hatte. Ich empfand sogar einen Genuß in dem Bewußtsein dieses Zustandes und bemühte mich, ihn dadurch festzuhalten, daß ich alle Gedanken, die mir durch den Kopf ziehen wollten, von mir wies, und mich außerdem bemühte, mich vor irgend etwas zu fürchten.

Der erste, der beichten ging, war Papa. Er blieb sehr lange in Großmutters Zimmer, und während der ganzen Zeit verhielten wir uns im Sofazimmer alle schweigend oder unterhielten uns im Flüsterton darüber, wer als nächster gehen sollte. Endlich hörten wir durch die Tür die Stimme des Mönches wieder, der ein Gebet las, und Papas Schritte. Die Tür knarrte, und Papa kam von dort heraus, hüstelte, wie er es meist tat, zuckte mit der Schulter und blickte keinen von uns an.

»So, jetzt geh du hinein, Ljubotschka. Daß du ja alles sagst; du bist eine große Sünderin!« sagte Papa heiter und kniff sie in die Backen.

Ljubotschka wurde blaß und wieder rot, nahm aus dem Brusttuch ihr Verzeichnis, das sie freilich gleich wieder hineinsteckte, und durchschritt die Tür mit hängendem Kopf und eingezogenem Hals, als erwartete sie von oben einen Schlag. Lange blieb sie nicht; aber als sie wieder herauskam, zuckten ihre Schultern vor Schluchzen.

Nach der niedlichen Katenka, die lächelnd zurückkehrte, kam die Reihe endlich an mich. Ich ging mit derselben dumpfen Furcht und dem Wunsch, diese Furcht in meinem Herzen immer mehr zu steigern, in das halbdunkle Zimmer hinein. Der Beichtvater stand vor dem Betpult und wandte mir langsam sein Gesicht zu.

Nicht länger als fünf Minuten blieb ich in Großmutters Zimmer, kam aber als glücklicher und nach meiner damaligen Überzeugung völlig reiner, moralisch wiedergeborener, neuer Mensch heraus. Obgleich mich die ganze alte Umgebung, die Zimmer, die Möbel, meine eigene, unverändert gebliebene Gestalt (mein Wunsch wäre gewesen, daß sich alles äußerlich ebenso geändert hätte wie ich mich scheint's selber innerlich geändert hatte) unangenehm berührte, verharrte ich doch in dieser hochbeglückten Stimmung bis zu dem Augenblick, da ich mich zu Bett legte.

Nachdem ich in Gedanken alle meine Sünden noch einmal durchgegangen war, von denen ich mich gereinigt hatte, wollte ich eben einschlafen, als mir plötzlich eine schändliche Sünde einfiel, die ich in der Beichte verheimlicht hatte. Die Worte des vor der Beichte verlesenen Gebetes kamen mir ins Gedächtnis zurück und klangen unaufhörlich in den Ohren. Um meine Ruhe war es sofort geschehen. »Wenn ihr aber etwas verheimlicht, so werdet ihr eine große Sünde begehen ...« glaubte ich fortwährend zu hören. Ich betrachtete mich als einen schrecklichen Sünder, für den es überhaupt keine ausreichende Strafe gebe. Lange drehte ich mich von einer Seite auf die andere, überdachte meine Lage und erwartete von Minute zu Minute die Strafe Gottes, ja den plötzlichen Tod, ein Gedanke, der mir unsagbare Angst bereitete. Aber plötzlich kam mir ein rettender Einfall! Ich wollte in der Morgendämmerung zum Beichtvater ins Kloster gehen oder fahren und noch einmal beichten. Und danach wurde ich wieder ruhiger.

7. Die Fahrt ins Kloster

Aus Angst, die Morgendämmerung zu verschlafen, wachte ich in der Nacht mehrere Male auf und war schon gegen sechs auf den Beinen. Es dämmerte noch kaum. Ich zog die Kleider und die Stiefel an, die unordentlich und nicht geputzt neben dem Bette lagen, weil Nikolaj noch nicht dazugekommen war aufzuräumen, und trat, ohne zu beten und ohne mich zu waschen, zum ersten Male in meinem Leben allein auf die Straße.

Auf der gegenüberliegenden Seite schimmerte das grüne Dach eines großen Hauses im rötlichen Schimmer der nebligen, kalten Morgendämmerung. Der ziemlich starke Frost des Frühlingsmorgens hatte den Schmutz und die Wasserlachen gefesselt, hämmerte unter den Füßen und zwickte Gesicht und Hände. In unserer Nebenstraße gab es noch keine einzige Droschke, auf die ich gerechnet hatte, um möglichst schnell hin- und zurückzugelangen. Einige Lastwagen fuhren den Arbat entlang, und zwei Maurer gingen plaudernd auf dem Bürgersteig. Etwa tausend Schritte weiter stieß ich auf Männer und Frauen, die mit Körben auf den Markt gingen; Hausknechte fuhren um Wasser; an einer Straßenkreuzung stand ein Kuchenhändler; eine Bäckerei machte auf, und am Arbattor fand ich einen Kutscher, einen alten Mann, der schaukelnd auf seiner bläulichen, abgeschabten und geflickten Droschke schlief. Er verlangte, wohl noch im Halbschlaf, nur zwanzig Kopeken nach dem Kloster und zurück; aber dann kam er plötzlich zu sich, zog seinem Pferd, als ich gerade einsteigen wollte, eins mit den Zügelenden über und wollte davonfahren. »Ich muß das Pferd füttern, es geht nicht, Herr«, murmelte er.

Nur mühsam überredete ich ihn anzuhalten, indem ich ihm vierzig Kopeken bot. Er brachte das Pferd zum Stehen, sah mich musternd an und sagte: »Steig ein, Herr!« Ich muß gestehen, ich hatte etwas Angst, er könnte mich in eine einsame Gasse fahren und ausplündern. Nachdem ich ihn am Kragen seines zerrissenen Armäcks gepackt hatte, wobei sich sein runzeliger Nacken über dem starkgekrümmten Rücken gleichsam klagend entblößte, kletterte ich rittlings auf den wellenförmigen, bläulichen, schwankenden Sitz, und wir ratterten die Wosdwischenkaja hinauf. Unterwegs bemerkte ich, daß die Rückenlehne der Droschke mit einem Stück desselben grünlichen Tuchs bezogen war, aus dem auch der Mantel des Kutschers bestand. Dieser Umstand beruhigte mich, und ich fürchtete nicht mehr, daß mich der Kutscher in eine einsame Gasse fahren und ausplündern würde.

Die Sonne stand schon ziemlich hoch und vergoldete hell die Kuppeln der Kirchen, als wir beim Kloster anlangten. Im Schatten hielt sich der Frost noch, aber auf dem ganzen Weg rieselten schnelle, trübe Bächlein, und das Pferd stapfte durch den aufgetauten Schmutz. Innerhalb des Klosters fragte ich den ersten besten, den ich sah, wie ich den Beichtvater finden könnte.

»Da ist seine Zelle«, sagte ein vorübergehender Mönch, indem er einen Augenblick stehenblieb und auf ein Häuschen mit einer kleinen Vortreppe zeigte.

»Ich danke Ihnen ergebenst«, sagte ich.

Doch was mochten die Mönche von mir denken, die einer nach dem anderen aus der Kirche kamen und mich anschauten? Ich war weder ein Erwachsener noch ein Kind. Mein Gesicht war ungewaschen, mein Haar ungekämmt, mein Anzug mit Federn besät, die Stiefel nicht geputzt und dazu noch schmutzig. Zu welcher Gattung von Menschen mochten mich die Mönche, die mich anschauten, wohl in Gedanken zählen? Und sie betrachteten mich aufmerksam. Ich ging dennoch unbeirrt in die Richtung, die mir der junge Mönch gewiesen hatte.

Ein schwarzgekleideter alter Mann mit dichten, grauen Augenbrauen begegnete mir auf dem schmalen Pfad, der zu den Zellen führte, und fragte mich, was ich wünschte.

Einen Augenblick lang wollte ich antworten: »Nichts«, zu meiner Droschke zurücklaufen und nach Hause fahren; aber das Gesicht des Alten flößte mir ungeachtet der hochgezogenen Augenbrauen Vertrauen ein. Ich antwortete, daß ich meinen Beichtvater sprechen wollte und nannte dessen Namen.

»Kommen Sie, junger Herr, ich werde Sie führen«, sagte er und kehrte um; offenbar hatte er sofort erraten, in welcher Lage ich mich befand. »Der Vater ist in der Frühmesse; er wird bald zurück sein!«

Er machte die Tür auf und führte mich durch einen sauberen Flur und ein ebenso sauberes Vorzimmer über einen reinlichen, leinenen Läufer in die Zelle.

»Wenn Sie hier warten wollen«, sagte er mit gutmütigem, beruhigendem Gesichtsausdruck zu mir und ging hinaus.

Das Zimmerchen, in dem ich mich befand, war außerordentlich klein und peinlich sauber. Die ganze Einrichtung bestand aus einem mit Wachstuch bezogenen Tischchen zwischen den kleinen Fenstern, an denen zwei Geranien standen, einem Heiligenschrein und dem davorhängenden Lämpchen sowie einem Sessel und zwei Stühlen. In der einen Ecke hing eine Wanduhr mit blumenbemaltem Zifferblatt und hochgezogenen Gewichten an Kettchen. An einer Zwischenwand, die mit der Zimmerdecke durch hölzerne, geweißte Leisten verbunden war (hinter ihr stand wahrscheinlich das Bett), hingen an Nägeln zwei Priestergewänder.

Die Fenster gingen auf eine weiße Mauer hinaus, die von ihnen etwa zwei Ellen weit entfernt war. Zwischen ihnen und der Mauer stand ein kleiner Fliederstrauch. Kein Laut drang von außen in das Zimmer, so daß in dieser Stille das gleichmäßige, angenehme Ticken des Pendels wie ein starkes Geräusch wirkte. Kaum daß ich mich in diesem stillen Eckchen allein fühlte, waren auf einmal alle meine früheren Gedanken und Erinnerungen wie verflogen, just als wären sie nie dagewesen, und ich gab mich völlig einer unsagbar angenehmen, wehmütigen Träumerei hin. Dieser Priesterrock von vergilbtem Nanking mit dem durchgeriebenen Futter, dieser abgescheuerte, schwarze Lederband mit den Messingspangen, diese mattgrünen Gewächse mit der sorgfältig begossenen Erde und den abgewaschenen Blättern, und besonders dieses einförmige, taktmäßige Geräusch des Pendels, dies alles kündete deutlich von einem neuen, mir bisher unbekannten Leben, von einem Leben der Einsamkeit, des Gebets, des stillen, ruhigen Glücks ...

Monate gehen dahin, Jahre gehen dahin, dachte ich, er ist immer allein, immer ruhig; er hat immer das Gefühl, daß sein Gewissen vor Gott rein ist und sein Gebet von ihm erhört wird. Eine halbe Stunde lang saß ich so auf dem Stuhl, vorsichtig bemüht, mich ja nicht zu bewegen, noch laut zu atmen, damit ich nicht die Harmonie der Töne störte, die mir so vieles sagten. Das Pendel aber tickte mit unbeirrbarer Gleichförmigkeit, nach rechts lauter, nach links leiser.

8. Die zweite Beichte

Die Schritte des Beichtvaters rissen mich aus meiner Versunkenheit heraus.

»Seien Sie mir gegrüßt«, sagte er und strich mit der Hand seine grauen Haare zurecht. »Was wünschen Sie?«

Ich bat um seinen Segen und küßte seine kleine, gelbliche Hand mit besonderem Vergnügen.

Als ich ihm meine Bitte vorgetragen hatte, trat er wortlos zu den Ikonen und begann die Beichte.

Als sie beendet war, und ich ihm unter Überwindung meiner Schamhaftigkeit alles gesagt hatte, was mein Herz bedrückte, legte er mir seine Hände auf den Kopf und sagte mit seiner wohltönenden, leisen Stimme: »Möge der Segen des himmlischen Vaters auf dir ruhen, mein Sohn, möge er dir immer den Glauben, die Sanftmut und die Demut erhalten. Amen.«

Ich war restlos glücklich; glückliche Tränen stiegen mir in die Kehle, ich küßte eine Falte seines Rockes von drap de dame und hob den Kopf. Das Gesicht des Mönches war völlig ruhig. Ich genoß dieses Gefühl der Rührung, und aus Furcht, es durch irgend etwas zu verscheuchen, nahm ich eilig von dem Beichtvater Abschied, ging, ohne nach rechts oder links zu blicken, um nicht abgelenkt zu werden, zum Klostertor hinaus und nahm wieder in der schaukelnden, gestreiften Droschke Platz. Doch das Rütteln des Wagens und der bunte Wechsel der Gegenstände, die an meinen Augen vorüberzogen, verdrängte dieses Gefühl bald; und schon stellte ich Betrachtungen darüber an, wie natürlich der Beichtvater denke, daß er einem jungen Menschen mit einer so edlen Seele noch nie in seinem Leben begegnet sei, auch nie wieder begegnen werde, und daß es solche überhaupt nicht mehr gäbe. Davon war ich überzeugt; und diese Überzeugung weckte in mir ein Gefühl der Fröhlichkeit, das ich unbedingt jemandem mitteilen mußte.

Ich mußte unbedingt mit jemandem reden. Da ich aber niemanden als den Droschkenkutscher zur Hand hatte, wandte ich mich an ihn.

»Nun, war ich lange fort?« fragte ich.

»Na, es geht; doch, ziemlich lange; ich hätte das Pferd schon längst füttern müssen; ich hatte doch Nachtdienst«, antwortete der alte Kutscher, der offenbar unter dem Einfluß des Sonnenscheins viel aufgeräumter geworden war als vorher.

»Und mir war es so, als wäre ich nur eine Minute fortgewesen«, sagte ich. »Weißt du, warum ich im Kloster war?« fügte ich hinzu, während ich in eine Vertiefung des Sitzes rückte, die dem alten Kutscher näher war.

»Was hat unsereins damit zu schaffen? Wohin der Fahrgast befiehlt, dahin bringen wir ihn«, antwortete er.

»Nun ja, aber trotzdem, was meinst du wohl?« fragte ich weiter.

»Wahrscheinlich, um jemanden zu beerdigen, und da wollten Sie eine Grabstelle kaufen.«

»Nein, Brüderlein, so ist es nicht; nun sage mir, warum ich hingefahren bin.«

»Kann ich das wissen, Herr?« antwortete er.

Die Stimme des Kutschers schien mir so gutmütig, daß ich beschloß, ihm zu seiner Erbauung die Ursache meiner Fahrt und sogar das Gefühl, das mich beseelte, zu erzählen.

»Willst du, so erzähle ich es dir; die Sache kam nämlich so …«

Ich erzählte ihm alles und beschrieb alle meine herrlichen Gefühle. Selbst heute werde ich noch rot, wenn ich daran denke.

»Soso!« sagte der Kutscher ungläubig.

Dann schwieg er lange und saß da, ohne sich zu rühren; zuweilen brachte er seinen Rockschoß in Ordnung, der immer wieder unter seinem gestreiften Bein hervorrutschte, das in einem großen Stiefel auf dem Trittbrett des Wagens auf und nieder schlenkerte. Ich meinte schon, daß er einer Meinung mit meinem Beichtvater sei – das heißt, daß es einen so herrlichen jungen Mann wie mich auf der Welt kein zweitesmal gebe; aber plötzlich drehte er sich um: »Ja, sehen Sie, Herr, so machen es halt die feinen Herrschaften!«

»Was meinst du?« fragte ich.

»Nun, die großen Herrschaften machen es so, die Herrschaften!« wiederholte er durch die zahnlosen Lippen.

Nein, er hat mich doch nicht verstanden, dachte ich und sprach nicht mehr mit ihm, bis ich zu Hause war.

Das Gefühl der Rührung und Andacht hielt zwar nicht den ganzen Weg lang an, wohl aber die Selbstzufriedenheit darüber, es empfunden zu haben – trotz der bunten Volksmenge, die sich im hellen Sonnenscheine überall auf den Straßen tummelte. Kaum daß ich daheim war, verschwand dieses Gefühl vollständig. Ich hatte nicht die vierzig Kopeken, um den Kutscher zu bezahlen. Der Haushofmeister Gawrilo, bei dem ich schon in der Kreide stand, wollte mir nichts mehr leihen. Als der Kutscher sah, wie ich zweimal über den Hof lief, um mir Geld zu verschaffen, erriet er offenbar den Grund meines Hinundherlaufens und stieg vom Bock; und nun begann er, der mir doch so gutherzig erschienen war, laut und mit unverkennbaren Anspielungen auf mich, darüber zu schimpfen, daß es Zechpreller gebe, die das Fahrgeld nicht bezahlen wollten.

Im Hause schlief alles noch, so daß außer den Dienstboten niemand da war, bei dem ich die vierzig Kopeken hätte aufnehmen können. Endlich bezahlte Wasilij den Kutscher, zwar nicht auf mein heiliges Ehrenwort hin, dem er, wie ich an seinem Gesicht sah, keinerlei Glauben schenkte, sondern weil er mich liebte und sich des Dienstes erinnerte, den ich ihm geleistet hatte. So verflog meine Stimmung wie Rauch. Als ich mich für die Kirche ankleiden wollte, um mit allen zusammen zum Abendmahl zu gehen, und es sich herausstellte, daß mein Anzug nicht in Ordnung war, so daß ich ihn unmöglich anziehen konnte, machte ich mich gleich einer Menge Sünden schuldig. Nachdem ich einen anderen Anzug anhatte, ging ich in einem seltsamen Zustand von Abgelenktheit und ohne irgendwelchen Glauben an meine herrlichen Vorsätze zum Abendmahl.

9. *Wie ich mich für die Prüfung vorbereitete*

Am Gründonnerstag fuhren Papa, meine Schwester, Mimi und Katenka auf das Gut, so daß in dem ganzen großen Haus der Großmutter nur Wolodja, ich und St. Jérôme zurückblieben. Mit jener Gemütsverfassung, in der ich mich am Tag der Beichte und der Fahrt ins Kloster befunden hatte, war es vollständig vorbei, und es war nur eine dunkle, wenn auch angenehme Erinnerung zurückgeblieben, die immer mehr unter den neuen Eindrücken des freien Lebens verblaßte.

Das Heft mit der Überschrift: »Lebensregeln« war gleichzeitig mit den Übungsheften nach dem Unterricht weggeräumt worden. Der Gedanke, daß es möglich sei, sich Grundregeln für alle Lebenslagen zu machen und sich immer von ihnen leiten zu lassen, gefiel mir freilich und schien mir außerordentlich einfach und zugleich großartig zu sein, und ich war auch entschlossen, ihn in die Tat umzusetzen. Aber da vergaß ich wieder, daß so etwas sofort ausgeführt werden müßte, und so verschob ich alles auf eine spätere Zeit. Mein einziger Trost war, daß jeder Gedanke, der mir irgendwie in den Sinn kam, ausgezeichnet in eine der Kategorien meiner Grundsätze und Pflichten hineinpaßte: entweder in die Grundsätze in bezug auf den Nächsten oder in bezug auf mich oder in bezug auf Gott. Zu seiner Zeit werde ich diesen Gedanken und außerdem viele, viele andere, die mir noch darüber kommen werden, an der gehörigen Stelle eintragen, sagte ich zu mir selbst. Und jetzt frage ich mich: Wann war ich besser und dem Wahren näher: damals, als ich an die Allmacht des menschlichen Verstandes glaubte, oder jetzt, wo ich die Entwicklungsfähigkeit verloren habe und an der Kraft und Bedeutung des menschlichen Verstandes zweifle? Eine bestimmte Antwort kann ich mir nicht geben.

Das Bewußtsein der Freiheit und das Sehnen nach etwas Unbekanntem regten mich derart auf, daß ich mich einfach nicht in der Gewalt hatte und mich schlecht für die Prüfung vorbereitete. Da lernte ich frühmorgens im Klassenzimmer und wußte, daß ich unbedingt arbeiten mußte, weil am folgenden Tag in einem Fach geprüft wurde, aus dem ich zwei volle Abschnitte noch nicht gelernt hatte; aber auf einmal kommt durch das Fenster irgendein Frühlingshauch hereingeweht – da ist mir, als müßte ich mich an etwas äußerst Wichtiges erinnern, die Hände lassen von selbst das Buch sinken, die Beine setzen sich von selbst in Bewegung und gehen auf und ab, im Kopf hat gleichsam jemand auf eine Feder gedrückt und eine Maschine in Gang gebracht, durch den Kopf ziehen allerlei bunte, heitere Träumereien, so leicht, natürlich und geschwind, daß kaum Zeit genug ist, ihren Glanz wahrzunehmen. Und so vergehen eine, zwei Stunden, ohne daß du es merkst. Oder ich sitze auch vor einem Buch, bemüht, meine ganze Aufmerksamkeit, so gut es geht, auf das, was ich lese, zu konzentrieren. – Plötzlich höre ich auf dem Korridor Frauenschritte und das Rauschen von Frauenkleidern, und siehe da, mein Kopf ist wie ausgeblasen. Es ist mir ganz unmöglich, still auf meinem Platz sitzenzubleiben, obgleich ich weiß, daß niemand als Gascha, Großmutters altes Stubenmädchen auf dem Korridor vorbeigehen konnte. Aber wenn plötzlich »sie« erscheint? schießt es mir durch den Kopf; wenn es nun gerade jetzt anfängt und ich die Gelegenheit entschlüpfen lasse? So springe ich auf den Korridor und sehe, daß es wirklich Gascha ist; ach, auf wie lange Zeit habe ich nun meinen Kopf nicht in der Gewalt! Ein Druck auf die Feder, und wieder geht ein toller Spuk los. Oder ich sitze abends allein bei einem Talglicht in meinem Zimmer; plötzlich löse ich mich für eine Sekunde von meinem Buch, um das Licht zu putzen oder mich auf dem Stuhl zurechtzurücken, und sehe, daß es überall, in der Tür und in den Ecken dunkel ist, und höre, daß es im Haus still ist. Und wieder muß ich innehalten, ob ich will oder nicht, auf diese Stille lauschen und durch die offenstehende Tür in das finstere Zimmer nebenan blicken und lange, lange in regungsloser Haltung verweilen oder nach unten gehen und alle leeren Zimmer durchwandern. Oft sitze ich auch abends lange unbemerkt im Saal und horche auf die Melodie der »Nachtigall«, wie sie Gascha, allein bei einem Talglicht in dem großen Saal sitzend, mit zwei Fingern auf dem Klavier spielt. Und bei Mondschein gar konnte ich nichts anderes tun, als aus dem Bett aufstehen, mich ins Vorgartenfenster legen und das hellbeleuchtete Dach von Schaposchnikows Haus, den schlanken Glockenturm unserer Pfarrkirche und den nächtlichen Schatten des Zauns und des Strauchs auf dem Gartenweg betrachten und so lange sitzen, daß ich am andern Morgen nur mit Mühe um zehn Uhr erwache.

Wären die Lehrer nicht gewesen, die immer noch zu mir kamen, und St. Jérôme, der ab und zu meinen Ehrgeiz anfeuerte, und hätte ich nicht von selbst gewünscht, in den Augen meines Freundes Nechljudow als ein Mann der Tat zu erscheinen, das heißt, die Prüfung mit Auszeichnung zu bestehen, was in seinen Augen von entscheidender Wichtigkeit war – so hätten der Frühling und die Freiheit es dahin gebracht, daß ich selbst das, was ich vorher gewußt, vergessen und die Prüfung nicht bestanden hätte.

10. Die Geschichtsprüfung

Am sechzehnten April betrat ich unter St. Jérômes Schutz zum ersten Mal den großen Saal der Universität. Wir waren in unserem eleganten Phaethon vorgefahren. Ich trug zum ersten Male in meinem Leben einen Frack, und alles, was ich anhatte, sogar die Wäsche und die Strümpfe, war völlig neu und von feinster Qualität. Als mir der Portier unten den Mantel abgenommen hatte und ich in der ganzen Pracht meiner Gewandung vor ihm stand, schämte ich mich sogar ein bißchen, in dieser Weise zu glänzen. Doch kaum betrat ich den hellen von Menschen wimmelnden Saal mit dem Parkettboden und erblickte die Hunderte von jungen Leuten in Gymnasiastenuniform oder Frack, von denen mich einige völlig gleichgültig anschauten, und am anderen Ende des Saales die allgewaltigen Herren Professoren, die ungezwungen zwischen den Tischen umhergingen oder auf großen Lehnstühlen saßen, sah ich schon meine Hoffnung schwinden, die allgemeine Aufmerksamkeit auf mich zu lenken. Mein Gesichtsausdruck, der zu Hause und noch auf dem Flur eine Art von Bedauern gezeigt hatte, daß ich gegen meinen Willen so vornehm und so bedeutend aussah, nahm den Charakter einer hochgradigen Schüchternheit und einer gewissen Niedergeschlagenheit an. Nun verfiel ich sogar in das andere Extrem und war äußerst froh, als ich auf der nächsten Bank einen auffallend schlecht und unsauber gekleideten Herrn erblickte, der noch nicht alt und doch fast völlig ergraut war und von den übrigen abgesondert auf einer Bank im Hintergrund saß. Ich setzte mich sofort zu ihm und machte mich daran, die Prüflinge einer Musterung zu unterwerfen und Schlußfolgerungen über sie anzustellen. Es gab die verschiedenartigsten Gestalten und Gesichter, und doch ließen sich alle nach meinen damaligen Begriffen in drei Gattungen einteilen.

Da waren zunächst solche wie ich, die mit ihren Hauslehrern oder Vätern zur Prüfung erschienen waren. Zu ihnen gehörte der jüngste Iwin mit seinem mir bekannten Herrn Frost und Iljinka Grap mit seinem alten Vater. Ihnen allen sproßten die ersten Barthärchen. Sie trugen Kragen und Manschetten, saßen still da, ohne die mitgebrachten Bücher und Hefte aufzuschlagen, und blickten mit nicht zu verkennender Schüchternheit nach den Professoren und den Prüfungstischen. Die Prüflinge der zweiten Gattung waren junge Leute in Gymnasiastenuniform, von denen sich schon viele zu rasieren gewohnt waren. Sie kannten einander zum größten Teil, sprachen laut und kannten die Professoren nach Vor- und Vatersnamen, bereiteten sich sogar an dieser Stätte noch vor, reichten einander die Hefte hin, turnten über die Bänke und holten vom Flur Gebäck und Butterbrote, die sie im Saale verzehrten, wobei sie nur den Kopf ein wenig zum Bankdeckel hinabbogen. Die dritte Gruppe von Prüflingen schließlich, übrigens nicht sehr zahlreich, waren ganz alte Leute, zum Teil im Frack, überwiegend aber in Oberröcken und ohne sichtbare Wäsche. Diese verhielten sich sehr ernst, saßen für sich da und blickten finster drein. Derjenige, der mich dadurch getröstet hatte, daß er schlechter gekleidet war als ich, gehörte zu dieser letzten Gruppe. Den Kopf in beide Hände gestützt, durch deren Finger die halbergrauten Haarsträhnen hervorquollen, las in einem Buch; mir warf er nur einen Blick aus seinen nicht gerade wohlwollenden, glänzenden Augen zu, zog die Brauen finster zusammen und schob außerdem noch seinen glänzenden Ellenbogen vor, damit ich ihm nicht näher kommen könne. Die Gymnasiasten waren dafür um so zutraulicher, und ich fürchtete mich ein wenig vor ihnen. Da schob mir einer ein Buch in die Hand mit der Aufforderung: »Geben Sie es dem da drüben!« Ein anderer, der an mir vorbeiging, sagte: »Lassen Sie mich mal durch, mein Lieber!« Ein dritter stützte sich beim Überklettern der Bänke auf meine Schulter, als wäre ich selbst eine Bank. Dies alles kam mir recht wild vor und behagte mir gar nicht. Ich hielt mich für weit über diesen Gymnasiasten stehend und war der Ansicht, sie dürften sich mir gegenüber nicht soviel Vertraulichkeiten erlauben. Endlich begann der Aufruf der Namen; die Gymnasiasten traten unverfroren vor, gaben meist gute Antworten und kamen fröhlich lächelnd zurück; die Vertreter meiner Gruppe waren weit schüchterner und schienen auch schlechter zu antworten. Von den Alten wußten einige vorzüglich, andere äußerst schlecht Bescheid. Als der Name Semjonow aufgerufen wurde, versetzte mir mein Nachbar, der mit den grauen Haaren und den glänzenden Augen, einen unsanften Stoß, stieg über meine Beine hinweg und trat an den Tisch heran. Wie man den Gesichtern der Professoren entnehmen konnte, antwortete er ohne jede Befangenheit und ausgezeichnet. Nachdem er auf seinen Platz zurückgekehrt war, nahm er, ohne sich zu erkundigen, welche Note er bekommen hatte, seelenruhig seine Bücher und ging hinaus. Ich war schon einige Male zusammengefahren, wenn die Stimme, die die Namen ausrief, erklang; aber noch war nach der alphabetischen Liste die Reihe nicht an mir, obgleich schon mit I beginnende Namen aufgerufen wurden. »Ikonin und Tenjew«, rief plötzlich jemand aus der Professorenecke. Ein kalter Schauer lief mir über den Rücken und durch die Haare.

»Wer wurde da gerufen? Wer ist Bartenjew?« hieß es rings um mich.

»Ikonin, los, du bist aufgerufen. Wer ist dieser Bartenjew? Oder Morenjew, weiß der Kuckuck, der melde sich!« sagte ein hochgewachsener, rotwangiger Gymnasiast, der hinter mir stand.

»Es gilt Ihnen«, sagte St. Jérôme.

»Mein Name ist Irtenjew«, sagte ich zu dem rotwangigen Gymnasiasten. »Hat man etwa Irtenjew gerufen?«

»Nun natürlich, warum gehen Sie denn nicht vor?... So ein Geck!« fügte er hinzu, nicht gerade laut, aber doch so, daß ich seine Worte hörte, als ich aus der Bank hinaustrat. Vor mir ging Ikonin, ein großer junger Mensch von etwa fünfundzwanzig Jahren, der aber zur dritten Gattung, den Alten, gehörte. Er trug einen olivenfarbenen, enganliegenden Frack und eine blaue Atlasbinde, auf der hinten die langen, blonden, sorgfältig à la mushik gekämmten Haare lagen. Ich hatte sein Äußeres schon in der Bank bemerkt. Er war nicht übel und gesprächig; mir waren besonders seine roten Haare aufgefallen, die ihm vorn am Halse wuchsen, und noch mehr die seltsame Angewohnheit, sich unaufhörlich die Weste aufzuknöpfen und sich unter dem Hemd die Brust zu kratzen.

Drei Professoren saßen an dem Tisch, auf den ich mit Ikonin zutrat; keiner von ihnen erwiderte unsere Verbeugung.

Ein junger Professor mischte Fragezettel wie man Karten mischt; der zweite, mit einem Stern auf dem Frack, blickte auf einen Gymnasiasten, der in großer Hast etwas über Karl den Großen herunterleierte und nach jedem Wort »schließlich« hinzufügte; der dritte, ein alter Herr mit Brille, blickte uns mit gesenktem Kopf über die Brille an und wies auf die Fragezettel. Ich spürte, daß sein Blick gleichzeitig auf mich und Ikonin gerichtet war und daß ihm irgend etwas an uns nicht behagte (vielleicht waren es Ikonins rote Haare), weil er, während er uns wiederum beide mit einem Blick maß, eine ungeduldige Kopfbewegung machte, schneller unsere Zettel zu ziehen. Es verdroß und kränkte mich, daß erstens niemand unsere Verbeugung erwidert hatte, und zweitens, daß man mich offenbar unter dem Sammelbegriff »Prüflinge« mit Ikonin in eine Reihe stellte und von vornherein wegen der roten Haare Ikonins gegen mich voreingenommen war. Ich nahm mir einen Zettel, ohne weiter verlegen zu sein, und schickte mich an, zu antworten. Aber der Professor wies mit den Augen auf Ikonin. Ich las meinen Zettel durch; es handelte sich um einen mir vertrauten Gegenstand; so wartete ich denn ruhig, bis die Reihe an mir war, und beobachtete unterdessen das, was um mich her vor sich ging. Ikonin war kein bißchen verlegen und ging sogar kühn, sozusagen mit der ganzen Breitseite nach vorn, um sich einen Fragezettel zu nehmen, warf die Haare zurück und las tapfer, was darauf geschrieben stand. Schon wollte er, wie mir schien, den Mund öffnen, um zu antworten, als ihn plötzlich der Professor mit dem Stern, nachdem er den Gymnasiasten mit einer Anerkennung entlassen hatte, anblickte. Ikonin schien sich an etwas zu erinnern und verstummte. Das allgemeine Schweigen dauerte etwa zwei Minuten.

»Nun«, sagte der Professor mit der Brille.

Ikonin öffnete den Mund und schwieg wieder.

»Sie sind nicht allein hier. Möchten Sie nun antworten oder nicht?«

Aber Ikonin schaute ihn nicht einmal an. Unverwandt blickte er auf den Fragezettel, brachte aber kein Wort heraus.

Der Professor mit der Brille betrachtete ihn durch die Brille und über die Brille hinweg und ohne Brille. Denn er hatte inzwischen Zeit gehabt, sie abzunehmen, die Gläser sorgfältig zu putzen und sie wieder aufzusetzen. Ikonin sagte kein Wort. Plötzlich lief ein Lächeln über sein Gesicht, er warf das Haar zurück, trat wieder mit Schwung an den Tisch heran, legte den Zettel hin, schaute der Reihe nach alle Professoren und dann mich an, wandte sich um und ging festen Schritts mit schlenkernden Armen in die Bank zurück. Die Professoren tauschten Blicke miteinander.

»Ein hübsches Täubchen!« sagte der junge Professor; »er hat sich allein vorbereitet.«

Ich trat näher an den Tisch heran; aber die Professoren unterhielten sich weiter im Flüsterton miteinander, als ob keiner von ihnen meine Gegenwart ahnte. Ich war damals fest davon überzeugt, daß alle drei Professoren lebhaft die Frage beschäftigte, ob ich die Prüfung bestehen und ob ich sie mit Auszeichnung bestehen würde, daß sie aber, nur um sich etwas wichtig zu machen, so taten, als sei ihnen das ganz gleichgültig, und als bemerkten sie mich gar nicht.

Als der Professor mit der Brille sich mir zuwandte, gleichsam, als ob ihn die ganze Sache nichts anginge, und mich aufforderte, das gestellte Thema zu beantworten, sah ich ihm in die Augen und schämte mich ein wenig für ihn, weil er so vor mir Komödie spielte. War ich zunächst ein wenig befangen beim Antworten, so ging die Sache nachher um so flotter. Da es sich um eine Frage aus der russischen Geschichte handelte, in der ich zu Hause war, schnitt ich glänzend ab und ging sogar so weit, den Professoren zu verstehen zu geben, daß ich kein Ikonin sei und mit ihm nicht in eine Reihe gestellt werden dürfe, und um die Erlaubnis bat, noch einen Fragezettel nehmen zu dürfen. Aber der Professor schüttelte den Kopf und sagte: »Schon gut«, und trug eine Note in das Buch ein. Als ich wieder hinten in den Bänken war, erfuhr ich sogleich von den Gymnasiasten, die, weiß der Himmel woher, über alles unterrichtet waren, daß ich eine Fünf bekommen hätte.

Bei den folgenden Prüfungen hatte ich außer Grap, den ich meiner Bekanntschaft für unwürdig hielt, und Iwin, der mir auswich, schon viele neue Bekannte. Einige grüßte ich sogar. Ikonin freute sich, als er mich sah, und teilte mir mit, er würde in Geschichte noch einmal geprüft werden; der Geschichtsprofessor sei noch von der letzten Prüfung her etwas gegen ihn voreingenommen. Auch damals sei er durch ihn »kopfscheu« gemacht worden. Semjonow, der sich gleich mir die mathematische Fakultät auserkoren hatte, ging bis zum Schluß der Prüfung jedem Menschen aus dem Weg, saß schweigend da, stützte den Kopf in die Hand und fuhr sich mit den Fingern durch seine grauen Haare. Die Prüfung bestand er mit Auszeichnung. Freilich war er nur der zweitbeste; erster wurde ein Gymnasiast aus dem Ersten Gymnasium. Er war ein hochgewachsener, dürrer, brünetter, sehr blasser junger Mann; um die eine Backe hatte er ein schwarzes Tuch gebunden; seine Stirn war mit Pickeln übersät. Seine mageren roten Hände wiesen außerordentlich lange Finger auf, deren Nägel dermaßen abgekaut waren, daß die Fingerspitzen wie mit Fäden abgebunden aussahen. Mir schien dies alles in der Ordnung zu sein, als gehörte es sich für den primus omnium eines Gymnasiums so. Er sprach wie die anderen mit allen, und auch ich wurde mit ihm bekannt. Und doch gab es scheint's in seinem Gang, in den Bewegungen seiner Lippen und in seinen schwarzen Augen etwas Ungewöhnliches, etwas »Magnetisches«.

Zur Mathematikprüfung war ich früher als sonst erschienen. Ich beherrschte den Gegenstand; nur zwei Abschnitte in der Algebra gab es, die ich meinem Lehrer gewissermaßen unterschlagen hatte und die mir daher völlig unbekannt waren. Das waren, wie ich mich heute noch erinnere, die Kombinationslehre und der binomische Lehrsatz. Ich setzte mich in die hinterste Bank und sah die beiden mir unbekannten Gebiete durch. Aber da ich ganz und gar nicht gewohnt war, in einem lauten Zimmer zu studieren, und mein Gefühl mir sagte, daß die Zeit nicht ausreichen würde, hatte ich Schwierigkeiten, in das Gelesene wirklich einzudringen.

»Da ist er, komm her, Nechljudow!« ließ sich hinter mir Wolodjas wohlbekannte Stimme vernehmen.

Ich drehte mich um und erblickte meinen Bruder und Dmitrij, die mit lebhaften Handbewegungen, den Rock aufgeknöpft, sich durch die Bänke den Weg zu mir bahnten. Auf den ersten Blick sah man ihnen die Studenten des zweiten Kursus an, die auf der Universität wie zu Hause waren. Schon ihre aufgeknöpften Röcke bekundeten die Geringschätzung, die sie uns Neulingen gegenüber empfanden, und flößten uns Neid und Respekt ein. Doch schmeichelte es mir sehr, daß alle Umstehenden sehen konnten, daß ich mit zwei Studenten aus dem zweiten Kursus bekannt war, und ich stand eiligst auf, um ihnen entgegenzugehen.

Wolodja konnte sich nicht enthalten, sich das Gefühl seiner Überlegenheit anmerken zu lassen.

»Ach, du Ärmster, wie steht's?« sagte er, »bist du noch nicht geprüft?«

»Nein.«

»Was liest du denn da, hast du dich nicht vorbereitet?«

»Doch, aber auf zwei Abschnitte nicht ordentlich. Das hier zum Beispiel verstehe ich nicht.«

»Was verstehst du nicht? Das hier?« sagte Wolodja und fing sogleich an, mir den binomischen Lehrsatz zu erklären, aber so schnell und unklar, daß er in meinen Augen das Mißtrauen gegen sein Wissen entdeckte und sich nach Dmitrij umwandte. Da er in dessen Augen vermutlich das gleiche las, wurde er rot, fuhr aber trotzdem fort, mir etwas vorzutragen, was er nicht verstand.

»Nein, laß das, Wolodja, ich will es lieber mit ihm durchnehmen, wenn noch Zeit ist«, sagte Dmitrij und setzte sich zu mir, nachdem er noch einen Blick in die Professorenecke geworfen hatte. Ich merkte sogleich, daß mein Freund sich in jener sanften, gefestigten Gemütsstimmung befand, die immer über ihn kam, wenn er mit sich zufrieden war, und die ich besonders an ihm liebte. Da er ein guter Mathematiker war und sich klar ausdrückte, nahm er den Abschnitt mit mir so ausgezeichnet durch, daß er auch heute noch bei mir »sitzt«. Aber kaum war er fertig, als St. Jérôme halblaut zu mir sagte: »A vous, Nicolas«, und ich hinter Ikonin her aus der Bank gehen mußte, ohne daß es mir gelungen war, den anderen, mir unbekannten Abschnitt durchzugehen. Ich trat an den Tisch, an welchem die drei Professoren saßen. Ein Gymnasiast stand vor der Wandtafel. Er leitete flott eine Formel ab, wobei er geräuschvoll mit der Kreide die Tafel bearbeitete, und schrieb immer weiter, obgleich der Professor schon zu ihm gesagt hatte: »Genug«, und uns angewiesen hatte, einen Zettel zu ziehen. Und wenn ich nun die Kombinationslehre erwische? dachte ich, während ich mit zitternden Fingern aus dem lockeren Berg zurechtgeschnittener Zettel einen herauszog. Ikonin trat so tapfer wie bei der vorigen Prüfung mit voller Breitseite heran, nahm, ohne zu wählen, den obersten Fragezettel, las ihn schnell durch und zog ärgerlich die Brauen zusammen.

»Immer geben sie mir solchen Schund!« murmelte er.

Ich blickte auf meinen Zettel. O Schreck! Es war die Kombinationslehre!

»Was haben Sie denn für eine Frage?« fragte mich Ikonin. Ich zeigte sie ihm.

»Das kann ich!«

»Wollen wir tauschen?«

»Nein, es ist ja alles eins. Ich fühle, daß ich doch nicht in Stimmung bin«, konnte mir Ikonin gerade noch zuflüstern, als uns der Professor schon an die Tafel rief.

Ach, nun ist alles dahin, dachte ich; statt – wie gehofft – glänzend in der Prüfung abzuschneiden, bedecke ich mich für mein ganzes Leben mit Schande, schlimmer als Ikonin. Aber auf einmal drehte sich Ikonin vor den Augen des Professors nach mir um, riß mir meinen Fragezettel aus der Hand und gab mir seinen. Ich blickte hin: es war der binomische Lehrsatz.

Der Professor war nicht gerade alt und hatte einen angenehmen, klugen Gesichtsausdruck, den er besonders dem stark gewölbten unteren Teil der Stirne verdankte.

»Was heißt das? Haben Sie Ihre Fragezettel ausgetauscht, meine Herren?« sagte er.

»Nein, er hat mir den seinen nur zum Anschauen gegeben, Herr Professor!« erwiderte Ikonin, schnell gefaßt, und wieder waren die Worte »Herr Professor« die letzten, die er heute sprach; wieder sah er im Fortgehen die Professoren und mich der Reihe nach an, lächelte und zuckte die Achseln, als wollte er mir zurufen: Es macht nichts, Bruder! Später erfuhr ich, daß Ikonin sich schon das dritte Jahr zur Aufnahmeprüfung gemeldet hatte. Spielend löste ich die Frage, die ich eben erst durchgenommen hatte. Der Professor sagte mir sogar, meine Leistung sei besser, als man es verlangen könne, und ich erhielt eine Fünf.

12. Die Lateinprüfung

Alles ging vortrefflich bis zur Prüfung im Lateinischen. Der Student mit der verbundenen Backe war der erste, Semjonow der zweite, ich der dritte. Ich fing an, stolz zu werden und ganz ernsthaft zu denken, daß ich für meine Jugend doch ein rechter Kerl sei.

Schon vor der ersten Prüfung hatten alle mit Furcht und Zittern von dem Lateinprofessor erzählt, er sei ein »Biest«, pflege mit Wollust junge Leute, namentlich die privatim vorgebildeten, ins Verderben zu stürzen und spreche nur lateinisch und griechisch. St. Jérôme, mein Lateinlehrer, sprach mir Mut zu; und da ich den Cicero ohne Wörterbuch übersetzte, einige Oden des Horaz kannte und den Zumpt beherrschte, glaubte ich schließlich selbst, nicht schlechter vorbereitet zu sein als andere; und doch sollte es anders kommen. Den ganzen Vormittag hörte man immer nur davon, daß diejenigen, die vor mir aufgerufen wurden, durchgefallen seien. Dem einen hatte er eine Null gegeben, dem anderen eine Eins, wieder einen anderen hatte er tüchtig angefahren und ihn wegjagen wollen, und so weiter und so weiter. Nur Semjonow und der primus omnium des Gymnasiums gingen wie immer ruhig hin und kamen jeder mit einer Fünf zurück. So ahnte ich nichts Gutes, als ich mit Ikonin zusammen an den kleinen Tisch gerufen wurde, an dem der schreckliche Professor ganz allein saß. Der schreckliche Professor war ein kleiner, dürrer Mensch von gelber Gesichtsfarbe, mit langem, geöltem Haar und sehr nachdenklichem Gesichtsausdruck. Er gab Ikonin einen Band von Ciceros Reden und ließ ihn daraus übersetzen.

Zu meiner größten Verwunderung las Ikonin nicht nur einige Zeilen, sondern übersetzte sie sogar, wobei ihm der Professor half. Da ich meine Überlegenheit über einen so schwachen Konkurrenten deutlich fühlte, konnte ich, als die Satzkonstruktion an die Reihe kam und Ikonin wie gewöhnlich in ein offenbar hoffnungsloses Schweigen versank, mich nicht enthalten, zu lächeln, und sogar in einer etwas geringschätzigen Weise. Ich wollte mich durch dieses kluge, ein wenig spöttische Lächeln bei dem Professor lieb Kind machen, erreichte aber das Gegenteil.

»Sie wissen es sicherlich besser, da Sie so lächeln«, sagte der Professor in seinem schlechten Russisch zu mir, »wir werden gleich sehen. Also, sagen Sie es.«

Später erfuhr ich, daß der Professor des Lateinischen Ikonin protegierte, da Ikonin bei ihm wohnte. Ich beantwortete die Frage aus der Syntax, die er Ikonin vorgelegt hatte; aber der Professor zog ein Gesicht und wandte sich von mir ab.

»Nun gut, Sie kommen ja noch an die Reihe; da werden wir ja sehen, was Sie wissen«, sagte er, ohne mich anzublicken, und begann Ikonin das zu erklären, wonach er ihn gefragt hatte.

»Gehen Sie«, sagte er, und ich sah, wie er in dem Prüfungsprotokoll bei Ikonin eine Vier eintrug.

Na, dachte ich, der ist ja gar nicht so streng, wie man sagt. Nachdem Ikonin gegangen war, ordnete er volle fünf Minuten, die mir wie fünf Stunden vorkamen, die Bücher und Fragezettel, schneuzte sich, rückte seinen Lehnstuhl zurecht, in dem er es sich sehr gemütlich machte, und blickte in den Saal, nach allen Seiten und überallhin, nur nicht nach mir. Diese ganze Komödie schien ihm aber noch immer nicht genug zu sein; er schlug ein Buch auf und tat, als läse er darin, gerade wie wenn ich überhaupt nicht dawäre. Ich trat näher heran und räusperte mich.

»Ach so, Sie kommen ja noch dran! Nun, übersetzen Sie«, sagte er und reichte mir ein Buch. »Oder nein, lieber dies hier.« Er blätterte in einer Horazausgabe und schlug eine Stelle auf, die meiner Meinung nach kein Mensch übersetzen konnte.

»Das habe ich nicht durchgenommen«, sagte ich.

»Ach so, Sie möchten nur auf das antworten, was Sie auswendig gelernt haben; das würde Ihnen so passen! Nein, übersetzen Sie nur diese Stelle!«

Den Sinn bekam ich zwar ungefähr heraus, aber der Professor schüttelte bei jedem fragenden Blick den Kopf und antwortete seufzend »nein«. Zu guter Letzt schlug er das Buch so nervös und hastig zu, daß er sich einen Finger einklemmte; ärgerlich zog er ihn heraus, reichte mir einen grammatikalischen Fragezettel, lehnte sich in seinen Sessel zurück und verfiel in ein unheilverkündendes Schweigen. Ich wollte schon antworten; aber der Ausdruck seines Gesichts ließ meine Zunge erstarren, und alles, was ich vorbrachte, kam mir falsch vor.

»Nein, nein, das ist nichts!« sagte er dann plötzlich in seiner widerlichen Aussprache. Er veränderte schnell seine Stellung, stützte sich mit dem Ellenbogen auf den Tisch und spielte mit dem goldenen Ring, der ihm lose auf einem mageren Finger der linken Hand saß. »So bereitet man sich nicht für das höchste Lehrinstitut vor, meine Herren; Sie wollen alle nur die Uniform mit dem blauen Kragen tragen; Sie naschen ein bißchen an den Wissenschaften und denken dann, nun könnten Sie Studenten werden; nein, meine Herren, beherrschen muß man seine Sache«, und so weiter und so weiter.

Während dieser ganzen Rede, die er in einem entsetzlichen Kauderwelsch hervorsprudelte, blickte ich mit dumpfer Aufmerksamkeit auf seine Augen, die er gesenkt hielt. Zunächst empfand ich quälende Enttäuschung, da ich mir sagte, daß ich nun nicht der Dritte werden würde, dann fürchtete ich, die Prüfung überhaupt nicht zu bestehen, und schließlich kam zu diesen Empfindungen noch das Bewußtsein des mir angetanen Unrechts, des verletzten Ehrgefühls und der unverdienten Kränkung; ein Umstand aber machte alle diese Empfindungen noch bitterer, giftiger für mich, nämlich der, daß ich den Professor verachtete, weil er nach meiner Meinung nicht zu den Leuten comme il faut gehörte, was ich bei einem Blick auf seine kurzen, starken, runden Nägel entdeckt hatte. Als er mich anblickte und meine zitternden Lippen und meine mit Tränen gefüllten Augen wahrnahm, deutete er meine Erregung wohl als eine Bitte um eine bessere Note; als ob er Mitleid mit mir hätte, sagte er, und noch dazu in Gegenwart eines anderen Professors, der in diesem Augenblick hinzutrat: »Nun gut, ich werde Ihnen eine zur Aufnahme hinreichende Note geben, das heißt: eine Zwei, wenn Sie es auch nicht verdienen. Aber mit Rücksicht auf Ihre Jugend und in der Hoffnung, daß Sie auf der Universität nicht mehr so leichtfertig sein werden.«

Dieser letzte Satz brachte mich völlig aus dem Gleichgewicht, zumal da er in Gegenwart des anderen Professors gesprochen wurde, der mich nun anschaute, als wollte er ebenfalls sagen: Sehen Sie, junger Mann, das kommt davon! Einen Augenblick lang war gewissermaßen ein Schleier vor meinen Augen: der schreckliche Professor an seinem Tisch schien mir irgendwo in der Ferne zu sitzen, und mit furchtbarer, nicht mißzuverstehender Deutlichkeit schoß mir der tolle Gedanke durch den Kopf: Wenn ich ihn nun?... Was würde werden? Aber aus irgendeinem Grund unternahm ich nichts, sondern verbeugte mich im Gegenteil ganz unbewußt in besonders ehrerbietiger Form vor den beiden Professoren und trat mit einem leisen Lächeln, ich glaube so, wie Ikonin immer lächelte, vom Tisch zurück.

Diese Ungerechtigkeit arbeitete damals so stark in mir, daß ich überhaupt nicht mehr zu den Prüfungen gegangen wäre, hätte ich tun und lassen können, was ich wollte. All mein Ehrgeiz war verflogen (daß ich der Dritte werden könnte, war nunmehr ausgeschlossen). Und die übrigen Prüfungen ließ ich ohne jede Anstrengung von meiner Seite und sogar ohne jede Aufregung über mich ergehen. Immerhin war mein Endprädikat doch etwas über vier; doch das interessierte mich gar nicht mehr; ich kam zu dem Schluß und bewies es mir auf das deutlichste, daß es äußerst dumm und sogar mauvais genre sei, nach der Stelle des Ersten zu streben; es galt die Prüfung so zu bestehen wie Wolodja: nicht zu schlecht und nicht zu gut. Das sollte auch später auf der Universität meine Richtschnur werden, obgleich ich in diesem Fall zum ersten Male mit meinem Freund in Meinungsverschiedenheiten geriet.

Jetzt dachte ich nur an die Uniform, den Dreispitz, den eigenen Wagen, das eigene Zimmer und daran (was die Hauptsache war), daß ich nun mein eigener Herr sein wollte.

13. Ich bin erwachsen

Übrigens hatten auch diese Gedanken ihren Reiz.

Als ich am achten Mai von der letzten Prüfung, der in der Religion, nach Hause zurückkehrte, fand ich den mir bekannten Gesellen des Schneidermeisters Rosanow vor, der schon die zur Anprobe genähte Uniform und den Oberrock aus schwarzem, schillerndem Tuch gebracht und die Aufschläge mit Kreide darauf gezeichnet hatte; jetzt aber hatte er den fertigen Anzug mit den funkelnden, in Papier gewickelten goldenen Knöpfen mit.

Ich zog den Anzug an und fand ihn vortrefflich, obgleich St. Jérôme versicherte, der Rock schlage am Rücken Falten. Mit selbstzufriedenem Lächeln, das sich ganz unwillkürlich über mein Gesicht verbreitete, ging ich nach unten zu Wolodja. Wohl fühlte ich, daß die Blicke der Hausangestellten aus dem Vorzimmer und vom Korridor aus neugierig auf mich gerichtet waren, tat aber, als bemerkte ich es nicht. Der Haushofmeister Gawrilo holte mich im Saal ein, beglückwünschte mich zu dem Bestehen der Aufnahmeprüfung, übergab mir nach Papas Anweisung hundert Rubel und sagte, auch dazu von Papa beauftragt, daß mir von nun an der Kutscher Kusma, die Halbschaise und der Braune Krasawtschik zu meiner Verfügung stünden. Ich freute mich so über dieses gleichsam unerwartet kommende Glück, daß ich nicht imstande war, vor Gawrilo den Unerschütterlichen zu spielen. Verlegen und mühsam nach Luft ringend, sagte ich das erste beste, was mir in den Sinn kam; wenn ich mich nicht irre, so sagte ich, daß Krasawtschik ein guter Renner sei. Als ich aber die Köpfe sah, die sich aus den Türen des Vorzimmers und des Korridors herauszwängten, konnte ich mich nicht mehr halten und lief in meinem neuen Rock mit den blitzenden goldenen Knöpfen im Geschwindmarsch über den Gang. In dem Augenblick, da ich bei Wolodja eintrat, hörte ich hinter mir die Stimmen Dubkows und Nechljudows, die gekommen waren, mich zu beglückwünschen und mir vorzuschlagen, ob wir nicht irgendwohin fahren wollten, um zu dinieren und zu Ehren meines Eintritts in die Universität Champagner zu trinken. Dmitrij sagte mir, daß er zwar nicht gern Champagner trinke, aber heute mit uns fahren werde, um mit mir Brüderschaft zu trinken. Dubkow äußerte, ich hätte in gewisser Hinsicht große Ähnlichkeit mit einem Oberst. Wolodja gratulierte mir weiter nicht und warf nur ganz trocken hin, nun könnten wir übermorgen aufs Land fahren. Es machte ganz den Eindruck, als freute er sich zwar, daß ich nun die Universität beziehen sollte, empfinde es aber ein wenig unangenehm, daß jetzt auch ich ein Erwachsener sei wie er selber. St. Jérôme, der gleichfalls zu uns trat, sagte in sehr geschwollenen Ausdrücken, daß sein Amt nun erledigt sei. Er wisse nicht, ob er es gut oder schlecht betreut habe; aber er habe alles getan, was in seinen Kräften gestanden habe, und werde am folgenden Tag zu seinem Grafen übersiedeln. Als Antwort auf alles, was sie zu mir sagten, erschien auf meinem Gesicht, und zwar ganz gegen meinen Willen, wie ich spürte, ein süßes, glückliches, etwas dumm-selbstzufriedenes Lächeln, und ich nahm wahr, daß dieses Lächeln sich sogar allen mitteilte, die mit mir sprachen.

Ja, nun habe ich keinen Hauslehrer mehr; ich habe einen eigenen Wagen; mein Name wird im Verzeichnis der Studenten gedruckt; ich habe einen Degen und ein Portepee; vielleicht stehen die Polizisten manchmal vor mir stramm; ich bin ein Erwachsener. Ich glaube, ich war glücklich.

Wir beschlossen, um fünf Uhr im »Jar« zu speisen; da aber Wolodja zu Dubkow fuhr und Dmitrij ebenfalls seiner Gewohnheit nach irgendwohin verschwand, weil er vor Tisch noch etwas besorgen mußte, hatte ich völlig freie Verfügung über einen Zeitraum von zwei Stunden. Ziemlich lange ging ich in allen Zimmern umher und besah mich in allen Spiegeln, bald mit zugeknöpftem Rock, bald mit aufgeknöpftem, bald so, daß nur der oberste Knopf zugemacht war – immer gefiel ich mir ausgezeichnet. Dann konnte ich mich, so sehr ich mich auch schämte, meine übermäßige Freude sichtbar werden zu lassen, doch nicht enthalten, in den Pferdestall und den Wagenschuppen zu gehen und mir Krasawtschik, Kusma und den Wagen anzuschauen; dann kehrte ich wieder ins Haus zurück und begann von neuem durch die Zimmer zu gehen, mich in den Spiegeln zu betrachten, das Geld in der Tasche zu zählen und in stets gleicher Weise glücklich zu lächeln. Doch kaum nach einer Stunde empfand ich eine Art von Langeweile oder besser von Bedauern darüber, daß mich niemand in meiner glänzenden Uniform sah. Alles in mir drängte nach Bewegung und Tätigkeit. Ich ließ also den Wagen anspannen und kam zu dem Schluß, daß es das beste sei, auf die Schmiedebrücke zu fahren und Einkäufe zu machen.

Ich erinnerte mich, daß sich Wolodja als angehender Student Lithographien von Pferdebildern Viktor Adams, Tabak und Pfeifen gekauft hatte, und es schien mir unerläßlich, es ebenso zu machen.

Verfolgt von den Blicken aller Vorübergehenden und dem hellen Sonnenlicht, das auf meinen Knöpfen, der Kokarde, dem Hute und meinem Degen blitzte, fuhr ich zum Kusnetzkij-Most und ließ vor der Kunsthandlung Dazziaro halten. Nach allen Seiten blickend, trat ich ein. Ich wollte nicht Pferdebilder von Viktor Adam kaufen, damit man mir nicht vorwerfen könnte, ich wollte Wolodja nachäffen; da ich mich aber genierte, dem dienstbeflissenen Verkäufer zuviel Mühe zu machen, traf ich meine Wahl möglichst schnell und nahm einen in Gouachemalerei ausgeführten Kopf, der im Schaufenster stand, und bezahlte dafür zwanzig Rubel. Nachdem ich diese zwanzig Rubel im Laden gezahlt hatte, war es mir wieder peinlich, daß ich zwei gut angezogene Verkäufer wegen einer solchen Kleinigkeit belästigt hatte, und außerdem schienen sie mich etwas verächtlich zu behandeln. Aus dem Wunsch heraus, sie fühlen zu lassen, mit wem sie es zu tun hatten, wandte ich meine Aufmerksamkeit einem kleinen silbernen Gegenstand zu, der in einer Vitrine lag, und als ich erfuhr, daß es ein porte-crayon sei, der achtzehn Rubel koste, bat ich, ihn einzuwickeln, und bezahlte die Summe. Nachdem ich noch erfahren hatte, daß gute Pfeifen und Tabak nebenan im Tabaksgeschäft zu finden seien, verbeugte ich mich höflich vor den beiden Verkäufern und ging mit dem Bild unter dem Arm auf die Straße. In dem Nachbarladen, auf dessen Schild ein zigarrenrauchender Neger gemalt war, kaufte ich, wieder aus dem Wunsch heraus niemanden nachzuäffen, nicht Schukow-, sondern Sultanstabak, einen Stambuler Pfeifenkopf und zwei Pfeifenrohre aus Linden- und Rosenholz. Als ich aus dem Laden trat und zu meinem Wagen ging, erblickte ich Semjonow, der in einem Zivilrock mit gesenktem Kopf schnellen Schrittes auf dem Bürgersteig ging. Es ärgerte mich, daß er mich nicht erkannt hatte. Ich sagte ziemlich laut: »Fahr vor!«, setzte mich in den Wagen und holte Semjonow ein.

»Seien Sie mir gegrüßt!« sagte ich zu ihm.

»Ergebenster Diener!« antwortete er und ging weiter.

»Wie kommt es, daß Sie nicht in Uniform sind?«

Semjonow blieb stehen, kniff die Augen zu und entblößte seine weißen Zähne, als ob es ihm schmerzhaft sei, in die Sonne zu blicken. In Wirklichkeit aber tat er es deshalb, um mir zu zeigen, wie gleichgültig ihm mein Wagen und meine Uniform sei. Dann blickte er mich schweigend an und ging weiter.

Vom Kusnetzkij-Most fuhr ich in eine Konditorei in der Twerskaja, und obgleich ich so tun wollte, als ob mich in erster Linie die Zeitungen interessierten, konnte ich mich doch nicht beherrschen und aß ein Stück Kuchen nach dem anderen. Obgleich ich mich etwas schämte, weil mich ein gegenübersitzender Herr hinter seiner Zeitung hervor neugierig beobachtete, aß ich mit größter Geschwindigkeit acht Stück Kuchen von allen Sorten, die es überhaupt in der Konditorei gab.

Als ich wieder zu Hause war, verspürte ich ein leichtes Sodbrennen; ohne es weiter zu beachten, betrachtete ich meine Einkäufe, von denen das Bild mir derartig mißfiel, daß ich gar nicht daran dachte, es einrahmen zu lassen und in meinem Zimmer aufzuhängen, wie Wolodja es mit den seinigen gemacht hatte, sondern es vielmehr sorgsam hinter der Kommode versteckte, wo niemand es sehen konnte. Der portecrayon machte mir zu Hause ebenfalls keinen Eindruck; ich legte ihn in die Schublade und tröstete mich mit dem Gedanken, daß dies ein seltener, wertvoller, für einen Studenten sehr nützlicher Gegenstand sei. Die Rauchutensilien aber beschloß ich sogleich zu erproben.

Ich öffnete ein Viertelpfundpäckchen, stopfte den Stambuler Pfeifenkopf sorgfältig mit dem rötlichgelben, feingeschnittnen Sultanstabak, legte einen brennenden Feuerschwamm darauf, nahm das Rohr zwischen den Mittel- und den Ringfinger, eine Haltung, die mir besonders gefiel, und begann den Rauch einzuziehen.

Der Duft des Tabaks war sehr angenehm, nur hatte ich im Mund einen beizenden Geschmack, und mit dem Atmen wollte es auch nicht recht gehen. Doch ich nahm mich zusammen, zog ziemlich lange den Rauch ein, versuchte Ringe zu blasen und den Rauch hinunterzuschlucken. Bald war das ganze Zimmer von bläulichen Rauchwolken erfüllt, die Pfeife begann zu brodeln, der beißende Tabak hüpfte in die Höhe, und im Mund spürte ich einen bitteren Geschmack und im Kopf einen leichten Schwindel. Ich wollte gerade aufhören und mich noch einmal mit der Pfeife im Spiegel betrachten, als ich zu meiner Überraschung wahrnahm, daß meine Beine schwankten; das Zimmer drehte sich im Kreis, und als ich in den Spiegel blickte, zu dem ich nur mit Mühe hingelangte, sah ich, daß mein Gesicht bleich wie Leinwand war. Kaum hatte ich mich zum Sofa geschleppt, als ich eine solche Übelkeit und Schwäche empfand, daß ich zu sterben vermeinte. Ich geriet in Angst und wollte schon die Dienstboten zu Hilfe rufen und nach dem Arzt schicken.

Doch dauerte diese Angst nicht lange an. Ich begriff bald, um was es sich in Wirklichkeit handelte. Lange lag ich mit schrecklichen Kopfschmerzen und völlig ermattet auf dem Sofa und betrachtete mit stumpfer Aufmerksamkeit Bostandschoglos Wappen, mit dem das Viertelpfundpäckchen verziert war, die auf dem Boden liegende Pfeife, die Tabaksreste und die Überbleibsel des in der Konditorei genossenen Kuchens und dachte voll trauriger Enttäuschung: Also bin ich doch noch nicht ganz erwachsen, wenn ich nicht rauchen kann wie andere, und offenbar ist es mir nicht vom Schicksal gegeben, so wie andere das Pfeifenrohr zwischen dem Mittel- und dem Ringfinger zu halten, den Rauch einzuziehen und durch den blonden Schnurrbart hinauszulassen.

Dmitrij, der vor fünf Uhr kam, um mich abzuholen, traf mich in dieser unerfreulichen Lage an. Als ich aber ein Glas Wasser getrunken hatte, war ich bald wieder obenauf und bereit, mit ihm zu fahren.

»Wie kann Ihnen nur das Rauchen Spaß machen«, sagte er, als er die Spuren meines Rauchens erblickte. »Das ist reiner Unsinn und unnütze Geldverschwendung. Ich selber habe mir das Wort gegeben, nicht zu rauchen ... Aber kommen Sie schnell; wir müssen noch Dubkow abholen.«

14. Womit sich Wolodja und Dubkow beschäftigten

Sobald Dmitrij mein Zimmer betrat, fiel mir der Ausdruck seines Gesichts, sein Gang und eine ihm bei schlechter Laune eigentümliche Gebärde auf: er blinzelte mit dem einen Auge und zuckte krampfhaft mit dem Kopf nach einer Seite hin, als wollte er die Halsbinde zurechtschieben. Aus allem erkannte ich, daß er sich in einer kühlen, trotzigen Stimmung befand, die über ihn zu kommen pflegte, wenn er mit sich selber unzufrieden war, und die immer auf meine Empfindung für ihn eine abkühlende Wirkung ausübte. In der letzten Zeit hatte ich angefangen, den Charakter meines Freundes kritisch zu betrachten; aber unsere Freundschaft hatte sich deswegen in keiner Weise verändert: sie war noch so jung und stark, daß ich – von welcher Seite ich Dmitrij auch betrachten mochte, ich nicht anders konnte, als in ihm das schlechthin Vollkommene zu sehen. In ihm steckten zwei verschiedene Menschen, die für mich beide gleich schön waren. Der eine, den ich glühend liebte, war gut, sanft, lieb, heiter und sich dieser liebenswürdigen Eigenschaften wohl bewußt. Wenn er sich in dieser Gemütsstimmung befand, so schienen sein ganzes Äußeres, der Ton seiner Stimme und alle seine Bewegungen zu sagen: Ich bin sanft und tugendhaft; ich genieße es, daß ich sanft und tugendhaft bin, und ihr alle könnt es ruhig sehen. Der andere, den ich jetzt erst kennenlernte und vor dessen Größe ich mich beugte, war ein kalter, gegen sich selbst und andere strenger, stolzer, bis zum Fanatismus religiöser und pedantisch moralischer Mensch. Im gegenwärtigen Augenblick war er jenes zweite Wesen.

Mit der Offenheit, die eine notwendige Bedingung unserer wechselseitigen Beziehungen bildete, sagte ich zu ihm, als wir in den Wagen gestiegen waren, es stimme mich traurig und schmerze mich, ihn an dem heutigen, für mich so glücklichen Tag in einer so gedrückten, für mich so unangenehmen Stimmung zu sehen.

»Sicherlich hat Sie etwas verstimmt; warum sagen Sie es mir nicht?« fragte ich ihn.

»Nikolenka«, antwortete er langsam, nervös den Kopf nach der Seite wendend und mit den Augen zuckend, »wenn ich Ihnen mein Wort gegeben habe, vor Ihnen nichts geheimzuhalten, so haben Sie auch keine Ursache, bei mir Verschlossenheit zu argwöhnen. Man kann nicht immer gleichgestimmt sein; wenn mich aber etwas verstimmt hat, kann ich mir oft selber keine Rechenschaft darüber geben.«

Was für ein wunderbar offener, ehrlicher Charakter, dachte ich und sprach nun nicht mehr darüber.

Schweigend gelangten wir zu Dubkow. Dubkows Wohnung war ungewöhnlich schön, oder es schien mir wenigstens so. Überall sah man Teppiche, Bilder, Gardinen, bunte Tapeten, Porträts, Stühle mit geschweiften Beinen und Lehnsessel à la Voltaire. An den Wänden hingen Gewehre, Pistolen, Tabaksbeutel und Köpfe wilder Tiere aus Papiermaché. Beim Anblick dieses Zimmers begriff ich, wen sich Wolodja bei der Ausschmückung seines Zimmers zum Muster genommen hatte. Wir trafen Dubkow und Wolodja beim Kartenspiel. Ein mir unbekannter Herr (offenbar nicht von hohem Rang, nach seiner bescheidenen Haltung zu urteilen), saß neben dem Tisch und folgte dem Spiel. Dubkow selbst trug einen seidenen Schlafrock und weiche Schuhe. Wolodja saß ohne Rock ihm gegenüber auf dem Sofa; nach seinem geröteten Gesicht und dem unzufriedenen, fahrigen Blick zu schließen, den er für eine Sekunde von den Karten losriß und uns zuwarf, beschäftigte ihn das Spiel stark. Als er mich sah, errötete er noch mehr.

»Jetzt bist du am Geben«, sagte er zu Dubkow, und ich merkte, wie unangenehm es ihm war, daß ich ihn als Kartenspieler kennenlernte. Aber an seinem Gesichtsausdruck war keine Verlegenheit zu spüren, als wollte er mir bedeuten: Nun ja, ich spiele; aber du wunderst dich nur deshalb darüber, weil du noch jung bist. Das ist nicht nur nichts Schlimmes, sondern in unseren Jahren sogar etwas Notwendiges.

Ich fühlte und begriff das sofort. Dubkow aber dachte gar nicht daran zu geben, sondern stand auf, drückte uns die Hand, bat uns Platz zu nehmen und bot uns Pfeifen an, die wir jedoch ausschlugen.

»Da ist er ja, unser Diplomat, der Urheber unserer heutigen Festlichkeit«, sagte Dubkow, »wirklich, er sieht einem Obersten schrecklich ähnlich.«

»Hm!« brummte ich, und fühlte wieder, daß sich ein dummes, selbstgefälliges Lächeln über mein Gesicht breitete.

Ich empfand vor Dubkow eine Hochachtung, wie sie nur ein

sechzehnjähriger junger Mensch vor einem siebenundzwanzigjährigen Adjutanten empfinden konnte, der von allen Erwachsenen als ein äußerst tüchtiger junger Mensch bezeichnet wurde, vorzüglich tanzte, gut Französisch sprach, und – wenn er in seinem Innersten auch meine Jugend verachtete – sich doch sichtlich Mühe gab, dies zu verbergen.

Trotz meiner Hochachtung war es mir während der ganzen Dauer meiner Bekanntschaft mit ihm, Gott weiß warum, peinlich und unbehaglich, ihm in die Augen zu blicken. Später im Leben machte ich dann die Wahrnehmung, daß es mir unbehaglich ist, drei Arten von Menschen in die Augen zu blicken: solchen, die weit schlechter sind als ich, solchen, die weit besser sind als ich, und solchen, im Verkehr mit denen wir uns nicht entschließen können, das zu sagen, was wir doch beide wissen. Vielleicht war Dubkow besser als ich, vielleicht auch schlechter als ich; immerhin stand fest, daß er sehr oft log, ohne es einzugestehen, und daß ich diese Schwäche an ihm bemerkt hatte, selbstverständlich es aber nicht über mich brachte, davon zu reden.

»Spielen wir noch eine Partie«, sagte Wolodja, wobei er wie Papa mit der Schulter zuckte und die Karten mischte.

»Das nennt man Drängen!« erwiderte Dubkow. »Ihr könnt doch nachher weiterspielen. Aber gut, eine Partie, meinetwegen!«

Während sie spielten, betrachtete ich ihre Hände. Wolodja hatte eine große, schöne Hand; die Abspreizung des Daumens und die Art, wie er die übrigen Finger krümmte, wenn er die Karten hielt, hatten eine solche Ähnlichkeit mit Papas Hand, daß ich sogar eine Zeitlang glaubte, Wolodja halte die Hand absichtlich so, um einem Erwachsenen ähnlich zu sein; bei einem Blick auf sein Gesicht aber wurde mir sofort klar, daß er an nichts anderes als an das Spiel dachte. Dubkow dagegen hatte kleine, fleischige, nach innen gebogene, außerordentlich geschickte Hände mit weichen Fingern, eben die Art von Händen, an denen Ringe zu stecken pflegen und die Leuten gehören, die zu Handarbeiten neigen und gern schöne Dinge um sich haben.

Wolodja verlor offenbar; denn der Herr, der ihm in die Karten schaute, meinte, Wladimir Petrowitsch habe entsetzliches Pech, und Dubkow zog seine Brieftasche heraus, machte eine Eintragung, zeigte sie Wolodja und fragte ihn: »Stimmt es?«

»Ja, es stimmt«, antwortete Wolodja, mit geheuchelter Zerstreutheit in das Notizbuch blickend. »Nun wollen wir fahren!« Dubkow fuhr in Wolodjas Wagen, ich nahm in Dmitrijs Phaethon Platz.

»Was spielen sie denn eigentlich?« fragte ich Dmitrij.

»Pikett; überhaupt ist das Spielen eine dumme Geschichte.«

»Spielen sie hoch?«

»Nicht gerade hoch; aber schön ist es doch nicht.«

»Und Sie spielen gar nicht?«

»Nein, ich habe mir das Wort gegeben, nicht zu spielen; Dubkow aber kann gar nicht anders, als jemandem Geld abzugewinnen.«

»Das ist nicht schön von ihm«, sagte ich. »Wolodja spielt sicher schlechter als er.«

»Natürlich ist es nicht schön; aber etwas besonders Schlechtes ist auch nicht dabei. Dubkow spielt gern und gut; aber er ist trotzdem ein ausgezeichneter Mensch.«

»Ich habe auch durchaus nicht gedacht ...«, sagte ich.

»Man darf auch nicht schlecht von ihm denken; denn er ist wirklich ein prächtiger Mensch. Auch ich habe ihn gern und werde ihn immer gern haben, trotz seiner Schwächen.«

Ich hatte die dunkle Empfindung, daß Dmitrij, gerade weil er für Dubkow so warm eintrat, ihn nicht mehr so gern hatte und hochschätzte, es aber nicht eingestehen wollte, einmal aus Eigensinn, und dann deswegen, weil er sich nicht dem Vorwurf aussetzen wollte, er sei wankelmütig. Er gehörte zu den Menschen, die ihren Freunden fürs ganze Leben zugetan sind, nicht deswegen, weil ihnen diese immer sympathisch bleiben, sondern weil sie es für unehrenhaft halten, demjenigen wieder ihre Liebe zu entziehen, dem sie sich, wenn auch irrtümlich, zugewandt haben.

Dubkow und Wolodja kannten im »Jar« jeden Menschen mit Namen, und vom Türsteher bis zum Geschäftsinhaber erwiesen ihnen alle die größte Zuvorkommenheit. Es wurde uns sogleich ein besonderes Zimmer angewiesen und ein wundervolles Diner serviert, das Dubkow nach der französischen Speisekarte zusammengestellt hatte. Eine Flasche Champagner, die ich mit möglichst gelassener Miene zu betrachten suchte, stand schon auf Eis. Das Diner verlief äußerst angenehm und fröhlich, obgleich Dubkow, wie man es von ihm gewohnt war, die seltsamsten Geschichten in einem Ton erzählte, als seien sie wahr, unter anderem, wie seine Großmutter einmal mit einer Muskete drei Räuber getötet habe, von denen sie überfallen worden sei (unwillkürlich wurde ich dabei rot und wandte mich mit niedergeschlagenen Augen von ihm ab), und obgleich Wolodja jedesmal, wenn ich das geringste sagte, sich unruhig zeigte. Dies war völlig unnötig, denn, soweit ich mich erinnere, sagte ich nichts, dessen er sich zu schämen gehabt hätte. Als der Champagner gereicht wurde, wünschten mir alle Glück, und ich trank mit Dubkow und Dmitrij über den Arm hinweg Brüderschaft und küßte mich mit ihnen. Da ich nicht wußte, auf wessen Rechnung die gereichte Flasche Champagner ging (sie war, wie mir nachher erklärt wurde, auf gemeinsame Kosten gedacht), und da ich die Freunde für mein Geld traktieren wollte, das ich fortwährend in der Tasche befühlte, holte ich heimlich einen Zehnrubelschein hervor, rief den Kellner, gab ihm das Geld und beauftragte ihn flüsternd (in Wirklichkeit aber hörten es alle, denn sie blickten schweigend nach mir hin), er möchte »bitte noch eine halbe Flasche Champagner bringen«. Wolodja wurde rot, fuhr zusammen und schaute mich und alle so erschrocken an, daß mir mein Fehler zum Bewußtsein kam; immerhin, die halbe Flasche wurde gebracht, und wir tranken sie mit großem Vergnügen aus; unser Zusammensein blieb auch weiter äußerst fröhlich. Dubkow hörte nicht auf, uns etwas vorzuflunkern, und Wolodja erzählte gleichfalls so lustige Geschichten und dabei so geschickt, wie ich es ihm gar nicht zugetraut hätte. So lachten wir denn viel. Wolodjas und Dubkows Art zu witzeln bestand in der Übertreibung der bekannten Anekdote: »Wie, Sie waren im Ausland?« fragt der eine, und der andere antwortet: »Nein, ich nicht, aber mein Bruder spielt Geige.« Diese Art von komischem Unsinn hatten sie derartig entwickelt, daß sie die Geschichte sogar in dieser Form erzählten: »Mein Bruder hat auch niemals Geige gespielt.« Auf jede Frage antworteten sie einander auf diese Art; manchmal bemühten sie sich auch, Dinge, die gar keinen Zusammenhang hatten, miteinander zu verknüpfen. Diesen Unsinn brachten sie dann mit dem ernstesten Gesicht der Welt hervor, und es wirkte wirklich komisch. Ich begriff allmählich, worauf es dabei ankam, und wollte auch etwas Komisches erzählen; aber alle blickten mich, solange ich sprach, ängstlich an, oder bemühten sich, mich nicht anzuschauen, und meine Geschichte zerplatzte. »Nun kannst du nicht weiter, Brüderchen Diplomat«, sagte Dubkow; aber mir war von dem genossenen Champagner und von der Gesellschaft der Erwachsenen so wohl, daß diese Bemerkung mich nicht empfindlich berührte. Nur Dmitrij blieb, obwohl er ebenso viel trank wie wir, in seiner ernsten Stimmung, durch die die allgemeine Lustigkeit etwas gedämpft wurde.

»Hört mal, Herrschaften«, sagte Dubkow, »nach dem Essen müssen wir doch den Diplomaten unter unsere Fittiche nehmen. Wollen wir nicht zum ›Tantchen‹ fahren, da werden wir ihn schon in die rechte Schule nehmen.«

»Nechljudow kommt ja doch nicht mit«, sagte Wolodja.

»Ein unausstehliches Tugendlamm! Du bist ein unausstehliches Tugendlamm!« sagte Dubkow, zu ihm gewandt. »Komm doch mit, dann wirst du schon sehen, daß Tantchen eine vortreffliche Dame ist.«

»Ich komme selber nicht mit und werde auch ihn nicht hinlassen«, antwortete Dmitrij errötend.

»Wen, den Diplomaten? Aber du willst doch mitkommen, Diplomat? Seht nur, wie sein Gesicht leuchtet, seit wir angefangen haben, von Tantchen zu sprechen.«

»Nicht, daß ich ihn nicht hinlassen werde«, fuhr Dmitrij fort, von seinem Platz aufstehend und im Zimmer auf und ab gehend, ohne mich dabei anzublicken; »aber ich rate ihm ab und wünsche nicht, daß er mitfährt; er ist ja kein Kind mehr, wenn er will, kann er auch allein hinfahren, ohne euch. Du aber solltest dich schämen, Dubkow; weil du selbst nicht richtig handelst, möchtest du auch andere verführen.«

»Was ist denn Schlechtes dabei«, erwiderte Dubkow und zwinkerte Wolodja zu, »daß ich euch alle zu Tantchen auf eine Tasse Tee einlade? Nun, wenn es dir nicht paßt, mitzukommen, tu, was du willst, dann fahren Wolodja und ich hin. Wolodja, du kommst doch mit?«

»Hm, hm«, stimmte Wolodja zu, »wir wollen hinfahren und von da zurück zu mir und dann weiter Pikett spielen.«

»Nun, wie ist's, willst du mit ihnen mitfahren oder nicht?« sagte Dmitrij, an mich herantretend.

»Nein«, antwortete ich und rückte auf dem Sofa zur Seite, um ihm neben mir Platz zu machen, worauf er sich denn auch zu mir setzte; »ich habe sowieso keine Lust, und wenn du mir abrätst, so fahre ich auf keinen Fall hin ... Nein«, fügte ich dann hinzu, »eigentlich ist es gar nicht wahr, daß ich keine Lust hätte, mit ihnen zu fahren, aber ich freue mich, daß ich es nicht tun werde.«

»So ist es recht«, sagte er, »lebe nach deinem eigenen Willen und tanze nicht nach anderer Leute Pfeife; das ist das beste.«

Diese kleine Meinungsverschiedenheit tat unserem Vergnügen jedoch keinen Abbruch. Im Gegenteil, die Stimmung hob sich noch. Dmitrij geriet auf einmal in jene Sanftheit, die ich so gern an ihm hatte. So wirkte auf ihn (und das habe ich später zu wiederholten Malen an ihm beobachtet) das Bewußtsein, eine gute Tat ausgeführt zu haben. Er war jetzt mit sich zufrieden, weil er mich zurückgehalten hatte. Er wurde äußerst lustig, bestellte, was eigentlich gegen seine Grundsätze ging, noch eine Flasche Champagner, lud einen unbekannten Herrn ein, in unser Zimmer hereinzukommen, goß ihm ein, sang das Gaudeamus igitur, bat uns alle mitzusingen und schlug uns eine Spazierfahrt in den Park von Sokolniki vor, wozu Dubkow bemerkte, das sei gar zu empfindsam.

»Heute wollen wir alle lustig sein«, sagte Dmitrij lächelnd. »Zu Ehren deines Eintritts in die Universität will ich mich zum ersten Mal betrinken. Mag es sein, wie es sei.«

Diese Aufgeräumtheit wirkte bei Dmitrij seltsam. Er hatte jetzt Ähnlichkeit mit einem Erzieher oder mit einem gutherzigen Vater, der mit seinen Kindern zufrieden ist und aus heiterer Stimmung heraus ihnen ein Vergnügen bereiten und zugleich beweisen will, daß man sich auf ehrbare, anständige Weise belustigen könne; gleichwohl wirkte dieser unerwartete Ausbruch von Lustigkeit auf mich und die anderen ansteckend, zumal auf jeden von uns fast schon eine halbe Flasche Champagner kam. In dieser gehobenen Stimmung ging ich in den großen Saal, um mir dort eine Zigarette anzuzünden, die mir Dubkow gegeben hatte. Als ich von meinem Platz aufstand, merkte ich, daß mir etwas schwindlig ward und daß meine Arme und Beine nur dann eine natürliche Haltung annahmen, wenn ich angestrengt an jede Bewegung dachte. Andernfalls drehten sich meine Beine zur Seite und führten meine Arme die wunderlichsten Bewegungen aus. Auf diese Gliedmaßen richtete ich meine ganze Aufmerksamkeit, befahl meinen Armen, sich in die Höhe zu heben, den Rock zuzuknöpfen und die Haare glattzustreichen, wobei sie die Ellenbogen schrecklich hoch emporschleuderten; den Beinen aber befahl ich, zur Tür zu gehen; sie führten das auch aus, traten aber dabei sehr stark oder gar zu zart auf, besonders ging das linke Bein immer nur auf den Zehen. Irgend jemands Stimme rief mir zu: »Wo gehst du hin? Man wird schon eine Kerze bringen.« Ich erriet, daß diese Stimme Wolodja gehörte, und der Gedanke, daß ich es erraten hatte, bereitete mir Vergnügen; aber ich lächelte nur ein wenig zur Erwiderung und ging weiter.

In dem großen Speisesaal saß an einem kleinen Tisch ein untersetzter Herr in Zivil mit rötlichem Schnurrbart und aß. Neben ihm saß ein hochgewachsener, brünetter Herr ohne Schnurrbart. Sie sprachen Französisch. Ihr Anblick versetzte mich in Verlegenheit; gleichwohl beschloß ich, meine Zigarette an der brennenden Kerze anzuzünden, die vor ihnen stand. Seitwärts schauend, um ihren Blicken nicht zu begegnen, trat ich an den Tisch heran und begann die Zigarette in Brand zu setzen. Als sie brannte, konnte ich mich nicht länger überwinden und sah nach dem speisenden Herrn hin. Seine grauen Augen waren unverwandt und nicht gerade wohlwollend auf mich gerichtet. Ich wollte mich gerade abwenden, da bewegte sich sein rötlicher Schnurrbart, und er sagte auf französisch: »Mein Herr, ich liebe es nicht, daß geraucht wird, wenn ich esse.«

Ich murmelte etwas Unverständliches vor mich hin.

»Ich sage noch einmal, ich liebe es nicht«, fuhr der Herr mit dem Schnurrbart in scharfem Ton fort und warf dem glattrasierten Herrn einen raschen Blick zu, als wollte er ihn auffordern, achtzugeben, wie er mit mir umgehen werde. »Ich liebe es nicht, mein Herr, und Leute, die so unhöflich sind, daß sie einfach herkommen und einem in das Gesicht paffen, kann ich auch nicht leiden.«

Ich fühlte zwar sofort, daß dieser Herr gegen mich ausfallend wurde, aber im ersten Augenblick überwog der Eindruck, daß ich ihm gegenüber stark im Unrecht war.

»Ich glaubte nicht, daß es Ihnen lästig ist!« sagte ich.

»So, Sie glaubten nicht, daß Sie keine Manieren haben, aber ich glaube es«, schrie der Herr.

»Wie kommen Sie dazu, mich so anzuschreien?«sagte ich. Ich fühlte, wie er mich beleidigte, und fing nun an, selbst in Harnisch zu geraten.

»Wie ich dazu komme? Weil ich niemandem erlaube, es an Respekt mir gegenüber fehlen zu lassen. Und solchen Burschen, wie Sie einer sind, werde ich immer Mores beizubringen wissen. Wie heißen Sie, mein Herr, und wo wohnen Sie?«

Ich war äußerst erregt, meine Lippen zitterten und mein Atem stockte. Immerhin fühlte ich mich ihm gegenüber schuldig, wahrscheinlich deshalb, weil ich viel Champagner getrunken hatte, und so sagte ich diesem Herrn keine Grobheiten. Im Gegenteil, meine Lippen nannten in bescheidenster Weise meinen Namen und meine Wohnung.

»Ich heiße Kolpikow, mein Herr; benehmen Sie sich künftig höflicher! Sie werden noch von mir hören« (vous aurez de mes nouvelles), schloß er, da das ganze Gespräch französisch geführt wurde.

Ich sagte nur: »Wird mich sehr freuen«, wobei ich mich bemühte, meiner Stimme möglichst viel Festigkeit zu geben, drehte mich um und kehrte mit der Zigarette, die inzwischen ausgegangen war, in unser Zimmer zurück.

Ich sagte von dem, was mir zugestoßen war, weder meinem Bruder noch meinen Freunden etwas, um so weniger, als sie durch einen hitzigen Wortstreit in Anspruch genommen waren. Ich setzte mich allein in eine Ecke und dachte über dies seltsame Erlebnis nach. Die Worte: »Sie sind ein Mensch ohne Manieren, mein Herr, un mal élevé, monsieur«, klangen mir immer noch in den Ohren und steigerten meine Erregung immer mehr. Mein Rausch war verflogen. Als ich darüber nachdachte, wie ich mich in dieser Angelegenheit benommen hatte, kam mir plötzlich der schreckliche Gedanke, daß ich eigentlich nicht anders denn als Feigling gehandelt hatte. Welches Recht hatte er, so über mich herzuziehen? Warum sagte er nicht einfach, daß ihn das störe? Also war *er* der Schuldige! Warum habe ich denn, als er zu mir sagte, ich sei ein Mensch ohne Manieren, nicht zu ihm gesagt: »Ein Mensch ohne Manieren, mein Herr, ist derjenige, der sich Grobheiten herausnimmt«, oder warum habe ich ihm nicht einfach zugeschrien: »Halten Sie den Mund!« Das wäre das richtige gewesen. Warum habe ich ihn nicht zum Duell gefordert? Aber nein, nichts von alledem habe ich getan, sondern wie ein gemeiner Feigling die Beleidigung hinuntergeschluckt ... »Sie sind ein

Mensch ohne Manieren!« klang es mir unaufhörlich aufpeitschend in den Ohren. Nein, das darf ich nicht so auf sich beruhen lassen, dachte ich und stand auf, fest entschlossen, wieder zu diesem Herrn hinzugehen und ihm irgend etwas Entsetzliches zu sagen, vielleicht ihm auch den Leuchter auf den Kopf zu schlagen, falls es sich so machen sollte. In Gedanken berauschte ich mich an dem Hochgefühl dieses Entschlusses, ging aber doch nicht ohne starke Furcht in den großen Speisesaal hinaus. Zum Glück war der Herr Kolpikow nicht mehr da; nur ein Kellner war zu sehen, der den Tisch säuberte. Ich wollte ihm von dem, was mich bewegte, Mitteilung machen und ihm erklären, daß ich ganz und gar nicht schuldig sei, besann mich doch eines Bessern und kehrte in der düstersten Gemütsverfassung in unser Zimmer zurück.

»Was ist denn eigentlich mit unserem Diplomaten geschehen?« sagte Dubkow; »offenbar löst er die Geschicke Europas.«

»Ach, laß mich in Ruhe!« sagte ich mürrisch und wandte mich ab. Darauf fing ich an, im Zimmer auf und ab zu gehen und darüber nachzudenken, daß Dubkow überhaupt ein übler Mensch sei. Diese ewigen Spaße und der Spitzname »Diplomat!« Liebenswürdig ist das nicht! Er will nichts weiter, als Wolodja das Geld im Spiel abnehmen und zu irgendeinem Tantchen fahren ... Er hat überhaupt nichts Angenehmes an sich. Alles, was aus seinem Mund kommt, ist eine Lüge oder eine Gemeinheit. Und ständig will er sich über einen lustig machen. Mir scheint, er ist einfach dumm und obendrein ein schlechter Mensch. Unter solchen Betrachtungen verbrachte ich etwa fünf Minuten, und das feindselige Empfinden gegen Dubkow wurde immer stärker. Der aber kümmerte sich gar nicht um mich, und darüber geriet ich noch mehr in Wut. Mich ärgerte sogar, daß Wolodja und Dmitrij sich mit ihm unterhielten.

»Wißt ihr was, Herrschaften, wir müssen dem Diplomaten Wasser über den Kopf gießen«, sagte Dubkow plötzlich und schaute mich dabei mit einem Lächeln an, das mir spöttisch, ja sogar tückisch erschien. »Es ist ihm schlecht, wirklich, es ist ihm schlecht, man sollte ihm Wasser über den Kopf gießen!«

»Ihnen ist schlecht!« erwiderte ich mit boshaftem Lächeln und vergaß dabei sogar, daß wir uns duzten. Diese Antwort überraschte Dubkow offenbar, er wandte sich von mir ab, als wäre nichts geschehen, und fuhr fort, sich mit Wolodja und Dmitrij zu unterhalten. Ich versuchte, mich ihrem Gespräch anzuschließen, fühlte aber, daß ich einfach nicht imstande war, mich zu verstellen, und verzog mich wieder in meine Ecke, wo ich bis zur Abfahrt blieb.

Als wir bezahlt hatten und unsere Mäntel anzogen, wandte sich Dubkow an Dmitrij: »Nun«, sagte er, »wo werden nun Orest und Pylades hinfahren? Sicherlich nach Hause, um von der ›Liebe‹ zu reden; wir aber wollen das liebe Tantchen aufsuchen, das ist besser als eure säuerlich süße Freundschaft.«

»Wie können Sie es wagen, in dem Ton zu sprechen und sich über uns lustig zu machen?« sagte ich plötzlich, ganz nahe an ihn herantretend und mit den Armen fuchtelnd. »Wie können Sie es wagen, sich über unsere Gefühle lustig zu machen, für die Sie kein Verständnis haben? Ich verbitte mir das, halten Sie den Mund!« schrie ich und verstummte dann selber, weil ich nicht wußte, was ich weiter sagen sollte, und vor Aufregung kaum atmen konnte. Dubkow war zunächst ganz verdutzt, dann versuchte er zu lächeln und der Sache eine scherzhafte Wendung zu geben, schließlich geriet er aber zu meiner großen Überraschung in Angst und schlug die Augen nieder.

»Es liegt mir ganz fern, Sie und Ihre Gefühle zu verspotten; das war nur so hingesprochen«, sagte er nachgiebig.

»Das ist es ja gerade!« schrie ich; aber in demselben Augenblick schämte ich mich vor mir selber und empfand Mitleid mit Dubkow, dessen rotes, aufgeregtes Gesicht aufrichtiges Bedauern ausdrückte.

»Was hast du eigentlich?« fragten Wolodja und Dmitrij gleichzeitig; »kein Mensch wollte dir was tun.«

»Doch, er wollte mich beleidigen!«

»Dein Bruder ist ein Feuerkopf«, sagte Dubkow in dem Augenblick, als er schon zur Tür hinausging, so daß er meine Antwort nicht mehr hätte hören können.

Vielleicht wäre ich ihm nachgestürzt und hätte ihm noch

mehr Grobheiten an den Kopf geworfen, da aber reichte mir derselbe Kellner, der bei meinem Streit mit Kolpikow zugegen gewesen war, meinen Mantel, und nun wurde ich sofort ruhig. Nur vor Dmitrij stellte ich mich noch insoweit erzürnt, als nötig war, damit meine plötzliche Beruhigung nicht zu sehr auffiel. Am folgenden Tag war ich mit Dubkow bei Wolodja; niemand kam auf die Angelegenheit zu sprechen, aber wir blieben beim »Sie«, und es fiel uns noch schwerer, einander in die Augen zu schauen.

Die Erinnerung an die Geschichte mit Kolpikow, der mir übrigens weder am folgenden Tag noch später de ses nouvelles zukommen ließ, blieb viele Jahre in meinem Gedächtnis in peinlichster Weise lebendig. Noch fünf Jahre später zuckte ich jedesmal zusammen, ja schrie laut auf, wenn ich an die nicht gesühnte Beleidigung dachte, und tröstete mich durch die selbstgefällige Erinnerung daran, wie schneidig ich mich in der Affäre mit Dubkow benommen hatte. Erst viel später fing ich an, die ganze Sache in neuem Licht zu sehen, mich mit vergnügtem Lächeln meines Streites mit Kolpikow zu erinnern und die unverdiente Beleidigung zu bereuen, die ich dem »guten, kleinen« Dubkow zugefügt hatte.

Als ich noch am selben Abend Dmitrij mein Erlebnis mit Kolpikow erzählte, dessen Äußeres ich ihm genau beschrieb, geriet er in das größte Erstaunen.

»Ja, das ist derselbe«, sagte er; »kannst du dir vorstellen, daß dieser Kolpikow ein bekannter Taugenichts und Falschspieler ist, und vor allen Dingen ein Feigling, den seine Kameraden zum Austritt aus dem Regiment zwangen, weil er eine Ohrfeige bekommen hatte und sich nicht schlagen wollte? Wo mag er jetzt den kecken Mut hergenommen haben?« fügte er, mich mit einem gutmütigen Lächeln anblickend, hinzu. »Er hat doch weiter nichts gesagt als ›Mensch ohne Manieren‹?«

»Freilich«, antwortete ich errötend.

»Schön ist das nicht, aber ein Unglück ist es auch nicht«, tröstete mich Dmitrij.

Erst viel später, als ich schon völlig beruhigt über die ganze Sache nachdachte, kam ich zu dem sehr wahrscheinlichen

Schluß, daß Kolpikow aus dem Gefühl heraus, mit mir könnte er es wagen, sich in Gegenwart des brünetten Herrn ohne Schnurrbart nach so vielen Jahren für die empfangene Ohrfeige an mir rächen wollte, geradeso, wie ich mich für seinen »Menschen ohne Manieren« auf der Stelle an dem unschuldigen Dubkow gerächt hatte.

17. Ich mache Besuche

Als ich am folgenden Tag aufwachte, war mein erster Gedanke die Geschichte mit Kolpikow; wieder schrie ich auf und rannte im Zimmer umher, aber es war nichts zu machen; außerdem war es der letzte Tag, den ich in Moskau zubrachte, und ich mußte auf Papas Befehl mehrere Besuche machen, die er mir selbst auf einem Zettel aufgeschrieben hatte. Die Fürsorge unseres Vaters betraf weniger unsere Moralität und unser geistiges Fortkommen als unsere gesellschaftlichen Beziehungen. Auf dem Zettel stand mit seiner eckigen, flüchtigen Handschrift geschrieben: »1. Zum Fürsten Iwan Iwanowitsch auf jeden Fall, 2. zu Iwins, auf jeden Fall, 3. zum Fürsten Michailo, 4. zur Fürstin Nechljudowa und zu Frau Walachina, wenn du es schaffst. Und selbstverständlich zum Kurator, zum Rektor und zu den Professoren.«

Von den letztgenannten Besuchen riet mir Dmitrij ab, denn sie wären nicht nur unnötig, sondern sogar unpassend. Die übrigen aber sollte ich alle heute erledigen. Am meisten graute mir vor den beiden ersten, bei denen hinzugefügt war: »Auf jeden Fall«. Fürst Iwan Iwanowitsch war General en chef, ein alter, reicher, alleinstehender Herr. Mit ihm also sollte ich, der sechzehnjährige Student, in einen engeren Verkehr treten, bei dem ich wohl, wie ich sofort fühlte, nicht gerade immer obenauf sein würde. Iwins waren gleichfalls reich. Ihr Vater war ein höherer Beamter im Generalsrang, der nur einmal persönlich bei uns gewesen war, und zwar noch zu Großmutters Lebzeiten. Nach Großmutters Tode aber hatte der jüngste Iwin – wie ich wohl bemerkt hatte – uns gemieden und war anscheinend hochmütig geworden. Vom Hörensagen wußte ich, daß der Älteste sein juristisches Studium schon beendet hatte und sich im höheren Verwaltungsdienst in Petersburg befand: der zweite, Sergej, den ich einstmals vergöttert hatte, war auch in Petersburg, und zwar diente er als großer, dicker Kadett im Pagenkorps.

Als ich jung war, verkehrte ich nicht gern mit Leuten, die über mir zu stehen glaubten; ja, ein solcher Verkehr hatte für mich etwas unerträglich Peinliches, weil ich ständig Beleidigungen witterte und immer alle meine Geisteskräfte anstrengte, um ihnen gegenüber meine Selbständigkeit zu behaupten. Da ich nun schon die letzten Anordnungen von Papa nicht ausführte, mußte ich meine Schuld wenigstens durch die Erfüllung seiner ersten Befehle ausgleichen. Ich ging im Zimmer auf und ab und betrachtete die auf den Stühlen liegenden Kleidungsstücke, den Degen und den Hut, und wollte mich gerade zum Ausfahren fertigmachen, als der alte Grap erschien, um mich zu beglückwünschen, und seinen Iljinka mitbrachte. Vater Grap war ein russifizierter Deutscher, ein unerträglich süßlicher, schmeichlerischer Mensch, der nur zu oft betrunken war; er besuchte uns im allgemeinen nur, wenn er etwas zu erbitten hatte, und Papa bot ihm wohl im Zimmer manchmal einen Stuhl an, forderte ihn aber nicht auf, mit uns zusammen zu essen. Seine kriecherische Bettelhaftigkeit war mit einer gewissen äußerlichen Gutmütigkeit und Gewöhnung an unser Haus derartig verwoben, daß ihm alle Welt seine scheinbare Anhänglichkeit an uns als großes Verdienst anrechnete; mir selber war er widerlich, und immer, wenn er sprach, schämte ich mich für ihn.

Die Ankunft dieser Gäste paßte mir gar nicht, und ich gab mir auch keine große Mühe, mein Mißvergnügen zu verbergen. Ich war es dermaßen gewohnt, auf Iljinka von oben herabzuschauen, und er hatte sich so sehr daran gewöhnt, uns dazu für berechtigt zu halten, daß mir der Gedanke, er sollte genauso gut Student sein wie ich selbst, nicht sehr angenehm war. Es kam mir vor, als ob diese gleiche Stellung auch bei ihm ein etwas unbehagliches Gefühl mir gegenüber hervorriefe.

Ich begrüßte sie beide kühl, forderte sie aber nicht auf, Platz zu nehmen, weil ich mich schämte, es zu sagen; ich meinte, sie könnten es ja auch ohne meine Aufforderung tun, und gab Befehl, meinen Wagen anzuspannen. Iljinka war sonst ein herzensguter, äußerst ehrenhafter und recht gescheiter junger Mensch, doch war bei ihm, wie man zu sagen pflegt, eine Schraube los; fortwährend überfiel ihn – und anscheinend ohne jede Ursache – irgendeine extreme Gemütsstimmung, bald eine gewisse Heulseligkeit, bald eine krampfhafte Lachlust, bald wieder war er übertrieben empfindlich gegen die geringste Kleinigkeit. In dieser Stimmung schien er sich jetzt zu befinden. Er sprach kein Wort, schaute mich und seinen Vater böse an und verzog, wenn er angesprochen wurde, sein Gesicht zu jenem demütigen, gezwungenen Lächeln, hinter dem er seine Gefühle zu verbergen pflegte: besonders das Gefühl der Scham über seinen Vater, das er nicht in unserer Gegenwart empfinden durfte.

»Sehen Sie, Nikolaj Petrowitsch«, sagte der Alte zu mir, indem er mir, während ich mich anzog, auf Schritt und Tritt durch das Zimmer folgte, wobei er respektvoll und langsam seine silberne Tabaksdose, ein Geschenk der Großmutter, zwischen seinen dicken Fingern drehte, »sobald ich von meinem Sohn hörte, daß Sie Ihre Prüfung vorzüglich zu bestehen geruhten – Ihre hohe Begabung ist ja allgemein bekannt –, eilte ich sofort hierher, um Sie zu beglückwünschen, Väterchen; ich habe Sie ja auf den Schultern getragen, und Gott ist Zeuge, daß ich Sie alle wie meine leiblichen Verwandten liebe; und auch meinen Iljinka verlangte es lebhaft, zu Ihnen herzukommen, hängt doch auch er gar zu sehr an Ihnen.«

Iljinka saß unterdessen schweigend an einem Fenster, schien meinen Dreispitz zu betrachten und brummte kaum vernehmlich etwas vor sich hin.

»Und nun wollte ich Sie fragen, Nikolaj Petrowitsch«, fuhr der Alte fort, »wie mein Iljuscha bei der Prüfung abgeschnitten hat. Er sagte, er werde mit Ihnen zusammen sein; da möchte ich Sie bitten: Verlassen Sie ihn nicht, haben Sie ein Auge auf ihn, stehen Sie ihm mit Ihrem Rat bei.«

»Nun, er hat sehr gut in der Prüfung abgeschnitten«, antwortete ich und blickte dabei nach seinem Sohn. Iljinka wurde ganz rot, als er fühlte, daß mein Blick auf ihn gerichtet war, und hörte auf, die Lippen zu bewegen.

»Kann er wohl den heutigen Tag mit Ihnen zubringen?« fragte der Alte mit einem so schüchternen Lächeln, als ob er vor mir die größte Furcht hätte. Dabei hielt er sich, wohin ich auch im Zimmer meine Schritte wandte, stets in so geringem Abstande von mir, daß ich auch nicht eine Sekunde lang aufhörte, den Branntwein- und Tabaksgeruch zu riechen, von dem er ganz durchtränkt war. Mich erboste es, daß er mich in eine so schiefe Stellung zu seinem Sohn brachte und vor allem meine Aufmerksamkeit von der augenblicklich wichtigsten Beschäftigung, dem Ankleiden, ablenkte; besonders aber brachte mich dieser mich verfolgende Schnapsduft zur Verzweiflung, so daß ich ihm sehr kühl erwiderte, ich könnte nicht mit Iljinka Zusammensein, weil ich den ganzen Tag nicht zu Hause sein würde.

»Sie wollen sicherlich zu Ihrem Schwesterchen reisen, Nikolaj Petrowitsch«, sagte Iljinka lächelnd, ohne mich jedoch anzuschauen, »und ich habe auch zu tun.« Mir wurde noch ärgerlicher und unbehaglicher zumute, und um meine Absage einigermaßen abzuschwächen, beeilte ich mich, ihnen mitzuteilen, ich würde nicht zu Hause sein, da ich Besuche zu machen hätte bei dem Fürsten Iwan Iwanowitsch und bei der Fürstin Kornakowa und bei Herrn Iwin, jenem hohen Beamten, und sicherlich bei der Fürstin Nechljudowa zu Mittag speisen würde. Mich leitete dabei der Gedanke, daß sie mich, wenn sie wüßten, zu welch hohen Persönlichkeiten ich fahren wollte, nicht mehr belästigen würden. Als sie sich anschickten fortzugehen, lud ich Iljinka ein, mich ein andermal zu besuchen; er brummte etwas vor sich hin und lächelte gezwungen. Man konnte deutlich sehen, daß er nie wieder den Fuß über meine Schwelle setzen würde.

Gleich nachdem sie fort waren, begann ich mit meiner Besuchsfahrt. Wolodja, den ich schon am Morgen gebeten hatte mitzufahren, damit ich mich nicht so allein und unbehaglich fühlte, hatte mir einen Korb gegeben mit der Begründung, es sähe doch gar zu rührselig aus, wenn »zwei Brüderlein in einem so kleinen Wägelchen« führen.

18. Walachins

So machte ich mich denn allein auf den Weg. Der erste Besuch, der örtlichen Reihenfolge nach, galt Frau Walachina in der Siwzew-Wraschek-Straße. Drei Jahre lang hatte ich Sonetschka nicht gesehen, und meine Liebe zu ihr war natürlich längst vergangen; und doch war in meiner Seele immer noch eine lebendige, rührende Erinnerung an die ehemalige Liebe aus der Kinderzeit zurückgeblieben. Im Laufe dieser drei Jahre hatte ich mich gelegentlich mit solcher Kraft und Deutlichkeit an sie erinnert, daß ich Tränen vergoß und mich von neuem verliebt fühlte; aber das hatte jedesmal nur einige Minuten gedauert und war dann nicht so bald wiedergekehrt.

Ich wußte, daß Sonetschka mit ihrer Mutter im Ausland gewesen war, wo sie etwa zwei Jahre zugebracht hatten; dort seien sie, so wurde erzählt, mit dem Postwagen umgestürzt und Sonetschka habe sich an den Glasscherben des Wagens das Gesicht zerschnitten, so daß sie ganz entstellt aussehe. Auf der Fahrt zu ihnen hin erinnerte ich mich lebhaft an die frühere Sonetschka und dachte darüber nach, wie ich sie wohl jetzt vorfinden würde. Ich weiß nicht, wie es kam, jedenfalls aber stellte ich sie mir auf Grund ihres zweijährigen Aufenthaltes im Ausland als eine sehr hochgewachsene junge Dame mit schöner Taille und ernstem, würdevollem, aber höchst anziehendem Gesicht vor. Meiner Einbildungskraft widerstrebte es zwar, sie mir mit einem von Narben verunzierten Gesicht zu denken, aber da ich einmal von einem leidenschaftlichen Liebhaber gehört hatte, der dem Gegenstand seiner Liebe trotz aller Entstellung durch die Pocken treugeblieben war, gab ich mir Mühe zu denken, daß ich in Sonetschka verliebt sei, um das Verdienst zu haben, ihr trotz der Narben treugeblieben zu sein. Wohl war ich auf der Fahrt nach dem

Walachinschen Hause nicht verliebt; da ich aber in meinem Herzen die Erinnerung an die alte Liebe wachgerufen hatte, war ich durchaus geneigt, mich zu verlieben, und wünschte es auch sehr, um so mehr, da ich mich schon längst, wenn ich meine verliebten Freunde sah, schämte, hinter ihnen zurückgeblieben zu sein.

Walachins wohnten in einem kleinen, sauberen Holzhaus, das seinen Eingang vom Hof aus hatte. Die Tür öffnete mir auf mein Klingeln (eine Klingel war damals in Moskau noch eine große Seltenheit) ein winziger, reinlich gekleideter Knabe. Er konnte oder wollte mir nicht sagen, ob die Herrschaften zu Hause seien, ließ mich in dem dunklen Vorzimmer allein und lief in einen noch dunkleren Korridor.

Ziemlich lange blieb ich in diesem dunklen Zimmer allein, das außer der Tür zum Eingang und in den Korridor noch eine geschlossene Tür besaß. Ich wunderte mich über den düsteren Charakter dieses Hauses. Dann aber dachte ich mir wieder, daß bei Leuten, die im Ausland gewesen seien, das wohl so sein müsse. Nach ungefähr fünf Minuten wurde die Tür nach dem Saal von innen her von demselben Knaben geöffnet, und er führte mich in den sauberen, wenn auch nicht gerade reich ausgestatteten Salon, den gleich nach mir Sonetschka betrat. Sie war siebzehn Jahre alt, sehr klein von Wuchs, sehr mager und hatte einen gelblichen, ungesunden Teint. Von Narben war nichts auf ihrem Gesicht zu sehen, und die köstlichen, strahlenden Augen und das helle, gutmütige, fröhliche Lächeln waren noch genauso, wie ich sie in der Kinderzeit gekannt und geliebt hatte. Ich hatte sie mir ganz anders vorgestellt und konnte ihr daher nicht sogleich das Gefühl entgegenbringen, das ich mir unterwegs zurechtgemacht hatte. Sie reichte mir die Hand nach englischer Art, was damals eine ebenso große Seltenheit war wie die Türklingel, drückte die meinige herzlich und hieß mich neben sich auf dem Sofa Platz nehmen.

»Nein, wie ich mich freue, Sie zu sehen, lieber Nicolas«, sagte sie, mir mit einem so aufrichtigen Ausdruck von Vergnügen ins Gesicht sehend, daß ich in den Worten: »Lieber Nicolas« nur Freundschaft und nichts von Herablassung empfand. Zu meiner Überraschung war sie jetzt nach ihrer Auslandsreise noch schlichter, liebenswürdiger und herzlicher in ihrem Benehmen als früher. Ich bemerkte jetzt zwei Narben an der Nase und an einer Augenbraue, aber die wundervollen Augen und das Lächeln waren genauso, wie sie in meiner Erinnerung lebten, und strahlten wie in alter Zeit.

»Wie Sie sich verändert haben!« sagte sie, »Sie sind ganz und gar ein Erwachsener. Nun, und ich – wie finden Sie mich?«

»Ach, ich hätte Sie gar nicht wiedererkannt«, antwortete ich, obgleich ich in demselben Augenblick dachte, daß ich sie jederzeit wiedererkannt hätte. Ich fühlte mich wiederum in jener sorglos heiteren Stimmung, in der ich vor fünf Jahren auf Großmutters Ball mit ihr den »Großvater« getanzt hatte.

»So? So bin ich wohl sehr häßlich geworden?« fragte sie, das Köpfchen nach hinten werfend.

»Nein, durchaus nicht, Sie sind ein wenig herangewachsen und älter geworden«, beeilte ich mich zu antworten. »Ganz im Gegenteil ... und sogar ...«

»Nun, das ist ja gleich; aber denken Sie noch an unsere Tänze und Spiele und an St. Jérôme und an Madame Dorat?« Ich erinnerte mich an keine Madame Dorat; bei ihrem Schwelgen in Kindheitserinnerungen warf sie diese offenbar durcheinander. »Ach, es war eine herrliche Zeit!« fuhr sie fort, und dasselbe Lächeln, ja sogar noch ein schöneres als das, welches ich im Gedächtnis trug, überzog ihr Gesicht, und dieselben Augen leuchteten vor mir auf. Während sie sprach, fand ich Zeit, über die Lage nachzudenken, in der ich mich im gegenwärtigen Augenblick befand, und ich stellte fest, daß ich im gegenwärtigen Augenblick verliebt sei; aber kaum hatte ich mir das gesagt, war sogleich meine glückliche, sorglose Gemütsstimmung verschwunden; eine Art von Nebel verbarg alles, was vor mir lag, sogar ihre Augen und ihr Lächeln. Ich schämte mich grundlos über irgend etwas und verlor die Fähigkeit zu reden.

»Jetzt sind andere Zeiten«, fuhr sie mit einem Seufzer fort und zog die Augenbrauen ein wenig in die Höhe; »alles ist weit schlechter geworden, und auch wir sind schlechter geworden, nicht wahr, Nicolas?«

Ich konnte nicht antworten und blickte sie schweigend an.

»Wo sind jetzt all die Iwins und Kornakows von damals? Erinnern Sie sich noch?« fuhr sie fort und blickte mit einiger Neugier auf mein rot gewordenes, erschrockenes Gesicht. »Es war eine herrliche Zeit!«

Ich war immer noch außerstande, etwas zu erwidern; aus dieser peinlichen Lage befreite mich für eine Weile Frau Walachina, die ins Zimmer trat. Ich stand auf, verbeugte mich und gewann die Fähigkeit zu reden wieder zurück; aber dafür ging bei dem Eintreten der Mutter eine seltsame Veränderung mit Sonetschka vor: ihre ganze kameradschaftliche Heiterkeit verschwand plötzlich; sogar ihr Lächeln wurde ein anderes, und plötzlich war sie, abgesehen von der hohen Gestalt, jene aus dem Ausland gekommene junge Dame, die ich zu finden erwartet hatte. Scheinbar hatte diese Verwandlung gar keine Ursache; denn ihre Mutter lächelte ebenso angenehm wie in alter Zeit und bekundete in all ihren Bewegungen noch die frühere Sanftmut. Frau Walachina setzte sich in einen großen Sessel und wies mir einen Platz neben ihr an; zu ihrer Tochter sagte sie etwas auf englisch, und Sonetschka ging hinaus, wodurch ich mich noch freier fühlte. Frau Walachina erkundigte sich nach meinen Angehörigen, nach meinem Bruder und nach meinem Vater und erzählte mir dann von ihrem Unglück und dem Tod ihres Mannes, und als sie zuletzt fühlte, daß die möglichen Themata, über die sie mit mir sprechen konnte, erschöpft seien, blickte sie mich schweigend an, als wollte sie sagen: Wenn du jetzt aufstehst, dich empfiehlst und weggehst, wirst du sehr gut daran tun, mein Lieber! Aber mit mir ging etwas Seltsames vor. Sonetschka war mit einer Handarbeit in das Zimmer zurückgekehrt und hatte sich am anderen Ende des Salons in eine Ecke gesetzt, so daß ich ihre Blicke auf mich gerichtet fühlte. Während Frau Walachina von dem Tod ihres Mannes erzählte, erinnerte ich mich noch einmal daran, daß ich verliebt sei, und dachte obendrein, daß es wahrscheinlich die Mutter schon erraten habe; und ich bekam von neuem einen so starken Anfall von Verlegenheit, daß ich mich nicht imstande fühlte, auch nur ein Glied in natürlicher Weise zu bewegen. Ich wußte, daß ich, um aufzustehen und wegzugehen, daran denken müßte, wohin ich jedes Bein zu setzen, was ich mit dem Kopf und mit den Händen zu machen hätte; kurz, ich hatte beinahe dieselbe Empfindung wie tags zuvor, als ich die halbe Flasche Champagner getrunken hatte. Ich fühlte, daß ich das alles nicht fertig bekommen würde und darum nicht aufstehen könnte – und so konnte ich auch tatsächlich nicht aufstehen! Frau Walachina wunderte sich gewiß über meinen puterroten Kopf und über meine völlige Bewegungslosigkeit; aber ich kam zu dem Entschluß, daß es in dieser dummen Situation besser sei sitzenzubleiben, als unter Umständen höchst ungeschickt aufzustehen und hinauszugehen. So saß ich denn ziemlich lange da in der Hoffnung, daß irgendein unvorhergesehener Zufall mich aus dieser Lage befreien würde. Und dieser Zufall wurde denn auch Wirklichkeit in der Person eines unansehnlichen jungen Mannes, der mit dem Benehmen eines Hausangestellten in das Zimmer trat und sich höflich vor mir verbeugte. Frau Walachina stand auf, entschuldigte sich, sie habe etwas mit ihrem homme d'affaires zu besprechen, und schaute mich mit einem verwunderten Blick an, der zu besagen schien: Wenn Sie ewig hier sitzen wollen, ich werde Sie nicht fortjagen! Ich machte eine krampfhafte Anstrengung und erhob mich; aber eine Verbeugung zu machen, war ich nicht mehr imstande und ging, von den mitleidigen Blicken der Tochter begleitet, hinaus; dabei stieß ich an einen Stuhl, der mir überhaupt nicht im Weg stand. Ich stieß deshalb an ihn, weil meine ganze Aufmerksamkeit darauf gerichtet war, nicht über den Teppich zu stolpern, der unter meinen Füßen war. In der frischen Luft verlor ich dieses Gefühl, nachdem ich ein paarmal zusammengezuckt war und so laut gestöhnt hatte, daß sogar Kusma mich mehrfach fragte: »Was beliebt?« Und ich begann ziemlich ruhig über meine Liebe zu Sonetschka und über ihre Beziehungen zu ihrer Mutter nachzudenken, die mir sehr sonderbar vorkamen. Als ich später meinem Vater meine Beobachtungen mitteilte, daß zwischen Frau Walachina und ihrer Tochter nicht das beste Einvernehmen herrsche, sagte er: »Ja, die Mutter quält die Ärmste mit ihrem schrecklichen Geiz. Und sonderbar«, fügte er mit stärkerer Empfindung hinzu, als er für eine bloße Verwandte hegen konnte, »was war sie für eine reizende, liebenswürdige, prächtige Frau! Es ist mir unbegreiflich, warum sie sich so verändert hat. Hast du bei ihr nicht eine Art Sekretär gesehen? Wie paßt sich das für eine russische Dame, sich einen Sekretär zu halten!« sagte er und trat ärgerlich zur Seite.

»Ja, ich habe ihn gesehen«, antwortete ich.

»Nun, ist er wenigstens ein schöner Mann?«

»Nein, er ist durchaus nicht schön.«

»Unbegreiflich!« sagte Papa, zuckte zornig mit der Schulter und hüstelte.

So, nun bin auch ich verliebt! dachte ich, während ich in meinem Wagen dahinrollte.

19. Kornakows

Der zweite Besuch führte mich zu den Kornakows. Sie wohnten im ersten Stock eines großen Hauses auf dem Arbat. Die Treppe war höchst vornehm und sauber, aber nicht prunkvoll. Überall lagen Läufer, die mit blankgeputzten Messingstangen festgemacht waren; aber es waren weder Blumen noch Spiegel zu sehen. Der Saal, über dessen glänzend geputzten Fußboden ich in den Salon ging, war ebenso streng, kalt und sauber eingerichtet; alles glänzte und sah solide, wenn auch nicht ganz neu aus; aber nirgends waren Gemälde oder Vorhänge oder überhaupt irgendwelche Verschönerungen wahrnehmbar. Im Salon waren mehrere Prinzessinnen anwesend. Sie saßen so steif und feierlich da, daß man sogleich merken konnte: so saßen sie nicht, wenn kein Besuch da war.

»Mama wird gleich kommen«, sagte die Älteste von ihnen und setzte sich näher zu mir. Etwa eine Viertelstunde lang unterhielt mich diese Prinzessin mit ihrem Geplauder ganz zwanglos und so geschickt, daß der Gesprächsfaden auch nicht für eine Sekunde abriß. Doch merkte man gar zu sehr, daß sie mich nur unterhalten wollte, und deshalb gefiel sie mir nicht. Unter anderem erzählte sie mir, daß ihr Bruder Stepan, den sie Etienne nannten und der vor ungefähr zwei Jahren auf die Junkerschule gekommen war, bereits zum Offizier befördert sei. Als sie von ihrem Bruder sprach und besonders davon, daß er gegen den Willen der Mutter bei den Husaren eingetreten sei, machte sie ein ganz entsetztes Gesicht, und alle jüngeren Prinzessinnen, die schweigend dasaßen, machten ebenfalls entsetzte Gesichter. Als sie von Großmutters Tod sprach, machte sie ein trauriges Gesicht, und alle jüngeren Prinzessinnen taten das gleiche; als sie mich daran erinnerte, wie ich St. Jérôme geschlagen hätte und dann hinausgebracht worden sei, lachte sie und ließ ihre schlechten Zähne sehen; und wieder lachten sämtliche anderen Prinzessinnen mit und ließen gleichfalls ihre schlechten Zähne sehen.

Die Fürstin trat herein: sie war noch dieselbe kleine, dürre Frau mit den unsteten Augen und der Gewohnheit, sich nach den anderen umzuschauen, wenn sie mit einem sprach. Sie faßte mich an der Hand und hob die ihre bis zu meinen Lippen empor, damit ich sie küßte, was ich andernfalls nicht getan hätte, da es mir nicht notwendig erschien.

»Wie freue ich mich, Sie zu sehen«, sagte sie mit ihrer gewohnten Redseligkeit und sah dabei ihre Töchter an. »Nein, wie ähnlich er seiner Mama ist! Nicht wahr, Lise?« Lise erwiderte, daß das richtig sei, obgleich ich bestimmt weiß, daß ich nicht die entfernteste Ähnlichkeit mit meiner Mutter hatte.

»So geht es, nun sind auch Sie schon erwachsen! Und mein Etienne, Sie erinnern sich seiner, er ist ja Ihr Vetter dritten Grades, . . . nein, nicht dritten Grades, wie ist das doch, Lise? Meine Mutter war Warwara Dmitrijewna, eine Tochter Dimitrij Nikolajewitschs, und Ihre Großmutter war Natalja Nikolajewna.«

»Also vierten Grades, Mama«, sagte die älteste Prinzessin.

»Ach, du wirfst immer alles durcheinander«, schrie die Mutter sie ärgerlich an. »Nicht dritten Grades, sondern issus de germains – so sind Sie mit meinem Etienne verwandt. Er ist schon Offizier, wissen Sie das? Nur schlimm, daß er schon zuviel Freiheit hat. Euch junge Leute muß man kurz halten, und zwar gehörig! ... Sie nehmen es mir doch nicht übel, daß ich Ihnen als alte Tante die Wahrheit sage? Ich habe Etienne streng gehalten und finde, daß es so sein muß.

Ja, so sind wir also verwandt«, fuhr sie fort; »Fürst Iwan Iwanowitsch ist mein Onkel und war der Onkel Ihrer Mutter. Folglich waren Ihre Mama und ich Cousinen, nein, Cousinen dritten Grades, ja, so ist es. Nun, aber sagen Sie, mein Lieber, waren Sie schon bei dem Fürsten Iwan?«

Ich antwortete, ich sei noch nicht dort gewesen, würde aber noch heute zu ihm fahren.

»Aber wie können Sie nur! Das mußte der erste Besuch sein, den Sie machten. Sie wissen doch, daß Fürst Iwan für Sie nicht weniger zu bedeuten hat als Ihr Vater. Er hat keine Kinder; folglich sind nur Sie und meine Kinder seine Erben. Sie müssen ihn hochschätzen wegen seiner Jahre und wegen seiner gesellschaftlichen Stellung, überhaupt in jeder Hinsicht. Ich weiß, die Jugend legt heute keinen Wert mehr auf Verwandtschaft und kann alte Leute nicht leiden; aber hören Sie auf mich alte Tante! Denn ich liebe Sie und habe Ihre Mama geliebt und habe Ihre Großmutter ebenfalls sehr, sehr geliebt und verehrt. Nein, fahren Sie unbedingt zu ihm, Sie müssen unbedingt zu ihm fahren.«

Ich erwiderte, daß ich unbedingt zu ihm fahren würde und da der Besuch meiner Ansicht nach schon hinreichend lange gedauert hatte, stand ich auf und wollte mich empfehlen; aber sie hielt mich zurück.

»Nein, warten Sie noch einen Augenblick! Wo ist euer Vater, Lise? Ruft ihn doch her; er wird sich freuen, Sie zu sehen«, fuhr sie, sich zu mir wendend, fort.

Nach ungefähr zwei Minuten trat wirklich Fürst Michailo ein. Er war ein kleiner, untersetzter Herr, sehr nachlässig gekleidet und unrasiert; sein Gesicht trug den Ausdruck einer solchen Gleichgültigkeit, daß es beinahe dumm aussah. Er freute sich durchaus nicht, mich zu sehen, wenigstens deutete er es nicht an. Aber die Fürstin, vor der er anscheinend große Furcht hatte, sagte zu ihm: »Nicht wahr, wie Woldemar« – offenbar hatte sie meinen Vornamen vergessen – »seiner Mama ähnlich sieht!« Und dabei gab sie ihm ein Zeichen mit den Augen, daß der Fürst erriet, was sie wollte; er trat auf mich zu und hielt mir mit völlig gleichgültiger, sehr unzufriedener Miene seine unrasierte Backe hin, auf die ich ihn küssen mußte.

»Du sollst gleich ausfahren und bist noch nicht angezogen«, sagte die Fürstin unmittelbar darauf in jenem mürrischen Ton, der ihr offenbar im Verkehr mit ihren Angehörigen geläufig war; »die Leute sollen sich wohl wieder über dich ärgern! Du willst dich wieder überall unbeliebt machen!«

»Sofort, sofort«, versetzte Fürst Michailo und ging hinaus. Ich empfahl mich und ging ebenfalls.

Ich hatte zum erstenmal gehört, daß wir die Erben des Fürsten Iwan Iwanowitsch seien, und diese Nachricht berührte mich keineswegs angenehm.

20. Die Iwins

So wurde es mir noch peinlicher, an den bevorstehenden Besuch zu denken. Aber ehe ich zum Fürsten fuhr, mußte ich, der größeren Nähe wegen, noch zu den Iwins. Sie wohnten in der Twerskaja in einem gewaltig großen, schönen Haus. Nicht ohne Beklemmung stieg ich die Stufen vor dem Haus hinan, an dem ein Portier mit einem Stab stand.

Ich fragte ihn, ob die Herrschaften zu Hause seien.

»Zu wem wünschen Sie? Der Sohn des Herrn Generals ist zu Hause«, antwortete mir der Portier.

»Und der General selbst?« fragte ich kühl.

»Da muß ich melden. Wen befehlen Sie zu melden?« sagte der Portier und zog die Glocke. Die Füße eines Lakaien und Stiefeletten erschienen auf der Treppe. Da überfiel mich plötzlich, ich weiß selber nicht, wie es kam, eine solche Schüchternheit, daß ich zum Lakaien sagte, er möge mich nicht dem General melden; zuerst wollte ich zum Sohn des Generals gehen. Als ich auf der großen Treppe nach oben ging, hatte ich die Empfindung, als sei ich furchtbar klein geworden, und zwar nicht im übertragenen, sondern im wörtlichen Sinn. Dasselbe Gefühl hatte ich schon kurz vorher gehabt, als mein Wagen vor dem großen Portal vorfuhr. Mir schien, als wären sowohl der Wagen als auch das Pferd und der Kutscher auf einmal klein geworden. Der Sohn des Generals lag, als ich in sein Zimmer trat, ein aufgeschlagenes Buch vor sich, auf dem Sofa und schlief. Sein Erzieher, Herr Frost, der immer noch bei ihnen im Hause war, trat gleich nach mir mit seiner schneidigen Gangart ins Zimmer und weckte seinen Zögling. Iwin legte bei meinem Anblick keine besondere Freude an den Tag, und ich bemerkte, daß er, während er mit mir sprach, nach meinen Augenbrauen bückte; obgleich er durchaus höflich war, schien es mir doch, daß er, genauso wie die Prinzessinnen, mich nur unterhalten wollte, daß er keine besondere Sympathie für mich empfand, auch kein Verlangen nach näherer Bekanntschaft mit mir trug, da er gewiß einen eigenen, anderweitigen Bekanntenkreis hatte. Das alles schloß ich besonders daraus, daß er nach meinen Augenbrauen blickte. Kurz, sein Verhalten mir gegenüber war – so ungern ich es mir auch eingestand – fast das gleiche wie das meinige Iljinka gegenüber. Ich geriet in eine gereizte Stimmung, fing jeden Blick Iwins im Fluge auf, und wenn seine Augen sich mit denen des Herrn Frost begegneten, so deutete ich mir das als die Frage: Warum ist er eigentlich zu uns gekommen?

Nachdem Iwin noch ein wenig mit mir gesprochen hatte, sagte er, daß sein Vater und seine Mutter zu Hause seien und ob ich nicht mit ihm zu ihnen hinuntergehen wolle.

»Ich will mich nur anziehen«, fügte er, in ein anderes Zimmer gehend, hinzu, obgleich er auch in diesem Zimmer schon gut angezogen war mit seinem neuen Oberrock und der weißen Weste. Einige Minuten danach kehrte er mit vollständig zugeknöpfter Uniform zu mir zurück, und wir gingen zusammen nach unten. Die Prunkzimmer, die wir durchschritten, waren außerordentlich hoch und groß und prächtig eingerichtet; es gab allerhand marmorne und vergoldete

Dinge und Möbel in Mullüberzügen und Spiegel. Frau Iwina trat gleichzeitig mit uns durch eine andere Tür in ein kleines, hinter dem Salon gelegenes Zimmer. Sie empfing mich durchaus verwandtschaftlich, hieß mich dicht bei ihr Platz nehmen und befragte mich teilnehmend nach unserer ganzen Familie.

Frau Iwina, die ich früher nur gelegentlich flüchtig gesehen hatte, gefiel mir ausgezeichnet, als ich sie jetzt aufmerksam betrachtete. Sie war hoch gewachsen, mager, sehr bleich und anscheinend meist niedergeschlagen und abgespannt. Auf ihrem Gesicht lag ein kummervolles, aber sehr gutherziges Lächeln. Ihre Augen waren groß und müde und schielten ein wenig, was ihr einen noch traurigeren, anziehenderen Ausdruck verlieh. Sie saß nicht eigentlich krumm da, aber ihr ganzer Körper gab gewissermaßen nach, und alle ihre Bewegungen hatten etwas Schlaffes. Sie sprach matt; doch der Klang ihrer Stimme und ihre Aussprache mit dem undeutlichen r und d waren sehr angenehm. Sie ging nicht darauf aus, mich nur zu unterhalten. Meine Antworten über meine Angehörigen erregten bei ihr sichtlich ein schmerzliches Interesse, als dächte sie, wenn man sie so hörte, voller Kummer an bessere Zeiten zurück. Ihr Sohn war inzwischen hinausgegangen; sie blickte mich einige Minuten lang schweigend an und brach plötzlich in Tränen aus. Ich saß ihr gegenüber und wußte beim besten Willen nicht, was ich sagen oder tun sollte. Sie weinte, ohne mich anzublicken. Zuerst tat sie mir leid, dann dachte ich: Müßte ich sie nicht trösten – und wie? Zuletzt aber wurde ich auf sie ärgerlich, weil sie mich in eine so unbehagliche Situation brachte. Schaue ich denn wirklich so jammervoll aus, dachte ich, oder tut sie es etwa gar mit Absicht, um zu sehen, wie ich mich in einem solchen Falle benehme? Jetzt fortzugehen schickt sich nicht, das würde aussehen, als liefe ich vor ihren Tränen davon, dachte ich weiter. Ich drehte mich auf meinem Stuhl hin und her, um sie wenigstens an meine Anwesenheit zu erinnern.

»Ach, was bin ich töricht«, sagte sie, mich anblickend und mühselig lächelnd, »es gibt so Tage, an denen man ohne jede Ursache weint.«

Sie suchte auf ihrem Sofa nach ihrem Taschentuch und begann plötzlich noch stärker zu weinen.

»Ach, mein Gott, wie lächerlich, daß ich immerfort weine! Ich habe Ihre Mutter so geliebt, wir waren ... so befreundet ...«

Sie hatte das Taschentuch gefunden, hielt es sich vor das Gesicht und weinte weiter. Meine unbehagliche Lage erneuerte sich somit und dauerte ziemlich lange. Ich war ärgerlich, aber mein Mitleid mit ihr war noch größer. Ihre Tränen schienen ehrlich zu sein, und ich konnte nicht den Gedanken loswerden, daß sie weniger um meine Mutter weinte, sondern vielmehr darüber, daß sie sich jetzt unglücklich fühlte, und früher, zu jener Zeit, weit glücklicher gewesen war. Ich weiß nicht, wie das geendet hätte, wenn nicht der junge Iwin wieder hereingekommen wäre und gesagt hätte, der Vater habe nach ihr gefragt. Sie stand auf und wollte schon gehen, als Herr Iwin selbst ins Zimmer trat. Er war ein kleiner, kräftiger, völlig ergrauter Herr mit dichten, schwarzen Augenbrauen, kurz geschorenem Kopf und einem außerordentlich strengen, harten Zug um den Mund.

Ich stand auf und machte meine Verbeugung. Herr Iwin, der auf seinem grünen Frack drei Ordenssterne trug, ließ meine Verbeugung unerwidert. Ja, er schaute kaum nach mir hin, so daß ich mir plötzlich gar nicht als Mensch, sondern als irgendein keiner Beachtung werter Gegenstand vorkam: ein Stuhl oder ein Fenster, oder wenn schon ein Mensch, dann einer, der in keiner Weise besser sei als ein Stuhl oder ein Fenster.

»Sie haben immer noch nicht an die Gräfin geschrieben, meine Liebe«, sagte er zu seiner Frau auf französisch mit beherrschtem, aber hartem Gesichtsausdruck.

»Leben Sie wohl, Monsieur Irtenjew«, sagte Frau Iwina zu mir und nickte mir mit dem Kopf in einer Weise zu, als sei plötzlich ihr Stolz wachgerufen worden; gleichzeitig blickte sie wie ihr Sohn nach meinen Augenbrauen. Ich verbeugte mich noch einmal vor ihr und ihrem Mann, und wieder wirkte meine Verbeugung auf den alten Iwin genauso, wie wenn ein Fenster geöffnet oder geschlossen würde. Immerhin begleitete mich der Student Iwin bis zur Tür und erzählte mir unterwegs, er werde in Petersburg weiterstudieren, weil sein Vater dorthin versetzt worden sei. Er nannte mir irgendeinen sehr hohen Posten.

»Na, mag es Papa auch wünschen«, murmelte ich vor mich hin, als ich in den Wagen stieg, »ich jedenfalls setze keinen Fuß wieder hierher. Diese Tränensuse schaut mich an und weint, als wäre ich der unglücklichste Mensch in der Welt, und Herr Iwin, dieses Schwein, erwidert meine Verbeugung überhaupt nicht; aber ich werde es ihm schon heimzahlen ...« Wie ich es ihm heimzahlen wollte, das hätte ich beim besten Willen nicht sagen können. Doch das Wort kam mir so in den Sinn.

Später mußte ich mir oft von meinem Vater sagen lassen, daß es unbedingt notwendig sei, eine derartige Bekanntschaft zu »kultivieren«; ich könnte nicht verlangen, daß ein Mann vom Rang eines Iwin sich mit einem jungen Menschen, wie ich es sei, groß abgebe. Ich blieb aber meinem Vorsatz ziemlich lange getreu.

21. Fürst Iwan Iwanowitsch

»So, jetzt kommt der letzte Besuch in der Nikitskaja dran«, sagte ich zu Kusma, und wir fuhren zum Haus des Fürsten Iwan Iwanowitsch.

Nachdem ich nun allerhand Besuchserfahrungen gewonnen hatte, hatte ich mir ein gewisses Selbstvertrauen errungen und fuhr in ziemlich ruhiger Stimmung zum Fürsten, als mir plötzlich die Worte der Fürstin Kornakowa einfielen, daß ich sein Erbe sei; außerdem sah ich vor dem Portal zwei Equipagen, und so überkam mich wieder die frühere Schüchternheit.

Es kam mir vor, als ob mich sowohl der alte Portier, der mir die Tür aufmachte, als auch der Diener, der mir den Mantel abnahm, als auch die drei Damen und die beiden Herren, die ich im Salon vorfand, besonders aber Fürst Iwan Iwanowitsch, der im Zivilanzug auf dem Sofa saß, wie auf einen Erben und somit in mißgünstiger Gesinnung anblickten. Der Fürst war äußerst freundlich zu mir, küßte mich, das heißt, hielt eine Sekunde lang seine weichen, trockenen, kalten Lippen an meine Backe, fragte mich, was ich triebe und was ich vorhätte, scherzte mit mir, indem er fragte, ob ich immer noch Verse schriebe wie die zum Namenstag meiner Großmutter, und lud mich zum Essen ein. Aber je freundlicher er war, um so mehr schien es mir, als sagte er vor sich hin: Mein Junge, ich weiß es, auch ohne daß du es mir sagst, du bist mein Erbe, mein Erbe, und so weiter.

Als wir Kinder waren, hatten wir den Fürsten Iwan Iwanowitsch »Großväterchen« genannt; aber jetzt, wo ich Erbe war, sträubte sich meine Zunge dagegen, zu ihm »Großväterchen« zu sagen; anderseits aber schien es mir auch erniedrigend, zu ihm »Durchlaucht« zu sagen, wie es einer der anwesenden Herren tat, so daß ich während des ganzen Gesprächs bemüht war, jegliche Anrede zu vermeiden. Am meisten jedoch brachte mich die alte Prinzessin in Verlegenheit, die ebenfalls eine Erbin des Fürsten war und bei ihm im Haus lebte. Während des ganzen Mittagessens, bei dem ich neben der Prinzessin saß, vermutete ich, die Prinzessin rede nur deshalb nicht mit mir, weil sie mich dafür hasse, daß ich ebenso Erbe des Fürsten sei wie sie selbst. Und ich vermutete ferner, der Fürst schenke deswegen unserer Tischgegend keine Aufmerksamkeit, weil wir, die Prinzessin und ich, seine Erben und ihm dadurch in gleicher Weise zuwider seien.

»Du kannst dir wirklich nicht vorstellen, wie unangenehm es mir war«, sagte ich am Abend desselben Tages zu Dmitrij, um vor ihm großzutun, wie widerwillig mich der Gedanke, Erbe zu sein, berühre (es schien mir dies ein sehr edles Gefühl zu sein), »wie unangenehm es mir heute war, ganze zwei Stunden beim Fürsten zuzubringen. Er ist ein prächtiger Mensch und war sehr freundlich gegen mich«, sagte ich, um meinem Freund unter anderem zu verstehen zu geben, daß ich all das nicht etwa deswegen sagte, weil ich das Gefühl hätte, von dem Fürsten geringgeschätzt zu werden. »Aber«, fuhr ich fort, »der Gedanke, daß man von mir dieselbe Meinung haben könnte wie von der Prinzessin, die bei ihm im Hause lebt und vor ihm kriecht, ist mir fürchterlich. Er ist ein wundervoller alter Herr und gegen alle Menschen außerordentlich gut und zartfühlend; aber es ist schmerzlich zu sehen, wie er diese Prinzessin ›malträtiert‹. Dieses abscheuliche Geld verdirbt alle Beziehungen!«

»Weißt du, ich glaube, das Beste wäre, mich mit dem Fürsten offen auszusprechen«, fuhr ich fort, »und ihm zu sagen, daß ich vor ihm als Menschen die größte Hochachtung empfände, aber an seine Erbschaft nicht dächte und ihn bäte, mir nichts zu hinterlassen, und daß ich nur in diesem Fall meine Besuche bei ihm fortsetzen würde.«

Dmitrij lachte nicht, als ich ihm das sagte; im Gegenteil, er wurde nachdenklich, schwieg eine Minute und sagte dann: »Weißt du was? Du hast unrecht. – Entweder darfst du überhaupt nicht annehmen, daß man von dir genauso denken könnte wie von dieser Prinzessin, oder wenn du es schon annimmst, so nimm auch noch ein Weiteres an, nämlich, daß du zwar weißt, was man von dir denken kann, daß aber diese Gedanken so tief unter dir liegen, daß du sie verachtest und für dein Handeln als nicht vorhanden betrachtest. Nimm an, daß man annimmt, daß du annimmst... nun, mit einem Wort«, fügte er hinzu, als er fühlte, daß er mit seinen Ausführungen in eine Sackgasse geriet, »das beste ist, überhaupt nichts anzunehmen.«

Mein Freund hatte völlig recht; erst weit, weit später kam ich aus größerer Lebenserfahrung heraus zu der Erkenntnis, wie schädlich es ist, vieles, was sehr edel ausschaut, aber für alle Zeit im Herzen jedes Menschen aller Augen verborgen bleiben sollte, zu denken oder gar auszusprechen, und daß edle Worte nur selten mit edlen Taten zusammengehen. Ich bin der Überzeugung, daß, wenn man eine gute Absicht ausspricht, es schon allein dadurch schwer, ja meist unmöglich wird, die gute Absicht auszuführen. Aber wie könnte sich ein junger Mensch den Äußerungen seines selbstgefälligen Edelmuts enthalten? Erst viel später denkt man an sie zurück und bedauert sie wie eine Blume, die man in mangelnder Selbstbeherrschung unaufgeblüht abriß, um sie dann verwelkt und zertreten auf dem Weg liegen zu sehen. Ich, der ich eben erst zu meinem Freund Dmitrij gesagt hatte, daß das Geld die Beziehungen verderbe, borgte mir von ihm am nächsten Morgen vor unserer Abfahrt ins Dorf fünfundzwanzig Rubel für die Reise, die er mir selbst angeboten hatte, und die ich ihm dann sehr lange schuldete, da sich herausstellte, daß ich mein Geld für allerhand Bilder und Pfeifen verschwendet hatte.

22. Ein vertrauliches Gespräch mit meinem Freunde

Das folgende Gespräch führten wir im Phaethon auf der Fahrt nach Kunzewo. Dmitrij hatte mir abgeraten, seiner Mutter am Vormittag einen Besuch zu machen, und holte mich nach dem Mittagessen mit seinem Wagen ab, um mich für den ganzen Abend, ja sogar zum Übernachten, nach dem Sommersitz seiner Familie zu bringen. Erst als wir die Stadt hinter uns hatten und das Gewirr der schmutzigen Straßen sowie der unerträgliche, betäubende Lärm des Pflasters von dem weiten Blick über die Felder und dem weichen Knarren der Räder auf der staubigen Landstraße abgelöst wurde und mich die duftige Frühlingsluft und der freie Raum von allen Seiten umfingen, kam ich wieder ein wenig zur Besinnung nach den mannigfaltigen, neuen Empfindungen und den Freiheitsgefühlen, die mich in den beiden Tagen ganz aus dem Gleichgewicht gebracht hatten. Dmitrij war mitteilsam, rückte keineswegs seine Halsbinde durch Kopfbewegungen zurecht, blinzelte nicht nervös mit den Augen und zog nicht die Brauen zusammen; ich wiederum war zufrieden mit den edlen Gefühlen, die ich ihm gegenüber zum Ausdruck gebracht hatte, wobei ich annahm, daß er mir dafür die beschämende Affäre mit Kolpikow vollständig verziehen habe und mich deswegen nicht verachte. Und wir sprachen freundschaftlich über viele vertrauliche Dinge, über die man nicht unter allen Umständen zu reden pflegt. Dmitrij erzählte mir von seiner Familie, die ich noch nicht kannte, von seiner Mutter, seiner Tante, seiner Schwester und von jener, die Wolodja und Dubkow als die »Passion« meines Freundes betrachteten und die »Rothaarige« nannten. Über seine Mutter sprach er mit einem gewissen kühlen, feierlichen Lob, als wollte er in dieser Richtung jedem Einwand zuvorkommen; über seine Tante äußerte er sich voller Entzücken, doch nicht ohne Herablassung; über seine Schwester sprach er nur sehr wenig und fast so, als schämte er sich, von ihr zu reden; aber von der »Rothaarigen«, die in Wirklichkeit Sergejewna hieß und ein älteres Mädchen war, das auf Grund verwandtschaftlicher Beziehungen im Nechljudowschen Haus lebte, sprach er mir mit Begeisterung.

»Ja, sie ist ein wunderbares Mädchen«, sagte er; er errötete dabei schamhaft, blickte mir aber mit um so größerer Kühnheit in die Augen. »Sie ist nicht mehr jung – ja, fast alt und durchaus keine Schönheit; aber was ist das auch für eine Dummheit und Sinnlosigkeit, eine Schönheit zu lieben. Ich kann es gar nicht begreifen, so dumm ist es !« Er sagte das, als hätte er soeben eine ganz neue, außerordentliche Wahrheit entdeckt. »Aber so viel Seele, Herz und Charakter ... Ich bin fest davon überzeugt, daß man heutzutage kein zweites derartiges Mädchen auf der Welt findet.« Ich weiß nicht, von wem Dmitrij die Gewohnheit angenommen hatte, zu sagen, daß alles Gute heutzutage auf der Welt selten sei; er wiederholte gern diese Behauptung, die mit ihm verwoben zu sein schien.

»Ich fürchte nur«, fuhr er ruhig fort, nachdem er durch seine Kritik die Dummköpfe, welche eine Schönheit lieben, durch sein Urteil vernichtet hatte, »ich fürchte nur, daß du sie nicht so schnell verstehen und würdigen wirst: sie ist bescheiden, ja verschlossen und liebt es nicht, ihre schönen, herrlichen Eigenschaften zu zeigen. Da ist zum Beispiel meine Mutter, eine ausgezeichnete, gescheite Frau, wie du sehen wirst; sie kennt Ljubow Sergejewna schon seit vielen Jahren, kann und will sie aber nicht recht verstehen. Ich habe sogar gestern ... Ich will dir jetzt auch sagen, warum ich gestern schlechter Laune war, als du mich fragtest! Vorgestern äußerte Ljubow Sergejewna den Wunsch, ich möchte mit ihr zu Iwan Jakowlewitsch fahren. Du hast sicherlich von Iwan Jakowlewitsch gehört, den die Leute für verrückt halten, der in Wirklichkeit aber ein bemerkenswerter Mensch ist. Ljubow Sergejewna ist außerordentlich religiös und hat für Iwan Jakowlewitsch volles Verständnis. Sie fährt oft zu ihm und gibt ihm Geld für die Armen, das sie selbst verdient. Sie ist überhaupt ein wunderbares Mädchen, du wirst es ja sehen. Nun, ich fuhr also mit ihr zu Iwan Jakowlewitsch und bin ihr sehr dankbar dafür, daß ich diesen bemerkenswerten Mann durch sie kennengelernt habe. Meine Mutter aber will das durchaus nicht verstehen; sie hält alles für Aberglauben, und gestern habe ich mit meiner Mutter zum erstenmal in meinem Leben einen Streit gehabt, und zwar einen recht hitzigen Streit«, schloß er mit einer krampfartigen Bewegung des Halses, wie in Erinnerung an das Gefühl, das er bei diesem Streit gehabt hatte.

»Nun, wie denkst du über die Sache? Ich meine, was sind deine Gedanken, wenn du dir ausmalst, was daraus werden soll ... oder wenn ihr beide davon redet, was geschehen wird und welchen Ausgang eure Liebe oder eure Freundschaft haben wird?« fragte ich, um ihn von der unangenehmen Erinnerung abzulenken.

»Du fragst, ob ich sie zu heiraten beabsichtige?« fragte er mich; er errötete von neuem, wandte sich mir zu und schaute mir ins Gesicht.

Wirklich, warum sollten wir nicht davon reden, dachte ich und suchte mich zu beruhigen. Da ist nichts dabei; wir sind erwachsene Menschen und Freunde, fahren im Phaethon und plaudern über unsere Zukunft. Darüber würde sich jeder Unbeteiligte freuen, könnte er uns nur zuhören und uns sehen!

»Warum denn nicht?« fuhr er fort, als er meine Zustimmung sah. »Mein Lebensziel besteht ja wie das eines jeden vernünftigen Menschen darin, so glücklich und gut wie nur möglich zu sein; und mit ihr vereint, sofern sie will, sobald ich vollständig unabhängig bin, werde ich glücklicher und besser werden als mit der größten Schönheit der Welt.«

Über solchen Gesprächen hatten wir weder bemerkt, daß wir schon nahe an Kunzewo herangekommen waren, noch auch, daß der Himmel sich bewölkt hatte und ein Regen drohte. Die Sonne stand zu unserer Rechten schon ziemlich niedrig über den alten Bäumen des Parks von Kunzewo und die Hälfte der leuchtend roten Scheibe war von einer grauen, schwach durchsichtigen Gewitterwolke bedeckt; aus der anderen Hälfte zuckten feurige Strahlen hervor und beschienen auffallend hell die alten Bäume des Parks, deren regungslose, grüne Wipfel sich noch von einem hell leuchtenden, blauen Stück Himmel abhoben. Der Glanz und das Licht dieses Teiles des Himmels bildete einen scharfen Gegensatz zu der violetten, schweren Wolke, die vor uns über dem jungen Birkenwäldchen lagerte, das den Gesichtskreis abschloß.

Etwas weiter nach rechts wurden schon hinter den Büschen und Bäumen die buntfarbigen Dächer der Sommerhäuschen sichtbar, von denen manche die glänzenden Sonnenstrahlen widerspiegelten, während andere den düsteren Charakter der anderen Seite des Himmels angenommen hatten. Links unten lag ein bläulicher, regungsloser Teich, von blaßgrünen Weidenbäumen umgeben, die sich auf seiner matten, scheinbar gewölbten Oberfläche dunkel spiegelten. Jenseits des Teiches dehnte sich auf halber Höhe des Berges ein schwärzliches Brachfeld aus, und die gerade Linie eines hellgrünen Raines, der es durchschnitt, verlor sich in der Ferne, wo er den bleifarbenen, drohenden Horizont berührte. Auf beiden Seiten des weichen Weges, auf dem der Phaethon gleichmäßig dahinschaukelte, stand grüner, saftiger, filzartiger Roggen, der schon hier und da in die Halme schoß. Nichts regte sich in der Luft, die von frischem Duft erfüllt war, und das Grün der Bäume und der Blätter und des Roggens war regungslos, ungewöhnlich rein und hell. Es schien, als lebte jedes Blatt und jedes Gräschen ein Leben für sich, ein reiches, glückliches Leben. Neben dem Fahrweg bemerkte ich einen schwärzlichen Fußpfad, der sich zwischen dunkelgrünem, schon recht hoch stehendem Roggen hinschlängelte, und dieser Fußpfad erinnerte mich, ich weiß nicht wie, außerordentlich an unser Gut und rief mir infolge der Erinnerung an das Gut durch eine seltsame Gedankenverbindung außerordentlich lebhaft Sonetschka ins Gedächtnis, und daß ich in sie verliebt sei.

Bei all meiner Freundschaft für Dmitrij und trotz der Freude, die mir seine Offenheit bereitete, hatte ich keine Lust, mehr über seine Gefühle und Absichten betreffs Ljubow Sergejewnas zu erfahren; dafür wollte ich ihm durchaus etwas von meiner Liebe zu Sonetschka mitteilen, die mir eine Liebe höherer Art zu sein schien. Und doch hinderte mich etwas, ihm so geradeheraus meine Pläne zu erzählen, wie schön es sein würde, wenn ich Sonetschka heiratete und mit ihr auf dem Land lebte, und wie ich kleine Kinder haben würde, die auf der Erde herumkriechen und mich Papa nennen würden, und wie ich mich gar freuen würde, wenn er und seine Frau Ljubow Sergejewna in Reisekleidern bei uns vorgefahren kämen ... Statt dessen sagte ich, auf die untergehende Sonne zeigend: »Dmitrij, schau nur, wie wundervoll!«

Dmitrij sagte nichts, sichtlich unzufrieden damit, daß ich als Antwort auf sein Bekenntnis, das ihm sicherlich sehr schwer gefallen war, seine Aufmerksamkeit auf die Natur lenkte, die ihn sowieso kühl ließ. Die Natur wirkte auf ihn ganz anders als auf mich; sie wirkte auf ihn weniger durch ihre Schönheit als durch ihre Absonderlichkeit; er liebte sie mehr mit dem Verstand als mit dem Gefühl.

»Ich bin sehr glücklich«, sagte ich gleich darauf zu ihm, ohne zu beachten, daß er offenbar mit seinen eigenen Gedanken beschäftigt war und daß ihm das, was ich sagte, völlig gleichgültig war; »ich habe dir, du erinnerst dich doch, von einer jungen Dame gesprochen, in die ich als Kind verliebt war; heute habe ich sie nun wiedergesehen«, fuhr ich begeistert fort, »und jetzt bin ich maßlos in sie verliebt ...«

Nun erzählte ich ihm, obwohl der Ausdruck der Gleichgültigkeit auf seinem Gesicht unverändert blieb, von meiner Liebe und von allen meinen Plänen für mein künftiges Eheglück. Und seltsam, kaum hatte ich angefangen, ausführlich von der ganzen Kraft meines Empfindens zu sprechen, als ich auch schon merkte, wie dieses Gefühl schwächer zu werden begann.

Der Regen ereilte uns, als wir in die Birkenallee einbogen, die zu dem Landhaus führte. Wir wurden aber nicht weiter naß. Daß es regnete, merkte ich daran, daß mir ein paar Tropfen auf die Nase und auf die Hand fielen und daß irgend etwas die jungen Blätter der Birken befeuchtete, die ihre gelockten Zweige regungslos herunterhängen ließen und anscheinend diese reinen, durchsichtigen Tropfen mit wahrer Lust aufnahmen, wie sie in dem starken Duft zum Ausdruck kam, mit dem sie die Allee erfüllten. Wir stiegen aus dem Wagen, um möglichst schnell durch den Park ins Haus zu gelangen. Doch unmittelbar am Eingang des Hauses trafen wir mit vier Damen zusammen, die eiligen Schrittes von der anderen Seite kamen; zwei von ihnen hatten Handarbeiten in den Händen, die dritte ein Buch, die vierte trug ein Hündchen auf dem Arm.

Dmitrij stellte mich sogleich seiner Mutter, seiner Schwester, seiner Tante und Ljubow Sergejewna vor. Einen Augenblick blieben sie stehen, aber der Regen wurde immer heftiger.

»Wir wollen auf die Galerie gehen; da kannst du deinen Freund noch einmal vorstellen«, sagte diejenige, die ich für Dmitrijs Mutter hielt, und wir gingen mit den Damen zusammen die Treppe hinauf.

23. Die Nechljudows

Im ersten Augenblick fiel mir von dieser ganzen Gesellschaft am meisten Ljubow Sergejewna auf, die, mit einem Bologneserhündchen auf dem Arm, hinter allen in dicken, gestrickten Hausschuhen die Treppe hinaufstieg, ein paarmal stehenblieb, sich umwandte, mich aufmerksam betrachtete und dann gleich wieder ihr Hündchen küßte. Sie war sehr häßlich; rothaarig, mager, klein und etwas verwachsen. Was ihr unschönes Gesicht noch unschöner machte, war die sonderbare Frisur mit dem Scheitel auf der Seite: eine jener Frisuren, wie sie Frauen mit dünnem Haarwuchs sich gern ausdenken. Wie sehr ich mich auch meinem Freund zuliebe anstrengte – ich konnte keinen hübschen Zug an ihr entdecken. Sogar ihre braunen Augen waren, obgleich sie einen gutherzigen Ausdruck hatten, klein und matt und gar nicht schön; selbst die Hände, die so bezeichnend für den ganzen Menschen sind, waren zwar nicht groß und nicht übel geformt, aber rot und rauh.

Als ich hinter ihnen die Terrasse betreten hatte, sagte jede der Damen (mit Ausnahme Warenkas, der Schwester Dmitrijs, die mich nur mit ihren großen dunklen Augen aufmerksam betrachtete) ein paar Worte zu mir, bevor sie wieder ihre Arbeit aufnahm; Warenka aber begann laut aus einem Buch vorzulesen, das sie mit eingelegtem Finger auf dem Schoß gehalten hatte.

Die Fürstin Marja Iwanowna war eine große, schlanke Dame von ungefähr vierzig Jahren. Man hätte sie auch für älter halten können nach den halbergrauten Locken, die offen aus ihrer Haube zum Vorschein kamen, aber das frische, außerordentlich zarte, fast faltenlose Gesicht und ganz besonders der lebhaft heitere Glanz der großen Augen ließen sie viel jünger erscheinen. Ihre Augen waren braun und sehr groß, die Lippen schmal und sehr streng, die Nase ziemlich regelmäßig geformt, doch ein wenig nach links gerückt; die Hände groß, fast männlich, mit schönen langen Fingern, an denen keinerlei Ringe zu sehen waren. Ein dunkelblaues, geschlossenes Kleid schmiegte sich fest um ihre jugendlich schlanke Taille, auf die sie offenbar stolz war. Sie saß überaus gerade und nähte an einem Kleid. Als ich auf die Galerie trat, ergriff sie meine Hand, zog mich zu sich heran, als wollte sie mich aus der Nähe betrachten, und sagte mit jenem etwas kühlen offenen Blicke, den auch ihr Sohn an sich hatte, sie kenne mich schon lange aus Dmitrijs Erzählungen und lade mich ein, einige Tage bei ihnen zu bleiben, damit wir miteinander recht bekannt würden. »Tun Sie alles, was Ihnen in den Sinn kommt, ohne sich im geringsten unseretwegen Zwang anzutun, wie auch wir uns Ihretwegen keinen Zwang auferlegen werden. Gehen Sie spazieren, lesen Sie, hören Sie zu oder schlafen Sie, wenn Ihnen das mehr Vergnügen macht«, fügte sie hinzu.

Sofja Iwanowna war ein altes Mädchen und die jüngere Schwester der Fürstin; aber ihrer äußeren Erscheinung nach mußte man sie für älter halten. Sie hatte jene besondere übervolle Gestalt, wie man sie nur bei kleinen, sehr korpulenten alten Jungfern findet, die sich schnüren. Es machte den Eindruck, als drängte ihre ganze Gesundheit mit solcher Kraft nach oben, daß sie jeden Augenblick daran ersticken könnte. Ihre kurzen dicken Ärmchen konnten unterhalb der gebogenen Spitze des Leibchens nicht zusammenkommen, und die ganz fest anliegende Spitze des Leibchens selbst konnte sie nicht mehr sehen.

Obgleich die Fürstin Marja Iwanowna dunkles Haar und blaue Augen, Sofja Iwanowna dagegen blondes Haar und große lebhafte und dabei doch, was eine große Seltenheit ist, ruhige blaue Augen hatte, war eine starke Familienähnlichkeit zwischen den beiden Schwestern nicht zu leugnen: derselbe Ausdruck des Gesichts, dieselbe Nase, dieselben Lippen; nur waren bei Sofja Iwanowna die Nase und die Lippen ein wenig dicker und zogen sich, wenn sie lächelte, nach rechts, während sie sich bei der Fürstin nach links verzogen. Sofja Iwanowna versuchte sich offenbar, nach ihrer Kleidung und nach ihrer Frisur zu urteilen, jung zu machen und würde ihre grauen Locken nicht gezeigt haben, hätte sie solche gehabt. Ihr Blick und die Art, wie sie mir gegenübertrat, kamen mir im ersten Augenblick sehr stolz vor und brachten mich in Verlegenheit, während ich mich der Fürstin gegenüber ganz ungezwungen fühlte. Vielleicht gaben ihr diese Korpulenz und eine gewisse Ähnlichkeit mit dem Porträt der Kaiserin Katharina der Großen, die mir aufgefallen war, in meinen Augen ein stolzes Aussehen; aber ganz aus der Fassung kam ich, als sie mich unverwandt anblickte und sagte: »Die Freunde unserer Freunde sind unsere Freunde.« Erst als sie nach diesen Worten verstummte, den Mund öffnete und einen schweren Seufzer ausstieß, beruhigte ich mich und änderte meine Meinung über sie gänzlich.

Sie hatte, wohl als Folge ihrer Körperfülle, die Angewohnheit, wenn sie ein paar Worte gesprochen hatte, tief zu seufzen, den Mund ein wenig zu öffnen und ihre großen, blauen Augen gen Himmel zu richten. In dieser Gewohnheit kam eine so liebenswürdige Gutmütigkeit zum Ausdruck, daß ich gleich nach diesem Seufzer jegliche Angst vor ihr verlor, ja daß sie mir sogar sehr gefiel. Ihre Augen waren wunderschön, die Stimme wohlklingend und fesselnd, und sogar die sehr rundlichen Linien ihrer Gestalt schienen mir in jener Zeit meines Jünglingsalters der Schönheit nicht zu entbehren.

Erst hatte ich geglaubt, Ljubow Sergejewna müsse mir als die Freundin meines Freundes gleich von vornherein etwas sehr Freundschaftliches und Herzliches sagen, und in der Tat schaute sie mich auch ziemlich lange schweigend an, als ob sie im Zweifel sei, ob das, was sie mir zu sagen beabsichtigte, nicht gar zu freundschaftlich ausfallen würde; aber sie unterbrach dieses Stillschweigen nur, um mich zu fragen, in welcher Fakultät ich sei. Dann schaute sie mich von neuem lange unverwandt an; augenscheinlich schwankte sie, ob sie jene herzlichen, freundschaftlichen Worte sagen sollte oder nicht, und da ich diese Unentschlossenheit bemerkte, bat ich sie durch den Ausdruck meines Gesichts, mir alles zu sagen; aber sie sagte nur: »Es heißt, die jungen Studenten von heute beschäftigten sich nur sehr wenig mit den Wissenschaften«, und rief ihr Hündchen Susette herbei.

Ljubow Sergejewna sprach diesen ganzen Abend über in solchen größtenteils weder zur Sache noch zueinander passenden Sätzen; aber ich glaubte Dmitrij so unverbrüchlich, und er blickte diesen ganzen Abend über bald mich, bald sie mit einem so besorgten Gesichtsausdruck an, der zu fragen schien: »Nun, wie steht's?« – daß ich, wie es häufig vorkommt, in meinem Innersten zwar davon überzeugt war, an Ljubow Sergejewna sei nichts Besonderes, aber noch sehr weit davon entfernt war, diesen Gedanken auch nur mir selbst einzugestehen.

Das letzte Mitglied dieser Familie schließlich, Warenka, war ein sehr üppiges junges Mädchen von etwa sechzehn Jahren.

Schön waren an ihr nur die dunkelgrauen, großen Augen

mit einem Ausdruck, der Heiterkeit und ruhige Aufmerksamkeit vereinigte und außerordentliche Ähnlichkeit mit den Augen der Tante hatten, und ihr dicker, dunkelblonder Zopf sowie die edle, ungewöhnlich zarte Hand.

»Ich glaube, es wird Sie langweilen, Monsieur Nicolas, eine angefangene Geschichte mit anzuhören«, sagte Sofja Iwanowna zu mir mit einem gutmütigen Seufzer und drehte die Teile des Kleides, an dem sie nähte, herum.

»Oder haben Sie ›Rob Roy‹ vielleicht schon gelesen?«

Zu jener Zeit hielt ich es – schon im Hinblick auf die Studentenuniform – für meine Pflicht, mir wenig bekannten Leuten selbst auf die einfachste Frage unter allen Umständen höchst »geistreich und originell« zu antworten, und hielt kurze, klare Antworten wie: »Ja, nein, langweilig, unterhaltend«, für die größte Schande. Mit einem Blick auf meine modernen Beinkleider und auf meine glänzenden Rockknöpfe, antwortete ich, daß ich »Rob Roy« nicht gelesen hätte, wohl aber gern zuhören würde, weil ich überhaupt Bücher lieber von der Mitte, als vom Anfang an läse.

»Es ist doppelt so interessant: man sucht sowohl das, was schon dagewesen ist, zu erraten als auch das, was noch kommt«, fügte ich hinzu und lächelte selbstgefällig.

Die Fürstin lachte recht unnatürlich; erst in der Folgezeit nahm ich wahr, daß sie ein anderes Lachen überhaupt nicht hatte.

»Das mag wohl richtig sein«, sagte sie. »Übrigens, Nicolas, werden Sie noch lange in Moskau bleiben? Sie nehmen es doch nicht übel, daß ich das ›Monsieur‹ weglasse? Wann reisen Sie?«

»Ich weiß es nicht, vielleicht morgen; vielleicht bleiben wir aber noch ziemlich lange hier«, gab ich, ich weiß nicht warum, zur Antwort, denn unsere Abreise war auf den folgenden Tag festgesetzt.

»Ich hätte gewünscht, daß Sie noch hier blieben, sowohl um Ihretwillen, als auch um meines Dmitrij willen«, bemerkte die Fürstin und blickte dabei irgendwohin in die Ferne. »In Ihren Jahren ist es etwas Herrliches um die Freundschaft.«

Ich fühlte, daß alle auf mich schauten und darauf warteten, was ich sagen werde, obgleich Warenka so tat, als besähe sie die Näharbeit der Tante; ich fühlte, daß ich einer Art Prüfung unterzogen wurde und daß ich mich von einer möglichst günstigen Seite zeigen müßte.

»Freilich«, antwortete ich, »für mich ist Dmitrijs Freundschaft nützlich; aber ich kann ihm nicht nützlich sein, denn er ist tausendmal besser als ich.« Dmitrij konnte nicht hören, was ich sagte; sonst hätte ich fürchten müssen, daß ihm die Unaufrichtigkeit meiner Worte nicht entgangen wäre.

Die Fürstin lachte noch einmal mit jenem unnatürlich klingenden Lachen, das bei ihr natürlich war.

»Ja, aber wenn man ihn hört«, sagte sie, »c'est vous, qui êtes un petit monstre de perfection.«

Monstre de perfection, das ist ausgezeichnet; das muß ich mir merken, dachte ich.

»Übrigens ist er, um von Ihnen einmal abzusehen, auf diesem Gebiet ein Meister«, fuhr sie mit leiser Stimme fort, was mir besonders angenehm war, und wies dabei mit den Augen auf Ljubow Sergejewna.

»Er hat in dem armen Tantchen« – so wurde Ljubow Sergejewna bei ihnen genannt – »die ich seit zwanzig Jahren mit ihrer Susette kenne, Vollkommenheiten entdeckt, von denen ich keine Ahnung hatte … Warja, laß mir doch ein Glas Wasser bringen!« fügte sie hinzu und richtete ihren Blick von neuem in die Weite. Sie mochte finden, daß es noch zu früh oder überhaupt nicht nötig sei, mich in die Familienverhältnisse einzuweihen.

»Oder nein, es ist besser, er geht selber. Er hat ja nichts zu tun. Du aber lies weiter. Gehen Sie, mein Freund, durch die Türe geradeaus, und wenn Sie fünfzehn Schritte gegangen sind, bleiben Sie bitte stehen und sagen mit lauter Stimme: ›Pjotr, bring Marja Iwanowna ein Glas Wasser mit Eis‹«, sagte sie zu mir und lachte wieder in jener unnatürlich scheinenden Weise.

Sicher will sie über mich reden, dachte ich beim Hinausgehen, sicher will sie sagen, sie habe bemerkt, daß ich ein sehr,

sehr gescheiter, junger Mensch sei. Ich hatte die fünfzehn Schritte noch nicht zurückgelegt, als mich die dicke Sofja Iwanowna außer Atem, aber mit schnellen, leichten Schritten, einholte.

»Merci, mon cher«, sagte sie. »Ich will selber hingehen und es sagen.«

24. Die Liebe

Sofja Iwanowna, wie ich sie später kennenlernte, war eine jener seltenen Frauen, die für das Familienleben geboren sind, denen aber das Schicksal dieses Glück versagt und die sich infolgedessen auf einmal entschließen, den ganzen Vorrat an Liebe, der in ihrem Herzen so lange für ihren Gatten und ihre Kinder bereitgelegen hat und ständig gewachsen ist, über einige Auserwählte zu ergießen. Und dieser Vorrat pflegt bei solchen alten Jungfern so unerschöpflich zu sein, daß selbst bei zahlreichen Auserwählten immer noch viel Liebe übrigbleibt, die sie dann über ihre ganze Umgebung, über die Guten und über die Bösen, ergießen, mit denen das Leben sie zusammenführt.

Es gibt drei Arten von Liebe:

1. die schöne Liebe,
2. die selbstaufopfernde Liebe und
3. die tätige Liebe.

Ich rede nicht von der Liebe eines jungen Mannes zu einem jungen Mädchen; ich fürchte diese Zärtlichkeiten; ich war so unglücklich im Leben, daß ich in dieser Art von Liebe niemals einen Funken Wahrheit gesehen habe, sondern nur Lüge, in welcher die Sinnlichkeit, die ehelichen Beziehungen, das Geld, der Wunsch, sich die Hände zu binden oder freizumachen, derartig das Gefühl selbst verwirrten, daß nichts mehr klar zu erkennen war. Ich rede von der Liebe zu dem Menschen, die sich je nach der größeren oder kleineren Kraft der Seele auf ein oder mehrere Einzelwesen konzentriert oder sich über viele ergießt, von der Liebe zur Mutter, zum Vater, zum Bruder, zu den Kindern, zum Kameraden, zum Freunde, zum Landsmann, von der Liebe zum Menschen.

Die *schöne* Liebe besteht in der Liebe der Schönheit des Gefühls und seines Ausdrucks. Für Menschen, die in dieser Weise lieben, ist der geliebte Gegenstand nur insofern liebenswert, als er jenes angenehme Gefühl wachruft, dessen sich bewußt zu sein und das zum Ausdruck zu bringen ihnen ein Genuß ist. Menschen, die mit dieser schönen Liebe lieben, kümmern sich sehr wenig um Gegenseitigkeiten, da dieser Umstand keinerlei Einfluß auf die Schönheit und Annehmlichkeit des Gefühls hat; den Gegenstand ihrer Liebe wechseln sie häufig, da ihr Hauptziel nur darin besteht, das angenehme Gefühl der Liebe immer wach zu halten. Um dieses angenehme Gefühl in sich lebendig zu erhalten, reden sie von ihrer Liebe beständig in den gewähltesten Ausdrücken, sowohl vor dem geliebten Gegenstand selbst als auch vor allen denen, die mit dieser Liebe nichts zu schaffen haben. In unserem Vaterland erzählen die Angehörigen einer gewissen Gesellschaftsklasse, wenn sie »schön« lieben, nicht nur allen Leuten von ihrer Liebe, sondern bedienen sich dazu auch unbedingt der französischen Sprache; so lächerlich und seltsam es klingt, so bin ich doch davon überzeugt, daß es sehr viele Angehörige einer gewissen Gesellschaftsklasse, namentlich Frauen, gegeben hat und noch jetzt gibt, deren Liebe zu ihren Freunden, zu ihren Männern, zu ihren Kindern alsbald verschwinden würde, wenn man ihnen verböte, von ihr in französischen Ausdrücken zu sprechen.

Die zweite Art der Liebe, die *selbstaufopfernde* Liebe, besteht in der Liebe zu dem Prozeß der Selbstaufopferung für das geliebte Wesen, ohne daß man sich darum kümmert, ob es ihm infolge dieser Opfer besser oder schlechter geht. »Es gibt keine Unannehmlichkeit, die ich nicht bereit wäre, mir selbst zuzufügen, um der ganzen Welt und *ihm* oder *ihr* meine ganze Hingebung zu beweisen.« Das ist die Formel dieser Art von Liebe; Menschen, die in dieser Weise lieben, glauben niemals an Gegenseitigkeit (denn es gilt mehr, wenn ich mich für jemanden aufopfere, der mich nicht versteht); sie sind immer kränklich, was gleichfalls den Wert der dargebrachten Opfer erhöht; sie sind meist beständig, denn es würde sie bedrücken, um das Verdienst der Opfer zu kommen, die sie dem geliebten Gegenstand gebracht haben; sie sind immer bereit, zu sterben, um ihm oder ihr ihre ganze Hingebung zu beweisen; aber sie vernachlässigen die kleinen, alltäglichen Beweise der Liebe, zu denen keine besonderen Ausbrüche der Selbstverleugnung erforderlich sind. Es ist ihnen ganz gleichgültig, ob du gut gegessen, ob du gut geschlafen hast, ob du vergnügt und ob du gesund bist, und sie tun nichts, um dir diese Annehmlichkeiten zu verschaffen, auch wenn es in ihrer Macht steht; aber einer Kugel, die dir gilt, mit ihrem Leib den Weg zu verlegen, sich für dich ins Wasser oder ins Feuer zu stürzen, vor Liebe dahinzusiechen, dazu sind sie jederzeit bereit, sobald sich dazu eine Gelegenheit bietet. Außerdem sind Menschen, die zur selbstaufopfernden Liebe neigen, immer stolz auf ihre Liebe, anspruchsvoll, eifersüchtig, mißtrauisch und wünschen, so seltsam es auch klingt, dem Gegenstand ihrer Liebe sogar Gefahren – um ihn dann von dem Unglück zu befreien, ihn zu trösten; ja, sie wünschen ihm sogar Laster, um ihn von diesen zu befreien.

Du lebst allein auf dem Land mit deiner Frau, die dich liebt. Du bist gesund und zufrieden, du hast eine Tätigkeit, die du liebst – deine liebende Gattin aber ist so schwach, daß sie sich weder mit der Hauswirtschaft beschäftigen kann, die in den Händen der Dienstboten liegt, noch mit den Kindern, die den Wärterinnen überlassen bleiben, noch überhaupt mit etwas, was sie liebhätte; denn sie hat nichts lieb als dich. Sie ist sichtlich krank; aber um dich nicht zu betrüben, will sie es dir nicht sagen. Sie langweilt sich sichtlich; aber um deinetwillen ist sie bereit, sich ihr Leben lang zu langweilen. Es nimmt sie offenbar sehr mit, daß du so unablässig deine Tätigkeit ausübst, welcherart sie auch immer sein mag: die Jagd, die Bücher, die Landwirtschaft, der Dienst; sie sieht, daß diese Tätigkeit dich zugrunde richtet; aber sie schweigt und duldet. Aber plötzlich wirst du krank. Jetzt vergißt deine liebende Gattin ihre eigene Krankheit und sitzt trotz deiner Bitten, sie möchte sich doch nicht unnötigerweise abquälen, unentwegt an deinem Bett, und du fühlst jede Sekunde ihren auf dich gerichteten, mitleidigen Blick, der besagt: Nun ja, ich habe es dir ja gleich gesagt; aber mir macht es nichts aus, ich lasse dich dennoch nicht im Stich. Am Morgen fühlst du dich ein bißchen besser; du gehst in ein anderes Zimmer; das Zimmer ist nicht geheizt und nicht aufgeräumt, die Suppe, das einzige, was du essen darfst, ist dem Koch nicht aufgetragen worden; die Arznei ist nicht aus der Apotheke geholt; aber deine vom Nachtwachen erschöpfte, liebende Gattin sieht dich immer mit demselben mitleidigen Blick an, geht auf den Fußspitzen und erteilt flüsternd den Dienstboten ungewöhnliche und unklare Befehle. Du möchtest lesen, deine liebende Gattin sagt seufzend, sie wisse schon, daß du ihr nicht folgen, sondern nur auf sie ärgerlich sein würdest, aber daran sei sie schon gewöhnt; für dich sei es besser, wenn du das nicht tätest. Du möchtest mit einem Freund plaudern, der zu Besuch gekommen ist – für dich ist es besser, nicht mit ihm zu plaudern. Du hast in der Nacht wieder Fieber und möchtest alles um dich vergessen; aber deine liebende Gattin sitzt mager und blaß und hin und wieder seufzend im halben Licht der Nachtlampe dir gegenüber in einem Lehnstuhl und ruft bei dir durch die geringste Bewegung und durch das geringste Geräusch ein Gefühl des Ärgers und der Ungeduld hervor. Du hast einen Diener, mit dem du schon zwanzig Jahre zusammen lebst, an den du gewöhnt bist und der dich mit Vergnügen und ausgezeichnet bedient, weil er sich tagsüber ausgeschlafen hat und für seine Dienste sein Gehalt bekommt; aber sie erlaubt ihm nicht, dich zu bedienen. Sie tut alles selbst mit ihren schwachen, ungeübten Fingern, deren Bewegungen du nur mit verhaltenem Ingrimm folgen kannst: wie diese weißen Finger vergeblich versuchen, eine Flasche zu öffnen, die Kerze auslöschen oder die Arznei verschütten oder dich ängstlich berühren. Wenn du ein ungeduldiger, hitziger Mensch bist und sie bittest hinauszugehen, vernimmst du mit deinem krankhaft gereizten Gehör, wie sie draußen vor der Tür ergebungsvoll seufzt und weint und deinem Diener irgendwelchen Unsinn zuflüstert. Und wenn du nicht stirbst, wird deine liebende Gattin, die während deiner Krankheit zwanzig Nächte hindurch nicht geschlafen hat (was sie dir unaufhörlich wiederholt), schließlich krank, siecht dahin, leidet schwer, wird immer weniger zu irgendwelcher Tätigkeit fähig und zur Zeit, wo dein Gesundheitszustand wieder normal ist, drückt sich ihre aufopfernde Liebe nur durch eine sanfte Traurigkeit aus, die sich unwillkürlich dir und der ganzen Umgebung mitteilt.

Die dritte Art, die *tätige* Liebe, besteht in dem Bemühen, alle Bedürfnisse, alle Wünsche und Launen, ja sogar die Laster des geliebten Wesens zu befriedigen. Menschen, die so lieben, lieben für das ganze Leben; denn je mehr sie lieben, um so genauer lernen sie den Gegenstand ihrer Liebe kennen, und um so leichter wird es ihnen, ihn zu lieben, das heißt, seine Wünsche zu befriedigen. Ihre Liebe drückt sich nur selten in Worten aus, und wenn dies doch einmal geschieht, geschieht es ohne Selbstzufriedenheit und ohne schöne Formen, vielmehr schamhaft und ungeschickt, weil sie immer fürchten, nicht genug zu lieben. Diese Menschen lieben sogar die Laster des geliebten Wesens, weil diese Laster ihnen die Möglichkeit geben, noch neue Wünsche zu befriedigen. Sie suchen Gegenliebe, wobei sie sich sogar selbst belügen, glauben daran und sind glücklich, wenn sie ihnen zuteil wird. Aber selbst, wenn das nicht eintritt, lieben sie immer in gleicher Weise weiter und wünschen nicht nur das Glück des Wesens, das sie lieben, sondern bemühen sich auch ständig, mit allen geistigen und materiellen, großen und kleinen Mitteln, die sich in ihrer Macht befinden, ihm dieses Glück zu verschaffen.

Und gerade diese tätige Liebe zu ihrem Neffen, zu ihrer Nichte, zu ihrer Schwester, zu Ljubow Sergejewna, ja sogar zu mir, eben weil Dmitrij mich liebte, diese Liebe war es, die in Sofja Iwanownas Augen glänzte und aus jedem ihrer Worte, aus jeder ihrer Bewegungen zu erkennen war. Voll würdigen lernte ich Sofja Iwanowna erst viel später; aber schon damals stellte ich mir die Frage: Wie war es möglich, daß sich Dmitrij, der sich doch bemühte, die Liebe ganz anders aufzufassen, als es junge Leute gewöhnlich tun, und der immer die gute, liebende Sofja Iwanowna vor Augen hatte, sich auf einmal leidenschaftlich in die unbegreifliche Ljubow Sergejewna verliebte, während er betreffs seiner Tante sich darauf beschränkte zuzugeben, daß auch sie gute Eigenschaften besaß? Offenbar ist der Ausspruch richtig: »Der Prophet gilt nichts in seinem Vaterland.« Eines von beiden muß der Fall sein: entweder lebt wirklich in jedem Menschen mehr Schlechtes als Gutes, oder der Mensch ist für das Schlechte aufnahmefähiger als für das Gute. Ljubow Sergejewna kannte er noch nicht lange, aber die Liebe seiner Tante hatte er vom ersten Tag seines Lebens an erfahren.

25. Nähere Bekanntschaft

Als ich auf die Galerie zurückkehrte, wurde dort keineswegs von mir gesprochen, wie ich angenommen hatte; aber Warenka las nicht mehr vor, sondern hatte das Buch beiseitegelegt und stritt sich heftig mit Dmitrij, der im Zimmer hin und her ging, durch heftige Bewegungen des Halses seine Halsbinde zurechtschob und die Augenbrauen finster zusammenzog. Der Streit schien sich um Iwan Jakowlewitsch und den Aberglauben zu drehen; aber er war andererseits doch so hitzig, daß man annehmen mußte, daß sein tieferer Sinn ein anderer, der ganzen Familie näherliegender sei. Die Fürstin und Ljubow Sergejewna saßen schweigend da und lauschten auf jedes Wort; hin und wieder wollten sie anscheinend in den Streit eingreifen, hielten sich aber zurück und ließen für sich Warenka beziehungsweise Dmitrij sprechen. Als ich eintrat, sah mich Warenka so gleichgültig an, daß mir sofort klar wurde, der Streit beschäftigte sie stark, und es machte ihr gar nichts aus, ob ich das, was sie sprach, anhörte oder nicht. Den gleichen Ausdruck hatte der Blick der Fürstin, die offenbar auf Warenkas Seite stand. Dmitrij aber wurde in meiner Gegenwart noch erregter, und Ljubow Sergejewna schien durch meinen Eintritt sehr in Verwirrung zu geraten; ohne sich an irgendwen im besonderen zu wenden, sagte sie: »Die alten Leute haben ganz recht: si jeunesse savait, si vieillesse pouvait.«

Doch dieser Ausspruch erledigte den Streit nicht, sondern brachte mich nur auf den Gedanken, daß die von Ljubow Sergejewna und meinem Freund dargestellte Partei im Unrecht sei. Obgleich es mir peinlich war, bei einem kleinen Familienzwist zugegen zu sein, war es mir andererseits doch angenehm, die wahren, wechselseitigen Beziehungen dieser Familie, die durch den Streit ans Licht kamen, kennenzulernen und zu fühlen, daß meine Gegenwart die Familienmitglieder nicht hinderte sich auszusprechen.

Wie häufig erlebt man es doch, daß man jahrelang eine Familie durch den immer gleich lügenhaften Schleier des Anstandes sieht und die wahren, wechselseitigen Beziehungen ihrer Mitglieder ein Geheimnis bleiben! Ich habe sogar die Erfahrung gemacht: je undurchdringlicher und schöner dieser Schleier ist, um so unschöner pflegen die wahren, verborgenen Beziehungen zu sein. Aber dann geschieht es ganz unerwartet, daß in diesem Familienkreis irgendeine, manchmal bedeutungslose Meinungsverschiedenheit über ein Kleidungsstück, einen Besuch oder die Pferde des Mannes entsteht – und ohne jede sichtbare Ursache wird der Streit immer hitziger, unter dem Schleier ist es schon zu eng, um die Sache zu erledigen –, dann dringen plötzlich zum Entsetzen der Streitenden und zum Erstaunen der Anwesenden die wahren, häßlichen Beziehungen hervor; der Schleier, der nun nichts mehr zu verbergen hat, flattert vergebens zwischen den kämpfenden Parteien und erinnert einen nur daran, wie lange man sich von ihm hat täuschen lassen. Oft ist es nicht so schmerzhaft, wenn man mit voller Wucht mit dem Kopf gegen einen Türpfosten stößt, als wenn man an einer kranken, wunden Stelle des Körpers nur ganz leicht, ganz leise berührt wird. Und eine solche, empfindliche, kranke Stelle gibt es fast in jeder Familie. In der Familie Nechljudow war dieser wunde Punkt die sonderbare Liebe Dmitrijs zu Ljubow Sergejewna, eine Neigung, die bei der Schwester und der Mutter, wenn auch nicht die Empfindung des Neides, so doch die des gestörten Verwandtschaftsgefühls hervorrief. So kam es, daß auch der Streit über Iwan Jakowlewitsch und den Aberglauben für sie alle eine so ernste Bedeutung hatte.

»Du willst immer in dem, worüber andere lachen und was alle verachten, etwas ganz Besonderes sehen«, sagte Warenka mit ihrer tönenden Stimme, jeden Laut deutlich aussprechend. »Du willst durchaus in solchen Dingen etwas Gutes finden.«

»Erstens kann nur ein ganz leichtfertiger Mensch verächtlich über einen so bemerkenswerten Mann wie Iwan Jakowlewitsch reden«, antwortete Dmitrij und zuckte krampfhaft mit dem Kopf nach der seiner Schwester entgegengesetzten Seite. »Und zweitens willst gerade *du* das Gute, das du vor Augen hast, nicht sehen.«

Sofja Iwanowna, die zu uns zurückgekommen war, blickte erschrocken bald ihren Neffen, bald mich an, öffnete ein paarmal den Mund, als ob sie in Gedanken etwas sagte, und seufzte dann schwer.

»Warja, bitte, lies doch schnell weiter vor!« sagte sie, reichte ihr das Buch hin und klopfte ihr freundlich auf die Hand; »ich muß wissen, ob er sie wiedergefunden hat.« Ich glaube, in dem Roman war überhaupt nicht die Rede davon, daß einer eine andere wiederfand. »Du aber, Mitja, solltest dir lieber die Wange einbinden, mein Freund; es ist kühl, und du wirst sonst wieder Zahnschmerzen bekommen«, sagte sie zu ihrem Neffen, ohne des ärgerlichen Blickes zu achten, den ihr dieser deshalb zuwarf, weil sie den logischen Faden seines Gedankenganges zerrissen hatte. Man las weiter.

Dieser kleine Zwist beeinträchtigte in keiner Weise den Familienfrieden und die verständige Harmonie, die von diesem Frauenkreis ausstrahlte.

Dieser Kreis, dem offenbar die Fürstin Marja Iwanowna Richtung und Wesensart gab, hatte für mich den völlig neuen und anziehenden Charakter einer gewissen Logik und damit zugleich des Einfachen und Reizvollen. Dieser Charakter kam für mich in vielen Dingen zum Ausdruck: in der Schönheit,

Sauberkeit und einfachen Gediegenheit der Sachen, zum Beispiel der Klingel, des Bucheinbandes, des Sessels, des Tisches; in der geraden, durch das Korsett gestützten Körperhaltung der Fürstin, in dem unbekümmerten Zeigen der grauen Locken; in der Art, wie ich gleich beim ersten Zusammensein einfach »Nicolas« und »er« genannt wurde; in ihren Beschäftigungen, im Vorlesen, in dem Nähen der eigenen Kleider und in der ungewöhnlichen Weiße der Frauenhände. Sie alle wiesen in ihren Händen eine gemeinsame Familieneigentümlichkeit auf: das Fleisch der inneren Hand war nämlich von roter Farbe und durch eine scharfe, gerade Linie von der auffallenden Weiße des Handrückens getrennt. Am allermeisten aber kam der Familiencharakter bei ihnen allen in der vorzüglichen Art zum Ausdruck, in der sie russisch und französisch sprachen: Jeder Laut wurde deutlich ausgesprochen, jedes Wort und jeder Satz mit peinlicher Genauigkeit zu Ende gebracht. Alles dies und besonders, daß man in dieser Gesellschaft einfach und ernsthaft wie mit einem Erwachsenen mit mir sprach, mich Einblick tun ließ in das, was sie selbst dachten, und andererseits anhörte, was ich sagte (ich war daran so wenig gewöhnt, daß ich trotz der glänzenden Knöpfe und des blauen Kragens ständig fürchtete, die Leute könnten plötzlich zu mir sagen: Bilden Sie sich denn wirklich ein, daß wir Sie ernst nehmen? Gehen Sie hin, und setzen Sie sich lieber auf Ihre Schulbank!); alles dies bewirkte, daß ich in dieser Gesellschaft nicht die geringste Schüchternheit verspürte. Ich stand auf, setzte mich von einem Platz auf den anderen und sprach kühn mit allen, ausgenommen Warenka, mit der gleich das erstemal zu sprechen mir ungehörig, ja gewissermaßen verboten vorkam.

Während sie vorlas und ich ihrer angenehmen, tönenden Stimme lauschte, blickte ich bald nach ihr, bald nach dem mit Sand bestreuten Gartenpfad, auf dem sich runde, dunkle Regenflecke gebildet hatten, und nach den Linden, auf deren Blätter noch immer vereinzelte Regentropfen aus dem weißen, bläulich durchleuchteten Rand der Wolke herniederträufelten, die uns überrascht hatte, dann wieder nach ihr, dann nach den letzten purpurnen Strahlen der untergehenden Sonne, die die regenfeuchten, dichten alten Birken beschien, und dann wieder nach Warenka – und ich dachte bei mir, daß sie überhaupt nicht häßlich sei, wie es mir anfänglich vorgekommen war.

Schade, daß ich schon verliebt bin, dachte ich, und daß Warenka nicht Sonetschka ist; wie schön wäre es, wenn ich plötzlich ein Mitglied dieser Familie würde: sogleich hätte ich dann eine Mutter, eine Tante und eine Frau. In demselben Augenblick, in dem ich das dachte, richtete ich meinen Blick unverwandt auf die vorlesende Warenka, um sie zu hypnotisieren, damit sie mich anblicken müßte. Warenka hob den Kopf, blickte mich an und wandte sich, als unsere Augen einander trafen, wieder von mir ab.

»Der Regen will gar nicht aufhören, scheint es«, sagte sie.

Und da hatte ich plötzlich eine seltsame Empfindung: ich erinnerte mich, daß alles, was jetzt mit mir vorging, eine Wiederholung dessen war, was schon einmal mit mir vorgegangen war: daß auch damals ganz genauso ein leiser Regen herabrieselte und die Sonne hinter Birken unterging und ich nach »ihr« hinblickte und sie las und ich sie hypnotisierte und sie die Augen erhob; und ich erinnerte mich sogar, daß sich das noch einmal in früherer Zeit begeben hatte.

Ist sie wirklich »sie« und »fängt es jetzt an?« dachte ich. Aber ich entschied mich schnell dahin, daß sie nicht »sie« sei, und daß es noch nicht »anfange«. Erstens ist sie nicht schön, dachte ich; sie ist eben einfach eine junge Dame wie andere auch, und ich bin mit ihr auf die gewöhnlichste Weise von der Welt bekannt geworden; die Richtige aber wird ein Wesen ganz besonderer Art sein, und ich werde mit ihr an irgendeinem ungewöhnlichen Ort zusammentreffen; und ferner gefällt mir diese Familie nur deswegen so, weil ich noch nichts von der Welt gesehen habe (so urteilte ich); solche wie sie aber finden sich gewiß immer und überall, und ich werde ihrer noch sehr viele in meinem Leben kennenlernen.

Während des Tees wurde nicht vorgelesen, und die Damen unterhielten sich untereinander über Personen und Verhältnisse, die mir unbekannt waren, und zwar taten sie es, wie mir schien, nur um mich trotz der freundlichen Aufnahme doch den Unterschied empfinden zu lassen, der zwischen mir und ihnen in den Jahren und in der gesellschaftlichen Stellung bestand. In der allgemeinen Unterhaltung aber, an der ich mich beteiligen konnte, war ich bemüht, mein vorhergehendes Stillschweigen auszugleichen und meinen ungewöhnlichen Verstand sowie meine Originalität ins rechte Licht zu setzen, wozu ich mich besonders durch meine Uniform verpflichtet fühlte. Als das Gespräch auf Sommerwohnungen kam, erzählte ich plötzlich, daß Fürst Iwan Iwanowitsch bei Moskau ein derart schönes Landhaus besitze, daß die Leute aus London und Paris hinkämen, um es anzustaunen; es sei da ein Gitter, das dreihundertundachtzigtausend Rubel gekostet habe; und Fürst Iwan Iwanowitsch sei ein sehr naher Verwandter von mir, und ich hätte heute bei ihm zu Mittag gegessen, und er habe mich eingeladen, den ganzen Sommer mit ihm in diesem Landhaus zu verleben; ich hätte es jedoch abgelehnt, weil mir das Landhaus von wiederholten früheren Besuchen her nur zu gut bekannt sei und alle diese Gitter und Brücken für mich nichts Bemerkenswertes an sich hätten; denn ich könnte Luxus nicht ausstehen, am allerwenigsten auf dem Land; auf dem Land müßte es nun einmal ganz wie auf dem Land sein ... Nachdem ich dieses ungeheuerliche Lügengewebe vorgebracht hatte, geriet ich in Verlegenheit und wurde ganz rot, so daß wohl alle merkten, daß ich gelogen hatte. Warenka, die mir gerade in diesem Augenblick eine Tasse Tee reichte, und Sofja Iwanowna, die mich, während ich sprach, betrachtet hatte, wandten sich beide von mir ab und begannen von etwas anderem zu reden – und mit einem Gesichtsausdruck, dem ich später oft bei gutmütigen Menschen begegnet bin, wenn ein sehr junger Mensch anfängt, ihnen offenbar ins Gesicht zu lügen, und der besagt:

Wir wissen ja, daß er lügt; warum tut er es nur, der Bedauernswerte! ...

Wenn ich erzählt hatte, daß Fürst Iwan Iwanowitsch ein Landhaus besitze, hatte ich es deswegen getan, weil ich keinen besseren Anknüpfungspunkt fand, um anzubringen, daß ich mit ihm verwandt sei und heute bei ihm zu Mittag gegessen habe; aber weshalb ich von dem Gitter erzählte, das dreihundertachtzigtausend Rubel gekostet habe, und daß ich so oft bei ihm in dem Landhaus gewesen sei, während ich doch kein einziges Mal bei ihm gewesen war und auch gar nicht bei ihm gewesen sein konnte, da er nur in Moskau oder in Neapel lebte, was Nechljudows sehr wohl wußten – wozu ich das gesagt hatte, darüber kann ich mir keine Rechenschaft ablegen. Weder in meiner Kindheit noch in meinen Knabenjahren, noch im reiferen Alter habe ich an mir das Laster der Lüge wahrgenommen: im Gegenteil, ich war eher zu aufrichtig und offen; aber in diesem ersten Abschnitt meiner Jünglingszeit kam oft ein sonderbares Verlangen über mich, ohne jeden sichtbaren Grund in der verzweifeltsten Art und Weise zu lügen. Ich sage ausdrücklich: in der verzweifeltsten Art und Weise, weil ich gerade bei solchen Dingen log, bei denen man mich auf das leichteste ertappen konnte. Ich glaube, daß der eitle Wunsch, sich für einen ganz anderen Menschen auszugeben, als man wirklich ist, vereint mit der im Leben nie in Erfüllung gehenden Hoffnung zu lügen, ohne bei der Lüge ertappt zu werden, die Hauptursache dieser seltsamen Neigung war.

Nach dem Tee machte die Fürstin, da der Regen aufgehört hatte und mit der Abendröte stilles, klares Wetter gekommen war, den Vorschlag, einen Spaziergang in den unteren Teil des Parkes zu unternehmen und den Anblick ihres Lieblingsplätzchens zu genießen. In Befolgung meines Grundsatzes, stets originell zu sein, und in der Meinung, daß so gescheite Leute wie die Fürstin und ich über die banale Höflichkeit erhaben sein müßten, erwiderte ich, daß es mir widerlich sei, wenn man so ohne jeden Zweck spazierengehe; und wenn ich schon einmal Lust hätte spazierenzugehen, so müßte ich dabei ganz allein sein. Ich bedachte gar nicht, daß das einfach grob war; aber mir schien es damals, daß es – ebenso wie es nichts Schmählicheres als törichte Komplimente gibt – nichts Lieblicheres und Originelleres als eine gewisse unhöfliche Offenheit gebe. Trotzdem ging ich, höchst zufrieden mit meiner Antwort, mit der ganzen Gesellschaft spazieren.

Das Lieblingsplätzchen der Fürstin befand sich ganz unten im einsamsten Teil des Parkes bei einer kleinen Brücke, die über einen schmalen Sumpf führte. Die Aussicht war sehr beschränkt, aber sehr anmutig und zum Nachdenken einladend. Wir sind so gewohnt, die Kunst mit der Natur zu verwechseln, daß uns sehr häufig solche Erscheinungen der Natur, die uns niemals in der Malerei begegnet sind, unnatürlich anmuten, als ob die Natur unnatürlich sein könnte; und umgekehrt kommen uns solche Erscheinungen, die sich gar zu oft in der Malerei wiederholen, abgenutzt vor; andererseits aber halten wir in der Wirklichkeit uns begegnende Landschaften, die gar zu sehr von einem einzigen Gedanken und Gefühl durchdrungen sind, für gekünstelt. Die Landschaft, die man von dem Lieblingsplätzchen der Fürstin aus sah, war von dieser Art. Da war ein kleiner, an den Rändern mit Schilf bewachsener Teich, gleich am jenseitigen Ufer ein steilaufsteigender Berg von gewaltigen alten Bäumen und Sträuchern bedeckt, die ihr verschiedenfarbiges Grün bunt durcheinandermengten, und eine am Fuß des Berges stehende, über den Teich geneigte alte Birke, die sich mit einem Teil ihrer dicken Wurzeln in dem feuchten Ufer des Teiches festhielt, sich mit ihrem Wipfel an eine hohe schlanke Esche lehnte und ihre gelockten Zweige über die glatte Oberfläche des Teiches hängen ließ, der diese hängenden Zweige und das ganze grüne Laubwerk ringsum widerspiegelte.

»Wie schön!« sagte die Fürstin, mit dem Kopf nickend, ohne sich an einen von uns im besonderen zu wenden.

»In der Tat, es ist wunderschön; nur hat das Ganze, wie mir scheint, eine fatale Ähnlichkeit mit einer Theaterdekoration«, sagte ich, um zu zeigen, daß ich über alles eine eigene Meinung hatte.

Doch die Fürstin fuhr fort, gleichsam als hätte sie meine Bemerkung nicht gehört, das Landschaftsbild zu betrachten, deutete, sich an ihre Schwester und an Ljubow Sergejewna wendend, auf Einzelheiten hin und wies auf einen krummen, herniederhängenden Ast und sein Spiegelbild, das ihr vornehmlich gefiel. Sofja Iwanowna sagte, dies alles sei sehr schön, und ihre Schwester verbringe hier oft ganze Stunden; aber man fühlte, daß sie das alles nur der Fürstin zu Gefallen sagte. Ich habe beobachtet, daß Menschen, die mit der Fähigkeit zu lieben begabt sind, selten für die Schönheit der Natur empfänglich sind. Ljubow Sergejewna war auch begeistert, sie fragte unter anderem: »Womit hält sich diese Birke? Wird sie noch lange stehen können?« und blickte fortwährend nach ihrer Susette hin, die mit dem buschigen Schwanz wedelte und geschäftig auf der Brücke mit ihren krummen Beinchen hin und her lief, als wäre es das erstemal in ihrem Leben, daß sie nicht im Zimmer sei. Dmitrij führte mit seiner Mutter eine höchst logische Auseinandersetzung darüber, daß eine Landschaft mit beschränktem Horizont unter keinen Umständen schön sein könne. Warenka sagte nichts. Als ich mich nach ihr umschaute, stand sie, an das Brückengeländer gelehnt, im Profil zu mir und blickte gerade vor sich hin; irgend etwas mochte sie wohl stark beschäftigen, ja rühren, denn sie hatte offenbar alles um sich vergessen und dachte weder an sich noch daran, daß jemand sie beobachtete. In dem Ausdruck der großen Augen lag so viel feste Aufmerksamkeit und ruhiges, klares Denken, in ihrer Haltung so viel Ungezwungenes, und trotz ihrer kleinen Figur so viel Bezwingendes, daß mich von neuem gewissermaßen eine Erinnerung an »sie« überkam und ich mich fragte, ob es etwa jetzt »anfange«. Und wieder gab ich mir die Antwort, daß ich schon in Sonetschka verliebt sei, und daß Warenka einfach irgendein Fräulein, wie andere auch, sei, eben die Schwester eines Freundes. Aber sie gefiel mir in diesem Augenblick, und gerade darum verspürte ich ein unklares Verlangen, irgend etwas zu tun oder zu sagen, was ihr ein wenig unangenehm wäre.

»Weißt du was«, sagte ich zu meinem Freund und trat näher

an Warenka heran, damit sie das, was ich sagen wollte, hören könnte, »selbst wenn hier keine Mücken wären, könnte ich diesem Teil des Parkes keinen Reiz abgewinnen. So aber«, fügte ich hinzu, während ich mit der Hand gegen meine Stirn klatschte und tatsächlich eine Mücke totschlug, »ist es hier nicht auszuhalten.«

»Sie lieben die Natur wohl nicht«, sagte Warenka zu mir, ohne den Kopf zu wenden.

»Ich finde, daß es eine müßige, nutzlose Beschäftigung ist«, erwiderte ich, äußerst zufrieden damit, daß ich ihr eine kleine Unannehmlichkeit gesagt hatte, und noch dazu eine originelle. Warenka zog kaum merklich, aber bedauernd die Augenbrauen hoch und blickte weiter mit der gleichen Ruhe wie vorher vor sich hin.

Ich ärgerte mich über sie, und doch erging es mir seltsam; das graue Geländer der kleinen Brücke, auf das Warenka sich stützte, mit dem abgebröckelten Anstrich und das Spiegelbild des herabhängenden Astes der vornübergeneigten Birke in dem dunkeln Teiche, das sich mit all den heruntersteigenden Zweigen gleichsam vereinigen wollte, der Geruch des Sumpfes, das Gefühl von der auf der Stirn zerquetschten Mücke und Warenkas aufmerksamer Blick und ihre hoheitsvolle Haltung, dies alles ist später häufig und völlig unerwartet in meiner Seele wieder aufgetaucht.

27. Dmitrij

Als wir von dem Spaziergang in das Haus zurückgekehrt waren, wollte Warenka nicht singen, wie sie es sonst gewöhnlich abends tat, und ich war so von mir selber überzeugt, daß ich diesen Umstand auf mein Konto buchte, da ich mir einbildete, daß die Ursache meine Worte waren, die ich auf der kleinen Brücke gesagt hatte. Nechljudows aßen nicht zu Abend und gingen früher auseinander; heute aber gingen Dmitrij und ich, da er nach Sofjas Prophezeiung wirklich Zahnschmerzen bekommen hatte, noch früher als gewöhnlich auf sein Zimmer; da ich davon überzeugt war, daß ich alles erfüllt hatte, was mein blauer Kragen und meine Knöpfe von mir verlangten, und daß ich allen sehr gut gefallen hatte, befand ich mich in sehr angenehmer, selbstzufriedener Gemütsstimmung. Dmitrij dagegen war infolge des Streites und seiner Zahnschmerzen schweigsam und düster. Er setzte sich an den Tisch, nahm seine Hefte vor (ein Tagebuch und ein Heft, in das er allabendlich Eintragungen über seine geplanten und erledigten Arbeiten machte) und schrieb, fortwährend die Stirn runzelnd und mit der Hand die Backe berührend, ziemlich lange.

»Ach, lassen Sie mich in Ruhe!« schrie er das Stubenmädchen an, das von Sofja Iwanowna kam, um ihn zu fragen, wie es mit seinen Zähnen stehe, und ob er sich nicht einen Umschlag machen wolle. Darauf ordnete er an, es solle sofort ein Bett für mich zurechtgemacht werden, sagte, er werde gleich wiederkommen, und ging zu Ljubow Sergejewna.

Zu schade, daß Warenka nicht hübsch und überhaupt nicht Sonetschka ist! dachte ich, als ich allein im Zimmer war. Wie schön wäre es, wenn ich nach Abschluß des Universitätsstudiums zu ihnen hergefahren käme und um ihre Hand anhielte! Ich würde sagen: ›Fürstin, ich bin nicht mehr jung; meine Liebe ist nicht Leidenschaft; aber ich werde Sie beständig wie eine teure Schwester lieben. Ihnen bringe ich bereits ‹, würde ich zur Mutter sagen, ›meine tiefste Verehrung entgegen, und auch Sie, Sofja Iwanowna, können mir glauben, daß ich Sie sehr schätze. Darum, Fürstin, sagen Sie einfach und geradeheraus: Wollen Sie meine Gattin sein? ‹ – ›Ja! ‹ – und sie reicht mir die Hand, und ich drücke sie und sage: ›Meine Liebe soll nicht in Worten, sondern in Taten bestehen!‹ Wie aber, ging es mir durch den Kopf, wenn Dmitrij sich plötzlich in Ljubotschka verliebte (Ljubotschka ist ja in ihn verliebt) und sie heiraten wollte? Dann dürfte einer von uns beiden nicht heiraten, und das wäre ganz ausgezeichnet. Dann würde ich die Sache folgendermaßen anfangen. Ich würde es sofort merken, aber zunächst nichts sagen, dann zu Dmitrij gehen und ihm eröffnen: ›Es wäre vergebens, mein Freund, wenn wir einander etwas verheimlichen wollten. Du weißt, daß meine Liebe zu deiner Schwester nur mit meinem Leben endigen wird; aber ich weiß alles: du hast mich meiner schönsten Hoffnung beraubt, du hast mich unglücklich gemacht. Aber weißt du, wie Nikolaj Irtenjew demjenigen vergilt, der ihn für sein ganzes Leben unglücklich gemacht hat? Da ist meine Schwester!‹ und mit diesen Worten würde ich Ljubotschkas Hand in die seine legen. Er würde sagen: ›Nein, um keinen Preis!‹ ... Aber ich würde sagen: ›Fürst Nechljudow, vergebens wollt ihr beide großmütiger sein als Nikolaj Irtenjew. Es gibt auf der ganzen Welt keinen Menschen, der großmütiger wäre als er.‹ Ich würde eine Verbeugung machen und hinausgehen. Dmitrij und Ljubotschka würden in Tränen ausbrechen und mir nachlaufen und mich anflehen, ich möchte doch ja ihr Opfer annehmen. Und ich könnte auch darin einwilligen und sehr glücklich sein, wenn ich überhaupt in Warenka verliebt wäre ... Diese Träumereien waren so angenehm, daß ich die größte Lust hatte, sie meinem Freund mitzuteilen; aber obgleich wir uns doch gegenseitige Offenheit gelobt hatten, hatte ich irgendwie das unklare Gefühl, daß es mir physisch unmöglich sei, mich auszusprechen.

Dmitrij kam von Ljubow Sergejewna mit Tropfen gegen Zahnschmerzen zurück, die sie ihm gegeben hatte; aber er litt nun um so mehr und war infolgedessen noch mürrischer. Ein Bett war für mich noch nicht zurechtgemacht, und Dmitrijs Diener, ein junger Bursche, kam, um ihn zu fragen, wo ich schlafen sollte.

»Scher dich zum Teufel!« schrie Dmitrij und stampfte mit dem Fuß. »Waska, Waska, Waska!« rief er, sowie der Bursche hinausgegangen war, mit jedem Male lauter, »Waska, mach mir mein Bett auf dem Fußboden!«

»Nein, dann werde lieber ich auf dem Fußboden schlafen«, sagte ich.

»Nun, es ist ja gleich, mach das Bett irgendwo«, fuhr Dmitrij in dem gleichen heftigen Ton fort. »Waska, warum machst du das Bett nicht?« Aber Waska verstand augenscheinlich nicht, was von ihm verlangt wurde, und stand unbeweglich da.

»Na, was fehlt dir denn? Mach das Bett, mach das Bett, Waska, Waska!« schrie Dmitrij, der plötzlich in eine Art von Raserei geriet. Aber Waska, der immer noch nicht begriffen hatte und ganz eingeschüchtert war, rührte sich nicht.

»Hast du dich verschworen mich umzubringen ... mich verrückt zu machen?«

Und Dmitrij sprang vom Stuhl auf, lief auf Waska zu und schlug ihm mit voller Kraft mehrmals mit der Faust auf den Kopf. Waska stürzte Hals über Kopf aus dem Zimmer. Dmitrij blieb an der Tür stehen und blickte sich nach mir um; der Ausdruck von Wut und Roheit, der für eine kurze Zeit auf seinem Gesicht zu finden war, verschwand und wich einem so sanften, beschämten, liebevoll kindlichen Ausdruck, daß er mir leid tat und ich – obgleich ich mich eigentlich abwenden wollte – es nicht über mich gewinnen konnte, dies zu tun. Er sagte kein Wort zu mir, sondern ging lange schweigend im Zimmer hin und her und schaute mich hin und wieder mit der gleichen um Verzeihung bittenden Miene an; dann holte er aus der Schublade ein Heft hervor, schrieb etwas hinein, zog den Rock aus, legte ihn sorgfältig zusammen, ging in die Ecke, wo das Heiligenbild hing, faltete seine großen weißen Hände vor der Brust und fing an zu beten. Er betete so lange, daß Waska inzwischen eine Matratze bringen und auf dem Fußboden nach meiner zugeflüsterten Anweisung ein Bett zurechtmachen konnte. Ich zog mich aus und legte mich auf das Bett, das auf dem Fußboden zurechtgemacht war; Dmitrij aber betete weiter. Während ich nach seinem etwas gekrümmten Rücken und nach seinen Fußsohlen hinschaute, die sich mit einer Art Demut vor mir aufrichteten, wenn er niederkniete und sich bis zur Erde verbeugte, liebte ich Dmitrij noch mehr als vorher und dachte fortwährend: Soll ich ihm das, was ich mir betreffs unserer Schwestern ausgedacht habe, sagen oder nicht? Als Dmitrij sein Gebet beendet hatte, legte er sich zu mir auf das Bett, stützte sich auf den Ellenbogen und sah mich lange schweigend mit einem freundlichen, beschämten Blick an. Es wurde ihm offenbar nicht leicht; aber er wollte sich gewissermaßen selbst strafen. Ich sah ihn lächelnd an; da lächelte auch er.

»Warum sagst du denn nicht«, sagte er, »daß ich häßlich gehandelt habe. Du dachtest doch eben darüber nach.«

»Ja«, antwortete ich, obwohl ich an etwas anderes gedacht hatte; aber es schien mir, als hätte ich wirklich daran gedacht. »Ja, das war sehr unschön; ich hätte das von dir gar nicht erwartet«, sagte ich und empfand in diesem Augenblick eine besondere Genugtuung darüber, daß ich ihn duzte. »Nun, was machen deine Zahnschmerzen?« fügte ich hinzu.

»Die sind vergangen, ach, Nikolenka, mein Freund!« begann Dmitrij in so freundlichem Ton, daß ihm die Tränen in seinen glänzenden Augen standen; »ich weiß und fühle, daß ich ein schlechter Mensch bin, und Gott ist Zeuge, wie innig ich wünsche und ihn bitte, daß er mich besser mache; aber was kann ich tun, wenn ich einen so unglücklichen, widerwärtigen Charakter habe? Was soll ich tun? Ich gebe mir Mühe, mich zu beherrschen und mich zu bessern; aber das geht nicht so im Handumdrehen, und allein bringe ich es nicht zustande. Jemand müßte mich stützen, mir helfen. Da ist Ljubow Sergejewna; die versteht mich und hat mir in dieser Hinsicht schon viel geholfen. Ich weiß aus meinen Aufzeichnungen, daß ich mich im Laufe eines Jahres schon sehr gebessert habe. Ach, Nikolenka, mein Herzchen!« fuhr er mit besonderer, ungewohnter Zärtlichkeit und nach diesem Bekenntnis schon in ruhigerem Tone fort, »wieviel vermag nicht der Einfluß eines weiblichen Wesens ihrer Art! O Gott, wie schön kann es werden, wenn ich erst selbständig sein und eine solche Lebensgefährtin zur Seite haben werde! In ihrer Nähe bin ich ein ganz anderer Mensch!«

Im Anschluß daran begann Dmitrij mir seine Plane zu entwickeln, wie er heiraten, auf dem Land leben und beständig an sich selber arbeiten wollte.

»Ich werde auf dem Land leben; du wirst zu mir auf Besuch kommen; vielleicht wirst du auch Sonetschka heiraten«, sagte er; »unsere Kinder werden zusammen spielen. Das alles erscheint zunächst lächerlich und dumm, aber vielleicht wird es doch in Erfüllung gehen.«

»Warum auch nicht? Das ist sehr möglich«, erwiderte ich

lächelnd und dachte gleichzeitig daran, daß es noch besser sein würde, wenn ich seine Schwester heiratete.

»Weißt du, was ich dir sagen will?« sagte er dann nach kurzem Stillschweigen zu mir; »du bildest dir ja nur ein, in Sonetschka verliebt zu sein; aber ich sehe, daß es sich nur um eine leere Spielerei handelt und du noch gar nicht weißt, was wahres Gefühl ist.«

Ich entgegnete nichts, da ich ihm eigentlich recht geben mußte. Wir schwiegen eine Weile.

»Du hast gewiß gemerkt, daß ich heute wieder in widerwärtiger Laune war und mich in übelster Weise mit Warja zankte. Es war mir nachher furchtbar unangenehm, zumal es in deiner Gegenwart geschah. Wenn sie auch über vieles nicht so denkt, wie es sich gehört, so ist sie doch ein famoses Mädchen, ein ganz vortreffliches Mädchen, du wirst sie ja noch näher kennenlernen.«

Der Übergang von der Bemerkung, ich sei gar nicht verliebt, zu dem Lob seiner Schwester bereitete mir außerordentliche Freude und machte mich erröten; trotzdem sagte ich über seine Schwester nichts zu ihm, und wir sprachen weiterhin von anderen Dingen.

So plauderten wir bis zum zweiten Hahnenkrähen, und schon blickte das blasse Licht des Morgens durch das Fenster, als Dmitrij zu seinem Bett hinüberging und die Kerze auslöschte.

»So, jetzt wollen wir schlafen«, sagte er.

»Ja«, antwortete ich, »nur noch ein Wort!«

»Nun?«

»Es ist doch schön auf der Welt zu leben!« sagte ich.

»Ja, es ist schön auf der Welt zu leben«, antwortete er in einem Ton, daß mir war, als sähe ich im Dunkeln seine heiteren, freundlichen Augen und sein kindliches Lächeln.

28. *Im Dorf*

Am andern Tag fuhren Wolodja und ich mit Postpferden in unser Dorf. Als ich unterwegs die verschiedenen Moskauer Erinnerungen durchging, erinnerte ich mich auch an Sonetschka Walachina, aber selbst das erst am Abend, nachdem wir schon fünf Stationen gefahren waren. Es ist doch sonderbar, dachte ich, daß ich verliebt bin und es ganz vergessen habe; ich muß an sie denken. Und so fing ich denn an, an sie zu denken – in der lebhaften, aber zusammenhangslosen Art, wie man so auf der Reise an etwas denkt, und ich kam schließlich so weit, daß ich es, auf dem Gut angelangt, zwei Tage lang für nötig befand, vor allem im Haus traurig und gedankenvoll zu erscheinen, namentlich vor Katenka, die ich für eine erfahrene Kennerin in derartigen Dingen hielt und der ich über den Zustand, in dem sich mein Herz befand, eine Andeutung machte. Aber obgleich ich mir alle Mühe gab, mich vor anderen und vor mir selbst zu verstellen, und obgleich ich mir absichtlich alle Erscheinungsformen zu eigen machte, die ich an anderen im Zustand der Verliebtheit beobachtet hatte, dachte ich doch nur zwei Tage lang (und auch das nur zeitweise, besonders abends) daran, daß ich verliebt sei, und als ich erst in den neuen Trott des ländlichen Lebens und der ländlichen Beschäftigungen hineingeraten war, vergaß ich meine Liebe zu Sonetschka schließlich ganz.

Wir kamen zur Nachtzeit in Petrowskoje an, und ich schlief so fest, daß ich weder das Haus noch die Birkenallee gesehen hatte; die Hausgenossen hatten sich schon alle auf ihre Zimmer zurückgezogen und schliefen längst. Der vom Alter gebückte Foka kam barfuß, in einer Art wattierter Frauenjacke und mit einem Licht in der Hand und öffnete uns den Haken an der Tür. Als er uns erblickte, fing er vor Freude an zu zittern, küßte uns auf die Schultern, legte schnell seine Filzjacke ab und zog sich ordentlich an. Durch den Flur und die Treppen ging ich noch, ohne recht wach geworden zu sein; doch gleich im Vorzimmer wurde es anders: das Türschloß, der Riegel, die schiefe Diele, die Truhe, der alte, wie früher mit Talg beträufelte Leuchter, die Schatten, die der krumme, kalte, eben erst angezündete Docht des Talglichtes warf, das immer staubige, niemals herausgenommene Doppelfenster, vor dem, wie ich mich erinnerte, ein Vogelbeerbaum wuchs – dies alles war mir so bekannt, so voll von untereinander wie mit einem gemeinsamen Gedanken freundschaftlich verbundenen Erinnerungen, daß ich plötzlich den trauten Zauber dieses lieben Hauses wie eine Liebkosung empfand. Unwillkürlich fragte ich mich: Wie war es nur möglich, daß ich und das Haus es so lange ohne einander aushielten? Und so beeilte ich mich zu sehen, ob auch die anderen Zimmer noch unverändert seien. Alles war noch genauso; nur kleiner, niedriger schien es geworden zu sein, ich dagegen größer, schwerer und klobiger; doch das Haus nahm mich auch so, wie ich jetzt war, liebevoll auf und erweckte durch jede Diele, durch jedes Fenster, durch jede Treppenstufe, durch jeden Laut in meinem Innern eine Unmenge von Vorstellungen, Empfindungen und Erinnerungen an Erlebnisse einer unwiederbringlichen, glücklichen Vergangenheit. Wir kamen in unser Kinderschlafzimmer: alle Schrecknisse unserer Kinderzeit geisterten wieder unverändert im Dunkel der Ecken und der Türen; wir gingen durch den Salon: dieselbe stille, zärtliche, mütterliche Liebe war über alle Gegenstände gebreitet, die im Zimmer standen; wir gingen durch den Saal: die lärmende, sorglose, kindliche Fröhlichkeit schien in diesem Zimmer verblieben zu sein und nur darauf zu warten, zu neuem Leben erweckt zu werden. Im Sofazimmer, wohin uns Foka führte und wo er für uns Betten zurechtgemacht hatte, schien alles, der Spiegel, die Wandschirme, das alte hölzerne Heiligenbild, jede Unebenheit der weiß tapezierten Wand, von Leiden und Tod und von dem, was nie mehr sein wird, zu sprechen.

Wir legten uns hin; Foka wünschte uns gute Nacht und ließ uns allein.

»In diesem Zimmer starb doch Mama?« sagte Wolodja.

Ich antwortete nicht und stellte mich schlafend. Hätte ich etwas gesagt, wäre ich in Tränen ausgebrochen. Als ich am anderen Morgen aufwachte, saß Papa, noch nicht angekleidet, in Torschoker Pantoffeln und im Schlafrock, die Zigarre im Mund, auf dem Rand von Wolodjas Bett und redete und lachte mit ihm. Vergnügt mit der Schulter zuckend sprang er dann auf, trat zu mir, klopfte mir mit seiner großen Hand auf den Rücken, hielt mir seine Wange hin und drückte sie an meine Lippen.

»Na, das hast du brav gemacht; ich danke dir, Diplomat!« sagte er mit der ihm eigenen scherzhaften Zärtlichkeit und blickte mich mit seinen kleinen glänzenden Augen an. »Wolodja sagt, du hättest die Prüfung gut bestanden, als ein tüchtiger Kerl; nun, das ist wunderschön. Wenn du dir vornimmst, keine Dummheiten zu machen, werde ich auch an dir einen prächtigen Jungen haben. Ich danke dir, lieber Sohn! Jetzt wollen wir hier ein schönes Leben führen, und im Winter ziehen wir vielleicht nach Petersburg; nur schade, daß die Jagd vorbei ist, sonst hätte ich euch schon etwas erleben lassen. Nun, du kannst doch mit der Flinte umgehen? Wild ist eine Menge da, und vielleicht komme ich selber manchmal mit. Na, und im Winter werden wir, so Gott will, nach Petersburg ziehen; da werdet ihr Menschen kennenlernen und Verbindungen anknüpfen; ihr seid ja jetzt erwachsen. Eben habe ich zu Woldemar gesagt: ›Ihr seid jetzt ins Leben getreten; meine Aufgabe ist beendet; ihr seid nunmehr selbständig; wenn ihr mich um Rat fragen wollt, so tut es; ich bin jetzt nicht mehr euer Erzieher, sondern euer Freund; wenigstens möchte ich euer Freund und Kamerad und Ratgeber sein, wo ich das kann; weiter will ich nichts.‹ Wie paßt das zu deiner Philosophie, Koko? Ist es gut oder schlecht, wie?«

Ich sagte selbstverständlich, es sei ausgezeichnet, und empfand es auch wirklich so. Papa hatte an diesem Tag einen besonders gewinnenden, heiteren, glücklichen Gesichtsausdruck; dieses neue Verhältnis zu mir wie zu einem gleichstehenden Kameraden machte, daß ich ihn noch mehr liebte als früher.

»So, nun erzähle, bist du bei allen Verwandten gewesen? Bei Iwins? Hast du den alten Iwin zu sehen bekommen? Was hat er zu dir gesagt?« fragte er mich unermüdlich. »Bist du beim Fürsten Iwan Iwanowitsch gewesen?«

Und wir plauderten so lange miteinander, ohne an das Ankleiden zu denken, daß die Sonne schon anfing, von den Fenstern des Sofazimmers zu verschwinden, und Jakow, der noch genauso alt war und noch genauso die Finger auf dem Rücken herumdrehte und »aber wiederum« sagte, in unser Zimmer kam und Papa meldete, daß die Kalesche bereit stehe.

»Wo fährst du hin?« fragte ich Papa.

»Ach so, beinahe hätte ich es vergessen«, sagte Papa, zuckte dabei ärgerlich mit der Schulter und hüstelte. »Ich habe den Jepifanows versprochen, heute zu kommen. Erinnerst du dich noch an die Jepifanowa, la belle Flamande? Sie kam oft zu eurer Mama zu Besuch. Es sind prächtige Menschen.«

Papa zuckte, wie mir schien, verlegen mit der Schulter und verließ das Zimmer.

Ljubotschka war während unseres Plauderns schon mehrmals an die Tür gekommen und hatte jedesmal gefragt: »Darf ich zu euch hereinkommen?«

Aber Papa hatte ihr ebensooft durch die Tür zugerufen: »Nein, es geht nicht; wir sind noch nicht angezogen.«

»Ach, welch ein Unglück! Ich habe dich schon oft im Schlafrock gesehen.«

»Du darfst deine Brüder nicht ohne die Unaussprechlichen sehen«, hatte er ihr zugerufen. »Aber siehst du, jeder von ihnen klopft einmal zu deiner Begrüßung an die Tür, genügt dir das? Also, dann klopft! Es ist sogar schon unschicklich, wenn deine Brüder in solchem Negligé mit dir reden.«

»Ach, wie unausstehlich ihr seid! Dann kommt wenigstens bald in den Salon; Mimi möchte euch auch gerne sehen«, hatte Ljubotschka dann durch die Tür gerufen.

Sobald Papa fort war, zog ich schnell meinen Studentenrock an und ging in den Salon; Wolodja dagegen hatte es gar nicht eilig und blieb noch lange oben sitzen. Er unterhielt sich mit Jakow darüber, wo Schnepfen und Bekassinen zu finden seien. Wie ich schon gesagt habe, fürchtete er nichts so sehr auf der Welt als – um seinen eigenen Ausdruck zu gebrauchen – »Zärtlichkeiten gegen Brüderchen, Papachen oder Schwesterchen«. Indem er jede Äußerung warmer Empfindung vermeiden wollte, verfiel er in das andere Extrem, in ein kaltes Benehmen, wodurch sich diejenigen, die dessen Ursache nicht kannten, oft verletzt fühlten. Im Vorzimmer stieß ich auf Papa, der mit kleinen, schnellen Schritten hinausging, um in den Wagen zu steigen. Er hatte seinen neuen, modernen Moskauer Oberrock an und roch nach Parfüm. Als er mich erblickte, nickte er mir vergnügt zu, wie wenn er sagen wollte: »Ach, sieh da, ausgezeichnet!« Und von neuem überraschte mich jener glückliche Ausdruck seiner Augen, den ich schon am Morgen bemerkt hatte.

Der Salon war immer noch dasselbe helle hohe Zimmer mit dem gelblichen englischen Flügel und den großen, offenen Fenstern, durch welche die grünen Bäume und die rötlichgelben Gartenpfade lustig hereinschauten. Nachdem ich mich mit Mimi und Ljubotschka geküßt hatte, trat ich auch auf Katenka zu; aber plötzlich fiel mir ein, daß es sich nicht mehr schickte, sie zu küssen, und ich blieb schweigend und errötend stehen. Katenka streckte mir, ohne im geringsten verlegen zu werden, ihr weißes Händchen entgegen und beglückwünschte mich zu meinem Eintritt in die Universität. Als Wolodja in den Salon kam, ging es ihm beim Wiedersehen mit Katenka ebenso. In der Tat war es nicht leicht zu entscheiden, wie wir, nachdem wir zusammen aufgewachsen waren und uns diese ganze Zeit über täglich gesehen hatten, jetzt nach der ersten Trennung uns gegeneinander benehmen sollten. Katenka errötete weit mehr als alle zusammen; Wolodja aber geriet nicht in die geringste Verlegenheit, er verbeugte sich leicht vor ihr, trat dann zu Ljubotschka, mit der er ebenfalls nur wenig und nichts Ernsthaftes sprach, und ging dann allein irgendwohin spazieren.

Wolodja hatte eine eigenartige Einstellung den Mädchen gegenüber: es interessierte ihn wohl, ob sie satt seien, ausgeschlafen hätten, gut gekleidet seien, keine Fehler im Französischen machten, wegen deren er sich vor Fremden zu schämen hätte; aber nie wäre er auf den Gedanken gekommen, daß sie etwas Menschliches denken oder empfinden könnten, und noch weniger hätte er die Möglichkeit zugegeben, daß man mit ihnen irgend etwas logisch besprechen könnte. Wenn sie sich gelegentlich mit einer ernstgemeinten Frage an ihn wandten (was sie übrigens schon von sich aus zu vermeiden trachteten), ihn zum Beispiel nach seinem Urteil über einen Roman oder nach seiner Beschäftigung auf der Universität fragten, schnitt er ihnen eine Grimasse und ging schweigend fort oder antwortete ihnen mit irgendeiner verhunzten französischen Redensart wie: »Kom ßäh tri scholi« und so ähnlich, oder machte ein ernstes, absichtlich dummes Gesicht und sagte mit betrübtem Augenaufschlag irgendein Wort, das gar keinen Sinn hatte und in gar keiner Beziehung zu der Frage stand, zum Beispiel »Brötchen« oder »abgefahren« oder »Sauerkraut« oder sonst etwas in dieser Art. Wenn ich ihm gelegentlich wiedererzählte, was ich zu Ljubotschka oder Katenka gesagt hatte, erwiderte er mir stets: »Hm! Also du läßt dich in Unterhaltungen mit ihnen ein! Nein, wirklich, ich sehe schon, mit dir ist es immer noch nichts.«

Und man mußte ihn dabei hören und sehen, um die tiefe, unausrottbare Verachtung zu ermessen, die in diesem Satz zum Ausdruck kam. Wolodja war schon seit zwei Jahren erwachsen und beständig in alle hübschen weiblichen Wesen verliebt, mit denen er in Berührung kam; aber obgleich er Katenka täglich sah, die nun auch schon seit zwei Jahren lange Kleider trug und mit jedem Tage schöner wurde, wäre ihm der Gedanke, sich in sie zu verlieben, nie gekommen. Ob der Grund nun der war, daß die prosaischen Kindheitserinnerungen, der Jagdwagen, das Bettuch und die Launen noch zu frisch in seinem Gedächtnis waren, oder ob es an der Abneigung lag, welche sehr junge Menschen gegen ihre ganze häusliche Umgebung haben, oder an der allgemeinen menschlichen Schwäche, das Gute und Schöne, das man gleich beim ersten Schritt findet, unbeachtet zu lassen und sich zu sagen: Ach was, dergleichen werde ich noch viel in meinem Leben antreffen – genug, Wolodja schaute Katenka bisher noch nicht so an, wie man ein Weib anschaut.

Wolodja langweilte sich den ganzen Sommer über offenbar sehr; seine Langeweile entsprang der Verachtung, die er gegen uns hegte und die er, wie schon erwähnt, gar nicht erst zu verbergen suchte. Der ständige Ausdruck seines Gesichtes sagte: Puh, wie langweilig! Da ist kein einziger Mensch, mit dem man ein vernünftiges Wort reden könnte! Manchmal ging er gleich morgens mit der Flinte auf die Jagd, oder er las, ohne sich vor dem Mittagessen anzuziehen, auf seinem Zimmer ein Buch. Wenn Papa nicht zu Hause war, erschien er sogar zum Mittagessen mit einem Buch, las bei Tisch weiter und sprach mit keinem von uns, so daß wir uns alle ihm gegenüber fast schuldig fühlten. Abends legte er sich im Salon mit den Füßen auf das Sofa und schlief auf den Ellenbogen gestützt oder log mit dem ernsthaftesten Gesicht einen entsetzlichen Unsinn zusammen, der mitunter nicht einmal ganz anständig war, worüber Mimi böse wurde und errötete, während wir anderen uns totlachen wollten, doch niemals würdigte er einen von der Familie, ausgenommen Papa und hin und wieder mich, eines ernsthaften Gesprächs. Ganz unwillkürlich machte ich die Anschauung meines Bruders bezüglich der Mädchen zu der meinen, obgleich ich nicht solche Furcht vor Zärtlichkeiten hatte wie er, und ich die Mädchen lange nicht so gering einschätzte, wie er es tat; machte ich doch in diesem Sommer aus Langeweile einige Male den Versuch, Ljubotschka und Katenka näherzukommen und mit ihnen ernsthafte Gespräche zu führen; aber jedesmal stieß ich bei ihnen auf einen solchen Mangel an logischem Denken und auf eine solche Unkenntnis der einfachsten, gewöhnlichsten Dinge, wie zum Beispiel was Geld eigentlich sei, was man auf der Universität studiere, was Krieg und so weiter sei, und auf eine solche Gleichgültigkeit gegen die Beantwortung aller dieser Fragen, daß mich diese Versuche in meiner ungünstigen Meinung über sie nur bestärkten.

Ich erinnere mich, wie Ljubotschka eines Abends zum hundertsten Male eine bis zum Überdruß geübte Stelle auf dem Klavier wiederholte. Wolodja lag dösend im Salon auf dem Sofa und murmelte ab und zu mit boshafter Ironie, ohne sich an jemand insbesondere zu wenden: »O weh, legt die aber los! ... Und wie musikalisch! ... Beethoven!« Dieses Wort sprach er mit besonderer Ironie aus. »Bravo ... ... So noch einmal! ... So ist's recht!« und so weiter. Katenka und ich waren am Teetisch zurückgeblieben, und Katenka hatte (ich erinnere mich nicht wie) das Gespräch auf ihr Lieblingsthema, die Liebe, gebracht.

Ich war gerade in philosophischer Stimmung und begann aus erhabener Höhe die Liebe zu definieren als das Verlangen, in einem anderen das zu finden, was man selber nicht habe und so weiter. Aber Katenka antwortete mir, daß es – ganz im Gegenteil – überhaupt keine Liebe mehr sei, wenn ein Mädchen darauf ausgehe, einen reichen Mann zu heiraten; ihrer Meinung nach sei Vermögen etwas ganz Wertloses; als wahre Liebe könne nur diejenige bezeichnet werden, die auch eine Trennung ertragen könne. Ich begriff, daß sie damit auf ihre Liebe zu Dubkow anspielte. Wolodja, der gewiß unser Gespräch mit angehört hatte, richtete sich plötzlich auf dem Ellenbogen auf und rief in fragendem Ton: »Katenka, die Russen?«

»Immer dieser Unsinn«, sagte Katenka.

»In die Pfefferdose?« fuhr Wolodja fort, wobei er auch jeden Vokal stark betonte, und ich konnte nicht umhin, zu denken, daß er durchaus recht hatte.

Neben den allgemeinen, mehr oder minder entwickelten Fähigkeiten des Verstandes, des Gefühls und des künstlerischen Empfindens der Menschen gibt es noch eine besondere, in verschiedenen Gesellschaftskreisen und besonders in den Familien mehr oder weniger entwickelte Fähigkeit, die ich das *Begreifen* nennen möchte. Das Wesen dieser Fähigkeit besteht in einem stillschweigenden Gefühl der gleichen Einschätzung und in einer stillschweigenden, gleichgerichteten Art, die Dinge zu betrachten. Zwei Menschen desselben Kreises oder derselben Familie, die diese Fähigkeit besitzen, werden Gefühlsäußerungen anderer immer nur bis zu einer gewissen Grenze anerkennen, jenseits derer sie in allem nur Phrase sehen; sie sehen im Nu, wo das Lob aufhört und die Ironie anfängt, wo die Begeisterung aufhört und die Verstellung anfängt, während hier Leute mit anderer Einstellung ganz anders empfinden. Wenn zwei Menschen die Fähigkeit dieses Begreifens haben, fällt ihnen jeder Gegenstand in der gleichen Weise in die Augen, mag es nun vorzugsweise von der lächerlichen oder von der schönen oder von der schmutzigen Seite her sein. Zur Erleichterung dieser gleichen Auffassung bildet sich zwischen den Angehörigen eines und desselben Kreises oder ein und derselben Familie eine eigene Sprache heraus, eigene Redewendungen, sogar eigene Wörter, durch welche Begriffsschattierungen bezeichnet werden, die für andere Leute gar nicht vorhanden sind. In unserer Familie bestand zwischen Papa und uns Brüdern dieses Begreifen im höchsten Grad. Auch Dubkow hatte sich unserem Kreis gut angeglichen und verstand uns, während Dmitrij, der doch viel klüger war als er, hier völlig versagte. Ich aber verstand mich mit keinem in dieser Beziehung so gut wie mit Wolodja, hatten wir uns doch unter den gleichen Verhältnissen entwickelt. Auch Papa war schon längst hinter uns zurückgeblieben, und vieles, das für uns ebenso klar war wie der Satz, daß zwei mal zwei vier ist, blieb ihm unverständlich. So zum Beispiel hatten zwischen Wolodja und mir, Gott weiß wie, folgende Wörter bestimmte Bedeutung angenommen: »Rosine« bedeutete den eitlen Wunsch, zu zeigen, daß man Geld habe; »Schuldschein« (wobei man die Finger gegeneinander drücken und einen besonderen Nachdruck auf die beiden »sch« legen mußte) bedeutete etwas Frisches, Gesundes, Elegantes, aber nicht Geckenhaftes; ein in der Mehrzahl gebrauchtes Substantiv bedeutete eine nicht erlaubte Leidenschaft für den betreffenden Gegenstand und so weiter. Im übrigen hing die Bedeutung mehr von dem Gesichtsausdruck und der ganzen Gesprächsrichtung ab, so daß – wer immer von uns einen neuen Ausdruck für eine neue Schattierung erfand – sicher war, auf die bloße Anspielung hin von dem anderen genau verstanden zu werden. Die Mädchen besaßen nicht dieses Begreifen; und das war es, was uns hauptsächlich geistig von ihnen trennte und uns eine solche Geringschätzung gegen sie empfinden ließ.

Vielleicht hatten sie ihr eigenes »Begreifen«; es war aber von dem unsrigen so verschieden, daß ihnen das, was uns schon Phrase war, noch Gefühl bedeutete, daß sie unsere Ironie für Ernst hielten und so weiter. Aber damals verstand ich nicht, daß sie in dieser Hinsicht nicht schuldig waren und daß ihr mangelndes Begreifen sie nicht hinderte, liebe gescheite Mädchen zu sein. Aber es war nun einmal so, ich verachtete sie damals, außerdem warf ich, da ich nun einmal von der Idee der Offenherzigkeit besessen war und die Verwirklichung dieser Idee bei mir selber bis zum äußersten durchführte, Ljubotschka mit ihrer ruhigen zutraulichen Natur Verschlossenheit und Verstellung vor, während sie doch einfach nicht die Notwendigkeit einsah, alle ihre Gedanken und seelischen Regungen hervorzukramen und zur Schau zu stellen. Zum Beispiel, daß Ljubotschka alle Tage beim Schlafengehen über Papa das Zeichen des Kreuzes machte, daß sie und Katenka in der Kapelle weinten, wenn sie die Seelenmesse für unsere Mutter hörten, daß Katenka beim Klavierspielen seufzte und die Augen verdrehte, das alles erschien mir als Verstellung schlimmster Art, und ich fragte mich: Wann haben sie nur gelernt, sich so zu verstellen wie Erwachsene, und wie kommt es, daß sie sich dessen nicht schämen?

30. Meine Beschäftigungen

Trotz alledem kam ich in diesem Sommer unseren beiden jungen Damen mehr als in anderen Jahren durch meine Leidenschaft für die Musik näher. Im Frühjahr kam einmal ein junger Nachbar auf das Gut, um sich vorzustellen; kaum war er in den Salon getreten, ließ er keinen Blick von dem Klavier, dem er sich mit seinem Stuhl fortwährend näherte, während er sich dabei mit Mimi und Katenka unterhielt. Nachdem er vom Wetter und von den Annehmlichkeiten des Landlebens gesprochen hatte, brachte er das Gespräch kunstvoll auf den Klavierstimmer, auf die Musik, auf das Klavier und erklärte schließlich, er spiele auch; es dauerte auch gar nicht lange, so spielte er drei Walzer, wobei Ljubotschka, Mimi und Katenka neben dem Klavier standen und ihm zusahen. Dieser junge Mann war später nie wieder bei uns; aber einiges hatte mir sehr an ihm gefallen: sein Spiel, seine Haltung am Klavier, die Bewegung, mit der er das Haar zurückwarf, vor allem aber sein Verfahren, Oktaven mit der linken Hand zu greifen; er spreizte dabei den kleinen Finger und den Daumen in der Breite einer Oktave schnell auseinander, führte sie dann langsam wieder zusammen und spreizte sie von neuem schnell auseinander. Diese anmutige Handbewegung, seine lässige Haltung, das Zurückwerfen des Haares und die Aufmerksamkeit, welche unsere Damen seinen talentvollen Leistungen schenkten, brachten mich auf den Gedanken, auch Klavier zu spielen. Infolge dieses Gedankens und in der Überzeugung, daß ich Talent zur Musik und eine Leidenschaft für sie besäße, begann ich zu lernen. In dieser Hinsicht handelte ich nicht anders als Millionen von Männern und besonders von Frauen, weiche Klavierspielen lernen ohne einen guten Lehrer, ohne wahren Beruf und ohne den geringsten Begriff davon, was die Kunst gewähren kann – und wie man es anpacken müsse, damit sie einem etwas gewähre. Für mich war die Musik oder, richtiger gesagt, das Klavierspiel ein Mittel, auf die Mädchen durch mein tiefes Gefühl Eindruck zu machen. Nachdem ich mit Katenkas Hilfe die Noten gelernt und meine dicken Finger ein wenig gelenkiger gemacht hatte (worauf ich übrigens ein paar Monate lang einen solchen Eifer verwandte, daß ich sogar beim Mittagessen auf dem Knie und im Bett auf dem Kopfkissen mit dem ungehorsamen Ringfinger übte), ging ich sogleich daran, »Stücke« zu spielen, natürlich mit Gefühl, avec âme – was auch Katenka anerkannte –, aber ganz ohne Takt.

Die Auswahl der Stücke war die wohlbekannte: Walzer, Galopps, Romanzen, Arrangements und so weiter, sämtlich von den liebenswürdigen Komponisten, von deren Werken dir jeder Mensch mit gesundem Geschmack im Musikalienladen ein kleines Päckchen aus dem Haufen schöner Sachen heraussucht mit der Bemerkung: »Das dürfen Sie nicht spielen, denn etwas Schlechteres, Geschmackloseres und Sinnloseres als das ist niemals auf Notenpapier geschrieben worden« – und die man wahrscheinlich gerade deswegen bei jeder russischen jungen Dame auf dem Klavier findet. Allerdings hatten wir auch die unglückliche, wohl zu ewiger Mißhandlung durch junge Damen bestimmte Sonate pathétique von Beethoven sowie dessen Cis-Moll-Sonate, die Ljubotschka im Gedanken an Mama spielte, und noch andere gute Sachen, die ihr Moskauer Lehrer ihr aufgegeben hatte; aber dann gab es auch Kompositionen eben dieses Lehrers, ganz abgeschmackte Märsche und Galopps, die Ljubotschka ebenfalls spielte. Katenka und ich konnten die ernsten Sachen nicht leiden; wir zogen allem übrigen »Le fou« und »Die Nachtigall« vor; dieses zweite Stück spielte Katenka so schnell und gewandt, daß man ihre Finger gar nicht sehen konnte, und auch ich fing schon an, es mit ziemlich kräftigem Ton und einigermaßen fließend zu spielen. Ich hatte mir die Bewegungen des jungen Mannes zu eigen gemacht und bedauerte oft, daß mich kein Fremder spielen sah. Aber bald erwiesen sich Liszt und Kalkbrenner als zu schwierig für mich, und ich erkannte die Unmöglichkeit, Katenka einzuholen. Infolgedessen und weil ich mir einbildete, daß die klassische Musik leichter sei, und zum Teil auch aus Eigenbrötelei redete ich mir auf einmal ein, ich liebte in besonderem Maße die gelehrte deutsche Musik, war entzückt, wenn Ljubotschka die Sonate pathétique spielte (obgleich, die Wahrheit zu sagen, diese Sonate mir schon längst durchaus über war) und fing selbst an, Beethoven zu spielen und seinen Namen mit langem »e« auszusprechen. Aber ungeachtet all dieser Verworrenheit und Verstellung steckte doch, wenn ich so zurückdenke, ein gewisses Maß von Talent in mir; denn oft machte die Musik auf mich einen so tiefen Eindruck, daß mir die Tränen nahe waren, und diejenigen Stücke, die mir gefielen, brachte ich ohne Noten auf dem Klavier allein zusammen, so daß ich, wenn mir damals jemand beigebracht hätte, die Musik als ein Ziel an sich, als einen selbständigen Genuß anzusehen und nicht nur als ein Mittel, auf die Mädchen durch Fingerfertigkeit und gefühlvolles Spiel Eindruck zu machen, vielleicht wirklich ein ordentlicher Musiker geworden wäre.

Französische Romane zu lesen, von denen Wolodja viele mitgebracht hatte, war meine zweite Beschäftigung in diesem Sommer. Es war die Zeit, wo der »Graf von Monte Christo« und die verschiedenen »Geheimnisse« zu erscheinen anfingen, und ich verschlang förmlich die Romane von Sue, Dumas und Paul de Kock. Die unnatürlichsten Personen und Ereignisse waren ausnahmslos für mich genauso lebendig wie die Wirklichkeit; nicht nur, daß ich den Verfasser nicht der Unwahrhaftigkeit verdächtigte: der Verfasser war für mich gar nicht da, und leibhaftig erschienen vor meinen Augen aus dem gedruckten Buch die lebendigen, wirklichen Menschen und Ereignisse. Wenn ich auch noch niemals Menschen begegnet war, die mit denen der Romane Ähnlichkeit hatten, so zweifelte ich doch keine Sekunde daran, daß das noch kommen werde.

Ich fand alle dargestellten Leidenschaften in mir selber wieder und entdeckte eine Ähnlichkeit zwischen mir und allen Charakteren eines jeden Romans, sowohl den Helden als auch den Bösewichtern, so wie ein furchtsamer Mensch, wenn er ein medizinisches Buch liest, an sich die Symptome aller möglichen Krankheiten entdeckt. Es gefielen mir in diesen Romanen sowohl die Intrigen als auch die heißen Empfindungen, die wundersamen Ereignisse und die in sich gefesteten Charaktere: gut war vollkommen gut, böse war vollkommen böse – gerade so, wie ich mir die Menschen in meiner frühesten Jugend vorgestellt hatte. Ganz ausnehmend sagte mir auch der Umstand zu, daß sich alles auf französisch abspielte und daß ich die edlen Worte, welche die edlen Helden gesprochen hatten, im Gedächtnis behalten und gelegentlich einer edlen Tat zitieren konnte. Wie viele mannigfaltige französische Phrasen legte ich mir mit Hilfe dieser Romane für Kolpikow zurecht, für den Fall, daß ich jemals wieder mit ihm zusammentreffen sollte, und für »sie«, wenn ich ihr endlich begegnen und ihr eine Liebeserklärung machen würde! Ich richtete mich darauf ein, ihnen etwas zu sagen, daß sie beide, wenn sie mich hörten, einfach vergehen sollten. Auf Grund der Romane bildeten sich bei mir auch gänzlich neue Ideale von den sittlichen Werten, denen ich nachstrebte. In erster Linie wünschte ich in meinem ganzen Handeln und Auftreten »noble« zu sein (ich sage: »noble« und nicht »edel«, weil das französische Wort eine andere Bedeutung hat, was auch die Deutschen gefühlt haben, die das Wort »nobel« übernommen haben und es von »edel« unterscheiden); ferner wollte ich leidenschaftlich sein und zu guter Letzt (wozu ich auch früher schon eine starke Neigung hatte) möglichst comme il faut. Ich suchte sogar in meinem Äußeren und in meinen Manieren den Helden ähnlich zu werden, die etwas von diesen Vorzügen besaßen. So erinnere ich mich, daß in einem der wohl hundert Romane, die ich in diesem Sommer durchlas, ein außerordentlich leidenschaftlicher Held mit dichten Augenbrauen vorkam, und es mich derartig danach verlangte, ihm in meinem Äußeren ähnlich zu werden (geistig fühlte ich mich ohnehin schon als ein ebensolcher Mensch wie er), daß ich, meine Augenbrauen im Spiegel betrachtend, darauf verfiel, sie öfters etwas zu stutzen, damit sie dichter nachwüchsen. Nachdem ich einmal damit angefangen hatte, kam es so, daß ich an einer Stelle zu viel wegschnitt; ich mußte den Schaden also auszugleichen suchen, und das endete damit, daß ich mich zu meinem Entsetzen im Spiegel ohne Augenbrauen und infolgedessen als sehr häßlich erblickte. Doch tröstete mich die Hoffnung, daß mir bald so dichte Brauen nachwachsen würden, wie sie der leidenschaftliche Held gehabt hatte, und mich beunruhigte nur die Frage, was ich den Meinen sagen sollte, wenn sie mich ohne Augenbrauen sehen würden. Ich holte mir ein bißchen von Wolodjas Schießpulver, rieb mir damit die Brauen ein und zündete es an. Obgleich das Pulver nicht explodierte, so ähnelte ich doch verzweifelt einem, der sich verbrannt hat; niemand kam auf meinen Kunstgriff, und tatsächlich wuchsen mir, als ich den leidenschaftlichen Helden schon vergessen hatte, weit dichtere Brauen nach.

31. Comme il faut

Schon wiederholt habe ich im Lauf dieser Erzählung auf den diese französische Überschrift betreffenden Begriff hingewiesen, und jetzt fühle ich die Notwendigkeit, ihm ein ganzes Kapitel zu widmen: er ist einer der verderblichsten, verlogensten Begriffe gewesen, die mir die Erziehung und die Gesellschaft beigebracht hatten.

Man kann das Menschengeschlecht in vielfacher Weise einteilen: in Reiche und Arme, in Gute und Böse, in Militärs und Zivilisten, in Gescheite und Dumme und so weiter und so weiter, aber jeder Mensch hat unbedingt eine Einteilung, die ihm die liebste und wichtigste ist, und nach der er unbewußt jeder neuen Persönlichkeit ihren neuen Platz anweist. Für mich war zu der Zeit, über die ich schreibe, die liebste und wichtigste Einteilung der Menschen in solche comme il faut und in solche comme il ne faut pas. Die zweite Gattung ließ sich noch weiter einteilen in Menschen, die im eigentlichen Sinne nicht comme il faut waren, und in das gewöhnliche Volk. So hatte ich also drei Klassen. Die Leute comme il faut achtete ich hoch und hielt sie für würdig, mit mir auf gleichem Fuße zu verkehren. Was die zweite Klasse anlangt, tat ich so, als verachtete ich sie, aber in Wirklichkeit haßte ich sie und empfand ihnen gegenüber das Gefühl gekränkter Eigenliebe. Die dritte Klasse existierte für mich nicht; ich verachtete sie vollständig. Mein comme il faut bestand erstens und hauptsächlich in einem einwandfreien Französisch, besonders in einer guten Aussprache. Jemand, der eine schlechte französische Aussprache hatte, erweckte in mir sofort ein Gefühl des Hasses. Wie kommst du dazu, so sprechen zu wollen wie wir, wenn du es doch nicht kannst? fragte ich in Gedanken mit giftigem Hohn. Die zweite Bedingung des comme il faut waren lange, wohlgepflegte, saubere Nägel, die dritte war die Kunst zu grüßen, zu tanzen und sich zu unterhalten; die vierte, sehr wichtige Bedingung war die, über alles erhaben zu sein, sowie der beständige Ausdruck einer gewissen eleganten, verächtlichen Langeweile. Außerdem hatte ich noch allgemeine Kennzeichen, nach denen ich – ohne mit dem Betreffenden gesprochen zu haben – feststellte, zu welcher Klasse er gehörte. Das Hauptmerkmal neben der Zimmereinrichtung, den Handschuhen, der Handschrift und dem Wagen bildeten die Füße. Das Verhältnis der Stiefel zu den Beinkleidern legte in meinen Augen sofort die Stellung eines Menschen fest. Stiefel ohne Absätze, mit engen Spitzen und enge Hosenbeine ohne Strippen – das war ein *einfacher* Mensch. Stiefel mit runder, enger Spitze und Absatz und enganliegende Beinkleider mit Strippen oder weite Hosen, die wie ein Baldachin über der Fußspitze standen, das war ein Mensch mauvais genre und so weiter.

Es ist seltsam, daß für mich, der ich eine ausgesprochene Unfähigkeit für das comme il faut besaß, dieser Begriff eine derartige Bedeutung hatte. Aber vielleicht war er gerade darum so fest mit mir verwachsen, weil es mich entsetzliche Mühe kostete, mir dieses comme il faut zu eigen zu machen. Wie schrecklich zu denken, daß ich als Sechzehnjähriger so viel unschätzbare Zeit des köstlichsten Lebensabschnitts vergeudet habe, um diese Eigenschaft zu erwerben. Allen, denen ich nachzueifern suchte, meinem Bruder Wolodja, seinem Freund Dubkow und einem großen Teil meiner Bekannten, schien das alles sehr leicht zu fallen. Voller Neid blickte ich auf sie und plagte mich im stillen mit der französischen Sprache, mit der Kunst zu grüßen, ohne den Gegrüßten anzusehen, mit der Unterhaltung, mit dem Tanzen, mit der Aneignung der gelangweilten Gleichgültigkeit allem gegenüber, mit meinen Nägeln, bei deren Beschneiden ich mir mit der Schere ins Fleisch schnitt – und fühlte doch, daß mir bis zur Erreichung des Zieles noch viel Mühe bevorstand. Mein Zimmer, meinen

Schreibtisch, meinen Wagen, dies alles bekam ich beim besten Willen nicht so in Schuß, daß man von comme il faut hätte reden können, obgleich ich meinen Widerwillen gegen jede praktische Tätigkeit überwand und mich redlich plagte. Andere dagegen brachten das alles anscheinend ohne jede Mühe ausgezeichnet zustande, wie wenn es gar nicht anders sein könnte. Ich erinnere mich, daß ich eines Tages, nachdem ich mit heißem Bemühen, jedoch vergeblich, an meinen Fingernägeln gearbeitet hatte, an Dubkow, dessen Nägel wunderschön waren, die Frage richtete, ob sie bei ihm schon lange so seien, und wie er das fertigbekommen habe. Dubkow erwiderte mir: »Solange ich denken kann, habe ich nie etwas dazu getan, damit sie so seien; ich begreife nicht, wie sie bei anständigen Menschen anders sein können.« Diese Antwort bekümmerte mich sehr, wußte ich doch damals noch nicht, daß eine der wesentlichen Bedingungen des comme il faut darin besteht, die Bemühungen zu verdecken, durch die man das comme il faut erreicht. Das comme il faut war in meinen Augen nicht nur ein großes Verdienst, eine herrliche Eigenschaft, eine Vollkommenheit, die ich zu erreichen wünschte, sondern eine unerläßliche Lebensbedingung, ohne die es kein Glück, keinen Ruhm und überhaupt nichts Gutes auf der Welt geben könne. Ich hätte weder einen berühmten Künstler noch einen großen Gelehrten noch einen Wohltäter des Menschengeschlechtes geachtet, wenn er nicht comme il faut gewesen wäre. Der Mensch comme il faut stand höher als sie, und sie hielten überhaupt keinen Vergleich mit ihm aus; er überließ es ihnen, Bilder zu malen, zu komponieren, Bücher zu schreiben, Gutes zu tun, und lobte sie sogar dafür (warum sollte man auch nicht das Gute loben, an wem immer es sein mochte?), aber er konnte sich unmöglich mit ihnen auf eine Stufe stellen; er war comme il faut und sie nicht, und das genügte. Ja, ich würde sogar, hätte ich einen Bruder, eine Mutter oder einen Vater gehabt, die nicht comme il faut waren, gesagt haben, daß es zwar ein Unglück sei, aber daß es zwischen mir und ihnen keine Gemeinschaft geben könne. Doch weder der Verlust der köstlichen Zeit, die ich mit der ständigen Sorge, mit der Befolgung all der für mich so schwierigen Bedingungen des comme il faut verbrachte, Bedingungen, die jede wahre Begeisterung unmöglich machten, noch auch der Haß und die Geringschätzung gegen neun Zehntel des Menschengeschlechts, noch auch die Blindheit gegen alles Schöne, das außerhalb des Kreises des comme il faut lebte, dies alles war noch nicht das Schlimmste, das mir dieser Begriff brachte. Das schlimmste Übel bestand in der Überzeugung, daß das comme il faut eine selbständige Stellung in der Gesellschaft schaffe; daß der Mensch sich nicht zu bemühen brauche, Beamter oder Wagenbauer, Soldat oder Gelehrter zu sein, sofern er nur comme il faut sei; daß er, wenn er diese Stellung erreicht habe, damit bereits seine Bestimmung erfülle und sogar höher stehe als der größte Teil der Menschheit.

In einer bestimmten Zeit der Jugend gelangt jeder Mensch nach vielen Irrtümern und Phantastereien zu der Notwendigkeit einer tätigen Teilnahme am sozialen Leben, wählt sich irgendein Arbeitsgebiet und widmet sich ihm; aber bei dem Menschen comme il faut kommt das nur selten vor. Ich kannte und kenne sehr, sehr viele alte, stolze, selbstbewußte, in ihren Urteilen scharfe Menschen, die – würde ihnen in jener Welt die Frage vorgelegt: »Wer bist du, und was hast du in der Welt geleistet?« – darauf nichts antworten könnten als: »Je fus un homme très comme il faut.«

Dieses Schicksal erwartete mich.

32. Jugend

Bei all der in meinem Kopfe herrschenden Begriffsverwirrung fühlte ich mich diesen Sommer doch vor allem jung, unschuldig, frei und daher beinah glücklich.

Manchmal, und zwar recht oft, stand ich früh auf. Ich schlief im Freien auf der Terrasse, und die hellen, schrägen Strahlen der Morgensonne weckten mich. Ich kleidete mich rasch an, nahm ein Handtuch und einen französischen Roman unter den Arm und ging an den Fluß, um im Schatten eines Birkenwäldchens zu baden, das eine halbe Werst von unserm Haus entfernt war. Dort legte ich mich im schattigen Grase nieder und las; manchmal löste ich meine Augen vom Buch, um die im Schatten purpurn erscheinende Oberfläche des Wassers zu betrachten, die im Morgenwind sich leise zu regen begann, das gelbe Roggenfeld am jenseitigen Ufer sowie den hellroten Glanz der Morgensonne, deren Strahlen immer tiefer und tiefer die weißen Stämme der Birken färbten, die – eine hinter der anderen verborgen – weiter und weiter vor mir in den dichten Wald zurückzuweichen schienen; und mit Wollust gab ich mich dem Bewußtsein hin, daß mich die gleiche frische, jugendliche Lebenskraft durchpulste, wie sie ringsum die ganze Natur atmete. Wenn graue Morgenwolken am Himmel standen und ich nach dem Bad fror, zog ich oft ohne Weg durch Wald und Feld und ließ den frischen Morgentau getrost und voll Behagen in meine Stiefel dringen. Dabei dachte ich dann lebhaft an die Helden des zuletzt gelesenen Romans und war in meiner Phantasie bald Feldherr, bald Minister, bald ein Held der Stärke, bald ein Held der Leidenschaft, und mit geheimer Scheu blickte ich fortwährend um mich in der Hoffnung, plötzlich irgendwo auf einer Lichtung oder hinter einem Baume »ihr« gegenüberzustehen. Traf ich bei solchen Spaziergängen Bauern und Bäuerinnen bei der Arbeit, so empfand ich – obgleich das »einfache« Volk für mich gar nicht existierte – doch insgeheim große Verlegenheit und bemühte mich, von ihnen nicht gesehen zu werden. Wenn es bereits heiß wurde, die Damen aber noch nicht zum Tee erschienen waren, ging ich oft in den Obst- oder Gemüsegarten und aß, was gerade reif war. Und diese Beschäftigung war für mich eins der schönsten Vergnügen. Da gerät man in den Apfelgarten oder mitten in das hohe, verwilderte, dichte Himbeergebüsch. Über sich hat man den hellen, glühenden Himmel, rings um sich das hellgrüne, stachlige Himbeergesträuch, zwischen dem das Unkraut wuchert. Dunkelgrüne Brennesseln mit dünnen, blühenden Spitzen recken sich ebenmäßig nach oben; ausladende Disteln wachsen mit dem unnatürlichen Violett ihrer stechenden Blüten unbekümmert über die Himbeersträucher und über meinen Kopf hinaus und reichen hin und wieder mit den Nesseln zusammen sogar an die gespreizten mattgrünen Zweige der alten Apfelbäume heran, auf denen, der Sonne trotzend, die glänzenden, runden, noch feuchten Äpfel heranreifen. Unten strebt eine junge, fast trockene, blattlose Himbeerstaude gekrümmt zur Sonne hin; grünes, spitzes Gras und junge Kletten drängen sich aufgetränkt durch das vorjährige Laub und grünen saftig im ewigen Schatten, als wüßten sie nichts davon, wie hell die Sonne auf die Blätter des Apfelbaums scheint.

In dieser Wildnis ist es stets feucht; es riecht nach dichtem, immerwährendem Schatten, nach Spinnweben, nach Fallobst, das geschwärzt schon auf dem modrigen Boden herumliegt, nach Himbeeren, manchmal auch nach einer Waldwanze, die man wohl unversehens mit einer Beere verschluckt, worauf man dann so schnell wie möglich noch eine Beere ißt. Dringt man tiefer in das Gestrüpp ein, so scheucht man die Sperlinge auf, die immer hier hausen; man hört ihr geschäftiges Zwitschern und das Anschlagen der kleinen schnellen Flügel an die Zweige; man hört das Summen einer fetten Biene an stets dem gleichen Ort, und von irgendeinem Weg her die Schritte des Gärtners, des närrischen Akim, der fortwährend etwas vor sich hinmurmelt. Im stillen denkt man: Ach, hier kann weder er noch sonst jemand auf der Welt mich finden, und zieht mit beiden Händen rechts und links von den weißen kleinen Kegeln die saftigen Beeren herunter und schluckt eine nach der anderen. Die Beine sind bis über die Knie naß; im Kopf hat man irgendwelchen schrecklichen Unsinn (zum Beispiel wiederholt man unzählige Male hintereinander in Gedanken »daaas zuuu zwaaan-zig, daas zuuu siebeeen«); die Hände und, durch die nassen Beinkleider hindurch, auch die Beine sind von Brennesseln verbrannt; die durch das Dickicht senkrecht einfallenden Sonnenstrahlen fangen bereits an, den Kopf zu schmoren; schon lange mag man nicht mehr essen; aber man sitzt immer noch im Gestrüpp, blickt um sich, lauscht, denkt vor sich hin, reißt mechanisch die besten Beeren ab und schluckt sie hinunter.

In der elften Stunde kam ich gewöhnlich in den Salon, meist nach dem Tee, wenn die Damen schon bei ihren Beschäftigungen saßen. An dem ersten Fenster, mit dem zum Schutz gegen die Sonne herabgelassenen Rouleau von ungebleichter Leinwand, durch dessen Löcher die grelle Sonne auf alles, was sie trifft, derartig blendende Feuerkreise wirft, daß die Augen einem weh tun, wenn man hinschaut, steht ein Stickrahmen, auf dessen weißer Leinwand Fliegen leise dahinspazieren. An dem Stickrahmen sitzt Mimi; unaufhörlich bewegt sie voller Ingrimm den Kopf hin und her und rückt von einem Platz zum anderen, um der Sonne zu entgehen, die – plötzlich durchbrechend – ihr bald hier, bald da auf Gesicht oder Hand feurige Streifen zeichnet. Die anderen drei Fenster werfen vollständige, von den Schatten der Fensterrahmen abgegrenzte leuchtende Vierecke auf den nichtgestrichenen Fußboden des Salons. Auf einem dieser Vierecke liegt nach alter Gewohnheit Milka und blickt mit gespitzten Ohren nach den Fliegen, die sich auf dem hellen Viereck ergehen. Katenka sitzt auf dem Sofa und strickt oder liest vor; ungeduldig fächelt sie mit ihren weißen, in dem grellen Licht durchsichtig erscheinenden Händen oder schüttelt stirnrunzelnd den Kopf, um eine Fliege, die sich in ihr goldiges, dichtes Haar verirrt hat, zu verjagen. Ljubotschka geht entweder – die Hände auf dem Rücken – im Zimmer auf und ab und wartet darauf, daß alle in den Garten gehen, oder spielt auf dem Klavier irgendein Stück, von dem ich schon längst jede Note kenne. Ich setze mich irgendwohin, höre dem Klavierspiel oder dem Vorlesen zu und laure auf den Augenblick, wo ich mich selbst an das Instrument setzen kann. Nach dem Mittagessen tue ich den Mädchen manchmal die Ehre an, daß ich mit ihnen spazierenreite (zu Fuß spazierenzugehen hielt ich für unvereinbar mit meinen Jahren und mit meiner Stellung in der Welt). Und unsere Spazierritte, bei denen ich sie in Schluchten und ungewohnte Gegenden führe, sind recht angenehm. Da erleben wir hin und wieder Abenteuer, bei denen ich mich als schneidiger junger Mann zeige; da loben die Damen meine Reitkunst und betrachten mich als ihren Beschützer. Abends, wenn kein Besuch da ist, mache ich es mir nach dem Tee, den wir in der schattigen Galerie trinken, und nach einem Rundgang mit Papa durch die Wirtschaft auf meinem alten Platz in dem Voltairesessel bequem, höre Katenkas oder Ljubotschkas Klavierspiel zu, lese und gebe mich gleichzeitig, wie früher, meinen Träumereien hin. Dann und wann, wenn ich allein im Salon zurückgeblieben bin, während Ljubotschka irgendein altgewohntes Musikstück spielt, lasse ich unwillkürlich das Buch sinken; ich blicke durch die offenstehende Balkontür nach den krausen, herabhängenden Zweigen der hohen Birken, auf die der Abendschatten sich herabsenkt, und nach dem reinen Himmel, an dem sich, wenn man scharf hinsieht, auf einmal etwas wie ein staubartiges, gelbliches Pünktchen zeigt und wieder verschwindet; ich horche auf die aus dem Salon herüberdringenden Klänge der Musik, auf das Knarren des Tores, auf die Stimmen der Weiber und auf das Getümmel der in das Dorf zurückkehrenden Herde – und dann muß ich auf einmal lebhaft an Natalja Sawischna und an Mama und Karl Iwanowitsch denken, und einen Augenblick werde ich ganz traurig. Aber mein ganzes Wesen ist in dieser Zeit so voll Leben und Hoffnung, daß diese Erinnerung mich nur mit ihrem Flügel streift und weiterfliegt.

War das Abendessen vorbei, wonach ich manchmal noch mit diesem oder jenem einen nächtlichen Spaziergang durch den Garten unternahm (allein in den dunklen Alleen herumzugehen, fürchtete ich mich), verzog ich mich und legte mich auf den Boden der Galerie zum Schlafen nieder, was mir das größte Vergnügen bereitete, obgleich mich die Millionen Nachtmücken schier auffressen wollten. Bei Vollmond sitze ich dann oft ganze Nächte lang auf meiner Matratze, verfolge die Lichter und Schatten, lausche der Stille und den Geräuschen, träume von mancherlei schönen Dingen, besonders von dem poetischen, sinnlichen Glück, das mir damals als das höchste Glück im Leben erschien, und bin bekümmert darüber, daß mir bisher nur vergönnt war, es mir in der Phantasie auszumalen. Ein andermal wieder, wenn alles sich verabschiedet hat und die Lichter aus dem Salon in die Zimmer des oberen Stockwerks gewandert sind, wo man nun weibliche

Stimmen und das Geräusch des Öffnens und Schließens von Fenstern hört, begebe ich mich auf die Galerie und gehe dort auf und ab, begierig alle Laute des sich zur Ruhe begebenden Hauses in mich einsaugend. Solange noch eine kleine, vielleicht ganz unbegründete Hoffnung auf ein derartiges, wenn auch unvollkommenes Glück besteht, wie ich es mir in meinen Träumen ausmale, ist es mir unmöglich, mich diesen Glücksträumen in ungestörter Ruhe hinzugeben.

Bei jedem Geräusch barfüßiger Schritte, bei jedem Husten oder Seufzer, dem Zuschlagen eines Fensters, dem Rascheln eines Kleides, springe ich vom Bett auf, spitze die Ohren wie ein Dieb, halte überall Umschau und gerate ohne sichtlichen Grund in Aufregung. Aber dann verschwinden die Lichter in den oberen Zimmern; die Schritte verhallen, die Unterhaltungen verstummen, und bald hört man dafür das Schnarchen der Schlafenden; der Wächter schlägt auf seinem nächtlichen Rundgang die Hölzer; der Garten ist dunkel und bald wieder hell geworden, sobald der rötliche Schein in den Fenstern erloschen ist; das letzte Licht wandert aus dem Büfettzimmer in das Vorzimmer, von wo es einen Lichtkegel in den taufeuchten Garten wirft, und durch das Fenster sehe ich die gebeugte Gestalt Fokas, der in seiner Frauenjacke, ein Licht in der Hand, sein Bett aufsucht. Oft auch fand ich einen großen aufregenden Genuß darin, mich durch das nasse Gras in dem schwarzen Schatten des Hauses zu schleichen, an das Fenster des Vorzimmers zu treten und mit verhaltenem Atem auf das Schnarchen des Burschen und das Geächze Fokas zu horchen, der sich unbelauscht glaubte, und auf seine greisenhafte Stimme, mit der er lange, lange betete. Zuletzt erlosch auch dieses Licht; das Fenster wurde geschlossen, ich blieb völlig allein, schaute mich nach allen Seiten um, ob nicht irgendwo neben einem Blumenbeet oder neben meinem Bett eine weiße Frau sichtbar würde, lief eilends auf die Galerie zurück, legte mich auf mein Bett, mit dem Gesicht nach dem Garten hin, deckte mich, so gut es ging, gegen die Mücken und Fledermäuse zu, blickte in den Garten, lauschte auf die Geräusche der Nacht und träumte von Liebe und Glück.

Dann nahm alles für mich einen anderen Sinn an: das Aussehen der alten Birken, die auf der einen Seite mit ihren krausen Zweigen dem mondbeglänzten Himmel entgegenstrahlten, auf der anderen aber schwarze Schatten auf Sträucher und Fahrweg warfen, der ruhige, leuchtende, gleichmäßig wie ein Ton sich ausbreitende Schimmer des Teiches, der Silberglanz der Tautropfen auf den Blumen der Galerie, die gleichfalls ihren anmutigen Schatten quer über die grauen Rabatten warfen, der Ruf der Wachtel jenseits des Teiches und die Stimme eines Menschen auf der Landstraße, das leise, kaum hörbare Knarren zweier alter Birken, die sich aneinander rieben, das Summen einer Mücke über meinem Ohr unter der Bettdecke, das Herabfallen eines auf die Zweige anprallenden Apfels auf die trockenen Blätter und die Sprünge der Frösche, die manchmal bis an die Stufen der Terrasse herankamen und fast geheimnisvoll im Mondlicht mit ihren grünlichen Rücken glänzten – dies alles bekam für mich eine seltsame Bedeutung, die Bedeutung einer übergroßen Schönheit und eines ahnungsvollen Glücks. Und da erschien auch »sie«, mit langem, schwarzem Zopf, mit hoher Brust, stets traurig und schön, mit nackten Armen und wollustbringenden Umarmungen. Sie liebte mich; ich opferte für einen Augenblick ihrer Liebe mein ganzes Leben. Doch der Mond stieg immer höher und leuchtender am Himmel empor; der schimmernde, gleichmäßig wie ein Ton sich ausbreitende Glanz des Teiches wurde klarer und klarer; die Schatten wurden immer dunkler, das Licht immer durchsichtiger, und während ich all das sah und belauschte, sagte mir eine innere Stimme, daß »sie« mit den nackten Armen und den glühenden Umarmungen längst nicht das volle Glück sei, die Liebe zu ihr längst nicht die ganze Seligkeit; und je mehr ich den hoch am Himmel stehenden Vollmond betrachtete, um so höher schien mir die wahre Schönheit und Seligkeit zu sein, um so reiner, um so näher ihm, dem Quell alles Schönen und Edlen, und Tränen einer unbefriedigten, doch gewaltig erregten Freude traten mir in die Augen.

Und stets war ich allein, und stets schien es mir, daß die geheimnisvolle, majestätische Natur und die helle, verlockende runde Mondscheibe, die an einer bestimmten hohen Stelle des blaßblauen Himmels stand und gleichzeitg überall war und schier den ganzen unermeßlichen Raum erfüllte, und ich, der armselige Erdenwurm, der schon mit allen kleinlichen, ärmlichen, menschlichen Leidenschaften befleckt, aber doch an der ganzen unermeßlichen Macht der Liebe teilhatte – stets schien es mir in diesen Augenblicken, als seien Natur, Mond und ich ein und dasselbe.

33. Die Nachbarn

Ich hatte mich am ersten Tag nach unserer Ankunft sehr gewundert, als Papa unsere Nachbarn, die Jepifanows, »prächtige Menschen« nannte, und noch mehr wunderte mich, daß er zu ihnen hinfuhr, um sie zu besuchen. Wir führten nämlich mit Jepifanows seit langem einen Prozeß um ein Stück Land. Als Kind hatte ich mehr als einmal gehört, wie Papa sich über diesen Prozeß ärgerte, auf die Jepifanows schalt und verschiedene Leute berief, um sich vor ihnen, wie es mir vorkam, zu schützen; ich hatte gehört, wie Jakow sie »unsere Feinde« und »schwarze Leute« nannte und erinnerte mich, wie Mama gebeten hatte, in ihrem Haus und in ihrer Gegenwart diese Leute gar nicht zu erwähnen.

Auf Grund dieser Tatsachen hatte ich mir in meiner Kindheit die feste, klare Anschauung gebildet, daß die Jepifanows unsere »Feinde« seien, fähig, nicht nur Papa, sondern auch seinen Sohn, wenn man ihnen in die Hände fiele, abzuschlachten oder zu erwürgen, und daß sie im buchstäblichen Sinn »schwarze Leute« seien, so daß ich, als ich in Mamas Todesjahre Awdotja Wasiljewna Jepifanowa, la belle Flamande, als Pflegerin meiner Mutter sich betätigen sah, kaum glauben wollte, daß sie zur Familie der schwarzen Leute gehörte. Immerhin hielt ich an meiner äußerst ungünstigen Meinung über diese Familie fest und verblieb auch bei meiner sonderbaren Voreingenommenheit gegen diese Familie, obgleich wir diesen Sommer häufig mit ihnen zusammenkamen. Und wer waren nun diese Jepifanows? Die Familie bestand aus der Mutter, einer fünfzigjährigen, noch frischen und heiteren Witwe, der schönen Tochter Awdotja Wasiljewna und dem Sohn Pjotr Wasiljewitsch; er war Leutnant a. D. und Junggeselle, stotterte und zeichnete sich durch sehr ernste Grundsätze aus.

Anna Dmitrijewna Jepifanowa hatte ungefähr zwanzig Jahre lang, bis zum Tod ihres Mannes, von ihm getrennt gelebt, manchmal in Petersburg, wo sie Verwandte hatte, meistens aber auf ihrem Gut Mytistschi, das drei Werst von uns entfernt lag. In der Umgegend erzählte man sich über ihren Lebenswandel so entsetzliche Dinge, daß Messalina im Vergleich mit ihr ein unschuldiges Kind war. Infolgedessen hatte meine Mutter auch gebeten, es möchte in ihrem Hause Frau Jepifanowa nicht einmal dem Namen nach erwähnt werden; doch durfte man – das sage ich ohne jede Ironie – nicht den zehnten Teil von der schlimmsten Art aller Klatschereien glauben – ich meine den Klatsch unter Gutsnachbarn. Zu der Zeit, als ich Anna Dmitrijewna kennenlernte, hatte sie zwar bei sich im Haus den leibeigenen Schreiber Dmitjuscha, der – immer mit pomadisiertem, gebranntem Haar und in einem Tscherkessenrock – beim Mittagessen hinter ihrem Stuhl stand; und sie forderte oft in seiner Gegenwart ihre Gäste auf französisch auf, seine schönen Augen und seinen schönen Mund zu bewundern; sonst aber war auch entfernt nichts von dem zu entdecken, worüber das Gerede nicht verstummen wollte. In der Tat hatte Anna Dmitrijewna anscheinend schon vor zehn Jahren, das heißt zu der Zeit, da sie ihren respektvollen Sohn Petruscha veranlaßte, den Militärdienst zu quittieren und zu ihr zu ziehen, ihre Lebensweise völlig geändert. Anna Dmitrijewnas Gut war nicht groß, es umfaßte etwa hundert Seelen, und die Ausgaben waren in der Zeit ihres lustigen Lebens so beträchtlich gewesen, daß vor zehn Jahren das verpfändete und nicht wieder ausgelöste Gut versteigert werden sollte. In dieser bedrohlichen Lage und in der Meinung, daß die Vormundschaft, die Inventaraufnahme, das Erscheinen des Gerichtsvollziehers und ähnliche Unannehmlichkeiten ihren Grund nicht so sehr in der Nichtbezahlung der Zinsen, als vielmehr darin hätten, daß sie eine Frau sei, schrieb sie ihrem Sohn nach dem Standort seines Regiments, er möchte kommen und seiner Mutter aus dieser Not helfen. Obgleich Pjotr Wasiljewitsch militärisch gut vorankam, so daß er hoffen konnte, bald seine schöne, gesicherte Position zu haben, gab er alles auf, nahm seinen Abschied und siedelte auf das Gut über, da er als gehorsamer Sohn es für seine erste Pflicht hielt, seiner Mutter ein ruhiges Alter zu verschaffen, was er ihr auch in seinen Briefen ganz offen schrieb.

Pjotr Wasiljewitsch war trotz seinem unschönen Gesicht, seiner Plumpheit und seinem Stottern ein Mann von außerordentlich festen Grundsätzen und ungewöhnlich praktischem Verstand. Durch geringfügige Anleihen, geschickte Taktik, Bitten und Versprechungen brachte er es fertig, das Gut für die Familie zu retten. Nachdem er nun Landwirt geworden, zog er seines Vaters Pekesche an, die sich in einer Rumpelkammer fand, schaffte die Kutschen und die Pferde ab, machte den vielen Besuchen auf Mytistschi ein Ende, pflügte das Brachland um, vergrößerte das Ackerland, verkleinerte das Bauernland, ließ von seinen eigenen Leuten Holz fällen, das er mit Gewinn verkaufte, und brachte die Geschichte wieder in Ordnung. Pjotr Wasiljewitsch hatte sich das Wort gegeben (und hielt es auch), bis zur Bezahlung der Schulden keine andere Kleidung zu tragen als die Pekesche seines Vaters und den Überzieher von Segeltuch, den er sich hatte machen lassen, und nie anders auszufahren als auf einer mit Bauernpferden bespannten Telega. Diese stoische Lebensweise suchte er auf die ganze Familie auszudehnen, soweit ihm das der untertänige Respekt vor seiner Mutter gestattete, den er als seine Pflicht betrachtete. Im Salon katzbuckelte er stotternd vor der Mutter, erfüllte alle ihre Wünsche und schalt die Dienstboten, wenn sie nicht das ausführten, was Anna Dmitrijewna angeordnet hatte, doch in seinem Kabinett und im Kontor griff er scharf ein, wenn jemand ohne seine Anweisung zum Mittagessen eine Ente genommen hatte, wenn auf Anna Dmitrijewnas Befehl ein Bauer zu einer Nachbarin geschickt wurde, um nach ihrem Befinden zu fragen, oder wenn die Bauernmädchen, statt im Gemüsegarten zu jäten, in den Wald geschickt wurden, um Himbeeren zu suchen. Nach etwa vier Jahren waren alle Schulden bezahlt, und Pjotr Wasiljewitsch, der nach Moskau gefahren war, kehrte in einem neuen Anzug und mit einem Tarantas zurück. Doch obwohl das Gut nun wieder blühte, behielt er die gleichen stoischen Neigungen bei, auf die er, wie es schien, vor den Seinen und vor Fremden in seiner ernsten Art stolz war, und äußerte oft stotternd: »Wer mich wirklich sehen will, der wird sich auch freuen, mich im Bauernpelz zu sehen, und wird auch Grütze und Kohlsuppe mit mir essen. Ich jedenfalls esse sie«, fügte er hinzu. In jedem seiner Worte kam sein Stolz zum Ausdruck, der auf dem Bewußtsein gegründet war, daß er sich für seine Mutter aufgeopfert und das Gut schuldenfrei gemacht hatte, und dazu Verachtung gegen andere, weil sie nichts Ähnliches getan hatten.

Mutter und Tochter waren von ganz anderem Charakter und in vielfacher Beziehung sehr verschieden voneinander. Die Mutter war eine jener höchst angenehmen Frauen, die im geselligen Kreis eine stets gleichbleibende gutmütige Heiterkeit an den Tag legen. Ihr machte alles Freundliche, Heitere aufrichtig Freude. Sie besaß sogar (ein Zug, den man nur bei sehr gutmütigen alten Leuten findet) in höchstem Grad die Fähigkeit, sich bei dem Anblick vergnügter junger Leute herzlich zu freuen. Ihre Tochter Awdotja Wasiljewna hatte dagegen einen ernsten Charakter, oder besser gesagt, jenes eigenartige, gleichgültig zerstreute und ohne Grund hochmütige Wesen, wie man es gewöhnlich bei hervorragenden Schönheiten antrifft. Wenn sie aber einmal heiter sein wollte, machte sich diese Heiterkeit auf recht merkwürdige Art Luft. Man wußte nicht, lachte sie über sich oder über die, mit denen sie sprach, oder gar über die ganze Welt, was sie sicherlich nicht wollte. Oft fragte ich mich ganz erstaunt, was sie eigentlich sagen wollte, wenn sie Sätze aussprach wie: »Ja, ich bin schrecklich schön; freilich sind alle in mich verliebt«, und so weiter. Anna Dmitrijewna war immer tätig; mit wahrer Leidenschaft widmete sie sich der Pflege ihres Häuschens, des Gartens, der Blumen, der Kanarienvögel und all der schönen Dinge, die sie so liebte. Ihre Stübchen und der Garten waren nicht groß und auch nicht prächtig; aber alles war so akkurat und sauber eingerichtet und trug so ganz jenen allgemeinen Charakter leichtbeschwingter Fröhlichkeit, wie sie in einem hübschen Walzer oder einer hübschen Polka zum Ausdruck kommt, so daß die Bezeichnung »Spielzeug«, welche die Gäste öfters lobend dafür gebrauchten, ausgezeichnet auf Anna Dmitrijewnas Gärtchen und Stübchen paßte. Und Anna Dmitrijewna selbst war auch ein Spielzeug: klein, schmächtig, mit frischer Gesichtsfarbe und kleinen niedlichen Händchen, stets gut aufgelegt und stets geschmackvoll gekleidet. Nur die zu sehr hervortretenden dunkelvioletten Äderchen auf ihren kleinen Händen beeinträchtigten etwas diesen Gesamteindruck. Awdotja Wasiljewna dagegen tat fast nie etwas und beschäftigte sich weder mit hübschen Sächelchen oder Blumen noch mit sich selber und mußte immer erst fortlaufen, um sich anzuziehen, wenn Besuch kam. Hatte sie sich dann aber umgezogen und kehrte in das Zimmer zurück, so war sie ungewöhnlich schön, abgesehen von dem allen schönen Gesichtern eigenen kühlen und gleichförmigen Ausdruck im Lächeln und in den Augen. Ihr streng regelmäßiges, wundervolles Gesicht und ihre schöne Gestalt schienen ständig zu sagen: Bitte schön, schaut mich nur ruhig an!

Doch trotz der Lebhaftigkeit der Mutter und der gleichgültigen, zerstreuten, äußerlichen Art der Tochter drängte sich einem der Eindruck auf, daß die Mutter niemals – weder jetzt noch früher – etwas geliebt hatte außer dem Niedlichen und Fröhlichen und daß Awdotja Wasiljewna zu jenen Naturen gehörte, die – wenn sie einmal jemanden lieben – ihm ihr ganzes Leben opfern.

Unser Vater war achtundvierzig Jahre alt, als er Awdotja Wasiljewna Jepifanowa zur zweiten Frau nahm.

Als Papa im Frühjahr allein mit dem Mädchen aufs Land kam, befand er sich, wie ich mir die Sache vorstelle, in jener eigenartigen, aufgeregt glücklichen und mitteilsamen Gemütsverfassung, in der sich Spieler, die nach einem großen Gewinn zu spielen aufhören, gewöhnlich befinden. Er fühlte, daß er noch viel unverbrauchtes Glück übrig hatte, das er, wenn er es nicht mehr auf die Karten verwenden wollte, zu anderen Lebenserfolgen nutzen konnte. Außerdem war es Frühling; er hatte ungewöhnlich viel Geld; er war vollständig allein und langweilte sich. Als er einmal mit Jakow über die geschäftlichen Angelegenheiten sprach und sich an den nicht enden wollenden Prozeß mit den Jepifanows und die schöne Wasiljewna erinnerte, die er seit langen Jahren nicht mehr gesehen hatte, mag er wohl zu Jakow gesagt haben: »Weißt du, Jakow Charlampytsch, wozu sollen wir uns mit diesem Prozeß herumschleppen? Ich denke, ich trete ihnen dieses verwünschte Stück Land einfach ab. Nun, wie denkst du darüber?«

Ich stelle mir vor, wie Jakows Finger bei dieser Frage anfingen, sich protestierend auf seinem Rücken herumzudrehen, und wie er einwandte: »Nichtsdestoweniger sind wir im Recht, Pjotr Alexandrowitsch.«

Aber Papa befahl, die Kalesche anzuspannen, zog seine moderne, olivfarbene Pekesche an, kämmte die Haare, die ihm noch geblieben waren, zurecht, besprengte sein Taschentuch mit Parfüm und fuhr in der heitersten Gemütsstimmung zu seinen Nachbarn, von dem Gefühl getragen, wie ein echter Edelmann zu handeln, und, was noch wichtiger war, in der Hoffnung, eine schöne Dame zu sehen.

Es ist mir nur bekannt, daß Papa bei seinem ersten Besuch Pjotr Wasiljewitsch nicht zu Hause traf – er war auf dem Feld – und etwa zwei Stunden mit den Damen allein verbrachte. Ich stelle mir vor, wie er, sich in Liebenswürdigkeit erschöpfend, sie bezauberte, in seinen weichen Stiefeln einherging, lispelte und süße Augen machte. Ich stelle mir auch vor, wie die heitere alte Dame ihm sogleich zugetan war und wie ihre kühle, schöne Tochter allmählich auftaute.

Als eine Gutsmagd atemlos zu Pjotr Wasiljewitsch gelaufen kam, um ihm zu melden, der alte Irtenjew sei selber zu Besuch gekommen, da stelle ich mir vor, wie er ärgerlich antwortete: »Nun, was ist schon dabei, daß er gekommen ist?« Und wie er dann möglichst langsam nach Hause zurückkehrte, vielleicht erst noch in sein Kabinett ging, sich absichtlich seinen schmutzigsten Überzieher anzog und dem Koch sagen ließ, er solle sich nicht unterstehen, zum Mittagessen noch einen Gang hinzuzufügen, wenn die Herrin es etwa befehlen sollte.

Ich habe Papa später oft mit den Jepifanows zusammen gesehen und kann mir ein anschauliches Bild von diesem ersten Zusammensein machen. Ich stelle mir vor, wie Pjotr Wasiljewitsch, obgleich ihm Papa vorschlug, den Prozeß friedlich zu beenden, mürrisch und ärgerlich blieb, daß er seiner Mutter seine Laufbahn zum Opfer gebracht hatte, während Papa nichts dergleichen getan hatte, wie ihn nichts in Erstaunen versetzte, wie Papa, als ob er diese mürrische Art gar nicht bemerkte, scherzhaft und heiter blieb und ihn wie einen hervorragenden Witzbold behandelte und wie Pjotr Wasiljewitsch sich einige Male dadurch beleidigt fühlte, manchmal aber gegen seinen Willen nicht umhin konnte, darauf einzugehen. Papa mit seiner Neigung, aus allem einen Scherz zu machen, nannte Pjotr Wasiljewitsch immer Oberst, und obgleich Jepifanow einmal in meiner Gegenwart – puterrot vor Ärger und noch mehr als sonst stotternd – einwarf, er sei nicht O-o-o-oberst, sondern L-l-l-l-leutnant, nannte ihn Papa fünf Minuten später doch wieder Oberst.

Ljubotschka erzählte mir, daß sie, als wir noch nicht auf dem Gut waren, alle Tage mit den Jepifanows zusammengekommen seien und daß es dabei außerordentlich lustig zugegangen sei. Papa mit seinem Talent, alles originell, scherzhaft und dabei einfach und geschmackvoll zu arrangieren, habe bald Jagden, bald Fischzüge, bald Feuerwerke veranstaltet, bei denen die Jepifanows zugegen gewesen seien. »Und es wäre noch lustiger gewesen, wenn nicht dieser unausstehliche Pjotr Wasiljewitsch dazwischengestottert, geschmollt und das Vergnügen gestört hätte.«

Seit unserer Ankunft waren die Jepifanows nur zweimal bei uns gewesen, und einmal waren wir alle zu ihnen hinübergefahren. Nach dem Peter-Pauls-Tag aber, das heißt, an Papas Namenstag, an dem sie und eine Unmenge anderer Gäste dagewesen waren, hatte unser Verkehr mit den Jepifanows aus irgendwelchem Grunde vollständig aufgehört, und Papa fuhr nur noch allein zu ihnen hin.

In der kurzen Zeit, in der ich Papa mit Awdotja – Dunjetschka nannte ihre Mutter sie – zusammensah, konnte ich folgendes beobachten: Papa befand sich ständig in derselben glücklichen Stimmung, die mir gleich am Tage unserer Ankunft aufgefallen war. Er war so heiter, jugendlich, lebensprühend und glückselig, daß die Strahlen dieser Glückseligkeit alle um ihn herum erfaßten und ihnen unwillkürlich die gleiche Stimmung mitteilten. War Awdotja Wasiljewna im Zimmer, wich er nicht von ihrer Seite, sagte ihr unaufhörlich süße Komplimente, daß ich mich für ihn schämte, oder sah sie schweigend an, zuckte seltsam leidenschaftlich und selbstbewußt mit der Schulter und hüstelte; manchmal flüsterte er ihr sogar lächelnd etwas zu; aber dies alles tat er mit jener Miene, die ihm auch bei den ernstesten Dingen eigen war, als wollte er sagen: »Nur so! Zum Spaß!«

Awdotja Wasiljewna schien von Papa den Ausdruck der Glückseligkeit übernommen zu haben, die zu dieser Zeit fast immer aus ihren großen blauen Augen strahlte, ausgenommen die Augenblicke, wo plötzlich eine derartige Verlegenheit über sie kam, daß es mir, der ich dieses Gefühl kannte, in der Seele weh tat, sie anzusehen. In solchen Augenblicken fürchtete sie ersichtlich jeden Blick und jede Bewegung; es schien ihr, daß alle sie anschauten, nur an sie dächten und alles an ihr ungehörig fänden. Erschreckt ließ sie ihren Blick in die Runde gehen; bald überzog Röte, bald Blässe das Gesicht, und sie begann laut und dreist zu sprechen, größtenteils Torheiten; und weil sie das fühlte, weil sie fühlte, daß alle und auch Papa es merkten, errötete sie noch mehr. Aber in solchen Fällen beachtete Papa diese Torheiten einfach nicht; er sah sie hüstelnd, immer gleich leidenschaftlich und mit heiterem Entzücken an. Ich beobachtete, daß sich die Anfälle von Verlegenheit bei Awdotja Wasiljewna zwar auch ohne jede besondere Ursache einstellten, mehrere Male aber gerade dann, wenn in Papas Gegenwart von irgendeiner schönen jungen Frau gesprochen wurde. Daß sie oft von Nachdenklichkeit zu der schon erwähnten, seltsam gezwungenen Heiterkeit überging, daß sie gewisse Lieblingsworte und Redewendungen von Papa wiederholte, daß sie Gespräche, die sie mit Papa angefangen hatte, mit anderen Personen fortsetzte, dies alles würde mir, wenn die handelnde Person nicht mein Vater und ich älter gewesen wäre, über die zwischen Papa und Awdotja Wasiljewna bestehenden Beziehungen die Augen geöffnet haben; aber ich ahnte damals nichts, selbst dann nicht, als in meiner Gegenwart Papa durch einen Brief, den er von Pjotr Wasiljewitsch erhielt, ganz aus dem Gleichgewicht gebracht wurde und bis zu Ende August nicht mehr zu den Jepifanows fuhr.

Ende August begann Papa von neuem zu unseren Nachbarn zu fahren, und einen Tag vor unserer (das heißt, Wolodjas und meiner) Abreise nach Moskau teilte er uns mit, er werde Awdotja Wasiljewna heiraten.

35. Wie wir diese Mitteilung aufnahmen

Am Tag vor dieser offiziellen Benachrichtigung wußten schon alle im Haus über die Angelegenheit Bescheid und beurteilten sie sehr verschieden. Mimi verließ den ganzen Tag über nicht ihr Zimmer und weinte. Katenka saß bei ihr und erschien erst zum Mittagessen mit einer beleidigten Miene, die sie offenbar ihrer Mutter entlehnt hatte; Ljubotschka dagegen war sehr vergnügt und sagte bei Tisch, sie wisse ein herrliches Geheimnis, werde es aber niemandem sagen.

»An deinem Geheimnis ist gar nichts Herrliches«, antwortete ihr Wolodja, der ihre Begeisterung nicht teilte. »Wenn du überhaupt ernsthaft denken könntest, würdest du begreifen, daß es sich im Gegenteil um etwas sehr Schlimmes handelt.«

Ljubotschka sah ihn vor Erstaunen starr an und schwieg.

Nach Tisch wollte Wolodja mich bei der Hand nehmen; da er aber fürchtete, es könnte zu sehr nach Zärtlichkeit aussehen, berührte er nur meinen Ellbogen und gab mir mit dem Kopf ein Zeichen, in den Stall zu kommen.

»Du weißt, von welchem Geheimnis Ljubotschka gesprochen hat?« fragte er mich, nachdem er sich überzeugt hatte, daß wir allein waren.

Wolodja und ich sprachen nur selten unter vier Augen und über ernste Dinge, so daß wir, wenn es doch einmal geschah, voreinander eine gewisse Verlegenheit verspürten und in unseren Augen »Kobolde hüpften«, wie sich Wolodja ausdrückte; jetzt aber schaute er mir – in Erwiderung auf die Verlegenheit, die sich in meinen Augen ausdrückte – unverwandt und ernst in die Augen, und mit einem Ausdruck, der zu sagen schien: Verlegenheit hin, Verlegenheit her; wir sind nun einmal Brüder und müssen uns in einer so wichtigen Familienangelegenheit aussprechen. Ich verstand ihn, und er fuhr fort: »Papa heiratet Fräulein Jepifanowa; weißt du das?«

Ich nickte mit dem Kopf; denn ich hatte bereits davon gehört.

»Das ist äußerst verdrießlich«, fuhr Wolodja fort.

»Wieso?«

»Wieso!« versetzte er ärgerlich. »Es ist wirklich zu angenehm, solch einen Stotteroberst zum Onkel zu haben, na, und diese ganze Verwandtschaft! Und sie selber scheint auch nur jetzt gutherzig und erträglich zu sein; aber wer weiß, wie es später sein wird. Uns beiden kann es schließlich gleich bleiben; aber Ljubotschka muß bald in die Gesellschaft eingeführt werden. Mit einer solchen belle-mère ist das nicht weiter erfreulich; sie spricht sogar schlecht Französisch, und was für Manieren kann sie ihr beibringen? Eine poissarde ist sie, weiter nichts; mag sie meinetwegen gutmütig sein, aber eine poissarde ist sie doch«, schloß Wolodja, dem man ansah, wieviel er sich auf diesen Ausdruck poissarde zugute tat.

So seltsam mich auch die kühle Ruhe berührte, mit der Wolodja Papas Wahl verurteilte, schien er mir doch recht zu haben.

»Warum heiratet Papa sie eigentlich?« fragte ich.

»Das ist eine dunkle Geschichte; Gott mag's wissen; ich weiß nur, daß Pjotr Wasiljewitsch ihm zugeredet hat, sie zu heiraten, ja, es verlangt hat, und daß Papa zuerst nicht wollte; dann aber überkam ihn eine Laune, eine Art Anwandlung von Ritterlichkeit; es ist eine dunkle Geschichte. Ich habe erst jetzt angefangen, unsern Vater richtig zu verstehen«, fuhr Wolodja fort (daß er ihn »Vater« nannte und nicht »Papa«, berührte mich tief schmerzlich); »er ist ein vortrefflicher Mensch, gutherzig und gescheit, aber dieser Leichtsinn und diese Flatterhaftigkeit – unglaublich! Keine Frau kann er mit ruhigem Blut anschauen. Du weißt ja, es gibt kein weibliches Wesen in seiner Bekanntschaft, in das er sich nicht verliebt hätte. Mimi gehört bekanntlich auch dazu.«

»Was sagst du da?«

»Es ist eben so. Gerade kürzlich habe ich erfahren, daß er in Mimi verliebt war, als sie noch jung war, daß er Gedichte an sie schrieb und daß es zwischen ihnen etwas gegeben hat. Mimi leidet heute noch darunter.« Wolodja fing an zu lachen.

»Unmöglich«, rief ich erstaunt.

»Aber, was die Hauptsache ist«, fuhr Wolodja wieder ernst werdend fort und begann auf einmal französisch zu sprechen, »wie angenehm wird eine solche Heirat für unseren ganzen Familienkreis sein! Und Kinder wird sie sicher auch bekommen!«

Wolodjas gesunder Verstand und seine Weitsichtigkeit machten solchen Eindruck auf mich, daß ich nicht wußte, was ich ihm antworten sollte.

In diesem Augenblick trat Ljubotschka zu uns.

»Ihr wißt es also?« fragte sie mit froher Miene.

»Ja«, antwortete Wolodja. »Ich wundere mich nur, Ljubotschka: du bist doch kein Wickelkind mehr, wie kannst du dich darüber freuen, daß Papa so eine Person heiratet?«

Ljubotschka machte auf einmal ein ernstes Gesicht und dachte nach.

»Wolodja, was soll das heißen, eine ›Person‹? Wie kannst du dich unterstehen, so von Awdotja Wasiljewna zu reden? Wenn Papa sie heiratet, so ist sie doch keine Person.«

»Nun dann meinetwegen, dann keine Person; ich habe das nur so gesagt; aber trotzdem ...«

»Nein, kein ›trotzdem‹«, unterbrach ihn Ljubotschka hitzig. »Ich habe auch nicht gesagt, daß das Fräulein, in das du verliebt bist, eine Person wäre; wie kannst du von Papa und von einem ganz vortrefflichen Mädchen so reden? Wenn du auch mein älterer Bruder bist, so sprich mir doch nicht so, du darfst nicht so sprechen.«

»Sollen wir uns etwa kein Urteil erlauben dürfen über ...«

»Nein, gewiß nicht«, unterbrach ihn Ljubotschka wieder, »über einen solchen Vater wie den unsrigen dürfen wir uns kein Urteil erlauben; Mimi darf es, aber nicht du als ältester Bruder.«

»Ach, aber du begreifst auch gar nichts«, sagte Wolodja verächtlich. »Begreife doch: ist denn das etwa schön, daß so eine Dunjetschka Jepifanowa dir die selige Mama ersetzen soll?«

Ljubotschka schwieg einen Augenblick, und plötzlich traten ihr die Tränen in die Augen.

»Ich wußte immer schon, daß du hochmütig bist; aber ich hätte nicht gedacht, daß du so schlecht bist«, sagte sie und ging fort.

»Auf Brötchen«, sagte Wolodja und machte dazu ein ernstkomisches Gesicht und trübe Augen. »Mit denen soll man argumentieren!« fuhr er fort, wie wenn er sich selber Vorwürfe darüber machte, daß er sich so weit vergessen habe, sich zu einem Gespräch mit Ljubotschka herabzulassen.

Am folgenden Tag war schlechtes Wetter. Und weder Papa noch die Damen waren zum Tee erschienen, als ich in den Salon trat. In der Nacht war ein kalter Herbstregen gefallen; am Himmel liefen die Überreste der Wolken dahin, die in der Nacht ihre Schleusen geöffnet hatten, und die schon ziemlich hochstehende Sonne schien – als heller Kreis sich abhebend –

matt hindurch. Es war windig, feucht und kalt. Die nach dem Garten führende Tür war geöffnet; auf dem von der Nässe schwarzen Fußboden der Terrasse trockneten die von dem nächtlichen Regen herrührenden Wasserlachen. Die offenstehende Tür wurde vom Wind an dem eisernen Haken hin und her gerüttelt; die Wege waren feucht und schmutzig. Die alten Birken mit ihren kahlen, weißen Ästen, die Büsche und das Gras, die Nesseln, die Johannisbeersträucher und der Holunder schlugen, die blasse Seite der Blätter herauskehrend, an ein und demselben Flecke hin und her und schienen sich von ihren Wurzeln losreißen zu wollen; aus der Lindenallee kamen, umherwirbelnd und einander jagend, gelbe, runde Blätter geflogen und legten sich durchnäßt auf die feuchte Fahrstraße und auf das feuchte, dunkelgrüne Grummet der Wiese. Meine Gedanken waren mit der bevorstehenden Heirat des Vaters beschäftigt, und zwar von dem Standpunkt aus, von dem Wolodja sie betrachtete. Die Zukunft unserer Schwester, die unsrige und auch die des Vaters strahlten mir nicht in rosigem Licht. Besonders erregte mich der Gedanke, daß eine fremde und – was die Hauptsache war – eine junge Frau, die dazu keinerlei Recht hatte, auf einmal in vielen Beziehungen die Stelle – wessen einnehmen sollte? Ein einfaches junges Fräulein sollte den Platz unserer lieben seligen Mutter einnehmen! Ich wurde ganz traurig, und immer mehr erschien mir mein Vater als der Schuldige. In diesem Augenblick hörte ich seine und Wolodjas Stimme vom Dienerzimmer her. Ich mochte den Vater jetzt nicht sehen und ging wieder hinaus; aber Ljubotschka kam, um mich zu holen, und sagte, Papa habe nach mir gefragt.

Er stand im Salon, die Hand auf das Klavier gestützt, und blickte ungeduldig und zugleich mit einer gewissen Feierlichkeit nach der Seite, von der ich kommen mußte. Auf seinem Gesicht lag nicht mehr jener Ausdruck von Jugendlichkeit und Glück, wie ich ihn diese ganze Zeit über an ihm wahrgenommen hatte. Er war traurig. Wolodja ging mit der Pfeife in der Hand im Zimmer auf und ab. Ich trat an den Vater heran und begrüßte ihn.

»Nun, meine Lieben«, sagte er mit Bestimmtheit, den Kopf aufrichtend, in jenem besonderen schnellen Ton, in dem man Dinge vorbringt, die unangenehm sind, über die die Entscheidung aber bereits gefällt ist, »ihr wißt schon, glaube ich, daß ich Awdotja Wasiljewna heiraten werde.« Er schwieg ein Weilchen. »Ich hatte mich nach dem Tod eurer Mama nie wieder verheiraten wollen; aber ...« Er stockte einen Augenblick. »Aber ... aber das Schicksal will es so. Dunjetschka ist ein gutes, liebenswürdiges Mädchen und auch nicht mehr gar zu jung; ich hoffe, ihr werdet sie liebgewinnen, Kinder; sie selber liebt euch schon mit ganzer Seele; sie ist herzensgut. Für euch«, sagte er, wobei er sich an mich und Wolodja wandte und anscheinend absichtlich schnell sprach, damit wir nicht die Möglichkeit hätten, ihn zu unterbrechen, »für euch ist es Zeit abzureisen. Ich selbst werde bis Neujahr hier bleiben und dann nach Moskau kommen« – hier stockte er wieder – »mit meiner Frau und mit Ljubotschka.« Es tat mir weh zu sehen, wie der Vater gleichsam schüchtern und schuldbewußt vor uns stand, und ich trat näher an ihn heran; Wolodja aber, der weiter rauchte, ging mit gesenktem Kopf weiterhin auf und ab.

»Also, liebe Kinder, das ist es, worauf euer Vater auf seine alten Tage noch verfallen ist«, schloß Papa errötend; er hüstelte und reichte mir und Wolodja die Hand. Die Tränen standen ihm in den Augen, während er sprach, und die Hand, die er Wolodja hinstreckte, der sich in diesem Augenblick am anderen Ende des Zimmers befand, zitterte ein wenig, wie mir nicht entging. Der Anblick dieser zitternden Hand tat mir weh, und es kam mir ein Gedanke, der mich noch mehr rührte, daß nämlich Papa im Jahre 1812 den Feldzug mitgemacht und – wie bekannt war – sich als tapferer Offizier erwiesen hatte. Ich ergriff seine große, sehnige Hand und küßte sie. Er drückte die meinige kräftig, nahm plötzlich in Tränen ausbrechend Ljubotschkas schwarzes Köpfchen in seine Hände und küßte ihr die Augen. Wolodja stellte sich, als hätte er seine Pfeife hinfallen lassen, bückte sich, wischte sich verstohlen mit der Faust die Augen und verließ möglichst unauffällig das Zimmer.

Die Hochzeit sollte in zwei Wochen sein; aber unsere Vorlesungen begannen schon, und so reisten denn Wolodja und ich Anfang September nach Moskau. Nechljudows waren ebenfalls von ihrem Landgut zurückgekehrt. Dmitrij (wir hatten uns beim Abschied gegenseitig das Wort gegeben, häufig einander zu schreiben, was wir natürlich kein einziges Mal getan hatten) kam sogleich zu mir, und wir machten aus, er sollte mich am nächsten Tag zu meinem ersten Besuch der Vorlesungen in die Universität begleiten.

Es war ein heller, sonniger Tag.

Sowie ich das Auditorium betrat, fühlte ich, wie meine Person in dieser Menge junger fröhlicher Gesichter verschwand, die in dem grellen, durch die großen Fenster hereindringenden Sonnenlicht lärmend durch alle Türen und Korridore hereinströmten. Das Bewußtsein, ein Mitglied dieser großen Gemeinde zu sein, war sehr angenehm. Aber von allen diesen Gesichtern waren mir nur wenige bekannt, und auch hier beschränkte sich die Bekanntschaft auf ein Kopfnicken und die Worte: »Guten Tag, Irtenjew.« Um mich herum war ein lebhaftes Gewoge und Händeschütteln; Worte der Freundschaft, der lächelnden Höflichkeit, des Scherzes wurden auf allen Seiten ausgetauscht. Überall empfand ich das Band, das die ganze jugendliche Gesellschaft zusammenhielt, und wurde mit Betrübnis gewahr, daß dieses Band mich nicht umfaßte. Aber dieser Eindruck ging schnell vorüber. Denn gerade der hierdurch hervorgerufene Ärger ließ mich vielmehr bald finden, daß es gut sei, nicht zu dieser ganzen Gesellschaft zu gehören, sondern einen eigenen Kreis, einen Kreis von respektablen Leuten zu haben; und so setzte ich mich auf die dritte Bank, wo Graf B., Baron S., Fürst P., Iwin und andere Herren dieser Art saßen, von denen ich Iwin und den Grafen B. kannte. Aber diese Herren blickten mich ebenfalls so an, daß ich mir als Fremder vorkam. Ich machte mich daran, alles zu beobachten, was um mich herum vorging. Semjonow mit seinem grauen, strähnigen Haar und den weißen Zähnen saß im aufgeknöpften Oberrock, auf den Ellenbogen gestützt, nicht weit von mir und kaute an seiner Feder. Der Gymnasiast, der die Prüfung als Bester bestanden hatte, saß in der ersten Bank, die Wange immer noch mit einem schwarzen Tuch verbunden, und spielte mit dem silbernen Uhrschlüssel, der auf seiner Atlasweste baumelte. Ikonin, der irgendwie doch Aufnahme in die Universität gefunden hatte, saß in hellblauen Beinkleidern mit einem den ganzen Stiefel bedeckenden Vorstoß in der obersten Bank, lachte und rief, er sei auf dem Parnaß. Iljinka, der mich zu meiner Verwunderung nicht nur kühl, sondern sogar verächtlich grüßte, als ob er mich daran erinnern wollte, daß wir hier alle gleich seien, saß vor mir, hatte seine mageren Beine in besonders ungezwungener Weise auf die Bank gelegt (wie mir schien um meinetwillen), plauderte mit einem anderen Studenten und sah sich hin und wieder nach mir um. Neben mir sprach Iwins Gruppe französisch. Diese Herren kamen mir entsetzlich dumm vor. Jedes Wort, das ich von ihrem Gespräche hörte, schien mir nicht nur inhaltlich sinnlos, sondern sogar falsch, einfach nicht französisch zu sein. Ce n'est pas français, sagte ich mir in Gedanken. Anderseits aber erschienen mir Haltung, Reden und Benehmen von Semjonow, Iljinka und anderen Studenten unvornehm, unschicklich, nicht comme il faut.

Ich gehörte zu keiner Gruppe, und da ich meine Isoliertheit und mein Unvermögen, mich an andere anzuschließen, empfand, ärgerte ich mich. Ein Student in der Bank vor mir kaute an seinen Nägeln, die lauter rote Zähnchen hatten; das war mir so zuwider, daß ich mich weiter entfernt hinsetzte. So war ich an diesem ersten Tag, wie ich mich wohl erinnere, in meinem Innern recht unfroh.

Als der Professor eintrat und alle in unruhige Bewegung gerieten, um gleich darauf zu verstummen, musterte ich auch ihn auf meine satirische Art und war nicht wenig darüber erstaunt, daß er seine Vorlesung mit einem einleitenden Satze begann, der meiner Meinung nach nicht Sinn noch Verstand hatte. Ich dachte mir die Sache so, daß jede Vorlesung von Anfang bis zu Ende derart geistreich sein müsse, daß unmöglich auch nur ein Wort fortgelassen oder hinzugefügt werden könnte. Da ich mich hierin getäuscht sah, zeichnete ich alsbald unterhalb der Überschrift »Erste Vorlesung«, die ich in ein mitgebrachtes, schön gebundenes Heft eingetragen hatte, achtzehn Profile, die ich kreisförmig wie eine Blume anordnete, und fuhr nur ab und zu mit der Hand über das Papier, damit der Professor (der, wie ich überzeugt war, sich sehr mit mir beschäftigte) glauben möchte, ich schriebe nach. Schon in dieser Vorlesung kam ich zu dem Schluß, daß es unnötig und sogar töricht sein würde, alles nachzuschreiben, was jeder Professor sagen werde, und nach dieser Methode verfuhr ich bis zum Ende des Kursus.

In den folgenden Vorlesungen empfand ich meine Vereinsamung schon nicht mehr so stark; ich wurde mit vielen bekannt, wechselte mit ihnen Händedrücke und unterhielt mich mit ihnen; aber eine wirkliche Annäherung trat zwischen mir und meinen Kommilitonen aus irgendeinem Grund trotzdem nicht ein, und es kam noch oft vor, daß ich innerlich betrübt war und mich verstellen mußte. Der Iwinschen Gruppe, den Aristokraten, wie sie allgemein genannt wurden, konnte ich nicht näherkommen, weil ich, wie ich mich wohl erinnere, spröde und grob gegen sie war und sie nur dann grüßte, wenn sie mich zuerst grüßten; sie wiederum hatten offenbar meine Bekanntschaft nicht nötig. Mit den meisten anderen aber kam es aus ganz andern Gründen zu demselben Ergebnis. Sobald ich fühlte, daß ein Kommilitone anfing, etwas für mich übrigzuhaben, gab ich ihm sogleich zu verstehen, daß ich bei dem Fürsten Iwan Iwanowitsch zu Mittag äße und einen eigenen Wagen hätte. Das alles sagte ich nur, um mich von der vorteilhaftesten Seite zu zeigen und dem betreffenden Kommilitonen noch sympathischer zu werden; aber fast jedesmal hatte mein Hinweis auf die Verwandtschaft mit dem Fürsten Iwan Iwanowitsch und den eigenen Wagen zu meiner Verwunderung die ganz entgegengesetzte Wirkung; der Kommilitone wurde plötzlich gegen mich stolz und kühl.

Es gab unter uns Studenten einen Staatsstipendiaten namens Operow. Es war ein bescheidener, strebsamer, sehr befähigter junger Mann, der einem stets die Hand gab, als ob sie ein Brett wäre, das heißt ohne die Finger zu biegen und ohne überhaupt eine Bewegung damit zu machen, so daß einige Spaßvögel unter den Studenten ihm manchmal die Hand in derselben Weise reichten, was sie »Brettchenhändchen geben« nannten. Fast immer setzte ich mich neben ihn und unterhielt mich mit ihm häufig. Operow gefiel mir besonders durch die freimütigen Urteile, die er über die Professoren aussprach. Er setzte höchst klar und treffend die Vorzüge und Mängel im Vortrag eines jeden Professors auseinander und machte sich sogar manchmal über sie lustig, was besonders deshalb sonderbar und überraschend wirkte, weil er es mit einem leisen Stimmchen sagte, das aus einem ganz kleinen Mündchen kam. Trotzdem aber schrieb er sehr sorgfältig mit seiner zarten Handschrift alle Vorlesungen ohne Ausnahme nach. Wir fingen schon an, einander näherzutreten, hatten beschlossen, uns gemeinsam vorzubereiten, und seine kleinen, grauen, kurzsichtigen Augen begannen schon mit Vergnügen nach mir zu blicken, wenn ich kam und mich neben ihn auf meinen Platz setzte. Aber ich hielt es für nötig, ihm einmal im Gespräch mitzuteilen, daß unsere Mutter auf dem Sterbelager unsern Vater gebeten habe, uns nicht in eine öffentliche Lehranstalt zu geben; alle Schüler solcher Lehranstalten könnten noch so gelehrt sein, aber für mich seien sie doch. . . »nicht das Richtige, ce ne sont pas des gens comme il faut«, sagte ich; ich stockte dabei und fühlte, daß ich rot wurde. Operow antwortete nicht, grüßte mich aber bei den folgenden Vorlesungen nicht zuerst, reichte mir nicht sein Brettchenhändchen, knüpfte kein Gespräch an, und wenn ich mich auf meinen Platz setzte, bog er den Kopf seitwärts bis auf eine Fingerlänge über sein Heft und tat, als läse er darin. Ich war erstaunt, daß Operow sich ohne Anlaß so kühl benahm. Aber pour un jeune homme de bonne maison hielt ich es für unpassend, dem Staatsstipendiaten Herrn Operow nachzulaufen, und ließ ihn in Ruhe, obgleich, wie ich gestehen muß, sein kühles Benehmen mich schmerzte. Eines Tages war ich früher als er gekommen, und da es die Vorlesung eines beliebten Professors war, zu der auch solche Studenten erschienen, die nicht regelmäßig zu den Vorlesungen zu kommen pflegten, und alle Plätze besetzt waren, setzte ich mich auf Operows Platz, legte meine Hefte dort auf das Pult und ging selber noch einmal hinaus. Als ich wieder in das Auditorium zurückkehrte, sah ich, daß meine Hefte auf eine der hinteren Bänke gelegt waren und daß Operow auf meinem Platz saß. Ich sagte ihm, meine Hefte dorthin gelegt zu haben.

»Davon weiß ich nichts«, antwortete er, plötzlich rot werdend, ohne mich anzuschauen.

»Ich sage Ihnen, daß ich meine Hefte hierher gelegt habe«, wiederholte ich und wurde sichtlich heftiger, weil ich ihn durch mein energisches Auftreten einzuschüchtern hoffte. »Alle haben es gesehen«, fügte ich mit einem Blick auf die Studenten ringsum hinzu; aber obgleich viele neugierig zu mir hersahen, antwortete keiner von ihnen.

»Hier werden die Plätze nicht verpachtet; wer zuerst kommt, setzt sich hin«, erwiderte Operow, setzte sich ärgerlich auf seinem Platz zurecht und warf mir einen zornigen Blick zu.

»Man sieht, daß Sie ein unhöflicher Mensch sind«, sagte ich. Mir war so, als murmelte Operow etwas vor sich hin: ich glaube sogar, er murmelte: »Und du bist ein dummer Junge«; aber ich hörte es einfach nicht. Und was hätte es auch genützt, wenn ich es gehört hätte? Sollten wir uns gegenseitig schimpfen wie manants, und weiter nichts? Ich liebte dieses Wort manant; es diente mir als Antwort und Lösung bei vielen meiner verfahrenen Beziehungen. Vielleicht hätte ich noch etwas gesagt; aber in diesem Augenblick öffnete sich die Tür, und der Professor im blauen Frack trippelte unter Verbeugungen ans Katheder.

Als ich aber vor der Prüfung Hefte nötig hatte, bot mir Operow, seines Versprechens eingedenk, doch die seinigen an und schlug mir vor, mit ihm zusammen zu wiederholen.

Herzensangelegenheiten beschäftigten mich in diesem Winter ziemlich viel. Ich war dreimal verliebt. Einmal verliebte ich mich leidenschaftlich in eine Dame mit sehr üppigen Körperformen, die ich in Freytags Tattersall reiten sah. Infolgedessen ging ich an jedem Dienstag und Freitag, den Tagen, an denen sie ritt, dorthin, um sie zu sehen; aber jedesmal fürchtete ich mich so davor, von ihr gesehen zu werden, und hielt mich daher immer weit von ihr entfernt und lief so schnell von der Stelle weg, an der sie vorbeikommen mußte, und wandte mich mit erheuchelter Achtlosigkeit ab, wenn sie nach meiner Seite blickte, daß ich nicht einmal ihr Gesicht ordentlich gesehen habe und bis zum heutigen Tag nicht weiß, ob sie wirklich schön war oder nicht.

Dubkow, der mit dieser Dame bekannt war, traf mich eines Tages im Tattersall, wie ich hinter den Lakaien stand, welche die Pelze hielten. Da er durch Dmitrij von meiner Leidenschaft gehört hatte, erbot er sich, mich dieser Amazone vorzustellen, jagte mir aber damit einen solchen Schreck ein, daß ich Hals über Kopf aus der Reitbahn stürzte. Der bloße Gedanke, er könnte ihr von mir erzählt haben, ließ mich nicht wieder hingehen, nicht einmal auf meinen Platz hinter den Lakaien; so sehr fürchtete ich mich davor, ihr zu begegnen.

Wenn ich in unbekannte Damen und besonders in verheiratete Frauen verliebt war, wurde ich noch wesentlich schüchterner, als ich es Sonetschka gegenüber gewesen war. Am allermeisten fürchtete ich, daß die Angebetete etwas von meinen Gefühlen oder auch nur von meiner Existenz erfahren könnte. Ich glaubte, wenn die betreffende Dame etwas von meinen Gefühlen für sie erführe, würde das für sie eine solche Beleidigung sein, daß sie mir nie verzeihen könnte. Und in der Tat, hätte diese Amazone genau gewußt, daß ich hinter den Lakaien hervor nach ihr hinschaute und mir ausmalte, wie ich sie gewaltsam entführen und aufs Land bringen und dort mit ihr leben und allerhand mit ihr tun wollte, hätte sie sich vielleicht mit Recht sehr beleidigt gefühlt. Aber ich sagte mir nicht, daß sie, selbst wenn sie mich kennenlernte, deswegen noch nicht sogleich alles erraten konnte, was ich über sie dachte, und daß daher nichts Beschämendes darin lag, ihr einfach vorgestellt zu werden.

Dann verliebte ich mich noch einmal in Sonetschka, als ich sie bei meiner Schwester traf. Meine zweite Liebe zu ihr war inzwischen längst vergangen, nun verliebte ich mich in sie zum drittenmal. Das kam daher, daß Ljubotschka mir ein Heft mit Gedichten gab, die Sonetschka sich abgeschrieben hatte; in diesem Hefte war »Der Dämon« von Lermontow, an vielen, von düsterem Liebesleid handelnden Stellen mit roter Tinte angestrichen, und getrocknete Blümlein lagen zwischen den Blättern. Da ich mich erinnerte, wie Wolodja im vorhergehenden Jahr ein seiner Angebeteten gehöriges Täschchen geküßt hatte, versuchte ich, dasselbe zu tun, und wirklich, als ich am Abend allein in meinem Zimmer mich meinen Träumereien überließ, eins der Blümlein betrachtete und an die Lippen drückte, geriet ich in eine wohlig weinerliche Stimmung und war von neuem verliebt, oder glaubte doch mehrere Tage lang, daß ich es sei.

Das dritte Mal in diesem Winter verliebte ich mich in eine junge Dame, die in unserem Haus verkehrte und in die Wolodja verliebt war. An ihr war, wie ich mich erinnere, ganz und gar nichts Schönes, namentlich fehlte ihr jene Schönheit, die mir im besonderen gefiel. Sie war die Tochter einer klugen, gelehrten Moskauer Dame, klein, mager, mit langen, blonden, englischen Locken und mit einem durchsichtig scheinenden Profil. Alle Welt sagte, sie sei noch klüger und gelehrter als ihre Mutter; aber ich war nicht in der Lage, darüber zu urteilen; denn bei dem Gedanken an ihren Verstand und an ihre Gelehrsamkeit bekam ich schreckliche Angst. Ich sprach daher nur ein einziges Mal mit ihr und auch das nur unter unsäglichem Zagen und Beben. Aber das Entzücken Wolodjas, der sich durch die Anwesenheit anderer nie abschrecken ließ, seine Gefühle zum Ausdruck zu bringen, teilte sich mir mit solcher Gewalt mit, daß ich mich in dieses Fräulein leidenschaftlich verliebte. Da ich fühlte, daß es Wolodja unangenehm sein würde zu hören, daß »zwei Brüderlein in ein und dasselbe Mägdelein« verliebt seien, sagte ich ihm von meiner Liebe nichts. Mir dagegen bereitete bei diesem Gefühl der Gedanke das größte Vergnügen, daß unsere Liebe so rein sei, daß unser freundschaftliches Verhältnis trotz der Neigung zu demselben reizenden Wesen fortbestand und wir bereit waren, nötigenfalls einer dem anderen seine Liebe zum Opfer zu bringen. Was übrigens die Frage der Opferwilligkeit anlangte, so war, glaube ich, Wolodja nicht ganz meiner Meinung; denn er war so leidenschaftlich verliebt, daß er einem wirklichen Diplomaten, von dem es hieß, er würde sie heiraten, eine Ohrfeige geben und ihn zum Duell fordern wollte. Mir aber war es sehr angenehm, mein Gefühl zum Opfer zu bringen; vielleicht deshalb, weil es mich nicht zu viel Überwindung kostete, da ich mit dieser jungen Dame nur ein einziges Mal in gespreizter Weise über den Wert der klassischen Musik gesprochen hatte und meine Liebe – ungeachtet aller meiner Bemühungen sie festzuhalten – schon in der nächsten Woche vergangen war.

38. In der großen Welt

Als ich die Universität bezog, hatte ich davon geträumt, mich gleich meinem älteren Bruder den gesellschaftlichen Vergnügungen hingeben zu können; aber das wurde für mich in diesem Winter eine vollständige Enttäuschung. Wolodja tanzte sehr viel; auch Papa fuhr mit seiner jungen Frau auf Bälle; mich aber betrachtete man als zu jung oder als nicht geeignet für solche Vergnügen, und niemand führte mich in Häuser ein, wo Bälle gegeben wurden. Obgleich ich Dmitrij versprochen hatte, gegen ihn völlig offenherzig zu sein, sagte ich doch ihm so wenig wie sonst jemandem, wie brennend gern ich auf Bälle gehen wollte, und wie sehr es mich schmerzte und verdroß, daß man mich vergaß und mich offenbar für eine Art weltentrückten Philosophen hielt, auf den ich mich auch hinausspielte.

Aber in diesem Winter fand eine Soirée bei der Fürstin Kornakowa statt. Sie kam persönlich zu uns, um uns alle und darunter auch mich einzuladen, und so sollte ich denn zum erstenmal einen Ball besuchen. Bevor wir hinfuhren, kam Wolodja zu mir auf mein Zimmer und wünschte zu sehen, wie ich mich anzog. Daß er das tat, wunderte und überraschte mich sehr. Ich hatte immer gedacht, der Wunsch, gut gekleidet zu sein, sei etwas, dessen man sich sehr schämen und den man verbergen müsse; er aber hielt diesen Wunsch vielmehr für derartig natürlich und notwendig, daß er ganz offen sagte, er fürchte, ich werde mich blamieren. Er hieß mich unbedingt die Lackstiefel anziehen, war entsetzt, als ich wildlederne Handschuhe anziehen wollte, machte meine Uhr in besonderer Weise fest und brachte mich zu einem Friseur auf der Schmiedebrücke. Dort brannte man mir das Haar. Wolodja trat etwas zurück und musterte mich aus der Entfernung.

»Siehst du, jetzt ist es gut, aber sagen Sie, könnten Sie die Haare auf dem Scheitel da nicht glatt bekommen?« sagte er, zu dem Friseur gewandt.

Aber Monsieur Charles konnte noch so viel klebrige Essenz auf diese widerspenstigen Haare schmieren, sie richteten sich doch immer wieder auf, sobald ich den Hut aufsetzte; und überhaupt kam ich mir mit der gebrannten Haarfrisur noch gräßlicher als sonst vor. Mein Heil lag allein in einer affektierten Nachlässigkeit; nur dergestalt sah mein Äußeres nach etwas aus.

Wolodja schien derselben Ansicht zu sein; denn er bat mich, die Frisur wieder zu beseitigen, und als ich das getan hatte und es dennoch nicht gut aussah, schenkte er mir keinen Blick mehr, sondern war auf der ganzen Fahrt zu Kornakows schweigsam und sorgenvoll.

Bei Kornakows trat ich zusammen mit Wolodja mutig ein; aber als mich die Fürstin aufforderte, recht fleißig zu tanzen und ich, obgleich ich einzig und allein in der Absicht gekommen war, recht viel zu tanzen, ihr aus unverständlichem Grund antwortete, ich tanzte nicht, war es mit meinem Mut vorbei. Und da ich mich unter den unbekannten Menschen einsam fühlte, verfiel ich in meine gewöhnliche, unüberwindliche, stets zunehmende Schüchternheit. Den ganzen Abend stand ich schweigend auf einem Fleck.

Während des Walzers trat eine der Fürstinnen auf mich zu und fragte mich mit der ihrer ganzen Familie eigenen formellen Liebenswürdigkeit, warum ich nicht tanzte. Ich erinnere mich, wie verlegen ich bei dieser Frage wurde; gleichzeitig aber überzog gegen meinen Willen ein selbstzufriedenes Lächeln mein Gesicht, und ich begann auf französisch in unglaublich gespreizten Ausdrücken und geschwollenen Sätzen einen derartigen Unsinn zu reden, daß ich mich sogar heute noch, nach zehn Jahren, schäme, daran zu denken. Dabei stand ich wohl unter dem Einfluß der Musik, die meine Nerven aufpeitschte und mich glauben ließ, sie übertöne das, was an meinem Gerede nicht ganz verständlich war. Ich sagte etwas von der höheren Gesellschaft, von der Schlauheit und Leere der Männer und Frauen und verhaspelte mich schließlich so, daß ich einen Satz einfach nicht zu Ende bringen konnte, sondern mitten in einem Wort steckenblieb.

Sogar die gesellschaftlich so sichere Fürstin geriet in Verlegenheit und sah mich vorwurfsvoll an. Ich lächelte. In diesem kritischen Augenblick trat Wolodja mit Dubkow zu uns heran; er hatte bemerkt, daß ich eifrig redete, und wollte offenbar nachsehen, inwieweit ich durch meine Unterhaltungsgabe mein Nichttanzen wieder gutmachte. Als er mein lächelndes Gesicht und die entsetzte Miene der Fürstin sah und den schrecklichen Unsinn hörte, mit dem ich schloß, errötete er und wandte sich ab. Die Fürstin erhob sich und ging fort. Ich lächelte; aber ich litt unter dem Bewußtsein meiner Dummheit dermaßen, daß ich am liebsten in die Erde gesunken wäre und das Bedürfnis verspürte – koste es was es wolle – mich zu betätigen und etwas zu sagen, nur um meine Situation etwas zu ändern. Ich trat an Dubkow heran und fragte ihn, ob er schon viele Walzer mit »ihr« getanzt habe. Das sollte so klingen, als wäre ich vergnügt und heiter; aber in Wirklichkeit flehte ich eben jenen Dubkow um Hilfe an, dem ich bei dem Diner im Restaurant »Jar« zugerufen hatte: »Halten Sie den Mund!« Dubkow tat, als hätte er mich nicht gehört, und wandte sich nach der anderen Seite. Ich pirschte mich an Wolodja heran, riß alle meine Kraft zusammen und sagte, krampfhaft bemüht, meiner Stimme einen scherzhaften Ton zu geben: »Nun, Wolodja, bist du kaputt?« Aber Wolodja warf mir einen Blick zu, als wollte er sagen: So sprichst du doch sonst nicht zu mir, wenn wir allein sind, und ging wortlos von mir fort, ersichtlich besorgt, ich könnte mich an seine Fersen heften.

Mein Gott, selbst mein Bruder läßt mich im Stich, dachte ich. Fortzugehen aber brachte ich auch nicht fertig. Ich blieb bis zum Ende der Soirée düster an einem Fleck stehen, und erst als alle sich empfohlen hatten und sich im Vorzimmer drängten und ein Lakai mir den Mantel über die hintere Hutkrempe hinaufzog, daß der Hut vorn in die Höhe ging, lachte ich unter Tränen nervös auf und sagte, ohne mich an jemanden insbesondere zu wenden: »Comme c'est gracieux!«

39. Die Kneiperei

Obgleich ich unter Dmitrijs Einfluß noch nicht die üblichen studentischen Vergnügungen, die sogenannten Kneipereien, mitmachte, traf es sich doch, daß ich schon in diesem Winter einmal an einem derartigen Vergnügen teilnahm, das allerdings keinen angenehmen Eindruck bei mir hinterließ. Die Sache trug sich folgendermaßen zu.

Am Anfang des Jahres lud uns Baron S., ein hochgewachsener blonder junger Mann von regelmäßigen und sehr ernsten Gesichtszügen, eines Tages bei der Vorlesung alle zu einem geselligen Abend zu sich. Uns alle, das bedeutete alle Kommilitonen unseres Kurses, die mehr oder weniger comme il faut waren; dazu gehörten selbstverständlich weder Grap noch Semjonow noch Operow noch alle jenen kleinen Leute. Wolodja lächelte verächtlich, als er hörte, daß ich zu einer Kneiperei von Studenten des ersten Kursus ginge; aber ich erwartete von dieser mir noch gänzlich unbekannten Unterhaltung ein ungewöhnliches, großes Vergnügen und fand mich pünktlich zur festgesetzten Zeit, um acht Uhr, bei Baron S. ein.

Baron S., in aufgeknöpftem Rock und weißer Weste, empfing seine Gäste in dem Saal und dem Salon des kleinen Hauses, in dem seine Eltern wohnten, die ihm für den festlichen Abend die beiden besten Zimmer überlassen hatten; beide Räume waren hell erleuchtet. Auf dem Korridor sah man die Kleider und die Köpfe neugieriger Dienstmädchen, und im Büfettzimmer rauschte einmal das Kleid einer Dame, die ich für die Baronin selbst hielt. Die Gäste, etwa zwanzig an der Zahl, waren lauter Studenten, mit Ausnahme des Herrn Frost, der mit Iwin zusammen gekommen war, und eines hochgewachsenen rotwangigen Herrn in Zivil, der den Präsidenten machte und allen als ein Verwandter des Barons und ehemaliger Student der Universität Dorpat vorgestellt wurde. Die allzu grelle Beleuchtung und die unpersönliche, kitschige Ausstattung der Paradezimmer wirkten anfangs so abkühlend auf die Stimmung dieser ganzen jugendlichen Gesellschaft, daß alle sich unwillkürlich an den Wänden herumdrückten, ausgenommen einige Mutige und den Dorpater Studenten, der sich schon die Weste aufgeknöpft hatte, sich in jedem Zimmer und in jeder Ecke eines jeden Zimmers gleichzeitig zu befinden schien und den ganzen Raum mit seinem klangreichen, angenehmen, nie verstummenden Tenor erfüllte. Die Kommilitonen aber schwiegen größtenteils oder sprachen bescheiden über die Professoren, über die Wissenschaften, über die Prüfung, überhaupt über ernste und interessante Gegenstände. Alle ohne Ausnahme blickten nach der Tür des Büfettzimmers, und wenn sie sich auch bemühten, es zu verbergen, so sagte ihr Gesicht doch deutlich: Na, nun könnte es aber wirklich losgehen. Auch ich hatte das Gefühl, es wäre Zeit anzufangen, und erwartete diesen Anfang mit freudiger Ungeduld.

Nach dem Tee, den Lakaien herumreichten, fragte der Dorpater Student Herrn Frost auf russisch: »Verstehst du einen Punsch zu brauen, Frost?«

»O ja«, antwortete Frost auf deutsch und schüttelte dabei seine Waden; aber der Dorpater Student sagte wieder auf russisch zu ihm: »Dann übernimm die Geschichte!« Sie duzten sich von ihrer gemeinsamen Dorpater Universitätszeit her. Frost begann, mit seinen auswärts gebogenen muskulösen Beinen weit ausschreitend, vom Salon in das Büfettzimmer, vom Büfettzimmer in den Salon zu gehen, und bald erschien auf dem Tisch eine große Suppenterrine, auf der, von drei gekreuzten Schlägern gestützt, ein zehnpfündiger Zuckerhut stand. Indessen ging Baron S. unermüdlich bei allen Gästen umher, die im Salon versammelt waren und nach der Suppenterrine starrten, und sagte mit unverändertem ernstem Gesicht zu allen immer dieselben Worte: »Lustig, meine Herren; wir wollen nach Studentenart den Becher kreisen lassen und Brüderschaft trinken; noch fehlt es ganz an Kameradschaftlichkeit in unserem Kursus. Knöpft euch doch den Rock auf, oder besser zieht ihn ganz aus, so wie der da!« Tatsächlich hatte der Dorpater Student den Rock ausgezogen und die weißen Hemdärmel bis über die weißen Ellbogen aufgestreift. So stand er mit mannhaft gespreizten Beinen da und zündete schon den Rum in der Terrine an.

»Meine Herren, löschen Sie die Lichter aus!« rief der Dorpater Student plötzlich so laut, wie er hätte rufen müssen, wenn wir alle durcheinander gebrüllt hätten. Wir blickten aber stumm nach der Suppenterrine und nach dem weißen Hemd des Dorpater Studenten, und alle fühlten, daß der feierliche Augenblick gekommen sei.

»Lösch die Lichter aus, Frost!« rief der Dorpater Student noch einmal, diesmal auf deutsch, wohl deshalb, weil er in Ekstase war. Frost und wir alle machten uns daran, die Lichter auszulöschen. Im Zimmer wurde es dunkel; nur die weißen Hemdärmel und die Hände, die den Zuckerhut auf den Schlägern festhielten, leuchteten hell im Schimmer der bläulichen Flamme. Schon war der Dorpater Student mit seinem lauten Tenor nicht mehr allein; aus allen Ecken des Zimmers hörte man Sprechen und Lachen. Viele zogen die Röcke aus (besonders diejenigen, die ein feines, ganz frisches Hemd anhatten); ich tat desgleichen und begriff, daß es nun losging. Obgleich noch nichts besonders Erheiterndes geschehen war,

war ich doch fest davon überzeugt, daß es herrlich werden würde, wenn nur erst jeder von uns von dem Göttertrank, der da gebraut wurde, ein Glas getrunken hätte.

Das Getränk war fertig. Der Dorpater Student goß den Punsch in die Gläser, wobei er den Tisch reichlich bekleckerte, und rief: »Jetzt los, meine Herren!« Als jeder von uns ein volles klebriges Glas in die Hand genommen hatte, stimmten der Dorpater Student und Frost ein deutsches Lied an, in dem der Ausruf »Juchhe« immer wieder vorkam. Wir sangen alle schlecht und recht mit, stießen miteinander an, schrien irgend etwas, lobten den Punsch und tranken teils über kreuz, teils in einfacher Weise das süße starke Getränk. Jetzt war nichts Besonderes mehr zu erwarten; die Kneiperei war in vollem Gang. Ich hatte schon ein ganzes Glas Punsch getrunken; man goß mir ein zweites ein; das Blut pochte mir in den Schläfen; alle Lichter leuchteten purpurrot; um mich herum schrie und lachte alles; aber trotzdem erschien mir das Ganze keineswegs lustig; ich war im Gegenteil sogar überzeugt, daß sowohl ich als auch alle anderen sich langweilten und daß ich und alle anderen nur aus irgendeinem Grund es für nötig hielten, so zu tun, als wären wir sehr vergnügt. Der einzige, der sich wohl nicht verstellte, war der Dorpater Student: das Rot seiner Backen wurde immer glühender; tatsächlich allgegenwärtig füllte er alle Gläser nach, wobei er den Tisch immer ärger begoß, der ganz süß und klebrig wurde. Ich erinnere mich nicht, was eigentlich alles vor sich ging und wie eins auf das andere folgte; wohl aber erinnere ich mich, daß ich an diesem Abend den Dorpater Studenten und Frost furchtbar liebhatte, ein deutsches Lied auswendig lernte und sie beide auf die süßen Lippen küßte; ich erinnere mich auch, daß ich an diesem Abend den Dorpater Studenten haßte und einen Stuhl nach ihm werfen wollte, dann aber doch noch an mich hielt; ich erinnere mich, daß ich außer jenem Gefühl der Entrüstung gegen alle Teilnehmer, das ich auch an dem Tag des Diners im »Jar« gehabt hatte, an diesem Abend solche Kopfschmerzen und ein solches Schwindelgefühl hatte, daß mich eine entsetzliche Angst überfiel, ich würde im nächsten Augenblick sterben; ich erinnere mich noch, daß ich auf dem Fußboden liegend mich mit einem Bein an das Bein eines anderen anhakte, um einen »Zigeunerkampf« auszuführen, und daß ich jemandem den Hals umdrehte und dabei dachte, das würde nicht geschehen, wenn er nicht betrunken wäre; ich erinnere mich noch, daß wir zu Abend aßen und etwas anderes tranken, daß ich ins Freie hinausging, um frische Luft zu schöpfen, und es mir kalt um den Kopf wurde, und daß ich beim Wegfahren wahrnahm, daß eine entsetzliche Dunkelheit herrschte, der Wagentritt abschüssig und schlüpfrig geworden war und ich mich an Kusma nicht festhalten konnte, weil er merkwürdigerweise ganz schwach geworden war und wie eine Art Lappen hin und her schwankte; hauptsächlich aber erinnere ich mich, daß ich den ganzen Abend über beständig das Gefühl hatte, wie dumm es von mir sei, so zu tun, als wäre ich sehr lustig und als tränke ich gern sehr viel und als glaubte ich, gar nicht betrunken zu sein; und ich erinnere mich, daß ich ständig das Gefühl hatte, es sei auch von den anderen äußerst dumm, sich ebenso zu verstellen. Es schien mir, daß jeder einzelne sich ebenso unbehaglich fühle wie ich, daß aber jeder in der Annahme, er sei der einzige, der ein solches unbehagliches Gefühl habe, es für seine Pflicht halte, sich lustig zu stellen, um die allgemeine Lustigkeit nicht zu stören. Außerdem aber glaubte ich – so seltsam es auch klingen mag – allein schon deshalb mich verstellen zu müssen, weil, wie ich gehört hatte, in der Suppenterrine drei Flaschen Champagner, die Flasche zu neun Rubeln, und zehn Flaschen Rum, die Flasche zu vier Rubeln, hineingegossen waren, was im ganzen siebzig Rubel ausmachte, das Abendessen gar nicht zu rechnen. Ich war von alledem so überzeugt, daß ich mich am anderen Tag bei der Vorlesung nicht genug wundern konnte, als meine Kommilitonen, die mit mir auf der Abendgesellschaft bei Baron S. gewesen waren, sich nicht nur nicht schämten, von dem, was sie da getan hatten, zu sprechen, sondern sich über diese Gesellschaft absichtlich so unterhielten, daß es die andern Studenten hören konnten. Sie sagten, es sei eine herrliche Kneiperei gewesen; auf so etwas verstünden sich nun einmal die Dorpater ganz ausgezeichnet; zwanzig Mann hätten da vierzig Flaschen Rum getrunken, und viele wären wie tot unter dem Tisch geblieben. Ich konnte nicht begreifen, warum sie zu ihren Ungunsten nicht nur Geschehenes erzählten, sondern noch etwas hinzulogen.

40. Die Freundschaft mit Nechljudows

In diesem Winter sah ich nicht nur Dmitrij sehr oft, der uns wiederholt besuchte, sondern auch seine ganze Familie, der ich mich mehr und mehr anschloß.

Die Nechljudows – Mutter, Tante und Tochter – verbrachten alle ihre Abende zu Hause, und die Fürstin sah es gern, wenn abends junges Volk zu Besuch kam, junge Leute, wie sie sagte, die imstande waren, einen ganzen Abend ohne Kartenspiel und Tanz zuzubringen. Aber solcher junger Männer schien es nur wenige zu geben; denn ich, der ich fast jeden Abend hinging, traf bei ihnen nur selten Gäste. Ich gewöhnte mich an die einzelnen Mitglieder der Familie, an ihre verschiedenen Stimmungen, gewann eine klare Vorstellung von ihren gegenseitigen Beziehungen, gewöhnte mich an die Räume und die Möbel und fühlte mich, wenn keine Gäste da waren, gänzlich wie zu Hause, ausgenommen die Fälle, wo ich mit Warenka im Zimmer alleinblieb. Ich glaubte, daß sie als nicht sehr hübsches Mädchen das brennende Verlangen habe mußte, daß ich mich in sie verliebte. Aber auch diese Befangenheit verlor sich allmählich. Ihre Miene besagte in so natürlicher Weise, daß es ihr völlig gleichgültig sei, ob sie mit mir spreche oder mit ihrem Bruder oder mit Ljubow Sergejewna, daß auch ich mir die Gewohnheit zu eigen machte, sie einfach als einen Menschen zu betrachten, den merken zu lassen, welch Vergnügen einem seine Gesellschaft bereite, weder peinlich noch gefährlich war. Während meiner ganzen Bekanntschaft mit ihr erschien sie mir abwechselnd bald zu häßlich, bald gar nicht übel, aber kein einzigesmal legte ich mir die Frage vor, ob ich in sie verliebt sei oder nicht. Es kam wohl auch vor, daß ich direkt zu ihr sprach; meist aber sprach ich zu ihr in der Weise, daß ich in ihrer Gegenwart das Wort an Ljubow Sergejewna oder an Dmitrij richtete, und dieses letztere Verfahren gefiel mir ganz besonders. Es gewährte mir großes Vergnügen, in ihrer Gegenwart zu reden, sie singen zu hören und überhaupt mir bewußt zu werden, daß sie im gleichen Zimmer war wie ich; aber der Gedanke daran, wie sich mein Verhältnis zu Warenka in Zukunft gestalten werde, und die Träumereien von meiner Selbstaufopferung für meinen Freund, wenn er sich in meine Schwester verlieben sollte, kamen mir nur noch selten in den Sinn. Wenn mir aber doch einmal solche Gedanken kamen, versuchte ich unbewußt, das Denken an die Zukunft zu verscheuchen, da ich mich von der Gegenwart befriedigt fühlte.

Aber bei aller dieser Annäherung hielt ich es auch weiterhin für meine unbedingte Pflicht, vor der ganzen Familie Nechljudow und besonders vor Warenka meine wirklichen Gefühle und Neigungen zu verbergen, und versuchte, mich ganz anders zu geben, als ich in Wirklichkeit war, ja sogar so, wie es in Wirklichkeit gar nicht sein konnte. Ich bemühte mich leidenschaftlich zu scheinen, geriet in Verzückung, brach in schmachtende Ach's aus und machte lebhafte Gebärden, wenn mir angeblich etwas gefiel; gleichzeitig aber suchte ich auch wieder allem Außergewöhnlichen gegenüber, das ich gesehen hatte oder wovon man mir erzählte, gleichgültig zu scheinen; ich suchte als arger Spötter zu erscheinen, dem nichts heilig sei, und zugleich als ein feiner Beobachter; ich bemühte mich, in jeder meiner Handlungen logisch zu erscheinen, gründlich und akkurat in meiner Lebensweise, zugleich aber spielte ich den Verächter alles Materiellen. Ich kann getrost sagen, daß ich in Wirklichkeit viel besser war als dieses sonderbare Wesen, für das ich mich geflissentlich ausgab; aber trotzdem gewannen mich die Nechljudows auch in meiner angenommenen Gestalt lieb; wahrscheinlich durchschauten sie zu meinem Glück meine Verstellung. Nur Ljubow Sergejewna liebte mich offenbar nicht, sondern stritt oft mit mir, wurde ärgerlich und überraschte mich durch ihre abgerissenen, unzusammenhängenden Reden. Dmitrij aber verblieb dauernd in demselben seltsamen, mehr als freundschaftlichen Verhältnisse zu ihr und sagte, niemand verstünde sie und ihm tue sie außerordentlich viel Gutes. Seine Freundschaft mit ihr war auch weiterhin für die ganze Familie ein Gegenstand der Bekümmernis.

Eines Tages sprach Warenka mit mir über diesen uns allen unbegreiflichen Bund und erklärte ihn folgendermaßen: »Dmitrij ist in sich selbst verliebt. Er ist sehr stolz und hat es trotz all seiner Klugheit sehr gern, wenn ihn jemand lobt und bewundert; er möchte gern immer der Erste sein. ›Tantchen‹ aber himmelt ihn in der Unschuld ihres Herzens an und hat nicht Takt genug, es vor ihm zu verbergen; und so schmeichelte sie ihm, aber nicht aus Verstellung, sondern in aller Aufrichtigkeit.«

Dieses Urteil blieb mir im Gedächtnis, und als ich später genauer darüber nachdachte, konnte ich nicht umhin zu denken, daß Warenka ein äußerst kluges Mädchen sei, und stellte sie infolgedessen mit Vergnügen in meiner Meinung höher. Wenn ich es tat, weil ich Verstand und andere geistige Vorzüge an ihr entdeckt hatte, bereitete es mir zwar Vergnügen, hielt aber dabei doch mit einer gewissen Strenge Maß und geriet nie in Verzückung, die das Extrem dieser Höherstellung gewesen wäre. So erzählte mir einmal Sofja Iwanowna, die nicht müde wurde, von ihrer Nichte zu sprechen, Warenka habe vor vier Jahren, als sie noch ein Kind gewesen sei, auf dem Land ohne Erlaubnis alle ihre Kleider und Schuhe an die Bauernkinder verschenkt, so daß man die Sachen nachher habe wieder zurückfordern müssen; aber ich betrachtete die Handlung nicht sogleich als etwas, wofür Warenka in meiner Meinung höher gestellt zu werden verdiente, sondern machte mich zunächst in Gedanken über sie lustig wegen einer so unpraktischen Lebensauffassung.

Wenn bei Nechljudows Gäste waren, zu denen manchmal auch Wolodja und Dubkow gehörten, trat ich selbstzufrieden und mit dem ruhigen Kraftbewußtsein eines Familienangehörigen in den Hintergrund, redete nicht mit und hörte nur dem zu, was die anderen sagten. Und eben das, was die andern sagten, kam mir so unglaublich dumm vor, daß ich mich im stillen wunderte, warum eine so kluge Frau wie die Fürstin und ihre ganze Familie diese Dummheiten anhörten, ja darauf antworteten. Wäre es mir damals eingefallen, das, was ich selbst sagte, wenn ich allein dawar, mit dem zu vergleichen, was die andern sagten, hätte ich mich sicher nicht weiter gewundert. Und noch weniger hätte ich mich gewundert, wenn ich mir bewußt geworden wäre, daß unsere eigenen Familienangehörigen – Awdotja Wasiljewna, Ljubotschka und Katenka – genau solche Frauen waren wie alle, nicht im geringsten schlechter als andere, und Dubkow, Katenka und Awdotja Wasiljewna ganze Abende unter vergnügtem Lächeln miteinander verplauderten, und Dubkow fast jedesmal es so oder so oft fertigbekam, voller Gefühl die Verse: »Au banquet de la vie, infortuné convive ...« oder Bruchstücke aus dem »Dämon« zu deklamieren und überhaupt, mit welchem Vergnügen sie mehrere Stunden hintereinander den größten Unsinn redeten.

Begreiflicherweise schenkte Warenka, wenn Gäste dawaren, mir weniger Aufmerksamkeit, als wenn wir allein waren, und dann musizierte sie nicht, was ich sonst so sehr liebte, noch las sie vor. Wenn sie mit Besuchern sprach, verlor sie für mich ihren Hauptreiz: den der ruhigen Überlegenheit und Einfachheit. Ich erinnere mich, wie seltsam mir die Gespräche, die sie mit meinem Bruder Wolodja über das Theater und über das Wetter führte, vorkamen. Ich wußte ja, daß Wolodja nichts auf der Welt so mied und verachtete wie Banalitäten, und auch Warenka machte sich stets über die »interessanten« Gespräche über das Wetter und ähnliche lustig – warum tauschten sie dann also, wenn sie zusammenkamen, ständig die unerträglichsten Plattheiten aus, wobei sie sich anscheinend einer für den anderen schämten? Jedesmal nach solchen Gesprächen war ich im stillen auf Warenka böse, machte mich am nächsten Tag über die Gäste, die dagewesen waren, lustig und fand noch größeres Vergnügen daran, als einziger zu dem Nechljudowschen Familienkreis zu gehören.

Wie dem auch sein mochte – jedenfalls fing ich schon an, mich mehr darüber zu freuen, wenn ich mit Dmitrij in dem Salon seiner Mutter weilte, als wenn ich mit ihm unter vier Augen allein war.

41. Die Freundschaft mit Nechljudow

Gerade um diese Zeit hing meine Freundschaft mit Nechljudow nur an einem Haar. Ich hatte schon zu lange angefangen, ihn kritischer zu betrachten, als daß ich nicht hätte Fehler an ihm finden können; in der ersten Jugend aber lieben wir nur mit Leidenschaft und lieben daher nur vollkommene Menschen. Sobald aber jener Nebel der Leidenschaft sich allmählich lichtet oder die hellen Strahlen des Verstandes ihn unwillkürlich durchbrechen, so daß wir den Gegenstand unserer Leidenschaft in seiner wahren Gestalt mit seinen Vorzügen und Fehlern erblicken, dann fallen uns nur die Fehler als etwas Unerwartetes, grell und übertrieben, in die Augen; die Lust am Neuen und die Hoffnung, bei einem andern Menschen möglicherweise die Vollkommenheit zu finden, stimmen uns nicht nur kühler gegen den bisherigen Gegenstand unserer Leidenschaft, sondern bringen uns sogar gegen ihn auf. Wir stoßen ihn ohne Bedauern von uns fort und eilen vorwärts, um nach neuer Vollkommenheit zu suchen. Wenn es mir mit Dmitrij nicht so erging, verdanke ich das nur seiner zähen, pedantischen, mehr aus dem Verstand als aus dem Herzen kommenden Zuneigung, die zu verraten ich mich denn doch zu sehr geschämt hätte. Außerdem hielt uns unser seltsamer Grundsatz der Offenherzigkeit zusammen. Bei einer Trennung hätten wir zu sehr fürchten müssen, einander im Besitz beschämender Seelengeheimnisse zu wissen. Übrigens hielten wir unser Abkommen betreffs gegenseitiger Offenherzigkeit längst nicht mehr ein, wie wir sehr wohl wußten; es war häufig eine Fessel und gestaltete unsere Beziehungen zueinander höchst seltsam.

Bei Dmitrij traf ich in diesem Winter fast jedesmal, wenn ich zu ihnen kam, einen seiner Universitätskameraden, den Studenten Besobjedow, mit dem er zusammen arbeitete. Besobjedow war ein kleiner, pockennarbiger, magerer Mensch, mit winzigen, von Sommersprossen bedeckten Händen und sehr langen ungekämmten roten Haaren; dazu war er stets abgerissen in der Kleidung, unsauber, ungebildet und nicht einmal fleißig. Dmitrijs Stellung zu ihm war mir ebenso unverständlich wie die zu Ljubow Sergejewna. Der einzige Grund, weshalb er gerade ihn aus allen Kommilitonen herausgesucht hatte, konnte nur der sein, daß es an der ganzen Universität keinen Studenten gab, der erbärmlicher aussah als Besobjedow. Aber gerade deswegen mochte es Dmitrij gefallen, ihm gegen alle Welt seine Freundschaft zuzuwenden. Aus allen seinen Beziehungen zu diesem Studenten sprach das stolze Gefühl: Mir ist dies alles ganz gleich; wer ihr auch sein mögt, für mich sind sie alle gleich, und wenn ich ihn gern habe, so bedeutet dies, daß er ein anständiger Kerl ist.

Ich wunderte mich darüber, daß es ihm nicht lästig war, sich beständig Zwang anzutun, und daß der unglückliche Besobjedow seine peinliche Situation ertrug. Mir jedenfalls mißfiel diese Freundschaft auf das äußerste. Eines Abends kam ich zu Dmitrij in der Absicht, die noch übrigen Stunden mit ihm zusammen im Salon seiner Mutter zu verbringen, zu plaudern und Warenka singen oder vorlesen zu hören. Aber Besobjedow saß oben; Dmitrij antwortete mir in scharfem Ton, er könne nicht nach unten kommen, da er ja, wie ich sähe, Besuch habe.

»Und ist es unten etwa so amüsant?« fügte er hinzu. »Da sitzen wir doch lieber hier und plaudern.« Der Gedanke, einige Stunden in Besobjedows Gesellschaft zu verbringen, hatte zwar für mich nichts Verlockendes, aber ich wollte nicht allein in den Salon gehen und setzte mich, innerlich erbost über die Verschrobenheit meines Freundes, in einen Schaukelstuhl und begann schweigend zu schaukeln. Ich war auf Dmitrij und Besobjedow höchst ärgerlich, weil sie mich des Vergnügens beraubten, unten zu sein; ich wartete, ob Besobjedow nicht bald weggehen würde, und hörte wütend, doch stillschweigend ihr Gespräch mit an. Ein sehr angenehmer Gast! Sitz du nur mit ihm! dachte ich, als der Diener den Tee brachte und Dmitrij Besobjedow wohl fünfmal bitten mußte, ein Glas zu nehmen, weil der schüchterne Gast es zunächst für seine Pflicht hielt, abzulehnen und zu sagen: »Trinken Sie nur erst!« Dmitrij, der sich sichtbar Zwang antat, unterhielt seinen Gast mit einem Gespräch, in das er mehrere Male vergeblich auch mich hineinziehen wollte. Ich schwieg finster.

Was brauche ich mein Gesicht zu verstellen, damit niemand merkt, wie ich mich langweile? wandte ich mich in Gedanken an Dmitrij, während ich schweigend auf dem Stuhle gleichmäßig hin und her schaukelte. Mit einer Art von Vergnügen fachte ich in meinem Innern das Gefühl einer stillen Abneigung gegen meinen Freund zu immer stärkerer Glut an. So ein Dummkopf! dachte ich bei mir. Da könnte er nun den Abend angenehm mit seinen lieben Angehörigen verleben, aber nein! mit diesem Rindvieh sitzt er da; inzwischen aber vergeht die Zeit, und nachher ist es natürlich zu spät, um noch in den Salon zu gehen. Und ich blickte hinter dem Rand des Schaukelstuhls hervor nach meinem Freund. Seine Hand und seine Haltung und sein Hals, besonders aber sein Nacken und seine Knie, erschienen mir dermaßen widerlich und verletzend, daß ich ihm in diesem Augenblick mit Wonne irgendeine Unannehmlichkeit angetan hätte, und sogar eine ganz große.

Endlich stand Besobjedow auf; aber Dmitrij konnte einen so angenehmen Gast nicht ohne weiteres fortgehen lassen: er schlug ihm vor, bei ihnen zu übernachten, glücklicherweise aber lehnte Besobjedow ab und ging.

Nachdem Dmitrij ihm das Geleit gegeben hatte, kehrte er zurück und begann im Zimmer auf und ab zu gehen; er rieb sich mit einem leisen, selbstgefälligen Lächeln die Hände, wahrscheinlich sowohl, weil er seine Rolle durchgehalten hatte, als auch, weil die Langeweile nun wich; ab und zu blickte er nach mir. Nun war er mir noch mehr zuwider.

Wie kann er es nur wagen, hin und her zu gehen und zu lächeln! dachte ich.

»Warum bist du so mürrisch?« fragte er plötzlich, vor mir stehenbleibend.

»Ich bin gar nicht mürrisch«, antwortete ich, wie man in solchen Fällen zu antworten pflegt. »Es ärgert mich nur, daß du dich vor mir und vor Besobjedow und vor dir selber verstellst.«

»Was für ein Unsinn! Ich verstelle mich niemals vor irgendeinem Menschen.«

»Ich habe unser Versprechen, offenherzig zu sein, nicht vergessen und will ganz unverblümt mit dir reden. Ich bin davon überzeugt«, sagte ich, »daß dir dieser Besobjedow ebenso unausstehlich ist wie mir; denn er ist dumm und weiß Gott was sonst noch; aber dir gefällt es, vor ihm großzutun.«

»Nein, gar nicht! Erstens ist Besobjedow ein ausgezeichneter Mensch ...«

»Und ich sage, doch! Ich sage dir sogar, daß auch deine Freundschaft mit Ljubow Sergejewna darauf beruht, daß sie dich für einen Gott hält.«

»Und ich sage dir, es ist nicht so.«

»Und ich sage dir, es ist doch so; denn ich kenne das von mir selber«, antwortete ich mit der Hitze des unterdrückten Ärgers und in der Absicht, ihn durch meine Offenherzigkeit zu entwaffnen. »Ich habe dir schon oft gesagt und wiederhole es jetzt: ich glaube immer diejenigen Menschen zu lieben, die mir Angenehmes sagen, wenn ich aber näher hinsehe, stelle ich fest, daß eine wahre Zuneigung gar nicht besteht.«

»Nein«, fuhr Dmitrij fort und rückte durch eine ärgerliche Bewegung des Halses seine Binde zurecht, »wenn ich liebe, so kann weder Lob noch Tadel etwas an meiner Empfindung ändern.«

»Das ist nicht wahr! Ich habe dir hier bekannt, daß ich meinen Papa, als er mich einen Lumpenkerl nannte, eine Zeit hindurch haßte und ihm den Tod wünschte; ebenso hast auch du ...«

»Sprich von dir allein! Sehr traurig, wenn du so bist. . .!«

»Im Gegenteil!« schrie ich, vom Stuhle aufspringend, und sah ihm mit der größten Kühnheit in die Augen; »das ist nicht schön, was du da sagst; hast du mir nicht von meinem Bruder gesagt – ich will dich nicht daran erinnern, denn das wäre unehrenhaft – hast du mir nicht gesagt ...? Nun, ich will dir nur sagen, wie ich dich jetzt verstehe ...«

Und in der Absicht, ihn noch mehr zu verletzen, als er mich verletzt hatte, begann ich ihm zu beweisen, daß er niemanden liebe, und sprach alles aus, was ich ihm mit Recht vorwerfen zu können glaubte. Ich war sehr zufrieden damit, daß ich vor ihm alles so offen heraussagte, und vergaß dabei völlig, daß der einzig mögliche Zweck dieser Vorhaltung, nämlich, ihn zum Eingeständnis der Fehler zu bringen, deren ich ihn überführte, nicht im jetzigen Augenblick erreicht werden konnte, wo er so erregt war. In Augenblicken aber, wo er sich in ruhigem Zustand befand und zur Selbsterkenntnis hätte kommen können, hätte ich ihm dergleichen nie gesagt.

Unser Disput ging schon in wirklichen Zank über, als Dmitrij plötzlich verstummte und in ein anderes Zimmer ging. Ich folgte ihm und wollte weiterreden, aber er gab mir keine Antwort. Ich wußte, daß auf seiner Fehlerliste auch der Jähzorn stand, und er war jetzt dabei, ihn niederzukämpfen. Ich verfluchte sein ganzes Sündenregister.

Dahin also hatte uns unser Grundsatz geführt: uns gegenseitig alles zu sagen, was wir empfanden, niemals aber einem Dritten übereinander Mitteilung zu machen! Manchmal hatten wir uns in unserer Schwärmerei für Offenherzigkeit zu den schamlosesten Bekenntnissen verstiegen und zu unserer eigenen Schande einen bloßen Einfall, eine Träumerei für einen Wunsch und für ein Gefühl ausgegeben, wie zum Beispiel das, was ich soeben zu ihm gesagt hatte; und diese Bekenntnisse hatten das uns zusammenhaltende Band nicht nur nicht fester geknüpft, sondern unser beider Empfinden abgekühlt und uns auseinandergebracht; nun aber hinderte ihn plötzlich seine Eigenliebe, ein gar nicht wichtiges Bekenntnis abzulegen, und in der Hitze des Streites bedienten wir uns eben jener Waffen, die wir vorher selber einer dem anderen in die Hände gegeben hatten und die entsetzlich schmerzende Wunden bereiteten.

Obgleich Papa eigentlich erst nach Neujahr mit seiner Frau hatte nach Moskau kommen wollen, kam er doch schon im Herbst, im Oktober, zu einer Zeit also, wo man noch ausgezeichnet Hetzjagden veranstalten konnte. Papa sagte, er habe seine Absicht geändert, weil sein Prozeß im Senat zur Verhandlung kommen solle; aber Mimi erzählte, Awdotja Wasiljewna habe sich auf dem Land so gelangweilt, derartig oft von Moskau gesprochen und sich so krank gestellt, daß Papa sich entschlossen habe, ihren Wunsch zu erfüllen,

»Denn sie hat ihn nie geliebt, sondern nur allen die Ohren vollgeredet von ihrer Liebe; sie wollte eben weiter nichts als einen reichen Mann heiraten«, fügte Mimi hinzu und seufzte dabei nachdenklich, wie wenn sie sagen wollte: So hätten es gewisse Leute nicht mit ihm gemacht, wenn er es verstanden hätte, sie richtig zu würdigen.

Diese »gewissen Leute« waren ungerecht gegen Awdotja Wasiljewna, deren Liebe zu Papa eine leidenschaftliche, hingebende, selbstverleugnende Liebe war, wie man aus jedem ihrer Worte, ihrer Blicke, ihrer Bewegungen deutlich erkennen konnte. Aber diese Liebe hinderte sie in keiner Weise, neben dem Wunsch, sich nicht von dem vergötterten Mann zu trennen, auch noch andere Wünsche zu haben, zum Beispiel den nach einem aparten Häubchen aus dem Atelier der Madame Annette, nach einem Hut mit einer besonders schönen blauen Straußenfeder oder den nach einem dunkelblauen venezianischen Samtkleid, das kunstvoll die schöngeformte weiße Brust und die Arme entblößen sollte, die bisher noch jedem verborgen geblieben waren außer ihrem Mann und dem Kammermädchen. Es versteht sich, daß Katenka auf seiten ihrer Mutter war; zwischen uns Brüdern aber und der Stiefmutter entstanden gleich vom ersten Tag ihrer Ankunft an eigenartige, scherzhafte Beziehungen. Als sie aus dem Wagen stieg, machte Wolodja ein ernsthaftes Gesicht und trübe Augen, trat unter Kratzfüßen zu ihr heran und sagte, über ihre Hand gebeugt, gleichsam, als wollte er ihr jemanden vorstellen: »Ich habe die Ehre, die liebe Mama zu ihrer Ankunft zu beglückwünschen und ihr die Hand zu küssen.«

»Ah, mein liebes Söhnchen!« antwortete Awdotja Wasiljewna und lächelte ihr schönes, einförmiges Lächeln.

»Vergessen Sie auch Ihr zweites Söhnchen nicht«, sagte ich, ebenfalls zum Handkuß herantretend und unwillkürlich bemüht, Wolodjas Gesichtsausdruck und Stimme nachzumachen.

Wären unsere Stiefmutter und wir von unserer gegenseitigen Zuneigung überzeugt gewesen, hätte dieses Benehmen eine Abneigung gegen äußerliche Liebeskundgebungen bedeuten können; wäre unser Verhältnis zueinander aber schon schlecht gewesen, hätte es etwas ganz anderes bedeuten können, nämlich Ironie oder verächtliche Ablehnung aller Heuchelei oder den Wunsch, dem anwesenden Vater unsere wahre Stellung zueinander zu verheimlichen, und noch viele andere Gefühle und Gedanken; aber im vorliegenden Fall hatte dieses Benehmen, das zu Awdotja Wasiljewnas Wesen durchaus paßte, überhaupt nichts zu bedeuten und verdeckte nur das Nichtvorhandensein irgendeiner Stellungnahme überhaupt. Ich habe in früheren Jahren auch bei anderen Familien, wenn deren Mitglieder ahnten, daß die wirklichen Beziehungen durchaus nicht gut sein würden, ein derartiges, scherzhaftes Ersatzverhältnis wahrgenommen; und gerade ein solches Verhältnis bildete sich unwillkürlich zwischen uns und Awdotja Wasiljewna heraus. Wir gingen fast nie aus uns heraus; wir waren zu ihr immer übertrieben höflich, sprachen französisch, machten Kratzfüße und nannten sie chère maman, worauf sie stets ähnlich scherzend mit ihrem schönen, einförmigen Lächeln antwortete. Nur die weinerliche Ljubotschka mit ihren Gänsebeinen und ihrem nicht zu geistreichen Gerede hatte die Stiefmutter liebgewonnen und versuchte in sehr naiver und manchmal recht ungeschickter Weise, sie unserer ganzen Familie näherzubringen; dafür war auch Ljubotschka die einzige Person auf der Welt, der Awdotja Wasiljewna – abgesehen von ihrer leidenschaftlichen Liebe zu Papa – wenigstens eine Spur von Zuneigung entgegenbrachte.

Awdotja Wasiljewna legte ihr gegenüber sogar eine Art verzückter Begeisterung und schüchterner Verehrung an den Tag, worüber ich mich nicht genug wundern konnte.

Awdotja Wasiljewna liebte es in der ersten Zeit, sich als Stiefmutter zu bezeichnen und häufig darauf anzuspielen, daß die Kinder und die anderen Hausgenossen gegen eine Stiefmutter immer von übelwollender Ungerechtigkeit wären, und wie schwierig infolgedessen deren Lage zu sein pflege. Aber obwohl sie alle Unannehmlichkeiten dieser Lage vorhersah, tat sie doch nichts, um ihnen zu begegnen: etwa dem einen eine Freundlichkeit zu erweisen, den andern zu beschenken, vor allem aber nicht mürrisch zu sein, was ihr sehr leicht fallen mußte, da sie von Natur anspruchslos und sehr gutmütig war. Doch weit davon entfernt, danach zu verfahren, war sie – in voller Erkenntnis der ihrer harrenden Schwierigkeiten – in steter Verteidigungsstellung gegen Angriffe, die gar nicht erfolgten. Von der Überzeugung ausgehend, daß sämtliche Hausbewohner ihr mit allen Mitteln Unannehmlichkeiten bereiten und Kränkungen zufügen wollten, witterte sie überall versteckte Absichten und hielt es für das würdigste Verhalten ihrerseits, schweigend zu dulden; selbstverständlich erweckte sie durch ihre Passivität nicht Liebe, sondern Abneigung. Außerdem fehlte ihr der Sinn für jenes in unserem Haus in höchstem Grad entwickelte »Begreifen«, von dem ich bereits gesprochen habe, und ihre Gewohnheiten standen denen, die in unserem Haus festgewurzelt waren, so entgegen, daß schon dies allein alle gegen sie einnahm. In unserem pünktlichen, sauberen Haushalt lebte sie stets, als wäre sie eben erst angekommen; bald stand sie spät auf, bald früh, heute ging sie spät schlafen und morgen zeitig; manchmal erschien sie zum Mittagessen, manchmal nicht, oft aß sie zu Abend, oft auch wieder nicht. Wenn keine Gäste da waren, ging sie fast immer nur halb angezogen umher und schämte sich nicht, sich uns und sogar der Dienerschaft im weißen Unterrock und mit nackten Armen, nur in einen Schal gehüllt, zu zeigen. Anfangs gefiel mir diese Einfachheit; aber dann verlor ich sehr bald gerade infolge dieser Einfachheit den letzten Rest von Hochachtung, den ich ihr entgegengebracht hatte. Noch sonderbarer berührte es uns, daß in ihr zwei ganz verschiedene weibliche Wesen steckten, je nachdem, ob Gäste da waren oder nicht. Waren Gäste da, war sie eine jugendliche, gesunde, kühle Schönheit, elegant gekleidet, weder dumm noch klug, aber fröhlich; waren keine Gäste da, war sie eine nicht mehr ganz junge, abgespannte, verdrossene Frau, ein schlampiges und sich langweilendes, wenn auch liebendes Weib. Oft dachte ich bei ihrem Anblick, wenn sie lächelnd, von der Winterkälte gerötet, glücklich im Bewußtsein ihrer Schönheit, von Besuchen zurückkehrte, den Hut abnahm und vor den Spiegel trat, um sich zu betrachten, oder wenn sie im prächtigen ausgeschnittenen Ballkleid, halb verschämt und halb stolz vor der Dienerschaft zum Wagen rauschte, oder wenn sie auf kleinen Abendgesellschaften, die bei uns zu Hause stattfanden, im geschlossenen Seidenkleid, den zarten Hals von feinen Spitzen umgeben, ihr einförmiges, aber schönes Lächeln nach allen Seiten strahlen ließ – oft dachte ich dann bei mir, was wohl diejenigen, die von ihr begeistert waren, sagen würden, wenn sie sie so zu sähen bekämen, wie ich sie zu sehen pflegte, wenn sie abends zu Hause geblieben war, den Mann aus dem Klub zurückerwartete und nachlässig angezogen, mit ungekämmtem Haar wie ein Schatten durch die schwach erleuchteten Zimmer ging. Bald trat sie zum Klavier und spielte, vor Anstrengung die Stirn runzelnd, den einzigen Walzer, den sie konnte; bald machte sie sich über einen Roman her, las ein paar Zeilen aus der Mitte heraus und warf ihn wieder hin; bald ging sie, um die Leute nicht zu wecken, selber zum Büfett, nahm sich eine Gurke und etwas kaltes Kalbfleisch heraus und verzehrte es, am Fenster des Büfettzimmers stehend; bald wieder wanderte sie müde und verdrossen ziellos von einem Zimmer ins andere. Aber was sie am meisten uns entfremdete, war ihr Mangel an Verständnis, der sich namentlich in einer nur ihr eigenen Art herablassender Aufmerksamkeit bekundete, wenn man mit ihr von Dingen sprach, die sie nicht verstand. Sie konnte nichts dafür, daß sie – ohne es selbst zu wissen – die Gewohnheit hatte, nur mit den Lippen leise zu lächeln und den Kopf eigenartig zu neigen, wenn man ihr Dinge erzählte, die sie wenig interessierten (und außer ihrer eigenen Person und ihrem Mann interessierte sie nichts); aber dieses Lächeln und diese geneigte Kopfhaltung wirkten, da sie sich häufig wiederholten, in unerträglicher Weise abstumpfend. Ihre Heiterkeit, bei der sie anscheinend über sich selber, über uns und über die ganze Welt lachte, war ebenfalls ungeschickt und teilte sich niemandem mit; ihre Empfindsamkeit war zu gekünstelt. Die Hauptsache aber war: sie schämte sich nicht, unaufhörlich und zu jedem Menschen von ihrer Liebe zu Papa zu reden. Obgleich sie keineswegs log, wenn sie sagte, daß ihr ganzes Leben in der Liebe zu ihrem Mann beschlossen sei, und obgleich sie das durch ihr ganzes Leben bewies, war doch ein derartiges hemmungsloses, ununterbrochenes Auskramen von Liebesempfindungen nach unserem Geschmack widerlich, und wir schämten uns für sie, wenn sie es in Gegenwart Fremder tat – noch mehr, als wenn sie Fehler im Französischen machte.

Sie liebte ihren Mann über alles in der Welt, und ihr Mann liebte sie, besonders in der ersten Zeit, und wenn er sah, daß sie nicht ihm allein gefiel. Das einzige Ziel ihres Lebens war, sich die Liebe ihres Mannes zu erhalten; aber sie tat, wie es schien, absichtlich alles, was ihm unangenehm sein konnte, und dabei alles in der Absicht, ihm die ganze Kraft ihrer Liebe und ihre Bereitschaft zur Selbstaufopferung zu beweisen.

Sie liebte den Putz, und der Vater sah sie gern von der großen Welt als schöne Frau gepriesen und bewundert; sie brachte ihre leidenschaftliche Liebe für den Putz dem Vater zum Opfer und nahm immer mehr die Gewohnheit an, zu Hause in einer grauen Bluse zu sitzen. Papa, der von jeher Freiheit und Gleichheit für die unerläßliche Bedingung eines harmonischen Familienlebens angesehen hatte, hatte gehofft, sein Liebling Ljubotschka und seine gutmütige junge Frau würden sich in aufrichtiger Freundschaft zusammenfinden; doch Awdotja Wasiljewna brachte sich zum Opfer und hielt es für nötig, »der wahren Herrin des Hauses«, wie sie Ljubotschka nannte, eine durchaus unangebrachte Hochachtung zu bezeigen, durch die sich Papa schmerzlich gekränkt fühlte. Er spielte in diesem Winter viel, verlor gegen Ende des Winters erhebliche Summen und verschwieg wie immer, da er seine Spielangelegenheiten und die Familie auseinanderzuhalten wünschte, seine Verluste allen ihren Mitgliedern. Awdotja Wasiljewna aber brachte sich zum Opfer und hielt es, obwohl sie manchmal krank war und sich gegen Ende des Winters auch in andern Umständen befand, für ihre Pflicht, in der grauen Bluse, mit ungekämmtem Haar, sogar um vier oder fünf Uhr morgens wankenden Ganges Papa entgegenzugehen, wenn er nach großen Verlusten und der achten Geldstrafe müde und beschämt aus dem Klub heimkehrte. Sie fragte ihn zerstreut, ob er im Spiel Glück gehabt habe, und hörte mit herablassender Aufmerksamkeit, lächelnd und den Kopf hin und her wiegend, zu, wie er ihr von seinen Erlebnissen im Klub erzählte und sie zum hundertsten Male bat, nicht auf ihn zu warten. Aber obgleich Papas Gewinne oder Verluste, wovon doch bei dem Stil, in dem er spielte, sein ganzes Vermögen abhing, sie nicht im geringsten interessierten, war sie doch jede Nacht von neuem die erste, die ihm entgegenkam, wenn er aus dem Klub heimkehrte. Hierzu veranlaßte sie übrigens außer ihrer Leidenschaft zur Selbstaufopferung auch noch die geheime Eifersucht, an der sie im höchsten Grade litt. Niemand in der Welt hätte sie dahin bringen können, zu glauben, daß Papa so spät aus dem Klub und nicht von einer Geliebten nach Hause kam. Sie suchte seine Liebesgeheimnisse von seinem Gesicht abzulesen, und wenn sie da nichts fand, seufzte sie mit einer Art von Freude am Leid und überließ sich dem Auskosten ihres Unglücks.

Infolge dieser und vieler anderer beharrlicher Opfer wurde in Papas Verkehr mit seiner Frau in den letzten Monaten dieses Winters, in denen er viel verspielt hatte und daher meist schlecht gelaunt war, ein wachsendes Gefühl leisen Hasses bemerkbar, ein Gefühl unterdrückter Abneigung gegen den geliebten Gegenstand, das sich in dem unbewußten Bestreben äußerte, dem andern alle möglichen kleinen seelischen Unannehmlichkeiten zu bereiten.

43. Neue Kameraden

Der Winter war vergangen, ehe man sich dessen versah; es begann schon wieder zu tauen, und auf der Universität war bereits der Prüfungsplan angeschlagen, als mir plötzlich einfiel, daß ich mich in achtzehn Fächern prüfen lassen mußte, über die ich Vorlesungen gehört hatte, ohne jedoch auch nur eine einzige gründlich gehört, mitgeschrieben und durchgearbeitet zu haben. Seltsamerweise war mir die so klare Frage: Wie willst du die Prüfung bestehen? überhaupt nie gekommen. Aber ich war diesen ganzen Winter wie umnebelt von dem Gefühl, erwachsen und ein junger Mann comme il faut zu sein, daß ich, wenn mir wirklich einmal der Gedanke durch den Kopf ging: Wie willst du die Prüfung bestehen, mich einfach mit meinen Kommilitonen verglich und bei mir dachte: Die werden durchkommen, obgleich sie meistens keine Leute comme il faut sind; da werde auch ich, der ich dies vor ihnen voraushabe, wohl auch durchkommen. In die Vorlesungen ging ich nur aus Gewohnheit und weil Papa mich fortschickte. Außerdem hatte ich viele Bekannte und fand es oft auf der Universität recht lustig. Ich liebte diesen Lärm, das Reden und Lachen in den Auditorien; ich liebte es, mich während der Vorlesung, in der hintersten Bank sitzend, bei dem gleichmäßigen Tonfall der Stimme des Professors Träumereien über dies und das hinzugeben und die Kommilitonen zu beobachten; ich liebte es, hin und wieder mit irgendeinem zu Matern zu laufen, dort einen Schnaps zu trinken und etwas dazu zu essen und dann, wohl wissend, daß man leicht dafür büßen konnte, wenn man erst hinter dem Professor kam, möglichst leise die Tür zu öffnen und in das Auditorium hineinzugehen; ich liebte es, mich an allerhand Streichen zu beteiligen, wenn die Studenten der verschiedenen Kurse sich lachend auf dem Korridor drängten. Alles das war äußerst lustig.

Als alle schon anfingen, regelmäßiger in die Vorlesungen zu gehen, der Professor der Physik zu lesen aufgehört und sich bis zur Prüfung von seinen Hörern verabschiedet hatte, die

Studenten ihre Hefte zusammensuchten und sich in kleinen Gruppen vorzubereiten begannen, kam auch mir der Gedanke, daß ich mich vorbereiten müsse. Operow, mit dem ich mich immer noch gegrüßt hatte, obwohl wir sonst, wie ich schon gesagt habe, nunmehr recht kühl miteinander standen, bot mir nicht nur seine Hefte an, sondern lud mich auch ein, mich mit ihm und anderen Studenten zusammen nach diesen Heften vorzubereiten. Ich nahm sein Anerbieten dankend an in der Hoffnung, durch die Ehre, die ich ihm damit erwies, die Differenzen, die zwischen uns bestanden, völlig wieder auszugleichen, nur bat ich, daß sich alle bei mir versammeln möchten, da ich ja eine schöne Wohnung hätte.

Die Antwort lautete, sie würden abwechselnd bald bei diesem, bald bei jenem zusammenkommen, möglichst da, wo es am nächsten sei. Das erstemal traf man sich bei Suchin. Es war ein kleines Zimmerchen hinter einer Halbwand in einem großen Haus am Trubnoj Boulevard. An dem ersten festgesetzten Tag verspätete ich mich und kam erst, als schon vorgetragen wurde. Das kleine Zimmerchen war ganz vollgeraucht, und zwar nicht von einer leidlich erträglichen Sorte, sondern von gemeiner Machorka, wie sie Suchin zu rauchen pflegte. Auf dem Tisch standen eine Flasche Branntwein, Gläschen, Brot, Salz und ein Stück Hammelkeule.

Suchin lud mich, ohne aufzustehen, ein, ein Glas Schnaps zu trinken und den Rock auszuziehen.

»Wahrscheinlich sind Sie diese Art von Bewirtung nicht gewohnt«, setzte er hinzu.

Sie trugen allesamt schmutzige Kattunhemden und Serviteurs. Indem ich mir Mühe gab, die Verachtung, die ich gegen sie hegte, zu verbergen, zog ich mir den Rock aus und legte mich »kameradschaftlich« auf das Sofa. Suchin trug vor, wobei er hin und wieder einen Blick in die Hefte warf; gelegentlich unterbrachen ihn die andern und stellten Fragen, auf die er kurz, klug und treffend Auskunft erteilte. Ich hörte zu, und da ich vieles nicht verstand, weil ich nicht von Anfang an dabei gewesen war, stellte ich eine Frage.

»Ja, mein Lieber, da können Sie natürlich nicht folgen, wenn

Sie das nicht wissen«, sagte Suchin. »Ich werde Ihnen die Hefte mitgeben, die können Sie dann bis morgen durchsehen, denn sonst hat die Sache keinen Zweck.«

Ich schämte mich meiner Unwissenheit, und da ich zugleich fühlte, daß Suchin mit seiner Bemerkung durchaus recht hatte, hörte ich auf zuzuhören und beschäftigte mich damit, diese neuen Kameraden zu beobachten. Bei der Einteilung der Menschen in solche, die comme il faut und die nicht comme il faut sind, gehörten sie ersichtlich zur zweiten Gruppe und lösten daher bei mir nicht nur ein Gefühl der Verachtung aus, sondern auch das eines gewissen persönlichen Hasses, den ich gegen sie deshalb empfand, weil sie, die doch nicht einmal comme il faut waren, mich anscheinend nicht nur für ihresgleichen hielten, sondern mich sogar in gutmütig gönnerhafter Weise behandelten. Diese Gefühle riefen vielerlei Dinge in mir hervor: ihre Füße und die schmutzigen Hände mit den abgekauten Nägeln, der eine Nagel, den sich Operow am kleinen Finger besonders lang hatte wachsen lassen, die rosa Hemden und die Serviteurs, die Schimpfworte, die sie sich in freundschaftlicher Weise gegenseitig an den Kopf warfen, das schmutzige Zimmer und Suchins Gewohnheit, sich fortwährend zu schneuzen, wobei er das eine Nasenloch mit dem Finger zuhielt, besonders aber die gespreizte Art, mit der sie bestimmte Wörter gebrauchten und betonten, was mir affektiert und widerwärtig unfein vorkam. Noch mehr aber wurde dieser Comme-il-faut-Haß durch die unerträgliche Art geschürt, in der sie viele russische und besonders ausländische Wörter betonten.

Ungeachtet all dieser Äußerlichkeiten, die in der damaligen Zeit auf mich unsagbar abstoßend wirkten, hatte ich doch ein Gefühl für das Gute in diesen Leuten, beneidete sie um die fröhliche Kameradschaftlichkeit, die sie verband, fühlte mich zu ihnen hingezogen und wollte ihnen gern nähertreten, so schwer es mir auch werden würde. Den sanften, ehrenwerten Operow kannte ich schon, jetzt aber gefiel mir der frische, ungemein kluge Suchin ganz außerordentlich, der in diesem Kreis offenbar die Führung hatte. Er war ein kleiner, untersetzter, brünetter Mensch mit einem etwas aufgedunsenen und immer fettig glänzenden Gesicht, aus dem Klugheit, Temperament und Unabhängigkeit sprachen. Diesen Ausdruck verliehen ihm besonders seine nicht hohe, aber über den tiefliegenden schwarzen Augen sich stark vorwölbende Stirn, das borstige kurze Haar und der dichte schwarze Bart, der immer unrasiert aussah. Er schien nie an sich zu denken, was mir von jeher an den Menschen besonders gefiel; aber man konnte deutlich sehen, daß sein Geist unaufhörlich arbeitete. Er hatte eins von den ausdrucksvollen Gesichtern, die einige Stunden, nachdem man sie zum erstenmal gesehen hat, sich plötzlich vor unseren Augen vollständig verändern. Noch ehe der Abend zu Ende ging, erlebte ich es an ihm. Plötzlich zeigten sich auf seinem Gesicht neue Runzeln; die Augen sanken noch tiefer; das Lächeln wurde ein anderes, und das ganze Gesicht veränderte sich so, daß ich ihn kaum wiedererkannte.

Als der Vortrag beendet war, tranken Suchin, die andern Studenten und ich zum Zeichen, daß wir gute Kameradschaft halten wollten, jeder ein Glas Schnaps, und es blieb in der Flasche fast nichts übrig. Suchin fragte, wer einen Viertelrubel habe, damit er seine alte Aufwartefrau um Schnaps schicken könne. Ich bot mein Geld an; aber Suchin wandte sich, als hätte er mich nicht gehört, an Operow, und Operow holte seine perlenbestickte Börse heraus und gab ihm die verlangte Münze.

»Paß nur auf, daß du nicht noch ein Säufer wirst«, sagte Operow, der selbst nicht trank.

»Sei unbesorgt«, antwortete Suchin und sog das Mark aus dem Hammelknochen. Ich erinnere mich, daß ich dabei dachte: Weil er viel Mark ißt, darum ist er so klug. »Sei unbesorgt«, fuhr Suchin fort und lächelte leise; er hatte aber ein eigenartiges Lächeln an sich, so daß man unwillkürlich seine Aufmerksamkeit darauf richtete und ihm für dieses Lächeln dankbar war. »Wenn ich auch trinke, so ist das weiter kein Unglück; wir wollen einmal sehen, Bruder, wer dem andern über ist, ob er mir oder ich ihm. Fertig, Bruder«, fügte er hinzu und tippte sich prahlerisch an die Stirn. »Semjonow wird auch nicht durchfallen, und doch, was hat der Mensch wüst gelebt!«

In der Tat, eben jener grauhaarige Semjonow, der mir bei der ersten Prüfung dadurch solch freudige Genugtuung bereitet hatte, daß er schlechter gekleidet war als ich, und der dennoch die Aufnahmeprüfung als zweiter bestanden, hatte zwar während des ersten Monats seines Studententums die Vorlesungen pünktlich besucht, aber noch vor Beginn der Repetitionen zu bummeln angefangen und sich gegen Ende des Kursus überhaupt nicht mehr in der Universität blicken lassen.

»Wo steckt er?« fragte jemand.

»Auch ich habe ihn aus den Augen verloren«, fuhr Suchin fort; »das letztemal haben wir beide in der ›Stadt Lissabon‹ einen schönen Krawall gemacht. Es war wirklich famos! Die Sache soll ja nachher noch viel besprochen worden sein ... Ja, das ist ein Kopf! Was steckt in diesem Menschen für ein Feuer, was für ein Verstand! Es wäre schade, wenn er zugrundeginge! Und sicher wird er zugrundegehen; er ist kein Knabe mehr, daß er es bei seinem Temperament auf der Universität aushielte.«

Ein wenig wurde noch geplaudert; dann gingen alle hinaus, nachdem noch verabredet worden war, auch an den folgenden Tagen bei Suchin zusammenzukommen, weil seine Wohnung am nächsten lag. Als wir alle auf die Straße traten, war es mir einigermaßen peinlich, daß alle anderen zu Fuß gingen und ich allein im Wagen fuhr, und aus dieser Verlegenheit heraus bot ich Operow an, ihn in meinem Wagen nach seiner Wohnung zu bringen. Suchin war mit uns zusammen hinausgegangen, und nachdem er sich von Operow einen Rubel geborgt hatte, begab er sich für die ganze Nacht irgendwohin zu Besuch. Unterwegs erzählte mir Operow viel über Suchins Charakter und Lebensweise, und als ich nach Hause gekommen war, konnte ich lange nicht einschlafen, so sehr beschäftigten sich meine Gedanken mit meinen neuen Bekannten. Ich lag lange schlaflos im Bett und vermochte zu keinem festen Urteil zu gelangen: Auf der einen Seite nötigten mir ihr

Wissen, ihre Schlichtheit, ihre Ehrenhaftigkeit und das Poetische ihrer Jugendfrische und Kühnheit Achtung ab; auf der andern Seite stieß mich ihr unordentliches Äußeres zurück. Auch wenn ich es noch so sehr gewollt hätte, wäre es mir damals geradezu unmöglich gewesen, mit ihnen in ein näheres Verhältnis zu kommen, so verschieden war unsere Lebensauffassung. Es gab eine Unmenge feiner Nuancen, die für mich den ganzen Reiz und den ganzen Inhalt des Lebens ausmachten, ihnen aber völlig unverständlich waren, und umgekehrt. Das Haupthindernis für eine Annäherung aber bildete das Tuch meines Rockes, das zwanzig Rubel gekostet hatte, mein Wagen und mein Hemd von holländischer Leinwand. Dieser Grund war für mich von ganz besonderer Wichtigkeit: es schien mir, als ob ich sie ohne Absicht durch diese Kennzeichen meiner Wohlhabenheit beleidigte.

Ich fühlte mich ihnen gegenüber schuldig; bald war ich unterwürfig bescheiden, bald wieder empörte ich mich gegen diese ungerechtfertigte Unterwürfigkeit und kehrte mein Selbstbewußtsein hervor, so daß ich keine gleichen, ehrlichen Beziehungen zu ihnen haben konnte. Die grobschlächtige, lasterhafte Seite in Suchins Charakter aber wurde damals für mich durch jene starke Poesie des Draufgängertums, die ich in ihm ahnte, dermaßen in den Hintergrund gedrängt, daß sie auf mich in keinerlei Weise unangenehm wirkte.

Etwa zwei Wochen lang ging ich jeden Abend zu Suchin, um zu arbeiten, aber ich arbeitete nur sehr wenig; denn wie ich schon erwähnt habe, war ich hinter meinen Kommilitonen zurückgeblieben, und da ich nicht die Kraft hatte, allein zu arbeiten und sie einzuholen, tat ich nur so, als ob ich zuhörte und das Vorgetragene verstände. Auch sie schienen zu erraten, daß ich nur so tat, und ich merkte häufig, daß sie Abschnitte, die sie selber gut konnten, wegließen, ohne mich jemals zu fragen.

Mit jedem Tag fand ich das unordentliche Treiben dieses Kreises entschuldbarer; immer mehr wurde ich hineingezogen und entdeckte viel Poetisches. Nur das Ehrenwort, das ich Dmitrij gegeben hatte, sie nie auf ihren tollen Fahrten zu begleiten, erstickte meinen Wunsch, an ihren Vergnügungen teilzunehmen.

Eines Tages wollte ich mich vor ihnen mit meinen Kenntnissen in der Literatur, namentlich der französischen, brüsten und brachte das Gespräch auf dieses Thema. Zu meiner Verwunderung stellte sich aber heraus, daß sie zwar die fremden Titel russisch aussprachen, aber viel mehr gelesen hatten als ich und Schriftsteller wie Le Sage sowie englische und sogar spanische Autoren, von denen ich nie gehört hatte, kannten und zu schätzen wußten. Puschkin und Schukowskij waren für sie Literatur, nicht wie für mich Büchlein im gelben Umschlag, die ich als Kind gelesen und aus denen ich einiges auswendig gelernt hatte. Sie schätzten Dumas, Sue und Féval in gleicher Weise gering und hatten (namentlich Suchin) ein viel besseres, klareres Urteil über Literatur als ich, was ich mir leider eingestehen mußte. In der Kenntnis der Musik war ich ihnen ebensowenig über. Doch mein Erstaunen wuchs noch. Operow spielte Violine, ein anderer der mit uns arbeitenden Studenten spielte Cello und Klavier, und beide wirkten im Universitätsorchester mit, waren in der Musik gründlich beschlagen und wußten gute Musik zu schätzen. Kurz, in allem, womit ich mich vor ihnen aufspielen wollte, waren sie, abgesehen von der Aussprache des Französischen und des Deutschen, mehr auf der Höhe als ich, ohne sich etwas darauf einzubilden. Dann hätte ich ihnen vielleicht noch mit meiner weltmännischen Überlegenheit kommen können; aber die besaß ich ja nicht einmal so wie Wolodja – was berechtigte mich also, in dieser Weise von oben auf sie herabzusehen? Meine Bekanntschaft mit dem Fürsten Iwan Iwanowitsch? Meine Aussprache des Französischen? Mein Wagen? Mein Hemd aus holländischer Leinwand? Meine Nägel? War das nicht lauter dummes Zeug? So ging es mir manchmal unklar unter dem Einfluß des Neides über ihre Kameradschaftlichkeit und der gutmütigen jugendlichen Lustigkeit, die ich vor mir sah, durch den Kopf. Da duzte einer den anderen, und die Schlichtheit ihres Verkehrs ging bis zur Grobheit; aber auch unter dieser groben Außenseite konnte man beständig die

Furcht wahrnehmen, einander auch nur im geringsten zu kränken. »Lump, Schwein«, Ausdrücke, die sie im Sinn von Schmeichelworten gebrauchten, verletzten mich zwar und waren ein Anlaß, innerlich ihrer zu spotten; aber für sie hatten diese Ausdrücke nichts Beleidigendes und hinderten sie nicht, miteinander in aller Aufrichtigkeit auf freundschaftlichem Fuß zu stehen.

Im Umgang miteinander waren sie so behutsam und zartfühlend, wie man es nur bei sehr armen und sehr jungen Leuten findet. Die Hauptsache aber war: ich witterte etwas von großzügiger Lebenslust in Suchins Charakter und in seinen »Lissaboner« Abenteuern. Ich spürte dunkel, daß diese Kneipereien etwas ganz anderes sein mußten als jene Spielerei mit dem brennenden Rum und dem Champagner, an der ich bei Baron S. teilgenommen hatte.

44. Suchin und Semjonow

Ich weiß nicht, welchem Milieu Suchin entstammte; aber ich weiß, daß er ein Schüler des Gymnasiums in S. gewesen war, gar kein Vermögen besaß und wohl kein Adliger war. Er war damals achtzehn Jahre alt, wenn er auch viel älter aussah. Er war ungewöhnlich intelligent und von erstaunlich schneller Auffassungsgabe: es wurde ihm leichter, sofort einen ganzen verwickelten Gedankenkomplex zu erfassen und in allen Einzelheiten mit seinen Ergebnissen zu überblicken, als planmäßig die Gesetze durchzudenken, auf denen jene Ergebnisse beruhten. Er wußte, daß er ein gescheiter Kopf war, war darauf stolz und gerade aus diesem Stolz heraus im Verkehr mit allen gleichmäßig schlicht und gutmütig. Wahrscheinlich hatte er schon viel in seinem Leben durchgemacht; denn seine flammende, empfängliche Natur hatte ihn befähigt, alles kennenzulernen, Liebe und Freundschaft, Geschäft und Geld; freilich nur in kleinen Ausmaßen und in den niedrigsten Kreisen der Gesellschaft: aber es gab keine Dinge, gegen die er sich aus Erfahrung nicht geringschätzig oder gleichgültig und achtlos verhalten hätte, was durch die übergroße Leichtigkeit zu erklären war, mit der ihm alles zufiel. Er schien alles Neue nur zu dem Zweck mit solchem Eifer zu ergreifen, um nach Erreichung des Zieles das Erreichte zu verachten, und seine begabte Natur erreichte immer sowohl das Ziel als auch das Recht zu dieser Verachtung. Mit der Wissenschaft war es genau so: obwohl er wenig arbeitete und gar nicht nachschrieb, war er in der Mathematik ausgezeichnet, und es war keine leere Prahlerei, wenn er sagte, daß er den Professor in die Tasche stecke. Vieles von dem, was in den Vorlesungen geboten wurde, hielt er für dummes Zeug; aber mit der ihm von Natur eigenen unbewußten, praktischen Schlauheit wußte er sich immer den Wünschen des Professors anzupassen, und so hatten ihn alle Professoren gern. Im Verkehr mit der vorgesetzten Behörde sprach er recht deutlich, aber man achtete ihn dafür. Die Wissenschaft schätzte und liebte er so wenig, daß er sogar diejenigen verachtete, die sich ernsthaft mit dem beschäftigten, was ihm selber so spielend leicht wurde. Die Wissenschaften, wie er sie auffaßte, nahmen noch nicht den zehnten Teil seiner Fähigkeiten in Anspruch; sein Leben als Student bot ihm nichts, dem er sich ganz hätte hingeben können; aber seine flammende, tatendurstige Natur verlangte, wie er sich ausdrückte, nach Leben, und so beteiligte er sich an jenen Gelagen, wie es ihm bei seinen beschränkten Mitteln möglich war, ja, er ergab sich ihnen mit voller Leidenschaft – und in der Absicht, sich dadurch um so vollständiger auszugeben, je mehr überschüssige Kraft er in sich fühlte. Jetzt vor der Prüfung kam es so, wie Operow es vorhergesagt hatte: Suchin war etwa zwei Wochen lang verschwunden, so daß wir in der letzten Zeit schon mit einem anderen Studenten repetierten. Aber bei der ersten Prüfung erschien er, blaß, ausgepumpt, mit zitternden Händen, im Saal, bestand glänzend und wurde in den zweiten Kursus befördert.

Zu Beginn unseres Kursus bestand die von Suchin geführte Bummelantengruppe aus acht Mann. Unter ihnen hatte sich zunächst auch Ikonin und Semjonow befunden. Aber der erstere hatte sich von der Gesellschaft zurückgezogen, weil er die wüsten Tollheiten, denen sie sich am Anfang des Jahres hingaben, nicht vertragen konnte; Semjonow dagegen, weil ihm alles zu wenig war. In der ersten Zeit verfolgten alle Studenten unseres Kursus das Treiben dieser Gesellschaft voller Entsetzen, und voller Entsetzen erzählten sie einander davon.

Die Hauptthelden dieser Bummelfahrten waren Suchin und gegen Ende des Kursus Semjonow. Semjonow betrachteten sie in letzter Zeit sogar mit einer Art von Grauen, und wenn er zu einer Vorlesung erschien, was nur ziemlich selten geschah, verursachte das im Auditorium eine gewisse Aufregung.

Semjonow setzte unmittelbar vor der Prüfung seiner Zecherlaufbahn auf eine höchst energische und höchst originelle Weise ein Ende, wovon ich dank meiner Bekanntschaft mit Suchin selbst Zeuge war. Die Sache trug sich folgendermaßen zu. Wir hatten uns eines Abends eben bei Suchin versammelt, und Operow hatte, den Kopf über seine Hefte gebeugt, soeben außer dem auf einem Leuchter befindlichen Talglicht noch ein in einer Flasche steckendes zweites neben sich gestellt und angefangen, seine engbeschriebenen Physikhefte mit dünner Stimme vorzulesen, als die Wirtin ins Zimmer trat und zu Suchin sagte, daß jemand mit einem Brief gekommen sei ...

45. Ich falle durch

Endlich war die erste Prüfung herangekommen: Differential- und Integralrechnungen; ich aber lebte nach wie vor wie im Nebel dahin und gab mir keine klare Rechenschaft von dem, was meiner harrte. Abends befiel mich wohl öfter, wenn ich mit Suchin und den anderen zusammengewesen war, der Gedanke, daß ich irgend etwas an meiner Lebensauffassung ändern müsse, daß etwas daran nicht richtig und nicht gut sei; aber morgens, wenn die Sonne schien, wurde ich wieder comme il faut, war höchst zufrieden und wünschte keinerlei Veränderung mit mir vorzunehmen.

In dieser Geistesverfassung fand ich mich zur ersten Prüfung ein.

Ich setzte mich in eine Bank auf der Seite, wo die Fürsten, Grafen und Barone saßen, begann mit ihnen französisch zu reden und dachte – so unglaublich es auch klingen mag – mit keinem Gedanken daran, daß ich sogleich über ein Gebiet, das ich nicht kannte, würde Rede und Antwort zu stehen haben. Kaltblütig betrachtete ich die Kandidaten, die nach vorne gingen, um sich prüfen zu lassen, und scheute mich nicht einmal, mich über einige von ihnen lustig zu machen.

»Nun, wie steht's, Grap?« sagte ich zu Iljinka, als er vom Tisch zurückkam. »Hat man Sie das Gruseln gelehrt?«

»Wollen erst einmal sehen, wie es Ihnen gehen wird«, antwortete Iljinka, der sich seit seinem Eintritt in die Universität völlig gegen meinen Einfluß auflehnte, nicht lächelte, wenn ich mit ihm sprach und mir überhaupt nicht wohlwollte.

Ein verächtliches Lächeln war meine Antwort, obgleich der Zweifel, dem Iljinka Ausdruck gegeben hatte, mich für einen Augenblick erschreckte. Aber der Nebel drängte dieses Gefühl von neuem zurück, und ich war weiterhin zerstreut, so daß ich sogar Baron S. versprach, gleich nach der Prüfung (als ob das für mich eine Spielerei wäre), mit ihm zu Matern zu gehen, um dort einen Imbiß einzunehmen. Als ich mit Ikonin zusammen aufgerufen wurde, strich ich die Schöße meines Uniformrocks zurecht und trat höchst kaltblütig an den Prüfungstisch.

Ein leiser, kalter Schauer lief mir erst im Augenblick über den Rücken, als mir der junge Professor, derselbe, der mich bei der Eintrittsprüfung examiniert hatte, gerade ins Gesicht blickte und ich die Zettel aus Briefpapier berührte, auf denen die Fragen aufgeschrieben waren. Ikonin nahm zwar seinen Zettel mit derselben wiegenden Bewegung des ganzen Körpers wie bei der Aufnahmeprüfung, antwortete aber wenigstens etwas, wenn auch sehr kümmerlich; ich dagegen tat das, was er bei der ersten Prüfung getan hatte, machte die Sache aber noch schlimmer: ich nahm einen zweiten Zettel und antwortete auf diesen zweiten Zettel kein Sterbenswörtchen. Der Professor schaute mich mitleidig an und sagte mit leiser, aber fester Stimme: »Sie werden nicht in den zweiten Kursus versetzt werden, Herr Irtenjew. Lassen Sie sich lieber nicht weiterprüfen. Die Fakultät muß gesäubert werden. Dasselbe gilt für Sie, Herr Ikonin«, fügte er hinzu.

Ikonin bat wie um ein Almosen um die Erlaubnis, noch einmal geprüft zu werden, aber der Professor antwortete ihm, daß er in zwei Tagen nicht lernen könnte, was er im Laufe des Jahres nicht gelernt habe und daß er auf keinen Fall versetzt werde. Ikonin bettelte von neuem in kläglichem, demütigem Ton; aber der Professor wies ihn ein zweitesmal ab.

»Sie können gehen, meine Herren«, sagte er mit derselben nicht lauten, aber festen Stimme.

Erst da entschloß ich mich, von dem Tisch wegzugehen, und nun schämte ich mich, daß ich mich durch meine stillschweigende Gegenwart gewissermaßen an Ikonins demütiger Bettelei beteiligt hatte. Ich weiß heute nicht mehr, wie ich durch den Saal an den Studenten vorbeiging, was ich auf ihre Fragen antwortete, wie ich auf den Flur hinaustrat und wie ich nach Hause gelangte. So beleidigt, so gedemütigt fühlte ich mich. Ich war im Innersten unglücklich.

Drei Tage verließ ich das Zimmer nicht, sah keinen Menschen, empfand, wie in meiner Kindheit, tröstenden Genuß in Tränen und weinte viel. Ich suchte nach Pistolen, mit denen ich mich erschießen könnte, falls mich übergroßes Verlangen danach anwandeln sollte. Ich dachte, daß Iljinka Grap mir ins Gesicht spucken werde, wenn er mir begegnete, und ein Recht dazu habe; daß Operow sich über mein Unglück freuen und allen davon erzählen werde; daß Kolpikow vollkommen im Recht gewesen sei, als er mir im »Jar« den Schimpf antat; daß meine albernen Redereien bei der Fürstin Kornakowa ja zu derartigen Folgen führen mußten und so weiter und so weiter. Alle peinlichen Stunden meines Lebens, in denen mein Selbstgefühl schwer verletzt worden war, gingen mir eine nach der andern durch den Kopf; ich suchte jemandem die Schuld an meinem Unglück zuzuschieben: ich bildete mir ein, jemand habe dies alles absichtlich so eingerichtet, ersann eine ganze Intrige, die gegen mich ins Werk gesetzt worden sei, murrte gegen die Professoren, gegen meine Kameraden, gegen Wolodja, gegen Dmitrij, gegen Papa, weil er mich auf die Universität geschickt hatte, und gegen die Vorsehung, weil sie mich eine solche Schmach habe erleben lassen. Aus dem Gefühl heraus, daß ich in den Augen aller, die mich kannten, endgültig erledigt sei, bat ich schließlich Papa um die Erlaubnis, bei den Husaren eintreten oder in den Kaukasus gehen zu dürfen. Papa war zwar mit mir unzufrieden; da er aber meinen furchtbaren Kummer sah, tröstete er mich und sagte, daß die Geschichte zwar verdrießlich sei, sich aber in Ordnung bringen lasse, wenn ich auf eine andere Fakultät ginge. Wolodja, der ebenfalls in meinem Unglück nichts Schreckliches sah, sagte, auf einer andern Fakultät würde ich mich wenigstens nicht vor meinen neuen Kameraden zu schämen brauchen.

Unsere Damen verstanden überhaupt nicht – weil sie nicht verstehen konnten oder wollten –, was eine Prüfung und eine Nichtversetzung zu bedeuten habe, und bedauerten mich nur, weil sie meinen Kummer sahen.

Dmitrij kam jeden Tag zu mir und war die ganze Zeit über außerordentlich zart und sanft; gerade darum hatte ich das Gefühl, als sei er kühler gegen mich geworden. Es war mir immer schmerzlich und kränkend, wenn er zu mir nach oben kam und sich schweigend nahe zu mir setzte, etwa mit dem Gesichtsausdruck, mit dem ein Arzt sich an das Bett eines Schwerkranken setzt. Sofja Iwanowna und Warenka schickten mir durch ihn Bücher, die ich schon früher haben wollte, und ließen mir sagen, ich möchte doch zu ihnen kommen; aber gerade in dieser Aufmerksamkeit sah ich eine stolze, für mich kränkende Herablassung zu einem schon gar zu tief gesunkenen Menschen. Nach etwa drei Tagen beruhigte ich mich ein wenig; aber bis zu unserer Abreise auf das Gut verließ ich das Haus nicht, schlich müßig, fortwährend mit meinem Kummer beschäftigt, von einem Zimmer in das andere und suchte jedes Zusammentreffen mit den Hausgenossen zu vermeiden.

Ich grübelte und grübelte; endlich eines Abends, als ich allein unten saß und zuhörte, wie Awdotja Wasiljewna ihren Walzer spielte, sprang ich plötzlich auf, lief nach oben, holte das Heft hervor, auf dem »Lebens regeln« geschrieben stand, schlug es auf, und da kam für mich ein Augenblick der Reue und des seelischen Aufschwungs. Ich weinte; doch nicht mehr Tränen der Verzweiflung. Nachdem ich mich erholt hatte, beschloß ich, abermals Lebensregeln niederzuschreiben, und kam zu der festen Überzeugung, daß ich nun nie mehr etwas Schlechtes tun, keine Minute ungenützt vergehen lassen und niemals meinen Grundsätzen untreu werden würde.

Ob dieser seelische Aufschwung von langer Dauer war, worin er bestand und welche neuen Grundlagen er für meine Entwicklung legte, darüber werde ich in der zweiten, glücklicheren Hälfte meiner Jugendzeit berichten.

AUTOBIOGRAPHISCHE NOTIZEN

ERSTE ERINNERUNGEN

Aus autobiographischen Notizen

Ich bin auf dem Gut Jasnaja Poliana geboren und verbrachte dort meine früheste Kindheit.

Nachfolgend meine ersten Erinnerungen (ich kann sie nicht einordnen, weiß nicht mehr, was früher und was später war; bei einigen weiß ich nicht einmal, ob es Träume oder wirkliche Ereignisse waren). Da sind sie: ich bin gefesselt; ich will meine Hände befreien, vermag es aber nicht, ich schreie und weine, und mein Geschrei ist mir selbst unangenehm, aber ich kann nicht aufhören. Jemand steht über mich gebeugt, ich weiß nicht mehr wer. Und dies alles geschieht im Halbdunkel. Ich weiß aber, daß ihrer zwei da sind. Mein Geschrei bleibt nicht ohne Wirkung; es regt sie auf, doch sie binden mich nicht los, was ich aber gerade haben möchte, und so schreie ich noch lauter. Sie halten es für nötig (daß ich gebunden bin), ich aber weiß, daß es unnütz ist, und will es ihnen beweisen; ich setze mein Geschrei fort; es ist mir selbst widerlich, doch ich kann es nicht zurückhalten. Ich fühle die Grausamkeit, nicht der Menschen, denn diese bedauern mich ja, aber des Schicksals, und empfinde Mitleid mit mir selbst. Ich weiß nicht und werde nie erfahren, was das eigentlich war: ob man mich windelte, als ich noch ein Säugling war, und ich meine Hände herauszuzerren suchte, oder ob man mich windelte, als ich schon über ein Jahr alt war, damit ich mir die Flechten nicht aufkratzte; vielleicht hat sich auch, wie oft in Träumen, aus mehreren Eindrücken die eine Erinnerung gebildet, jedenfalls ist es der erste und stärkste Eindruck meines Lebens. Und mir ist weniger mein Geschrei in Erinnerung oder meine Leiden, sondern vielmehr die Kompliziertheit und das Widersprechende dieser Eindrücke. Ich sehnte mich nach Freiheit, niemanden hätte sie gestört, doch ich, der ich Kräfte dazu brauchte, war schwach, die anderen aber stark.

Der andere Eindruck war ein erfreulicher. Ich sitze in einer Bütte und ein mir neuer, nicht unangenehmer Geruch umgibt mich, der Geruch irgendeiner Substanz, mit der man meinen winzigen Körper einreibt. Wahrscheinlich war das Kleie, und ich wurde gebadet, wohl nicht zum erstenmal, doch der mir bisher unbekannte neue Eindruck der Kleie weckte mich, und ich empfand und liebte zum ersten Male meinen Körper mit den mir sichtbaren Rippen an der Brust, und die glatte dunkle Bütte, die Arme der Wärterin mit den aufgestreiften Ärmeln, und das warme, dampfende Wasser, das Plätschern, vor allem aber die Glätte der Büttenränder, wenn ich mit den Händchen darauf herumfuhr.

Es ist seltsam und unheimlich zu denken, daß von meiner Geburt bis zu meinem dritten Jahre, aus jener Zeit, wo ich die Brust bekam, wo ich entwöhnt wurde, wo ich zu krabbeln, zu gehen, zu sprechen begann – daß aus dieser ganzen Zeit, soviel ich auch in meiner Erinnerung suchen mag, nichts als diese beiden Eindrücke zurückgeblieben sind. Wo denn ist mein Anfang? Wo der Anfang meines Lebens? Und warum erfüllt es mich mit Freude, mir jene vergangene Zeit vorzustellen, während es mich, wie auch jetzt noch viele Menschen, mit Grauen erfüllt, an den kommenden Zustand des Todes zu denken, aus dem wir auch wieder keine in Worte zu fassende Erinnerung zurückbehalten? Lebte ich denn damals noch nicht, als ich lernte zu sehen, zu hören, zu verstehen und zu sprechen, als ich schlief, an der Brust saugte und die Brust küßte, als ich lachte und meine Mutter glücklich machte? Ich lebte, lebte selig! Gewann ich nicht damals all das, wodurch ich jetzt lebe, und gewann ich nicht so viel und so schnell, daß ich im ganzen übrigen Leben nicht mehr ein Tausendstel davon zu erwerben imstande war? Von dem fünfjährigen Kinde bis zu mir ist nur ein Schritt. Von dem Neugeborenen bis zum Fünfjährigen – eine riesengroße Entfernung. Zwischen dem Embryo und dem Neugeborenen liegt ein Abgrund. Zwischen der Nichtexistenz aber und dem Embryo liegt schon kein Abgrund mehr, sondern die Unendlichkeit, Nicht genug, daß Raum und Zeit und Kausalität vom Denken geschaffene Formen sind, daß das wirkliche Leben außerhalb dieser Formen liegt – nein, unser ganzes Leben ist eine allmähliche Unterordnung unter diese Formen, und weiterhin eine Wiederbefreiung von ihnen.

Die folgenden Erinnerungen stammen aus dem vierten oder fünften Jahr, doch auch ihrer sind sehr wenige, und sie beziehen sich alle auf das Leben innerhalb des Hauses. Die Natur existierte bis zu meinem fünften Jahre nicht für mich. Alles, woran ich mich erinnern kann, ereignete sich im Bettchen oder im Zimmer. Weder Gras, noch Blätter, noch der Himmel, noch die Sonne waren für mich vorhanden. Es ist nicht möglich, daß man mich nicht hat mit Blumen und Blättern spielen lassen, daß ich kein Gras gesehen habe, oder man mich nicht vor der Sonne geschützt hätte, doch bis zum fünften, ja sechsten Jahre habe ich nicht eine Erinnerung an das, was wir Natur nennen. Wahrscheinlich muß man von ihr entfernt sein, um sie zu sehen, ich aber war selbst ein Stück Natur.

Die Erinnerung, die der an das Bad folgte, ist die an die »Jeremejewna«. »Jeremejewna« war ein Wort, mit dem man uns Kinder schreckte, doch ich habe an sie nur diese Erinnerung: ich liege im Bettchen, und mir ist wohl und fröhlich, wie immer; ich hätte es darum auch wohl kaum in Erinnerung behalten, wenn nicht plötzlich die Wärterin oder eines von den Wesen, die mir damals das Leben bedeuteten, mit einer für mich fremden Stimme im Hinausgehen etwas zu mir gesagt hätte, was mich neben der Fröhlichkeit auch Grauen empfinden ließ. Und ich weiß noch, daß ich nicht allein bin, sondern noch jemand ist da, der ebenso ist wie ich. (Das muß wohl meine jüngere Schwester Maschenka gewesen sein, deren Bettchen in demselben Zimmer stand.) Ich erinnere mich auch, daß ein Vorhang vor meinem Bettchen ist, und ich und mein Schwesterchen empfinden Freude und Furcht vor dem Ungewöhnlichen, was uns geschehen ist – ich verstecke mich unter der Decke und gucke nach der Türe, in der Erwartung von etwas Neuem, Lustigem. Wir lachen, verstecken uns und warten. Und dann erscheint eine Gestalt in langem Gewand mit einer Haube, wie ich noch nie jemanden gesehen habe, doch ich erkenne sehr wohl, daß es dieselbe Person ist, die auch sonst um mich ist (das Kindermädchen oder die Tante, ich weiß es nicht), und mit rauher, wohlbekannter Stimme spricht sie von bösen Kindern und der Jeremejewna. Ich quieke vor Schreck und Vergnügen: ich bin wirklich erschrocken, aber ich freue mich über mein Entsetzen und wünsche, daß die Gestalt, die mir Angst machen will, nicht merkt, daß ich sie erkenne.

Wir verstummen, dann aber flüstern wir absichtlich wieder, damit die Jeremejewna noch einmal kommt.

Ich habe noch eine Erinnerung in der Art der Jeremejewna, die wohl aus späterer Zeit stammt, denn sie ist viel klarer, ist mir aber immer unverständlich geblieben. Die Hauptrolle spielt hier unser Hauslehrer, der Deutsche Fedor Iwanowitsch; aber ich weiß genau, daß ich noch nicht unter seiner Aufsicht stand, folglich muß es vor meinem fünften Geburtstag gewesen sein. Das ist auch mein erster Eindruck, den ich von Fedor Iwanowitsch habe. Dieses Erlebnis stammt aus sehr früher Zeit, so daß ich mich sonst an niemanden erinnern kann, weder an meine Brüder noch an den Vater. Wenn ich überhaupt eine Vorstellung von einer Einzelperson habe, so nur von meiner Schwester und auch nur, weil wir uns gemeinsam vor der Jeremejewna fürchteten. Hiermit verbindet sich auch zum erstenmal die Vorstellung für mich, daß es ein oberes Stockwerk in unserem Hause gab. Wie ich dahin geraten war, ob ich selber hingegangen war, oder ob mich andere hingebracht hatten, weiß ich nicht mehr, ich weiß nur noch: wir sind viele, wir halten uns im Kreise an den Händen, unter den Mitspielenden sind fremde Frauen (aus irgendeinem Grunde ist mir die Vorstellung geblieben, daß es Wäscherinnen waren), und wir alle fangen an zu tanzen und uns zu drehen, und Fedor Iwanowitsch hopst und wirft die Beine viel zu hoch und tanzt zu laut und lärmend, und ich begreife im selben Augenblick, daß das uns schön und gemein ist, ich bemerke ihn und fange, glaube ich, zu weinen an, und alles verschwindet.

Das ist alles, was ich bis zu meinem fünften Jahre von mir weiß. Weder von meinen Wärterinnen, Tanten, Brüdern und Schwestern, noch von meinem Vater, unseren Zimmern, meinen Spielsachen ist mir eine Erinnerung geblieben. Deutlichere Erinnerungen beginnen für mich erst mit der Zeit, wo ich nach unten zu Fedor Iwanowitsch und in die Gesellschaft älterer Knaben kam.

Bei meiner Übersiedlung nach unten zu Fedor Iwanowitsch und den Knaben empfand ich zum erstenmal und deshalb stärker als jemals später jenes Gefühl, das man Pflichtgefühl nennt oder das Gefühl des Kreuzes, das jedem Menschen zu tragen auferlegt ist. Mir tat es leid, das Gewohnte zu verlassen (das von Ewigkeit Gewohnte), es war traurig, poetisch traurig, mich von allem Früheren zu trennen, nicht so sehr von den Menschen: der Schwester, der Wärterin, der Tante, als von dem Bettchen, dem Vorhang, dem Kissen, und ich fürchtete mich vor dem neuen Leben, das ich nun antrat. Ich gab mir Mühe, Heiteres in dem neuen Leben zu finden, das mir bevorstand; ich bemühte mich, die freundlichen Reden, mit denen Fedor Iwanowitsch mich anzulocken versuchte, für aufrichtig zu halten, versuchte die Verachtung, mit der die Brüder mich als Jüngeren empfingen, nicht zu beachten; ich redete mir ein, es schicke sich nicht für einen großen Jungen, mit Mädchen zusammen zu leben, und daß das Leben oben bei der Kinderfrau gar nichts Schönes gehabt habe; aber im Grunde meines Herzens war ich todunglücklich, und ich wußte, daß ich meine Unschuld und mein Glück unwiederbringlich verlor, und nur mein Selbstbewußtsein, das Gefühl, meine Pflicht zu erfüllen, hielt mich aufrecht. Noch oft genug im Leben habe ich derartige Augenblicke erlebt, an den Kreuzwegen des Lebens, wenn sich ein neuer Weg mir auftat. Ich empfand eine leise Wehmut über das unwiederbringlich Verlorene. Ich glaubte bis zuletzt nicht daran, daß es wahr sei. Obgleich man mir davon erzählt hatte, daß ich nun zu den Jungen käme, entsinne ich mich doch, daß der Kittel mit dem am Rücken festgenähten Gürtel, in den man mich steckte, mich gleichsam plötzlich für immer von »oben« trennte, und zum erstenmal bemerkte ich zwar nicht alle, mit denen ich oben gelebt hatte, wohl aber die wichtigste Persönlichkeit, die ich vorher nie verstanden hatte. Es war die Tante Tatjana Alexandrowna. Ich entsinne mich ihrer untersetzten, kräftigen Gestalt, des schwarzen Haares und ihrer guten, zärtlichen, mitleidigen Art. Sie zog mir den Kittel an und umarmte und küßte mich, als sie mir den Gürtel umlegte, und ich sah, daß sie dasselbe empfand wie ich: es sei schade, furchtbar schade, aber notwendig. Zum erstenmal begriff ich, daß das Leben kein Spiel, sondern eine schwierige Aufgabe ist. Werde ich nicht vielleicht dasselbe empfinden, wenn ich sterbe: begreifen, daß der Tod oder das zukünftige Leben kein Spiel, sondern eine schwierige Aufgabe ist?...

1878.

KINDHEITSERINNERUNGEN

Einleitung

Mein Freund P. Biriukow, der meine Biographie für eine französische Ausgabe meiner gesammelten Werke schreiben will, hat mich um einige biographische Mitteilungen gebeten.

Ich wollte ihm diesen Wunsch sehr gern erfüllen und begann in Gedanken meine Biographie zusammenzustellen. Anfangs begann ich, ohne es selbst zu merken, wie es ja auch ganz natürlich ist, mir nur die guten Seiten meines Lebens ins Gedächtnis zurückzurufen, während ich die düsteren, schlechten Seiten nur als Schatten zu dem Bilde hinzufügte. Aber als ich mich ernstlicher in die Geschehnisse meines Lebens hineindachte, erkannte ich, daß eine derartige Biographie wenn auch nicht direkt unwahr, so doch unwahr durch falsche Beleuchtung sei, unwahr durch Hervorheben des Guten und Verschweigen oder Verstecken alles Schlechten. Als ich jedoch versuchte, die ganze reine Wahrheit zu schreiben, ohne irgend etwas Schlechtes zu verbergen, erschrak ich vor dem Eindruck, den eine solche Biographie erwecken müßte. Um diese Zeit wurde ich krank. Und in dieser Zeit der unfreiwilligen Untätigkeit wandte ich meine Gedanken immer wieder den Erinnerungen zu, und diese Erinnerungen waren furchtbar.

Ich empfand mit voller Wucht, was Puschkin in seinem Gedicht »Erinnerung« ausspricht:

> Wenn für den Sterblichen der laute Tag verklingt
> Und auf die stummen Häuserreihen
> Die halbdurchsicht'ge Nacht in leisen Schatten sinkt
> Und Schlaf, der Arbeit letzte Weihen –
> Dann heben an für mich, der in der Stille wacht,
> Gespannter Stunden Bitternisse:

Es schüttern schauernder in tatenloser Nacht
Des Herzens jähe Schlangenbisse.
Traumbilder glühen im Geist; der Sehnsucht Scharte bricht
Des Erdreichs kummervolle Scholle.
Erinnerung blickt mir ins zuckende Gesicht,
Entfaltend ihre lange Rolle.
Voll Ekel lese ich in meines Lebens Buch,
Und bittre Bilder mich umschleichen,
Und bitter klag' ich an und weine und verfluch',
Doch lösch' ich nicht die traurigen Zeichen[1)].

In der letzten Zeile würde ich nur statt »traurigen« – »schmählichen Zeichen« sagen.

Unter diesem Eindruck schrieb ich das Folgende in mein Tagebuch:

»6. Januar 1903.

Ich leide jetzt Höllenqualen: ich empfinde die ganze Niedrigkeit meines bisherigen Lebens, und diese Erinnerungen lassen mir keine Ruhe und vergiften mein Leben.

Im allgemeinen bedauert man, daß die Persönlichkeit nach dem Tode keine Erinnerungen mehr haben soll. Was für ein Glück, daß dem so ist. Was für eine Qual wäre es, wenn ich in diesem Leben mich an all das Schlechte, für mein Gewissen Quälende erinnern müßte, was ich im vorhergehenden Leben getan habe. Wenn man aber gute Erinnerungen haben will, dann muß man auch an alles Schlechte mitdenken. Was für ein Glück, daß die Erinnerung mit dem Tode erlischt und nichts bleibt als das Bewußtsein – das Bewußtsein, das gleichsam eine allgemeine Zusammenfassung alles Guten und Schlechten darstellt, wie eine komplizierte Gleichung, die auf die einfachste Form gebracht worden ist: x = einer positiven oder negativen, einer großen oder geringen Zahl. Ja, die Vernichtung der Erinnerung ist ein großes Glück, ohne das es un-

1) Übersetzung von Wolfgang E. Groeger.

möglich wäre zu leben. So aber, mit der Vernichtung der Erinnerung treten wir ins Leben mit einer reinen unbeschriebenen Seite, auf der wir von neuem Gutes und Böses niederschreiben können.«

Es ist wahr, nicht mein ganzes Leben war so niederschmetternd schlecht – so war nur ein etwa zwanzigjähriger Abschnitt daraus; wahr ist auch, daß selbst dieser Lebensabschnitt nicht nur eine einzige Kette von Schlechtigkeit war, wie es mir in der Zeit meiner Krankheit erschien, daß auch in dieser Zeit in mir zeitweise das Streben zum Guten erwachte, wenn auch diese Anläufe nie lange anhielten und immer wieder von den ungezügelten Leidenschaften übertäubt wurden. Trotzdem aber zeigte mir diese Gedankenarbeit – besonders während der Krankheit – klar, daß meine Biographie, wenn ich sie schriebe, wie man gewöhnlich Biographien schreibt, ohne die ganze Gemeinheit und Schändlichkeit meines Lebens zu erwähnen, eine Lüge sein würde, und daß, wenn ich eine Biographie schreiben wollte, sie die volle Wahrheit enthalten müsse. Nur so eine Biographie, wie schmachvoll es auch für mich sein möge, sie zu schreiben, kann von wirklichem und fruchtbarem Interesse für den Leser sein. Als ich mein Leben so betrachtete, das heißt, es vom Standpunkt des Guten und Bösen, das ich getan hatte, zergliederte, erkannte ich, daß mein langes Leben in vier Abschnitte zerfällt: jene herrliche, vor allem im Vergleich zu den anderen unschuldige, glückliche, poetische Zeit der Kindheit bis zum vierzehnten Jahr; dann der zweite Abschnitt – die schrecklichen zwanzig Jahre, oder die Zeit der rohen Verwilderung, im Dienste der Eifersucht, der Eitelkeit und vor allem des Sinnengenusses. Dann der dritte achtzehnjährige Abschnitt von meiner Heirat bis zu meiner seelischen Wiedergeburt, den man vom Standpunkt der großen Welt wohl den moralischen nennen könnte, das heißt: während dieser achtzehn Jahre lebte ich ein geregeltes, solides Familienleben, ohne mich irgendwelchen Lastern, die von der öffentlichen Meinung verurteilt werden, hinzugeben. Aber alle Interessen dieses Lebens waren auf die egoistische Sorge um die Familie beschränkt, auf Vergrößerung meines Vermögens, literarischen Erfolg und aller Art Vergnügungen.

Und endlich die vierte zwanzigjährige Periode, in der ich jetzt lebe und in der ich zu sterben hoffe: vom Standpunkt dieser Periode aus erkenne ich die ganze Bedeutung meines vergangenen Lebens, und ich möchte sie in nichts abändern, außer jenen schlechten Angewohnheiten, die ich in früheren Perioden angenommen habe.

Eine solche völlig wahrheitsgetreue Lebensbeschreibung aller dieser vier Perioden möchte ich schreiben, wenn mir Gott Kraft und Zeit dazu gibt. Ich glaube, daß eine derartige Selbstbiographie bei aller Unvollkommenheit für die Menschen nützlicher sein wird als all das künstlerische Geschwätz, das die zwölf Bände meiner Werke füllt und dem die Menschen von heute eine ganz unverdiente Bedeutung zuschreiben.

So will ich damit beginnen. Zunächst will ich die erste glückliche Periode meiner Kindheit schildern, die mich besonders anzieht, dann, so beschämend dies auch für mich ist, werde ich von den schrecklichen zwanzig Jahren der folgenden Periode erzählen, ohne etwas zu verhüllen. Dann die dritte Periode, die vielleicht am wenigsten Interessantes bieten wird, und zum Schluß die letzte Epoche meiner Erweckung zur Wahrheit, die mir das höchste Glück des Lebens gegeben hat und eine frohe Ruhe im Hinblick auf den nahenden Tod.

Um mich in der Darstellung meiner Kindheit nicht zu wiederholen, las ich meine unter diesem Titel erschienene Schrift durch und bedauerte, daß ich sie herausgegeben habe: so häßlich, literarisch und unaufrichtig war alles darin. Es konnte auch nicht anders sein, erstens weil meine Absicht darin lag, nicht meine eigene Geschichte, sondern die meiner Jugendfreunde zu erzählen, wodurch eine ungeschickte Vermischung von Ereignissen aus ihrer und meiner Kindheit entstand, und zweitens, weil ich in der Zeit, als ich dies schrieb, bei weitem nicht selbständig im Ausdruck war, sondern unter dem Einfluß von Sternes »Sentimental journey« und Töpffers »Bibliothèque de mon oncle« stand, die damals sehr stark auf mich gewirkt hatten.

Am meisten mißfielen mir jetzt die beiden letzten Teile: »Knabenjahre« und »Jugendzeit«, in denen außer der ungeschickten Vermischung von Dichtung und Wahrheit auch viel Unwahrhaftigkeit ist, der Wunsch, das als gut und wichtig herauszuheben, was ich damals nicht für gut und wichtig hielt – meine demokratische Einstellung. Ich hoffe, daß das, was ich nun schreibe, besser werden wird und vor allem heilsamer für andere.

1

Geboren bin ich auf dem Gut Jasnaja Poliana, wo ich auch meine erste Kindheit verbracht habe. Auf meine Mutter besinne ich mich überhaupt nicht. Ich war anderthalb Jahre alt, als sie starb. Durch einen seltsamen Zufall ist nicht ein einziges Bild von ihr geblieben, so daß ich von ihr als lebendigem Wesen keine Vorstellung habe. Ich bin zum Teil recht froh darüber, daß in meiner Vorstellung nur ein geistiges Bild von ihr lebt, und daß alles, was ich von ihr weiß, gut und schön ist, und ich glaube nicht nur deshalb, weil alle, die von meiner Mutter sprachen, sich bemühten, von ihr nur Gutes zu reden, sondern weil sie wirklich ein sehr guter Mensch war.

Übrigens nicht nur meine Mutter, auch alle anderen Menschen, die mich in der Kindheit umgaben – vom Vater bis zu den Kutschern – leben in meiner Vorstellung als ausnahmslos gute Menschen. Wahrscheinlich erschloß mein reines, liebesuchendes Gefühl, wie ein heller Lichtstrahl, die besten Seiten der Menschen (die immer vorhanden sind), so daß diese Menschen mir ausnahmslos gut erschienen, und damit kam ich der Wahrheit weit näher als später, wo ich nur die Fehler der Menschen sah.

Meine Mutter war nicht hübsch und für ihre Zeit äußerst gebildet. Sie kannte außer dem Russischen – das sie entgegen der damaligen Mode, russisch unorthographisch zu schreiben, richtig schrieb – noch vier Sprachen: Französisch, Deutsch, Englisch und Italienisch, und muß ein feines Kunstverständnis gehabt haben; sie spielte gut Klavier, und ihre Altersgenossinnen erzählten mir, daß sie meisterhaft verstand, Märchen zu erzählen, die sie im Laufe des Erzählens frei erfand. Ihre beste Eigenschaft indessen war die, daß sie, nach den Erzählungen der Dienerschaft, zwar heftig, aber beherrscht war. »Ganz rot wurde sie, manchmal fing sie auch an zu weinen«, erzählte mir ein Stubenmädchen, »aber nie gebrauchte sie ein grobes Wort.« Sie kannte sie auch gar nicht.

Ich besitze einige Briefe von ihr an meinen Vater und verschiedene Tanten und ein Tagebuch über das Betragen Nikolenkas (meines älteren Bruders), der sechs Jahre alt war, als sie starb, und der, glaube ich, ihr am meisten ähnlich war. Sie hatten beide eine mir sehr sympathische Eigenschaft, die ich nach den Briefen von meiner Mutter voraussetze und die ich am Bruder kenne – ihre Gleichgültigkeit gegen das Urteil der Leute und ihre Bescheidenheit, die so weit ging, daß sie selbst die geistige und moralische Überlegenheit, die sie anderen Leuten gegenüber besaßen, zu verbergen suchten. Es war, als schämten sie sich dieser Überlegenheit.

Ich kannte diese Eigenschaft bei meinem Bruder, von dem Turgenew sehr richtig gesagt hat: »Ihm fehlten jene schlechten Seiten, die nötig sind, um ein großer Schriftsteller zu werden.«

Ich entsinne mich, wie einmal ein sehr dummer und schlechter Mensch, der Adjutant des Gouverneurs, der mit ihm auf der Jagd war, ihn in meiner Anwesenheit aufzog, und wie mein Bruder mir einen gutmütig lächelnden Blick zuwarf, weil ihm die Späße offenbar großes Vergnügen bereiteten.

Denselben Zug fand ich in den Briefen der Mutter. Sie stand offenbar geistig über meinem Vater und dessen Familie, ausgenommen höchstens Tatjana Alexejewna Jergolskaja, mit der ich mein halbes Leben lang zusammen gelebt habe und die eine durch ihre seelischen Eigenschaften hervorragende Frau war.

Außerdem hatten beide noch einen zweiten Zug, der, glaube ich, ihre Gleichgültigkeit gegen das Urteil der Leute bedingte: daß sie nie jemand – ich weiß das von meinem Bruder, mit dem ich mein halbes Leben verbracht habe, ganz genau – nie jemand verurteilten. Der schärfste Ausdruck der Antipathie gegen einen Menschen drückte sich bei meinem Bruder in einem feinen, gutmütigen Humor und einem ebensolchen Lächeln aus. Dasselbe sehe ich in den Briefen meiner Mutter und fand es von denen bestätigt, die sie gekannt hatten. Unter den Heiligengeschichten des Dimitrij von Rostow findet sich eine, die mich immer sehr gerührt hat – die kurze Geschichte eines Mönches, der, wie die ganze Bruderschaft wußte, zahlreiche Fehler hatte und der doch in einem Traume einem Greise mitten unter den Heiligen auf dem besten Platz des Himmels erschien. Der erstaunte Greis fragte, wodurch dieser in so vielem unbeherrschte Mönch diesen Lohn verdient habe? Ihm wurde geantwortet: »Er hat nie jemand verurteilt.«

Wenn es solche Belohnungen gäbe, so glaube ich, daß mein Bruder und meine Mutter sie erhalten hätten.

Noch ein dritter Zug, der meine Mutter aus ihrer Umgebung heraushob, war die Aufrichtigkeit und Schlichtheit des Tones in ihren Briefen. Zu jener Zeit waren in Briefen überschwenglich gefühlvolle Redensarten besonders beliebt: »Unvergleichliche, Innigstgeliebte, Freude meines Lebens, Teuerste«, und so weiter – das waren die beliebtesten Anredeformen unter Nahestehenden, und je geschraubter, desto unaufrichtiger waren sie.

Dieser Zug ist, wenn auch nicht sehr stark, in den Briefen meines Vaters zu erkennen. Er schreibt: ,,Ma bien douce amie, je ne pense qu'au bonheur d'être auprès de toi. . .«

Das ist wohl kaum ganz aufrichtig. Sie dagegen gebraucht immer die gleiche Anrede »Mon bon ami« und in einem Briefe sagt sie geradezu: »Le temps me paraît long sans toi, quoiqu'à dire vrai nous ne jouissons pas beaucoup de ta société quand tu es ici«, und immer unterschreibt sie gleich: »Ta dévouée Marie«.

Ihre Kindheit verlebte meine Mutter teils in Moskau, teils auf dem Gute eines klugen, stolzen und begabten Menschen, meines Großvaters Wolkonskij.

2

Von meinem Großvater weiß ich nur, daß er, nachdem er den hohen Rang eines General en chef bei Katharina II. erreicht hatte, plötzlich seinen Posten verlor, weil er sich weigerte, die Nichte und Geliebte Potiomkins, Warja Engelhardt, zu heiraten. Auf das Ansinnen Potiomkins erwiderte er: »Wieso bildet er sich ein, ich werde seine H… heiraten?«

Durch diese Antwort verdarb er sich nicht nur seine Karriere, sondern wurde auch als Wojewode nach Archangelsk versetzt, wo er, glaube ich, bis zur Thronbesteigung Pauls blieb. Dann nahm er seinen Abschied und heiratete Prinzeß Katharina Dmitrijewna Trubezkaja und siedelte in das von seinem Vater, Sergej Fedorowitsch, übernommene Gut Jasnaja Poljana über.

Fürstin Katharina Dmitrijewna starb frühzeitig und hinterließ meinem Großvater eine einzige Tochter Maria. Mit dieser von ihm überaus geliebten Tochter und deren Gesellschafterin, einer Französin, verlebte mein Großvater die Jahre bis zu seinem Tode, um das Jahr 1821. Mein Großvater galt als sehr strenger Herr, aber ich habe nie von Grausamkeiten und Strafen gehört, wie sie zu jener Zeit verbreitet waren. Ich glaube aber wohl, daß derlei vorgekommen ist. Doch die bewundernde Achtung für seine Würde und Umsicht war bei dem Hofgesinde und den Bauern seiner Zeit, die ich oft nach ihm ausgefragt habe, so stark, daß ich, wenn auch hart über ihn geurteilt wurde, immer wieder seinen Verstand und seine Wirtschaftlichkeit loben hörte, wie auch seine Sorge um die Bauern und vor allem für sein ungemein zahlreiches Hofgesinde.

Er baute ausgezeichnete Wohnräume für die Dienstleute und sorgte dafür, daß sie nicht nur immer satt, sondern auch gut gekleidet waren und auch Vergnügen hatten. An Feiertagen richtete er allerlei Vergnügungen für sie ein, Schaukeln, Reigentänze und so weiter. Noch mehr sorgte er, wie jeder kluge Gutsherr jener Zeit, für den Wohlstand seiner Bauern, und sie hatten es gut, um so mehr, als die hohe Stellung meines Großvaters, die den Beamten Respekt einflößte, sie vor der Willkür der Polizeigewalt schützte.

Offenbar hatte er ein sehr feines ästhetisches Gefühl. Alle seine Bauten sind nicht nur solide und bequem, sondern auch äußerst geschmackvoll. Ebenso der von ihm angelegte Park vor dem Hause. Wahrscheinlich liebte er auch die Musik sehr, denn er hielt ein kleines, gutes Orchester nur für sich selber und meine Mutter. Ich erlebte noch eine mächtige Ulme, die an einer Biegung der Lindenallee wuchs und die drei Männer kaum umspannen konnten. Um den Stamm waren Bänke und Pulte für die Musikanten gemacht, Morgens ging er in der Allee auf und ab und hörte der Musik zu. Die Jagd war ihm zuwider, dagegen liebte er Blumen und Treibhauspflanzen.

Ein sonderbarer Zufall brachte ihn auf die sonderbarste Weise mit ebenderselben Warja Engelhardt zusammen, wegen derer er seinerzeit strafversetzt worden war. Diese Warja hatte den Fürsten Sergej Fedorowitsch Golizyn geheiratet, der infolgedessen alle Arten von Titeln, Orden und Auszeichnungen erhielt. Mit eben diesem Sergej Fedorowitsch und dessen Familie, also auch Warwara Wasiljewna, befreundete sich mein Großvater derart, daß meine Mutter noch als Kind mit einem der zehn Söhne Golizyns verlobt wurde und daß die beiden alten Fürsten ihre Ahnengalerien austauschten. (Selbstverständlich nur Kopien, die von leibeigenen Malern ausgeführt wurden.) Alle diese Bilder der Golizyns hängen noch jetzt in unserem Hause, darunter der Fürst Sergej Fedorowitsch, mit dem Band des Andreaskreuzes, und die rothaarige dicke Stiftsdame Warwara Wasiljewna. Indessen sollte diese engere Verbindung nicht zustande kommen: der Bräutigam meiner Mutter, Lew Golizyn, starb am Fieber vor der Hochzeit, und ihm zu Ehren erhielt ich, der vierte Sohn, den Namen Lew[1)].

[1)] [Zusatz:] Das hat mir meine Tante erzählt, daß dieser Golizyn Lew hieß, aber das ist offenbar ein Irrtum, denn Sergej Fedorowitsch Golizyn hatte keinen Sohn Lew. Und darum glaube ich, daß die Geschichte von der Verlobung meiner Mutter mit einem Golizyn richtig ist, ebenso daß der Bräutigam starb. Daß mir aber der Name Lew zur Erinnerung an diesen Bräutigam gegeben wurde, ist unrichtig. *L. N, T.*

Eine Kusine meiner Mutter, die gute alte Prinzeß Warwara Alexandrowna Wolkonskaja, habe ich noch gekannt. Ich lernte sie kennen, als ich in den fünfziger Jahren in Moskau lebte. Wenn ich von dem zerstreuten Gesellschaftsleben, das ich damals in Moskau führte, müde geworden war, fuhr ich zu ihr, auf ihr kleines Gut im Kreise Klin und hielt mich da einige Wochen auf. Sie stickte im Rahmen, wirtschaftete in ihrem kleinen Haushalt, bewirtete mich mit Sauerkraut, Quark, Schaumplätzchen, wie man sie nur bei Besitzerinnen kleiner Güter findet, und erzählte mir von der alten Zeit, meiner Mutter, meinem Großvater und den vier Kaiserkrönungen, die sie erlebt hatte. Auf ihrem Gut schrieb ich meine Novelle »Drei Tode«.

Man hat mir erzählt, daß meine Mutter mich sehr geliebt hat und mich »mon petit Benjamin« nannte.

Ich glaube, daß die Liebe zu dem verstorbenen Bräutigam eben deshalb, weil sie mit dem Tode endete, jene poetische Liebe war, die ein Mädchen nur einmal im Leben erfahren kann.

Ihre Ehe mit meinem Vater war von ihren Verwandten und denen meines Vaters veranlaßt worden.

Sie war eine reiche, nicht mehr ganz junge Waise, mein Vater ein fröhlicher, geistreicher, junger Mann von gutem Namen und Beziehungen, aber mit einem von meinem Großvater Tolstoj sehr verwirtschafteten Vermögen. (Das Vermögen war derartig verwirtschaftet, daß mein Vater sogar die Erbschaft ablehnte.) Ich glaube, daß meine Mutter meinen Vater geliebt hat, aber mehr als Hausherrn und vor allem als Vater ihrer Kinder; verliebt in ihn war sie kaum. Wirklich geliebt hat sie, soviel ich weiß, drei- oder viermal. Zuerst kam die Liebe zu ihrem verstorbenen Bräutigam, dann die leidenschaftliche Freundschaft mit der Französin Mlle. Hénissienne, von der mir meine Tanten erzählten, und die, wie es scheint, mit einer Enttäuschung endete. Diese Mlle. Hénissienne heiratete den Vetter meiner Mutter, den Fürsten Michail Wolkonskij, den Großvater des heute lebenden Schriftstellers Wolkonskij. Meine Mutter schreibt über ihre Freundschaft mit dieser Mlle. Hénissienne folgendes.

Sie schreibt über ihre Freundschaft anläßlich zweier Mädchen, die in ihrem Hause wohnten: »Je m'arrange très bien avec toutes les deux: je fais de la musique, je ris et je folâtre avec l'une et je parle sentiment, ou je médis du monde frivol avec l'autre, je suis aimée à la folie par toutes les deux, je suis la confidente de chacune, je les concilie, quand elles sont brouillées, car il n'y eut jamais d'amitié plus querelleuse et plus drôle à voir que la leur: ce sont des bouderies, des pleurs, des réconciliations, des injures, et puis des transports d'amitié exaltée et romanesque. Enfin, j'y vois comme dans un miroir l'amitié qui a animé et troublé ma vie pendant quelques années. Je les regarde avec un sentiment indéfinissable, quelquefois j'envie leurs illusions, que je n'ai plus, mais dont je connais la douceur; disant le franchement, le bonheur solide et réel de l'âge mûr vaut-il les charmantes illusions de la jeunesse, où tout est embelli par la toute puissance de l'imagination? Et quelquefois je souris de leur enfantillage.«

Das dritte, vielleicht stärkste Gefühl war die Liebe zu meinem älteren Bruder Koko, über den sie russisch ein Tagebuch führte, worin sie seine Unarten aufzeichnete, die sie ihm dann vorlas. Aus diesem Tagebuch sieht man das leidenschaftliche Bestreben, alles nur Mögliche zu tun, um Koko die beste Erziehung zuteil werden zu lassen, und daneben eine sehr unklare Darstellung dessen, was eigentlich dazu zu tun ist. So zum Beispiel rügt sie an ihm, daß er zu weich sei und weine, wenn er ein Tier leiden sehe. Ein Mann muß ihrer Meinung nach hart sein. Ein anderer Fehler, den zu beseitigen sie sich müht, ist, daß er zerstreut ist und statt bonsoir oder bonjour zur Großmutter sagt »je vous remercie«.

Das vierte starke Gefühl, das sie vielleicht erlebt hat, war, wie mir die Tanten erzählten und wie ich es gerne glauben möchte, die Liebe zu mir, die die Liebe zu Koko ersetzte, der zur Zeit meiner Geburt sich bereits von der Mutter gelöst hatte und in Männerhände gegeben war. Sie mußte jemand außer sich selbst lieben und so löste eine Liebe die andere ab.

So war das Bild vom Wesen meiner Mutter in meiner Erinnerung.

Sie war für mich ein so hohes, reines, geistiges Wesen, daß ich oft, in der mittleren Periode meines Lebens, im Kampf mit den übermächtigen Versuchungen, zu ihrer Seele betete, und sie um Beistand bat, und dieses Gebet half mir immer sehr.

Das Leben meiner Mutter in der Familie meines Vaters war, soviel ich aus den Briefen und Erzählungen schließen kann, ein gutes und glückliches. Die Familie meines Vaters bestand aus seiner alten Mutter, deren Tochter, meiner Tante, der Gräfin Alexandra Iljinischna Osten-Sacken und deren Pflegetochter Paschenka, ferner einer anderen Tante – wir nannten sie so, obgleich sie mit uns nur ganz entfernt verwandt war – Tatjana Alexandrowna Jergolskaja, die im Hause des Großvaters aufgewachsen war und ihr ganzes Leben bei uns verbrachte. Außer meinem Vater war dann noch der Lehrer Fedor Iwanowitsch Rössel da, den ich in meiner »Kindheit« ziemlich treffend geschildert habe.

Wir waren fünf Kinder: Nikolaj, Sergej, Dmitrij, ich, als Jüngster, und die jüngste Schwester Maschenka, an deren Geburt meine Mutter starb. Die sehr kurze Ehe meiner Mutter – ich glaube, es waren nur etwa neun Jahre – war glücklich und gut. Ihr Leben war reich und schön durch die Liebe aller und ihre Liebe zu allen, die sie umgaben. Aus den Briefen sehe ich, daß sie damals sehr zurückgezogen lebte. Fast niemand, außer den Nachbarn Ogariow, und den Verwandten, die zufällig vorbeireisten und zu uns kamen, besuchte Jasnaja Poliana.

Das Leben meiner Mutter ging ganz auf in der Beschäftigung mit den Kindern, dem Vorlesen von Romanen bei der Großmutter, ernsterer Lektüre, wie des »Emile« von Rousseau, und Unterhaltungen über das Gelesene, Klavierspielen, italienischem Unterricht, den sie einer der Tanten erteilte, Spaziergängen und Hauswirtschaft. Es gibt in allen Familien Perioden, wo Krankheit und Tod noch nicht vorhanden sind und alle in der Familie ruhig und zufrieden leben, ohne an ein Ende zu denken. So eine Periode verlebte, wie ich glaube, meine Mutter in ihrer Ehe bis zu ihrem Tode. Niemand starb, niemand wurde ernstlich krank, die ruinierten Vermögensverhältnisse meines Vaters besserten sich. Alle waren gesund, fröhlich und hielten zusammen. Der Vater unterhielt alle mit seinen Geschichten und Scherzen, Ich habe diese Zeit nicht mehr erlebt. Als ich zum Bewußtsein erwachte, hatte bereits der Tod meiner Mutter seinen Stempel auf unser Familienleben gelegt.

3

Alles dies habe ich nach Briefen und Erzählungen dargestellt. Nun komme ich zu dem, was ich erlebt habe und woran ich mich erinnere. Ich will hier nicht die undeutlichen, verschwommenen Erinnerungen der frühesten Kindheit aufzählen, in denen wir noch die Wahrheit nicht von Traumbildern unterscheiden können. Ich beginne damit, was ich deutlich weiß, mit dem Ort und den Menschen, die mich in den ersten Jahren umgaben. Allen voran steht, wie sich von selbst versteht, unter allen diesen Menschen mein Vater, weniger wegen seines Einflusses auf mich, als wegen meines Gefühles für ihn.

Mein Vater war von Jugend auf der einzige überlebende Sohn seiner Eltern. Sein jüngerer Bruder Ilenka war als Kind gefallen, wurde bucklig und starb früh. Im Jahre 1812 war mein Vater siebzehn Jahre alt, und ungeachtet der Angst und des Abratens seiner Eltern trat er in den Heeresdienst ein. Damals war Fürst Nikolaj Iwanowitsch Gortschakow – ein naher Verwandter meiner Großmutter, einer Fürstin Gortschakowa – Kriegsminister und ein anderer, Andrej Iwanowitsch Gortschakow, war General und Kommandeur irgendeines Truppenteiles im Frontheer. Mein Vater wurde ihm als Adjutant zugewiesen. Er machte die Feldzüge von 1813–14 mit, wurde irgendwo in Deutschland, wohin er als Kurier gesandt worden war, von den Franzosen gefangen genommen und kam erst 1815 wieder frei, als die Russen in Paris einzogen. Mein Vater war mit zwanzig Jahren durchaus kein unschuldiger Jüngling mehr, er war noch vor seinem Dienstantritt – also mit sechzehn Jahren – von seinen Eltern, wie man damals meinte, seiner Gesundheit wegen, mit einem leibeigenen Hofmädchen zusammengeführt worden. Diesem Verhältnis entsprang ein Sohn Mischa, der zum Postillion bestimmt wurde, und der, solange mein Vater lebte, sich ordentlich hielt; später aber kam er auf Abwege und wandte sich oft an uns, seine nun bereits erwachsenen Brüder, mit der Bitte um Unterstützung. Ich entsinne mich, ein wie seltsames Gefühl des Staunens ich empfand, wenn dieser mein verkommener Bruder, der mehr als wir alle unserem Vater ähnelte, uns um Unterstützung bat und für zehn oder fünfzehn Rubel dankbar war, die man ihm gab.

Nach dem Kriege nahm mein Vater, der vom Militärdienst enttäuscht war – das sieht man aus seinen Briefen – seinen Abschied und fuhr nach Kasan, wo mein bereits völlig bankrotter Großvater Gouverneur war. In Kasan war auch die Schwester meines Vaters Pelageja Iljinischna an einen gewissen Juschkow verheiratet. Der Großvater starb bald in Kasan und hinterließ meinem Vater ein Vermögen, das nicht einmal reichte, alle Schulden zu decken, und die Versorgung der an Luxus gewöhnten alten Mutter, der Schwester und der Kusine. Damals wurde seine Heirat mit meiner Mutter arrangiert und er zog nach Jasnaja Poliana, wo er neun Jahre mit meiner Mutter zusammen lebte, sie dann verlor, und wo er auch in meiner Erinnerung zuerst auftritt.

Mein Vater war mittelgroß, gut gebaut, lebhaft, sanguinisch, mit liebenswürdigen Zügen und immer schwermütigen Augen.

Sein Leben brachte er mit der Bewirtschaftung seines Gutes zu, von der er allerdings wohl nicht sehr bedeutende Kenntnisse besaß; jedoch hatte er eine für jene Zeit sehr wesentliche Eigenschaft: er war nicht nur nicht grausam, vielmehr gutmütig und schwach. Ich habe auch nach seinem Tode nie von körperlichen Strafen auf seinem Gut gehört. Es ist anzunehmen, daß diese Strafen stattfanden. Es wäre schwierig, sich vorzustellen, daß zu jener Zeit ohne Anwendung dieser Strafen gewirtschaftet worden wäre, aber jedenfalls waren sie so selten und mein Vater war so wenig daran beteiligt, daß wir

Kinder nie Gelegenheit hatten, davon zu hören. Erst nach dem Tode des Vaters erfuhr ich zum erstenmal, daß solche Strafen bei uns vollzogen wurden. Wir Kinder kamen mit dem Hauslehrer von einem Spaziergang zurück und trafen an der Scheune den dicken Verwalter Andrej Iljin und hinter ihm den Hilfskutscher Kusma Kriwoj, einen bereits älteren, verheirateten Mann, der uns durch sein trauriges Gesicht auffiel. Jemand von uns fragte Andrej Iljin, wohin er gehe, und er antwortete ruhig, er gehe zur Scheune, wo man Kusma bestrafen müsse. Ich kann das Gefühl des Schreckens kaum beschreiben, das mich bei diesen Worten befiel, als ich den gutmütigen und betrübten Kusma ansah. Abends erzählte ich das der Tante Tatjana Alexandrowna, die uns erzog und die die Körperstrafen verabscheute. Sie duldete nicht, daß sie bei uns angewendet wurden, und verhinderte sie auch bei den Leibeigenen, wo sie nur konnte. Sie war sehr aufgeregt, als ich ihr davon erzählte, und sagte vorwurfsvoll: »Warum habt ihr denn das nicht verhindert?« Ihre Worte betrübten mich noch mehr – ich hatte nie daran gedacht, daß wir uns in eine derartige Sache hätten einmischen können, und nun zeigte sich, daß wir das doch hätten tun können. Aber nun war es zu spät und das schreckliche Werk war bereits vollbracht.

Aber ich kehre zurück zu dem, was ich über meinen Vater weiß und wie ich mir sein Leben vorstelle. Seine Beschäftigung bestand in der Gutsverwaltung und vor allem in Prozessen, die damals fast jeder in großer Zahl führte und anscheinend besonders mein Vater, der die Angelegenheiten des Großvaters entwirren mußte. Diese Prozesse zwangen meinen Vater oft umherzureisen; außerdem fuhr er oft zur Jagd, mit dem Gewehr sowohl als auch mit der Meute. Sein Hauptbegleiter auf der Jagd war sein Freund Kirejewskij, ein alter, schwerreicher Junggeselle, außerdem Jasykow, Glebow, Islenew. Mein Vater teilte die Eigenheit der damaligen Gutsbesitzer – die Leidenschaft zu einigen Lieblingen von dem Hofgesinde. Solche Lieblinge von ihm waren zwei Brüder, Petruscha und Matiuscha, beide hübsche, flinke Burschen, und beide Jäger. Zu Hause las der Vater auch viel, wenn er sich nicht mit der Wirtschaft und mit uns Kindern beschäftigte. Er hatte eine große Bibliothek gesammelt, die nach dem Geschmack jener Zeit aus französischen Klassikern, geschichtlichen Werken und naturwissenschaftlichen Werken, wie Buffon, Cuvier, bestand. Die Tante sagte mir, mein Vater hätte sich zur Regel gemacht, kein neues Buch anzuschaffen, ehe er die alten gelesen hätte. Aber obgleich er viel las, ist es schwer anzunehmen, daß er alle diese »Histoires des croisades et des papes« bewältigt hat, die er für seine Bibliothek angeschafft hatte. Soweit ich es beurteilen kann, hatte er keine besondere Neigung zur Wissenschaft, war aber auf der Höhe der gebildeten Leute seiner Zeit. Wie die meisten Menschen der Zeit Alexanders I. und der Feldzüge von 1813–15, war er nicht gerade das, was man jetzt einen Liberalen nennt, aber einfach aus dem Gefühl seines eigenen Wertes heraus, hielt er es für sich für unmöglich, in den letzten Jahren der Regierung Alexanders I. und unter Nikolaus I. im Staatsdienst zu stehen. Nicht nur er bekleidete kein Amt, sondern auch seine Freunde waren alle ebensolche selbständige Menschen, die nicht im Staatsdienst standen und gegen die Regierung Nikolaus I. ein wenig frondierten. Während meiner ganzen Kindheit und sogar im Jünglingsalter hatte unsere Familie keine näheren Beziehungen auch nur mit einem Staatsbeamten. Selbstverständlich verstand ich als Kind nichts davon, aber ich begriff, daß mein Vater nie und vor niemand sich unterwürfig zeigte und nie seinen frischen, fröhlichen und oft spöttischen Ton versteckte. Und dieses Selbstbewußtsein, das ich an ihm beobachtete, steigerte meine Liebe, meine Bewunderung für ihn. Ich denke an ihn, wie er in seinem Schreibzimmer, wo wir hinkamen, ihm gute Nacht zu sagen oder auch nur um zu spielen, mit seiner Pfeife auf dem Ledersofa saß und uns streichelte oder uns manchmal zu unserem größten Entzücken erlaubte, hinter ihm auf dem Ledersofa zu sitzen, während er weiterlas oder mit dem an der Türe stehenden Verwalter sprach oder auch mit S. I. Jasykow, meinem Taufvater, der öfter bei uns zu Gaste war. Ich weiß noch, wie er zu uns herunterkam und uns Bilder zeichnete, die uns als Gipfel der Vollkommenheit erschienen. Ich weiß, wie er mich einmal die Gedichte von Puschkin, die er besonders liebte und die ich auswendig gelernt hatte, aufsagen ließ: »An das Meer«: »Lebt wohl, ihr fessellosen Fluten« und »An Napoleon«: »Des Schicksals Würfel ist gefallen: der Große ward des Todes Raub ...«

Ihn verblüffte offenbar das Pathos, mit dem ich diese Gedichte vortrug, und als ich geendet hatte, warf er dem anwesenden Jasykow einen bedeutungsvollen Blick zu. Ich begriff, daß ihm an meinem Vortrag etwas gefallen habe und ich war sehr glücklich darüber. Ich erinnere mich auch an seine heiteren Späße und Geschichten beim Mittag- und Abendessen, und wie Großmutter und Tante und wir Kinder lachten, wenn wir ihm zuhörten. Weiter erinnere ich mich, wie er zur Stadt fuhr und wie auffallend stattlich er aussah, wenn er den langen Gehrock und die schmalen Beinkleider trug. Am deutlichsten jedoch erinnere ich mich seiner bei der Hetzjagd. Ich erinnere mich, wie es war, wenn er zur Jagd ausritt. Es schien mir später immer, als habe Puschkin seinen Ausritt des Ehemannes zur Jagd in »Graf Nulin« nach diesem Vorbild geschrieben.

Ich weiß, wie wir mit ihm spazieren gingen und wie die jungen Windhunde, die mitgelaufen waren, übermütig durch die ungemähten Wiesen um uns her sprangen, deren hohes Gras sie peitschte und ihnen den Bauch kitzelte, und wie der Vater sich über sie freute. Ich weiß, wie wir am Jagdfeiertag, dem 1. September, alle in der Linejka zum Walde fuhren, wo ein Fuchs versteckt war und wie die Meute ihn verfolgte und wie irgendwo – wo, sahen wir nicht mehr – die Windhunde ihn fingen. Besonders deutlich erinnere ich mich einer Wolfshetze. Es war dicht bei unserem Hause. Wir gingen alle zu Fuß hinaus zuzusehen. Auf einem Wagen wurde ein großer, grauer Wolf mit gefesselten Füßen und verbundenem Maul herangefahren. Er lag ruhig und schielte nur ab und zu, wenn jemand ihm näherkam. An einer Stelle hinter dem Gartenzaun angekommen, nahm man den Wolf vom Wagen, drückte ihn mit einer Heugabel an den Boden und band ihm die Füße los. Er begann zu zerren und sich zu wehren und biß wütend in den

Knüppel zwischen seinen Zähnen. Endlich wurde der Strick am Nacken gelöst und jemand rief: »Los!« Die Gabel wurde weggezogen, der Wolf fuhr auf, stand etwa zehn Sekunden regungslos, aber man schrie ihn an und ließ die Hunde los. Der Wolf, die Hunde, Pferde und Reiter flogen über das Feld dahin. Und der Wolf entkam. Ich weiß, wie der Vater etwas wie einen Fluch ausstieß und ärgerlich mit den Händen fuchtelnd nach Hause kam.

Meine schönsten Erinnerungen an ihn jedoch sind die Abende, wenn er mit der Großmutter auf dem Sofa saß und ihr beim Patiencelegen half. Mein Vater war immer höflich und entgegenkommend, aber der Großmutter gegenüber war er besonders freundlich und dienstfertig. Wie oft saß die Großmutter mit ihrem langen, spitzen Kinn und ihrer Haube mit den Rüschen und Bändern auf dem Sofa und legte die Karten aus, wobei sie von Zeit zu Zeit eine Prise aus ihrer goldenen Schnupftabaksdose nahm! Neben dem Sofa auf einem Lehnsessel saß dann wohl die alte Petrowna, die Frau eines Waffenschmiedes aus Tula, in ihrer kurzen Jacke mit den Patronen, und spann. Ab und zu stieß sie mit der Spindel an die Wand und diese Spindeln hatten schon eine kleine Vertiefung in der Wand zurückgelassen. Diese Petrowna, eine Händlerin, gefiel der Großmutter aus irgendeinem Grunde und war öfters bei uns zu Gast und immer saß sie neben der Großmutter auf dem Sofa. Auf den Lehnstühlen saßen dann die Tanten und eine von ihnen las vor. Auf einem der Sessel lag die schwarzscheckige Milka, der lebhafte Lieblingshund meines Vaters, mit prachtvollen schwarzen Augen; sie hatte sich in das Polster schon eine richtige kleine Grube hineingedrückt. Wir kamen Gutenacht sagen, und manchmal saßen wir auch eine Weile dabei. Wir verabschiedeten uns von der Großmutter und den Tanten immer mit einem Handkuß. Ich erinnere mich, wie einmal mitten in der Patience und der Vorlesung der Vater die lesende Tante anhielt und auf den Spiegel deutete, wobei er etwas flüsterte. Wir schauten alle hin. Es war der Diener Tichon, der, während der Vater im Gastzimmer war, ins Arbeitszimmer schlich, um Tabak aus dem großen ledernen Tabaksbeutel, der sich zur Rosette zusammenfalten ließ, zu stibitzen. Vater sah alles im Spiegel und beobachtete seine auf den Zehenspitzen vorsichtig schleichende Gestalt. Die Tanten lachten. Großmutter begriff lange nichts, und als sie endlich begriff, lächelte sie fröhlich. Ich bewunderte die Gutmütigkeit meines Vaters und beim Gutenachtsagen küßte ich seine weiße, sehnige Hand mit doppelter Zärtlichkeit. Ich liebte meinen Vater sehr, aber ich wußte bis zu seinem Tode nicht, wie stark meine Liebe war. Doch davon später. Zunächst etwas über die übrigen Glieder unserer Familie, unter denen ich meine Kindheit verbrachte.

4

Von Graf Andrej Iwanowitsch Tolstoj, meinem Urgroßvater, der in sehr jungen Jahren eine Prinzeß Stschetinina heiratete, hörte ich von meiner Tante folgende Geschichte. Seine Frau sollte bei irgendeiner Gelegenheit ohne ihren Gatten einen Ball besuchen. Als sie abgefahren war – wohl in einem gedeckten Wagen, aus dem der Sitz entfernt war, damit das Dach die hohe Frisur nicht zerdrücke – fiel es der jungen Gräfin, die damals wohl siebzehn Jahre alt sein mochte, unterwegs plötzlich ein, daß sie sich von ihrem Manne nicht verabschiedet hatte, und sie kehrte sofort um.

Als sie in das Haus trat, fand sie ihn in Tränen aufgelöst. Er weinte, weil seine Frau vor der Abfahrt nicht zu ihm gekommen war, ihm Lebewohl zu sagen.

*

Meine Großmutter Pelageja Nikolajewna war die Tochter des blinden Fürsten Nikolaj Iwanowitsch Gortschakow, der ein großes Vermögen zusammengebracht hatte. Soweit ich mir ein Bild von ihrem Charakter machen kann, war sie wenig intelligent und wenig gebildet; sie konnte, wie alle damals, besser Französisch als Russisch (das war ihre ganze Bildung) und war sehr verwöhnt worden (erst von ihrem Vater, dann vom Gatten und zu meiner Zeit schon von ihrem Sohne). Außerdem stand sie in hoher Achtung bei sämtlichen Gortschakows als Tochter des Ältesten der Familie: sowohl beim ehemaligen Kriegsminister Nikolaj Iwanowitsch Gortschakow, als auch bei Andrej Iwanowitsch und den Söhnen des Freidenkers Dmitrij Petrowitsch – Peter, Sergej und Michail, der sich bei Sewastopol auszeichnete.

Mein Großvater Ilja Andrejewitsch, ihr Mann, war ebenfalls, soweit ich ihn verstand, ein beschränkter, sehr weicher Mann, heiter und nicht nur freigebig, sondern sinnlos verschwenderisch und vor allem leichtgläubig. Auf seinem Gute im Kreise Beliow, Poliany – nicht Jasnaja Poliana, sondern Poliany – war eine Zeitlang ein ununterbrochenes Fest im Gange, Theater, Bälle, Diners, Ausfahrten, was bei der Neigung meines Großvaters, L'hombre und Whist mit hohem Einsatz zu spielen, ohne etwas vom Spiel zu verstehen, und bei seiner Bereitwilligkeit, allen, die ihn darum baten, Geld zu geben, sei es leihweise, sei es unter Verzicht auf Rückgabe, vor allem aber bei den Unternehmungen und Pachtgeschäften, in die er sich einließ, damit endete, daß das große Gut seiner Frau bald so verschuldet war, daß sie keine Mittel zum Leben mehr besaßen und mein Großvater sich um den Posten eines Gouverneurs von Kasan bewerben mußte, den er dank seinen Verbindungen ohne große Mühe erhielt. Mein Großvater nahm, wie man mir erzählte, keine sogenannten Schmiergelder, ausgenommen von den Branntweinpächtern, was damals allgemeiner Brauch war, und wurde böse, wenn ihm welche angeboten wurden; die Großmutter dagegen nahm hinter dem Rücken ihres Gatten, wie mir erzählt worden ist, ganz gern Geschenke entgegen. In Kasan verheiratete die Großmutter ihre jüngere Tochter Pelageja mit Juschkow, die ältere, Alexandra, hatte in Petersburg einen Grafen Osten-Sacken geheiratet.

Nach dem Tode ihres Gatten in Kasan und der Verheiratung meines Vaters ließ meine Großmutter sich bei meinem Vater in Jasnaja Poliana nieder. Hier sah ich sie als alte Frau und erinnere mich ihrer noch sehr gut.

Meinen Vater hatte die Großmutter sehr lieb, ebenso uns, ihre Enkelkinder, die ihr viel Vergnügen machten. Auch die Tanten liebte sie, dagegen hatte sie für meine Mutter, wie mir scheint, nicht viel übrig; sie hielt sie meines Vaters nicht für würdig und war eifersüchtig auf sie.

Von ihren Dienstboten konnte sie nichts mehr verlangen, denn alle wußten, daß sie die Hauptperson im Hause war und bemühten sich, es ihr recht zu machen. Doch ihrer Magd Gascha gegenüber ließ sie ihren Launen freien Lauf und quälte sie. Sie redete sie mit »Sie« und »meine Liebe« an, verlangte von ihr Erfüllung von Wünschen, die sie gar nicht ausgesprochen hatte, quälte sie auf jede Weise und, seltsam, Gascha, Agafja Michajlowna, die ich gut gekannt habe, war von Großmutter angesteckt und nörgelte an dem Laufmädchen, an der Katze, kurz, an allen Geschöpfen, von denen sie etwas verlangen durfte, genau so herum und war ebenso launisch wie Großmutter ihr gegenüber.

Die frühesten Erinnerungen an Großmutter bis zu unserer Übersiedlung nach Moskau und dem dortigen Leben hängen mit drei starken, mit ihr verbundenen Eindrücken zusammen. Die erste ist, wie sich Großmutter mit einer ganz besonderen Seife wusch, mit der sie auf ihren Händen ganz erstaunliche Schaumblasen entstehen ließ, die, wie mir schien, nur sie allein fertig bringen konnte. Man führte uns absichtlich zu ihr, wenn sie sich wusch, wahrscheinlich amüsierte sie unser Erstaunen und Entzücken beim Anblick der Seifenblasen. Ich sehe alles noch vor mir: die weiße Nachtjacke, den Unterrock, die weißen Greisenhände, die großen Seifenblasen, die sich darauf bildeten, und ihr zufrieden lächelndes, weißes Gesicht. Die andere Erinnerung ist die, wie Vaters Kammerdiener sie in dem gelben Kabriolett auf Federn, in dem wir sonst mit unserem Hofmeister Fedor Iwanowitsch ausfuhren, ohne Pferde in den »kleinen Sakas« genannten Wald hinauszogen, zur Haselnußernte, die in diesem Jahr sehr groß war. Ich erinnere mich an das dichte, enge Nußgesträuch, in dessen Mitte Petruscha und Matiuscha das gelbe Kabriolett mit Großmutter hineinzogen, die Äste zur Seite schiebend und zerbrechend, und wie man ihr die Zweige mit den dichten Büscheln reifer Nüsse herunterbog, die oft schon von selbst abfielen, und Großmutter sie abriß und in den Sack legte. Und ich weiß noch, wie wir selbst Äste herunterzogen und Fedor Iwanowitsch uns durch seine Kraft in Erstaunen setzte, wenn er ganz dicke Nußsträucher herunterbog; wir suchten sie von allen Seiten ab, sahen aber trotzdem, daß wir noch hier und da ein paar Nüsse vergessen hatten, wenn Fedor Iwanowitsch den Stamm losließ und der Strauch sich langsam wieder zurechtschüttelte. Ich weiß noch, wie schrecklich heiß es auf den Lichtungen war, wie angenehm und kühl im Schatten, wie stark die Nußblätter dufteten, wie die Mädchen um uns die Nüsse knackten und wie wir ohne Aufhören die frischen, dicken, weißen Kerne kauten. Wir sammelten in die Taschen und in die Schürzen, trugen die Nüsse zum Wagen und Großmutter nahm sie uns ab und lobte uns. Wie es war, als wir nach Hause kamen, und was nachher geschah, davon weiß ich nichts mehr; ich weiß nur, daß Großmutter, die Nußsträucher, der Duft der Blätter, die Kammerdiener, das gelbe Kabriolett, die Sonne, – kurz, alles sich zu einem frohen Eindruck vereinigte. Mir schien es, daß, wie die Seifenblasen nur bei Großmutter entstehen konnten, auch der Wald und die Nüsse, und die Sonne und all das nur durch Großmutter, in dem von Petruscha und Matiuscha gezogenen gelben Kabriolett, möglich war.

Die stärkste mit Großmutter verbundene Erinnerung aber ist die Nacht, die ich in Großmutters Zimmer verbrachte, und Lew Stepanowitsch. Lew Stepanowitsch war ein blinder Märchenerzähler; er war, als ich ihn kannte, schon ein Greis: ein Überbleibsel aus der Zeit der alten Adelswirtschaft, der Zeit meines Großvaters.

Er war nur zum Erzählen von Märchen gekauft, die er dank dem den Blinden eigenen Gedächtnisse Wort für Wort wiedergeben konnte, wenn man sie ihm zweimal nacheinander vorgelesen hatte.

Er lebte irgendwo im Hause und war tagsüber nicht zu sehen. Abends jedoch kam er herauf in Großmutters Schlafzimmer (dieses war in einem niedrigen Kämmerchen, in das zwei

Stufen hinabführten) und setzte sich auf das niedrige Fensterbrett, wo er Abendbrot vom Tisch der Herrschaft bekam. Dort erwartete er Großmutter, die vor einem blinden Menschen ihre Abendtoilette ungeniert vornehmen konnte. An jenem Abend, wo ich bei Großmutter übernachten sollte, saß Lew Stepanowitsch mit seinen weißen Augen, im langen blauen Rock mit Puffen auf den Schultern, schon auf dem Fensterbrett und aß sein Abendbrot. Ich entsinne mich nicht mehr, ob Großmutter sich in demselben Zimmer auszog oder nebenan, und wie ich ins Bett gelegt wurde; ich erinnere mich nur noch an den Augenblick, als das Licht gelöscht wurde und nur noch das Öllämpchen vor den vergoldeten Heiligenbildern leuchtete; Großmutter, dieselbe Großmutter, die die erstaunlichen Seifenblasen machen konnte, lag ganz weiß, in weiß, auf weiß und weiß zugedeckt hoch in den Kissen, eine weiße Haube auf dem Kopf, und vom Fensterbrett her vernahm man die gleichmäßige, ruhige Stimme Lew Stepanowitschs: »Befehlen Sie, daß ich fortfahre?« »Ja, fahren Sie fort!« »›Liebe Schwester‹, sprach sie,« begann Lew Stepanowitsch mit seiner leisen, eintönigen Greisenstimme, »›erzählet mir eines der schönen Märchen, die Ihr so fein zu erzählen wißt.‹ ›Gern,‹ antwortete Scheherezade, ›ich werde Euch die seltsame Geschichte des Prinzen Kamaralsaman erzählen, wenn unser Herr seine Erlaubnis dazu geben wollte.‹ Als sie die Erlaubnis des Sultans erhalten hatte, begann Scheherezade also: ›Es war einmal ein mächtiger Herrscher, der hatte einen einzigen Sohn …‹« und so begann Lew Stepanowitsch die Geschichte des Prinzen Karamalsaman anscheinend wörtlich, wie sie im Buche stand. Ich hörte und verstand nicht, was er sagte, – so sehr war ich überwältigt durch Großmutters geheimnisvoll weißes Aussehen, ihren auf der Wand hin- und herschwankenden Schatten und den Greis mit den weißen Augen, den ich zwar jetzt nicht sah, doch den ich noch deutlich vor Augen hatte, wie er reglos auf dem Fensterbrett saß und mit langsamer Stimme seltsame, mir feierlich erscheinende Worte sprach, die eintönig in dem halbdunklen, nur durch das Öllämpchen erleuchteten Zimmer hallten. Wahrscheinlich bin ich gleich darauf eingeschlafen, denn weiter weiß ich nichts mehr, und erst am folgenden Morgen wieder bewunderte ich entzückt die Seifenblasen, die Großmutter beim Waschen auf ihren Händen entstehen ließ. Ich werde später noch meine weiteren Eindrücke von Großmutter bei der Übersiedlung nach Moskau und in der Zeit unseres dortigen Aufenthalts schildern; jetzt erzähle ich zuerst, was ich noch von der anderen, für meine Kinderzeit bedeutsamen Person weiß und behalten habe, – meiner bei uns wohnenden Tante, Alexandra Iljinischna, Gräfin,Osten-Sacken.

5

Tante Alexandra Iljinischna wurde sehr früh an den reichen baltischen Grafen Osten-Sacken verheiratet. Es schien eine glänzende Partie, doch was das eheliche Leben anbelangt, endete sie sehr traurig für meine Tante, obgleich vielleicht die Folgen dieser Ehe für ihre Seele sehr gute waren. Tante Aline, wie sie in der Familie genannt wurde, muß wohl sehr anziehend gewesen sein, mit ihren großen, blauen Augen und dem sanften Ausdruck ihres blassen Gesichts; so erschien sie wenigstens auf einem sehr guten Porträt, das sie als sechzehnjähriges Mädchen darstellt.

Bald nach der Hochzeit begab sich Osten-Sacken mit seiner jungen Frau auf sein großes Gut im Baltikum, und dort begannen sich immer mehr und mehr bei ihm die Anzeichen einer beginnenden Geisteskrankheit bemerkbar zu machen, die sich anfangs nur in einer allzu auffallenden, grundlosen Eifersucht äußerten. Im ersten Jahre ihrer Ehe aber, als die Tante bereits ihrer Entbindung entgegensah, war die Krankheit schon so fortgeschritten, daß er Augenblicke vollständiger Gestörtheit hatte, in denen er sich einbildete, von Feinden umringt zu sein, die ihm seine Frau wegnehmen wollten, und seine einzige Rettung, so dachte er, wäre die Flucht. Das war im Sommer. Er stand früh am Morgen auf, erklärte seiner Frau, nur noch die Flucht könnte sie retten, er habe daher schon befohlen, anzuspannen und sie würden gleich abfahren, darum solle sie sich fertig machen. Wirklich fuhr der Wagen vor, er setzte seine Frau hinein und befahl, so schnell wie möglich zu fahren. Unterwegs zog er aus einem Kasten zwei Pistolen, spannte den Hahn, gab eine davon der Tante und sagte, wenn die Feinde von seiner Flucht erfahren würden, so würden sie ihm nachsetzen; dann aber seien sie verloren, und es bliebe ihnen nichts übrig, als sich gegenseitig totzuschießen. Die erschrockene, verblüffte Tante nahm die Pistole und suchte ihren Mann zu überzeugen, daß das Unsinn sei, doch er hörte nicht auf sie, drehte sich nur in Erwartung der Verfolger immer um und trieb den Kutscher an. Unglücklicherweise zeigte sich auf einem Seitenweg, der in die Landstraße mündete, ein Wagen. Er schrie auf, nun sei alles verloren, befahl ihr, auf ihn zu schießen, und drückte selbst auf Tantes Brust ab. Als er begriff, was er getan hatte, und auch sah, daß der Wagen, der ihn erschreckt hatte, seitlich abbog, ließ er halten, trug die verwundete, blutende Tante aus dem Wagen, legte sie auf den Weg und jagte davon. Zum Glück fanden vorüberfahrende Bauern die Tante bald, hoben sie auf und trugen sie zum Pastor; dieser verband die Wunde, so gut er es verstand, und schickte nach dem Arzt. Die Kugel war an der rechten Seite der Brust durchgegangen (Tante hat mir die Narbe gezeigt) und die Wunde war nicht schwer.

Während sie genas und, immer noch schwanger, im Pfarrhaus lag, kam ihr Mann, der zur Besinnung gekommen war, zu ihr gelaufen, erzählte dem Pfarrer die Geschichte, wie unglücklich sie verwundet worden war, und bat, sie sehen zu dürfen. Das Wiedersehen war entsetzlich, er – schlau, wie alle Geisteskranken – stellte sich, als bereue er seine Tat und sei nur um ihre Gesundheit besorgt. Als er ziemlich lange mit ihr zusammen gesessen und ganz vernünftig gesprochen hatte, benutzte er einen Augenblick, wo man sie allein ließ, und machte den Versuch, seine Absicht doch auszuführen. Wie in Sorge um ihre Gesundheit, bat er sie, ihm ihre Zunge zu zeigen und als sie sie herausstreckte, packte er mit einer Hand die Zunge, mit der anderen zog er ein Rasiermesser, um die

Zunge abzuschneiden. Es folgte ein Kampf, sie riß sich los, schrie, Leute kamen herein, man hielt ihn fest und führte ihn ab.

Nun war an seiner Geisteskrankheit nicht mehr zu zweifeln und er lebte lange Zeit im Irrenhaus, ohne die mindesten Beziehungen zu meiner Tante zu haben. Bald danach wurde die Tante in ihr Elternhaus gebracht und gebar dort ein totes Kind. Aus Furcht vor den Folgen, die der Schmerz über den Tod des Kindes haben konnte, sagte man ihr, das Kind sei am Leben und schob an seiner Statt das zu gleicher Zeit geborene Kind einer Dienstmagd aus unserer Bekanntschaft, der Frau des Hofkochs, ein Mädchen, unter. Dieses Mädchen, Paschenka, wohnte bei uns und war schon erwachsen, als ich ganz klein war. Ich weiß nicht, wann Paschenka die Geschichte ihrer Geburt erfuhr, doch als ich sie kannte, wußte sie bereits, daß sie nicht die richtige Tochter meiner Tante sei. Tante Alexandra Iljinischna lebte nach allem ihr Zugestoßenen zuerst bei ihren Eltern, später bei meinem Vater und war nach Vaters Tode unser Vormund; als ich zwölf Jahre alt war, starb sie in der Einsiedelei von Optino.

Diese Tante war eine wahrhaft religiöse Frau. Ihre Lieblingsbeschäftigung war das Lesen der Heiligenlegenden, Gespräche mit Pilgern, Schwachsinnigen, Mönchen und Nonnen, von denen einige immer bei uns im Hause lebten, andere die Tante nur besuchten. Unter denen, die fast immer bei uns wohnten, befand sich die Nonne Maria Gerasimowna, die Patin meiner Schwester, die in ihrer Jugend Wallfahrten gemacht hatte in der Verkleidung als Idiot Iwanuschka. Sie war die Patin meiner Schwester, weil meine Mutter ihr dies versprochen hatte, wenn sie bei Gott eine Tochter für sie erbitten könnte; denn meine Mutter wünschte sich nach vier Söhnen sehr eine Tochter. Die Tochter wurde geboren, Maria Gerasimowna hob sie in die Taufe und lebte teils im Nonnenkloster in Tula, teils in unserem Hause.

Tante Alexandra Iljinischna war nicht nur äußerlich religiös, hielt streng die Fasten ein, betete viel, verkehrte mit Menschen, die einen heiligen Lebenswandel führten, wie es zu ihrer Zeit der Greis Leonid in der Einsiedelei von Optino war, sondern führte auch selbst einen wahrhaft christlichen Wandel, war nicht nur bemüht, jedem Prunk und jeder Art des Bedientwerdens aus dem Wege zu gehen, sondern suchte auch von sich aus, soviel es ging, anderen zu dienen. Geld hatte sie nie, weil sie immer alles, was sie besaß, an die Bettler verteilte.

Die Zofe Gascha, die nach dem Tode der Großmutter zu ihr zog, erzählte mir, wie sie bei ihrem Aufenthalt in Moskau, wenn sie zur Frühmesse ging, vorsichtig auf Zehenspitzen an dem schlafenden Dienstmädchen vorbeischlich und selbst alles besorgte, was sonst dem Mädchen zu tun oblag. In Nahrung und Kleidung war sie so einfach und anspruchslos, wie man es sich irgend denken kann. So peinlich es mir ist, es zu sagen, ich habe von Kindheit an die Erinnerung an einen besonderen, säuerlichen Geruch, der von Tante Alexandra ausging und wohl von der Nachlässigkeit ihrer Toilette herrührte. Und das war die graziöse, poetische Aline mit den wunderbaren blauen Augen, die so gern französische Verse las und abschrieb, Harfe spielte und immer großen Erfolg auf den größten Bällen hatte. Ich erinnere mich, wie sie immer gleichmäßig liebevoll und gut war und keinen Unterschied machte zwischen den vornehmsten Herren und Damen und Mönchen, Pilgern und Pilgerinnen. Ich weiß noch, wie ihr Schwager Juschkow mit ihr seinen Spott trieb und ihr einmal aus Kasan mit der Post eine große Kiste schickte. In dieser Kiste war noch eine Kiste, darin eine dritte und so weiter bis zu einem winzigen Schächtelchen, in dem, in Watte gebettet, ein Porzellanmönch lag. Ich erinnere mich, wie Vater gutmütig lachte, als er Tante die Sendung zeigte. Ich weiß auch noch, wie Papa beim Essen erzählte, wie sie zusammen mit ihrer Kusine Moltschanowa in der Kirche dem von ihnen verehrten Geistlichen nachgelaufen sei, um von ihm den Segen zu empfangen.

Vater schilderte das wie eine Treibjagd: die Moltschanowa wollte den Geistlichen an der Mitteltür des Altars abfangen, dieser aber floh zur nördlichen Tür. Die Moltschanowa machte sich an die Verfolgung, raste dahin, und dort erwischte ihn Aline. Ich erinnere mich an ihr liebes, gutmütiges Lachen, an ihr vor Vergnügen strahlendes Gesicht. Das religiöse Gefühl, das ihre Seele erfüllte, war in so hohem Maße über alles andere erhaben, daß sie sich über nichts ärgern, nie gekränkt sein konnte; sie konnte den weltlichen Dingen nicht die Wichtigkeit zuschreiben, die ihnen gewöhnlich zugeschrieben wird. Sie sorgte für uns, als sie unser Vormund war; aber alles, was sie tat, nahm ihre Seele nicht ganz in Anspruch; alles war dem Dienste Gottes untergeordnet, so wie sie diesen Dienst auffaßte.

6

Die dritte, nach Vater und Mutter, wichtigste Person, die auf mein Leben Einfluß hatte, war unser »Tantchen«, wie wir sie nannten, Tatjana Alexandrowna Jergolskaja. Sie war durch Gortschakows eine ganz entfernte Verwandte meiner Großmutter. Sie und ihre Schwester Lisa, die später den Grafen Peter Iwanowitsch Tolstoj heiratete, blieben als ganz kleine Mädchen, als arme Waisen nach dem Tode beider Eltern, zurück. Es waren noch einige Brüder da, die die Verwandten, so gut es ging, irgendwo untergebracht hatten. Die Mädchen aber wurden von der in ihrer Nachbarschaft im Kreise Tschern berühmten und zu ihrer Zeit mächtigen und einflußreichen Tatjana Semionowna Skuratowa und meiner Großmutter als Pflegekinder aufgenommen. Zwei Zettelchen wurden zusammengewickelt, gemischt und unter das Heiligenbild gelegt; man betete und zog die Zettel; so kam Lisanka zu Tatjana Semionowna, ihre schwarzhaarige Schwester aber zu meiner Großmutter. Tanetschka, wie sie bei uns genannt wurde, war ebenso alt wie mein Vater, im Jahre 1795 geboren und wurde genau wie meine Tanten erzogen. Sie wurde von allen zärtlich geliebt und man mußte sie lieben wegen ihres festen, entschiedenen, energischen und zugleich aufopfernden Charakters. Sehr bezeichnend für ihren Charakter ist ihr Erlebnis mit dem Lineal, das sie uns erzählte, wobei sie uns die Narben einer fast handtellergroßen Brandwunde am Unterarm zeigte. Sie hatten als Kinder die Geschichte von Mucius Scaevola gelesen und stritten darüber, daß keiner von ihnen eine solche Tat vollbringen könnte. »Ich kann es«, sagte sie. »Das kannst du nicht«, sagte Jasykow, mein Pate, und hielt – ebenfalls bezeichnend für seinen Charakter – ein Lineal so über das Licht, daß es verkohlte und zu qualmen anfing. »Da, halte den Arm daran«, sagte er. Sie streckte den nackten Arm aus – damals gingen die Mädchen alle dekolletiert – und Jasykow legte das glimmende Lineal daran. Sie verzog das Gesicht, aber zog den Arm nicht zurück; sie stöhnte erst auf, als das Lineal zusammen mit ihrer Haut abgerissen wurde. Als die Erwachsenen ihre Wunde sahen und sie ausfragten, wie das geschehen sei, sagte sie, sie habe es selbst getan, um die Gefühle des Mucius Scaevola nachzuempfinden.

So war sie immer: entschieden und aufopfernd.

Sie muß sehr anziehend gewesen sein mit ihrem harten, schwarzen, welligen, dicken Zopf, den achatschwarzen Augen und dem lebhaften, energischen Ausdruck. W. I. Juschkow, der Mann meiner Tante Pelageja Iljinischna, ein großer Schürzenjäger, sagte noch oft als alter Mann in dem Ton, wie ein Verliebter von dem Gegenstand seiner früheren Liebe spricht, von ihr: »Toinette, oh, elle était charmante!«

Zu der Zeit, aus der ich mich ihrer erinnere, war sie schon über vierzig und ich machte mir nie Gedanken darüber, ob sie hübsch war oder nicht. Ich liebte sie einfach, liebte ihre Augen, ihr Lächeln, ihre kleine gedrungene Hand mit der energischen Ader quer darüber.

Sie hat meinen Vater wohl geliebt und er liebte sie wieder, aber sie hatte ihn in ihrer Jugend nicht geheiratet, damit er die Ehe mit meiner begüterten Mutter eingehen konnte; später aber heiratete sie ihn nicht, um ihr reines, poetisches Verhältnis zu ihm und uns nicht zu trüben. Unter ihren Papieren in einer Mappe mit Perlenstickerei liegt folgende Notiz, die sie 1836, also sechs Jahre nach dem Tode meiner Mutter, geschrieben hat:

»16 août 1836. Nicolas m'a fait aujourd'hui une étrange proposition –celle de l'épouser, de servir de mère à ses enfants et de ne jamais le quitter. J'ai refusé la première proposition, j'ai promis de remplir l'autre tant que je vivrai.«

So schreibt sie; aber nie hat sie weder uns noch sonst jemandem davon gesprochen. Nach dem Tode meines Vaters hat sie seinen zweiten Wunsch erfüllt: wir hatten zwar zwei wirkliche Tanten und die Großmutter, und sie alle hatten viel mehr Rechte auf uns als Tatjana Alexandrowna, die wir nur aus Gewohnheit Tante nannten, denn unsere Verwandtschaft war so weitläufig, daß ich sie nie genau bestimmen konnte, aber durch das Recht der Liebe nahm sie, wie Buddha bei dem verwundeten Schwan, in unserer Erziehung die erste Stelle ein. Und wir fühlten das.

Ich hatte zuweilen Aufwallungen bewundernd gerührter Liebe zu ihr. Ich erinnere mich, wie ich mich einmal im Gastzimmer hinter ihr auf dem Sofa rekelte. Ich war damals schon fünf Jahre alt. Sie berührte mich streichelnd mit ihrer Hand. Ich erfaßte diese Hand und begann sie zu küssen, wobei ich Tränen der Rührung und Liebe vergoß.

Sie war als Dame aus vornehmem Hause erzogen, sprach und schrieb Französisch besser als Russisch, spielte ausgezeichnet Klavier, hatte es aber dreißig Jahre lang nicht berührt. Sie fing erst wieder an zu spielen, als ich, schon als Erwachsener, das Klavierspiel lernte und zuweilen, wenn sie mit mir vierhändig spielte, bewunderte ich die Korrektheit und Eleganz ihres Spieles. Zur Dienerschaft war sie freundlich, sprach nie zornig mit den Leuten und konnte den Gedanken an Prügel oder Ruten nicht ertragen, aber sie sagte sich, Leibeigene seien eben Leibeigene, und behandelte sie als Herrin. Trotzdem aber unterschieden die Leute sie von den anderen und alle liebten sie. Als sie starb und man sie durch das Dorf trug, kamen aus allen Häusern die Bauern heraus und wollten einen Totensegen für sie lesen lassen. Ihr Hauptcharakterzug war Liebe, aber so sehr ich es gewünscht hätte, daß dies anders wäre – Liebe zu einem einzigen Menschen: meinem Vater! Erst von diesem Zentrum aus verbreitete sich ihre Liebe über alle Menschen. Man fühlte, daß sie uns für ihn, durch ihn liebte und alle Menschen liebte, weil ihr eigenes ganzes Leben aus Liebe bestand.

Sie hatte durch ihre Liebe das größte Anrecht an uns, aber die anderen Tanten, vor allem Pelageja Iljinischna, die uns nach Kasan mitnahm, hatten äußere Rechte, und sie fügte sich, ohne daß ihre Liebe deswegen geringer geworden wäre. Sie lebte bei ihrer Schwester, der Gräfin Je. A. Tolstaja, aber im Geiste lebte sie mit uns, und sowie es ihr möglich wurde, kehrte sie zu uns zurück. Daß sie die letzten Jahre ihres Lebens, etwa zwanzig Jahre lang, mit mir in Jasnaja Poliana verlebte, war ein großes Glück für mich. Aber wie wenig verstanden wir dieses Glück zu würdigen, um so mehr, als das wirkliche Glück immer still und unauffällig ist! Ich schätzte es wohl, doch bei weitem nicht genügend. Sie liebte es, in ihrem Zimmer allerlei Schalen mit Süßigkeiten zu haben: Weintrauben, Gebäck, Datteln und anderes, liebte es, diese Sachen einzukaufen, und bot sie vor allen anderen mir an. Ich kann nicht vergessen und es drückt mein Gewissen, so oft ich daran denke, wie ich ihr mehrmals das Geld für diese Süßigkeiten verweigerte und wie sie traurig seufzend verstummte. Gewiß, ich war damals knapp mit Geld daran, aber ich kann jetzt nicht ohne Schrecken daran denken, wie ich ihr das abschlug.

Als ich schon verheiratet war und sie immer hinfälliger wurde, sagte sie einmal, als ich bei ihr im Zimmer war (sie wandte sich ab, und ich sah, daß sie am Weinen war): »Mon cher ami, mein Zimmer ist sehr hübsch und ihr werdet es gewiß brauchen. Wenn ich nun aber in diesem Zimmer sterbe«, sagte sie mit bebender Stimme, »dann wird die Erinnerung euch quälend sein. Bringt mich also lieber in ein anderes Zimmer, damit ich nicht hier sterbe.« So war sie immer gewesen, von der ersten Zeit meiner Kindheit an, als ich sie noch nicht verstehen konnte ...

Ihr Zimmer sah so aus. In der linken Ecke stand ein Glasschrank mit zahllosen Sächelchen, die nur für sie von Wert waren; in der rechten Ecke ein Schrein mit Heiligenbildern und einem großen Heiland in silbernem Gewand; in der Mitte ein Sofa, auf dem sie schlief, davor ein Tisch. Rechts war die Tür zur Kammer ihres Mädchens.

Ich sagte schon, daß Tante Tatjana Alexandrowna den größten Einfluß auf mein Leben gehabt hat. Dieser Einfluß bestand vor allem darin, daß sie mir schon als Kind zeigte, welch seelischer Genuß in der aufopfernden Liebe liegt. Sie hat mich das nicht in Worten gelehrt, aber ihre ganze Persönlichkeit weckte diese Liebe in mir.

Ich sah und fühlte, wie schön es für sie war, so zu lieben, und begriff das Glück der Liebe. Das ist das Erste. Das Zweite ist das, daß sie mir die Herrlichkeit des einsamen Lebens ohne Hast und Überstürzung gezeigt hat.

Ich denke an lange Herbst- und Winterabende, und diese Abende sind eine wunderbare Erinnerung für mich. Diesen Abenden verdanke ich meine besten Gedanken, die besten Regungen meiner Seele. Ich sitze auf einem Lehnsessel, lese, denke, ab und zu höre ich auf ihr Gespräch mit Natalia Petrowna oder mit Dunetschka, ihrem immer gutmütigen, immer freundlichen Mädchen, werfe ein paar Worte dazwischen, und sitze wieder still, lese oder denke. Dieser wunderbare Lehnsessel steht noch heute bei mir, aber er ist nicht mehr das, was er früher war; ebenso wie das zweite Sofa, auf dem die gute alte Natalia Petrowna schlief, die bei ihr wohnte, nicht weil sie sie brauchte, sondern weil sie keinen anderen Fleck auf der Welt hatte, wo sie hätte wohnen sollen. Zwischen den Fenstern unter dem Spiegel stand ihr Schreibtisch mit allerlei Büchsen und der Schale, auf der die Süßigkeiten lagen, Datteln und Gebäck, mit denen sie mich bewirtete. Am Fenster zwei Sessel und rechts von der Türe ein gestickter tiefer Lehnstuhl, auf dem sie mich abends gerne sitzen sah.

Die Schönheit dieses Lebens beruhte in dem Fehlen aller materiellen Sorgen, in den guten Beziehungen zu allen, in dem festen, unabänderlich guten Verhältnis zu den nächsten Menschen, das durch nichts getrübt werden konnte, und in der Ruhe dieses Lebens, für das der Lauf der Zeit stillzustehen schien.

Damals hätte ich sagen können: »Wer darauf sitzt, der ist glücklich, und der Glückliche bin ich.«

Und wirklich, ich war glücklich, wenn ich auf diesem Sessel

saß. Nach dem schlechten Leben in Tula bei den Nachbarn, mit Karten, Zigeunermusik, Jagd, törichter Eitelkeit, kam ich zuweilen nach Hause, trat zu ihr ins Zimmer, wechselte mit ihr aus alter Gewohnheit einen Handkuß: ich küßte ihre liebe, energische Hand, sie meine schmutzige, sündige; ich begrüßte sie dabei aus alter Gewohnheit französisch, scherzte mit Natalia Petrowna und setzte mich endlich in den bequemen Lehnstuhl. Sie wußte alles, was ich getan hatte, bedauerte es, aber nie hätte sie mir einen Vorwurf gemacht, immer war sie gleich freundlich und liebevoll. Ich saß dann wohl im Sessel, las, grübelte oder hörte ihrem Gespräch mit Natalia Petrowna zu. Bald reden sie von alten Zeiten, bald legen sie Patience, bald bemerken sie irgendwelche Vorzeichen oder scherzen miteinander, und beide Alten lachen ihr helles Kinderlachen, besonders die Tante, die ich noch heute höre. Ich erzähle, daß die Frau eines Bekannten ihrem Manne untreu geworden ist, und sage, der Mann dürfte wohl froh sein, daß er sie los werde. Und plötzlich blickt die Tante, die eben noch mit Natalia Petrowna davon gesprochen hat, daß das Abgetropfte am Licht Gäste bedeutet, zu mir auf und sagt, als hätte sie diese Frage längst entschieden, ein Mann dürfe seine Frau nie fortjagen, denn er richte sie damit endgültig zugrunde. Dann erzählt sie irgendeine Tragödie, die sich unter der Dienerschaft abgespielt hat und die Dunetschka ihr berichtet hat. Dann liest sie einen Brief von meiner Schwester Maschenka vor, die sie, wenn nicht mehr, so doch ebensosehr liebte wie mich, und erzählt von deren Mann, ihrem Neffen, ohne ihn zu verurteilen, aber tieftraurig über das, was er Maschenka angetan hat. Dann lese ich wieder und sie kramt in ihren Sächelchen – alles alte Erinnerungen. Der Hauptzug ihres Wesens, der mich unwillkürlich fesselte, war die große Güte gegen alle ohne Ausnahme. Ich bemühe mich vergebens, mich auf auch nur einen Fall zu besinnen, wo sie zornig gewesen wäre, ein hartes Wort, einen Vorwurf ausgesprochen hätte; mir fällt kein einziger Fall aus all den dreißig Jahren ein, die ich mit ihr verlebte. Sie sprach nur Gutes von meiner anderen Tante, die sie tief betrübt hatte, indem sie uns von ihr trennte, sie verurteilte auch den Mann ihrer Schwester nicht, der sehr hart zu dieser gewesen war. Von den Dienstboten erübrigt es sich überhaupt zu reden. Sie war in den Begriffen ihrer Zeit aufgewachsen, daß es Herren und Knechte geben müsse, aber sie benutzte ihre Herrschaft nur dazu, allen gleichmäßig zu dienen. Nie machte sie mir direkte Vorwürfe für mein schlechtes Leben, obgleich sie darunter litt. Meinem Bruder Sergej, den sie ebenfalls innig liebte, machte sie auch nie Vorwürfe, selbst dann nicht, als er eine Liebschaft mit einer Zigeunerin anfing. Das einzige Zeichen von Besorgnis um uns war, daß sie, wenn er lange nicht nach Hause kam, sagte: »Was macht nur unser Sergius?« Nur Sergius statt dem gewöhnlichen Seriosha! Niemals sagte sie in Worten, wie wir leben sollten, niemals hielt sie Moralpredigten. Alle ihre Seelentätigkeit war ein Arbeiten im eigenen Innern, und nach außen erschienen nur ihre Werke – nein, auch keine Werke – es handelte sich nicht um einzelne Werke, sondern ihr ganzes stilles, bescheidenes, demütiges Leben war erfüllt von Liebe, ohne Unruhe, ohne Eitelkeit, alles nur stille, unmerkliche Liebe.

Sie schaffte ein innerliches Liebeswerk, und darum brauchte sie sich nie zu eilen. Und diese zwei Eigenschaften – Liebe und Ruhe – zogen jeden unmerklich in ihren Bann und gaben dieser Nähe einen besonderen Reiz.

Daher weiß ich auch ebensowenig, wie ich jemand kenne, der sie gekränkt hätte, auch keinen, der sie nicht hätte lieben müssen. Nie sprach sie von sich selber, nie von Religion oder wie man glauben müsse, wie sie glaubte und betete. Sie glaubte an alles, nur ein Dogma lehnte sie ab – die ewige Verdammnis. »Dieu qui est la bonté même ne peut pas vouloir nos souffrances.«

Und außer bei Gottesdiensten und Totensegen habe ich sie nie beten sehen. Nur an der besonderen Herzlichkeit, mit der sie mich manchmal begrüßte, wenn ich spät abends zu ihr ins Zimmer kam, um gute Nacht zu sagen, merkte ich, daß ich sie beim Gebet gestört hatte. »Komm, komm nur herein«, sagte sie dann meist. »Ich sagte eben erst zu Natalia Petrowna, daß Nicolas noch zu uns hereinkommen würde.« Sie nannte mich oft beim Namen meines Vaters und das war mir besonders schmeichelhaft, weil es bewies, daß sie das Bild meines Vaters und das meine in ihrer Liebe zu uns beiden vereinte. An solchen späten Abenden war sie schon ausgekleidet, im Nachthemd, in ein Umschlagetuch gehüllt, ihre Hühnerfüßchen in Pantoffeln; Natalia Petrowna befand sich in demselben Negligé. »Komm, setz dich«, sagte sie, wenn sie merkte, daß ich noch nicht schlafen wollte oder mich fürchtete, allein zu bleiben. Und diese unprogrammäßigen späten Plauderstunden sind mir in besonders lieber Erinnerung. Manchmal, wenn Natalia Petrowna oder ich etwas Spaßhaftes sagten, lachte sie gutmütig, und gleich darauf lachte auch Natalia Petrowna, und so lachten dann die zwei Alten lange Zeit, ohne selbst zu wissen warum, wie Kinder, nur weil sie alle Menschen lieb hatten und ihnen wohl war.

Nicht nur ihre Liebe zu mir war so freudig. Nein, es herrschte eine ganze freudige Atmosphäre von Liebe um sie, Liebe zu allen Anwesenden und Abwesenden, zu allen Menschen und sogar zu den Tieren.

Ich werde, wenn ich dazu komme, mein Leben genauer darzustellen, noch viel von ihr berichten müssen. Jetzt will ich nur noch von dem Verhältnis des einfachen Volkes, der Bauern von Jasnaja Poliana, zu ihr reden, wie sich das bei ihrem Begräbnis zeigte. Als wir sie durchs Dorf trugen, war kein einziger Hof unter sechzig, aus dem nicht die Leute herausgekommen wären und gebeten hätten, man möchte halten und einen Totensegen lesen. »Sie war eine gütige Frau, niemand hat sie je ein Leid zugefügt«, sagten sie alle. Und sie wurde dafür geliebt, glühend geliebt. Laotse sagt, die Dinge seien wertvoll durch das, was ihnen fehlt. So ist es auch mit dem Leben: sein Hauptwert liegt darin, daß das Böse ihm fehlt. Und im Leben der Tante Tatjana Alexandrowna war nichts Böses. Das sagt sich leicht und ist so unendlich schwer. Und ich habe nur einen solchen Menschen gekannt.

Sie starb still, nach und nach einschlummernd, und, wie sie es sich gewünscht hatte, nicht in dem Zimmer, in dem sie gewohnt hatte, um es uns nicht zu verleiden.

Im Sterben erkannte sie fast niemand mehr. Nur mich erkannte sie immer, lächelte, strahlte auf wie ein elektrisches Lämpchen, wenn man auf den Knopf drückt, und bewegte ab und zu die Lippen, bemüht, »Nicolas« auszusprechen, mich im Tode schon ganz mit dem Bilde des Menschen vereinend, den sie ihr Leben lang geliebt hatte.

Und ihr, ihr konnte ich die kleine Freude versagen, die ihr die Datteln und die Schokolade bereiteten, und zwar nicht um ihrer selbst willen, sondern weil sie mich damit bewirten konnte. Ich raubte ihr die Möglichkeit, den Leuten, die sie darum baten, etwas Geld zu geben! Ich kann nicht ohne schmerzliche Selbstanklagen daran zurückdenken. Liebes, liebes Tantchen, vergib! »Si jeunesse savait, si vieilleisse pouvait«, nicht in dem Sinne, daß man selbst mehr Segen hätte ernten können, als man jung war, sondern, daß man ihn hätte anderen spenden können, und denen, die nicht mehr sind, weniger Leid zufügen!

7

Außer den Brüdern und meiner Schwester wuchs von ihrem fünften Jahre an meine Altersgenossin Dunetschka Temeschowa mit uns auf, und ich muß berichten, wer sie war und wie sie zu uns kam. Unter den Besuchern unseres Hauses, die uns Kindern auffielen, war, außer dem Mann unserer Tante, Juschkow, einer für uns Kinder sehr sonderbaren Erscheinung mit schwarzem Schnauzbart, Backenbart und Brille (von ihm ist noch viel zu erzählen) und meinem Paten S. I. Jasykow, einem auffallend häßlichen, durch und durch von Tabakgeruch durchtränkten Menschen, dem die Haut über der Stirn anscheinend zu weit war, weshalb er sie fortgesetzt zu den greulichsten Fratzen verzog, außer diesen beiden und zwei Nachbarn, Ogariow und Islenew, besuchte uns noch ein entfernter Verwandter von der Gortschakowschen Seite, der reiche Junggeselle Temeschow, der meinen Vater mit Bruder anredete und für ihn eine gewisse bewundernde Verehrung hegte. Er wohnte etwa vierzig Werst von Jasnaja Poliana entfernt im Dorf Pirogowo und brachte uns eines Tages ein paar Ferkel mit Ringelschwänzen mit, die auf einem großen Tablett im Anrichtezimmer auf den Tisch gelegt wurden. Temeschow, Pirogowo und die Ferkel sind in meiner Erinnerung zu einem Ganzen verschmolzen.

Außerdem prägte sich Temeschow in der Erinnerung von uns Kindern dadurch ein, daß er im Saal auf dem Klavier eine Tanzmelodie spielte (er kannte nur dieses eine Stück) und uns Kinder zu dieser Musik tanzen ließ; wenn wir ihn aber fragten, was für einen Tanz wir denn tanzen sollten, sagte er, man könnte alle Tänze zu dieser Musik tanzen. Und wir machten von dieser Erlaubnis gern Gebrauch.

An einem Winterabend – wir hatten bereits Tee getrunken und sollten bald zu Bett gebracht werden, und mir fielen schon die Augen zu – kam plötzlich in das halbdunkle Gastzimmerj wo wir alle saßen und wo nur zwei einzelne Lichter brannten, durch die offene breite Tür zum Anrichtezimmer ein Mensch mit eiligen, weichen Schritten herein, ging bis zur Mitte des Zimmers und fiel hier plötzlich auf die Knie. Die brennende lange Pfeife, die er in der Hand hielt, stieß auf den Boden und die Funken sprühten und erhellten das Gesicht des Knienden – es war Temeschow. Was Temeschow zu meinem Vater sagte, als er vor ihm auf den Knien lag, weiß ich nicht mehr, habe es wohl auch gar nicht gehört; erst später erfuhr ich, daß er vor Vater auf die Knie gefallen war, weil er seine uneheliche Tochter Dunetschka, von der er schon früher mit Vater gesprochen hatte, mitgebracht hatte, damit Vater sie mit seinen Kindern zusammen erziehe. Seitdem erschien bei uns ein Mädchen mit rundem Gesicht, meine Altersgenossin Dunetschka, mit ihrer Wärterin Jewpraxeja, einer langen, runzligen Alten mit einem vorhängenden Kropf, der an einen Truthahn erinnerte und in dem der Kehlkopf sich hin und her bewegte, wie sie uns nachzufühlen erlaubte.

Das Erscheinen Dunetschkas in unserem Hause war verbunden mit einer komplizierten Vermögenstransaktion zwischen meinem Vater und Temeschow. Es handelte sich um Folgendes.

Temeschow war sehr reich. Eheliche Kinder hatte er nicht. Dagegen hatte er zwei uneheliche Töchter: Dunetschka und Werotschka, ein buckliges Mädchen von einer früheren Leibeigenen Marfuscha, die jetzt freigelassen war. Die Erbinnen Temeschows waren seine Schwestern. Er überließ ihnen seine gesamten anderen Güter, nur Pirogowo, wo er wohnte, wollte er meinem Vater abtreten unter der Bedingung, daß dieser den Wert des Gutes, 300 000 Rubel (man sagte von Pirogowo, es habe einen goldenen Boden, und es war bedeutend mehr wert) den beiden Mädchen auszahlte. Um das zu arrangieren, wurde Folgendes ausgedacht: Temeschow setzte einen Kaufvertrag auf, durch den er Pirogowo für 300 000 Rubel an meinen Vater verkaufte, mein Vater dagegen gab drei anderen Personen: Islenew, Jasykow und Glebow je einen Wechsel über 100 000 Rubel. Im Falle von Temeschows Tode erhielt mein Vater das Gut und hatte mit Glebow, Islenew und Jasykow ausgemacht, daß ihnen die 300 000 Rubel auf die Wechsel ausgezahlt würden, die sie dann den beiden Mädchen weitergeben sollten.

Vielleicht irre ich mich bei der Wiedergabe dieses Planes; jedenfalls weiß ich, daß nach dem Tode meines Vaters Pirogowo in unseren Besitz kam und daß drei Wechsel auf die Namen Islenew, Glebow und Jasykow vorhanden waren. Die Vermögensverwaltung zahlte diese drei Wechsel aus und die beiden erstgenannten Herren gaben je 100 000 Rubel an die Mädchen weiter. Jasykow dagegen eignete sich dieses Geld, das ihm nicht gehörte, an; aber davon später.

Dunetschka lebte bei uns und war ein liebes, schlichtes, stilles, aber nicht gerade kluges Kind und sehr weinerlich. Ich weiß, wie man mir, als ich die lateinische Schrift schon gelernt hatte, auftrug, ich solle sie die Buchstaben lehren. Anfangs ging alles gut (ich und sie waren fünf Jahre alt), aber dann wurde sie wahrscheinlich müde und hörte auf, die Buchstaben richtig zu benennen, die ich ihr zeigte. Ich drängte. Sie fing an zu schluchzen. Ich ebenfalls. Und als man zu uns kam, konnten wir vor Tränen kein Wort herausbringen. Ein andermal entsinne ich mich, daß eine Pflaume vom Teller verschwunden war und man den Schuldigen nicht finden konnte. Da sagte Fedor Iwanowitsch mit ernster Miene, ohne uns anzusehen: wer sie gegessen hätte, wäre ja einerlei; nur wenn er den Kern verschluckt hätte, könnte er sterben. Dunetschka hielt diese schreckliche Vorstellung nicht aus und sagte, sie hätte den Kern ausgespuckt. Noch weiß ich auch, wie verzweifelt sie schluchzte, als sie mit meinem Bruder Mitja ein Spiel erfunden hatten, das darin bestand, daß sie sich gegenseitig eine kleine Kupferkette in den Mund spuckten. Sie spuckte so kräftig und Mitjenka sperrte den Mund so weit auf, daß er die Kette verschluckte. Sie weinte trostlos, bis der Arzt kam und alle beruhigte.

Sie war nicht klug, aber ein hübsches, bescheidenes Mädchen, und vor allem ein so reiner Charakter, daß zwischen ihr und uns Jungen nie etwas anderes als ein rein brüderliches Verhältnis bestand.

8

Praskowia Isajewna habe ich in der »Kindheit« ziemlich genau beschrieben (unter dem Namen Natalia Sawischna). Alles, was ich dort von ihr erzählt habe, ist Tatsache. Praskowia Isajewna war eine gewichtige Persönlichkeit – unsere Haushofmeisterin – indessen stand in ihrem kleinen Zimmerchen das Nachtstühlchen von uns Kindern. Ich weiß noch, wie schön es war, nach den Unterrichtsstunden oder mitten im Unterricht sich in ihr Zimmerchen zu setzen und mit ihr zu plaudern oder zuzuhören. Wahrscheinlich sah sie uns in diesen Zeiten besonders glücklicher und rührender Aufrichtigkeit gerne. »Praskowia Isajewna, wie ist denn der Großvater in den Krieg gezogen? Zu Pferde?« fragten wir dann wohl ächzend, um nur etwas zu sagen und dann zuzuhören.

»Er hat zu Pferde gekämpft und auch zu Fuß. Dafür war er auch Generalenchef«, sagte sie und holte aus ihrem Schrank ein Stückchen Räucherharz hervor, das sie »Otschakower Weihrauch« nannte. Sie erzählte uns, der Großvater hätte dieses Räucherharz aus Otschakow mitgebracht. Sie zündete ein Stückchen Papier an dem Lämpchen vor dem Heiligenbild an und hielt es an das Harz und dieses begann mit angenehmem Geruch zu glimmen.

Außer der einen Kränkung, die sie mir zufügte, indem sie mich mit dem nassen Tischtuch verprügelte, wie ich das in der »Kindheit« beschrieben habe, beleidigte sie mich noch einmal: zu ihren Pflichten gehörte es unter anderem, uns, wenn es nötig war, Klistiere zu machen. Eines Morgens, als ich schon nicht mehr bei den Mädchen, sondern in den Gemächern Fedor Iwanowitschs hauste, waren wir eben aufgestanden und die älteren Brüder bereits angezogen; nur ich hatte mich verspätet und war eben dabei, meinen Schlafrock auszuziehen und mich anzukleiden, als mit schnellen, trippelnden Greisenschritten Praskowia Isajewna mit ihren Instrumenten eintrat. Diese Instrumente bestanden aus einer Spritze, die aus irgendeinem Grunde so in eine Serviette eingewickelt wurde, daß nur die gelbe beinerne Spitze hervorsah, und einem Schälchen Leinöl, mit dem sie die Spitze anfeuchtete. Als sie mich sah, entschied Praskowja Isajewna, daß ich derjenige sei, an dem auf Anordnung der Tante die Operation vollzogen werden sollte. Eigentlich aber war es Mitenka, der zufällig oder aus Schlauheit, weil er die Operation, die ihm drohte, und die wir alle verabscheuten, voraussah, sich rasch angezogen hatte und aus dem Schlafzimmer verschwunden war. Und ungeachtet meiner Schwüre, daß die Operation nicht mir bestimmt sei, vollzog sie sie an mir.

Nicht nur wegen ihrer Ergebenheit und Ehrlichkeit liebte ich sie, sondern vor allem auch darum, weil sie mit der alten Anna Iwanowna mir als die Vertreterin einer geheimnisvollen Seite im Leben meines Großvaters erschien, die mit dem »Otschakower Weihrauch« zusammenhing.

Anna Iwanowna lebte von ihrem Altenteil und war zweimal bei uns im Hause, wo ich sie sah. Man sagte, sie sei hundert Jahre alt und habe noch den Pugatschow gesehen. Sie hatte sehr schwarze Augen und nur einen Zahn. Sie war in dem hohen Alter, vor dem Kinder sich fürchten.

Unsere Wärterin Tatjana Filippowna, eine kleine, runde Frau mit dicken, kleinen Händen, war eine noch junge Person, die Gehilfin der alten Wärterin Annuschka, auf die ich mich kaum besinne, und zwar deshalb, weil ich mir meiner selbst nur in Verbindung mit Annuschka bewußt wurde, und wie ich nicht weiß, wie ich damals war und aussah, so entsinne ich mich auch Annuschkas nicht.

Dagegen erinnere ich mich noch sehr gut an die neue Wärterin Jewpraxeja mit dem Kropf, die mit Dunetschka ins Haus kam. Ich weiß noch, wie wir der Reihe nach ihren Kropf befühlten; wie ich als etwas ganz Neues begriff, daß eine Wärterin Annuschka kein allgemeiner Besitz aller Menschen sei, sondern daß diese Dunetschka eine ganz eigene Wärterin nur für sich aus Pirogowo mitgebracht habe.

Die »Niania« Tatjana Filippowna habe ich in Erinnerung behalten, weil sie später die Wärterin meiner Nichten und meines ältesten Sohnes wurde. Sie war eines jener rührenden Geschöpfe aus dem Volke, die so mit der Familie ihrer Brotgeber verwachsen, daß sie alle ihre Interessen auf diese übertragen und für ihre eigenen Angehörigen nur ein Objekt zum Anbetteln und zu guter Letzt zum Beerben vorstellen. Ihre Brüder, Männer, Söhne sind fast immer Verschwender. Und das waren auch, soviel ich weiß, der Mann und der Sohn von Tatjana Filippowna. Ich erinnere mich, wie sie schwer, aber still und demütig in unserem Hause starb, auf demselben Fleck, wo ich jetzt sitze und diese Erinnerungen schreibe.

Ihr Bruder Nikolaj Filippowitsch war Kutscher, und wir liebten ihn nicht nur, sondern betrachteten ihn, wie fast alle Kinder aus reicher Familie, mit größter Hochachtung. Er hatte unwahrscheinlich dicke Stiefel, er roch immer so angenehm nach Pferdemist und seine Stimme war wohlwollend und klangvoll …

Ja, aber vorher will ich ein paar Worte über die Kammerdiener und Tichon sagen. In alten Zeiten hatte jeder Gutsherr, vor allem, wenn er Jäger war, seine Lieblinge. So hatte mein Vater zwei Brüder als Kammerdiener – Petruscha und Matiuscha, beides hübsche, starke, gewandte Jäger. Sie waren beide freigelassen und erhielten alle möglichen Vergünstigungen und Geschenke vom Vater. Als mein Vater plötzlich starb, kam der Verdacht auf, daß diese beiden ihn vergiftet hätten. Der Grund dafür war der, daß dem Vater das ganze Geld und die Papiere, die er bei sich trug, gestohlen worden waren. Die Papiere allein, Wechsel und ähnliches, wurden erst später von einer Bettlerin in unser Moskauer Stadthaus hineingeworfen. Ich glaube nicht, daß das wahr ist, aber ganz unmöglich ist es auch nicht. Es ist schon oft vorgekommen, daß Leibeigene, die von ihrem Herren sehr geschätzt wurden und aus ihrer Sklaverei plötzlich zu großer Macht gelangten, toll wurden und ihre Herren ermordeten. Es ist schwer, sich einen solchen Übergang von völliger Sklaverei nicht nur zur Freiheit, sondern geradezu zu größter Macht, ganz vorzustellen. Ich weiß nun nicht, wieso und warum, aber ich weiß, daß dergleichen vorkommt, und daß Petruscha und Matiuscha eben solche übermütig gewordene Menschen waren, die, nie zufrieden mit dem, was sie bekamen, naturgemäß immer höher und höher steigen wollten. Ich verstand das damals natürlich nicht und sie gefielen mir einfach – besonders Petruscha durch seine Gewandtheit, Kraft und männliche Schönheit, seine saubere Kleidung und seine Freundlichkeit zu uns Kindern, besonder zu mir. Ich freute mich einfach an ihrem Anblick und sah in ihnen ganz außergewöhnliche Menschen. Die größte Hochachtung vor ihnen erweckten in mir eine Anzahl Figuren aus Porzellan und Holz, Menschen, Hunde, Katzen und Affen, die bei ihnen auf den Fensterbrettern der Zimmer im Erdgeschoß standen, in denen sie wohnten. Wenn wir an den Fenstern vorbeigingen, sahen wir jedesmal bewundernd nach diesen Puppen. Sie schienen mir etwas ungeheuer Wichtiges. Die beiden waren Junggesellen und bei den Hofleuten beide sehr unbeliebt.

Tichon, der Hausdiener, derselbe, der den Tabak mauste, und den wir sehr gern hatten, war ein ganz anderer Typus von Mensch. Er war ein kleines, dürres, glatt rasiertes Männchen, mit einem breiten Zwischenraum zwischen der Nase und dem scharfgeschnittenen Mund, wie man das oft bei Bühnenkomikern sieht, einer sehr beweglichen Stirn und dichten Brauen über den tiefliegenden, grauen Augen. Er war Flötist im Orchester des Großvaters gewesen. Seine Pflichten im Hause bestanden darin, die Wohnzimmer aufzuräumen und bei Tisch zu bedienen. Er war ein geborener Schauspieler. Es bereitete ihm offenbar die größte Freude, gleichviel was darzustellen und drollige Gesichter zu schneiden, die uns Kinder in Entzücken versetzten. Man lachte unausgesetzt über ihn. Morgens wischte er auf Strümpfen im Kittel die Stuben mit einem Staubbesen aus Schilfrohr auf, tagsüber saß er im Vorsaal und strickte Strümpfe.

Ich breche hier die Beschreibung unserer Dienerschaft ab. Sie scheint mir langweilig und gelingt mir nicht recht. Ich will lieber mein Leben schildern und dabei so weit als möglich zurückgreifen.

Ja, so viel Interessantes, Wichtiges ist in meinem Leben, was ich erzählen möchte, und doch kann ich mich nicht losreißen von der Kindheit, der lichten, lieblichen, poetischen, von Liebe erfüllten, geheimnisvollen Kindheit. In der Kindheit, beim Eintritt in das Leben fühlen, erfassen wir dessen ganzes Geheimnis, fühlen, daß das Leben mehr ist, als nur das, was unsere Sinne uns vermitteln. Später verlieren wir dieses Vorgefühl oder Nachfühlen der ganzen Tiefe des Lebens.

Ja, es war eine wunderbare Zeit. Wir haben unsere Aufgaben gemacht, sind spazieren gegangen und kommen ins Gastzimmer, um zum Mittagessen zu gehen. Im Gastzimmer steht ein Sofa, ein großer, runder Rotholztisch, rings um den Tisch vier Lehnstühle. Gegenüber dem Sofa ist die Balkontür und in den Zwischenräumen zwischen ihr und den beiden hohen Fenstern stehen zwei Spiegel in geschnitzten Goldrahmen. Großmutter sitzt links in der Sofaecke mit ihrer goldenen Tabaksdose, im Häubchen mit den Rüschen. Die Tanten Alexandra Iljinischna, Tatjana Alexandrowna, Paschenka, die Pflegetochter der Tante, mit ihrer Patin Maria Gerasimowna (von der ich gleich erzählen werde), Fedor Iwanowitsch, – alle sind versammelt und warten auf Vater, der im Schreibzimmer ist. Da kommt er mit frischen, kräftigen Schritten mit seinem roten, sanguinischen Nacken, in weichen absatzlosen Stiefeln mit seinen guten, schönen Augen und seinen graziös-männlichen Bewegungen. Manchmal hat er die Pfeife in der Hand und gibt sie dem Diener. Er kommt herein und setzt sich zur Großmutter, nachdem er ihr die Hand geküßt hat, und sagt ein paar Scherzworte zu uns, der Tante oder Fedor Iwanowitsch.

»Na, gibt's denn heute kein Mittagessen?« ruft er mit seiner guten und freundlichen Stimme. Aus dem Anrichtezimmer erscheint einer von seinen Kammerdienern und Jägern – Wolodja, Matiuscha oder Petruscha (von diesen muß ich auch noch erzählen): »Sogleich«.

Und tatsächlich: in der mächtigen, hohen, dunkelroten Türe (sie war nur gestrichen und ist so auch geblieben) erscheint in blauem Rock mit hohen, gerafften Schultern der Haushofmeister, früher zweiter Geiger im Orchester des Großvaters, Foka Demidytsch mit seinen zusammengewachsenen, hochgezogenen Augenbrauen und erklärt: mit sichtlicher Würde und Feierlichkeit: »Das Essen ist angerichtet.«

Alle erheben sich. Vater reicht Großmutter den Arm, ihnen folgen die Tanten, Paschenka, wir mit Fedor Iwanowitsch, und jemand von den Hausgenossen mit Maria Gerasimowna. Ich trete von links (ich weiß das ganz genau, wie ja meistens ein bestimmter Augenblick ganz besonders deutlich im Gedächtnis bleibt) an den Vater heran und seine Hand streicht mir über das Haar, den Nacken, und ich liebe diese weiße Hand mit der charakteristischen roten Linie auf dem äußeren, vortretenden Teil der Handfläche und ich halte sie und zögere und küsse sie endlich; die Hand streicht mir über die Wange und ich bin gerührt und glücklich. Wir gehen durch den Anrichteraum an der Treppe und treten in den großen Saal. Fast hinter jedem Stuhl steht ein Diener mit einem Teller, den er mit der linken Hand vor die linke Brust hält. Wenn Gäste da sind, dann stehen deren Diener hinter ihren Stühlen und bedienen sie. Auf dem Tisch, der mit einem derben zu Hause gewebten Tuch bedeckt ist, stehen Karaffen mit Wasser, Kannen mit Kwas, liegen alte silberne Löffel, eiserne Messer und Gabeln mit Holzgriffen und stehen einfache, dünne Gläser. Die

Suppe wird am Anrichtebüfett aufgetan, die Diener reichen Pastetchen zur Suppe. Aber aus irgendeinem Grunde bekommen wir keine Pastetchen und der Kammerdiener Petruscha, der besonders für mich eingenommen ist, steckt mir heimlich ein Pastetchen zu. Wie unglaublich schmackhaft ist doch so ein Pastetchen! Beim Mittagessen ist übrigens alles schön, alles schmackhaft, alles lustig. Schwierig ist es nur, ruhig zu sitzen, und wenn es auch verboten ist, mit dem Oberkörper herumzuschaukeln, so ersetzt man das dadurch, daß man um so energischer unter dem Tisch mit den dicken Beinchen baumelt, die nicht bis zum Boden reichen, und in weißen Baumwollstrümpfen und Schuhen stecken, die der taube Schuster Alexej gemacht hat. Alles schmeckt gut, außer höchstens einem Stück sehnigen Rindfleischs, das im Munde stecken bleibt und das man kaut und kaut, um es schließlich, wenn die Erwachsenen ins Gespräch vertieft sind, in die kleine Hand auszuspucken und unter den Tisch zu werfen. Aber sonst schmeckt alles gut: die Grütze, die Bratkartoffeln, die Rüben, die Hühner mit sauren Gurken und vor allem schmecken die süßen Speisen: alle Arten Kuchen, Apfelpfannkuchen, Milchsuppe, Storchennester, Quark mit Sahne. Lustig ist es auch manchmal, den Großen zuzuhören, wenn man versteht, was sie reden, oder mit den Brüdern von unseren nur für uns wichtigen Sachen zu reden, und vor allem ist es lustig, Tichon zu beobachten.

Tichon, der Ex-Flötist meines Großvaters, war ein kleiner, vergnügter Mensch mit, wie es uns schien, erstaunlichen Fähigkeiten als Komiker. Er steht zum Beispiel hinter Großmutters oder Vaters Stuhl, und plötzlich streckt er seine spitzen, rasierten Lippen vor, hebt den Teller und macht eine komische Bewegung. Wir lachen. Jemand von den Erwachsenen sieht sich um, aber Tichon steht wie eine Statue, den Teller regungslos an der Brust.

Mitunter gibt es bei Tisch noch ein Vergnügen: wenn man mich beachtet und dem Publikum meine Kunst, Scharaden aufzugeben, vorführt.

»Na, Liowka, Kugel (so nannte man mich, ich war ein sehr

dicker Junge), erfreu' uns mal mit deiner neuesten Scharade«, sagt Vater.

Und ich erfreue die Herrschaften mit meiner neuesten Scharade, etwa in dieser Art: Mein Erstes ist ein Buchstabe, mein Zweites ist ein Gewässer und mein Ganzes ist ein Tier. Das ist Hase – Ha, See. Während ich spreche, sehen alle mich an und lächeln und ich weiß instinktiv, daß dies Lächeln nicht daher kommt, daß an meinen Reden oder an mir selbst irgend etwas lächerlich ist, sondern daß es nur bedeutet, daß alle, die mich ansehen, mich gern haben. Ich fühle das und mir wird leicht und froh ums Herz.

Das Mittagessen ist zu Ende. Dem Vater wird die angebrannte Pfeife gereicht und er geht in sein Zimmer, Großmutter geht ins Gastzimmer, und wir hinunter, um zu zeichnen. Mitunter kommt Vater und unterhält sich mit Fedor Iwanowitsch in deutscher Sprache und wir staunen über seine Aussprache. Er sprach richtig »sie« und »ganz«, während wir wie Fedor Iwanowitsch sächsisch »ssie« und »janz« sagten, und wir hören daher mit Mißtrauen die Aussprache des Vaters. Manchmal zeichnet er uns irgendetwas. Dann gehen wir der Großmutter und den Tanten gute Nacht sagen; Nikolaj Dmitrijewitsch, der Wärter, nimmt unsere Kleider auf den Arm und sagt uns »Gute Nacht« und »Schlaft gut«. Manchmal schlafen wir nicht ein, sondern reden miteinander, bis im Dunkeln Fedor Iwanowitsch hereinkommt, Feuer schlägt, erst ein blauglühendes Schwefelhölzchen, dann das Licht anzündet, in sein Bett mit den hohen Kopfkissen hineinkriecht, und das Licht wieder ausmacht. Dann schlafe ich auch ein.

Ich muß auch noch den Büfettdiener Wasilij Trubezkoj erwähnen. Es war dies ein netter, freundlicher Mann, der sehr kinderlieb war, und uns daher sehr liebte, besonders Seriosha, bei dem er später diente, bis er starb. Ich erinnere mich noch an das gute, schiefe Lächeln seines glattrasierten Gesichtes, das wir mit seinen Runzeln und dem daran schließenden Halse aus nächster Nähe sahen, und den eigentümlichen Geruch, wenn er uns aufhob und auf ein Tablett setzte (das war eines unserer Hauptvergnügen: »Mich auch! Jetzt mich zuerst!«) und durch das Anrichtezimmer trug, einen für uns sehr geheimnisvollen Ort mit einem unterirdischen Gang daran. Eine sehr lebhafte Erinnerung ist mir, wie er nach Stscherbatschowka abreiste, ein Gut im Gouvernement Kursk, das der Vater von der Perowskaja geerbt hatte. Dies geschah (die Abfahrt Wasilij Trubezkojs) in den Weihnachtstagen, als wir Kinder mit ein paar Dienstboten im Saal »Dieser Taler, der muß wandern« spielten.

Über diese Weihnachtsvergnügungen muß ich auch noch einiges sagen. Die Vergnügungen in der Weihnachtszeit bestanden in folgendem: das ganze Hofgesinde, eine große Schar, an die dreißig Menschen, verkleidete sich, kam ins Haus und führte allerlei Reigenspiele auf, wozu der alte Grigorij, der nur in dieser Zeit ins Haus kam, aufspielte. Das war sehr lustig. Die Verkleideten stellten, wie überall, Bären nebst Führer und Ziege, Türken und Türkinnen, Räuber dar, die Männer waren Frauen, die Frauen Männer. Ich weiß, wie mir einige Verkleidete besonders gefielen und wie hübsch vor allem eine Türkin Mascha war. Manchmal verkleideten wir uns auch mit Hilfe der Tante. Besonders begehrt war ein gewisser Gürtel mit Steinen und ein Musselin-Handtuch, das mit Gold- und Silberfäden bestickt war, und ich erschien mir wunderschön mit dem mit verkohltem Kork aufgemalten Schnurrbart. Ich weiß, daß ich, als ich im Spiegel mein Gesicht mit dem schwarzen Schnurrbart und den schwarzen Augenbrauen ansah, ein befriedigtes Lächeln nicht unterdrücken konnte und dabei mußte ich doch als Türke ein feierliches Gesicht machen! Wir gingen durch alle Zimmer und bekamen überall Süßigkeiten.

Einmal zu Weihnachten, in meiner frühesten Jugend, kam die ganze Familie Islenew verkleidet zu uns: der Vater (der Großvater meiner späteren Frau), seine drei Söhne und drei Töchter. Alle hatten sie für uns ganz erstaunliche Kostüme an: da war ein Toilettentisch, ein Stiefel, ein Hampelmann und noch irgend etwas. Islenews waren vierzig Werst gefahren, hatten sich im Dorfe umgezogen, und als sie in den Saal kamen, setzte sich Islenew ans Klavier und sang ein selbstverfaßtes Verschen zu einer bekannten Melodie, die ich noch heute in der Erinnerung habe. Der Vers lautete:

»Euch zum Fest zu gratulieren,
Stellen wir uns heute ein,
Können wir euch amüsieren,
Werden wir sehr glücklich sein!«

Das war eine große Überraschung und wahrscheinlich für die Erwachsenen sehr amüsant. Für uns Kinder aber waren die Masken vom Gesinde das Schönste.

Diese Festlichkeiten fanden in den ersten Weihnachtstagen und am Silvesterabend statt, mitunter auch noch bis zum Heiligendreikönigstag. Aber nach Neujahr kamen nur noch wenige Leute und für Vergnügungen war keine rechte Stimmung mehr. So war es auch an dem Tage, als Wasilij nach Stscherbatschowka abreiste. Ich weiß noch, wir saßen im fast dunklen Saal im Kreise auf zu Hause angefertigten Stühlen aus imitiertem Rotholz mit Lederkissen und spielten das Talerspiel. Einer ging herum und mußte das Geldstück finden, während wir es von Hand zu Hand weitergaben, wobei wir sangen: »Dieser Taler, der muß wandern, von der einen Hand zur andern.« Ich erinnere mich eines Mädchens, das mit besonders klarer und angenehmer Stimme diese unausgesetzt wiederholten Worte sang. Plötzlich öffnete sich die Tür zum Anrichtezimmer und Wasilij ging im zugeknöpften Rock, ohne Tablett und Geschirr, durch den Saal ins Schreibzimmer. Nun erst erfuhr ich, daß Wasilij als Inspektor nach Stscherbatschowka ging. Ich wußte, daß das eine Beförderung für Wasilij bedeutete und freute mich für ihn, aber zugleich tat es mir nicht nur leid, daß er nun von uns fort mußte, daß er nun nicht mehr im Anrichtezimmer umhergehen und uns auf dem Tablett herumtragen würde, nein, es erschien mir überhaupt unmöglich, daß so etwas geschehen könnte. Mir wurde auf einmal schrecklich geheimnisvoll und traurig zumute und das Singen »Dieser Taler, der muß wandern«, wurde schwermütig-rührend. Als dann Wasilij von der Tante zurückkam und mit seinem lieben, schiefen Lächeln zu uns trat und uns auf die Schulter küßte, empfand ich zum erstenmal Schrecken und Furcht vor der Unbeständigkeit des Lebens und Liebe zum guten Wasilij.

Als ich später Wasilij wiedersah, und in ihm nur den guten oder schlechten Verwalter meines Bruders sah, einen Menschen, dem ich mißtraute, war nicht eine Spur mehr von dem früheren heiligen, brüderlich-menschlichen Gefühl mehr geblieben.

9

Ja, der Fanfaronberg, das ist eine meiner frühesten, liebsten und wichtigsten Kindheitserinnerungen. Mein ältester Bruder Nikolenka war sechs Jahre älter als ich. Er war also etwa zehn bis elf und ich vier oder fünf Jahre alt, als er uns zum Fanfaronberg mitnahm. Aus irgendeinem Grunde hatten wir uns in den Jahren, als ich noch klein war, angewöhnt, zu ihm »Sie« zu sagen. Er war ein ungewöhnlicher Junge und später ein ungewöhnlicher Mann. Turgenew hat von ihm sehr richtig gesagt, daß ihm nur die seelischen Schwächen fehlten, die nötig sind, um Schriftsteller zu werden. Ihm fehlte vor allem die wichtigste Schwäche des Schriftstellers: er war nicht ehrgeizig, ihm war es vollkommen einerlei, was die Leute von ihm dachten. Die Eigenschaften, die ihn hätten zum Dichter machen können, waren vor allem ein feines künstlerisches Empfinden, ein sicheres Gefühl für das Maß der Dinge, ein gutmütig-fröhlicher Humor, eine ungewöhnliche, unerschöpfliche Phantasie und eine wahrhaftige, ethisch hochstehende Weltanschauung, und all das ohne die leiseste Selbstzufriedenheit. Seine Phantasie war so lebhaft, daß er Märchen und Gespenstergeschichten oder humoristische Geschichtchen im Geiste der Madame Radcliffe stundenlang ohne Unterbrechung erzählen konnte und mit einer derartigen Überzeugtheit von der Wahrheit des Erzählten, daß man ganz vergaß, daß es Erfindung war.

Wenn er nicht erzählte oder las (er las sehr viel), dann zeichnete er. Er zeichnete fast immer allerlei Teufel mit Hörnern und spitzen Schnurrbärten, die sich in den verschiedensten Stellungen untereinander balgten und die verschiedensten Dinge taten. Diese Zeichnungen waren ebenfalls voll von Phantasie und Humor.

Eines Tages – ich war damals fünf, Mitenka sechs, Seriosha sieben Jahre alt – erklärte er uns, er habe ein Geheimnis, durch das, sobald es aufgedeckt würde, alle Menschen glücklich werden könnten; dann würde es keine Krankheit, keinerlei Unannehmlichkeiten mehr geben, niemand würde seinem Nächsten zürnen, alle einander lieben und Ameisenbrüder werden. (Er meinte wohl die »mährischen Brüder«, von denen er gehört oder gelesen haben mochte, wir aber dachten an das Wort »murawej« – Ameise – und sagten »Ameisenbrüder«.) Ich weiß noch, daß mir dieses Wort ganz besonders gefiel, weil es mich an den Ameisenhaufen erinnerte. Wir spielten sogar ein Ameisenbrüder-Spiel; es bestand darin, daß man sich unter einige Stühle setzte, diese durch Kisten und Tücher verkleidete und dort in der Finsternis, aneinandergedrückt, hockte. Ich, so entsinne ich mich, hatte dann immer ein besonderes Gefühl von Liebe und Rührung und mochte dieses Spiel sehr.

Das Geheimnis der Ameisenbrüder war uns entdeckt worden, doch die Hauptsache, das Geheimnis, wie man es anfangen müsse, daß die Menschen kein Unglück mehr kennen, sich nicht mehr streiten oder ärgern sollten, sondern immer glücklich sein, dieses Geheimnis war, so sagte er uns, von ihm auf ein grünes Stäbchen geschrieben, dieses Stäbchen aber sei am Wege, am Rande des Abhangs beim alten Sakas verborgen, an der Stelle, wo ich, da man doch irgendwo begraben werden muß, gebeten habe, mich zum Gedächtnis an Nikolenka zu begraben.

Außer diesem Stäbchen gab es dann noch einen Fanfaronberg, auf den er uns führen könnte, so sagte er, falls wir alle dazu erforderlichen Bedingungen erfüllten. Diese Bedingungen waren erstens: sich in einen Winkel stellen und nicht an einen Eisbären denken. Ich weiß noch, wie ich mich in einen Winkel stellte und mir die größte Mühe gab, trotzdem aber immer an den Eisbären denken mußte. Die zweite Bedingung war, ohne zu stolpern, auf einer Ritze zwischen zwei Fußbodenbrettern zu gehen und die dritte und leichteste: ein Jahr lang keinen Hasen zu sehen, – weder einen toten noch einen lebenden noch einen gebratenen. Dann aber mußte man schwören, niemandem diese Geheimnisse zu enthüllen.

Wer diese Bedingungen erfüllte und auch noch andere, schwerere, die er uns erst später entdecken würde, dem würden alle Wünsche, welcher Art sie auch sein mochten, erfüllt werden. Wir mußten unsere Wünsche sagen. Seriosha wünschte sich, Pferde und Hühner aus Wachs kneten zu können; Mitenka wollte alle Dinge ganz groß zeichnen können, wie ein richtiger Maler. Mir fiel aber beim besten Willen nichts anderes ein, als alle Dinge wenigstens ganz klein zeichnen zu können. All dies, wie es schon bei Kindern zu sein pflegt, geriet bei uns sehr bald wieder in Vergessenheit, und niemand kam auf den Fanfaronberg; doch ich erinnere mich noch an die geheimnisvolle Wichtigkeit, mit der uns Nikolenka dies alles mitteilte, und unsere Verehrung und den Schauder vor den ungewöhnlichen Dingen, die sich uns da eröffneten.

Doch einen besonders starken Eindruck hinterließen die Ameisenbrüder und das damit verbundene grüne Stäbchen, das alle Menschen glücklich machen sollte.

Wie ich jetzt vermute, hatte Nikolenka wohl etwas über die Freimaurer gehört oder gelesen, von ihren Bestrebungen, die Menschheit glücklich zu machen und den geheimnisvollen Gebräuchen bei der Aufnahme in ihren Orden, und auch von den »mährischen Brüdern« muß er gehört haben, so daß dies alles in seiner lebhaften Phantasie zusammenfloß und er aus Liebe zu den Menschen und zu allem Guten diese Geschichten ausdachte und uns erzählte.

Das Ideal der Ameisenbrüder, die sich liebevoll aneinanderschmiegen, zwar nicht unter zwei mit Tüchern verhängten Stühlen, sondern unter Gottes freiem Himmel, und deren Bund alle Menschen umfaßt, ist für mich noch das gleiche geblieben. Und wie ich damals daran glaubte, daß es ein grünes Stäbchen gebe, auf dem das Geheimnis geschrieben stehe, wie man das Böse im Menschen vernichten und ihnen das Heil bringen könne, so glaube ich auch jetzt, daß es diese

Wahrheit gibt, und daß die Menschen sie entdecken werden und sie ihnen bringen wird, was sie verheißt.

Mitenka war ein Jahr älter als ich. Er hatte große, schwarze, strenge Augen. Ich kann mich seiner als eines kleinen Jungen kaum erinnern. Ich weiß nur aus Erzählungen, daß er als Kind sehr launisch war; man erzählte, er hätte derartige Anfälle von schlechter Laune gehabt, daß er böse wurde und weinte, weil die Kinderfrau ihn nicht ansah. Ich weiß aus Erzählungen, daß meine Mutter viel Plage mit ihm gehabt hat. Er stand mir im Alter näher und ich spielte mehr mit ihm, trotzdem liebte ich ihn nicht so sehr wie Seriosha oder Nikolenka, den ich liebte und bewunderte. Ich lebte friedlich mit ihm und ich wüßte nicht, daß wir uns je gestritten hätten. Wahrscheinlich haben wir gezankt und vielleicht sogar uns gebalgt, aber, wie das bei Kindern so ist, diese Prügeleien hinterließen keine Spuren und ich liebte ihn mit einfacher, stetiger, brüderlicher Liebe und darum habe ich diese Streitigkeiten weder beachtet noch behalten. Ich glaube, ja, ich weiß es sogar, denn ich habe es vor allem als Kind erlebt, daß die Liebe zu den Menschen ein völlig natürlicher Seelenzustand ist oder besser, das natürliche Verhältnis zu allen Menschen; aber wenn es so ist, wird es nicht bemerkt. Man bemerkt es erst dann, wenn man jemand nicht liebt, (statt »nicht liebt« müßte es vielleicht eher heißen »sich fürchtet«. So fürchtete ich mich vor Bettlern, fürchtete einen von den Wolkonskijs, der mich immer zwickte, sonst aber, glaube ich, niemand mehr), oder aber wenn man jemand besonders liebt, wie ich meine Tante Tatjana Alexandrowna liebte oder Seriosha, Nikolenka, Wasilij, die Kinderfrau Isajewna und Paschenka. Aus der Kindheit habe ich, außer allerlei Kinderspielen, keinerlei Erinnerungen an ihn. Seine Eigenheiten zeigten sich erst später in Kasan, wohin wir 1840 übersiedelten, als er dreizehn Jahre alt war. Aus der Zeit vorher in Moskau weiß ich noch, daß er sich in niemand verliebte, wie ich und Seriosha, vor allem Tanzvergnügen und Militärübungen nicht liebte und gut und fleißig lernte. Ich entsinne mich, wie unser Lehrer, der Student Poplonskij, uns drei Brüder in bezug auf unsere Leistungen so einteilte: Sergej will und kann, Dmitrij will und kann nicht (das war nicht wahr) und Lew will nicht und kann nicht. Ich denke, damit hatte er recht.

So fangen also meine eigentlichen Erinnerungen an Mitenka erst in Kasan an. In Kasan fing ich an, ein unordentliches Leben zu führen, weil ich immer Seriosha alles nachtun mußte (davon später). Nicht nur in Kasan, auch schon vorher beschäftigte ich mich mit meinem Äußeren; ich bemühte mich, ein Weltmann zu sein: comme il faut. Mitenka hatte nichts von alledem; es scheint, als hätte er nie an den allgemeinen Fehlern junger Menschen gelitten. Er war immer ernsthaft, nachdenklich, rein, entschlossen, aufbrausend, und was er vorhatte, führte er durch bis an die Grenzen seiner Kraft. Als er das Pech hatte, das Kettchen zu verschlucken, machte er sich, soviel ich weiß, nicht viel Sorge um die Folgen, während ich mich entsinne, was ich für einen Schreck empfand, als ich den Kern einer Backpflaume verschluckt hatte, die mir die Tante geschenkt hatte, und wie feierlich, als ginge es nun zum Sterben, ich ihr das Unglück mitteilte. Ich entsinne mich noch, wie wie, als wir noch kleiner waren, von einer steilen Anhöhe hinunterrodelten (wie lustig das war!) und wie ein Fremder mit seinem Dreigespann, statt die Straße entlang zu fahren, den Berg hinauffuhr. Es scheint, daß Seriosha und ein Dorfjunge schon im Schwung waren und den Schlitten nicht anhalten konnten, so daß sie unter die Pferde gerieten. Die Kinder kamen mit heiler Haut davon. Die Troika fuhr den Berg hinauf. Wir waren alle aufgeregt über das Ereignis: wie er unter dem Seitenpferd hervorgekrochen wäre, wie das Mittelpferd sich erschreckt hätte und so weiter. Mitenka aber (er war damals neun Jahre alt) ging auf den Reisenden zu und fing an zu schimpfen. Ich weiß noch, wie erstaunt ich war und wie häßlich ich das fand, was er sagte: Leute, die dort führen, wo kein Weg sei, müßten in den Pferdestall gebracht werden, das hieß in der Sprache jener Zeit – durchgeprügelt werden.

In Kasan zeigten sich seine Eigenheiten. Er lernte gut und gleichmäßig, schrieb ohne Schwierigkeit Verse; ich weiß, daß er Schillers »Jüngling am Bache« ausgezeichnet übersetzt hatte, aber er gab sich dieser Beschäftigung nicht ganz hin. Er gab sich mit uns wenig ab und war immer ruhig, ernst und nachdenklich. Ich weiß noch, wie er einmal in ausgelassene Stimmung kam und wie die Mädchen entzückt von ihm waren, und ich beneidete ihn darum und dachte, das käme wohl daher, daß er sonst immer nachdenklich wäre. Und ich wollte ihm das nachmachen. Ein sehr dummer Gedanke unserer Tante und Vormünderin war, jedem von uns einen Jungen beizugeben, damit dieser später unser getreuer Diener werde. Mitenka bekam einen gewissen Wanjuscha (dieser Wanjuscha lebt heute noch). Mitenka behandelte ihn oft schlecht; ich glaube, er schlug ihn sogar. Ich sage: »ich glaube«, denn ich erinnere mich dessen nicht genau, ich entsinne mich nur, wie er vor Wanjuscha Buße tat und ihn demütig um Verzeihung bat.

So wuchs er unbemerkt, ohne viel Umgang mit Menschen, auf, immer ruhig und ernst, außer in Augenblicken zorniger Erregung, mit nachdenklichen, strengen, großen, braunen Augen. Er war hochgewachsen, ziemlich mager, nicht besonders stark, mit langen Armen und großen Händen und etwas gebeugter Haltung. Seine Eigenschaften zeigten sich, als er auf die Universität kam. Er war ein Jahr jünger als Seriosha, kam aber mit diesem zugleich auf die Universität – auf die mathematische Fakultät, lediglich weil sein Bruder auch Mathematiker war. Ich weiß nicht, wie und wodurch das religiöse Leben so früh in ihm erwachte, aber es begann schon im ersten Jahre seiner Studentenzeit. Die religiösen Bestrebungen führten ihn naturgemäß zur Kirche und er ging ganz in den kirchlichen Bräuchen auf, wie er alles bis zu Ende durchzuführen pflegte. Er begann zu fasten, ging zu allen Gottesdiensten und wurde in seinem Lebenswandel noch strenger gegen sich selbst.

Mitenka hatte wahrscheinlich jene wertvolle Charaktereigenschaft, die ich bei meiner Mutter voraussetzte und die ich bei Nikolenka kannte, die mir selbst so völlig fehlte: die völlige Gleichgültigkeit gegen die Meinung anderer. Ich konnte selbst bis in die letzte Zeit hinein die Sorge um die Meinung der Leute nicht loswerden, – bei Mitenka war nichts davon zu bemerken. Nie bemerkte ich auf seinem Gesicht jenes verhaltene Lächeln, das unwillkürlich hervortritt, wenn wir gelobt werden. Immer muß ich an seine ernsten, ruhigen, schwermütigen, manchmal bösen, mandelförmigen, großen, dunklen Augen denken. Erst in Kasan begannen wir ihn zu beachten, und auch das nur deshalb, weil wir, das heißt, Seriosha und ich, einen großen Wert auf das comme il faut, auf Äußeres, legten, er dagegen unordentlich und schmutzig war, weshalb wir ihn verurteilten. Er tanzte nicht und wollte es auch nicht lernen, als Student verkehrte er nicht in der Gesellschaft, trug nur seinen Studentenrock mit engem Kragen, und schon von Jugend auf hatte er eine Angewohnheit: er warf den Kopf zurück, als wollte er sich von der engen Halsbinde befreien.

Seine Eigenart trat zuerst in der Zeit der Vorbereitung zum Abendmahl zutage. Er besuchte dazu nicht die Universitätskirche, sondern die Kasemattenkirche. Wir wohnten im Hause Gortalow gegenüber dem Zuchthaus. Im Zuchthaus war damals ein besonders strenger und frommer Geistlicher, der, was sonst nicht üblich war, in der Karwoche alle Evangelienperikopen vollständig verlas, wie es sich eigentlich gehörte; seine Gottesdienste dauerten infolgedessen sehr lange. Mitenka hielt bis zum Schlusse aus und wurde mit dem Priester bekannt. Die Gefängniskirche war so gebaut, daß nur eine Glaswand mit einer Tür die Sträflinge von dem Hauptraume trennte. Einmal wollte ein Sträfling irgend etwas an den Kirchendiener weitergeben, eine Kerze oder Geld für eine Kerze; niemand in der Kirche wollte diesen Auftrag annehmen, nur Mitenka nahm den Gegenstand mit ernstem Gesicht an und gab ihn weiter. Es erwies sich, daß das verboten war, und er erhielt einen Verweis; aber er tat auch weiterhin dasselbe, da er es für seine Pflicht hielt.

Wir, vor allem Seriosha, hatten Verkehr mit allerlei aristokratischen Kameraden und jungen Leuten; Mitenka dagegen wählte sich aus allen Kommilitonen einen kläglichen, armen, schäbigen Studenten Polubojarinow (den ein Freund und Spaßvogel Polubesobedow nannte; wir armseligen Kerle fanden das sehr komisch und lachten deshalb über Mitenka). Er war mit niemand außer Polubojarinow befreundet und arbeitete mit diesem zusammen für das Examen.

Ich besinne mich auf folgenden Fall. Wir wohnten damals schon in der neuen Wohnung an der Ecke des Arsker Feldes im Hause Kiselewskij, im oberen Stockwerk. Der Oberstock wurde durch eine Galerie über dem Saal in zwei Hälften geteilt. Im vorderen Teil des Oberstocks, vor der Galerie, wohnte Mitenka; in dem Zimmer hinter der Galerie wohnten Seriosha und ich. Wir liebten beide allerlei Sächelchen, die wir auf unseren Tischen aufbauten, wie die Erwachsenen, und man gab und schenkte uns solche Sächelchen. Mitenka besaß nichts Derartiges. Eines nur hatte er von den Sachen des Vaters genommen – die Mineraliensammlung. Er hatte sie geordnet, mit Zetteln versehen und in einem Kasten unter Glas aufgebaut. Da wir Brüder und auch die Tante Mitenka stets mit einer gewissen Verachtung betrachteten wegen seiner niedrigen Interessen und Bekanntschaften, hatten sich unsere leichtsinnigen Kameraden diese Betrachtungsweise ebenfalls angewöhnt. Einer von ihnen, ein sehr wenig gescheiter Mensch (ein Ingenieur Jes., weniger unser Freund aus eigener Wahl, als weil er sich uns aufgedrängt hatte), bemerkte einmal, als er durch Mitenkas Zimmer ging, die Sammlung und fragte Mitenka etwas darüber; Jes. war unsympathisch und unnatürlich in seinem Wesen. Mitenka antwortete widerwillig. Jes. stieß an den Kasten, daß die Mineralien ins Rutschen kamen; Mitenka sagte: »Lassen Sie das!« Jes. hörte nicht darauf und machte irgendeinen Witz; ich glaube, er nannte ihn einen Noah. Mitenka wurde wütend und gab Jes. mit seiner mächtigen Hand eine Ohrfeige. Jes. wandte sich zur Flucht, Mitenka lief hinterher; als er vor unserem Zimmer anlangte, schlossen wir die Türe zu. Aber Mitenka erklärte uns, er würde ihn verprügeln, wenn er herauskäme. Seriosha und, ich glaube, Schuwalow gingen, Mitenka zuzureden, er solle Jes. gehen lassen. Aber dieser ergriff einen Besen und erklärte, er würde ihn unbedingt verhauen. Ich weiß nicht, was geschehen wäre, wenn Jes. durch sein Zimmer gegangen wäre, aber er bat uns selber, ihn irgendwie hinauszuschmuggeln, und wir führten ihn, zuweilen fast kriechend, über den staubigen Dachboden hinaus.

So war Mitenka im Zorn. Aber wenn er nicht gereizt wurde, war er ganz anders. In unserem Hause lebte aus irgendeinem Grunde ein ganz seltsames, bedauernswertes Geschöpf, eine gewisse Liubow Sergejewna, die wohl aus Mitleid bei uns Aufnahme gefunden hatte; was sie für einen Familiennamen erhalten hatte, weiß ich nicht. Liubow Sergejewna war ein uneheliches Kind Protasows (aus derselben Familie Protasow, zu der Shukowskij gehörte). Wie sie zu uns gekommen war, weiß ich nicht. Ich sah, daß man sie bedauerte, liebkoste, daß man sie sogar mit Fedor Iwanowitsch verheiraten wollte, aber aus alldem wurde nichts. Sie wohnte zuerst bei uns, – daran erinnere ich mich aber nicht mehr; später nahm Tante Pelageja Iljinischna sie zu sich nach Kasan und sie wohnte bei ihr. So lernte ich sie in Kasan kennen. Es war ein bedauernswertes, stilles, verschüchtertes Geschöpf. Sie hatte ein Zimmerchen und ein Mädchen, das sie bediente. Als ich sie kennenlernte, war sie nicht nur bedauernswert, sondern auch widerwärtig. Ich weiß nicht, was das für eine Krankheit war, aber ihr Gesicht war ganz verquollen, wie ein Gesicht, das von Bienen zerstochen ist. Die Augen schimmerten als schmale Spalten zwischen zwei geschwollenen, glänzenden, brauenlosen Polstern. Ebenso geschwollen, glänzend und gelblich waren die Wangen, die Nase, die Lippen und der Mund. Sie sprach mühsam, denn wahrscheinlich hatte sie im Munde dieselbe Geschwulst. Im Sommer setzten sich die Fliegen auf ihr Gesicht, ohne daß sie es fühlte, und das war besonders unangenehm zu sehen. Ihre Haare waren noch schwarz, aber so spärlich, daß sie den nackten Schädel kaum verdeckten. Wladimir Iwanowitsch Juschkow, der Mann der Tante, ein bösartiger Spötter, verhehlte seinen Widerwillen gegen sie in keiner Weise. Sie hatte stets einen unangenehmen Geruch. In ihrem Zimmer, in dem die Fenster und Luftklappen nie geöffnet wurden, herrschte immer ein erstickender Geruch. Mit dieser Liubow Sergejewna nun befreundete sich Mitenka. Er besuchte sie, sprach mit ihr und hörte ihr zu, las ihr vor. Und – so unglaublich das scheint – wir waren moralisch so abgestumpft, daß wir darüber nur lachten; Mitenka dagegen stand moralisch so hoch, so über aller Sorge um die öffentliche Meinung, daß er mit keinem Wort, keiner Andeutung aussprach, daß er das, was er tat, für eine gute Tat hielt. Und das war nicht nur eine Aufwallung, sondern es hielt an, solange wir in Kasan waren.

Wie klar ist es mir jetzt, daß der Tod Mitenkas seine Seele nicht vernichtet hat, daß er früher war, ehe ich ihn kannte, ehe er geboren wurde, und daß er jetzt noch lebt, nach seinem Tode.

Als die Erbschaft geteilt wurde, bekam ich, nach dem Herkommen, das Gut, in dem wir wohnten, Jasnaja Poliana. Seriosha, der ein großer Pferdeliebhaber war, erhielt Pirogowo, wo Pferdezucht getrieben wurde; es war sein eigener Wunsch. Mitenka und Nikolenka erhielten die beiden anderen Güter: Nikolenka bekam Nikolskoje und Mitenka das Gut Stscherbatschowka, das wir von der Perowskaja geerbt hatten. Ich besitze einen Brief von Mitenka darüber, wie er die Herrschaft über die Leibeigenen ansah. Der Gedanke, daß es Leibeigene überhaupt nicht hätte geben sollen, daß man sie hätte freilassen müssen, war unseren Kreisen in den vierziger Jahren völlig fremd. Der Besitz von Leibeigenen durch Erbschaft erschien als Selbstverständlichkeit, und alles, was man tun konnte, damit dieser Besitz keinen moralischen Makel bedeute, war, daß man sich nicht nur um das materielle, sondern auch um das seelische Wohl der Bauern kümmerte. In diesem Sinne ist auch der Brief Mitenkas gehalten, sehr ernsthaft, sehr naiv und aufrichtig. Er, ein junger Mensch von zwanzig Jahren (er hatte eben die Universität beendet), übernahm die Pflicht, die Moral von Hunderten von Bauernfamilien zu lenken, und das mit Strafandrohungen und Strafen. So etwa, wie es Gogol in seinem Brief an einen Gutsbesitzer darstellt. Ich glaube mich zu erinnern, daß Mitenka diese Briefe gelesen hat, daß der Gefängnisgeistliche ihn darauf hingewiesen hatte. So übernahm denn Mitenka seine Pflichten als Gutsherr; aber außer diesen Pflichten des Gutsherrn gegen seine Leibeigenen hatte er nach den Anschauungen jener Zeit noch eine Pflicht, deren Nichterfüllung undenkbar war – den Militär- oder Zivildienst. Und Mitenka beschloß, als er die Universität beendet hatte, in den Zivildienst zu treten. Um zu wissen, welche Laufbahn er ergreifen sollte, kaufte er sich das Staats-Handbuch und entschied, als er alle Zweige des Zivildienstes durchgeprüft hatte, der wichtigste Zweig sei die Gesetzgebung. Nachdem er dies entschieden hatte, reiste er nach Petersburg und begab sich dort direkt zum Staatssekretär der Zweiten Abteilung in die Sprechstunde. Ich kann mir die Verwunderung Tanejews vorstellen, als er unter den übrigen Bittstellern den hochgewachsenen, etwas vorgebeugten, schlecht gekleideten jungen Mann bemerkte (Mitenka zog sich immer nur so an, daß der Körper bedeckt war), der ihn mit ruhigen, schönen Augen anblickte und auf die Frage, was er wolle, antwortete: er sei ein russischer Edelmann, habe sein Studium beendet und habe, um dem Vaterlande nützlich zu sein, sich für die Tätigkeit auf dem Gebiet der Gesetzgebung entschieden.

»Ihr Name?«

»Graf Tolstoj.«

»Sie haben noch nirgends gedient?«

»Ich habe eben erst das Studium beendet und habe nur den einen Wunsch, mich nützlich zu machen.«

»Was für eine Beschäftigung wollen Sie denn haben?«

»Gleichviel, nur so, daß ich nützlich bin.«

Der Ernst und die Aufrichtigkeit dieser Worte verwunderten Tanejew so, daß er Mitenka in die Zweite Abteilung brachte und ihn dort einem Beamten zuteilte.

Die Art, wie die Beamten ihn und vor allem ihren Beruf behandelten, stieß Mitenka offenbar ab, denn er trat nicht in die Zweite Abteilung ein. Bekannte in Petersburg hatte Mitenka nicht, außer dem Absolventen der Rechtsschule D. A. Obolenskij, der zu der Zeit, als wir in Kasan waren, dort Anwalt gewesen war. Mitenka besuchte Obolenskij in dessen Landhaus. Obolenskij erzählte mir später lachend davon.

Obolenskij war ein sehr weltgewandter, taktvoller, ehrgeiziger Mensch. Er erzählte, daß er gerade Besuch hatte (wahrscheinlich Herrschaften aus vornehmen Kreisen, an die Obolenskij sich stets hielt), als Mitenka durch den Garten zu ihm kam, in Mütze und Nankingmantel. »Zunächst habe ich ihn gar nicht erkannt, aber als ich ihn erkannte, bemühte ich mich le mettre à son aise, machte ihn mit den Gästen bekannt und bat ihn, seinen Mantel abzulegen, aber es erwies sich, daß er unter dem Mantel nichts weiter anhatte.« Er hielt das für überflüssig. Er setzte sich und wandte sich, ohne sich von den anwesenden Gästen stören zu lassen, mit derselben Frage an Obolenskij wie an Tanejew: »Wo muß man Dienst nehmen, um den meisten Nutzen bringen zu können?« Obolenskij, nach dessen Anschauungen der Staatsdienst nur eine Gelegenheit zur Befriedigung des Ehrgeizes war, hatte sich wahrscheinlich mit dieser Frage nie beschäftigt. Aber mit dem ihm eigenen Taktgefühl und seiner äußeren Gutmütigkeit gab er ihm Bescheid, indem er verschiedene Stellen erwähnte und seine Unterstützung anbot. Mitenka war offenbar sowohl mit Obolenskij wie mit Tanejew unzufrieden und reiste von Petersburg ab, ohne dort ein Amt angetreten zu haben. Er begab sich heim auf sein Gut, übernahm in Sudsha, glaube ich, einen kleinen Posten in der Adelsorganisation und beschäftigte sich im übrigen mit der Wirtschaft, hauptsächlich mit der seiner Bauern.

Als er und auch ich die Universität verlassen hatten, verlor ich ihn aus den Augen; ich weiß nur, daß er weiter sein strenges, asketisches Leben führte, bis zu seinem sechsundzwanzigsten Jahre weder Wein noch Tabak noch, vor allem, die Weiber kannte, was für jene Zeit eine große Seltenheit war. Ich weiß, daß er mit Mönchen und Pilgern zusammenkam und sehr befreundet mit einem sehr eigenartigen Menschen war, der bei unserem Vormund Wojejkow wohnte und dessen Herkunft niemand kannte. Er hieß Vater Lukas. Er trug eine Kutte und war sehr häßlich; klein, schielend, schwarzhaarig, aber sehr reinlich und ungewöhnlich stark. Er drückte einem die Hand wie mit einer Zange und sprach immer in bedeutungsvollem und rätselhaftem Ton. Er wohnte bei Wojejkow neben der Mühle, wo er sich ein kleines Häuschen gebaut und einen ungewöhnlich reichen Blumengarten angelegt hatte. Diesen Vater Lukas hatte Mitenka immer um sich. Wie ich hörte, verkehrte er auch noch mit seinem Nachbarn Samojlow, einem sehr sparsamen Gutsbesitzer von altem Schlage.

Ich glaube, ich war damals schon im Kaukasus, als mit Mitenka eine seltsame Wandlung vor sich ging. Er begann plötzlich zu rauchen, zu trinken, Geld zu verschwenden und zu schlechten Weibern zu gehen. Wie das gekommen war, weiß ich nicht, – ich habe ihn zu jener Zeit nicht gesehen. Ich weiß nur, daß sein Verführer ein äußerlich sehr anziehender, doch sehr unmoralischer Mensch war, der jüngste Sohn Islenews. Von ihm will ich später noch erzählen, wenn ich Zeit finde. Doch auch bei diesem Leben blieb er derselbe ernste, religiöse Mensch, der er schon vorher in allem war. Jenes Weib, die Prostituierte Mascha, die er als erste kennengelernt hatte, kaufte er los und nahm sie zu sich. Übrigens dauerte diese Art Leben nicht lange bei ihm. Ich glaube, daß weniger das schlechte, ungesunde Leben, das er wenige Monate in Moskau führte, sondern mehr der innere Kampf und die Gewissensbisse mit einem Male seinen mächtigen Organismus zerrütteten. Er bekam die Schwindsucht, zog aufs Land, kurierte sich in verschiedenen Städten und mußte sich endlich in Oriol legen, wo ich ihn dann zum letzten Male nach dem Krimkrieg sah. Er sah erschreckend aus: seine riesige Hand hing an den Knochen des Unterarms herab, das Gesicht bestand nur noch aus Augen; es waren die früheren herrlichen, ernsten Augen, die jetzt unruhig forschend blickten. Er hustete und spie unausgesetzt, wollte nicht sterben, wollte nicht glauben, daß er sterben müßte. Die pockennarbige Mascha, die er losgekauft hatte, mit einem Tuch um den Kopf, pflegte ihn und war immer um ihn. Als ich da war, wurde auf seinen Wunsch ein wundertätiges Heiligenbild gebracht. Ich erinnere mich noch an den Ausdruck seines Gesichts, als er vor ihm betete.

Ich war zu jener Zeit besonders widerwärtig. Ich kam aus Petersburg, wo ich mich in der großen Welt bewegt hatte und ganz voll von Eitelkeit war, nach Oriol. Mitenka tat mir leid, doch nur wenig. Ich reiste ab, er aber starb wenige Tage später.

Ich glaube wirklich, daß das Schmerzlichste an seinem Tode mir das war, daß ich infolgedessen nicht an einer Theateraufführung bei Hofe teilnehmen konnte, zu der ich eingeladen war.

Mit Mitenka stand ich mich kameradschaftlich, Nikolenka verehrte ich, doch von Seriosha war ich begeistert, suchte es ihm gleichzutun, liebte ihn, wünschte er zu sein. Ich begeisterte mich für sein schönes Äußere, seinen Gesang – er sang immer – seine Zeichnungen, seine Heiterkeit, und besonders, so merkwürdig es klingt, für die Unmittelbarkeit seines Egoismus. Ich beobachtete mich immer, war mir meiner immer bewußt, fühlte immer, ob das, was die anderen von mir dachten oder fühlten, falsch sei oder nicht und das vergällte mir jede Lebensfreude. Darum wahrscheinlich liebte ich an anderen eben das Gegenteil, den unmittelbaren Egoismus. Dafür liebte ich Seriosha besonders, doch »liebte« ist nicht der richtige Ausdruck. Ich liebte Nikolenka, für Seriosha schwärmte ich, wie für etwas ganz Fremdes, Unbegreifliches. Das war eine sehr schöne, doch mir vollständig unbegreifliche, geheimnisvolle und darum anziehende Art zu leben.

Dieser Tage ist er gestorben, und während der tödlichen Krankheit wie auch im Tode war er mir noch ebenso unfaßbar und teuer wie in den vergangenen Kindertagen. Im Alter, in der letzten Zeit, liebte er mich mehr, schätzte meine Anhänglichkeit, war stolz auf mich, suchte mit mir in Freundschaft zu leben, vermochte es aber nicht, und blieb, wie er gewesen war: ganz eigenartig, ganz er selbst, schön, rassig, stolz, und vor allem so wahrheitsliebend und aufrichtig, wie ich selten einen Menschen gesehen habe. Er war, was er war, suchte nichts zu verbergen und nichts zu scheinen, was er nicht war.

Mit Nikolenka wollte ich zusammensein, mit ihm gemeinsam denken, sprechen; Seriosha suchte ich nur nachzuahmen. Schon in frühester Kindheit begann diese Nachahmung.

Er hielt Hühner, züchtete Kücken, ich hielt mir genau solche. Das war vielleicht meine erste Bekanntschaft mit dem Leben der Tiere. Ich erinnere mich an die verschiedensten Arten von Küchlein: graue, gescheckte, Schopfhühner, wie sie auf unser Rufen gelaufen kamen, wie wir sie fütterten und den großen holländischen Hahn haßten, der sie mißhandelte. Seriosha hatte sich diese Küchlein ausgebeten und zog sie sorgfältig auf; ich tat das gleiche aus bloßer Nachahmung.

Seriosha zeichnete auf einem langen Papierstreifen (wie mir schien, erstaunlich schön) lange Reihen verschiedenfarbiger Hühner und Hähne und malte sie aus, und ich tat das gleiche, nur schlechter. (Hierin hoffte ich mich mit Hilfe des Fanfaronberges zu vervollkommnen.) Seriosha hatte sich ausgedacht, wenn die Doppelfenster eingesetzt waren, die Hühner durchs Schlüsselloch mit Hilfe langer Würstchen aus schwarzem und weißem Brot zu füttern – ich tat dasselbe.

Von den Brüdern habe ich später noch viel zu erzählen, wenn es mir gelingt, diese Erinnerungen wenigstens bis zu meiner Heirat fortzuführen. Ich will mich bemühen, die allerlebhaftesten und freudigsten Erinnerungen (traurige und schwere gab es nicht) bis zu unserer Übersiedlung nach Moskau wachzurufen.

Ein ganz unbedeutendes Ereignis aus meiner Kindheit möchte ich noch erwähnen, da es einen sehr starken Eindruck hinterließ. Ich weiß es noch wie heute: in unserer Kinderstube im oberen Stockwerk saß Temiaschew und unterhielt sich mit Fedor Iwanowitsch. Ich weiß nicht, warum das Gespräch auf die Fasten kam, und Temiaschew, der gutmütige Temiaschew sagte ganz einfach: »Mein Koch (oder Diener, ich erinnere mich nicht mehr) ließ es sich einfallen, in der Fastenzeit Fleisch zu essen. Ich hab' ihn zu den Soldaten gegeben.« Darum eben habe ich das behalten, weil es mir damals ganz seltsam und unbegreiflich schien.

Noch ein Ereignis war die Perowskijsche Erbschaft. Ich erinnere mich noch an die Kette der schwerbeladenen Wagen, die aus Nerutsch eintraf, als der Erbschaftsprozeß dank Ilja Mitrofanowitsch gewonnen war. Ilja Mitrofanowitsch war ein hochgewachsener, weißhaariger Greis, ein ehemaliger Leibeigener der Perowskaja, Quartalsäufer, aber in allen Gerichtskniffen ungemein beschlagen, wie so mancher in der alten Zeit. Er leitete die Verhandlungen in diesem Erbstreit und wurde dafür bis zu seinem Lebensende in Jasnaja Poliana verpflegt.

Noch ein paar Eindrücke, die mir haften geblieben sind: der Besuch von Peter Iwanowitsch Tolstoj, dem Vater des Valerian Tolstoj, der später meine Schwester heiratete. Er erschien im Salon im Schlafrock; wir verstanden nicht, warum er das tat, erfuhren aber später, daß er sich im letzten Stadium der Schwindsucht befunden hatte. Dann der Besuch seines Bruders, des berühmten »Amerikaners« Fedor Tolstoj. Ich erinnere mich, wie er im Wagen mit Postpferden vorgefahren kam, in das Zimmer meines Vaters trat und verlangte, man solle ihm ein ganz besonderes, trockenes Weißbrot bringen. Er aß kein anderes. Damals hatte mein Bruder Sergej starke Zahnschmerzen. Er fragte, was ihm fehle, und sagte, er könne den Schmerz durch Magnetismus vertreiben. Er ging ins Arbeitszimmer und schloß die Tür hinter sich zu. Nach ein paar Minuten kam er wieder mit zwei Batisttüchern in der Hand – ich erinnere mich noch, daß sie violette, gestickte Kanten hatten – gab die Tücher der Tante und sagte: »Wenn er dies Tuch umlegt, wird der Schmerz vergehen, und dies gebe ich ihm, damit er schlafen kann!« Die Tücher wurden in Empfang genommen und Sergej umgebunden, und uns verblieb die Erinnerung, als ob alles so gekommen wäre, wie er es gesagt hatte.

Ich erinnere mich noch seines schönen Gesichtes: bronzebraun, rasiert, mit dichten, weißen Bartkoteletten bis zu den Mundwinkeln und ebensolches weißes, lockiges Haar. Ich könnte viel von diesem außerordentlichen, verbrecherischen und bezaubernden Menschen erzählen.

Der dritte Eindruck war der Besuch eines Vetters meiner Mutter, eines Husarenoffiziers Fürsten Wolkonskij. Er wollte mich liebkosen und setzte mich auf seinen Schoß. Und wie das häufig vorkommt, unterhielt er sich weiter mit den Erwachsenen, hielt mich aber fest. Ich suchte mich loszureißen, er drückte mich aber nur noch fester an sich. Das dauerte etwa zwei Minuten. Und dieses Gefühl des Gefangenseins, der Unfreiheit, der Vergewaltigung empörte mich dermaßen, daß ich plötzlich anfing zu strampeln, zu weinen und um mich zu schlagen ...

Ich erinnere mich ferner, wie man uns allen neue Jacken aus schwarzem Stoff anfertigte, die mit weißen Borten à la Pleureuse besetzt waren. Schauerlich war der Anblick der Leichenträger, die vor dem Hause standen, dann der Sarg mit dem brokatbeschlagenen Deckel, und das strenge Gesicht der Großmutter in der weißen Haube und mit dem weißen Spitzentüchlein auf dem Hals, in dem hohen Sarg auf dem Tisch, und bitter weh tat mir der Anblick der weinenden Tanten und Paschenkas, zugleich aber freute ich mich über die neuen Jacken mit den Pleureusen und die Teilnahme der Leute rundherum. Ich weiß nicht mehr, warum wir am Tage der Beerdigung ins Nebenhaus gebracht wurden, und ich erinnere mich, wie wohl es mir tat, das Gerede einiger ganz fremder Frauenzimmer über uns zu hören. Sie sagten: »Nun sind sie ganz verwaist; eben erst ist der Vater gestorben und jetzt auch noch die Großmutter.«

. . . Ich weiß nicht mehr wofür, aber jedenfalls für etwas, was keine Strafe verdiente, wurde ich von St.-Thomas zuerst in mein Zimmer eingesperrt und dann mit der Rute bedroht. Und ich hatte ein entsetzliches Gefühl der Entrüstung und Empörung und des Abscheus nicht nur gegen St.-Thomas, sondern auch gegen die Gewalt, die er mir antun wollte. Ich glaube fast, daß dieses Erlebnis die Ursache jenes Entsetzens und Abscheus vor jeder Art von Gewalt gewesen ist, die ich mein Leben lang empfunden habe.

10

Drei Werst von Jasnaja Poliana entfernt liegt das Dörflein Grumond (so nannte es mein Großvater, der Woiwode in Archangelsk war, wo es eine Insel Grumond gibt). Dort war ein Viehhof und ein Häuschen, das der Großvater zum Sommeraufenthalt gebaut hatte. Wie alles, was mein Großvater gebaut hat, war es elegant und geschmackvoll, fest, solide und dauerhaft. Ebenso das Häuschen mit dem Milchkeller. Das Wohnhäuschen mit lichten Fenstern und Läden davor, mit einer großen, soliden Tür, hatte innen ein kleines Sofa und einen Tisch mit großen Schubkästen, die sich an der Mittelplatte drehbar wie ein Briefumschlag von allen vier Seiten zusammenklappen ließen und die, wenn man sie aufklappte, so zusammenpaßten, daß ein wohl zwei Quadratarschin großer Tisch entstand. Das Häuschen stand hinter dem Dorf von fünf oder sechs Hütten, in dem sogenannten Garten, der sehr schön war, mit der Aussicht auf die Woronka (Flüßchen), die durch die Wiesen in der Ebene dahinfloß, an beiden Ufern von Bäumen eingefaßt. Im Garten war ein Wäldchen über einer Schlucht, aus der eine kalte und starkströmende Quelle mit ausgezeichnetem Wasser entsprang. Von dort wurde jeden Tag das Wasser für das Herrenhaus gebracht. Vor der Schlucht lag als deren Verlängerung ein großer, tiefer Teich mit fließendem Wasser, in dem es Karpfen, Schleien, Brassen und sogar Sterlets gab. Dieser Ort war herrlich, nicht so sehr, weil man dort Milch und Sahne mit Schwarzbrot bekam, die dick und kalt wie Sauermilch war, oder weil man dort beim Fischen zusehen konnte, sondern überhaupt bloß dort zu sein, bergauf und bergab, vom Teich weg und wieder zum Teich zu laufen, war ein großer Genuß. Zuweilen im Sommer, wenn schönes Wetter war, fuhren wir alle dorthin spazieren. Tante, Vater und die Mädchen fuhren in der Linejka, und wir mit Fedor Iwanowitsch im gelben Kabriolett des Großvaters mit hohen starren Federn und gelben Polstern (andere gab es damals nicht).

An solchen Tagen wird schon beim Mittagessen vom Wetter gesprochen und der Plan zusammengestellt, wie wir fahren wollen. Zwei Uhr. Um vier Uhr sollen wir fahren und zum Tee wieder zurück sein. Alles ist besprochen, aber niemand läßt die Pferde einspannen: im Westen hinter dem Dorfe und dem Sakas steht eine Wolke. Wir sind alle aufgeregt. Fedor Iwanowitsch bemüht sich, ein ernstes, ruhiges Gesicht zu machen, aber wir bringen auch ihn aus der Fassung und er tritt auf den

Balkon in den Wind. Die grauen Haare an seinem Hinterkopfe flattern, ebenso die Schöße seines Fracks, und er schaut vielsagend über das Geländer hinweg. Und wir warten auf seine Entscheidung. »Die geht nach Satinka«, sagt er und deutet auf die größte violette Wolke. »Und die ist leer«, sagt er und deutet auf eine andere, die von Osten kommt. »Nun? Was glauben Sie?« – »Man muß warten.«

Aber die Wolke überzieht den ganzen Himmel. Wir sind tief unglücklich. Schon ist der Befehl zum Anspannen gegeben, jetzt wird Mischa geschickt, die Anordnung zu widerrufen. Es regnet ganz sachte. Wir sind schwermütig und betrübt. Aber da kommt Seriosha auf den Balkon herausgestürzt und schreit: »Es klärt sich auf, Fedor Iwanowitsch, kommen Sie! Blauer Himmel!« – »Wo?« – »Kommen Sie!«

Wahrhaftig, zwischen den auseinandergleitenden Wolken erscheint ein blaues Fleckchen, das sich bald verbreitert, bald wieder schließt, und da noch eins und noch eins, und jetzt ein Sonnenstrahl ...

»Tante! Es wird schön! Ganz bestimmt, Fedor Iwanowitsch sagt es!«

Man holt Fedor Iwanowitsch; er ist unentschieden, stimmt aber doch zu. Unsicherheit im Himmel wie bei der Tante. Tante T. A. lächelt und sagt: »Je crois, Alexandrine, en effet qu'il ne pleuvera plus. Il ne pleuvera pas! Sehen Sie.«

»Tante, liebe Tante, lassen Sie anspannen! Bitte, liebe Tante!« schreien wir, vor allem Seriosha und ich, und die Mädchen unterstützen uns. Und so wird entschieden, daß noch einmal angespannt werden soll. Tichon selber macht einen Luftsprung und läuft zum Stall. Und wir treten an der Haustüre ungeduldig von einem Fuß auf den anderen und warten erst auf die Pferde und dann auf die Tanten. Die Linejka fährt vor, mit Sonnendach und Spritzleder. Nikolaj Filippytsch kutschiert, angespannt sind der Braune aus Nerutscha links, der große Hellbraune und rechts der magere Rappen »mit den Bockbeinen«, wie Nikolaj Filippytsch sagt. Hinterher folgt der große Braune vor dem gelben Kabriolett.

Die Tanten und die Mädchen setzen sich, wie jeder Lust hat.

Unsere Plätze dagegen sind ein für allemal festgelegt. Fedor Iwanowitsch sitzt rechts und kutschiert, neben ihm Seriosha und Nikolenka; das Kabriolett ist so tief, daß wir beide, ich und Mitenka, dahinter Platz finden, den Rücken nach außen, die Beine zusammengesteckt. Den ganzen Weg geht es an der Tenne vorbei den Sakas entlang: rechts der alte, links der junge Sakas – es ist ein Genuß! Doch jetzt kommen wir an den Berg, der steil nach dem Fluß und der Brücke zu abfällt. »Halten Sie sich, Kinder«, sagte Fedor Iwanowitsch und macht ein feierlich-finsteres Gesicht, faßt die Zügel fester und wir fahren bergab, bergab, bis im letzten Moment, etwa dreißig Schritt vom Flusse, Fedor Iwanowitsch das Pferd freigibt, und wir fliegen bergab mit, wie es uns scheint, unheimlicher Geschwindigkeit. Wir haben die ganze Zeit auf diesen Augenblick gewartet und das Herz erstarrt uns schon im voraus. Jenseits der Brücke fahren wir den Fluß entlang und dann bergauf durch das Dorf und lenken in das Gartentor zu dem Häuschen ein. Die Pferde werden angebunden. Sie stampfen auf dem Grasboden und riechen so nach Schweiß, wie niemals später Pferde gerochen haben. Die Kutscher stehen im Schatten der Bäume. Licht und Schatten wechselt auf ihren Gesichtern, auf ihren guten, vergnügten, zufriedenen Gesichtern. Es kommt Matriona, die Kuhmagd, im Zwillichkleid, und sagt, sie hätte uns schon lange erwartet, und freue sich, daß wir gekommen seien, und ich glaube nicht nur, nein, es ist mir ganz unmöglich, etwas anderes zu glauben, als daß alle auf der Welt nichts weiter tun, als sich freuen. Auch Tante freut sich, Matriona zu sehen, und fragt sie interessiert nach ihren Töchtern, die Hunde freuen sich und umspringen Fedor Iwanowitsch (Berfa und der Spürhund Charlot, die uns nachgelaufen sind), es freuen sich die Hühner, die Hähne, die Dorfkinder, und die Pferde, die Kälber, die Fische im Teich, die Vögel im Walde freuen sich. Matriona bringt mit ihrer Tochter ein großes, dickes Stück Schwarzbrot, klappt den ganz erstaunlichen, ungewöhnlich interessanten Tisch auf und stellt darauf weichen, saftigen Quark mit dem Abdruck des Seihtuches darauf, Sahne so dick wie Honig, und Krüge mit frischer, nahrhafter Milch. Wir trinken und essen, laufen an die Quelle, trinken dort Wasser, laufen an den Teich, wo Fedor Iwanowitsch angelt, und, nachdem wir ein Halbstündchen oder eine Stunde in Grumond gewesen sind, fahren wir ebenso glücklich wieder nach Hause. Nur einmal wurde unsere Freude durch einen Unfall gestört, über den wir – wenigstens ich und Mitenka – bitterlich weinten. Berfa, der liebe braune Hund Fedor Iwanowitschs, mit den wunderbaren Augen und dem weichen, krausen Fell, lief, wie immer, bald vor, bald hinter dem Kabriolett her. Einmal nun, als wir aus dem Garten von Grumond herausfuhren, stürzten sich die Dorfköter auf den Hund. Berfa rannte zum Kabriolett. Fedor Iwanowitsch konnte die Pferde nicht anhalten und überfuhr ihr eine Pfote. Als wir zu Hause anlangten, und die unglückliche Berfa auf drei Beinen nachgehinkt kam, untersuchte Fedor Iwanowitsch mit Nikolaj Dmitrijewitsch, unserem Wärter, der auch Jäger war, das Bein des Hundes und sie entschieden, daß das Bein gebrochen und der Hund verdorben sei und nie wieder würde zur Jagd gebraucht werden können. Ich horte, was Fedor Iwanowitsch und Nikolaj Dmitrijewitsch oben im kleinen Zimmer sprachen, und traute meinen Ohren nicht, als ich Fedor Iwanowitsch in sonderbar energischem, entschiedenem Tone sagen hörte: »Taugt nichts mehr. Aufhängen!«

Der Hund leidet, ist krank und man hängt ihn dafür auf! Ich fühlte, daß das schlecht war, daß man das nicht tun dürfe, aber der Ton, in dem Fedor Iwanowitsch sprach und Nikolaj Dmitrijewitsch ihm zustimmte, war so entschieden, daß ich, ebenso wie damals, als man Kusma zur Prügelstrafe führte oder als Temeschow erzählte, er habe seinen Diener zum Militär gegeben, weil er am Fasttag Fleisch gegessen habe, dies wohl als schlecht empfand, aber angesichts der unwiderruflichen Entscheidung der Erwachsenen, die ich achtete, nicht wagte, meinem Gefühl zu glauben.

Ich will nun hier nicht alle meine frohen Kindheitserinnerungen erzählen, denn dann würde ich kein Ende finden; sie sind mir auch sehr wertvoll und wichtig, aber sie so zu erzählen, daß sie auch Außenstehenden wertvoll und wichtig erscheinen, verstehe ich nicht.

Ich will nur noch einen Seelenzustand schildern, in dem ich mich in meiner frühesten Jugend mehrmals befand und der meiner Ansicht nach sehr wichtig war, wichtiger als viele, viele der Erlebnisse, die ich später hatte. Er ist wichtig, weil dies Erleben, ein erstes Gefühl der Liebe war, nicht der Liebe zu irgend jemand, sondern Liebe zur Liebe, Liebe zu Gott – ein Gefühl, das ich später nur sehr selten empfand. Es war aber doch da, und ich glaube, ich verdanke das dem Umstand, daß der Grund dazu in meiner frühesten Jugend gelegt wurde. Dies Gefühl äußerte sich so: wir, vor allem ich, Mitenka und die Mädchen, setzten uns unter Stühle so dicht wie möglich zusammen. Die Stühle wurden mit Tüchern verhängt und mit Kissen verbaut und wir nannten uns dann die »Ameisenbrüder« und empfanden eine ganz eigenartige Zärtlichkeit füreinander. Mitunter ging diese Zärtlichkeit in Liebkosungen über, in gegenseitiges Streicheln und Aneinanderschmiegen, aber wir fühlten selber, daß das nicht das richtige war, und hörten gleich wieder auf. Ameisenbruder sein, wie wir das nannten (wahrscheinlich stammt das aus irgendwelchen Geschichten über die »mährischen Brüder«, die zu uns durch Nikolenkas Fanfaronberg gelangt waren), bedeutete nur, sich vor allem zu verstecken, sich von allen und allem zu trennen und sich gegenseitig zu lieben.

Zuweilen unterhielten wir uns unter den Stühlen darüber, was und wen wir lieben wollten, was wir tun müßten, um glücklich zu sein, und wie wir leben wollten und alle Menschen lieben.

Dies Spiel begann, wenn ich mich recht erinnere, mit »Reisespielen«. Wir setzten uns auf Stühle, spannten Stühle ein, bauten einen Wagen oder ein Kabriolett, und allmählich wurden die Insassen des Wagens aus Reisenden zu Ameisenbrüdern. Die übrigen schlossen sich ihnen an. Das war sehr, sehr schön und ich danke Gott dafür, daß ich so spielen konnte. Wir nannten es ein Spiel, und dabei ist doch alles auf Erden Spiel, nur dieses nicht...

1903–1906

ANHANG

NACHWORT

»Tolstoi ist ein Spiegel, so weitläufig wie ein See in der freien Natur; ein Ungeheuer, das vor ein grandioses Thema gespannt ist: die gesamte menschliche Existenz!« Mit diesen hyperbolischen Worten würdigte Henry James im Jahr 1897 das außergewöhnliche Schaffen eines Schriftstellers, dessen Erzählungen und Romane ihre Leser auch fast hundert Jahre später noch faszinieren. Eine Liste mit den Namen der Autoren, die den Künstler Tolstoi bewunderten, liest sich wie ein »Who is Who« der Weltliteratur. Seine russischen Kollegen Iwan Turgenew, Fjodor Dostojewski, Maxim Gorki, Anton Tschechow und Vladimir Nabokov zählen ebenso dazu wie Gustave Flaubert, Marcel Proust, Virginia Woolf, Thomas Mann und Heinrich Böll. Und, in jüngerer Zeit: die Nobelpreisträger Nadine Gordimer, J.M. Coetzee und Orhan Pamuk.

Worin aber liegt die Faszination, die Tolstoi nach wie vor auf seine Leser ausübt, begründet? Unter anderem ist es sicherlich die exotisch fremde Welt Rußlands, die Tolstois westeuropäisches Publikum in den Bann schlägt. Seine Werke bieten ein umfassendes Panorama der russischen Geschichte und Kultur des 19. Jahrhunderts. Nicht umsonst hat der Historiker Orlando Figes für seine Kulturgeschichte Rußlands den Titel *Nataschas Tanz* (2002) gewählt: Er spielt damit auf eine berühmte Szene aus Tolstois monumentalem Roman *Krieg und Frieden* (1868/69) an. In dieser Szene werden Natascha Rostowa und ihr Bruder Nikolai am Ende einer Jagd von ihrem Onkel in dessen einfache Holzhütte eingeladen, wo er zusammen mit der leibeigenen Haushälterin Anisja lebt. Im Gegensatz zum hochherrschaftlichen Palais der Rostows, in dem das Leben von westlichen, vornehmlich französischen Sitten bestimmt ist, herrscht in dieser Hütte ein rein russischer Geist. Anstelle erlesener ausländischer Köstlichkeiten trägt die rotwangige Anisja, die vor praller Gesundheit nur so strotzt, einfache russische Spezialitäten auf. Diese sind nicht minder köstlich: eingelegte Pilze, Roggenmehlfladen mit Buttermilch, Met, Nüsse in Honig, allerlei Eingemachtes und Kräuterschnaps. Angeregt vom Balalaikaspiel seines Kutschers Mitja, das bei seinen Gästen großen Anklang findet, greift der Onkel nun zur Gitarre – und Natascha beginnt zu tanzen. Instinktiv bewegt sie sich zur volkstümlichen Musik auf genau die richtige Weise, obwohl sie dies nie gelernt hat und eigentlich nur französische Tänze beherrscht. Die ausschließlich westlich erzogene Grafentochter wird während des Tanzes für Momente zur einfachen russischen Bäuerin. Ganz intuitiv kommt in Natascha ihre russische Natur zum Durchbruch. Für Tolstoi, der in seinen späteren Jahren einen christlich frugalen Lebenswandel predigte und sich wie ein Bauer in einfache Leinenkittel kleidete, ist solch intuitives Russentum gleichbedeutend mit dem ursprünglichen, noch nicht durch soziale Konventionen verstellten Kern der menschlichen Existenz. Er verknüpft dieses Thema jedoch zugleich mit wesentlichen, allgemeinverbindlichen Fragen. Die künstlerisch gelungene Verhandlung von solchen Fragen ist es, die Tolstois literarischen Rang begründet. Tolstois Themen sind die großen Themen der Weltliteratur. Sein Schaffen kreist um Liebe, Wahrheit, Sterben und Tod. Diese sind immer und überall relevant – und werden es bleiben. Tolstoi entfaltet die für ihn charakteristischen Themen jedoch keineswegs erst in seinen reifen Romanen: Sie sind bereits in seiner frühen, stark autobiographisch geprägten Romantrilogie *Kindheit* (1852), *Knabenjahre* (1854) und *Jünglingszeit* (1857) angelegt.

Die Kindheitstrilogie, die am Beginn von Tolstois literarischem Schaffen steht, ist weniger eine literarische Darstellung von Tolstois eigenem Leben, als eine lose Folge fiktionaler Werke, in die Autobiographisches Eingang gefunden hat. Die Grenzen zwischen Autobiographie und Fiktion verschmelzen hier. Tolstoi durchbricht das, was Philippe Lejeune als »autobiographischen Pakt« bezeichnet hat: Der Leser kann sich der Identität von Autor, Erzähler und Protagonist nicht gewiß sein. So verschleiert Tolstoi den autobiographischen Bezug, indem er seinem Ich-Erzähler einen anderen Namen gibt: Nikolai Irtenjew. Ohnehin bedeutet jede Gestaltung des Erlebten im Wort, wie Boris Eichenbaum in *Der junge Tolstoi* (1922) feststellt, bereits eine geistige Überformung – und damit eine Entfernung vom eigentlich Erlebten. Dennoch finden sich in den drei Erzählungen viele autobiographische Elemente. Sie enthalten nicht nur zentrale Fakten von Tolstoi Leben, sondern auch wesentliche moralische und weltanschauliche Gedanken, die ihn bis zu seinem Tod beschäftigen sollten.

Kindheit, Knabenjahre und *Jünglingszeit* erzählen einen Ausschnitt aus dem Leben von Nikolai, genannt Nikolenka, der zu Beginn zehn und am Ende sechzehn Jahre alt ist. Nikolai wächst zusammen mit seinem älteren Bruder Wolodja, seiner Schwester Ljubotschka und Katenka, der Tochter von Ljubotschkas Gouvernante Mimi, behütet auf Petrowskoje, dem Landgut seines Vaters, auf. Als die Eltern zu dem Schluß gelangen, daß der deutsche Hauslehrer und Erzieher Karl Iwanowitsch den Jungen nichts Neues mehr beibringen kann, übersiedeln diese mit dem Vater in das Haus ihrer Großmutter nach Moskau, wo der eher plumpe und ungeschickte Nikolenka seine ersten Ballerfahrungen sammelt. Neun Monate später kommt die Nachricht, daß die mit den Mädchen auf dem Gut zurückgebliebene Mutter im Sterben liegt. Als Vater und Söhne nach einem überstürzten Aufbruch wieder in Petrowskoje angelangt sind, ist die Mutter bereits bewußtlos; kurz darauf stirbt sie. Mit diesem Ereignis, das einen entscheidenden Einschnitt in Nikolenkas Leben bedeutet, endet seine unbeschwerte Kindheit, und damit auch der erste Teil der Trilogie. Nun – und damit beginnen die *Knabenjahre* – übersiedelt die verbliebene Familie nach Moskau. Die Erziehung der Jungen obliegt dort dem französischen Gecken St. Jérôme, der Nikolenka verhaßt ist; Karl Iwanowitsch wird entlassen. Nikolais schlechte schulische Leistungen, seine beginnende Pubertät und erste Verliebtheiten machen ihm dort das Leben zunehmend schwerer; schließlich stirbt auch die Großmutter. Wolodja ist inzwischen Student, und Nikolai schließt Freundschaft mit Dmitrij Nechljudow, einem Kommilitonen seines

Bruders. Diese Freundschaft eröffnet Nikolai die Einsicht, daß das Leben eines Menschen auf dessen sittliche Vervollkommnung ausgerichtet sein müßte. Mit dieser neuen Weltanschauung sind auch Nikolais Knabenjahre zu Ende, und die *Jünglingszeit* beginnt. Der dritte und letzte Teil der Trilogie führt die Geschichte der Freundschaft zwischen Nikolai und Dmitrij, in der sich nun die ersten Unstimmigkeiten auftun, fort. Dafür lernt Nikolai, der inzwischen die Aufnahmeprüfung an der Universität bestanden hat und sich in Studentenkreisen bewegt, Dmitrijs Familie kennen, von der er sehr angetan ist. Anstatt aber ernsthaft zu studieren, führt Nikolai ein eher zielloses Leben, das durch die Heirat seines Vaters mit einer erheblich jüngeren Gutsbesitzertochter ein weiteres Mal in neue Bahnen gelenkt wird. Aufgrund seines mangelnden Eifers fällt Nikolai schließlich durch die Semesterabschlußprüfungen. Mit seinen guten Vorsätzen für die Zukunft bricht die *Jünglingszeit* ab. Ursprünglich war das Werk als Tetralogie mit dem Titel *Die vier Stadien der Entwicklung* konzipiert. Der vierte Teil wurde jedoch nie geschrieben; selbst der dritte blieb ein Fragment. Das die *Jünglingszeit* abschließende Versprechen, nun von der zweiten, glücklicheren Hälfte seiner Jugendzeit zu berichten, hat Tolstoi nicht eingelöst.

Die *Kindheit*, Tolstois literarisches Debüt, erschien 1852 im *Sovremennik* (*Der Zeitgenosse*), der damals führenden literarischen Zeitschrift. Von dem russischen Nationaldichter Alexander Puschkin gegründet, wurde der *Sovremennik* zu dieser Zeit von dem Dichter und Publizisten Nikolai Alexejewitsch Nekrassow herausgegeben. Auf Tolstois Bitte hin, das Manuskript auf seine Eignung zur Veröffentlichung hin zu prüfen, äußerte sich Nekrassow zunächst vorsichtig, nahm es aber zur Publikation an. In einem zweiten Brief legte er nach: »Ich kann entschieden sagen, daß der Autor Talent hat.« Die Reaktion der Öffentlichkeit gab ihm Recht. Zwar hatte die unumgängliche Zensur, die unter Zar Nikolai I. besonders streng war, in dem Manuskript ihre Spuren hinterlassen: Da religiöse Dinge in belletristischen Werken unerwünscht waren, ersetzte man das Heiligenbildchen über Nikolenkas Bett kurzerhand durch ein Bild seiner Mutter, und die Geschichte von Natalja Sawischna, der alten Amme seiner Mutter, wurde gestrichen. Dem Autor blieb nur, sich am 13. Juni 1853 in einem Brief an seinen Bruder Sergei zu beklagen, daß die Zensur die *Kindheit* »verdorben« habe. Dennoch nahm das Publikum die *Kindheit* sehr wohlwollend, ja begeistert auf, ebenso wie die 1854 erschienenen *Knabenjahre.* Darf man Nekrassows Worten Glauben schenken, so waren diese in St. Petersburg Stadtgespräch. Zusammengenommen befassen sich weit über hundert Besprechungen und Rezensionen mit *Kindheit, Knabenjahre* und *Jünglingszeit.*

Wie Tolstois Tagebuch uns verrät, war die Niederschrift der Erzählungen von starken Selbstzweifeln begleitet. Tolstoi, der aus unterschiedlichen Gründen immer wieder mit seiner Berufung als Schriftsteller haderte, war sich seines Talents zu diesem Zeitpunkt alles andere als gewiß. So notiert er am 27. März 1852 in seinem Tagebuch: »Am Roman habe ich nicht weitergeschrieben, teils, weil ich keine Zeit hatte, teils aber, weil mir starke Zweifel am Wert des ersten Teils kommen. Mir scheint, er ist viel zu ausführlich, zu breit und enthält zu wenig Leben. Will darüber nachdenken.« (Tagebücher, S. 59f.) Er erwog sogar mehrfach, ob es nicht besser wäre, das Unterfangen abzubrechen. Dies war mit seinen guten Vorsätzen jedoch nicht zu vereinbaren. Daher lesen wir in einem widerwillig, doch bestimmt klingenden Eintrag vom 18. Mai desselben Jahres: »Zeitig aufgestanden, an ›Kindheit‹ geschrieben, sie steht mir schon zum Halse, aber ich werde sie fortsetzen.« (Tagebücher, S. 65)

Zu dieser Zeit befand der junge Tolstoi sich gerade seit 1851 im Kaukasus, wo er aus Unzufriedenheit mit seinem bis dato ziellosen, weitgehend in Müßiggang verbrachten Dasein in den Militärdienst eingetreten war. Wenngleich ihm das aufregende Leben und der militärische Ruhm, die er sich vom Kaukasus erhoffte hatte, versagt blieben, war diese Zeit für ihn in literarischer Hinsicht von großer Bedeutung. Hier oder kurz danach entstanden nicht nur ein Großteil der Kindheitstrilogie, sondern auch Kaukasus-Erzählungen wie *Der Über-*

fall (1853), *Der Holzschlag* (1855), *Der Gefangene im Kaukasus* (1862) und *Die Kosaken* (1863). Auch die 1904 verfaßte, doch erst postum veröffentlichte Erzählung *Hadschi Murat* basiert auf Tolstois Erlebnissen im Kaukasus. Als das wohl bemerkenswerteste unmittelbare Produkt von Tolstois Erfahrungen im Krimkrieg dürfen indes die Erzählungen *Sewastopol im Dezember, Sewastopol im Mai* (beide 1855) und *Sewastopol im August 1855* (1856) gelten. Nach Ende der elfmonatigen Belagerung der Hafenstadt durch die alliierten Truppen blieb von ihr wenig mehr als ein Trümmerhaufen übrig. Zu einer Zeit, als die Kriegsberichterstattung noch in den Kinderschuhen steckte, lieferte Tolstoi in diesen Erzählungen ein zugleich überraschend sachkundiges wie packend erzähltes Portrait der blutigen Schlacht um Sewastopol. Tolstoi nimmt hier einen imaginären Gesprächspartner gleichsam bei der Hand, um ihm auf einem Rundgang durch die Stadt nicht nur die Grausamkeit, sondern auch die Absurdität und Sinnlosigkeit des Phänomens Krieg vor Augen zu führen: »Haben Sie starke Nerven, dann gehen Sie jetzt links durch die Tür: In jenem Raum werden Verbände angelegt und Operationen vorgenommen. Sie werden dort die Ärzte mit bis zu den Ellbogen blutbespritzten Armen und bleichen finsteren Gesichtern erblicken«. (Erzählungen, S. 13) Diese Erzählungen machten Tolstoi zum ersten Kriegsberichterstatter Rußlands und zogen sogar die Aufmerksamkeit des Zaren auf sich, der sich begeistert zeigte. Am 10. Oktober 1855, zur Zeit der Niederschrift der *Jugend*, erkannte auch der zuvor an seinem Talent zweifelnde Tolstoi im Schriftstellertum endlich seine Berufung: »Meine Laufbahn ist die Literatur – schreiben und nochmals schreiben! Ab morgen arbeite ich mein ganzes Leben lang oder werfe alles hin, Regeln, Religion, Anstand – alles.« (Tagebücher, S. 139) Als Tolstoi den Militärdienst 1856 quittierte und sich vorerst in St. Petersburg niederließ, hatte er sich als Schriftsteller bereits einen Namen gemacht. Nach der vielversprechend positiven Rezeption von *Kindheit, Knabenjahre* und *Jünglingszeit* sowie der Sewastopol-Erzählungen begann Tolstois literarischer Erfolg zwar vorerst wieder zu schwinden.

In den 1860er Jahren war er daher sogar der Ansicht, als Schriftsteller in Vergessenheit geraten zu sein. Dies lag jedoch vor allem daran, daß er es fertiggebracht hatte, sich bei allen schriftstellerischen und kritischen Lagern unbeliebt zu machen. Der Mißerfolg war aber nicht von Dauer: Die Veröffentlichung von *Krieg und Frieden* machte Tolstoi einige Jahre später mit einem Schlag berühmt.

Wie die Sewastopol-Erzählungen hat Tolstoi auch die Kindheitstrilogie eher locker und szenenhaft komponiert. Eine komplexe Fabel fehlt, einen sorgsam ausgestalteten und vorbereiteten Höhepunkt gibt es nicht. Sowohl *Kindheit* als auch *Knabenjahre* und *Jünglingszeit* sind nicht von einer stringenten Ereigniskette getragen, sondern bestehen aus lose miteinander verknüpften Szenen. Zu dieser Darstellungsweise wurde Tolstoi vermutlich nicht zuletzt von Laurence Sternes Roman *Yoricks empfindsame Reise durch Frankreich und Italien* (1768) angeregt, den er zu dieser Zeit gerade ins Russische übersetzte. Sie erlaubt es dem Autor, sich auf das Wesentliche – in Sternes Fall die wechselnden Gefühlslagen Yoricks – zu konzentrieren. Analog dazu nahm sich Tolstoi bei der Niederschrift der Trilogie vor, jedes Kapitel solle nur einen Gedanken, eine Emotion zum Gegenstand haben. An und für sich bildet jedes einzelne Kapitel eine Einheit für sich, die notfalls auch ohne Kenntnis des Ganzen gelesen werden kann. So gesehen bestehen die drei Teile der Trilogie jeweils aus einer Sequenz moderner Kurzgeschichten, die teilweise sogar einen kleinen – zumindest emotionalen – Höhepunkt besitzen.

Diese Struktur gestattet es Tolstoi, in *Kindheit* zwar nur wenig mehr als drei Tage zu schildern, dabei aber die wesentlichen Aspekte von Nikolenkas ganzem bisherigen Leben zu erzählen. Die erste größere strukturelle Sektion der *Kindheit* beginnt am Morgen des 12. August auf dem Landgut Petrowskoje und endet etwa 24 Stunden später mit der Abfahrt nach Moskau. Die zweite spielt an einem Tag neun Monate später in Moskau, und der dritte Tag umfaßt unmittelbar darauf folgend die Rückkehr nach Petrowskoje und den Tod der Mutter; danach vergeht noch eine unbestimmte Zahl weiterer Tage.

Knabenjahre wiederum knüpft daran an und beginnt mit der neuerlichen Reise nach Moskau. Daß Tolstoi dabei trotz der lockeren Struktur eine wunderbare strukturelle Geschlossenheit erzielt, zeigt sich am Anfang der *Kindheit* besonders deutlich. Indem Tolstoi nämlich die Leser, Nikolenkas Tagesablauf folgend, gleichsam von Raum zu Raum führt, stellt er zugleich die wichtigsten Bezugspersonen des Jungen vor: Karl Iwanowitsch im Kinderzimmer, die Mutter im Salon, den Vater im Kabinett und später Natalja Sawischna.

Die Art und Weise, auf die Tolstoi diese und andere Figuren beschreibt, weist bereits auf seine späteren Erzähltechniken voraus. Anstatt ihr Wesen nur mit beschreibenden Worten zu umreißen, charakterisiert Tolstoi die Figuren durch ihre Besitztümer oder durch bestimmte Gesten, die ihnen eigen sind. Zu Karl Iwanowitsch etwa gehören seine Taschenuhr, sein Brillenfutteral sowie seine leitmotivisch erwähnte Tabaksdose, und die Unsicherheit des Gutsverwalters Jakow Michailowitsch verrät sich an seinen nervös hinter dem Rücken zuckenden Fingern. Verfahren wie diese kündigen die ausgefeilte Leitmotivtechnik von Tolstois späteren Werken an sowie die für ihn so typische plastische Gestaltung des Körperlichen und Sinnlichen. Man denke etwa an die leitmotivisch wiederkehrenden, abstoßend knorpeligen und großen Ohren Alexei Karenins in *Anna Karenina* (1873-77) oder die kurze, mit feinen schwarzen Schnurrbarthärchen bedeckte Oberlippe der Fürstin Bolkonskaja in *Krieg und Frieden*. Den Kritiker und Schriftsteller Alexander Druschinin bewog dieses Verfahren in einem Brief vom 6. Oktober 1856 an Tolstoi allerdings zu der Bemerkung, dieser solle seine Gewohnheit der allzu scharfen Analyse etwas bezähmen – er sei imstande, von den Oberschenkeln einer Person auf deren Wunsch nach einer Indienreise zu schließen.

Die Parallelen zu Tolstois eigenem Leben werden bereits am Anfang der Trilogie sehr deutlich. Geboren am 9. September 1828 auf dem 200 Kilometer südlich von Moskau gelegenen Familiengut Jasnaja Poljana als viertes von fünf Kindern, wuchs Tolstoi ähnlich wie sein fiktionales Alter ego Nikolenka inmitten von Wiesen, Weiden und Wäldern auf. Das Vorbild für Nikolenkas Lehrer Karl Iwanowitsch Mauer war der Deutsche Fjodor Iwanowitsch Rössel, dessen Lebensgeschichte Tolstoi allerdings leicht abänderte. Auch St. Jérôme, der Karl Iwanowitsch in Moskau ersetzt, geht auf eine reale Person zurück: auf den Franzosen St. Thomas, den der junge Tolstoi ebenso haßte wie Nikolenka in den *Knabenjahren* St. Jérôme. Tolstois eigene Kindheit war jedoch noch stärker von frühen Verlusten geprägt als die des Protagonisten der Trilogie. Seine Mutter Maria Nikolajewna Tolstaja, geborene Fürstin Wolkonskaja, verlor Tolstoi im Alter von nur zwei Jahren, und sein Vater Graf Nikolai Iljitsch Tolstoi starb, als er neun Jahre alt war. Am 10. Januar 1837 war die Familie von Jasnaja Poljana nach Moskau gezogen, da die Geschäfte des Vaters hervorragend liefen. Im gleichen Jahr jedoch starb Nikolai Tolstoi unter ungeklärten Umständen; womöglich wurde er ermordet. Als 1841 auch der Vormund der Kinder starb, übersiedelten sie zu ihrer reichen Tante Pelageja Iljitschna Juschkowa nach Kasan, wo Tolstoi später studierte.

Während die Sewastopol-Erzählungen als literarisch verpackte Kriegsberichterstattung etwas völlig Neues darstellten, entsprach die Kindheitstrilogie durchaus der damaligen Mode: Kindheitsgeschichten waren gerade *en vogue*. Zudem enthält sie konventionelle Motive des Genres, etwa die Beschreibung langweiliger Unterrichtsstunden sowie die Fahrt vom Land in die Stadt zur weiteren Ausbildung: Man vergleiche etwa Thomas Hughes' ungefähr zur gleichen Zeit entstandenen Roman *Tom Browns Schuljahre* (1857). So verschieden die Sewastopol-Erzählungen und die Kindheitstrilogie ihrem Gegenstand nach aber auch sein mögen, entspringen sie doch erkennbar der gleichen literarischen Sensibilität. Der Beginn von *Sewastopol im Dezember* ist an synästhetischer Eindringlichkeit kaum zu überbieten. Farben, Gerüche, taktile Eindrücke und Töne fügen sich hier zu einem intensiv erfahrbaren Bild, das alle Sinne anspricht. Tolstoi komponiert dieses Bild aus dem dunkelblauen Meer, das bald in den ersten Sonnenstrahlen aufleuchten wird, der zartrosa Morgenröte, beißendem Frost, dem Tosen der Wellen und dumpfen Schüssen, die in der Stadt erklingen. Diese im übrigen auch für den späten Tolstoi typische sinnliche Beschreibungsweise findet in *Kindheit* ihre Parallele in der Vielzahl von Sinneseindrücken, die auf den jungen Nikolenka einströmen. Besonders deutlich zeigt sich die ungewöhnlich scharfe Wahrnehmung des Jungen, dessen außerordentliche Sensibilität bereits den späteren Künstler verrät, während der Jagdszene: »Das Sprechen der Menschen, das Stampfen der Pferde, das Rollen der Wagen, den lustigen Schlag der Wachteln, das Summen der Insekten [...], den Geruch des Wermuts, des Strohes und des Pferdeschweißes, die tausend verschiedenen Farben und Schattierungen, von der glühenden Sonne über das goldglänzende Stoppelfeld, über den fernen blauen Wald und die hellvioletten Wolken geworfen, die weißen Spinnenfäden, die durch die Luft flogen oder sich auf das Stoppelfeld legten – dies alles sah, hörte und fühlte ich.« (S. 32) Auch in der Jagdszene selbst, die vom Vater als respekteinflößender, gebieterischer Figur dominiert wird, ist viel Autobiographisches aufzuspüren. Man darf als gewiß annehmen, daß Ausfahrten und Jagden wie diese auch auf dem Gut des Grafen Nikolai Iljitsch Tolstoi gang und gäbe waren. Das stolze Gehabe der majestätischen Barsois, das malerisch-wilde Gebaren der Jäger und die elektrisierende Spannung vor der Jagd kannte der Autor aus erster Hand. Daß es sich dabei um eine für den jungen Tolstoi prägende Erfahrung handelt, geht auch aus den unvollendet gebliebenen Memoiren hervor, die der 74jährige Autor im Jahr 1903 für seinen Biographen Pawel Birjukow niederschrieb: Wenn er sich an seinen Vater erinnere, so sehe er ihn meist bei der Hetzjagd vor sich.

In der gesamten Kindheitstrilogie spielen Wahrnehmung, Bewußtsein und Empfindungen eine sehr wichtige Rolle. So wie die *Kindheit* mit Nikolenkas Bewußtwerdung beim Aufwachen beginnt, erzählt die ganze Trilogie von seiner zunehmenden Bewußtwerdung seiner selbst, seines Lebens und seiner Umwelt. Sie ist – ähnlich wie Charles Dickens' Roman *David Copperfield* (1849/50), mit dem sie vieles gemein hat – Initiationsgeschichte und Bildungsroman zugleich. Das

Erzählte wird – insbesondere im ersten Teil – von der Gefühls- und Gedankenwelt des heranwachsenden Jungen bestimmt. Immer wieder aber mischt sich diese mit Reflexionen und Wertungen des erwachsenen Erzählers, der die Ideen und Emotionen des Jungen aus seinem viel größeren Erfahrungshorizont heraus kommentiert und relativiert. Auch die einzelnen Episoden sind durch das kindliche Bewußtsein strukturiert, in dem unterschiedliche Gefühlslagen unberechenbar schnell aufeinander folgen. In der ersten Szene der *Kindheit* etwa fühlt sich Nikolenka von seinem Lehrer Karl Iwanowitsch, der ihn aufwecken will, gequält und verspürt einen akuten Haß auf ihn: »… ein ekliger Mensch! Und der Schlafrock und die Mütze und die Troddel, wie widerlich das alles ist!« Kaum eine Minute später jedoch empfindet Nikolenka seinen Lehrer wieder als guten und liebevollen Menschen. Ausgerechnet die Troddel, die er eben noch schrecklich abstoßend fand, erscheint ihm nun besonders liebenswert. Das Ergebnis ist eine paradoxale Vereinigung gegensätzlicher Gefühlslagen, wie sie sich auch in Tolstois anderen Werken häufig findet: »Ich ärgerte mich über mich und über Karl Iwanowitsch, wollte lachen und weinen zugleich, meine Nerven waren überreizt.« (S. 7 f.)

In seinem Tagebuch hält Tolstoi in einem Eintrag vom 8. Juni 1856 mit Blick auf das Thema Gefühle Folgendes fest: »Alle Regungen der Seele sind in ihrem Entstehen rein und erhaben. Die Wirklichkeit macht die Unschuld und den Reiz aller Regungen zunichte.« (Tagebücher, S. 35) *Kindheit, Knabenjahre* und *Jünglingszeit* berichten auch von eben diesem Prozeß. Sie handeln nicht zuletzt vom zunehmenden Verlust der emotionalen ›Unschuld‹, der ursprünglichen Reinheit des Empfindens, die noch nicht durch soziale Konventionen verstellt ist. Der Erzähler bedauert am Ende des 15. Abschnitts der *Kindheit* explizit, daß ihm der natürliche, intuitive Zugang zur Welt wohl für immer verstellt ist: »Werden sie jemals wiederkehren, jene Frische, jene Sorglosigkeit, jenes Bedürfnis nach Liebe und jene Kraft des Glaubens, die wir in der Kindheit besitzen? Welche Zeit kann besser sein als jene, da die beiden besten Tugenden, eine harmlose Fröhlichkeit und ein unbegrenztes Liebesbedürfnis, die einzige Triebfedern im Leben waren? Wo sind jene heißen Gebete, wo die beste Gabe: jene reinen Tränen der Rührung?« (S. 61) Dieses Loblied auf die »reinen Tränen der Rührung« als »beste Gabe« des Menschen ist ein deutlicher Hinweis auf die literarische Herkunft der Trilogie, in erster Linie der *Kindheit*. So hält Tolstoi im Vorwort fest, er wünsche sich für dieses Werk gefühlige Leser, welche die portraitierte Figur ins Herz schließen. Sie sollten für Nikolenka aus ganzer Seele Mitleid empfinden können und sich dabei zu Tränen rühren lassen, sich aber auch mit ihm freuen. Die Lektüre sollte für sie einem zwanglosen Gespräch im vertrauten Freundeskreis gleichkommen. Mit diesen Äußerungen knüpft Tolstoi dezidiert an die Literatur der Empfindsamkeit an, die auch in der Trilogie selbst ihre Spuren hinterlassen hat. Tolstoi hat immer wieder bekundet, daß er sich zum 18. Jahrhundert stark hingezogen fühlte. In seinen Tagebüchern erwähnte er mehrfach einige Schlüsselwerke der Empfindsamkeit, wie Oliver Goldsmiths *Der Landpfarrer von Wakefield* (1766), Jean-Jacques Rousseaus *Bekenntnisse* (1782-1788) und Nikolai Karamsins *Briefe eines russischen Reisenden* (1791-1801). Den Geistlichen Laurence Sterne schließlich, der durch seine Romane *Leben und Ansichten von Tristram Shandy, Gentleman* (1759-1767) und die erwähnte *Empfindsame Reise* berühmt wurde, bezeichnete Tolstoi damals sogar als seinen Lieblingsautor.

Vor allem in der *Kindheit* findet sich nicht nur ein für die Empfindsamkeit typisches Vokabular; sie enthält auch sogenannte Tableauszenen, die einem bestimmten Muster folgen und die Leser zum besonders aktiven Mitfühlen veranlassen sollen. Ein Paradebeispiel hierfür sind die Tränen des Erzählers an den Gräbern seiner Mutter und Natalja Sawischnas. Auch die Lebensgeschichte Karl Iwanowitschs steckt voller typischer Klischees der empfindsamen Literatur, und wenn Nikolenkas Mutter ihren Sohn bittet, sie niemals zu vergessen, und seinen Augen »Tränen der Liebe und des Entzückens entströmen«, so hätte diese Situation im 18. Jahrhundert bei den Lesern die gleiche Reaktion hervorgerufen wie bei dem Jungen. Man mag sich hier an Tolstoi selbst erinnert fühlen, dessen übersteigerte Empfindlichkeit ihm als Kind den liebevollen Spitznamen »Ljowa, das Heulerchen« eintrug. Seine Leser um des Weinens willen zum Weinen zu bringen, hatte Tolstoi freilich nicht im Sinn. Die Verknüpfung von Mitleid und Liebe indes zählt zu den großen Leitbildern insbesondere von Tolstois Spätwerk.

Ging es Autoren der Empfindsamkeit darum, ihren Leser adäquate Gefühlsreaktionen zu vermitteln und gewünschte emotionale sowie moralische Einstellungen zu kultivieren, tastet sich Tolstoi schon in der *Kindheit* an die Schlüsselrolle speziell der mitleidigen Liebe bzw. Nächstenliebe in seinen späteren Werken heran. In Anlehnung an Schopenhauers Philosophie der Willensverneinung unterscheidet der reife Tolstoi zwischen *Eros*, der Geschlechtsliebe, und *Agape*, der mitleidigen Liebe. Akzeptabel ist für Tolstoi, der selbst allerdings erfolglos gegen seine eigene ausgeprägte Sinneslust kämpfte, allein die letztere. Schon in *Die Kreutzersonate* (1891) predigte Tolstoi die Keuschheit in der Ehe. Auch sein Tagebuch läßt am 13. Oktober 1899 eine in dieser Hinsicht sehr negative Position erkennen: »Hauptursache für unglückliche Ehen ist, daß die Menschen in dem Gedanken erzogen werden, die Ehe schenke Glück. Zur Ehe lockt der Geschlechtstrieb, der die Gestalt von Versprechungen und Glückserwartungen annimmt, und öffentliche Meinung wie Literatur unterstützen das, die Ehe ist aber keineswegs Glück, vielmehr immer Leiden, mit dem der Mensch für seine sexuelle Befriedigung bezahlt, Leiden in Gestalt von Unfreiheit, Sklaverei, Übersättigung, Abscheu«. (Tagebücher, S. 600) Hatte Tolstoi die Frau bereits in *Familienglück* (1859) als destruktive Kraft charakterisiert, so nimmt er in *Der Teufel* (1890) und *Vater Sergius* (entstanden 1890-1898, erschienen 1911) sogar einen noch radikaleren Standpunkt ein: Den Kampf der männlichen Protagonisten gegen ihre eigene übermächtige sinnliche Begierde charakterisiert er buchstäblich als Kampf gegen den Teufel. Diese Verteufelung richtet sich in Tolstois Spätwerk meist auf dralle, rotwangige, hypersexuelle Frauen – weiße

Waden und üppige Formen stellen in Tolstois Symbolsystem geradezu ein Warnsignal dar. Positiv gezeichnete Frauenfiguren indes sind meist übermäßig nervös, aufopferungsvoll, ätherisch zart und kränklich – ähnlich wie die Mutter von Nikolai Irtenjew in der Kindheitstrilogie, deren Züge der Erzähler geradezu ins Engelhafte verklärt. In letzter Konsequenz entfaltet Tolstoi das Thema Nächstenliebe erst Jahrzehnte später in *Herr und Knecht* (1895), wo der reiche Kaufmann Brechunow sein Leben für seinen Knecht Nikita opfert, indem er diesen mit seinem eigenen Körper vor dem Erfrieren schützt. Eine Vorläuferin aber hat Nikita in der Kindheitstrilogie sehr wohl: Natalja Sawischna, die Amme und spätere Hausangestellte von Nikolais Mutter, deren ganzes Leben »reine uneigennützige Liebe und Selbstentsagung« in den Diensten ihrer geliebten Herrin war. Die für empfindsame Literatur typische didaktische Intention weist damit auf Tolstois eigene moralisch-didaktische Intentionen voraus, die im Laufe seines Schaffens mehr und mehr Raum einnahmen. Den künstlerischen Wert seiner Werke haben sie in späteren Jahren teilweise allerdings auch stark beeinträchtigt.

Wenngleich Tolstoi in der *Kindheit* an den Gefühlskult der Empfindsamkeit anknüpft, übt er zugleich Kritik an dessen Schattenseiten. Selbst der erst zehnjährige Nikolenka empfindet beim Abschied von seiner Mutter eine selbstgefällige Genugtuung über das vermeintlich besonders tiefe Gefühl, von dem seine Tränen und sein Abschiedsschmerz zeugen. Als er die Beerdigung von Nikolenkas Mutter beschreibt, artikuliert der Erzähler ganz im Einklang mit den Positionen des Autors scharfe Kritik an den Gefühlen des Jungen: »Ich verachtete mich selbst deswegen, weil ich nicht nur das eine Gefühl der Trauer empfand, und gab mir Mühe, alle anderen Gefühle zu verbergen: und infolgedessen hatte meine Trauer etwas Gekünsteltes und Gezwungenes. Außerdem empfand ich in dem Bewußtsein meines Unglücks eine Art Genuß; ich suchte dieses Bewußtsein meines Unglücks recht lebhaft wachzurufen, und dieses egoistische Gefühl war es ganz besonders, wodurch die rechte wahre Trauer in mir erstickt wurde.« (S. 114) Nikolenkas Trauer wird bei diesem Anlaß gleich doppelt verfälscht. Was Tolstoi hier bemängelt, ist zum einen der schon so frühe Verlust des reinen, unverdorbenen Gefühls unter dem Einfluß der Konventionen – Nikolenka muß sich besonders traurig geben, oder anders gesagt: verstellen, damit nicht fälschlicherweise jemand auf den Gedanken kommt, er habe seine Mutter nicht geliebt. Zum anderen ist es die egozentrische Selbstbespiegelung, die hier in der Lust am eigenen Gefühl zum Ausdruck kommt. Auch dieser letztgenannte Punkt ist eine Konstante in Tolstois Werk: Ganz ähnlich legt er etwa in den Sewastopol-Erzählungen den perversen Genuß der Kämpfenden an der eigenen Furcht bloß, und in *Krieg und Frieden* entlarvt er die Selbstgefälligkeit und ästhetische Selbstvergessenheit vor allem Napoleons, den er als verantwortungslosen Blender darstellt.

Tolstois schärfste Kritik richtet sich immer gegen seine eigene Gesellschaftsschicht, während er das einfache Volk idealisiert. Diese Kritik verknüpft er in seinen Werken stets mit dem Gegensatz von Schein und Sein, von Lüge und Wahrheit. Was Tolstoi zur Zeit der Niederschrift von *Jünglingszeit* am Ende der Erzählung *Sewastopol im Mai* festhält, läßt sich ohne weiteres auf sein ganzes Schaffen übertragen: »Der Held meiner Erzählung, den ich mit allen Kräften meiner Seele liebe, in seiner ganzen Schönheit zu schildern mich bemüht habe, der immer schön ist, war und sein wird, ist – die Wahrheit.« Gleichsam weiterführend stellt sich in der *Jünglingszeit* der Erzähler rückblickend die Frage: »Wann war ich besser und dem Wahren näher: damals, als ich an die Allmacht des menschlichen Verstandes glaubte, oder jetzt, wo ich die Entwicklungsfähigkeit verloren habe und an der Kraft und Bedeutung des menschlichen Verstandes zweifle?« Die Vertreter seiner eigenen Schicht jedenfalls huldigen Tolstoi zufolge dem von oberflächlichen Konventionen und Eitelkeiten bestimmten Schein des »comme il faut«, wohingegen das einfache Volk ein vermeintlich natürliches, unverdorbenes und wahrhaftiges Verhalten pflegt. Diesen Gegensatz erhebt Tolstoi bereits in der Kindheitstrilogie zum Schlüsselthema, indem er Nikolai Irtenjews gesellschaftliche Entwicklung gleichsam protokolliert. Legt schon der Zehnjährige – etwa bei der Beerdigung seiner Mutter – ein bisweilen unnatürliches Verhalten an den Tag, so achtet der Heranwachsende in *Knabenjahre* und *Jünglingszeit* peinlich genau auf die Wahrung des »comme il faut«. Als »comme il faut« gilt generell – ungeachtet seiner anderen Qualitäten oder Fehler – nur, wer sich an strenge Kleidungs- und Verhaltensregeln hält. Dazu gehören ein einwandfreies, makellos artikuliertes Französisch, lange, gepflegte und saubere Fingernägel, gesellschaftliche Gewandtheit beim Grüßen, beim Tanz und in der Unterhaltung sowie ein eleganter Gestus der über alles erhabenen, verächtlich-herablassenden Langeweile. Für Nikolai selbst bestehen weitere Kriterien in der Zimmereinrichtung, den Handschuhen, der Handschrift, dem Wagen sowie insbesondere in der Form der Stiefel und dem Schnitt der Hosen. Ein oberflächlicheres Urteil ist kaum denkbar. Dennoch beurteilt Nikolai sowohl seine Kindheitsgefährten als auch später seine Kommilitonen ausschließlich danach, ob sie die Anforderungen des »comme il faut« erfüllen oder nicht. Ihren mittellosen, schüchternen, schlicht beklagenswerten Spielgefährten Iljinka Grap etwa behandeln die Irtenjew-Brüder mit einer Verachtung, die mitunter in seelische und körperliche Grausamkeit umschlägt, während ein Besuch der drei Iwin-Jungen ein freudiges Ereignis ist. Vor allem für den zweiten Iwin Serjoscha, der sich durch eine eigenartige Schönheit und außerordentliche Tapferkeit auszeichnet, empfindet Nikolai eine schüchterne, an Liebe grenzende Bewunderung. Nikolais oberflächlicher Standesdünkel geht so weit, daß er die Menschen blind in zwei Gruppen einteilt: Die erste Gruppe ist »comme il faut«, die zweite ist »comme il ne faut pas« und verdient folglich nichts als Verachtung. Nur die ersteren hält der Junge für würdig, mit ihm – wie er es ausdrückt – »auf gleichem Fuße zu verkehren«. Rückblickend indes stellt der Erzähler zum »comme il faut« in der *Jünglingszeit* fest: »[E]s ist einer der verderblichsten, verlogensten Begriffe gewesen, die mir die Erziehung und die Gesellschaft beigebracht hatten.«

Der Höhepunkt des trivialen Scheins ist die in der *Jünglingszeit* geschilderte Kneiperei bei Nikolais Kommilitonen Baron S. Eingeladen sind freilich nur jene, die den Anforderungen des »comme il faut« gerecht werden. Mit Hilfe des für ihn typischen Kunstgriffs der Verfremdung entlarvt Tolstoi die zwanghafte Fröhlichkeit der unreifen Studiosi, die ihre Befangenheit in klebriger Champagner-Bowle ertränken und hinterher vor den anderen mit ihrem alkoholseligen Gelage prahlen, als lügenhaften Schein. Die Kneiperei ist reines Maskenspiel. Es spricht für Nikolai, daß er die Absurdität der lärmigen und völlig sinnlosen Veranstaltung klar erkennt: »[H]auptsächlich [...] erinnere ich mich, daß ich den ganzen Abend über beständig das Gefühl hatte, wie dumm es von mir sei, so zu tun, als wäre ich sehr lustig und als tränke ich gern sehr viel und als glaubte ich, gar nicht betrunken zu sein; und ich erinnere mich, daß ich den ganzen Abend über beständig das Gefühl hatte, es sei auch von den anderen äußerst dumm, sich ebenso zu verstellen. Es schien mir, daß jeder einzelne sich ebenso unbehaglich fühle wie ich, daß aber jeder in der Annahme, er sei der einzige, der ein solches unbehagliches Gefühl habe, es für seine Pflicht halte, sich lustig zu stellen [...].« (S. 381) Auch daß Nikolai im Fall der studentischen Lerngruppe um seine Kommilitonen Operow und Suchin, deren Teilnehmer sämtlich nicht »comme il faut« sind, seine oberflächlichen Maximen zu überwinden sucht, rückt ihn in ein positiveres Licht. Seine intuitive Menschenkenntnis hat er offenbar nicht verloren. Sie ist lediglich von den gesellschaftlichen Konventionen überdeckt: »Ungeachtet all dieser Äußerlichkeiten, die in der damaligen Zeit auf mich unsagbar abstoßend wirkten, hatte ich doch ein Gefühl für das Gute in diesen Leuten, beneidete sie um die fröhliche Kameradschaftlichkeit, die sie verband, fühlte mich zu ihnen hingezogen und wollte ihnen gern nähertreten, so schwer es mir auch werden würde.« (S. 399) Zudem muß er zu seiner großen Verblüffung feststellen, daß er ihnen keineswegs so überlegen ist, wie er glaubt, sein Kriterium des »comme il faut« also nicht trägt.

Es ist bezeichnend, daß Serjoscha Iwin von seinem Verehrer Nikolai weder in der *Kindheit* noch in der *Jünglingszeit* besondere Notiz nimmt – eher behandelt er ihn mit einer leisen Verachtung. Das gleiche gilt später für Iljinka Grap, der sich am Ende des Semesters gegenüber dem arroganten Nikolai selbstbewußt behauptet. Tatsächlich ist Nikolai in seiner Rolle als vermeintlich erwachsener, überlegener Student alles andere als glaubhaft. Sein größter Schmerz besteht darin, daß er den strengen Kriterien des »comme il faut« selbst ganz und gar nicht gerecht werden kann. Nikolais Leben ist von dem Bewußtsein bestimmt, daß er anders ist als andere, was er durch bestmögliche Anpassung zu kompensieren sucht. Nicht zuletzt deswegen legt er so großen Wert auf seine studentische Uniform und seinen eigenen Wagen. Die Biographie des Autors, der sich selbst vergeblich auf unterschiedliche Weisen in die Gesellschaft einzugliedern versuchte, schimmert hier wieder erkennbar durch. Am 29. März 1852 schreibt Tolstoi in sein Tagebuch: »Irgend etwas in meinem Inneren läßt mich glauben, ich sei nicht dafür geboren, zu sein wie alle. Aber woher kommt das?« (Tagebücher, S. 60) Besonders unglücklich zeigt sich Nikolai mit seiner eigenen Häßlichkeit, derer er sich schon in der *Kindheit* schmerzlich bewußt ist: »[I]ch bildete mir ein, daß es für einen Menschen mit so breiter Nase, mit so dicken Lippen und so kleinen grauen Augen wie mich kein Glück auf Erden geben könnte; ich bat Gott, ein Wunder zu tun und mich in einen schönen Knaben zu verwandeln; mit Freuden hätte ich alles, was ich damals besaß, alles, was ich in Zukunft besitzen konnte, für ein schönes Gesicht hingegeben.« (S. 72) Auch in dieser Selbstbeschreibung ist Nikolenka seinem Autor sehr ähnlich. So sorgfältig er auch auf seine Garderobe achtet – Nikolai sieht weder gut aus noch ist er gesellschaftlich gewandt. Seine Tanzkünste sind mäßig, und seine Versuche, sich von seiner vorteilhaftesten Seite zu zeigen und besonders geistreich zu wirken, scheitern – wie er selbst immer wieder erkennt – zumeist kläglich. Das leitmotivisch erwähnte, widerspenstig abstehende Haarbüschel des Jungen, das sich auch durch noch so viel Pomade nicht glätten läßt, erweist sich geradezu als Symbol für die Vergeblichkeit von Nikolais Versuchen, seine eigene Natur zu verleugnen.

Nikolais Selbstzweifel spiegeln fast unverfälscht Tolstois Tagebücher wider, die Bodo Zelinsky treffend auf die Formel »Dokument eines Außenseitertums« gebracht hat. Ein Eintrag vom 7. Juli 1856 veranschaulicht die enormen Komplexe des bereits 26jährigen Tolstoi. Zugleich zeigt sich daran, mit welcher Schonungslosigkeit Tolstoi mit sich selbst ins Gericht zu gehen pflegte: »Ich bin häßlich, ungeschickt, unsauber und ohne weltmännische Bildung. Ich bin reizbar, für andere langweilig, unbescheiden, unduldsam, (intolérant) und schamhaft wie ein Kind. Ich bin fast unwissend. Was ich weiß, habe ich mir irgendwie selbst beigebracht, sporadisch, ohne Zusammenhang, ohne Verstand, und auch davon sehr wenig. Ich bin unbeherrscht, unentschlossen, unbeständig, albern eitel und leicht entflammbar wie alle charakterlosen Menschen.« (Tagebücher, S. 114) Diese Art der Selbstkasteiung mutet fast obsessiv, ja masochistisch an. Sie ist jedoch Ausdruck von Tolstois (und Nikolais) aufrichtigem und früh gefaßtem Vorsatz, sich selbst zu vervollkommnen – worin Tolstoi wegen seines schwachen Willens und seiner starken Triebe auf der ganzen Linie scheiterte. Noch Jahre später, am 15. Oktober 1862, notiert Tolstoi im schmerzlichen Bewußtsein seiner Unzulänglichkeit, was er auch seinem Protagonisten und Alter ego Nikolai in den Mund gelegt haben könnte: »Ich kann mich nicht achten. Und daher bin ich unzufrieden mit mir und unsicher in meinen Beziehungen zu anderen.« (Tagebücher, S. 217)

Auch eine gewisse Verträumtheit und Ziellosigkeit haben Tolstoi und Nikolai gemein. Nikolai legt diese schon als Junge an den Tag. Während der in der *Kindheit* beschriebenen Jagd zum Beispiel läßt er sich durch Schmetterlinge und Ameisen von der ihm gestellten Aufgabe ablenken, so daß er im entscheidenden Augenblick falsch reagiert und ihm die Beute durch die Lappen geht. Solche ästhetische Selbstvergessenheit, in der sich eine Figur ganz dem Moment hingibt und dabei ihr Bewußtsein für die Wirklichkeit verliert, hat Tolstoi auch in seinen späteren Werken immer wieder kritisiert. In

Krieg und Frieden etwa macht sich Pierre ihrer schuldig, als er der Schlacht von Borodino beiwohnt und völlig in sich selbst versinkt, ohne zu verstehen, was um ihn herum vorgeht. Auch sein Studium geht Nikolai nicht viel zielstrebiger an. Schon nach kurzer Zeit verliert er das Interesse an den Vorlesungen, geht einfach nicht mehr hin und beschäftigt sich mit anderen Dingen. Daß er zu seinem Entsetzen die Prüfung am Semesterende nicht besteht und nicht in das nächste Studienjahr versetzt werden kann, überrascht den Leser daher kaum. Die Parallele zu Tolstoi drängt sich hier geradezu auf: Zunächst studierte er Orientalistik und wechselte dann zum Fach Jura, las anstelle juristischer Fachliteratur jedoch lieber Goethe, Puschkin, Gogol und Rousseau. Im Jahr 1847 verließ er die Universität ohne Abschluß. Was folgte, waren ziellose Jahre der Unrast und Unzufriedenheit, in denen Tolstoi ausgiebig dem Kartenspiel und diversen Liebschaften frönte, wobei er hohe Schulden anhäufte. Die Vermutung liegt daher nahe, daß Tolstoi nicht nur Nikolenka, sondern auch dessen Vater zum Teil mit seinen persönlichen Zügen ausgestattet hat. Diesen nämlich schildert der Erzähler als einen vornehmen und sensiblen Adligen, der wie der draufgängerische alte Graf Turbin aus der Erzählung *Zwei Husaren* (1856) und eben der junge Tolstoi als ausgeprägter Hedonist vor allem zwei Leidenschaften kultiviert: Das Kartenspiel und die Frauen.

Neben seiner Neigung zu Müßiggang, Liederlichkeit und Wollust sowie seiner Spielleidenschaft waren Tolstois Kardinalfehler seinem eigenen Bekunden zufolge seine Eitelkeit und sein starkes Geltungsbedürfnis. Auch diese hat Tolstoi in der Kindheitstrilogie literarisch verarbeitet. Schon der zehnjährige Nikolenka will auf dem Heimritt von der Jagd mit seinem Pferd vor den Mädchen großtun, um diese zu beeindrucken, wobei er jedoch am störrischen Charakter seines Reittiers kläglich scheitert. Beim Tanzen versucht er ebenfalls, den Mädchen zu imponieren, und als er bei der Familie seines Freundes Dmitrij Nechljudow zu Gast ist, prahlt der Student, daß er soeben mit dem Fürsten Iwan Iwanowitsch höchstpersönlich gespeist habe. Fast will es scheinen, als hätte Tolstoi in der Kindheitstrilogie nicht nur seine Erinnerungen festhalten, sondern auch eine Bestandsaufnahme und Analyse seiner eigenen Fehler unternehmen wollen. Dafür allerdings griff Tolstoi hauptsächlich auf eine andere Methode zurück.

Um ihr Ideal der sittlichen Selbstvervollkommnung zu verwirklichen, versuchen sowohl Tolstoi als auch Nikolai, durch die Aufstellung bestimmter Lebensregeln Kontrolle über ihr richtungsloses Dasein und ihre persönlichen Unzulänglichkeiten zu gewinnen. Im Jahr 1847 begann der 18jährige Tolstoi anläßlich eines Krankenhausaufenthaltes – er hatte sich wegen seines ausschweifenden Lebenswandels Gonorrhöe zugezogen und mußte behandelt werden – sein Tagebuch, das er mit einigen längeren Unterbrechungen bis zu seinem Lebensende führte. Sein Ziel war, sich selbst moralisch zu reglementieren und strenge Lebensregeln, ja einen genauen Stundenplan aufzustellen. Angeregt dazu hatte ihn nicht zuletzt die Lektüre der »Instruktion« von Katharina II. Dieses Kompendium enthielt unter anderem juristische, moralische und philosophische Grundsätze, die Katharina selbst verfaßt hatte. Nach einer kritischen Auseinandersetzung mit Katharinas »Instruktion« listete Tolstoi in seinem Tagebuch (7. April 1847), das in dieser frühen Phase vor allem der kritischen Selbstbeobachtung diente, bestimmte Lebensregeln und vor allem Pflichten auf, denn: »Jetzt nun, da ich mich mit der Entwicklung meiner Fähigkeiten befasse, werde ich an Hand meines Tagebuchs den Verlauf dieser Entwicklung beurteilen können.« Diese Neigung zum Theoretisieren und Schematisieren hat Tolstoi seiner literarischen Figur gleichsam »vererbt«. Als Nikolai sich in der *Jünglingszeit* auf die Beichte vorbereitet, verfährt er mit noch sehr kindlicher Begeisterung ganz ähnlich wie der Autor. Nachdem er sich geradezu liebevoll ein Heft genäht hat, unterteilt er seine Gebote in »Pflichten gegen mich selber, gegen meinen nächsten und gegen Gott«, die im Folgenden auch seine schematisierende Denkweise bestimmen. Bei ihrer Umsetzung indes hapert es sehr, zumal Nikolais Lebensregeln recht vage bleiben. Die Tagebücher des Verfassers hingegen bieten einen aufschlußreichen Überblick über die teils sehr radikalen, oft maßlos übertriebenen Richtlinien, die Tolstoi sich selbst auferlegte. An Selbstkasteiung etwa grenzen die folgenden »Regeln zur Unterwerfung der Liebe unter den Willen«: »Regel 1. Halte Dich von Frauen fern. 2. Töte deine sinnlichen Begierden durch Arbeit ab.« (Tagebücher, S. 15) Um sich selbst zu kontrollieren, legte Tolstoi in seinem Tagebuch darüber hinaus immer wieder genau Rechenschaft über seinen Tagesverlauf ab. Vor allem war er bestrebt, die Ursachen seiner häufigen Abweichungen von seinen Vorsätzen zu analysieren und Abhilfe dagegen zu schaffen. Mit der ihm eigenen Maßlosigkeit übertrieb er seine Forderungen an sich selbst jedoch meist entschieden. Sein Fazit mußte allzu oft lauten: »Ich bin ja ein solcher Schwächling, ein so lasterhafter Mensch.« (Tagebücher, S. 40)

Die Schwächen, aber auch die Vorzüge Nikolais dramatisiert Tolstoi in *Kindheit*, *Knabenjahre* und *Jünglingszeit* durch ein Verfahren, das für sein gesamtes literarisches Schaffen charakteristisch ist: das Stilmittel des Kontrastes. Während der eher schüchterne und unsichere Nikolai an sich selbst in vieler Hinsicht zweifelt, hat er beständig seinen gutaussehenden, gesellschaftlich gewandten, sehr selbstbewußten und zielstrebigen Bruder Wolodja vor Augen, der ihm in allem voraus zu sein scheint. Der Leser freilich sollte erkennen, daß der sensible, nachdenkliche und intelligente Nikolai seinem Bruder keineswegs so unterlegen ist, wie es zunächst den Anschein hat. Wolodja richtet sich nicht nur nach dem oberflächlichen »comme il faut«, sondern frönt auch einem eher losen Lebenswandel. Sauftouren und Bordellbesuche sind für ihn an der Tagesordnung. Nikolai dagegen folgt dem Beispiel seines tugendhaften Freundes Fürst Nechljudow und entsagt feuchtfröhlichen Vergnügungen – abgesehen von der erwähnten Kneiperei. Tatsächlich sind Nikolai und Nechljudow, der übrigens wie Nikolai kleine graue Augen besitzt, als Kontrastpaar zu Wolodja und dessen Busenfreund Dubkow angelegt. Wie Wolodja ist Dubkow »un homme comme il faut«. Während diese beiden eine gewisse Oberflächlichkeit daher nicht verleugnen können, entspricht Nechljudow in seiner Sensibilität und seinem Hang zur Nachdenklichkeit Nikolai: »Wolodja und Dubkow wichen gewissermaßen allem aus, was nach ernstem Nachdenken und nach Empfindsamkeit schmeckte; Nechljudow war im höchsten Grad Enthusiast und ließ sich trotz der Spötteleien der beiden anderen häufig auf eingehende Erörterungen philosophischer Fragen und Gefühle ein.« (S. 211) Auch die Charakterisierung anderer Figuren läßt bereits das für Tolstoi typische Kontrastprinzip erkennen. Der scheuen, eher unansehnlichen Ljubotschka etwa steht die hübsche, doch kokette und affektierte Katenka gegenüber – ein Paar, in dessen Darstellung sich schon Tolstois spätere Typisierung der Frauenfiguren ankündigt. Diese schematische Figurenkonstellation kann durchaus als Vorgriff auf den Roman *Anna Karenina* aufgefaßt werden, dessen Struktur wesentlich auf der Gegenüberstellung solcher Figurenpaare beruht. Der Haupthandlung um die verwerfliche Liebesbeziehung zwischen Anna Karenina und dem Fürsten Wronski stellt Tolstoi dort einen parallelen Handlungsstrang zur Seite, in dem er die letztlich vorbildliche Ehe zwischen seinem Alter ego Lewin und Kitty schildert.

Das Prinzip des Kontrastes erstreckt sich in Tolstois Werken nicht nur auf das Leben der Figuren, sondern auch auf deren Tod. Am 25. März 1857 zeichnet Tolstoi in seinem Tagebuch ein Schlüsselerlebnis auf, das für ihn und seine Werke prägend war. Mit der für ihn charakteristischen physischen Eindringlichkeit beschreibt er in diesem Eintrag, wie er in Paris einer öffentlichen Exekution beiwohnte. Über den Todeskandidaten heißt es hier: »Ein dicker, weißer und gesunder Hals und eine ebensolche Brust. Er küßte das Evangelium, und dann – was für eine Sinnlosigkeit – der Tod! Ein starkes und folgenschweres Erlebnis.« (Tagebücher, S. 169) Ebenso erschütternd war für Tolstoi der Tod seines Bruders Nikolai drei Jahre später, der ihm die Alltäglichkeit des Todes mit aller Macht gewahr werden ließ. Literarisch verarbeitet hat Tolstoi diese Erkenntnis nicht nur in den eindrücklichen Sterbeszenen aus *Krieg und Frieden* und *Anna Karenina*, sondern auch in seiner Kurzepik. Im Zentrum steht dabei meist der

Gegensatz zwischen Todesfurcht und bereitwilligem Sterben, zwischen Auflehnung gegen den Tod auf der einen und einer vermeintlich »natürlichen«, christlich motivierten Todesbereitschaft auf der anderen Seite. Sobald etwa Brechunow in *Herr und Knecht* von Mitleid und Nächstenliebe für Nikita erfaßt wird und sich entscheidet, sich selbst für diesen zu opfern, verliert er seine Todesfurcht. Ähnlich verhält es sich in der Erzählung *Der Tod des Iwan Iljitsch* (1886), laut Käte Hamburger »die gewaltigste Sterbegeschichte, die jemals geschrieben« wurde. Dieses minutiöse Psychogramm des Sterbens schildert den wochenlangen, verzweifelten Todeskampf des Protagonisten Iwan Iljitsch, der erkennen muß, daß sein ganzes Leben eine sinnlose Lüge war. Iljitschs Qualen gipfeln in einem drei Tage währenden Schrei, der weniger seine körperliche, als vielmehr seine geistig-seelische Agonie zum Ausdruck bringt. Kurz bevor er stirbt, versöhnt sich Iljitsch jedoch mit dem Tod: Angesichts seiner tränenüberströmten Frau und seines weinenden Sohnes wird er von Mitleid erfaßt und beschließt, ihrem Leiden durch sein Sterben schnell ein Ende zu machen. Just in diesem Augenblick des Mitleids und der Nächstenliebe hört der Tod für ihn auf zu existieren – an seine Stelle treten Freude und ein helles Licht. Seinen ideologischen Gegenpart hat Iljitsch in dem Büffetdiener Gerassim, einem einfachen, fröhlichen Bauernburschen, dessen mitleidige Zuwendung das einzige ist, was Iljitsch etwas Erleichterung verschafft. Steht der bösartige, verknöcherte Beamte Iljitsch für Lüge und Haß, so repräsentiert Gerassim Tolstois Ideale der Wahrheit und Nächstenliebe. Dies schlägt sich auch in seiner versöhnlichen Haltung gegenüber dem Tod nieder, die Tolstoi zur einzig wahren und natürlichen stilisiert: »Sterben müssen wir alle mal. Warum soll ich mich da nicht ein bißchen für Sie abmühen?« (Erzählungen, S. 284)

Diese Auffassung vom Tod, die in Tolstois reifem Schaffen zum Ausdruck kommt, legt der Autor bereits in seinem Erstlingswerk literarisch dar. Analog zur ideologisch-moralischen Pointe von *Herr und Knecht* und *Der Tod des Iwan Iljitsch* kommt in der *Kindheit* der Erzähler zu dem Befund, Natalja

Sawischna habe die »schönste und größte Tat in diesem Leben« vollbracht, nämlich »ohne Bedauern und ohne Furcht« zu sterben. Daß Tolstoi diese Erkenntnis an exponierter Stelle ganz am Ende der *Kindheit* untergebracht hat, unterstreicht ihre Bedeutung noch mehr. Wie in seiner späteren Erzählung *Drei Tode* (1859) schildert Tolstoi auch in der Kindheitstrilogie drei Tode, die er miteinander kontrastiert. In *Drei Tode* stellt Tolstoi dem lügenhaft verschleierten, unwilligen Sterben einer adligen Dame den schlichten, aber würdevollen Tod eines alten Bauern gegenüber und beschreibt als dritten den Tod des Baumes, der für dessen Grabkreuz gefällt wird. In *Kindheit* und *Knabenjahre* entspricht diesem Schema annähernd das Sterben von Nikolais Mutter, Nikolais Großmutter und Natalja Sawischna. An Nikolais Mutter wird die vernichtende Macht des Todes in ihrer ganzen Unausweichlichkeit und Plötzlichkeit deutlich. Zwar fügt sich die Mutter dem Willen Gottes, doch stirbt sie unter schrecklichen Leiden, da sie ihre ureigene Aufgabe – sich zum Wohl ihrer Kinder selbst aufzuopfern – nicht erfüllen kann: »Ich bin ruhig, und es ist Gott bekannt, daß ich den Tod immer als einen Übergang zu einem besseren Leben angesehen habe und noch ansehe; aber warum ersticken mich die Tränen? Warum werden die Kinder der geliebten Mutter beraubt?« (S. 107) Die Großmutter indes hatte zwar ein langes und – so darf man annehmen – erfülltes Leben, das mit dem Tod auf mehr oder weniger natürliche Weise endet. Den idealen Tod als Abschluß eines idealen Lebens jedoch veranschaulicht charakteristischerweise nicht eine Figur aus Tolstois eigener Gesellschaftsschicht, sondern eine Bedienstete, deren völlig selbstloses Leben und ruhigen Tod Tolstoi geradezu verklärt: »Natalja Sawischna brauchte den Tod nicht zu fürchten, da sie in unerschütterlichem Glauben starb und Christi Gebot erfüllt hatte. Ihr ganzes Leben war reine, uneigennützige Liebe und Selbstentsagung gewesen.« In Natalja Sawischnas Tod ist das weitere Schicksal von Gerassim aus *Der Tod des Iwan Iljitsch* gleichsam vorgezeichnet. Natalja und Gerassim repräsentieren lediglich unterschiedliche Stadien dessen, was Tolstoi als idealen Lebenswandel erachtete.

Tolstois frühes Streben nach moralischer Vervollkommnung, wie es bereits die Kindheitstrilogie literarisch dokumentiert, kann als Beginn seiner Suche nach dem Ziel des Lebens und nach der richtigen Lebensweise gelten. So bekundet er am 12. Juni 1856 in seinem Tagebuch: »Ich bin immer auf der Suche nach einer Geistesverfassung, einer Sicht von den Dingen und einer Lebensweise, die ich weder zu finden noch zu definieren vermag.« Im Rahmen dieser Suche heiratete Tolstoi 1862 die sechzehn Jahre jüngere Sofia Andrejewna Behrs, die Tochter eines Moskauer Arztes. Das Familienglück aber erwies sich für Tolstoi – ähnlich wie in der gleichnamigen Erzählung – als Sackgasse. Wirkliche Erfüllung hielt die nicht zuletzt für seine Frau sehr schwierige Ehe, aus der acht Kinder hervorgingen (weitere fünf starben im Kindesalter), für ihn nicht bereit. Vor allem die Tagebücher der Sofia Tolstaja bieten reichen Aufschluß über die Höhen und die zahllosen Tiefen dieser Ehe, im Zuge derer die Frau des mißtrauischen, streitsüchtigen Erotomanen viele schlimme Demütigungen erleiden mußte. Kurz vor seinem Tod waren die Unstimmigkeiten zwischen den Eheleuten offenbar wieder einmal so unerträglich, daß Tolstoi von zuhause fortlief. Der unablässig Suchende starb am 20. September 1910 unterwegs – vermutlich an einer Erkältung – im Haus des Bahnwärters der Station Astapowo, die heute nach ihm benannt ist.

Zuvor jedoch hatte Tolstoi auf seiner Suche nach dem ›richtigen‹ Leben Jahrzehnte nach seiner Hochzeit einen weiteren Erkenntnisprozeß durchlaufen, im Zuge dessen er eine vermeintlich besonders authentische, entmythologisierte Form des Christentums für sich entdeckte. Unter dem Einfluß Schopenhauers sowie buddhistischen und hinduistischen Gedankenguts erachtete Tolstoi nunmehr die vollkommene Askese als die einzig wahre Lebensform. Da sich seine Familie erfolgreich gegen die Umsetzung seiner radikalsten Ideen wehrte – »Luxusgüter« wie Klavier und Kutschen etwa sollten verkauft werden, alle Männer und alle Frauen des Haushalts jeweils in einem Raum schlafen –, fühlte Tolstoi sich unverstanden und ging noch mehr seine eigenen Wege. Die wirkliche Auferstehung, so Tolstois Credo, vollzieht sich nicht erst nach dem Tod, sondern im Leben selbst: im Sieg des Geistigen über das Fleischliche. Daß Tolstoi diese Ansichten in seiner *Beichte* (1882) und in seinem letzten großen Roman *Die Auferstehung* (1889/99) publik machte, veranlaßte die Synode der russisch-orthodoxen Kirche im Jahr 1901 dazu, ihn zu exkommunizieren – was nichts daran änderte, daß sein Gut Jasnaja Poljana für seine Anhänger zu einer eifrig frequentierten Pilgerstätte wurde. Wenn der Protagonist des Romans *Auferstehung*, der in diesem Spätwerk seine religiöse »Erweckung« erlebt, wie der Freund von Nikolai Irtenjew in *Knabenjahre* und *Jünglingszeit* ein Fürst Nechljudow ist, so belegt dies einmal mehr die Vorreiterrolle der Kindheitstrilogie innerhalb von Tolstois Oeuvre.

Nicht genug damit, daß der Inhalt von Tolstois Werken fasziniert – Tolstoi stellt ihn auch noch auf erzähltechnisch höchst gekonnte Weise dar. Teils war er seiner Zeit damit sogar weit voraus. So erinnert es etwa stark an Marcel Prousts Romanzyklus *Auf der Suche nach der verlorenen Zeit* (1913-1927), wenn der Ich-Erzähler in der *Kindheit* rückblickend über den Geruch von Pfefferminz, Eau de Cologne, Hoffmannstropfen, Kamille reflektiert, der im Sterbezimmer seiner Mutter herrschte: »Dieser Geruch machte einen solchen Eindruck auf mich, daß meine Einbildungskraft nicht nur, wenn ich ihn rieche, sondern auch, wenn ich nur an ihn denke, mich augenblicklich in dieses dunkle, schwüle Zimmer versetzt und mir alle, auch die kleinsten Einzelheiten jener schrecklichen Minuten wieder lebendig macht.« (S. 111) In Prousts Zyklus, den Hans Robert Jauß als »ein Kunstwerk der Erinnerung« bezeichnet hat, ist es zwar der betörende Duft der Madeleines, der beim Erzähler unwillkürlich ein Glücksgefühl auslöst und in ihm die ganze sensorische Fülle einer Kindheitserinnerung wachruft. Das Prinzip jedoch ist bei beiden Autoren das gleiche: Bereits Tolstoi zeigt in einer synästhetisch aufgefächerten Schilderung, wie die Erinnerung in all ihren Facetten intuitiv durch zufällige Sinneseindrücke ausgelöst wird. Was Tolstoi damit vorwegnimmt, ist ein wesentlicher Aspekt modernistischer Poetik. Auch der ›innere Monolog‹ liegt bei ihm – etwa in *Sewastopol im Mai*, streckenweise aber auch in der Kindheitstrilogie – weit früher gestaltet vor als bei Édouard Dujardin (*Geschnittener Lorbeer*, 1888) oder Arthur Schnitzler (*Leutnant Gustl*, 1900), die gemeinhin als seine Urheber genannt werden. Nicht umsonst bezeichnet auch Virginia Woolf, die durch modernistische Romane wie *Mrs Dalloway* (1925) und *Die Fahrt zum Leuchtturm* (1927) berühmt wurde, Tolstoi in ihren Briefen und Essays mehrfach als den größten aller Schriftsteller. Woolf schätzte vor allem Tolstois außergewöhnlich scharfe Beobachtungsgabe und bewunderte seine Fähigkeit, Figuren wie Ereignisse plastisch zu schildern und einen Eindruck von unmittelbarer Intensität zu erzeugen. Schon in *Kindheit, Knabenjahre* und *Jünglingszeit* hat Tolstoi dieses besondere Talent überzeugend unter Beweis gestellt. Virginia Woolf zufolge geht es sogar selbst aus der Übersetzung klar hervor: Der Leser habe das Gefühl, als stünde er mit einem Teleskop in der Hand auf einem Berg und nehme alles vollkommen klar und in erstaunlicher Schärfe wahr. Der Vergleich von Tolstois Erzählung *Die Kosaken* und englischen Romanen derselben Epoche hat laut Woolf für die Engländer sogar etwas Demütigendes: Genauso gut könne man das liebenswerte Werk unreifer Kinder dem eines erwachsenen Mannes gegenüberstellen. Für das Erlebnis, das dieser spezifische erwachsene Mann seinen Lesern nicht zuletzt in *Kindheit, Knabenjahre* und *Jünglingszeit* vermittelt, findet Henry James in der eingangs zitierten Rezension deutliche Worte: »Die Lektüre Tolstois – einer wunderbaren Masse an Leben – ist ein ungeheures Ereignis, eine Art besonderer Glücksfall, für jeden von uns«.

Caroline Lusin

Die Zitate aus anderen Erzählungen Tolstois stammen aus folgender Ausgabe: Leo Tolstoi, Erzählungen. Übersetzung von Barbara Heitkam. Nachwort von Christiane Müller-Scholle, Reclam, Stuttgart 1992. Tolstois Tagebücher wurde in folgender Edition verwendet: Leo N. Tolstoi, Tagebücher 1847–1910. Aus dem Russischen übersetzt von Günter Dalitz. Ausgewählt mit Vorwort und Zeittafel versehen sowie zusammen mit Ulrike Hirschberg kommentiert von Eberhard Dieckmann. Ergänzt durch ein Essay von Bodo Zelinsky. Winkler, München 1979.

ZEITTAFEL

1828
Am 9. September (28. August alten Stils*) wurde Lew Nikolajewitsch Tolstoi als vierter Sohn des Grafen Nikolai Iljitsch Tolstoi und seiner Frau Marija Nikolajewna, geb. Fürstin Wolkonskaja, auf dem väterlichen Gut Jasnaja Poljana, Gouv. Tula, geboren.

1830
Tod der Mutter.

1837
Übersiedlung der Familie nach Moskau. Tod des Vaters.

1841
Übersiedlung nach Kasan. Erziehung durch eine Tante.

1844–1847
Studium an der Universität Kasan, zunächst Orientalistik, dann Jura. Abbruch des Studiums.

1847–1851
Meist in Jasnaja Poljana. Beginn der *Tagebuchaufzeichnungen,* die mit Unterbrechungen bis zum Tod fortgeführt werden. Erster Versuch mit einer Schule für die Dorfkinder in Jasnaja Poljana (Herbst 1849).

1851–1854
Teilnahme als Kriegsfreiwilliger an den Eroberungskriegen im Kaukasus (Tschetschenien). Beginn der literarischen Tätigkeit.

1852
Kindheit, Teil I der Romantrilogie *Kindheit, Knabenjahre* (1854), *Jünglingszeit* (1857), erscheint.

---

*) *alten Stils,* d. h. nach dem Julianischen Kalender; im 19. Jahrhundert beträgt der Rückstand gegenüber dem Gregorianischen Kalender 12 Tage. Der Gregorianische Kalender wurde in Rußland erst im Februar 1918 eingeführt.

1853
Die Erzählung *Der Überfall* erscheint in der Zeitschrift »Sowremennik« (Der Zeitgenosse).

1854–1855
Versetzung zur Donauarmee. Teilnahme an den Kämpfen um Sewastopol (im Krimkrieg).

1855
Die Erzählungen *Sewastopol im Dezember* und *Sewastopol im Mai* erscheinen, ebenso *Der Holzschlag.* In Petersburg verkehrt und diskutiert Tolstoi u. a. mit den Schriftstellern Turgenjew, Nekrassow, Tjutschew, Gontscharow.

1856
Sewastopol im August erscheint, ebenso *Zwei Husaren.* In Moskau lernt Tolstoi die Slawophilen-Familie Aksakow kennen, den Schriftsteller N. Tschernyschewski und freundet sich mit dem Dichter A. Fet an.
Unternimmt vergebliche Versuche, seine leibeigenen Bauern vom Pachtzinssystem zu überzeugen. *Der Morgen eines Gutsbesitzers* erscheint.
Er reicht seinen Abschied vom Militär »aus Gesundheitsgründen« ein.

1857
Erste Auslandsreise (Polen, Frankreich, Schweiz, Italien, Deutschland).

1858
Versuch, mit seinen Bauern Genossenschaften (Artels) zu gründen. Verfaßt Memorandum über die Bauernbefreiung.

1859
Die Erzählungen *Drei Tode* und *Familienglück* erscheinen. Richtet erneut eine Dorfschule ein.

1860–1862
Eröffnet weitere Dorfschulen, setzt relegierte Studenten als Lehrer ein. Gründet die pädagogische Zeitschrift *Jasnaja Poljana* (1863), in der er seine pädagogischen Vorstellungen und Beschreibungen seines Unterrichts veröffentlicht, außerdem Erzählungen von Dorfkindern aus Jasnaja Poljana.

1860
Zweite Europareise (bis April 1861), vor allem zu pädagogischen Studien.

1862
Heirat mit Sofja Andrejewna Bers (1844–1919), Tochter eines Moskauer Arztes. Zwischen 1863 und 1888 werden neun Söhne und vier Töchter geboren, von denen aber nur fünf Söhne und drei Töchter das Erwachsenenalter erreichen.

1863
Die Erzählungen *Polikuschka* und *Die Kosaken* erscheinen.

1868–1869
Der Roman *Krieg und Frieden* erscheint nach sechsjähriger Arbeit in der Zeitschrift »Russki westnik« (Der russische Bote).

1872–1875
Verstärktes Engagement in der Volksbildung. Erneut Einrichtung einer Schule im eigenen Haus in Jasnaja Poljana. Die Erzählungen *Der Gefangene im Kaukasus* und *Gott sieht die Wahrheit, sagt sie aber nicht gleich* erscheinen in Zeitschriften; Ende 1872 dann noch einmal in den *Russischen Lesebüchern,* die zu dem *Alphabet,* der Elementarfibel, gehören. Die Neuauflage *Das Neue Alphabet* und *Russische Lesebücher* (1875) werden vom Volksbildungsministerium als Unterrichtsmittel zugelassen.

1875–1877
Der Roman *Anna Karenina* erscheint in der Zeitschrift »Russki westnik«, Buchausgabe 1878.

1879
Religiöse Dispute mit hohen kirchlichen Würdenträgern. Besuche des Kiewer Höhlenklosters und des Dreifaltigkeitsklosters in Sergijewo (heute Sergijew Possad) bei Moskau. Besuch des Bylinensängers Wassili Petrowitsch Schtschegoljonok in Jasnaja Poljana. Der erste Teil der *Beichte* wird handschriftlich verbreitet (gedruckt in Genf 1884).

1881–1886
In den Jahren 1881 bis 1886 erscheinen die Erzählungen, die man unter dem Titel *Volkserzählungen* zusammenfaßt.

1881
Verlegt Hauptwohnsitz nach Moskau. Verstärktes Interesse an sozialen Fragen – Besuch von Gefängnissen, Beobachtung von Prozessen, Studium des Rekrutierungssystems. Nach dem Attentat auf Alexander II. schreibt Tolstoi ein Gnadengesuch für die Attentäter. Kontakte zu Sektenangehörigen. Besuch von Nachtasylen in Moskau.

1882
Teilnahme an der Volkszählung in Moskau. *Über die Volkszählung in Moskau* erscheint. Kauf eines Stadthauses in Moskau.

1883
Bekanntschaft mit W. Tschertkow, der sein Mitarbeiter und Propagandist seiner Ideen wird.

1884
Die von der Zensur verbotene Abhandlung *Was ich glaube* wird handschriftlich verbreitet. Mit Tschertkow gründet er den Verlag »Posrednik« (Der Mittler) zur Verbreitung von billigen Volksbüchern und fliegenden Blättern, sozialkritischen Abhandlungen und religiös-philosophischen Schriften. Mitarbeit bekannter Künstler (u. a. I. Repin, I. Kramskoi).

1885
Die Abhandlung *Was sollen wir denn tun?* wird von der Zensur verboten. Tolstoi ändert seine Lebensweise, fordert »Vereinfachung des Lebens«. Denkt an Bruch mit der Familie. Erfährt von Kriegsdienstverweigerern in seinem Namen.

1886
Was sollen wir denn tun? wird handschriftlich verbreitet (vollständig erst 1906 erschienen). Erzählungen *Der Leinwandmesser* und *Der Tod des Iwan Iljitsch* erscheinen. Großer Erfolg der *Volkserzählungen*. Uraufführung der Komödie *Der erste Branntweinbrenner* im Volkstheater der Arbeitersiedlung Alexandrowsk bei Petersburg.

1887
Die Zensur verbietet die Aufführung des Dramas *Die Macht der Finsternis*. Die geistliche Zensur verbietet die *Volkserzählungen*.

1888
Die Regierung erwägt Schritte gegen Tolstoi, verfügt Repressalien gegen seine Anhänger. *Die Macht der Finsternis* wird in Paris uraufgeführt. Die Abhandlung *Über das Leben* wird von der Zensur verboten.

1890
Russische Erstaufführung von *Die Macht der Finsternis* in einer geschlossenen Vorstellung in Petersburg (erste öffentliche Aufführung in Petersburg und Moskau 1895). Die Erzählung *Die Kreutzersonate* und die Komödie *Früchte der Bildung* werden illegal gedruckt.

1891–1892
Verzicht auf die Autorenrechte an allen nach 1881 entstandenen Werken. Während der großen Hungersnot in Zentralrußland organisiert Tolstoi umfangreiche Hilfsmaßnahmen, richtet zahlreiche Garküchen ein. Der Aufsatz *Über den Hunger* erregt die Öffentlichkeit. Regierungskreise planen erneut Schritte gegen Tolstoi, die Kirche droht mit Exkommunizierung. Tolstoi überschreibt seinen Immobilienbesitz auf Frau und Kinder.

1894
Die Abhandlung *Das Reich Gottes ist inwendig in Euch* erscheint in Deutschland russisch und deutsch.

1895
Die Erzählung *Herr und Knecht* erscheint. *Die Kreutzersonate* und die *Volkserzählungen* werden auf den Index gesetzt. Tolstoi besucht Gefängnisse. Setzt sich für die vom Staat verfolgten Sekten der Duchoborzen (Geistkämpfer) und der Molokanen ein.

1896
Tolstoi setzt sich für Kriegsdienstverweigerer ein. Hilfsaktionen für die Duchoborzen. Beschäftigt sich mit Fragen der Kunsttheorie. Unter dem Vorsitz des Oberprokurors des Heiligen Synod, K. Pobedonoszew, wird eine Kommission zur Untersuchung der schädlichen Wirkung von Tolstois Werken eingesetzt.

1897
Tolstoi setzt sich für die vom Staat verfolgte Sekte der Molokanen ein. Macht in offenem Brief an das Stockholmer Tageblatt den Vorschlag, den ihm zugedachten (1.) Nobelpreis den Duchoborzen zu verleihen. Erhält Morddrohungen.

1898

Die Abhandlung *Was ist Kunst* erscheint. Tschertkow gründet in London den Verlag »Swobdnoje slowo« (Das freie Wort), wo die Abhandlungen *Was ist Kunst* und *Die christliche Lehre* sowie der Aufsatz *Carthago delenda est* erscheinen. Tolstoi organisiert erneut Hungerhilfen.

1899

Der Roman *Auferstehung* erscheint in der Zeitschrift »Niwa«, gleichzeitig in Übersetzungen in Deutschland, England, USA, Kanada und Frankreich, mit den Honoraren wird die Auswanderung der Duchoborzen nach Kanada finanziert. Besuch Rilkes.

1900

Lehnt aus Gesundheitsgründen die Einladung zum zehnten Friedenskongreß in Paris ab. In London erscheinen die Schriften *Patriotismus und Regierung* und *Die Sklaverei unserer Zeit.* Ehrenmitglied der Russischen Akademie der Wissenschaften.

1901

Tolstoi wird auf Beschluß des Heiligen Synod wegen der u. a. in *Auferstehung* geübten Kritik an der Kirche exkommuniziert. Immer wieder Sympathiebekundungen für Tolstoi. Malariaerkrankung, Genesungsaufenthalt auf der Krim (bis Juni 1902), wo ihn u. a. Tschechow, Korolenko und Gorki besuchen.

1902

Die Abhandlung *Was ist Religion, und worin besteht ihr Wesen?* erscheint.

1904

Besinnt Euch – Ein Antikriegsartikel im Zusammenhang mit dem Russisch-Japanischen Krieg – erscheint.

1906–1907

Die Abhandlung *Über Shakespeare und das Drama* erscheint in russischer und englischer Sprache.

1908

Der Artikel *Ich kann nicht schweigen (Über die Hinrichtungen in Rußland)* erscheint. Weltweit Würdigungen und Ehrungen zum 80. Geburtstag. Die Sammlung *Krug tschtenija* erscheint.

1909–1910

Die Abhandlung *Brief an einen Inder* erscheint. Die *Rede gegen den Krieg* entsteht für den XVIII. Internationalen Friedenskongreß in Stockholm. Briefwechsel mit M. K. Gandhi, der ihm aus Transvaal geschrieben hatte.

1910

Tolstoi verläßt am 10. November nach wiederholtem Konflikt mit seiner Frau heimlich Jasnaja Poljana. Er stirbt am 20. November auf der Bahnstation Astapowo an einer Lungenentzündung. Am 22. November Begräbnis im Sakas-Wald bei Jasnaja Poljana.

INHALT